REPENSER L'ACADIE DANS LE MONDE

RETHINKING CANADA IN THE WORLD
Series editors: Ian McKay and Sean Mills

Supported by the Wilson Institute for Canadian History at McMaster University, this series is committed to books that rethink Canadian history from transnational and global perspectives. It enlarges approaches to the study of Canada in the world by exploring how Canadian history has long been a dynamic product of global currents and forces. The series will also reinvigorate understanding of Canada's role as an international actor and how Canadians have contributed to intellectual, political, cultural, social, and material exchanges around the world.

Volumes included in the series explore the ideas, movements, people, and institutions that have transcended political boundaries and territories to shape Canadian society and the state. These include both state and non-state actors, and phenomena such as international migration, diaspora politics, religious movements, evolving conceptions of human rights and civil society, popular culture, technology, epidemics, wars, and global finance and trade.

The series charts a new direction by exploring networks of transmission and exchange from a standpoint that is not solely national or international, expanding the history of Canada's engagement with the world.

http://wilson.humanities.mcmaster.ca

5 *Landscapes of Injustice*
A New Perspective on the Internment and Dispossession of Japanese Canadians
Edited by Jordan Stanger-Ross

6 *Canada's Other Red Scare*
Indigenous Protest and Colonial Encounters during the Global Sixties
Scott Rutherford

7 *The Global Politics of Poverty in Canada*
Development Programs and Democracy, 1964–1979
Will Langford

8 *Schooling the System*
A History of Black Women Teachers
Funké Aladejebi

9 *Constant Struggle*
Histories of Canadian Democratization
Edited by Julien Mauduit and Jennifer Tunnicliffe

10 *The Racial Mosaic*
A Pre-history of Canadian Multiculturalism
Daniel R. Meister

11 *Dominion over Palm and Pine*
A History of Canadian Aspirations in the British Caribbean
Paula Hastings

12 *Harvesting Labour*
Tobacco and the Global Making of Canada's Agricultural Workforce
Edward Dunsworth

13 *Distant Stage*
Quebec, Brazil, and the Making of Canada's Cultural Diplomacy
Eric Fillion

14 *Repenser l'Acadie dans le monde*
Études comparées, études transnationales
Sous la direction de Clint Bruce et Gregory M.W. Kennedy

REPENSER L'ACADIE DANS LE MONDE

Études comparées,
études transnationales

Sous la direction de
CLINT BRUCE ET GREGORY M.W. KENNEDY

McGill-Queen's University Press
Montréal & Kingston | Londres | Chicago

© McGill-Queen's University Press 2025

ISBN 978-0-2280-2270-1 (relié papier)
ISBN 978-0-2280-2306-7 (ePDF)
ISBN 978-0-2280-2307-4 (ePUB)

Dépôt légal deuxième trimestre 2025
Bibliothèque et Archives nationales du Québec

Imprimé au Canada sur papier non acide qui ne provient pas de forêts anciennes, contenant 100 % de fibres durables, recyclées et traité sans chlore.

Cet ouvrage a été publié grâce à une subvention de la Fédération des sciences humaines, dans le cadre du Prix d'auteurs pour l'édition savante, à l'aide de fonds provenant du Conseil de recherches en sciences humaines du Canada. L'Université de Moncton nous a aussi accordé une subvention à l'appui de la publication.

We acknowledge the support of the Canada Council for the Arts.

Nous remercions le Conseil des arts du Canada de son soutien.

Les Presses universitaires McGill-Queen's sont situées, à Montréal, sur un territoire qui a longtemps servi de lieu de rencontre et d'échange autochtone, notamment pour les Haudenosaunee et les Anishinaabeg. À Kingston, nous sommes situées sur le territoire Haudenosaunee et Anishinaabek. Nous reconnaissons et remercions les divers peuples autochtones dont les pas ont marqué ces territoires sur lesquels les peuples du monde se rassemblent désormais.

Catalogage avant publication de Bibliothèque et Archives Canada

Titre: Repenser l'Acadie dans le monde : études comparées, études transnationales / sous la direction de Clint Bruce et Gregory M. W. Kennedy.
Noms: Bruce, Clint, éditeur intellectuel. | Kennedy, Gregory M. W. (Gregory Michael William), 1978- éditeur intellectuel.
Collections: Rethinking Canada in the world ; 14.
Description: Mention de collection: Rethinking Canada in the World ; 14 | Comprend des références bibliographiques et un index.
Identifiants: Canadiana (livre imprimé) 20240459172 | Canadiana (livre numérique) 20240459334 | ISBN 9780228022701 (couverture souple) | ISBN 9780228023074 (EPUB) | ISBN 9780228023067 (PDF)
Vedettes-matière: RVM: Acadie—Relations. | RVM: Acadiens—Identité ethnique. | RVM: Cajuns—Identité ethnique. | RVM: Acadie—Civilisation. | RVM: Minorités linguistiques—Acadie.
Classification: LCC FC2041 .R45 2025 | CDD 971.5/004114—dc23

Mise en page par Garet Markvoort de zijn digital en 11/14 Garamond Premier Pro avec Trade Gothic. Révision par Pierrette Brousseau.

McGill-Queen's University Press
Suite 1720, 1010 Sherbrooke St West,
Montréal, QC, H3A 2R7

Représentant de sécurité autorisé dans l'UE :
Mare Nostrum Group BV, Mauritskade 21D, 1091 GC Amsterdam, Pays-Bas,
gpsr@mare-nostrum.co.uk

TABLE DES MATIÈRES

Tableaux et figures | ix
Remerciements | xiii

Introduction : Repenser quelles Acadies et quels mondes? | 3
  Clint Bruce et Gregory Kennedy

Première partie | Repenser la petite société de l'Acadie et ses interactions avec le monde | 29

1 Entre l'empire et les esclaves : les Acadiens à l'aube du monde moderne | 33
  Christopher Hodson

2 L'Acadie diasporique à l'épreuve de la dynamique raciale de la Louisiane, des années 1860 aux années 1960 | 55
  Clint Bruce

3 « Notre lutte est aussi votre lutte » : mouvements de jeunes, tiers-mondisme et petite société acadienne des années 1970 | 89
  Philippe Volpé

4 L'Acadie et la Francophonie : une reconnaissance sans la nommer? La représentation de l'Acadie du Nouveau-Brunswick aux Sommets de la Francophonie | 117
  Michelle Landry

Deuxième partie | Repenser les frontières de l'Acadie ethnolinguistique | 137

5 Réexaminer la diaspora acadienne dans le cadre du Mi'kma'ki : discussion sur la généalogie, l'appartenance à la communauté et les

répercussions de la Déportation dans le prisme de la famille Guédry, au XVIIIe siècle | 141
Nicole Gilhuis

6 La romance archivistique – un déterrement des marges de l'Acadie ethnolinguistique et folklorique à la fin du XXe siècle | 171
Rachel Doherty

7 Repenser l'Acadie dans le monde : typologie et synthèse des représentations du territoire en Acadie | 199
Mathieu Wade

8 Vers une didactique du plurilinguisme dans les écoles francophones néo-écossaises en milieu minoritaire | 238
Judith Patouma

Troisième partie | Repenser les mobilités culturelles et idéologiques | 257

9 Traditions chantées et mémoires orales de la guerre de Sept Ans en Acadie | 261
Éva Guillorel

10 Rameau de Saint-Père : Passeur des idées du « printemps des peuples » en Acadie ? | 290
Joel Belliveau

11 « *That's where the roots are* » : acadianité et sentiment d'appartenance dans le discours d'immigrantes et d'immigrants d'origine acadienne en Nouvelle-Angleterre | 322
Carmen d'Entremont avec Stéphanie St-Pierre

12 Le fantasme raciolinguistique de la blanchité en Louisiane : le cas d'une mobilité étudiante de femmes acadiennes devenues des *Evangeline girls* modernes | 362
Isabelle LeBlanc

13 Tous les mêmes : identité et culture numérique en Louisiane et dans les Maritimes | 395
   Nathan Rabalais

Quatrième partie | Repenser la spécificité acadienne à l'aide des comparaisons internationales | 425

14 Repenser le service militaire, le pouvoir d'agir et l'identité en Acadie et dans le monde atlantique français pendant la guerre de Succession d'Espagne, 1702-1713 | 428
   Gregory Kennedy

15 Deux nations étrangères au cœur de l'impérialisme participatif français aux îles caribéennes (1689-1789) | 452
   Adeline Vasquez-Parra

16 L'Acadie et le Pays valencien : territoire, institutions, habilitation | 475
   Rémi Léger et Jean-Rémi Carbonneau

17 Désir et Infini : de l'altérité chez Jean-Marie Gustave Le Clézio, Simone Schwarz-Bart, Ken Bugul et Antonine Maillet | 505
   Corina Crainic

Épilogue | 523
   John Reid

Collaborateurs | 535
Index | 541

TABLEAUX ET FIGURES

Tableaux

11.1 Annexe 1 : Profil des participantes et participants ayant vécu aux États-Unis pour un minimum de 20 ans | 350-351
11.2 Annexe 2 : Principales caractéristiques des participants et participantes ayant vécu aux États-Unis pour un minimum de 20 ans | 352
12.1 Pseudonymes et informations sur les femmes rencontrées dans le cadre de cette recherche | 365

Figures

5.1 Détail de carte, 1:10,000 Primary Watersheds of Nova Scotia. Gouvernement de la Nouvelle-Écosse, Service Nouvelle-Écosse et Relations municipales, Nova Scotia Geomatics Centre, Amherst, 2011. https://novascotia.ca/nse/water.strategy/docs/WaterStrategy_NSWatershedMap.pdf. | 143
5.2 Barrage de pêche en pierre (Lower Eel Weir Site, Mersey River, Parks Canada Agency, 1992). Image tirée de Roger Lewis, *Pre-Contact Fish Weirs: A Case Study from Southwestern Nova Scotia*, mémoire de maîtrise, St John's, Université Memorial de Terre-Neuve, 2006, 42. | 145
5.3 Carte du Mi'kma'ki créée par William Jones à partir des données fournies par Roger Lewis, Trudy Sable et Bernie Francis. Reproduite de Bernie Francis et Trudy Sable, *The Language of this Land, Mi'kma'ki*, Sydney (N.-É.): Cape Breton University Press, 2012, 21. | 148
5.4 Carte de Dennis Bartels illustrant la migration des Mi'kmaqs vers l'ouest de Terre-Neuve. Reproduite de Dennis A. Bartels et Olaf Uwe Janzen. « Micmac Migration to Western Newfoundland », *Canadian Journal of Native Studies*, vol. 10, n° 1 (1990), 79. | 156
7.1 Morphologie de la Péninsule acadienne. Carte par Matthieu Wade. | 208-209
7.2 Morphologie de Caraquet. Carte par Matthieu Wade. | 210-211

7.3 Comparaison de la morphologie de Memramcook (pop. 4 778) et Sackville (pop. 5 331). Carte par Matthieu Wade. | 211-212
7.4 Cadastre de Dieppe. Carte par Matthieu Wade. | 220-221
7.5 Cadastre du centre-ville de Moncton. Carte par Matthieu Wade. | 222-223
7.6 Carte des bâtiments dans le Grand Moncton. Carte par Matthieu Wade. | 224-225
9.1 *La prise du vaisseau.* Source : *Chansons de Shippagan*, recueillies par Dominique Gauthier, transcription musicale de Roger Matton (Québec : PUL, 1975), 66. | 276
9.2 *Combat en Mer de Bart.* Source : « Chants de mer de l'Ancienne et de la Nouvelle-France », *International Folk Music Journal* XIV, 1962, 76. | 278
9.3 *Louisbourg.* Source : Helen Creighton, *La fleur du rosier. Chansons folkloriques d'Acadie/Acadian Folk Songs*, éd. Ronald Labelle, Sydney, University College of Cape Breton Press/Musée canadien des civilisations, 1988, 239-240. | 280
10.1 Edme Rameau de Saint-Père vers 1863. Photo : Dion et frère. BAnQ P266,S3SS1,P8. http://www.ameriquefrancaise.org/fr/article-521/Patrimoine%20de%20la%20pens%C3%A9e%20d%E2%80%99origine%20fran%C3%A7aise%20au%20Canada%20:%20les%20d%C3%A9veloppements#.Yqy4QXbMKM8. | 292
10.2 Page couverture du 11ᵉ numéro de *La République universelle*, 1830. | 295
10.3 Couverture de la première édition de *La France aux colonies* (1859). | 298
10.4 Le trajet de Rameau en 1860 vu avec Googlemaps. | 301
10.5 Château qu'a fait construire Rameau à Adon, dans le Loiret. Wikimedia Commons, photographie de Combier Imp., Macon (vers 1950). | 311
11.1 Carte de la région d'Argyle. Profil communautaire 2018 : Communauté acadienne et francophone de la région d'Argyle, p. 6, préparé par Gwen LeBlanc et Yvon Samson. Conseil de développement économique de la Nouvelle-Écosse, https://cdene.ns.ca/fr/ressources/publications#profil-communautaires. | 329
11.2 Carte postale, Traversier *S.S. Evangeline*, Yarmouth (N.-É.). Observatoire Nord/Sud, Collection Trois siècles de migrations francophones (TSMF), série K, photo 2. | 330

11.3 Clifford Muise et autres travaillants devant une tannerie, Winchester (MA), vers 1921. Source : Collection Trois siècles de migrations francophones (TSMF), série M, photo 1. | 331
11.4 Femmes qui emballent du poisson, Sylvanus Smith & Co, Gloucester, vers 1899. Photo : Herman W. Spooner. Cape Ann Museum Library and Archives, Gloucester (MA). | 332
11.5 Annonce de râpure, Early Harvest Diner, 2019. Facebook. | 339
11.6 Ivan Boudreau et son père visitent les Îles Tusket, fin des années 2000. Collection personnelle d'Ivan Boudreau. | 343
11.7 Louise Gilson avec sa famille, Wedgeport, vers 1950. Collection personnelle de Louise Gilson. | 344
11.8 Petits-enfants de Barbara Willie au Village historique acadien de la Nouvelle-Écosse, Pubnico-Ouest, juillet 2020. Collection personnelle de Barbara Willie. | 346
12.1 Photo de panneau d'affichage en Louisiane, publiée dans le *Philadelphia Inquirer*, le 29 juin 1970. | 373
12.2 « Girls from the Maritime Provinces were selected because of their Acadian ancestry », *The Daily Advertiser*, 31 août 1969. | 385
12.3 State Capitol, Baton Rouge, Louisiana, le 9 septembre 1969. | 385
13.1 « What if I told you… », *The Matrix*, 1999. | 403
13.2 « Awkward Look Monkey Puppet », https://knowyourmeme.com/memes/awkward-look-monkey-puppet. | 405
13.3 L'image qui accompagne les règlements du groupe Facebook CajUUUn Memes. | 405
13.4 Make boudin noir legal Again. Cajun Meme Factory. | 407
13.5 C'est un chat, oui (*chaoui*). Memes en français louisianais. | 407
13.6 Cayouche sera dans le prochain Carpool Karaoke. Niaiseries acadiennes. | 408
13.7 « Moi qui go off about l'Acadie pis ma langue… » Acadie Memes. | 408
13.8 « Si j'avais, si j'aurais, si j'aurions » adaptant Tuxedo Winnie the Pooh. | 413
13.9 Drake Yinque. | 413
13.10 Keep ya' Boutte Houma. | 413
13.11 « Becque mon chou » Memes en français louisianais. | 413
13.12 « But it's honest work » avec Blaine Higgs. Acadie Memes. | 413
13.13 Feeling Cute Might Ruin a Gumbo Later. | 414

13.14 « Mammaw lookin down from heaven as you open dat jar of roux ». | 415
13.15 « Quand s'tu manges tous les lardons dans l'râpure. » Meme chose. | 415
13.16 Martine « fait un mess de viande salée ». | 415
13.17 Moses Cajun. | 415
13.18 Fruit de River Ranch et de la Nouvelle-Ibérie. | 417
13.19 Dieppe annonce la construction routière en chiac. | 417
13.20 Exiled? | 417
13.21 Jeunes de 1999. Niaiseries acadiennes. | 418
13.22 « The official drink of Maw-Maw's House », Zatarain's Root Beer Extract. | 418
14.1 Plan du fort à Port-Royal attribué à l'ingénieur Jean de Labat, 1702. Archives nationales d'Outre-Mer (ANOM) (France), 3DFC60B, BAC. | 432
14.2 Plan du fort et d'une partie du bourg de la Guadeloupe attaquée par les Anglois en 1703. Bibliothèque nationale de France, Cartes et plans, GE DD-2987 (9094), Gallica. | 442
15.1 Contrat de travail de Jacques Beligau, maçon du Limousin, engagé pour la Guadeloupe en 1765 (ANOM, coll. E 24). | 455
15.2 Carte générale de la partie française de l'île de Saint-Domingue relative au mémoire et un cottier de M. le comte d'Estaing, 1760 (Collections de la BnF). | 458-459
15.3 Laissez-passer de Marie, Geneviève et Henriette Achée agrégées aux Acadiens établis à Belle-Isle, 1773. (ANOM, coll. E 1). | 463
16.1 Les deux drapeaux valenciens. | 488
16.2 Carte de la communauté valencienne. | 490

REMERCIEMENTS

Un projet pluridisciplinaire de si grande envergure n'aurait pas vu le jour sans le soutien et la participation de plusieurs collègues et partenaires institutionnels. En effet, la genèse du projet *Repenser l'Acadie dans le monde* s'est inspirée, en partie, de l'appel de l'Institut L.-R.-Wilson de l'Université McMaster à « repenser le Canada dans le monde ». En 2017, nous avons tous les deux été invités à faire partie du réseau de chercheuses et chercheurs associés à cet institut. Il y a donc lieu de souligner l'appui et les encouragements que nous avons reçus, dès les prémices de cette initiative, de la part de son directeur, l'éminent historien canadianiste Ian McKay. C'est d'ailleurs à l'Institut Wilson qu'a eu lieu le lancement officiel de notre initiative, le 14 mars 2019. Merci donc à toute l'équipe là-bas, et surtout à Ian ainsi qu'à Maxime Dagenais, coordonnateur des activités de l'institut à cette époque.

Ensuite, et pendant la vie du projet *Repenser l'Acadie dans le monde*, l'appui institutionnel de diverses instances de l'Université Sainte-Anne et de l'Université de Moncton a donné un élan essentiel à sa réussite. Signalons en premier lieu l'Observatoire Nord/Sud, laboratoire de la Chaire de recherche du Canada en études acadiennes et transnationales de l'Université Sainte-Anne, et l'Institut d'études acadiennes (IEA) de l'Université de Moncton, dont nous étions les directeurs respectifs. Nous avons également bénéficié du concours de la Faculté des études supérieures et de la recherche, de la Faculté des arts et des sciences sociales et du Musée acadien de l'Université de Moncton, ainsi que du vice-rectorat à l'enseignement et à la recherche de l'Université Sainte-Anne. À ce noyau d'institutions postsecondaires francophones, il faut ajouter l'appui de nos collègues du Gorsebrook Research Institute de l'Université Saint Mary's à Halifax. En plus des nombreuses contributions du chercheur chevronné John Reid, qui nous a offert son mentorat, son accompagnement scientifique et la rédaction de notre épilogue, saluons la directrice de cet institut, S. Karly Kehoe, qui a collaboré avec nous lors d'un événement scientifique et communautaire à l'île du Cap-Breton, ainsi que Mathias Rodorff, gestionnaire à la recherche, qui nous a donné un coup de main pour des activités et des réunions de travail à Halifax.

Le premier atelier scientifique du projet s'est tenu en 2019 à l'Université de Moncton et nous sommes reconnaissants de l'appui financier d'une subvention *Connexion* du Conseil de recherches en sciences humaines. Nous tenons à remercier Maurice Basque, conseiller scientifique à l'IEA, pour la générosité intellectuelle dont il a fait preuve lors du premier atelier. En plus d'avoir donné une rétroaction sur place, ce spécialiste des études acadiennes a aussi mené plusieurs suivis après coup afin d'aider des membres de l'équipe avec leurs recherches. Sur le plan logistique, Brigitte Duguay a assuré le soutien administratif nécessaire pour la réussite de cette activité. Nicolas Nicaise, stagiaire postdoctoral à l'IEA à cette époque, a joué un rôle de coordination en plus d'avoir participé pleinement à la discussion. Signalons également à ce premier stade du projet la contribution de Jennifer Démosthène, assistante de recherche et conceptrice de notre logo et de notre site Web (repenserlacadie.com), ainsi que l'œuvre artistique de Marika Drolet-Ferguson créée spécialement pour lancer notre beau défi avec une image captant la complexité des diverses visions de l'enracinement des communautés acadiennes.

Nous avons eu la grande chance de compter sur la participation de plusieurs assistantes et assistants pendant la vie du projet, dont Jennifer Démosthènes, Lauraly Deschambault, Zoe Geddes, Jean Junior Nazaire Joinville et Audrey Paquette-Verdon.

La production d'un ouvrage scientifique collectif a besoin de l'épaulement de plusieurs personnes. Commençons par l'équipe de rédaction des Presses universitaires McGill-Queen's et son rédacteur en chef, Jonathan Crago. La révision linguistique, la mise en page, l'intégration des images... il serait difficile d'énumérer les nombreuses étapes et les compétences professionnelles requises pour créer un tel ouvrage. Qui plus est, Jonathan nous a prodigué de nombreux conseils pertinents tout en veillant à un processus d'évaluation scientifique rigoureux et consciencieux. L'évaluation d'un ouvrage collectif composé de 17 études issues de diverses disciplines étant particulièrement exigeante, nous devons une fière chandelle aux évaluatrices et évaluateurs anonymes qui ont accepté cette tâche et qui ont fait part de suggestions justes et de perspectives grâce à une lecture attentive et approfondie. Nous avons fait de notre mieux pour intégrer toutes leurs suggestions, mais toute erreur restante relève entièrement de notre responsabilité. Il faut également remercier Natali Bourret, qui a effectué la traduction de trois de nos chapitres. Nous voulions proposer un ouvrage entièrement en français, ce que son travail a rendu possible.

Réservons un mot pour les nombreux auteurs et autrices du collectif. Ces personnes ont accepté de s'impliquer dans un projet ambitieux caractérisé par un processus novateur. En plus, elles ont surmonté les défis de la pandémie de COVID-19 et ont contribué à l'évolution de cette initiative en fonction de leurs capacités et des nôtres. Nous avons perdu quelques personnes en cours de route alors que d'autres ont rejoint l'aventure à mi-chemin. Il y a lieu d'applaudir les grandes forces de cette équipe soudée par la volonté de travailler dans une ambiance dynamique, collégiale et surtout humaine. La collaboration était la pierre angulaire de cet exercice et le réseau de chercheuses et chercheurs associés à ce projet ne cesse de gagner de l'ampleur. Un avenir radieux ne peut que se dessiner dans le domaine des études acadiennes grâce à l'ensemble de leurs contributions intellectuelles. Cet ouvrage n'est qu'un début.

REPENSER L'ACADIE DANS LE MONDE

INTRODUCTION

Repenser quelles Acadies et quels mondes?
CLINT BRUCE ET GREGORY KENNEDY

Point de départ

Comment l'identité collective des régions périphériques ou en milieu minoritaire évolue-t-elle dans le temps et en relation avec le monde? Comment les acteurs historiques mobilisent-ils la culture, les récits d'un passé collectif et leurs connaissances du monde afin de répondre aux besoins du présent? Dans quelle mesure l'Acadie constitue-t-elle un terrain d'enquête à privilégier pour des questions de cette nature portant sur les rapports entre identité, histoire et actualité? Ces questions parmi d'autres ont inspiré notre volonté de créer un projet de grande envergure en collaboration avec d'autres chercheuses et chercheurs en études acadiennes. Titulaire de la chaire de recherche du Canada en études acadiennes et transnationales à l'Université Sainte-Anne et directeur scientifique de l'Institut d'études acadiennes de l'Université de Moncton, respectivement, nous étions bien positionnés pour rassembler nos collègues pour une telle entreprise et nous sommes très reconnaissants de leurs réponses.

Malgré sa diversité à plusieurs égards, la collectivité acadienne est unie par une mémoire historique marquée par le Grand Dérangement traditionnellement daté de 1755. Pourtant, les recherches menées jusqu'à présent ont démontré que cette violente dispersion de toute une population s'est répercutée de multiples façons et avec des conséquences variées pour différents groupes au sein de l'ancienne colonie. Aujourd'hui, une seule spécificité n'est guère à même de circonscrire la réalité de l'Acadie contemporaine, communauté de langue officielle en situation minoritaire (CLOSM) au Canada atlantique et, en même temps, diaspora dans les Amériques et au-delà, qui s'est d'ailleurs taillé une place dans la francophonie internationale. Il nous paraît évident qu'une seule vision d'une Acadie prospective ne correspondra jamais aux besoins particuliers et aux visions multiples des diverses branches de la population d'ascendance acadienne. Comment donc appréhender *l'acadianité* et son statut dans un monde en constante évolution? Pour relever ce défi, nous avons voulu répondre à l'appel de l'Institut L.-R.-Wilson de l'Université McMaster à « repenser le Canada dans le monde », sans toutefois renfermer l'Acadie dans son contexte canadien[1].

Notre réponse, qui a pris forme dans cet ouvrage, traduit notre ambition de renouveler les études acadiennes en invitant les chercheuses et chercheurs à situer l'Acadie dans une double perspective, comparée et transnationale. Ainsi, cet ouvrage collectif pluridisciplinaire cherche à mieux cerner l'Acadie, ainsi que les Acadiennes et Acadiens, dans leurs mondes à différentes époques, soit en tenant compte des courants de la mondialisation ou de ses moments précurseurs, soit en comparant l'expérience acadienne avec celles d'autres communautés et populations en situation minoritaire. L'initiative se démarque également par la diversité des disciplines représentées. À côté des études axées sur des régions traditionnellement associées à l'Acadie et à sa diaspora, notamment le Nouveau-Brunswick et la Louisiane, l'ouvrage comprend des enquêtes novatrices intégrant des aires géoculturelles inexplorées par rapport à l'expérience acadienne, comme le Pays valencien en Europe et l'Afrique. Ayant surtout sollicité des spécialistes en mi-carrière et de la relève, nous privilégions la recherche émergente afin de susciter de nouveaux débats et de poser des questions inédites, et ce, dans le but avoué de contribuer à la reconnaissance d'une Acadie postmoderne et inclusive, c'est-à-dire une Acadie prospective qui ose rêver au-delà d'une seule définition nationaliste. Si, d'une part, cet ouvrage collectif peut insuffler un élan nouveau au domaine des études acadiennes, d'autre part, nous envisageons la création d'une référence incontournable pour les générations futures. La pluralité des objectifs reflète bien les résultats de ce projet collaboratif; les temporalités et les échelles de la recherche soulignent le dynamisme de l'Acadie plurielle qui se trouve au cœur de la réflexion.

Vers une définition de l'Acadie sociohistorique

Qu'est-ce que l'Acadie? Où se trouve-t-elle? La population francophone des quatre provinces du Canada atlantique – Nouveau-Brunswick, Nouvelle-Écosse, Île-du-Prince-Édouard et Terre-Neuve-et-Labrador – constituait, selon le recensement canadien de 2021, une minorité importante de près de 300 000 personnes, dont le plus grand nombre résidait au Nouveau-Brunswick[2]. Au tournant du XXIe siècle, l'expression « l'Acadie de l'Atlantique » proposée par certains acteurs et chercheurs voulait capter cette réalité[3]. Il existe aussi des communautés se réclamant de l'identité et de l'héritage acadiens au Québec, en Louisiane, en France et ailleurs, chacune destinée à évoluer en fonction des conditions sociopolitiques de son contexte respectif. D'ailleurs, les collectivités acadiennes se doivent de relever les défis de la mondialisation et de s'ouvrir à la diversité culturelle, notamment en accueillant des immigrés dans le contexte d'un Canada multiculturel.

Et pourtant... *L'Acadie n'existe pas, ou n'existe plus, sur les cartes géopolitiques.* Voilà l'un des poncifs qui se fait récurrent lorsqu'il s'agit d'évoquer le fait acadien[4], et qui attise le souvenir d'une colonie française fondée au début du XVIIe siècle en Mi'kma'ki, malmenée par la rivalité impérialiste entre la France et l'Angleterre, puis anéantie à tout jamais lors de l'expulsion brutale de la population civile. Cette aire géographique était à la fois l'Acadie pour les Français, la Nouvelle-Écosse pour les Britanniques et les terres ancestrales des Premières Nations. D'environ 14 000 âmes à la veille de la Déportation, l'Acadie avait jusqu'alors un territoire, même si ses frontières étaient contestées[5]. Les Acadiennes et Acadiens d'aujourd'hui peuvent mettre le doigt sur une carte et dire : « Voici nos terres, notre patrimoine, notre espace de référence, notre paradis perdu... » De ce sentiment est né un mythe collectif, un imaginaire lié au souvenir trop simpliste, mais ancré dans l'expérience historique d'une Acadie territoriale.

La conviction que l'Acadie n'existe pas, ou n'existe plus, cette idée lapidaire et ses variantes font briller une étincelle d'ironie, celle d'une persistance, voire d'une résilience jusqu'à nos jours : « Pendant toutes ces années, pourtant, c'est-à-dire trois siècles, un dénominateur commun : les Acadiens », fait observer la célèbre écrivaine Antonine Maillet en 1973[6]. Il y a donc une réalité démographique qui présente une indéniable cohérence sociologique. Du point de vue du nationalisme romantique, les Acadiennes et Acadiens possédaient tout ce qu'il fallait pour former un peuple : une histoire commune, une identité linguistique, un folklore et d'autres formes d'expression culturelle. Il manquait cependant un État, c'est-à-dire un gouvernement acadien pour encadrer la collectivité en tant que nation. Or, dans la foulée de la Confédération canadienne, l'émergence du nationalisme culturel acadien – souvent appelée *la renaissance acadienne* – aura suscité la création d'institutions : organes de presse, établissements éducatifs, organismes porte-paroles, sociétés d'aide mutuelle et d'autres encore. Comme ailleurs au Canada français, l'Église catholique a joué un rôle fondamental et indispensable pour accompagner la population.

De 1881 à 1955, une série de conventions nationales acadiennes furent organisées par des élites politiques et ecclésiastiques dans le but de doter les communautés acadiennes de symboles et d'une orientation collective, notamment pour combattre la discrimination linguistique, les préjugés religieux contre les catholiques et les effets néfastes de la minorisation[7]. Lors de la période contemporaine, l'Acadie réussit également à se projeter sur la scène internationale, tantôt par la société civile, tantôt par la représentation gouvernementale. La Société nationale de l'Acadie, dont les origines remontent à l'époque des conventions nationales, est emblématique de cette double fonction dans la mesure où elle fédère le réseau associatif acadien tout en représentant celui-ci à l'extérieur du Canada.

Pourtant, l'Acadie « dans le monde » ne se limite guère aux collectivités regroupées dans cette aire géographique. Le Grand Dérangement, c'est-à-dire la période des déportations et des migrations qui s'ensuivirent, donna naissance à une diaspora. Des phénomènes migratoires ultérieurs allaient contribuer davantage au processus de diasporisation, notamment l'émigration massive vers les États-Unis entre le milieu du XIXe siècle et la Seconde Guerre mondiale[8]. La renaissance acadienne allait inspirer des tentatives de renouer avec les communautés de la diaspora, du moins sur le plan symbolique. Cette impulsion engendra un imaginaire collectif axé sur la commémoration du Grand Dérangement et figuré par le personnage d'Évangéline, l'héroïne tragique du poète américain Henry Wadsworth Longfellow[9]. Tombée plus tard en désuétude, cette vision traditionnelle de la diaspora allait faire l'objet de quelques initiatives de la redynamiser, et cela, à diverses fins. Par exemple, le chapitre d'Isabelle LeBlanc du présent ouvrage analyse le programme de bourses de mobilité étudiante entre Moncton et Lafayette en faveur des « Evangeline Girls », créé par le politicien et entrepreneur Dudley LeBlanc afin de promouvoir le fait français en Louisiane. Or, la conception diasporique de l'Acadie a été ravivée depuis les années 1990 grâce aux congrès mondiaux acadiens (CMA), une série de grands rassemblements quinquennaux faisant écho aux conventions nationales acadiennes, mais mis au diapason de la mondialisation. Aux yeux de certains détracteurs, la mise en valeur des retrouvailles familiales lors des CMA ferait la promotion d'une « Acadie généalogique », déterritorialisée, dépolitisée, se déclinant sur le mode individualiste et, en dernière analyse, réfractaire aux exigences de la société contemporaine[10].

Cette opposition apparente entre l'Acadie de la diaspora et une Acadie dite politique ou nationaliste en mesure de faire société – ancrée surtout au Nouveau-Brunswick – rend trop simple un pan des réflexions sur les perspectives de la société acadienne. Sans disposer de son propre gouvernement, l'Acadie de l'Atlantique est désormais conditionnée par un encadrement étatique à plusieurs niveaux, dans le contexte du bilinguisme canadien et des régimes linguistiques de chaque province. Cette dynamique a pris forme dans les années 1960, à l'ère de l'avènement de l'État-providence et du déclin de l'Église catholique. Ainsi, les Acadiennes et Acadiens du Canada disposent de nombreux leviers pour assurer leur autonomie collective, notamment dans les domaines de l'éducation, des soins de santé et de la production culturelle, sans toutefois atteindre la « complétude institutionnelle » et en restant confrontés à la menace de l'assimilation linguistique[11].

Comme l'exprime avec justesse le sociologue Julien Massicotte, « [l]'Acadie contemporaine alterne entre la territorialité et la diaspora, entre l'individualisme et le communautarisme, entre le culturel et le politique; peu étonnant que l'on se questionne sur le phénomène identitaire, et sur certaines de ses composantes les plus centrales[12]. » Pourtant, les contributions à cet ouvrage collectif démontrent le potentiel d'aller au-delà de ces dichotomies pour imaginer une nouvelle Acadie prospective. Pour ne citer qu'un exemple, Philippe Volpé étudie l'histoire des mouvements de solidarité internationale depuis les années 1960 en cernant l'importance de ces initiatives coopératives pour l'émergence d'une petite société acadienne dynamique et assurée dans ses valeurs fondamentales. D'ailleurs, le caractère réticulaire des milieux acadiens – c'est-à-dire, constitué de réseaux plutôt que d'un appareil étatique ou autrement unitaire – se prêterait à une réconciliation avec la logique diasporique de plus en plus évidente depuis les années 2000. Bref, l'Acadie a un passé et elle se projette aussi vers l'avenir.

Les études acadiennes : notre point d'entrée et nos approches

Qu'est-ce que les études acadiennes? Pourquoi existent-elles? Champ pluridisciplinaire, les études acadiennes sont nées au XIXe siècle dans une volonté de légitimation d'une collectivité – de son expérience historique et de ses aspirations – grâce aux moyens de la recherche scientifique. Ainsi, il s'agissait d'un effort de valorisation face à des préjugés et des conditions défavorables, dont l'absence d'un appareil étatique, comme cela a également été le cas des études juives et des études noires[13]. S'enracinant dans le terreau de l'histoire, ses travaux pionniers furent autant l'œuvre d'Acadiens des Maritimes, comme l'archiviste et généalogiste Placide Gaudet (1850-1930) et le politicien Pascal Poirier (1852-1933), que d'étrangers comme le Français Edme Rameau de Saint-Père (1822-1899). L'intérêt pour la généalogie avait une portée réparatrice dans la mesure où la documentation des lignées familiales servait à rétablir les continuités brisées par la Déportation, tandis que les premières études sur la langue visaient à expliquer les écarts entre le français acadien et la variété normée (le « français standard »). Alors que l'ethnologie, ou l'étude du folklore et des traditions populaires, s'efforce de préserver un patrimoine menacé par la modernisation, la sociologie allait permettre d'examiner des questions contemporaines. C'est à partir des années 1960 que les études acadiennes s'affranchissent plus ou moins de leur vocation strictement nationaliste pour adopter des postures proprement critiques vis-à-vis du discours de l'élite[14]. Certains textes de ce collectif poursuivent dans ce sens. Éva Guillorel reconstitue la transmission et l'adaptation de chansons du régime français par les classes populaires en Acadie. Pour sa part, Nathan Rabalais démontre l'ampleur des références folkloriques dans les mèmes publiés sur Internet, aussi bien en Acadie qu'en Louisiane. Les références adoptées dans les récits, les chansons et plus récemment les médias sociaux témoignent d'une évolution perpétuelle en fonction des échanges et des enjeux socioculturels.

C'est aussi à partir des années 1960 que se réalise l'institutionnalisation des études acadiennes dans les deux universités francophones du Canada atlantique, à savoir l'Université de Moncton et l'Université Sainte-Anne, où sont établis des centres de recherche, à commencer par le Centre d'études acadiennes Anselme-Chiasson à Moncton[15]. Nos deux instituts, soit l'Institut d'études acadiennes de l'Université de Moncton et l'Observatoire Nord/Sud de l'Université Sainte-Anne, sont les héritiers de ce mouvement. Nous sommes particulièrement fiers du rapprochement de l'Université de Moncton et l'Université Sainte-Anne grâce à la présente initiative. Loin de se limiter aux établissements francophones du Canada atlantique, les études acadiennes bénéficient aussi de foyers très dynamiques dans des universités françaises, surtout à Poitiers, et aux États-Unis, notamment au Maine et en Louisiane.

Force est de souligner la portée publique, voire engagée d'une bonne partie des recherches sur l'Acadie, surtout dans les milieux de la communauté francophone de l'Atlantique. Dans ce contexte-là, les défis liés à la situation minoritaire encouragent le recours au savoir pour comprendre et résoudre certains problèmes (comme l'assimilation linguistique, pour ne citer qu'un exemple très parlant). Qui plus est, les événements comme le Congrès mondial acadien comportent le plus souvent un volet scientifique[16]. Il y a là des occasions fructueuses de mobilisation des connaissances auprès du public, certes, mais aussi des tensions et des contraintes en ce qui concerne les attentes de ce même public. Une initiative de l'Institut d'études acadiennes, baptisée *Université populaire*, suscite des échanges entre les chercheurs universitaires et les membres du public, et cela par le biais de diverses thématiques, par exemple, la contribution des Acadiennes et Acadiens aux guerres mondiales (2022) ainsi que les femmes militantes en Acadie depuis 1963 (2023). Pour sa part, l'Observatoire Nord/Sud déploie diverses initiatives médiatiques, comme la baladodiffusion et une chronique dans l'hebdomadaire *Le Courrier de la Nouvelle-Écosse*, afin de rendre la recherche disponible au grand public.

Sur le plan scientifique, ce livre s'inscrit dans une tradition bien établie d'ouvrages collectifs visant à définir, à légitimer et à faire avancer le champ des études acadiennes. Cette voie a été ouverte par deux ouvrages réalisés sous l'égide de la première Chaire d'études acadiennes et sous la direction de l'historien Jean Daigle, à savoir *Les Acadiens des Maritimes* (1980) et *L'Acadie des Maritimes* (1993). Réunissant des études thématiques, voire panoramiques sur des sujets fondamentaux comme l'économie, l'éducation, le folklore ou encore la démographie, ces recueils demeurent des références utiles et incontournables. La plupart des ouvrages collectifs qui balisent depuis lors les réflexions sur le fait acadien s'efforcent davantage de s'interroger sur la constitution même de l'objet « Acadie ». Le succès du Congrès mondial acadien de 1994, dont les actes ont été publiés deux ans plus tard[17], et la reconduction de l'événement ont confronté le milieu scientifique, bien plus qu'avant, aux dimensions globalisantes de l'Acadie, souvent – mais pas toujours – sous le signe de sa diaspora : les années 1990 étaient d'ailleurs marquées par le triomphe de la mondialisation, du moins le croyait-on. En témoignent *L'Acadie plurielle : dynamiques identitaires collectives et développement au sein des réalités acadiennes* (2003), ouvrage remarquable par l'envergure et la diversité des études qu'il renferme, et, peu après, *Balises et références : Acadie, francophonies* (2007), dont les essais proposent de revisiter les questions identitaires et idéologiques autour desquelles se dessinent les diverses visions de l'Acadie[18]. D'autres ouvrages ont traité de l'expérience des femmes, parfois occultée par les questionnements sur le devenir collectif[19]. Nous notons également un intérêt soutenu pour les représentations culturelles et identitaires[20]. Au tournant des années 2020, une équipe basée à l'Université de Moncton faisait paraître *L'état de l'Acadie : un grand tour d'horizon de l'Acadie contemporaine* (2021). En renouant avec le cadre géoculturel de l'Acadie de l'Atlantique, cet ouvrage de référence s'efforçait de dresser un état des lieux de la collectivité francophone sous de nombreux aspects. Notre aperçu ne se veut certes pas exhaustif, d'autant plus qu'à ces livres s'ajoutent des dossiers de revues scientifiques[21]. Ce qu'il y a lieu de retenir, c'est que ces ouvrages ont tous contribué à renouveler les problématiques en études acadiennes.

Le titre donné à ce projet, *Repenser l'Acadie dans le monde*, vise à signaler l'intention d'aborder l'Acadie comme terrain d'enquête parmi d'autres et en relation avec d'autres. En effet, les nouvelles recherches de la relève en études acadiennes privilégient déjà la double démarche de la comparaison et du transnationalisme. La comparaison est une approche fondamentale en sciences sociales et humaines. En juxtaposant un groupe, un contexte, un phénomène ou une œuvre avec d'autres, l'analyse comparative permet de relativiser les observations et d'éviter les présupposés. À en croire le sociologue Émile Durkheim, « l'histoire ne peut être une science que dans la mesure où elle explique, et l'on ne peut expliquer qu'en comparant[22] ». Pour plusieurs, la portée de sa remarque ne se limiterait guère à la discipline historique tandis que, pour d'autres, la comparaison comporte le risque d'effacer les particularités d'une expérience ou d'une collectivité humaine. Sans nier ce danger, nous considérons le fait acadien non pas « comme une singularité, mais comme une spécificité » dont les caractéristiques se détacheront d'autant plus nettement qu'elles seront confrontées à d'autres configurations[23]. Notre collectif privilégie ainsi la comparaison heuristique, « qui facilite la connaissance d'un objet particulier[24] ». Mieux encore, cette démarche peut jeter un éclairage complémentaire et salutaire sur les objets comparés. C'est le cas, par exemple, du chapitre signé par les politologues Rémi Léger et Jean-Rémi Carbonneau qui étudient la situation de la minorité de langue catalane au Pays valencien, région de l'Espagne, en confrontant ses réalités avec celles de la communauté francophone du Nouveau-Brunswick. Les spécialistes du fait catalanophone en retireront autant que les acadianistes, nous en sommes convaincus. Or, en contraste avec la comparaison heuristique, la comparaison systématisante tente de mieux cerner un concept ou de formuler des « lois » généralisables – par exemple, examiner différentes diasporas dans le but de déterminer : qu'est-ce qu'une diaspora, au juste[25] ? Si les études de notre collectif empruntent peu la voie de l'abstraction, elles sont en revanche unies autour d'un objectif : celui de mieux saisir les réalités acadiennes dans leur contexte mondial, tout en tenant compte des différentes échelles possibles de la comparaison.

De plus, les études acadiennes en seraient arrivées à un « tournant transnational » que ce collectif a eu l'ambition de mettre en valeur, voire d'encourager[26]. À quoi renvoie le transnationalisme ? Il importe de distinguer entre les études internationales, qui s'intéressent aux relations entre États-nations, et les approches de phénomènes transnationaux qui, pour leur part, impliquent des acteurs non étatiques et qui relèvent de « flux et liens » (« *flows and links* ») de la circulation de personnes, de projets, de produits et d'idées d'un contexte national à d'autres. Depuis les années 1990, nous assistons à l'avènement et à l'essor des études transnationales dans les sciences humaines et sociales[27]. Les approches qui y sont associées viennent ouvrir de nouvelles perspectives sur les petites collectivités sans État quant à leurs rapports avec le monde et leur situation dans le monde[28]. Comme le souligne Joel Belliveau dans un ouvrage déjà paru, « l'Acadie [...] ne vit pas hors du monde; elle en fait partie et agit en synchronie avec les tendances sociales et culturelles qui balaient tous les continents[29] ». Dans son texte ici, Christopher Hodson souligne que les Acadiens de Port-Royal étaient bien au courant de l'esclavage dans le monde atlantique français ainsi que des conséquences de leur positionnement « sans État » à la périphérie de la Nouvelle-France. Sur le plan méthodologique, la comparaison représente déjà l'une des voies des approches transnationales tandis que la configuration de la grande Acadie se prête d'office aux paradigmes transnationaux sous l'angle de l'étude des diasporas (où, curieusement, le cas acadien brille par son absence)[30].

D'autres modèles et méthodes ont été proposés en histoire coloniale, en études migratoires et en études culturelles pour rendre compte des effets de la mondialisation[31]. Au lieu d'un cadre conceptuel rigide, il s'agit d'un changement de paradigme, voire d'une façon de comprendre la mondialisation et, en perspective historique, sa longue genèse. Même si, à un stade antérieur, les chantres du transnationalisme prévoyaient à terme l'affaiblissement de l'État-nation et la disparition des frontières, il n'est pas question pour nous d'effacer les réalités du cadre national du Canada (ou des États-Unis et d'autres pays), mais plutôt de stimuler des réflexions novatrices. C'est pourquoi le projet *Repenser l'Acadie dans le monde* a tant mis l'accent sur les ateliers, les échanges et le temps de faire mûrir nos idées. Il s'agissait de créer des espaces et des occasions propices à la réflexion en commun. À la lumière des interventions des collègues lors de nos ateliers et discussions, et de leurs textes raffinés, nous dégageons trois questions rassembleuses pour faire avancer les études acadiennes à ce moment de leur évolution. Qui parle pour l'Acadie? Faut-il tracer une frontière infranchissable entre l'Acadie coloniale et les Acadies de l'après-Déportation? Y a-t-il convergence ou divergence entre les objectifs formulés aux différentes échelles de la société acadienne et de sa diaspora? Explorons quelque peu chacun de ces problèmes.

Trois grandes questions

Qui parle pour l'Acadie?

Fondamentale en études acadiennes, cette question s'impose avec encore plus de pertinence dans le cadre d'une initiative s'efforçant de repenser l'Acadie.

Qui prétend parler pour l'Acadie ? Qui s'estime capable de le faire ? Qui est perçu comme porte-parole légitime ? Qui est inclus ou exclu en vertu des définitions de l'Acadie présentées ? Dès leurs débuts, les collectivités acadiennes étaient représentées par différents groupes de notables, d'élites et de délégués. Pourtant, ces groupes n'ont pas toujours fait consensus chez la population. Dans son chapitre, Adeline Vasquez-Parra examine les stratégies des réfugiés acadiens du Grand Dérangement, et surtout des femmes, pour manifester leurs besoins auprès des autorités britanniques par le biais des pétitions. Plusieurs de ces femmes ont mis l'accent moins sur le fait acadien que sur leurs métiers et leur intégration aux nouvelles communautés dans les Antilles.

Pour ce qui est du retour en Nouvelle-Écosse, puis au Nouveau-Brunswick (après la création de ce dernier en 1784), nous constatons une consolidation progressive des nouvelles élites politiques et ecclésiastiques sur place. L'émergence d'une société acadienne cohérente pendant le XIXe siècle s'est accompagnée de la création d'une « élite définitrice », suivant un concept du sociologique québécois Fernand Dumont (bien que nous fassions état, à l'aide des travaux de Sheila Andrew, d'élites à toutes les époques)[32]. La renaissance acadienne reposait peu ou prou sur l'imposition d'un récit collectif avec un recours à divers espaces de référence liés à l'expérience collective : par exemple, le Grand Dérangement, mais aussi les luttes autour de la langue et de la représentation politique. L'hégémonie du discours nationaliste était déjà contestée à la fin du XIXe siècle autour de la question de l'émigration, mais surtout à partir des années 1960, dans la foulée de la modernisation de l'Acadie des provinces maritimes[33]. Dans son texte, Rachel Doherty remarque cette ascendance de « la subalternité » sur les marges de *l'acadianité*, phénomène qu'elle explique en fonction de son analyse des romanciers Antonine Maillet et Régis Brun. Bien que les fonctions de l'élite « traditionnelle » aient été relayées en partie par des organismes porte-paroles, ce qui semble caractériser l'Acadie contemporaine est sa diversité de voix, dont celles des artistes, des organisations culturelles, des associations militantes et, bien sûr, des intellectuels rattachés – ou non – aux établissements postsecondaires. Là encore, la condition de peuple sans État et en diaspora ne cesse de conditionner cette dynamique. Par exemple, le chapitre signé par Clint Bruce retrace l'évolution pendant un siècle des contacts entre l'Acadie des provinces maritimes et la Louisiane autour de l'identité raciale et la fonction de celle-ci dans l'émergence d'une vision diasporique de l'Acadie.

Plus récemment, les études féministes, ethniques et postcoloniales cherchent à recentrer notre compréhension des phénomènes sociaux sur l'expérience des personnes dominées et des personnes exclues. Le concept d'intersectionnalité nous invite à relire le passé et le présent à la lumière des questions de genre, de race, de langue, de religion et de culture afin de mieux saisir comment les groupes minoritaires ont été marginalisés systématiquement, et cela, sur plusieurs plans. En outre, la notion de colonialisme de peuplement ou d'implantation suscite une réflexion poussée sur les retombées des siècles d'oppression des Premières Nations des Amériques[34]. Si certains enjeux sont généralisés, par exemple, la réalité de vivre en milieu minoritaire, chaque individu a vécu sa propre expérience. Linda Cardinal a déjà souligné que les Acadiennes et d'autres femmes francophones en situation minoritaire au Canada contemporain ont souffert d'une double et même d'une triple infériorité en tant que femmes, en tant que membres d'un groupe linguistique minoritaire et, dans plusieurs cas, en tant que migrantes récentes[35]. En effet, l'industrialisation et l'urbanisation ont aggravé les inégalités déjà existantes dans la sphère familiale, au travail et sur le plan politique en Acadie[36]. Le régionalisme en Acadie contemporaine, ainsi que la répartition inégale de perspectives d'éducation et d'emploi dans chaque région, représentent d'autres facteurs qui conditionnent le vécu et la subjectivité. Plus attentifs à nos préjugés inconscients, nous sommes mieux en mesure d'entendre les voix subalternes en Acadie et ailleurs[37]. Et par conséquent, la notion d'un « nous » hégémonique – l'Acadie comme sujet ou objet d'étude – devient problématique.

Les Acadiens ne furent pas tous déportés en 1755. Les Acadiens d'aujourd'hui ne parlent pas tous le français. Les Acadiens ne vivaient pas tous et ne vivent pas tous dans les provinces maritimes. Pourtant, comment réaliser l'aspiration à « faire société » en milieu minoritaire sans une spécificité propre et rassembleuse, soit historique, linguistique ou géographique? Si l'Acadie existe aujourd'hui, sans territoire ou État particulier, « ne serait-ce que par son affirmation constante à travers une multiplicité de moments, de lieux, de mobilisations et d'actions collectives? En somme, l'Acadie, en tant que collectivité est revendiquée, représentée et ce faisant cherche à définir, à travers les actions et les réflexions qui entourent son identité de collectivité ou de communauté[38] ». En effet, les chapitres de cet ouvrage démontrent que la nature des revendications collectives et les actions communautaires ont beaucoup varié dans le temps et l'espace – et cela en fonction de la définition de l'Acadie imaginée par les personnes qui prenaient la parole. Tout récemment, un trio de chercheurs affirmait qu'aujourd'hui « la vitalité de l'Acadie passe par l'accueil et l'intégration d'immigrants francophones[39] ». Dans cet ouvrage collectif, Judith Patouma se penche sur les enjeux culturels de l'intégration des immigrants francophones dans le système scolaire francophone de la Nouvelle-Écosse. Cette ouverture à la mondialisation s'avère un aspect fondamental d'une Acadie prospective au XXIe siècle, mais il reste beaucoup de questions et même de l'incertitude sur le fait acadien.

La fausse coupure de l'Acadie coloniale et contemporaine

Les tentatives de définir et de périodiser l'histoire acadienne sont en quelque sorte un dédommagement de cette inquiétude régnante du futur. Ainsi, Marc Robichaud cerne la construction d'un récit historique dans les écoles francophones du Nouveau-Brunswick : « la naissance et le développement d'une Acadie prospère; une période de grand bouleversement, marquée par la Déportation; le retour des Acadiens après de nombreuses années en exil; et le début d'une longue lutte pour l'égalité linguistique, ponctuée, entre autres, par la loi scolaire de 1871, la renaissance acadienne au XIXe siècle et les réformes de Louis J. Robichaud[40] ». Ce schéma et ses variantes, souvent reproduits dans l'historiographie acadienne, suivent la forme classique des mythes fondamentaux des sociétés humaines[41]. Pour comprendre les origines de l'inégalité qui a longtemps caractérisé la situation des Acadiennes et Acadiens, il faudrait se référer à « *a fall from grace* » (une chute du paradis). Dans un récent ouvrage de synthèse historique globale, David Graeber et David Wengrow affirment que le moment est arrivé de poser de meilleures questions, parce que ces récits prête-noms sont irréconciliables avec les preuves devant nous et, qui plus est, sont dangereux à cause de leur tendance à éliminer la diversité et à valoriser un certain esprit politique conservateur et nationaliste[42]. Il n'est pas surprenant que les élites acadiennes se soient servies d'une interprétation simpliste du passé pour justifier leur vision de la société. Les recherches récentes démontrent que ce n'est pas le Grand Dérangement qui a déterminé la marginalisation des Acadiens, qu'il faudrait plutôt attribuer aux conditions d'une société périphérique et frontalière, établie d'ailleurs en territoire autochtone[43], ayant évolué sur un échiquier impérial contesté[44] et finalement relégué aux marges d'une société canadienne (ou américaine) en émergence. Tout simplement, les textes présentés dans le cadre de cet ouvrage collectif remettent en question la rupture totale entre une Acadie territoriale et prospère d'avant 1755 et une Acadie déterritorialisée et marginalisée après 1763. En effet, au lieu de pleurer un supposé paradis perdu, on peut suivre l'exemple d'autres spécialistes qui affirment que cette société sans État possède certains avantages dans notre monde actuel[45].

Les histoires que nous racontons sur notre passé collectif ne sont pas neutres. Après le premier atelier de ce projet, John Reid a noté que nos interprétations de l'histoire acadienne n'ont pas intégré suffisamment les perspectives autochtones. Dans le cadre d'une activité organisée en partenariat avec l'Institut de recherche Gorsebrook de l'Université Saint Mary's[46], nous sommes devenus plus conscients des relations complexes entre les Acadiens et les Autochtones, notamment les Mi'kmaq et les Wolastoqiyik aux Maritimes ainsi que les Houmas en Louisiane. Pourtant, la notion idyllique selon laquelle les Acadiens se seraient toujours entendus à merveille avec leurs voisins persiste dans la mémoire collective[47]. Si les Acadiens avaient bel et bien leur propre histoire colonisatrice envers les Autochtones et aussi dans le contexte louisianais envers les populations d'origine africaine tenues en esclavage, ces dimensions de l'expérience acadienne ont été plus ou moins noyées et oubliées dans les récits victimaires de la Déportation. Pourtant, il est possible d'être à la fois acteurs et victimes de l'impérialisme.

Le processus de la réconciliation ne donnera rien sans tenir compte de la vérité du colonialisme et de ses conséquences à court et à long terme. Question d'ignorance ou de dissimulation, dans tous les cas, l'Acadie postmoderne doit affronter une histoire beaucoup plus complexe que les contes d'Évangeline et les souvenirs de Beausoleil Broussard. Dans son chapitre de ce collectif, Nicole Gilhuis emploie la notion de « fantômes coloniaux » pour rendre compte de la disparition des archives de certains membres du clan Guédry en raison de leur appartenance aux communautés autochtones ou métissées avant et pendant le Grand Dérangement. L'effacement des branches entières d'un ensemble de familles entraîne des conséquences majeures sur notre interprétation du passé collectif.

Nous avons déjà évoqué l'analyse de Massicotte sur le poids des dichotomies en Acadie contemporaine. L'opposition parfois trop réductrice de cette dernière à une Acadie territoriale avant 1755 ne constitue qu'un exemple. Le projet *Repenser l'Acadie dans le monde* affirme l'importance d'aller plus loin. L'Acadie du Nouveau-Brunswick et l'Acadie diasporique ne sont pas nécessairement en opposition. On peut à la fois s'intéresser à la petite société de l'Acadie ethnolinguistique tout en valorisant la diversité d'une Acadie mondiale plurielle. Nous ne nous en tenons pas à une seule définition de l'Acadie et nous explorons divers mondes géographiques, culturels et politiques. Pour sa part, Corina Crainic démontre l'intérêt de mettre en dialogue les romans d'Antonine Maillet avec ceux d'autres auteurs de la francophonie internationale ; le thème de l'altérité ainsi que la violence et le désir que cette altérité peut susciter reflètent la précarité du milieu minoritaire, surtout pour les femmes. Carmen d'Entremont s'intéresse à la création de nouveaux milieux du fait l'émigration temporaire ou permanente des familles de la Nouvelle-Écosse vers le Massachusetts à la fin du XIXe siècle. Les catégories traditionnelles de familles sédentaires et immigrantes s'effritent au contact de réalités bien plus complexes, caractérisées par des zones intermédiaires et des efforts d'adapter la culture aux nouvelles conditions. Bref, cet ouvrage collectif invite à une réflexion approfondie sur les catégories et les définitions proposées par les récits traditionnels des élites et nous exposons l'inutilité de s'accrocher aux dichotomies en ce qui concerne la réflexion sur une Acadie prospective.

La convergence (ou la divergence) des objectifs

En réunissant l'époque d'avant et d'après 1755 grâce à plusieurs études consacrées à diverses périodes, cet ouvrage collectif nous amène à signaler certains enjeux et idées qui persistent dans les milieux acadiens. Un constat particulièrement puissant concerne l'importance de la convergence ou de la divergence des objectifs de l'État par rapport à ceux émanant des localités acadiennes. En effet, il s'agit d'un jeu d'échelles, avec l'alignement ou non de plusieurs intérêts. Ici, nous sommes inspirés par d'autres spécialistes. Par exemple, Naomi Griffiths mettait l'accent sur les mentalités populaires à la base d'une politique acadienne cohérente pendant l'époque coloniale. Il s'agissait d'une identité distincte et régionale en marge des empires français et britannique, s'exprimant à travers le droit de négocier face aux exigences de l'État[48]. Ces idées ont trouvé une nouvelle vie dans les institutions de la vie politique en Acadie du Nouveau-Brunswick à l'époque contemporaine, par exemple, « les écoles, l'université, les caisses populaires, les municipalités[49] ». Nous passons de l'impérialisme participatif à la complétude institutionnelle, en passant par des périodes d'imposition brutale de la volonté de l'État, notamment lors des guerres (pensons à la Déportation, mais aussi à la conscription lors des guerres mondiales malgré l'opposition de la population). Ce n'est donc pas surprenant qu'un marqueur de l'identité acadienne semble susciter l'inquiétude par rapport à l'assimilation. Maurice Basque s'est déjà demandé si « les acquis culturels, juridiques, politiques et socioéconomiques de l'Acadie contemporaine constituent des digues suffisamment puissantes pour contenir les marées assimilatrices toujours aux aguets[50] ». Julien Massicote s'inquiète que les élites acadiennes ne pensent qu'au « maintien des acquis » sur le plan institutionnel, obstacle possible à rêver d'une Acadie prospective… Ou faut-il lire utopique[51]?

En effet, quels sont les objectifs raisonnables pour les Acadiennes et Acadiens d'aujourd'hui? Comment pourrions-nous comprendre les revendications collectives et les actions individuelles d'une multiplicité d'acteurs dans le temps et l'espace, toujours assujettis à la réalité de vivre en milieu minoritaire?

Un exemple très parlant de ce problème est survenu dans la campagne pour obtenir des excuses de la part de la reine Élisabeth II pour les actions de l'État britannique pendant le Grand Dérangement. Ce mouvement a été lancé et mené par un juriste louisianais, Warren Perrin, sans grande consultation avec les communautés francophones du Canada atlantique, vivant toujours dans un pays du Commonwealth, où l'initiative a suscité des réactions variées. Toujours est-il que la proclamation royale de 2003, qui reconnaît (sans offrir d'excuses) les torts infligés à la population acadienne, aura eu un succès dans la mesure où, suivant cette proclamation, le 28 juillet est devenu la Journée de commémoration du Grand Dérangement. Dans ce cas, la question des objectifs converge avec celle de « parler pour l'Acadie ».

Cet ouvrage collectif comprend plusieurs études animées par cette idée de convergence ou divergence d'objectifs et de ses conséquences. Gregory Kennedy examine le pouvoir d'agir des habitants face aux demandes de service militaire imposées par le régime français au début du XVIIIe siècle. Les gouverneurs français risquaient de perdre l'appui de la population s'ils ne consultaient pas celle-ci, par manque d'égard vis-à-vis la volonté des élites locales. Dans son texte portant sur la municipalisation du territoire de la province du Nouveau-Brunswick, Mathieu Wade retrace un processus d'affirmation identitaire en concert avec la rationalisation prévue par l'État, avec des résultats mitigés quant aux revendications locales. Pour sa part, Michelle Landry étudie la représentation de l'Acadie lors des sommets de la Francophonie internationale; la Province du Nouveau-Brunswick a participé de sa propre manière, en fonction d'objectifs qui n'ont pas toujours correspondu aux souhaits des organismes acadiens comme la Société nationale de l'Acadie.

Notre processus

D'entrée de jeu, nous avons considéré que, pour repenser l'Acadie, il fallait penser ensemble, en mettant nos idées et nos projets respectifs en contact et en dialogue. Notre proposition initiale, qui a fait l'objet d'une demande de subvention Connexion auprès du Conseil de recherches en sciences humaines, faisait valoir la création d'un nouveau réseau de chercheuses et chercheurs en études acadiennes et c'est cette vision que nous avons mise de l'avant lorsque le projet fut officiellement lancé à l'Institut L.-R.-Wilson, le 14 mars 2019. Il y a donc lieu de souligner l'appui et les encouragements que nous avons reçus, dès les prémices de cette initiative, du directeur de cet institut, l'éminent historien et canadianiste Ian McKay. C'était le début d'un parcours scientifique aussi agréable que stimulant, certes interrompu par la pandémie de COVID-19, mais réussi grâce au dévouement et à la résilience de notre équipe.

Ainsi, cet ouvrage collectif est le fruit d'une série d'activités collectives au cours desquelles les participantes et participants allaient bénéficier des questions, des réflexions et des conseils de leurs collègues. Ces interactions nous ont semblé d'autant plus souhaitables que tout le monde au sein de notre équipe n'a pas la même vision de l'Acadie ni la même perspective sur les études acadiennes. Cette diversité sur le plan intellectuel était voulue et, du début à la fin, s'est avérée salutaire. Notre démarche avait pour moteur principal la tenue de deux ateliers scientifiques. Le premier atelier s'est déroulé en août 2019 à l'Université de Moncton. Alors que le projet n'en était qu'à sa première étape, les membres de l'équipe ont présenté des propositions de recherche afin de recevoir la rétroaction d'autrui. Il était également question de discuter de l'orientation du projet dans son ensemble. Le deuxième atelier devait se tenir un an plus tard, à l'Université Sainte-Anne, mais la pandémie a mis notre plan initial à rude épreuve. En cours de route, quelques personnes se sont désistées, pour des raisons tout à fait légitimes, et, en contrepartie, d'autres chercheuses et chercheurs ont intégré le collectif. C'est en août 2021 qu'a eu lieu le deuxième atelier dont le but majeur était de fournir une rétroaction sur les manuscrits des chapitres avant l'évaluation scientifique. De ces discussions sont sorties quelques idées qui ont été reprises dans les parties précédentes de notre introduction.

En marge de ces deux ateliers, des groupes de discussion sur des lectures pertinentes ont été organisés afin de faire évoluer nos réflexions sur des concepts clés et des problèmes spécifiques. Ce qui nous a fait particulièrement plaisir, c'était de voir l'émergence de quelques collaborations indépendantes entre des chercheuses et chercheurs de l'équipe.

Nous sommes particulièrement reconnaissants des contributions de John Reid qui a accompagné ce projet dès ses débuts. Affilié à l'Institut de recherche Gorsebrook pour l'étude du Canada atlantique (Université Saint Mary's), ce chercheur chevronné a d'abord fourni un rapport-synthèse détaillé après le premier atelier. Depuis lors, il a appuyé plusieurs membres de l'équipe en cours de route tout en travaillant avec les codirecteurs pour la production d'un épilogue de ce volume. Sa participation aura été inestimable. Pour sa part,

Maurice Basque de l'IEA a fait preuve de la générosité intellectuelle qu'on lui connaît depuis son premier atelier. En plus d'avoir donné une rétroaction sur place, ce spécialiste des études acadiennes a aussi mené plusieurs suivis après coup afin d'aider des membres du collectif avec leurs recherches.

Nous tenons à signaler que chaque texte aura fait l'objet d'une évaluation spécifique par les pairs – un processus plus exigeant que celui normalement employé pour les ouvrages collectifs – afin d'assurer que chaque spécialiste ait reçu une rétroaction pertinente et approfondie pour la préparation de la version définitive de son chapitre. Nous remercions sincèrement et chaleureusement les nombreux évaluateurs et évaluatrices qui nous ont prêté mainforte en cours de route. Ensuite, le manuscrit dans son ensemble a été évalué suivant le protocole en vigueur chez McGill-Queen's University Press. Grâce aux rapports reçus, nous étions en mesure de mieux présenter et structurer le présent ouvrage collectif. Par ailleurs, nos collègues du collectif ont été très impliqués dans la rédaction des introductions et des bibliographies de chaque section. Cet aspect novateur de l'ouvrage collectif ne fait que confirmer les bienfaits d'échanger à différents moments du processus de rédaction. À l'aide de leurs conseils, nous étions en mesure de cerner des thèmes et enjeux communs pour chaque section, et cela, à travers les frontières disciplinaires. Bref, notre démarche s'appuyait sur une méthode collective et collégiale. Avant tout, nous voulions donner aux membres de l'équipe le temps et l'occasion de développer leurs idées dans un milieu propice à l'épanouissement intellectuel, surtout sur le plan humain. Des membres du corps étudiant de l'Université de Moncton et de l'Université Sainte-Anne ont contribué à l'organisation des ateliers et à d'autres aspects du projet. Il faut souligner l'excellent travail de Lauraly Deschambault et Jean Junior Nazaire Joinville sur la préparation de la version définitive du manuscrit du présent ouvrage collectif. Finalement, un grand merci à Natali Bourret qui a traduit les textes de trois chapitres rédigés en anglais.

Cet ouvrage collectif n'est qu'une de plusieurs retombées du projet *Repenser l'Acadie dans le monde*. Les codirecteurs ont envisagé la création d'un espace discursif pour la recherche émergente et d'un nouveau réseau de spécialistes en études acadiennes, le tout étant axé sur une expérience de travail conviviale et collaborative. Par exemple, il y a un espace virtuel [https://www.repenserlacadie.com] qui abrite le blogue du projet. Les thèmes traités se caractérisent par leur variété : du chapitre d'Adeline Vasquez-Parra portant sur les Acadiennes pendant le Grand Dérangement à celui d'Éva Guillorel consacré aux traditions orales et musicales, en passant par l'analyse de Mathieu Wade, de l'ancrage territorial au Nouveau-Brunswick et la contribution de Rachel Doherty sur la figure du loup-garou dans le folklore louisianais, les membres de notre collectif mettent leurs expertises à la disposition du public. En outre, plusieurs activités pour le grand public ont été proposées pendant la vie du projet, par exemple, une table ronde au Musée acadien de l'Université de Moncton. Chacun de nous, codirecteurs, avons donné des conférences publiques et des ateliers de formation lors de nos passages dans l'établissement de l'autre collègue pour des séances de travail.

Structure de l'ouvrage collectif

Les ouvrages collectifs ne sont que rarement lus de leur début jusqu'à leur fin. Il est normal que les lectrices et lecteurs gravitent autour des quelques textes répondant le plus évidemment à leurs champs de spécialisation. Pourtant, et grâce à notre processus collaboratif et collégial, cet ouvrage collectif est unifié par certaines idées et questions ainsi que quelques thèmes principaux. C'est pourquoi nous avons incorporé un élément particulier dans la structure de cet ouvrage, c'est-à-dire, la création de quatre sections cohérentes avec leurs propres introductions et bibliographies. Il s'agit d'une sorte de carte ou feuille de route proposée – mais jamais obligatoire – au public.

Les regroupements des chapitres dans les sections ne sont pas le fruit du hasard. Premier constat : nous n'avons pas voulu d'une organisation chronologique des chapitres, et cela, pour éviter le cantonnement des études sur l'Acadie coloniale et celles plutôt dédiées à l'Acadie contemporaine. En plus d'un choix philosophique, cette structure se tient tout en faisant ressortir les liens et les parallèles entre les études sur des périodes différentes. Dans ce sens, il est plus facile de discerner la continuité de certains thèmes, et, bien entendu, les grands changements dans le temps et l'espace. D'ailleurs, les quatre sections de notre ouvrage illustrent les différentes Acadies et les différents mondes étudiés dans cet ouvrage collectif. La première section porte sur la petite société de l'Acadie et ses interactions avec le monde. Il s'agit surtout des représentations de l'Acadie en milieu politique et dans la sphère internationale. La deuxième section porte sur les frontières de l'Acadie ethnolinguistique. Dans celle-ci, les spécialistes affirment la diversité des voix et des identités exprimées au sein des familles, des communautés et des municipalités. Dans la troisième section, « Repenser les mobilités culturelles et idéologiques », les auteurs se penchent sur la circulation et l'adaptation d'idées, de valeurs, et de souvenirs par le biais de chansons, études, mèmes et récits. Finalement, la quatrième section aborde la spécificité acadienne à l'aide des comparaisons internationales. Ces études cernent les liens et les ruptures de l'expérience acadienne au regard d'autres sociétés et cultures du monde atlantique et au-delà.

⚜ ⚜ ⚜

Cet ouvrage collectif est le fruit d'un projet collaboratif et pluridisciplinaire s'étalant sur cinq ans et réalisé en contexte d'une pandémie mondiale. Avant tout, notre but est d'offrir une contribution stimulante aux réflexions en cours sur l'orientation d'une Acadie plurielle, dynamique et postmoderne. En valorisant les perspectives transnationales et comparatives, nous invitons le public à repenser leur Acadie et leur monde afin de découvrir de nouveaux horizons et peut-être, une vision plus optimiste de l'avenir en dialogue avec celles d'une communauté de chercheuses et chercheurs intéressés par ce domaine d'études et son potentiel.

Selon Patrick Clarke, « repenser *l'acadianité*, c'est intégrer en un tout le culte des morts et l'invention du futur » dans le but d'accorder « la modernité et la tradition, l'individu et la collectivité[52] ». Il s'agit d'un espace fluide de mythes et d'interprétations. Bien entendu, les idées peuvent changer avec le temps. Dans son chapitre, Joel Belliveau met en lumière l'évolution des idées du premier historien français à s'intéresser aux Acadiens, François Edme Rameau de Saint-Père, de sa première publication, très inspirée par le moment révolutionnaire de 1848 en France, jusqu'à son dernier ouvrage, plutôt conservateur et traditionaliste. Dans un essai paru au moment où nous préparions cet ouvrage, Julien Massicotte faisait écho aux idées de Clarke en affirmant que *l'acadianité* reste coincée dans une analyse dialectique qui a pour conséquence d'installer un rapport profondément « nébuleux » à l'avenir[53]. Nous ne sommes pas convaincus que la définition de *la canadianité* soit plus claire ou que les Canadiennes et Canadiens d'aujourd'hui soient dotés d'une grande conviction quant à leur rapport à l'avenir. Il faut accepter que de multiples réponses à ces questions puissent coexister. Dans ce sens, nous estimons qu'il est bel et bien possible qu'une société plurielle puisse être résiliente et dynamique et que nous pouvons passer outre aux dichotomies traditionalistes.

Quant à nos objectifs de départ, nous visions donc la création d'une nouvelle communauté de chercheuses et chercheurs en études acadiennes, c'est-à-dire un espace d'échanges parmi des spécialistes de diverses disciplines qui ne collaboreraient pas autrement. Autant dire que cet ouvrage collectif ne représente pas la fin, mais plutôt le début de l'aventure de repenser l'Acadie dans le monde – et l'Acadie pour le monde, aussi.

Notes

1. Depuis 2008, l'Institut L.-R.-Wilson d'histoire canadienne met l'accent sur l'importance de repenser l'histoire canadienne, avant et après la Confédération, dans un cadre transnational [en ligne : https://wilson.humanities.mcmaster.ca/home/about-the-wilson-institute/].
2. Les données démolinguistiques se prêtent à des interprétations diverses. Selon le recensement canadien de 2021, les quatre provinces de l'Atlantique totalisaient 270 685 personnes ayant le français comme « première langue officielle parlée », seul ou avec l'anglais, critère qui inclut des immigrés d'une autre langue maternelle. Cependant, des dizaines de milliers de personnes de plus déclaraient avoir une connaissance du français – dont les deux directeurs de cet ouvrage – et qui peuvent se considérer ou non comme faisant partie de la francophonie canadienne.
3. Maurice Basque et coll., *L'Acadie de l'Atlantique*, Moncton, Chaire d'études acadiennes, 1999.
4. À titre d'exemple, un article de Raymond Daigle de 1978 débute ainsi : « L'Acadie n'existe plus depuis le XVIIIe siècle » (« Le nationalisme acadien dans *L'Évangéline* de 1950 à 1960 », *Les Cahiers de la Société historique acadienne*, vol. 9, n° 4 [décembre 1978], 71-81). Cette formule se retrouve sous des variantes plus ou moins constantes dans d'autres travaux scientifiques, des essais, du matériel touristique ou encore des œuvres littéraires.
5. Stephen White, « The True Number of the Acadians, » *Du Grand Dérangement à la Déportation : nouvelles perspectives historiques*, sous la direction de Ronnie-Gilles LeBlanc, Moncton, Chaire d'études acadiennes, 2004, 23-28.
6. Antonine Maillet et Rita Scalabrini, *L'Acadie pour quasiment rien*, Montréal, Leméac, 1973, 14.
7. Denis Bourque et Chantal Richard ont publié des éditions critiques des discours prononcés lors de ces rassemblements. Voir *Les Conventions nationales acadiennes, 1881-1890*, Moncton, Institut d'études acadiennes, 2014; *Les Conventions nationales acadiennes, 1900-1908*, Québec / Moncton, Septentrion / Institut d'études acadiennes, 2018.
8. Stéphane Plourde et Yves Frenette, « Essor démographique et migrations dans l'Acadie des Maritimes, 1871-1921 », dans *La francophonie nord-américaine*, sous la direction d'Yves Frenette, Étienne Rivard et Marc St-Hilaire, Québec, Presses de l'Université Laval, 2013, 111-114.

9   Henry Wadsworth Longfellow, *Evangeline: A Tale of Acadie*, 1847; voir aussi la traduction française par L. Pamphile Le May (1865), édition revue, Québec, P.G. Delisle, 1870.

10 Au sujet des Congrès mondiaux acadiens et des débats associés, voir, entre autres, Jean-Marie Nadeau, « Pour un Congrès mondial acadien (CMA) », dans son recueil d'essais *L'Acadie possible : la constance d'une pensée*, Lévis, Éditions de la Francophonie, 2009, 37-53; Greg Allain, « Le Congrès mondial acadien de 1994 : réseaux, conflits, réalisations », *Revue de l'Université de Moncton*, vol. 30, n° 2 (1997), 141-159; Joseph Yvon Thériault, « Identité, territoire et politique en Acadie », dans *Adaptation et innovation : expériences acadiennes contemporaines*, sous la direction d'André Magord, Bruxelles, P.I.E. Peter Lang, 2006, 37-49; Clint Bruce, « L'oubli de l'Acadie politique? Le débat sur les Congrès mondiaux acadiens à la lumière de la question diasporique », *Minorités linguistiques et société / Linguistic Minorities and Society*, vol. 10 (2018), 100-132; et Éric Forgues, Laurence Arrighi, Tommy Berger, Clint Bruce, Audrey Paquette-Verdon, Christine C. Paulin, Christophe Traisnel et Émilie Urbain, « Rassembler les Acadies d'ici et d'ailleurs : le cas du Congrès mondial acadien », *Francophonies d'Amérique*, vol. 54 (2022), 95-125.

11 Initialement formulée par le sociologue Raymond Breton dans une étude sur les réseaux au sein des communautés immigrées à Montréal et proposée dans un article paru en 1964, la notion de « complétude institutionnelle » a été reprise par les minorités francophones du Canada qui y ont vu une voie d'accès à l'autonomie culturelle. Pour mieux cerner cette appropriation, voir Joseph Yvon Thériault, « Complétude institutionnelle : du concept à l'action », *Mémoire(s), identité(s), marginalité(s) dans le monde occidental contemporain*, vol. 11 (2014) [en ligne : http://journals.openedition.org/mimmoc/1556]; Linda Cardinal et Rémi Léger, « La complétude institutionnelle en perspective », *Politique et Sociétés*, vol. 36, n° 3 (2017), 3-14.

12 Julien Massicotte, « L'Acadie et l'avenir : la question d'une Acadie prospective aujourd'hui », dans *Saisir le présent, penser l'avenir : Réflexions sur l'Acadie contemporaine*, sous la direction de Julien Massicotte, Québec, CEFAN/Presses de l'Université Laval, 2021, 3.

13 Voir notamment Martin Büber, « Jewish Studies? », dans *Jewish Historiography Between Past and Future: 200 Years of Wissenschaft Des Judentums*, sous la direction de Paul Mendes-Flohr, Rachel Livneh-Freudenthal et Guy Miron, Berlin/Boston, Walter de Gruyter GmbH, 2019, 197-202; et Eric R. Jackson, *An Introduction to Black Studies*, Lexington, Ky., The University Press of Kentucky, 2023.

14 Jean-Paul Hautecœur, *L'Acadie du discours : pour une sociologie de la culture acadienne*, Québec, Presses de l'Université Laval, collection « Histoire et sociologie de la culture », 1975.

15 Aujourd'hui composée de trois campus situés à Moncton, à Edmundston et à Shippagan, l'Université de Moncton dans sa configuration actuelle résulte du

fusionnement de plusieurs établissements postsecondaires, jusque-là gérés par des ordres religieux, au cours des années 1960 et 1970. Quant à l'Université Sainte-Anne, elle a été fondée en 1890 à la Pointe-de-l'Église, en Nouvelle-Écosse, par des pères eudistes venus de France. Elle avait le statut de « collège » jusqu'en 1977. Voir Marc Robichaud et Maurice Basque, *Histoire de l'Université de Moncton*, Moncton, Institut d'études acadiennes, 2013; René LeBlanc et Micheline Laliberté, *Sainte-Anne : collège et université, 1890-1990*, Pointe-de-l'Église (N.-É.), Chaire d'étude en civilisation acadienne de la Nouvelle-Écosse, Université Sainte-Anne, 1990.

16 Martin Paquet, Nicole Lang et Julien Massicotte, « Le Congrès mondial acadien : la perspective d'un grand témoin », *Acadiensis*, vol. 45, n° 2 (2016), 119-137.

17 *Le Congrès mondial acadien. L'Acadie en 2004. Actes des conférences et des tables rondes*, Moncton, Les Éditions d'Acadie, 1996.

18 André Magord, dir., *L'Acadie plurielle : dynamiques identitaires collectives et développement au sein des réalités acadiennes*, Moncton, Institut d'Études acadiennes, et Poitiers, Institut d'Études acadiennes et québécoises; Martin Pâquet et Stéphane Savard, *Balises et référence : Acadies, francophonies*, Québec, Presses de l'Université Laval, 2007. À noter que la création d'une Association internationale d'études acadiennes vers cette même époque allait donner lieu à des réflexions sur le champ de recherche telles que traitées notamment dans Marie-Linda Lord et Mélanie LeBlanc, *L'émergence et la reconnaissance des études acadiennes : à la rencontre de Soi et de l'Autre*, Moncton, Association internationale des études acadiennes, 2005.

19 Maurice Basque, Isabelle McKee-Allain, Linda Cardinal, Phyllis E. Leblanc et Janis L. Pallister, dir., avec la collaboration de Stéphanie Côté, *L'Acadie au féminin : un regard multidisciplinaire sur les Acadiennes et les Cadiennes*, Moncton, Chaire d'études acadiennes, Université de Moncton, 2000; Jimmy Thibeault, Michael Poplyansky, Stéphanie St-Pierre et Chantal White, dir., *Paroles et regards de femmes en Acadie*, Québec, Presses de l'Université Laval, 2020.

20 Marie-Linda Lord et Denis Bourque, dir., *Paysages imaginaires d'Acadie : un atlas littéraire*, Moncton, Institut d'études acadiennes, 2019; Monika Boehringer, Kirsty Bell et Hans R. Runte, dir., *Entre textes et images : constructions identitaires en Acadie et au Québec*, Moncton, Institut d'études acadiennes, 2010.

21 En plus des ouvrages que nous venons de mentionner, il y aurait également lieu de signaler une anthologie en langue allemande, Ingo Kolboom et Roberto Mann, dir., avec la collaboration de Maurice Basque, *Akadien: ein französischer Traum in Amerika. Vier Jahrhunderte Geschichte und Literatur der Akadier*, Heidelberg, Synchron, 2005; Mourad Ali-Khodja et Annette Boudreau, dir., *Lectures de l'Acadie: une anthologie de textes en sciences humaines et sociales, 1960-1994; suivi de Réflexions sur les savoirs en milieu minoritaire*, Montréal, Éditions Fides, 2009; et les essais réunis dans Phil Comeau, Warren Perrin et Mary Broussard Perrin, dir., *L'Acadie, hier et aujourd'hui : l'histoire d'un peuple*, Tracadie-Sheila, Éditions La Grande Marée, 2014.

22   Emile Durkheim, « Cours de science sociale. Leçon d'ouverture [1888] », dans *La science sociale et l'action*, Paris, Presses universitaires de France, 1970, 107-108.
23   Alfred Grosser, *L'Explication politique*, Paris, Armand Colin et Fondation nationale des sciences politiques, 1972, 17.
24   *Ibid.*; *cf.* Michel Bergès, *La comparaison en science politique*, Bordeaux, L.C.F. Éditions Ly-CoFac, Institut d'études politiques de Bordeaux, 1994.
25   Voir à ce sujet, Eugene A. Hammel, « The Comparative Method in Anthropological Perspective », *Comparative Studies in Society and History*, vol. 22, n° 2 (avril 1980), 145-155.
26   Nous tenons cette observation de l'article de Michael Poplyansky, « Le tournant transnational en historiographie acadienne », *Acadiensis : revue d'histoire de la région Atlantique*, vol. 50, n° 2 (2021), 15-30. À notre avis, pourtant, ce virage ne se limite pas au domaine de l'histoire.
27   Pour ne donner qu'un exemple, la série « Rethinking Canada in the World », publiée par McGill-Queen's University Press et parrainée par l'Institut L.-R.-Wilson, comprend 13 ouvrages depuis 2016 jusqu'à date, y compris plusieurs études explicitement transnationales, par exemple, Eric Fillion, *Distant Stage: Quebec, Brazil, and the Making of Canada's Cultural Diplomacy* (2022) et Oleksa Drachewych et Ian McKay, *Left Transnationalism: The Communist International and the National, Colonial, and Racial Questions* (2020).
28   Michel A. Saint-Louis, « Les "Collectivités sans État" et les relations internationales : l'exemple du peuple acadien des Maritimes », *Revue de l'Université de Moncton*, vol. 27, n° 2 (1994), 55-75.
29   Joel Belliveau, *Le « moment 68 » et la réinvention de l'Acadie*, Ottawa, Les Presses de l'Université d'Ottawa, collection « Amérique française », 2014, 188; cité par Poplyansky, « Le tournant transnational en historiographie acadienne », 15.
30   Sur l'absence de dialogue entre les études acadiennes et les études diasporiques, voir Stéphan Bujold, « La diaspora acadienne du Québec : essai de contribution à l'élargissement du champ national acadien », dans *Balises et références*, sous la direction de Martin Pâquet et Stéphane Savard, 461-484, ainsi que Bruce, « L'oubli de l'Acadie politique ? »
31   Pour s'initier aux réflexions sur le paradigme transnational en sciences humaines et sociales, voir Chloé Maurel, *Manuel d'histoire globale : comprendre le « global turn » des sciences humaines*, Paris, Armand Colin, 2014, et Nina Glick Schiller, « Transnationality », dans *A Companion to the Anthropology of Politics*, sous la direction de David Nuget et Joan Vincent, Malden (Mass.), Blackwell Publishing, 2007, 448-467.
32   Pour une application de ce concept de Fernand Dumont au cas de l'Acadie de l'Atlantique, voir Joel Belliveau, « Communautarisme et dualité : réflexions sur la naissance, la persistance et les potentialités d'une particularité acadienne », *Acadiensis*, vol. 47, n° 1 (hiver/printemps 2018), 234-241; Sheila M. Andrew, *The*

33 Voir à ce sujet Hautecœur, *L'Acadie du discours*, 83-90.
34 Patrick Wolfe, « Settler Colonialism and the Elimination of the Native », *Journal of Genocide Research*, vol. 8, n° 4 (2006), 387-409; Edward Cavanagh et Lorenzo Veracini, *The Routledge Handbook of the History of Settler Colonialism*, London, Routledge, 2017; Cole Harris, *A Bounded Land: Reflections on Settler Colonialism in Canada*, Vancouver, University of British Columbia Press, 2020.
35 Linda Cardinal, « La recherche sur les femmes francophones vivant en milieu minoritaire : un questionnement sur le féminisme », *Recherches féministes*, vol. 5, n° 1 (1992), 15-16.
36 Isabelle McKee-Allain et Huguette Clavette, « Les femmes acadiennes du Nouveau-Brunswick : féminité, sous-développement et ethnicité », *Égalité*, n° 10 (1983), 19-35.
37 Isabelle LeBlanc et Adeline Vasquez-Parra, « Qui sont les subalternes en Acadie ? », billet de blogue, *Repenser l'Acadie dans le monde*, le 6 septembre 2020 [en ligne : https://www.repenserlacadie.com/post/qui-sont-les-subalternes-en-acadie-isabelle-leblanc-et-adeline-vasquez-parra].
38 Christophe Traisnel, Éric Mathieu Doucet et André Magord, « Considérer l'Acadie. Ou lorsque les francophonies d'ailleurs contribuent à la reconnaissance des francophonies canadiennes », *Revue internationale des francophonies*, n° 7 (2020), para 8.
39 Isabelle Violette, Dominique Pépin-Filion et Marc-André Bouchard, « L'acadianité redéfinie », *L'état de l'Acadie : un grand tour d'horizon de l'Acadie contemporaine*, sous la direction de Michelle Landry, Dominique Pépin-Filion et Julien Massicotte, Québec, Del Busso, éditeur, 2021, 15.
40 Marc Robichaud, « L'histoire de l'Acadie telle que racontée par les jeunes francophones du Nouveau-Brunswick : construction et déconstruction d'un récit historique », *Acadiensis*, vol. 40, n° 2 (été/automne, 2011), 68.
41 Julien Massicotte, « Du sens de l'histoire : les historiens acadiens et leur représentation de l'histoire, 1950-2000 », dans *Clio en Acadie : perspectives historiques*, sous la direction de Patrick D. Clarke, Québec, CEFAN/Presses de l'Université Laval, 2014, 66.
42 David Graeber et David Wengrow, *The Dawn of Everything: A New History of Humanity*, Toronto, McLelland and Stewart, 2021, 493, 525.
43 Nicolas Landry, *La Cadie, frontière du Canada : Micmacs et Euro-canadiens au Nord-Est du Nouveau-Brunswick, 1620-1850*, Québec, Septentrion, 2013, 12.
44 Jeffers Lennox, *Homelands and Empires: Indigenous Spaces, Imperial Fictions, and Competition for Territory in Northeastern North America, 1690–1763*, Toronto, University of Toronto Press, 2017; John G. Reid, Maurice Basque, Elizabeth Mancke, Barry Moody, Geoffrey Plank et William Wicken, *The Conquest of Acadia, 1710: Imperial, Colonial, and Aboriginal Constructions*, Toronto, University of Toronto Press, 2004.

45　Basque et coll., *L'Acadie de l'Atlantique*, 145 ; André Magord et Chedly Belkhodja, « L'Acadie à l'heure de la diaspora ? », *Francophonies d'Amérique*, vol. 19 (printemps 2005), 46-50.

46　Dans le cadre du projet *Repenser l'Acadie dans le monde*, les codirecteurs ont organisé un atelier portant sur le concept de colonialisme de peuplement en partenariat avec le Gorsebrook Research Institute de l'Université Saint Mary's et la Société royale du Canada. Ensuite, Clint Bruce et l'équipe du Studio N/S de l'Observatoire Nord/Sud ont réalisé un balado intitulé « Legacies of Settler Colonialism in Atlantic Canada and Beyond » [en ligne : https://www.repenserlacadie.com/post/podcast-episode-legacies-of-settler-colonialism].

47　Pour ne donner qu'un petit exemple, en février 2023, le grand penseur Joseph-Yvon Thériault a partagé sans contestation une citation de du romancier américain George W. Cable qui affirmait en 1888 que les Acadiens étaient « the only white people that ever trod this continent – island or mainland – who never on their account oppressed anybody ». La diffusion de telles idées sans contextualisation peut porter à confusion.

48　N.E.S. Griffiths, *From Migrant to Acadian: A North American Border People, 1604-1755*, Montréal et Kingston, McGill-Queen's University Press, 2014, 463-464.

49　Michelle Landry, *L'Acadie politique : Histoire sociopolitique de l'Acadie du Nouveau-Brunswick*, Québec, Presses de l'Université Laval, 2015, 3.

50　Basque et coll., *L'Acadie de l'Atlantique*, 146.

51　Massicotte, « L'Acadie et l'avenir », 14.

52　Patrick D. Clarke, « Réflexions historiques », dans *Clio en Acadie*, 16.

53　Massicotte, « L'Acadie et l'avenir », 13.

PREMIÈRE PARTIE

Repenser la petite société de l'Acadie et ses interactions avec le monde

Introduction

Cette section met l'accent sur la conscience et les actions des Acadiens et Acadiennes dans leurs mondes, de l'époque coloniale jusqu'au présent. La notion d'une « petite société » soulève un contraste avec des groupes ethnoculturels plus nombreux et constituant des nations disposant de leur propre État ou d'un fort degré d'autonomie. Cette spécificité avait été évoquée dès le milieu du XIXe siècle par l'historien et sociologue François-Edme Rameau de Saint-Père pour caractériser le développement de la population acadienne et rendre compte des fonctions de l'Église auprès de ces communautés locales, peu encadrées par l'administration impériale[1]. Plus tard, ce concept a nourri des réflexions sur le devenir de la collectivité acadienne dans le contexte du Canada moderne : pour le sociologue Joseph Yvon Thériault, les Acadiennes et Acadiens des provinces maritimes formeraient une entité « nationalitaire », entre le groupe ethnique et la nation à part entière[2]. Plusieurs spécialistes, y compris Philippe Volpé, considèrent l'Acadie du Nouveau-Brunswick des années 1970 comme un exemple parlant et pertinent. La petite société traitée dans le chapitre de Christopher Hodson, qui n'adhère pas forcément à la conception moderne de ce terme, concerne plutôt une communauté de plus petite taille, établie aux environs du fort français à Port-Royal à l'époque de la conquête de l'Acadie en 1710. Toutefois, la primauté des questions locales et des préoccupations immédiates n'empêche nullement une conscience du monde au-delà des confins d'une aire relativement restreinte – dans l'étude de Hodson, les structures du monde colonial et, plus tard, celles des relations transnationales et, sur le plan institutionnel, internationales.

Sans doute, l'espace public de l'Acadie contemporaine, composé d'une variété d'institutions, d'organismes et d'acteurs, est bien plus complexe. Pourtant, les habitants de 1710 et les citoyennes et citoyens de 2010 n'en partageaient pas moins la réalité d'être un peuple dépourvu de son propre État, chez qui les prises de décisions se concertaient souvent à l'échelle locale face aux exigences de structures de gouvernance redevables surtout à des autorités éloignées. Michelle Landry explique la représentation complexe de l'Acadie par le biais du gouvernement provincial du Nouveau-Brunswick lors des sommets de la Francophonie. Si cette participation de la province souligne la reconnaissance internationale d'un groupe minoritaire francophone hors Québec, toujours est-il que les ministres impliqués ont d'autres objectifs d'ordre politique et économique pour leur province.

Les quatre contributions de cette section ont également en commun un intérêt pour les connaissances des populations d'origine acadienne et leurs prises de position en interaction avec divers agents gouvernementaux et autres. Tandis que Hodson souligne la conscience de la population de Port-Royal des pratiques répandues de l'esclavage dans le monde atlantique, Clint Bruce examine l'émergence d'une identité diasporique acadienne adoptée aussi bien en Acadie de l'Atlantique qu'en Louisiane. Dans la mesure où cet imaginaire transnational s'est trouvé vidé de sa dimension raciale, nous témoignons d'une ignorance ou parfois d'une volonté chez certains acteurs de gommer les aspects problématiques du passé en s'appuyant sur la nostalgie envers une société prétendue autarcique et exempte de tensions internes. En revanche, l'étude de Philippe Volpé démontre l'engagement de certains groupes acadiens pour l'aide internationale, comme en témoigne l'exemple du comité Acadie-Chili. Si les Acadiens et Acadiennes connaissent très bien ce qui se passe dans leur monde, ils mobilisent aussi des stratégies collectives en fonction de leurs espoirs et aspirations.

Nous observons donc la coexistence de tendances contraires, entre des groupes d'ascendance acadienne bien au courant de ce qui se passe autour d'eux et d'autres donnant l'impression d'une conception insulaire de leur propre condition. Sans trop généraliser, nous pouvons dire que le fil conducteur réside dans l'influence des représentations de l'Acadie – représentations qui ne sont jamais fixes, mais qui évoluent selon l'interprétation des besoins collectifs. Dans tous les cas, les petites sociétés acadiennes se définissent par référence à l'altérité en même temps qu'elles recherchent la reconnaissance de leurs identités distinctes de la part des élites étatiques. Il s'agit d'une tension fondamentale ancrée dans une idéalisation du passé et des espoirs pour l'avenir.

Lectures proposées

Ali-Khodja, Mourad et Annette Boudreau, dir. *Lectures de l'Acadie : une anthologie de textes en sciences humaines et sociales, 1960-1994*. Montréal : Éditions Fides, 2009.

Brasseaux, Carl A. *The Founding of New Acadia: The Beginnings of Acadian Life in Louisiana, 1765-1803*. Bâton-Rouge : Louisiana State University Press, 1987.

Bruneau, Michel. *Diasporas et espaces transnationaux*. Paris : Économica/Anthropos, 2004.

Coulombe, Michel et coll. *À la recherche de la Nouvelle-Acadie*, s.l. Entraide universitaire mondiale du Canada, 1979.

Mack Faragher, John. *A Great and Noble Scheme: The Tragic Story of the Expulsion of the French Acadians from Their American Homeland*. New York : W.W. Norton, 2006.

Griffiths, N.E.S. *From Migrant to Acadian: A North American Border People, 1604-1755*. Montréal et Kingston : McGill-Queen's University Press, 2005.

Hautcœur, Jean-Paul. *L'Acadie du discours : pour une sociologie de la culture acadienne*. Québec : Presses de l'Université Laval, collection « Histoire et sociologie de la culture », n° 10, 1975.

Hodson, Christopher. *The Acadian Diaspora: An Eighteenth-Century History*. New York : Oxford University Press, 2012.

Kennedy, Gregory. *Une sorte de paradis paysan ? Une comparaison des sociétés rurales en Acadie et dans le Loudunais, 1604-1755*. Québec : Septentrion, 2021.

Landry, Michelle. *L'Acadie politique. Histoire sociopolitique de l'Acadie du Nouveau-Brunswick*. Québec : Presses de l'Université Laval, 2015.

Landry, Michelle, Dominique Pépin-Filion et Julien Massicotte, dir. *L'état de l'Acadie : Un grand tour d'horizon de l'Acadie contemporaine*. Montréal : Del Busso éditeur, 2021.

Nelson, Camille A. et Charmaine A. Nelson, dir. *Racism, Eh? A Critical Inter-Disciplinary Anthology of Race and Racism in Canada*. Concord (Ontario) : Captus Press, 2004.

Omi, Michael et Howard Winant. *Racial Formation in the United States: From the 1960s to 1990s*, 2e éd. New York : Routledge, 1994.

Pâquet, Martin et Stéphane Savard, dir. *Balises et références. Acadies, francophonies*. Québec : Presses de l'Université Laval, 2007.

Reid, John et coll., dir. *The "Conquest" of Acadia, 1710: Imperial, Colonial, and Aboriginal Constructions*. Toronto : University of Toronto Press, 2004.

Rushforth, Brett. *Bonds of Alliance: Indigenous and Atlantic Slaveries in New France*. Chapel Hill : University of North Carolina Press for the Omohundro Institute of Early American History and Culture, 2012.

Thériault, Joseph Yvon. *L'identité à l'épreuve de la modernité : écrits politiques sur l'Acadie et les francophonies canadiennes minoritaires*. Moncton : Éditions d'Acadie, 1995.

Volpé, Philippe. *À la frontière des mondes. Jeunesse étudiante, Action catholique et changement social en Acadie (1900-1970)*. Ottawa : Presses de l'Université d'Ottawa, 2021.

Notes

1 François-Edme Rameau de Saint-Père, *La France aux colonies : études sur le développement de la race française hors de l'Europe. Les Français en Amérique : Acadiens et Canadiens*, Paris, A. Jouby, 1859, 97 et 102; et *Une colonie féodale en Amérique : l'Acadie 1604-1881*, vol. 2, Paris, Plon, et Montréal, Granger Frères, 1889, 75.

2 Voir notamment Joseph Yvon Thériault, *Faire société : société civile et espaces francophones*, Sudbury, Édition Prise de parole, 2007, ainsi que François-Olivier Dorais et Jean-François Laniel, *L'autre moitié de la modernité : conversations avec Joseph Yvon Thériault*, Québec, Presses de l'Université Laval, 2019.

CHAPITRE 1

Entre l'empire et les esclaves : les Acadiens à l'aube du monde moderne

CHRISTOPHER HODSON
Traduit par Natali Bourret

Le 13 novembre 1710, les « principaux habitants » de Port-Royal, au bord du désespoir, ont envoyé une lettre au marquis de Vaudreuil, gouverneur général de la Nouvelle-France. Moins d'un mois plus tôt, dans l'une des nombreuses ramifications, au Nouveau Monde, de la guerre de Succession d'Espagne, une force de 1 500 marins anglais et volontaires de la Nouvelle-Angleterre avait conquis les défenses de leur colonie, forçant le gouverneur français de l'Acadie, Daniel d'Auger de Subercase, à se rendre. Subercase et sa garnison ayant disparu, Port-Royal s'est retrouvé sous la domination de Samuel Vetch, un soldat écossais, entrepreneur et fervent presbytérien dont le savoir-faire politique avait mené à l'attaque. Il a fallu peu de temps avant que Vetch n'en vienne à irriter ses hôtes. Après avoir rebaptisé leur ville Annapolis Royal en l'honneur de la reine d'Angleterre, il a décrété que tous les Acadiens étaient des « prisonniers à sa discrétion », déclarant du coup leurs biens comme étant entièrement à l'apanage des conquérants et exigeant des tributs, à la fois en devises et en peaux de castor[1]. Aux dires des familles de Port-Royal, qui suppliaient Vaudreuil de leur venir en aide, Vetch les avait traitées « comme des nègres[2] ».

C'était une tournure de phrase frappante à l'époque, et elle l'est tout autant aujourd'hui. Et bien que la valeur de choc de l'expression ait certainement joué un rôle dans le choix des mots des Acadiens, cet exemple de langage racial évoque également la façon dont ils percevaient leur place dans un monde d'empires émergents. D'abord et avant tout, l'appel qu'ils lançaient à Vaudreuil révèle que les Acadiens étaient bien conscients de la présence africaine dans le monde atlantique. Les Africains étaient assurément peu nombreux en Acadie à ses débuts. Mis à part « La Liberté, le Neigre », qui est indiqué comme habitant de Cap Sable dans un recensement de 1686, la population noire de la colonie avant 1710 semblait essentiellement inexistante[3]. Or, Port-Royal était un port de mer, et ses liens avec la Nouvelle-Angleterre et l'Atlantique anglais, ainsi qu'avec la France et les sociétés esclavagistes en expansion des Caraïbes françaises, faisaient en sorte que les Acadiens qui y habitaient avaient connaissance de personnes d'ascendance africaine, lisaient des articles à leur sujet et en voyaient sans doute.

De plus, les mots qu'ont utilisés les pétitionnaires donnent à penser qu'ils comprenaient la relation « moderne » complexe entre la race, l'esclavage et l'*absence* d'une relation de « sujétion », un état que nous désignons maintenant apatridie. Lorsque les Acadiens de Port-Royal se sont plaints, alléguant que Vetch les traitait « comme des nègres », ils ne voulaient pas dire qu'il les exposait au régime d'esclavage, de travail éreintant et de torture qui caractérisait la vie des Noirs dans une énorme partie du monde atlantique. Ils voulaient cependant dire que l'envahisseur écossais avait invalidé leur statut de sujets de Louis XIV et aboli les protections et privilèges qui y étaient associés – le même stratagème juridique que les esclavagistes et les législateurs coloniaux utilisaient pour imposer leur autorité illimitée sur les travailleurs noirs asservis. Si, comme l'a expliqué un observateur virginien en 1680, les deux mots, *nègre* et *esclave,* étaient, du fait de la coutume, devenus homogènes et synonymes, les Acadiens ont fait savoir que la race, l'esclavage et l'apatridie s'étaient enchevêtrés tout autant dans l'esprit des gens du monde atlantique[4].

Le fait de percevoir l'Acadie dans le cadre du débat animé du début de l'époque moderne sur la nature et les limites de la sujétion nous permet de transposer le territoire et ses habitants au centre de l'interprétation de l'histoire de l'Atlantique. Bien entendu, l'Acadie moderne, à ses débuts, n'était le centre réel de rien du tout. Dans le contexte des grandes civilisations autochtones d'Amérique centrale et d'Amérique du Sud ou des voisins comme les Haudenousaunee, il s'avère que les Mi'kmaq, les Passamaquoddys et les Wolastoqiyik d'Acadie n'ont jamais été particulièrement nombreux ou influents sur le continent (malgré leur appartenance à la Confédération Wabanaki). Quant aux établissements français de l'Acadie, il s'agissait de hameaux si on les compare aux villes de la Nouvelle-France, de l'Amérique du Nord anglaise et de l'immense Empire espagnol : ils n'avaient ni séminaire, ni collège, ni même de presse à imprimer[5]. En 1688, le gouverneur de l'Acadie, Louis Alexandre des Friches de Meneval, a jugé que la colonie était si peu développée qu'il lui manquait « presque généralement de toutes choses[6] ».

Pourtant, alors que les conflits impériaux s'intensifiaient et que de nouvelles pratiques politiques proliféraient aux XVIIe et XVIIIe siècles, l'Acadie en est non seulement venue à se faire le reflet des débats sur les réponses à la question la plus importante de l'époque, soit qui déterminait la sujétion (ou l'apatridie) des gens ordinaires du monde atlantique (était-ce les Blancs ou les Noirs, les personnes libres ou les esclaves ?), mais elle a aussi réussi à exercer une influence démesurée sur la question.

✢ ✢ ✢

L'Acadie et la notion de sujétion ont vu le jour à la même époque. Au cours des siècles qui ont précédé l'arrivée d'un petit nombre de leurs descendants dans la baie de Fundy, les Européens du Moyen Âge n'avaient aucune identité nationale au sens moderne du terme, et seulement une idée des plus élémentaires de la notion de sujétion. Ils menaient plutôt leur vie dans le contexte d'un vaste réseau largement hiérarchisé de personnes dont le statut était lié à leur revendication des privilèges et des droits associés à diverses institutions : les comtés, les duchés, l'Église catholique et ses divers ordres, les guildes, les villes semi-autonomes, etc. Les rois régnaient tant bien que mal sur toutes ces institutions. D'une part, ils cherchaient à les maintenir, car leurs fondements idéologiques soutenaient leurs propres privilèges et droits. D'autre part, ils souhaitaient remplacer le dédale des obligations interpersonnelles par une hiérarchie plus simple : un territoire unique où l'autorité d'un monarque était appliquée uniformément et complètement, éclipsant les loyautés plus anciennes et imposant à chaque personne y vivant une sujétion accrue à la volonté royale. Les tentatives de mise à exécution de ce genre de manœuvre ont opposé la souveraineté des peuples et institutions privilégiés (littéralement ceux qui possédaient des « lois privées ») à la souveraineté aspirationnelle des monarques. Ce conflit a caractérisé une grande partie de la politique européenne au début de la période moderne, débordant dans l'Atlantique au même titre que ses combattants.

Deux développements du XVIe siècle ont déclenché des transformations révolutionnaires pour ce qui est des notions européennes de sujétion. Il y a d'abord eu la Réforme protestante. Lorsque Martin Luther a rompu avec le catholicisme à la fin des années 1510, de nombreux rois et princes l'ont suivi, motivés à la fois par leurs convictions et par l'empressement à mettre fin à la prétention de Rome à une certaine allégeance de la part de leurs sujets éventuels. Après des décennies de combats, la paix d'Augsbourg de 1555 a consacré le principe de *cuius regio, eius religio* (« telle la religion [du prince], telle celle du pays »), d'abord dans le Saint-Empire romain, puis dans le reste de l'Europe. Le conflit entre protestants et catholiques s'est toutefois poursuivi, et les dirigeants ont combiné leur nouvelle capacité à déterminer la foi de leurs sujets avec l'édification de l'État et l' « ennemisation » de l'autre qu'exigeait la guerre pour accroître leur pouvoir aux dépens d'autres prétendants à la souveraineté ; il reste qu'ils n'ont que partiellement réussi et par des moyens que ces mêmes prétendants continueraient de contester.

A ensuite suivi l'invasion du Nouveau Monde par l'Europe. Les échanges avec les Amérindiens qui ont eu lieu au XVIe siècle ont soulevé de nombreuses questions : certaines étaient de nature théologique (Les Autochtones avaient-ils une âme ? Vénéraient-ils Satan ? Fallait-il les baptiser ?), tandis que d'autres étaient de nature politique (Les Autochtones vivaient-ils dans de véritables États ou, à l'instar des animaux, vivaient-ils simplement dans la nature ? Étaient-ils des sujets et, le cas échéant, de qui ?). L'expansion rapide et précoce de l'esclavage dans l'Empire espagnol a donné aux questions liées à la sujétion une urgence particulière. Après un demi-siècle de va-et-vient sur la légalité de l'esclavage des peuples autochtones, la monarchie espagnole, sous l'influence de Bartolomé de las Casas, un frère catholique devenu militant antiesclavagiste, a tenté de régler la question en adoptant les « Nouvelles Lois » en 1542. Ces lois élargissaient la portée de la souveraineté royale en interdisant l'esclavage des Autochtones et en ordonnant aux Espagnols du Nouveau Monde de les traiter comme nos vassaux de la couronne de Castille, puisque c'est ce qu'ils sont[7]. Ce langage définissait les peuples autochtones comme des sujets ; il a par ailleurs conféré la légitimité de la couronne aux communautés autochtones semi-autonomes et payeuses de tributs au sein de l'Empire espagnol hétéroclite[8]. Partout en Amérique, les Espagnols ont soit ignoré les nouvelles lois ou se sont rebellés contre les autorités royales qui tentaient de les appliquer. L'incidence de l'esclavage sur la sujétion était l'enjeu. Le roi espérait restreindre la souveraineté nationale des esclavagistes en accordant aux esclaves autochtones (et, dans de rares situations, africains) une forme de sujétion. Les esclavagistes souhaitaient affirmer leur autorité pour caractériser les esclaves d'apatrides afin de courtcircuiter la volonté de la couronne de soumettre toute personne se trouvant sur son territoire (y compris les esclaves) à sa volonté. À bien des égards, ce conflit entre les monarchies et les élites coloniales émergentes sur l'esclavage, la sujétion et l'apatridie deviendrait l'héritage atlantique le plus durable de l'Empire espagnol[9].

Aussi, l'Acadie tire son origine d'une longue discussion sur la sujétion, qui s'est répandue au XVIIe siècle dans les patries des Mi'kmaqs, des Passamaquoddys et des Wolastoqiyik – et, sur la côte, dans celles des Pennacook, des Wampanoag et des Pequots – lorsque les commerçants de fourrures, les colonisateurs et les partisans religieux ont commencé à arriver en grands nombres depuis le côté opposé de l'Atlantique Nord. À ces premiers moments, l'Acadie et la Nouvelle-Angleterre avaient beaucoup en commun, malgré leurs origines dans des royaumes rivaux. Les deux colonies existaient sous l'ombre envahissant de l'Empire espagnol, qui faisait office à la fois d'ennemi et de modèle[10].

Les deux colonies sont nées de la tourmente religieuse. Bien que Plymouth Plantation et Massachusetts-Bay soient nées de l'interaction entre l'Église protestante d'Angleterre et le puritanisme hyper protestant, l'Acadie a pris naissance dans le contexte du conflit persistant entre les catholiques français et les huguenots. Certes, le « refuge » dont rêvaient les huguenots du XVIe siècle à l'idée du Nouveau Monde, qui a mené à des colonies éphémères dans ce qui est devenu l'Argentine, la Caroline du Sud et la Floride, était disparu; l'Édit de Nantes de 1598 avait même établi une tolérance limitée pour le culte réformé[11]. Cependant, en 1603, quand Henri IV a nommé le noble huguenot Pierre du Gua de Monts comme son vice-roi en Acadie et au Canada, il s'en est suivi des années de tension religieuse, tant au sein des postes éloignés d'origine en Acadie que des localités marchandes françaises – beaucoup étant protestantes – qui participaient à leur survie.

Tant en Nouvelle-Angleterre qu'en Acadie, il était impossible d'isoler la religion du problème de sujétion. Le puritanisme s'accompagnait d'une longue histoire d'opposition aux rois qui a éclaté au grand jour pendant la guerre civile anglaise. Les théocrates potentiels de la Nouvelle-Angleterre étaient aussi proches de la monarchie « que Dieu et le diable », avait déclaré Jacques Ier au début du XVIIe siècle; dans le sillage de l'exécution de Charles Ier par des rebelles puritains en 1642, du règne d'Oliver Cromwell et de la reprise du trône par l'absolutiste Charles II en 1660, la couronne a peiné à transformer les habitants de la Nouvelle-Angleterre, grandement imprégnés des droits prévus à la charte et du républicanisme pieux, en sujets royaux. Il a d'ailleurs procédé de manière à la fois impérieuse (en révoquant les chartes des colonies et en nommant un vice-roi, ce qu'a fait Jacques II à son accession au trône en 1684) et subtile (en émettant des pièces de monnaie portant l'effigie du roi, en imposant des célébrations pour les anniversaires royaux, etc.)[12].

S'il est vrai que la pratique religieuse en Acadie et au Canada ne s'apparentait pas vraiment à la façon de faire de la Nouvelle-Angleterre, il reste que la foi a grandement façonné la sujétion dans les colonies françaises. La diversité religieuse (de même que les conflits religieux) avait caractérisé les colonies atlantiques de la France au XVIe siècle et au début du XVIIe siècle, mais la guerre sectaire qui avait été ranimée en France au cours des années 1620 – en particulier autour du bastion protestant de La Rochelle, un port atlantique comptant d'importants liens émergents avec l'Atlantique Nord – a mis fin à ce genre d'expériences. En 1627, la Compagnie des Cent-Associés, fondée par le cardinal de Richelieu pour aligner le commerce outre-mer français, les objectifs militaires et le travail missionnaire chez les Autochtones, réservait le statut de résident permanent dans les colonies françaises aux « catholiques nés en France[13] ». Pourtant, l'historienne Leslie Choquette estime que, pendant la période coloniale, quelque 300 protestants « domiciliés » vivaient dans le territoire français en Amérique du Nord avec la permission tacite des autorités locales, presque tous au Canada. Même s'il s'agissait d'un nombre égal par rapport aux migrants des importantes provinces nourricières françaises de Perche et d'Anjou, 300 est *quand même* un petit nombre et, pourtant, ces huguenots occupaient une place importante dans l'imaginaire de ceux qui tentaient de définir ce que cela signifiait d'être un sujet français à l'étranger[14]. Selon Mgr François de Laval, évêque de Québec, en 1670, tous savaient que les protestants n'étaient en général pas aussi attachés à Sa Majesté que les catholiques et qu'ils craignaient que les huguenots résidents et les « agents » de la Nouvelle-Angleterre, ces intrus, puissent fomenter la révolution[15].

Bien que beaucoup plus petits et caractérisés par un catholicisme plus homogène que ceux de la vallée du Saint-Laurent, les établissements français de l'Acadie n'étaient pas à l'abri de préoccupations de ce genre. Après tout, il y avait eu des « révolutions » au cours du XVIIe siècle. En 1654, une flotte anglaise dirigée par Robert Sedgwick, un cromwellien radical, a défait les forces françaises à Pentagouet, dans la vallée de la rivière Saint-Jean et à Port-Royal; pendant les 16 années qui ont suivi, les propriétaires anglais ont gouverné l'Acadie, faisant de la baie de Fundy une dépendance économique de la baie du Massachusetts. Même après 1670, année pendant laquelle les Français ont repris le contrôle de la colonie par le traité de Bréda, les liens commerciaux avec la Nouvelle-Angleterre se sont resserrés, et les soupçons des Français à l'égard des Acadiens qui en tiraient parti ont grandi[16].

À Beaubassin, par exemple, Jacques Bourgeois a profité de ses liens commerciaux avec le marchand de Boston John Nelson pour construire des scieries et des moulins à farine, réinvestissant les profits dans son portefeuille de propriétés foncières en Acadie. S'inquiétant de ce genre de relations illicites entre les catholiques acadiens et les protestants de la Nouvelle-Angleterre, les autorités royales de Versailles à Québec craignaient également l'influence des véritables huguenots français en Acadie. À titre d'exemple, au début des années 1680, Claude Bergier, un protestant de La Rochelle qui s'était sagement associé à des investisseurs catholiques, s'est vu décerner le monopole royal des pêcheries de la côte atlantique de l'Acadie. Établies à Chedabouctou, ses activités ont été la cible de plaintes du vicaire général du séminaire de Québec, qui avait de nombreuses connaissances influentes, et ont aussi été visées par des accusations de transactions illégales avec des navires anglais, ce qui sous-entendait qu'en tant que protestant, Bergier avait une capacité intrinsèquement limitée d'imposer la sujétion française. Il a quitté la colonie peu de temps après et n'y est jamais revenu[17].

Alors que les Européens contemplaient le problème de la sujétion coloniale, les habitants de la Nouvelle-Angleterre et les Acadiens souffraient également de leur proximité, réelle et perçue, aux Autochtones. Face aux tentatives monarchiques de faire des sujets des peuples autochtones, il régnait bien sûr depuis les premiers jours de l'intégration atlantique une opinion que les Autochtones étaient si peu civilisés qu'ils étaient fondamentalement apatrides. Dans les années 1560, par exemple, Pedro Menéndez de Avilés a décrit les Autochtones de la Floride comme des « sauvages... sans foi ni loi », comparant leurs caractéristiques physiques et intellectuelles à celles des cerfs et des poissons plutôt qu'à celles des hommes civilisés[18]. Pour de nombreux observateurs, ce genre de caractéristiques semblaient pouvoir être transmises. Comme son mentor Jean Bodin, le philosophe du début du XVIIe siècle Nathanael Carpenter a répandu la conviction commune que les migrants européens qui s'étaient retrouvés parmi les Autochtones, même s'ils devaient « conserver longtemps leur perfection innée », en viendraient peu à peu à dégénérer. Et, comme son père Increase, le divin puritain Cotton Mather s'inquiétait du fait que les « vices indiens » étaient devenus une épidémie dans les années 1670, jusque dans la ville supposément urbaine de Boston – à tel point que des amis en Angleterre qualifiaient les habitants blancs de la Nouvelle-Angleterre d'« Indiens apprivoisés[19] ». Surtout après la fin de la guerre de Metacomet en 1677, les habitants de la Nouvelle-Angleterre ont mis les Autochtones au pilori en tant que « sauvages » apatrides, s'efforçant de montrer leur propre aptitude à la sujétion anglaise en insistant sur le contraste racial[20].

Bien entendu, les liens qu'entretenaient les Acadiens avec leurs voisins autochtones étaient différents. La population de colons de la baie de Fundy était de loin plus petite que celle de la Nouvelle-Angleterre, et les adaptations environnementales uniques des Acadiens – la construction d'*aboiteaux* pour assécher les marais des basses terres pour permettre l'agriculture, laissant du coup les hautes terres aux Mi'kmaqs – se traduisaient par une diminution des pressions foncières et du nombre de conflits. L'histoire des alliances de la Nouvelle-France avec les Autochtones sur de vastes étendues a également ramolli les perceptions des étrangers français sur les liens interculturels acadiens, mais seulement en partie. À Port-Royal, au début des années 1680, les autorités se plaignaient de la débauche de la plupart des habitants, qui vivaient sans scrupules *à la sauvage*[21]. À la même époque, un ecclésiastique catholique qui voyageait en Acadie s'est émerveillé des hommes âgés de 80 ans qui n'avaient pas été confirmés et des chapelles locales qui étaient si délabrées et rudimentaires qu'elles étaient à peine aptes au culte[22]. De tels commentaires font état du sentiment que ressentaient certains, soit que les Acadiens et les Mi'kmaq appartenaient à la même grande catégorie de personnes : celles dont les modes de vie et les pratiques religieuses divergeaient suffisamment des normes de la civilisation catholique française pour en faire des objets d'efforts missionnaires et civilisateurs plutôt que des sujets à part entière de la couronne.

L'Acadie et la Nouvelle-Angleterre existaient alors à la périphérie atlantique de la grande réorganisation politique du XVIIe siècle. L'union de la religion et de la sujétion s'est solidifiée dans les pays catholiques et protestants, les rois ont cherché à écarter les autres sources de souveraineté au sein de leurs dominions, et la division raciale entre les sujets européens et les Autochtones apatrides s'est endurcie. Toutes ces manœuvres et tendances évoquaient une clarté accrue : des démarcations plus claires entre les peuples et moins de confusion quant à savoir à qui la loi avait été confiée. Et pourtant, aux endroits où les confessions, les empires et les races ont convergé, comme ce fut le cas dans le nord-est de l'Amérique du Nord, l'ambiguïté, l'incertitude et la méfiance sont montées en flèche, coinçant les colons vulnérables entre l'arbre et l'écorce. Ironiquement, une grande partie de cette suspicion accrue a été le fruit des efforts d'édification de l'État métropolitain, plutôt que malgré ces efforts.

Prenons, par exemple, la tentative de la couronne française, au début des années 1680, de promulguer une loi globale sur l'esclavage et la sujétion dans les colonies de l'Atlantique – une tentative qui, à première vue, avait peu à voir avec l'Acadie, où il n'y avait, en somme, aucun esclavage. Pour le Roi Soleil, l'esclavage représentait une aubaine économique, mais aussi une double menace pour son projet d'instituer l'absolutisme royal en France et de remporter une victoire militaire à l'étranger. Premièrement, comme l'avaient montré les attaques contre la Grenade, Marie-Galante et la Guadeloupe pendant la guerre franco-néerlandaise (1672-1678), les esclaves africains sur les îles françaises des Caraïbes constituaient à la fois un attrait pour les pillards étrangers et une éventuelle cinquième colonne en cas d'invasion. Deuxièmement, et peut-être pire, la loyauté des propriétaires d'esclaves envers la couronne fléchissait précisément en raison de leur allégeance accrue au capital que représentaient ces mêmes esclaves africains, une dure réalité à laquelle l'Empire espagnol avait été confronté plus d'un siècle plus tôt. Pour résoudre ces difficultés, la couronne a dépêché le naturaliste et juriste Michel Bégon dans les Caraïbes en 1682. La sienne n'était qu'une mission parmi la campagne d'après-guerre visant à réaffirmer le contrôle royal sur les sujets de l'Atlantique français; le beau-frère de Bégon, Jacques de Meulles, fut simultanément envoyé en Nouvelle-France en tant qu'intendant, où il rendit la justice royale, organisa la défense de la colonie contre les Haudenosaunee et, en 1686, effectua personnellement une tournée d'inspection de l'Acadie au nom de la couronne.

Pour sa part, après avoir passé plusieurs mois aux îles parmi les autorités, les propriétaires de plantations et les esclaves, Bégon a pondu la première itération d'un édit royal, publié en 1685, qui prendrait plus tard (de manière trompeuse, étant donné la présence d'Autochtones asservis partout dans l'Empire français) le nom de Code noir. L'édit confirmait la domination bien établie des Blancs sur les travailleurs asservis, la relation grotesquement inégale qui alimentait l'économie tropicale. Pour les infractions allant du rassemblement sans autorisation à un coup porté contre une personne blanche, les sujets de Louis XIV pouvaient couper l'oreille d'un esclave, lui couper les ischiojambiers, marquer sa joue au fer ou le mettre à mort. Pourtant, le Code noir a également fixé des limites à l'autorité des esclavagistes sur le territoire. La loi de Bégon les obligeait à baptiser les esclaves dans la foi catholique tout en interdisant le travail du sabbat; elle établissait également des normes minimales pour la nourriture (environ cinq livres au total de manioc et de bœuf salé par semaine), les vêtements (deux tenues de toile ou l'équivalent en tissu non coupé) et la sécurité corporelle (la torture était encore permise, mais pas la mutilation). Si les esclavagistes ne respectaient pas la loi et persistaient dans leurs « traitements barbares et inhumains », les esclaves devaient en informer un avocat du roi, qui poursuivrait leur propriétaire en son nom.

Le Code noir cherchait également à désimbriquer la race, l'esclavage et l'apatridie, en rejetant l'argument des colons traditionnels, qui estimaient que les trois états étaient inséparables, et en conférant aux Noirs émancipés les privilèges des sujets naturels. Par contre, ces avantages n'étaient pas accordés aux Juifs, qui, en vertu du premier article de l'édit, devaient être expulsés de « nos îles » dans les trois mois qui suivraient sa publication en 1685. Qu'ils soient blancs ou noirs, les insulaires protestants devaient être traités comme des « rebelles » – une désignation conforme à la révocation par Louis de l'édit de Nantes, qui a interdit le culte réformé la même année, incitant des centaines de milliers de huguenots à fuir la France dans l'apatridie[23].

Certes, les esclaves ne sont pas devenus sujets français par la voie du Code noir, pas plus que les Juifs et les protestants n'en sont devenus des esclaves. Néanmoins, Louis XIV a élevé le statut juridique théorique des esclaves à ce point que l'on pourrait appeler la quasisujétion situationnelle tout en refusant la sujétion aux autres croyants blancs. Son régime l'a fait non seulement pour empêcher les révoltes d'esclaves, mais aussi pour diminuer la souveraineté que les esclavagistes pouvaient exercer sur les personnes à leur charge tout en augmentant celle du roi français sur ces mêmes esclavagistes et les personnes à leur charge. Par ses incursions dans la vie religieuse et l'esclavage racial, le Code noir a donc agi comme un projet de constitution royale pour l'Empire français y compris l'Acadie, une extension de la quête d'une souveraineté uniforme sur le plan spatial qui a redéfini à la fois la sujétion et sa négation comme prérogatives des rois.

Tout comme la noblesse française du XVIIe siècle avait repoussé les efforts de Louis XIV qui cherchait à saper son autorité seigneuriale, la classe des propriétaires de plantations des Caraïbes françaises militait contre l'application du Code noir. À titre d'exemple, presque immédiatement après sa publication, la couronne a cédé à la pression et a levé l'interdiction du travail du sabbat par les esclaves qu'avait imposée l'édit. Dans les années et les décennies qui ont suivi, les autorités françaises des Caraïbes ont pour la plupart fermé les yeux sur le régime de torture mis en place par les propriétaires de plantations et sur leur refus de nourrir et de vêtir leurs travailleurs esclaves conformément aux stipulations du Code noir. Ainsi, en ce qui concerne l'esclavage et la sujétion, le Code noir est venu compliquer la situation en tentant de la clarifier. Alors que la couronne faisait miroiter la sujétion intégrale aux Noirs émancipés et en faisait la promotion pour les esclaves, les Blancs des Caraïbes affirmaient leur pouvoir souverain de mélanger race, esclavage et apatridie : ici, déclarerait plus tard une autorité de Saint-Domingue, « la couleur est un titre d'esclave[24] ».

Dans les Amériques anglophones, où les élites coloniales avaient une plus grande latitude pour créer leurs propres lois, des processus semblables ont prévalu. La loi esclavagiste de 1688 de la Barbade, avec sa criminalisation des activités quotidiennes des esclaves et son déni explicite de la sujétion noire, est devenue un modèle pour la loi de 1690 de la Caroline du Sud visant à améliorer l'asservissement des esclaves, la loi de 1691 de la Virginie visant à éliminer les esclaves fugitifs et une foule de lois et de statuts ultérieurs qui ont creusé le fossé entre les sujets blancs et les « sauvages » africains et autochtones[25]. Même s'ils étaient à l'écart des centres d'esclavage émergents, les habitants de la Nouvelle-Angleterre ont fait de même au cours des années 1680, réduisant en esclavage des milliers de survivants autochtones de la guerre de Metacomet tout en enfermant le reste dans des réserves, où ils ont été soumis à des lois racialisées qui faisaient écho à celles imposées aux esclaves africains dans les colonies du sud. Ciblant la Confédération Wabanaki, les habitants de la Nouvelle-Angleterre ont également tiré parti du conflit impérial pour établir une économie de raids et de capture qui s'étendait de la frontière du Maine jusqu'à l'Acadie même à partir des années 1690[26].

Bien que le Code noir n'ait été ni envoyé ni enregistré en Nouvelle-France ni en Acadie, là aussi, les associations esclavage-apatridie et sujétion-blancheur ont progressé selon des lignes régionales et culturelles particulières. Passant de la rédaction du Code noir à la supervision des galères méditerranéennes de Louis XIV, Michel Bégon a pour sa part mis les esclaves autochtones dans le même bateau (littéralement) que les esclaves africains, réclamant leur utilisation interchangeable à la fois comme rameurs et ouvriers des plantations[27]. En 1709, Jacques Raudot, intendant de la Nouvelle-France, a signé une ordonnance qui promettait de conférer le droit de propriété aux acheteurs canadiens d'esclaves autochtones, à l'instar des lois et coutumes des propriétaires de nègres dans les îles[28].

On ignore si une copie ou un compte rendu de l'ordonnance de Raudot est parvenu à Port-Royal dans les mois précédant l'invasion de Vetch. En effet, étant donné la nature des sources acadiennes, il peut être difficile de mesurer les conséquences des transformations juridiques de la fin du XVIIe siècle et du début du XVIIIe siècle. Les jérémiades des familles de Port-Royal en 1710, se sentant traitées « comme des nègres », donnent toutefois à penser que les Acadiens étaient conscients de la précarité de leur statut de sujets à la lumière de ces transformations. Soupçonnés pour des motifs géographiques, culturels et même religieux, les Acadiens avaient déjà changé de souverain plus d'une fois. Outre la première période de domination anglaise (1654-1670) et le bref interrègne hollandais (1674-1676), à peine digne de mention, l'Acadie était tombée aux mains d'une force anglaise dirigée par Sir William Phips en 1690, à l'aube de ce qui deviendrait la guerre de Neuf Ans. Bien que la présence anglaise officielle à Port-Royal soit demeurée minime et que l'Acadie soit revenue sous le contrôle de la France par voie du traité de Ryswick de 1697, l'attaque de Phips a eu un effet énorme sur la baie de Fundy, sa conséquence la plus importante étant peut-être l'imposition généralisée des serments de loyauté pour la population acadienne. Tant à Port-Royal qu'à Minas, Phips a rapporté que le serment d'allégeance prêté à leurs « Très Excellentes Majestés Guillaume et Marie d'Angleterre, d'Irlande et d'Écosse » a été accepté avec « de grandes acclamations et réjouissances » – une affirmation que certains pourraient voir comme un vœu pieux de la part de Phips, mais qui pourrait fort bien refléter la crainte compréhensible des Acadiens d'être apatrides[29].

Dans le cas des serments prêtés à Phips, les Acadiens avaient peu d'influence et peu de plaintes. Le Néo-Anglais n'avait pas besoin de conversions massives au protestantisme et n'a rien fait pour forcer les Acadiens à se battre contre les Français ou leurs alliés autochtones. Lorsque les Français sont revenus, ils ont accepté d'oublier le passé : sans ces compromis, a écrit Joseph Robineau de Villebon, gouverneur du régime fantôme de la France en Acadie dans les années 1690, « il aurait été impossible d'exister dans ce pays… [où] ces malheureuses gens, vivant si loin de toute aide, étaient exposés à toutes sortes d'attaques[30] ». Or, une fois que la conquête de Port-Royal par Vetch a été confirmée par le traité d'Utrecht de 1713, les Acadiens sont redevenus sujets britanniques et il a peu tardé avant que les autorités d'Annapolis Royal imposent des serments partout dans la baie de Fundy. Il est ironique que ces serments, supposément des mécanismes adoptés par les dirigeants pour inculquer et assurer l'allégeance politique, soient devenus pour les Acadiens une façon bien à eux de franchir le fossé séparant la sujétion et l'apatridie[31].

La prestation d'un serment était une pratique ancienne, mais l'instabilité religieuse, le changement de régime et l'expansion impériale lui conféraient un nouveau caractère urgent et une nouvelle omniprésence dans les pays anglophones des XVIe, XVIIe et XVIIIe siècles. Les serments sont devenus pratique courante en Angleterre pendant la Réforme, car le fait de jurer allégeance aux Tudors a permis de confirmer la suprématie royale sur le pape pour les affaires de l'Église et de l'État. À la suite de la conspiration des poudres de 1605, le serment d'allégeance prêté à Jacques Ier a fait de l'abjuration de l'« hérésie » catholique un élément fondamental de la loyauté jurée à la couronne, resserrant encore plus les liens avec le roi aux sens séculier et religieux[32]. Pendant la guerre civile anglaise, la rupture de foi de Charles Ier avec l'église presbytérienne écossaise a déclenché de multiples rondes de prestation de serment alors que des royalistes de toutes sortes et des partisans du Parlement altéraient le langage de la loyauté pour s'adapter aux circonstances changeantes[33]. Lorsque les combats en venaient à toucher directement les gens, ces derniers s'éclipsaient, usaient d'équivoques et s'accrochaient au non-conformisme. Dans le Somerset, explique un chercheur, la guerre faisait rage entre « deux minorités, luttant dans un océan de neutralisme et d'apathie[34] ».

Les questions de prestation de serment, de conscience et de sujétion étaient si complexes qu'en 1646, Robert Sanderson, professeur à Oxford, ecclésiastique anglican et logicien, a publié une série de sermons pour guider ses sujets homologues. La loi de la nature, a-t-il déclaré, faisait de l'allégeance au pouvoir souverain de quelque forme de gouvernement que ce soit un devoir de tous les sujets, qu'il y ait eu serment ou non. Pourtant, Sanderson a également reconnu que, pour assurer « la sécurité de la nation », les sujets pouvaient, en toute conscience, prêter serment à un usurpateur. Idéalement, les sujets qui prêtaient serment dans de tels cas insistaient pour un langage ambigu (ou avaient des réserves mentales quant au langage clair), ce qui en faisait un serment « inférieur » qui reflétait la soumission plutôt qu'une véritable allégeance. Après la reprise du trône par Charles II en 1660, et surtout après l'accession au trône de son héritier catholique Jacques II en 1685, de nombreux protestants anglais se sont accrochés à ce genre de justifications lorsqu'ils prêtaient serment. Les partisans de Jacques II ont fait de même après 1689, lorsque le Parlement a installé le protestant Guillaume d'Orange comme roi. Ainsi, des Highlands écossais à l'Irlande en passant par la Pennsylvanie quaker, les circonstances locales se sont heurtées au langage universel des serments britanniques, jonchant le paysage de variations et d'accommodements[35].

Comme l'a déclaré un Britannique en 1716, « [a]ucune nation dans le monde n'a inventé une plus grande diversité de serments et nulle part ailleurs n'ont-ils été prêtés aussi universellement[36] ». Cette déclaration reflétait non seulement le flux et le reflux de la haute politique, mais aussi l'influence des prêteurs de serment de basse naissance qui naviguaient dans les eaux dangereuses séparant l'allégeance sans réserve et l'apatridie. Après 1713, les Acadiens – comme les Irlandais, les Écossais Highlanders, les quakers et bien d'autres – se sont retrouvés dans l'un des nombreux « laboratoires » mondiaux où l'expansion du pouvoir de l'État britannique a été négociée par des débats intenses sur la prestation de serments[37]. L'apatridie, c'est-à-dire la condition déterminante des esclaves, se cachait dans l'esprit des catholiques francophones partout sur le territoire qui avait été autrefois l'Acadie. En 1714, l'ingénieur de Louisbourg Jacques l'Hermitte a décrié le « péril » de la vie sous les dirigeants britanniques de la Nouvelle-Écosse, « qui vous traiteront comme des esclaves même si vous changez de religion[38] ». Cette même année, quelque 328 chefs de famille acadiens ont fait connaître leur intention de migrer vers un territoire français pour s'éloigner de cette incertitude; en 1718, d'autres Acadiens de Port-Royal, de Minas et de Beaubassin ont signalé au gouverneur de l'île Royale qu'ils se considéraient toujours comme de bons et véritables sujets de Sa Très-Chrétienne Majesté, le roi de France[39].

Étant donné la faiblesse militaire de la garnison d'Annapolis Royal, les autorités britanniques n'ont eu d'autre choix que de faire des concessions pour gagner graduellement la confiance des Acadiens[40]. Ce processus a été truffé de contradictions. « Il n'aurait servi à rien de prétendre contraindre [les Acadiens] par la force » à prêter serment à George II, a admis un agent en 1726. Or, dans le même souffle, il a conseillé à ceux qui administraient le serment de leur montrer d'abord la nécessité de le faire, puis de les inviter à peser les nombreux avantages et privilèges des sujets anglais, et ensuite de les informer qu'ils devaient obligatoirement se retirer immédiatement de la province s'ils devaient refuser[41]. Quelques heures plus tard, après avoir entendu les plaintes des députés acadiens, ce même agent qui crachait des paradoxes a voté en faveur de l'ajout d'une clause visant la traduction en français du serment libérant les Acadiens de la nécessité de prendre les armes contre la France[42]. Dans certains cas, les Britanniques ont même mis en place des mesures d'adaptation personnalisées et des incitatifs pour convaincre les Acadiens de prêter serment. Ce fut le cas d'Alexandre le Borgne, qui a juré fidélité à la couronne britannique en échange du droit de couper du foin et du bois de chauffage sur une parcelle de « Terre du Roi », près de Grand-Pré[43].

Agissant à titre de particuliers, de familles ou de communautés, les Acadiens fondaient leurs décisions entourant les serments sur de nombreux facteurs. Leurs délibérations sur les mérites de l'allégeance britannique et française ont toutefois toujours eu lieu dans le contexte de la conversation atlantique émergente sur l'apatridie. L'ombre de cette conversation s'est fait ressentir particulièrement longtemps après la guerre de Succession d'Autriche (1744-1748), au cours de laquelle les Anglo-Américains se sont emparés de la forteresse de Louisbourg, supposément imprenable, menaçant ainsi les liaisons maritimes de la France avec la Nouvelle-France, ce qui mettait du coup en danger la circulation des marchandises qui soutenait le réseau continental d'alliés autochtones de la France. Bien que le traité d'Aix-la-Chapelle ait eu pour conséquence de remettre Louisbourg entre les mains des Français, les ministres de Louis XV s'affairaient désormais à sécuriser les côtes nord-est de l'Amérique du Nord comme jamais auparavant. En Nouvelle-Écosse, cette nouvelle orientation a donné lieu à une campagne visant à chasser les Acadiens du territoire sous contrôle britannique vers des terres revendiquées par les Français, en l'occurrence la région de Chignecto, dans ce qui est aujourd'hui le Nouveau-Brunswick, l'île Saint-Jean ou même l'île Royale.

Pour accomplir cette tâche délicate, les agents français se sont tournés vers la menace de l'apatridie. Passant de Beaubassin à Minas en 1749, l'abbé Jean-Louis le Loutre a mis les Acadiens en garde : s'ils restaient dans leurs fermes de la baie de Fundy, les Anglais leur réserveraient le sort qu'ils avaient réservé aux Irlandais, en les réduisant à l'esclavage et en les privant de tout soutien spirituel[44]. Le Loutre a bientôt intensifié son discours, passant de la mise en garde à la coercition. Au printemps de 1750, il a participé à la mise au feu de la ville de Beaubassin, incitant des centaines d'Acadiens déplacés à migrer vers la pointe Beauséjour et l'île Saint-Jean – un *petit dérangement* qui préfigurerait étrangement les événements de 1755. À l'instar des Britanniques, les autorités françaises ont contraint cette première vague de réfugiés acadiens à prêter serment à Louis XV, mettant en garde ceux qui rechignaient qu'ils seraient déclarés « rebelles » et qu'ils seraient, à ce titre, « expulsés des terres qu'ils détenaient » – bref, que la couronne en ferait des apatrides[45].

Ce qui s'est passé en Acadie dans les années 1740 et 1750 a été une itération précoce d'un débat qui transformerait le monde atlantique au cours du siècle suivant. Il était alors question de la capacité des gens ordinaires à façonner, voire à déterminer, leur statut de sujet. Depuis 1713, les Acadiens avaient négocié, avec un certain succès, les modalités de leur propre sujétion, tirant parti de l'histoire particulière de la prestation de serment britannique et de la démographie post-conquête d'une façon qui leur permettait de se tailler des privilèges et des exemptions tout en évitant la menace omniprésente de l'apatridie. Cependant, alors que la rivalité impériale faisait de l'Acadie sa nouvelle cible, la menace est devenue plus cinglante, et la capacité des Acadiens à défendre ces privilèges et exemptions s'est effritée. Les tentatives acadiennes de revendiquer la neutralité, qui ont culminé dans les années d'entre-guerre de 1748 à 1754, étaient empreintes de désespoir. Provoquée par les affirmations de plus en plus véhémentes des Britanniques et des Français selon lesquelles c'étaient les États européens, et leurs habitants, qui dictaient les termes de la sujétion et de l'apatridie, la neutralité a cédé sous les pressions auxquelles seraient bientôt confrontées une foule de communautés atlantiques qui revendiquaient un certain degré de souveraineté en s'inspirant de sources autres que les gouvernements d'attache en Europe.

Vu sous cet angle, le sort des Acadiens a préfiguré la défense anglo-américaine de la décennie suivante des droits prévus à la charte contre l'empiétement d'un État britannique néo-absolutiste qui, par l'Acte déclaratoire de 1766, s'est déclaré capable de lier les colonies et le peuple d'Amérique, quels qu'ils soient, écartant les prétentions des colons à gouverner par charte en les rendant totalement nulles et non avenues[46]. Après 1772, lorsque le verdict rendu dans l'affaire *Somerset c. Stewart* a décrété que l'esclavage ne pouvait pas exister en sol britannique en l'absence du droit positif, on en est venu à voir, dans le néo-absolutisme, une menace pour la capacité des Anglo-Américains blancs à exploiter la main-d'œuvre et à perpétuer l'apatridie des esclaves africains et autochtones – un affront à la « souveraineté intérieure » qui en a sûrement mené beaucoup à joindre le giron patriote[47]. Et, au cours des deux décennies suivantes, les propriétaires de plantations français des Caraïbes, déterminés à affirmer leur propre droit illimité de régner sur les esclaves africains, se sont heurtés à une monarchie désireuse d'entériner sa propre souveraineté en soumettant ces mêmes propriétaires à des poursuites pour torture – un rejet de la revendication de longue date des propriétaires d'une autorité illimitée sur la vie, le corps et le travail de ceux qu'ils possédaient. Comme l'a écrit Malick Ghachem, l'opinion du propriétaire d'esclaves selon laquelle « aucune loi civile ne pouvait s'appliquer à une relation qui était fondamentalement au-delà de toute surveillance extérieure » a prévalu jusqu'au milieu des années 1780; en effet, c'est alors que les cours royales de Saint-Domingue, saisies par les craintes croissantes de révolte des esclaves et de discussions sur l'indépendance parmi les propriétaires de plantations, ont soudainement autorisé les esclaves à témoigner contre leurs maîtres[48].

Dans ces cas mieux connus et à plus grande échelle, les États impériaux ont rejeté les revendications des colons à la souveraineté conditionnelle d'une manière qui a déclenché des ripostes agressives. Les propriétaires de plantations anglo-américains et français des Caraïbes ont crié haut et fort qu'en mettant en péril leurs institutions et pratiques souveraines séculaires – dont l'esclavage et, du même coup, la capacité de reléguer leurs esclaves à l'apatridie – les empires britannique et français les exposaient, *eux*, à l'esclavage et à l'apatridie. C'était, a écrit un patriote du Massachusetts dans les années 1760, « le dessein avoué des ministres de nous asservir » [traduction libre]. De telles affirmations n'étaient pas simplement des hyperboles, mais exprimaient la terreur réelle ressentie à la perspective de se rapprocher de l'état d'apatridie qu'un si grand nombre de colons angloaméricains et français avaient imposé aux autres et qui avait hanté les populations coloniales pendant des décennies, à une époque d'édification d'empires[49].

Les patriotes anglo-américains et les propriétaires de plantations français des Caraïbes pensaient-ils peut-être aux Acadiens alors qu'ils s'insurgeaient contre leur mère patrie – car les Acadiens avaient en fait enduré la transition de sujétion à apatridie qu'ils craignaient tant. S'il est vrai que l'assaut contre les peuples de l'Acadie qui a commencé en 1755 a été à la fois une salve précoce de la guerre de Sept Ans et une prise pure et simple des terres de la part des autorités de la Nouvelle-Écosse et du Massachusetts, il reste que ce fut également un épisode dans l'édification de l'État impérial britannique. Lorsqu'on les pressa de prêter un serment d'allégeance sans réserve à cet État en 1755, les

Acadiens ont refusé en utilisant des mots que les Anglo-Américains reprendraient eux-mêmes dans les années qui suivraient pour défendre leurs chartes contre l'empire : « Nous ne serons jamais incohérents au point de prêter un serment qui change, même si peu, les conditions et les privilèges qu'ont obtenus pour nous nos souverains et nos ancêtres par le passé[50]. » Or, l'idéal d'une sujétion uniforme sur le plan de l'espace permettait de moins en moins de marge pour les conditions et les privilèges, exposant ceux qui s'y accrochaient à l'antithèse de la sujétion.

Pour dépeindre les Acadiens comme méritant un tel sort, les autorités anglo-américaines les ont confondus avec les Mi'kmaq, définissant les deux communautés (qui s'étaient, à bien des égards, distinguées de plus en plus au cours du XVIIIe siècle) comme un même peuple catholique, racialement ambigu, incapable de devenir de « bons sujets » des dominions britanniques[51]. Les Britanniques soutenaient que, regroupés, les Français et les Mi'kmaq avaient pris les armes au service de la France à Pointe Beauséjour et ailleurs, confirmant leur allégeance par leur comportement. Jonathan Belcher, juge en chef de la Nouvelle-Écosse et membre clé du conseil exécutif de la colonie, a misé sur ce lien racial pour cimenter l'apatridie des Acadiens à l'approche de la Déportation. Comme la neutralité se révélait une impossibilité politique, a-t-il déclaré, les Acadiens qui refusaient de prêter serment n'étaient, comme les Mi'kmaq, que des « habitants » des terres britanniques qui se comportaient mal et non de véritables sujets britanniques[52]. Le père de Belcher, alors gouverneur du New Jersey, tenait les mêmes propos : « Les Acadiens étaient des traîtres et des rebelles aux yeux de la couronne de Grande-Bretagne et ils méritaient donc d'être expulsés de la province de son fils[53]. »

Forcés de monter à bord de navires négriers convertis, dans la baie de Fundy, à la fin de 1755, les premiers captifs acadiens ont probablement senti que l'apatridie était devenue leur lot. La déclaration la plus complète à cet effet est ressortie de Philadelphie, qui a accueilli 500 réfugiés acadiens de Grand-Pré en novembre. Au début, ces réfugiés ont fait savoir aux autorités de la Pennsylvanie que, contrairement à leurs compatriotes de Pointe Beauséjour, ils avaient honoré le choix de leurs ancêtres de devenir sujets britanniques. Cet argument ne les a menés nulle part. En 1757, avec l'aide d'Anthony Benezet, un militant quaker qui connaissait bien les dangers de la neutralité et de la sujétion conditionnelle, les Acadiens de Philadelphie ont présenté un mémoire à l'Assemblée générale de la province. S'adressant à des politiciens embourbés dans leurs propres conflits sur la nature de la loyauté envers l'État britannique, ils ont exigé de savoir s'ils étaient « des sujets, des prisonniers, des esclaves ou des hommes libres ». Plus que toute autre déclaration de ces premiers moments terribles du Grand Dérangement, leur question révèle la reconnaissance par les Acadiens de leur position dans le long et tortueux débat du début de l'époque moderne sur la sujétion et l'apatridie. Il n'y aurait pas de solution facile. Lorsqu'un agent de la Caroline du Sud s'est plaint devant le lot de réfugiés acadiens de sa province, il s'agissait d'une affaire « nouvelle et difficile; il n'y a pas de Précédent à suivre ni de règle pour nous guider dans cette affaire[54] ».

L'histoire du Grand Dérangement a souvent été racontée, en termes intimes, comme le récit de la capacité étonnante des Acadiens à survivre et à reconstituer leur famille en présence de violence, de discrimination et d'indifférence. Tournant le regard vers l'extérieur, d'autres ont présenté le Grand Dérangement comme un épisode du conflit de longue date entre les empires britannique et français en Amérique du Nord. Depuis le récit qu'en a fait Francis Parkman, beaucoup ont situé la saga des Acadiens non seulement dans la guerre de Sept Ans, mais aussi dans le conflit plus large qui s'est déroulé depuis la Glorieuse Révolution jusqu'à la bataille de Waterloo. Cependant, si l'on regarde plus loin encore, le Grand Dérangement fait également partie de quelque chose d'encore plus grand : l'histoire atlantique de l'édification de l'État moderne.

Il est évident que les Acadiens n'ont figuré qu'en périphérie de cette histoire et aussi des siècles après son début, occupant une place apparemment mineure dans le drame océanique des bouleversements religieux, des échanges interculturels et de l'esclavage. La situation particulière des Acadiens a toutefois mis en relief nombre des tensions associées à l'édification de l'État. En Acadie, il ne s'agissait rien de moins que la relation entre le peuple et les souverains – une question qui avait été brouillée par l'insistance des propriétaires d'esclaves de l'Atlantique à affirmer qu'ils étaient en droit de délimiter à la fois la sujétion et l'apatridie pour des motifs raciaux. Parmi les conséquences de cette insistance, il y eut au XVIIIe siècle un mouvement de réaffirmation du pouvoir des institutions européennes sur ces questions. Depuis la conquête de Vetch jusqu'au Grand Dérangement, le monde des Acadiens a été façonné par l'attaque plus large contre la sujétion conditionnelle et a donc été imbriqué dans des préoccupations d'apparence lointaine sur l'esclavage, d'où la crainte des familles de Port-Royal d'être traitées « comme des nègres » et la demande des réfugiés de Philadelphie de savoir s'ils étaient des esclaves : dans un cas comme dans l'autre, il ne s'agissait pas d'une simple question de rhétorique. Ces déclarations étaient plutôt le reflet d'une époque et d'un lieu où la frontière entre sujétion et apatridie était devenue affreusement poreuse.

Notes

1. Cité dans N.E.S. Griffiths, *From Migrant to Acadian: A North American Border People, 1604-1755*, Montréal et Kingston, McGill-Queen's University Press, 2005, 240.
2. « Habitans de Port-Royal » au marquis de Vaudreuil, 13 novembre 1710, AC, C11D, vol. 7, 98-99.
3. Beamish Murdoch, *A History of Nova Scotia, or Acadie*, vol. 1, Halifax, 1865, 170.
4. Cité dans Ira Berlin, *Many Thousands Gone: The First Two Centuries of Slavery in North America*, Cambridge (Mass.), Harvard University Press, 1998, 97; pour l'apatridie en général, voir Linda K. Kerber, « The Stateless as the Citizen's Other: A View from the United States », *American Historical Review*, février 2007, vol. 112, n° 1; pour l'apatridie au début de la période moderne, voir Christopher Hodson, « Statelessness, Subjecthood, and the Early American Past », dans *The Cambridge History of America and the World*, vol. I, sous la direction de Eliga Gould, Paul Mapp et Carla Pestana, New York, Cambridge University Press, 2021, 139-160.
5. « Exposition de l'état ou j'ay trouvé l'Eglise du Canada », Archives nationales d'outre-mer (ANOM), Aix-en-Provence, France, série F5A, vol. 3, f. 24.
6. Elizabeth Mancke et John G. Reid, « Elites, States, and the Imperial Contest for Acadia », cité dans Maurice Basque et coll., *The "Conquest" of Acadia, 1710: Imperial, Colonial, and Aboriginal Constructions*, Toronto, University of Toronto Press, 2004, 25.
7. Voir J.H. Elliott, *Empires of the Atlantic World: Britain and Spain in America, 1492-1830*, New Haven, Yale University Press, 2006, 98.
8. Pour la vassalité et la sujétion dans l'Empire espagnol, voir Inga Clendinnen, *Maya and Spaniard in Yucatan, 1517-1570*, New York, Cambridge University Press, 1987.
9. Pour l'esclavage dans l'Empire espagnol, voir David Wheat, *Atlantic Africa and the Spanish Caribbean, 1570-1640*, Chapel Hill, University of North Carolina Press, 2016; Sherwin K. Bryant, *Rivers of Gold, Lives of Bondage: Governing through Slavery in Colonial Quito*, Chapel Hill, University of North Carolina Press, 2014; Matthew Restall, *The Black Middle: Africans, Mayas, and Spaniards in Colonial Yucatan*, Stanford, Stanford University Press, 2009.
10. Voir, par exemple, Jorge Canizares-Esguerra, *Puritan Conquistadors: Iberianizing the Atlantic, 1550-1700*, Stanford, Stanford University Press, 2006.
11. Voir Owen Stanwood, *The Global Refuge: Huguenots in an Age of Empire*, New York, Oxford University Press, 2020.
12. Voir en particulier Owen Stanwood, *The Empire Reformed: English America in the Age of the Glorious Revolution*, Philadelphie, University of Pennsylvania Press, 2012; Brendan McConville, *The King's Three Faces: The Rise and Fall of Royal America*, Chapel Hill, University of North Carolina Press, 2006.
13. Voir Cornelius Jaenen, « The Persistence of the Protestant Presence in New France, 1541-1760 », *Proceedings of the Western Society for French History*, vol. 2, 1974, 32.

14 Leslie Choquette, *Frenchmen into Peasants: Modernity and Tradition in the Peopling of French Canada,* Cambridge (Mass.), Harvard University Press, 1997, 133.
15 Cornelius Jaenen, « The Persistence of the Protestant Presence in New France », 33.
16 Les Hollandais ont également revendiqué l'Acadie pendant un certain temps, mais sans effet particulier, entre 1674 et 1676. Voir John G. Reid, *Acadia, Maine, and New Scotland: Marginal Colonies in the Seventeenth Century,* Toronto, University of Toronto Press, 1971, 162-172.
17 Voir N.E.S. Griffiths, *From Migrant to Acadian,* 121-4; C. Bruce Fergusson, « BERGIER, CLERBAUD », dans *Dictionnaire biographique du Canada,* vol. 1, Université de Toronto/Université Laval, 2003, [en ligne : http://www.biographi.ca/fr/bio/bergier_clerbaud_1E.html, consulté le 13 juillet 2021].
18 Daniel S. Murphree, *Constructing Floridians: Natives and Europeans in the Colonial Floridas, 1513-1783,* Gainesville (Floride), University Press of Florida, 2006, 54.
19 Cité dans John Canup, « Cotton Mather and 'Criolian Degeneracy », *Early American Literature,* vol. 24, n° 1 (1989), 22, 24, 27.
20 Voir Jenny Hale Pulsipher, *Subjects Unto the Same King: Indians, English, and the Contest for Authority in Colonial New England,* Philadelphie, University of Pennsylvania Press, 2006; Jill Lepore, *The Name of War: King Philip's War and the Origins of American Identity,* New York, Vintage, 1999.
21 Jacques Vanderlinden, *Le lieutenant civil et criminel : Mathieu de Goutin en Acadie française, 1688-1710,* Moncton (N.-B.), Chaire d'études acadiennes, 2004, 187; « Mémoire sur le Port-Royal », 1686, AC, C11D, vol. 8, f. 54.
22 « Exposition de l'état ou j'ay trouvé l'Eglise du Canada », AC, série F5A, vol. 3, f. 24.
23 *Le Code Noir ou recueil des reglements rendus jusqu'à present,* Paris, Prault, 1767, trad. John Garrigus [en ligne : https://s3.wp.wsu.edu/uploads/sites/1205/2016/02/code-noir.pdf, consulté le 17 juin 2020].
24 Rohan au ministre, le 10 novembre 1767, ANOM, série F3, vol. 95.
25 Pour ces lois, le Code noir et les questions transatlantiques de sujétion, voir Hodson, « Statelessness, Subjecthood, and the Early American Past », dans Gould, Mapp et Pestana, *The Cambridge History of America and the World,* vol. 1, 148.
26 Voir Margaret Newell, *Brethren by Nature: New England Indians, Colonists, and the Origins of American Slavery,* Ithaca, Cornell University Press, 2015; Lisa Brooks, *Our Beloved Kin: A New History of King Philip's War,* New Haven, Yale University Press, 2018.
27 Brett Rushforth, *Bonds of Alliance: Indigenous and Atlantic Slaveries in New France,* Chapel Hill, University of North Carolina Press for the Omohundro Institute of Early American History and Culture, 2012, 152.
28 *Ibid.,* 395.
29 N.E.S. Griffiths, *From Migrant to Acadian,* 154. Quelques semaines à peine après le départ de Phips, les autorités françaises ont regagné Port-Royal. Les Acadiens sont à ce moment revenus sur leur décision, affirmant qu'ils avaient prêté le serment anglais

sous la contrainte et promettant de se battre pour le royaume de Louis XIV. Comme l'explique N.E.S. Griffiths, l'expression de la volonté des Acadiens de périr au combat avait autant de crédibilité que l'affirmation antérieure selon laquelle les colons avaient juré fidélité au roi Guillaume de gaieté de cœur (156).

30 Ibid., 159 [traduction libre].
31 Voir, entre autres, Geoffrey Plank, *An Unsettled Conquest: The British Campaign Against the Peoples of Acadia*, Philadelphia, University of Pennsylvania Press, 2001; pour les serments, voir Maurice Basque, « The Third Acadia: Political Adaptation and Societal Change », dans *The "Conquest" of Acadia, 1710: Imperial, Colonial, and Aboriginal Constructions*, sous la direction de John Reid et coll., Toronto, University of Toronto Press, 2004, 171-176; A.J.B. Johnston, « Borderland Worries: Loyalty Oaths in Acadie/Nova Scotia, 1654-1755 », *French Colonial History*, vol. 4 (2003), 31-48.
32 Voir Rachel Weil, « Thinking about Allegiance in the English Civil War », *History Workshop Journal*, vol. 61 (2006), 184; Nicole Greenspan, « Charles II, Exile, and the Problem of Allegiance », *The Historical Journal*, vol. 54, n° 1 (2011), 76.
33 Greenspan, « Charles II, Exile, and the Problem of Allegiance », 77-78.
34 David Underdown, *Somerset in the Civil War and Interregnum*, Newton Abbot, David and Charles, 1973, 118, cité dans David Martin Jones, *Conscience and Allegiance in Seventeenth-Century England: The Political Significance of Oaths and Engagements*, Rochester (New York), University of Rochester Press, 1999, 112.
35 Jones, *Conscience and Allegiance*, 212, 217-218.
36 *The History of Publick and Solemn State Oaths*, Londres, A. Bettesworth et Jonas Browne, 1716, 6.
37 Jones, *Conscience and Allegiance*, 199.
38 Sieur l'Hermitte à M. de la Ronde, le 12 juillet 1714, Louisbourg, ANOM, série C11B, vol. 1, 114 [traduction libre].
39 N.E.S. Griffiths, *From Migrant to Acadian*, 263; « Acadians of Port Royal, Mines, Beaubassin to Saint-Ovide, 1718 », dans *Collection de documents inédits sur le Canada et l'Amérique publiés par le Canada-Français*, sous la direction d'Henri-Raymond Casgrain, vol. I, Québec, L.J. Demers & frère, 1888-1890, 128.
40 Archibald N. Macmechan, *Original Minutes of His Majesty's Council at Annapolis Royal, 1720-1739*, Halifax, PANS, 1908, 130.
41 Archibald N. Macmechan, *Original Minutes*, 128.
42 Ibid., 130.
43 Christopher Hodson, *The Acadian Diaspora: An Eighteenth-Century History*, New York, Oxford University Press, 2012, 36.
44 Ibid., 40.
45 A.J.B. Johnston, « Borderland Worries: Loyalty Oaths in Acadie/Nova Scotia, 1654-1755 », *French Colonial History*, vol. 4 (2003), 41.

46 « The Declaratory Act; March 18, 1766 », Yale Law School, Lillian Goldman Law Library, The Avalon Project: Documents in Law, History and Diplomacy [en ligne : https://avalon.law.yale.edu/18th_century/declaratory_act_1766.asp, consulté le 14 novembre 2021].

47 Pour *Somerset c. Stewart*, voir David Waldstreicher, *Slavery's Constitution: From Revolution to Ratification*, New York, Hill and Wang, 2009, 21-56; pour l'esclavage, la souveraineté et la race en tant que moteurs du mouvement patriote dans les colonies anglo-américaines en rébellion, voir Robert Parkinson, *The Common Cause: Creating Race and Nation in the American Revolution*, Chapel Hill, University of North Carolina Press, 2016.

48 Malick Ghachem, *The Old Regime and the Haitian Revolution*, New York, Cambridge University Press, 2012, 64.

49 T.H. Breen, « Where Have All the People Gone? Reflections on Popular Political Mobilization on the Eve of American Independence », dans *War in an Age of Revolution, 1775-1815*, sous la direction de Roger Chickering et Stig Förster, New York, 2010, 282-283.

50 Cité dans John Mack Faragher, *A Great and Noble Scheme: The Tragic Story of the Expulsion of the French Acadians from Their American Homeland*, New York, W.W. Norton, 2006, 323 [traduction libre].

51 Robert Dinwiddie, gouverneur de Virginie, cité dans Hodson, *Acadian Diaspora*, 62. Voir en particulier Geoffrey Plank, *An Unsettled Conquest: The British Campaign Against the Peoples of Acadia*, Philadelphie, University of Pennsylvania Press, 2003.

52 Griffiths, *From Migrant to Acadian*, 461.

53 Cité dans Hodson, *Acadian Diaspora*, 64 [traduction libre].

54 *Ibid.*, 68.

CHAPITRE 2

L'Acadie diasporique à l'épreuve de la dynamique raciale de la Louisiane, des années 1860 aux années 1960

CLINT BRUCE

Déracinées dans la tourmente du Grand Dérangement au milieu du XVIIIe siècle, les diverses populations issues de la diaspora acadienne, notamment aux provinces maritimes, au Québec et en Louisiane, ont commencé à renouer les contacts entre elles quelques générations plus tard. Même si les communications entre Acadiens des provinces maritimes et Louisianais d'origine acadienne remontent à la fin du XIXe siècle, ce n'est que dans les années 1920 et 1930 que les efforts pour rétablir les liens brisés commencent à prendre une réelle ampleur.

En avril 1931, à la veille du départ d'une importante délégation d'Acadiens des provinces maritimes pour la Louisiane, le sénateur Pascal Poirier (1852-1933) adressait aux voyageurs canadiens « le message de sa génération » : « Nous, les anciens, avons trouvé une Acadie agonisante, celle qui fut démembrée en 1755; vous, les jeunes, vous avez découvert une Acadie nouvelle, pleine de santé et de vie, l'Acadie louisianaise. » Malgré tout ce qui pouvait séparer les populations respectives de ces foyers de la diaspora acadienne, Poirier n'en insistait pas moins sur leur nécessaire unité : « Les deux n'en font qu'une; il ne faut pas qu'il y ait deux Acadie[1]. » Bien qu'il s'agisse moins d'un véritable projet collectif, comme l'a démontré Carolynn McNally, que d'une cohésion symbolique[2], cette dernière n'en devait pas moins justifier et amplifier l'affirmation nationaliste en contexte canadien.

Or, qu'elles s'intéressent à l'appropriation de mythes communs – notamment celui d'Évangéline – ou encore à la marchandisation de l'identité en contexte néolibéral, les réflexions sur la diaspora acadienne ont souvent privilégié les rapports avec la culture cadienne (ou *Cajun*, en anglais) de la Louisiane, reconfiguration identitaire propre à ce groupe ethnique américain issu de la société créole de l'époque coloniale. Jusqu'ici, cependant, la dimension transnationale de la racialisation de l'identité acadienne n'a pas fait pas l'objet d'un examen sérieux. D'un côté, il est reconnu que la valorisation du fait acadien en Louisiane passe, dès le tournant du XXe siècle, par la revendication d'une identité « blanchie » – par rapport à la créolisation constitutive de la culture franco-louisianaise – à l'ère de la ségrégation raciale[3]. D'un autre côté, plusieurs chercheurs tendent à minimiser le contenu proprement racialiste de la notion de « race acadienne » (ou « canadienne-française ») telle qu'elle avait cours au Canada à cette même époque. Or, nos recherches montreront que, dès lors que s'introduit une logique diasporique, il est impossible de dissocier ces deux contextes. Par exemple, en découvrant la Louisiane lors du voyage de 1931, plusieurs Acadiens se sont demandé, à l'instar du rédacteur de *L'Évangéline*, Alfred Roy, quelle influence « le voisinage des nègres » aurait exercé sur leurs cousins de « l'Acadie louisianaise[4] ». Le journaliste n'aura été ni le premier, ni le dernier à s'interroger sur cet élément structurant de cette société anciennement esclavagiste, puis passée sous régime ségrégationniste.

Cette étude retracera l'historique des contacts entre l'Acadie des provinces maritimes et la Louisiane francophone afin de cerner l'enjeu de l'identité raciale dans l'émergence d'une vision diasporique de l'Acadie, entre les années 1860 et 1960. Le début de cette période correspond, d'une part, à la Reconstruction, programme de réforme du sud des États-Unis après la guerre de Sécession (1861-1865), et d'autre part, à la Renaissance acadienne qui émerge dans la foulée de la Confédération canadienne. Tout en s'appropriant des symboles et des mythes collectifs, le nationalisme acadien de la fin du XIXe siècle véhicule un discours sur la destinée du peuple acadien parfois qualifié de « race ». L'examen de la période 1920-1940, au cours de laquelle les visites nord-sud prennent de l'ampleur, constituera le noyau dur du chapitre. Ce mouvement aura son point culminant en 1955, lors des fêtes du bicentenaire de la Déportation. Enfin, c'est en 1965 qu'est créé « le drapeau des Acadiens louisianais », symbole omniprésent dans la Louisiane de nos jours, à l'heure du mouvement des droits civiques aux États-Unis et de la modernisation culturelle et sociopolitique au Canada francophone. Tout récemment, dans l'esprit du mouvement *Black Lives Matter*, l'exclusivisme blanc de cet emblème a été remis en question en même temps que les monuments empreints de nostalgie du système esclavagiste. Les dynamiques actuelles autour de ces enjeux, façonnés tout au long de la période étudiée, seront évoquées en début de parcours, après quelques précisions conceptuelles, puis revisitées dans la conclusion.

En examinant ces étapes de l'évolution d'un imaginaire diasporique acadien, nous nous demanderons à quel point celui-ci constitue un « projet racial » tel que défini par les sociologues Michael Omi et Howard Winant, c'est-à-dire un projet « d'interprétation, de représentation et d'explication de la dynamique raciale, ainsi qu'un effort pour réorganiser et redistribuer des ressources selon des critères raciaux[5] ». Ce qu'il s'agit de repenser, c'est l'idée reçue selon laquelle la racialisation des identités ethnoculturelles se situerait uniquement du côté du Sud états-unien alors que l'Acadie des provinces maritimes échapperait à cette problématique. La démarche implique donc de penser l'inclusion de la société acadienne dans l'ensemble canadien et nord-américain au lieu de présupposer une quelconque téléologie en ce qui concerne son caractère distinctif et son statut minoritaire.

« Diaspora » et « race » : précisions conceptuelles

La mobilisation du concept de diaspora s'autorise *a priori* par le fait historique de la dispersion de la population acadienne à l'époque du Grand Dérangement ainsi que, sur le temps long, par le phénomène d'identification à la mémoire acadienne dans des communautés à l'extérieur du foyer de l'Acadie dite de l'Atlantique. Toutefois, son application dans le contexte contemporain ne va pas sans ambiguïtés et questionnements, notamment en raison de l'absence d'un État acadien pouvant servir de métropole géopolitique[6]. Tandis que plusieurs déplorent la prolifération d'une notion qui souffrirait elle-même de « dispersion » conceptuelle avec la montée des études transnationales[7], d'autres ont tenté de poser des balises en dressant des catégories heuristiques[8] ou des critères définitoires[9]. Il est clair que le cas de l'Acadie répond à plusieurs des conditions proposées par William Safran, comme le maintien d'une mémoire collective du lieu d'origine et l'objectif d'un retour dans le lieu d'origine idéalisé – retour symbolique souvent réalisé par un voyage à Grand-Pré. Si la dimension politique se dégage avec moins d'évidence, nous croyons, avec Robin Cohen et Olivia Sheringham, que les réflexions sur les diasporas peuvent servir à « connaître et comprendre des minorités anciennes mais jamais totalement intégrées ainsi que les nouveaux migrants désireux de (ou forcés à) maintenir un lien culturel et social avec leur pays d'origine[10] ». Le recours fréquent au souvenir de la Déportation, qualifiée (avec raison) de nettoyage ethnique, voire de génocide (ce qui est moins incontestable), situe l'Acadie parmi les « diasporas victimaires », pour reprendre le vocabulaire de Cohen, bien que son histoire soit moins connue que celles de la diaspora juive ou du peuple arménien[11].

Or, le terme « diaspora » s'est popularisé en Acadie au tournant des années 1990, à l'approche du premier Congrès mondial acadien[12]. Son appropriation s'inscrit dans une tendance à l'élargissement de ce concept, qui signifie désormais « un groupe dispersé » (plutôt que le mouvement de dispersion). Sans s'être absolument généralisé, du moins jusqu'ici, le mot fait désormais partie de la conception qu'a la société acadienne d'elle-même. À titre d'exemple, la Société nationale de l'Acadie inscrit dans son mandat des efforts pour favoriser « la concertation au niveau de l'Acadie de l'Atlantique et de la diaspora[13] ». En même temps, son emploi suscite des réticences que l'on peut imputer à une résistance d'ordre idéologique en faveur d'une forte territorialisation de l'identité acadienne[14]. À l'instar de Caroline-Isabelle Caron, j'ai déjà insisté sur la distinction utile entre l'Acadie généalogique, d'une part, et la diaspora acadienne, d'autre part : cette dernière relèverait des contacts, réseaux et projets reliant l'Acadie de l'Atlantique aux communautés, associations et individus d'ailleurs s'identifiant à l'Acadie[15]. Les activités associées participeraient d'une production discursive de la diaspora[16].

Or, la présente étude s'efforce d'historiciser la discursivité diasporique en perspective transnationale ou, pour mieux dire, translocale (c'est-à-dire, entre l'Acadie des provinces maritimes et la Louisiane). Il s'agit ainsi de répondre à l'appel de Stuart Hall à considérer l'identité diasporique non pas comme produit d'un socle unique, mais plutôt comme productrice de diversité « à travers la transformation et la différence[17] ». Il importe de rendre compte des tensions entre ces phénomènes de « transformation » et de « différence », redevables à des contextes spécifiques, et les formes de l'*imaginaire diasporique*[18]. Pour Brian Keith Axel, qui se détourne de la primauté de la spatialité en études diasporiques, « l'imaginaire diasporique met plutôt l'accent sur la temporalité et sur la corporalité – sur leur centralité dans les rapports de reconnaissance et sur leur négociation à travers les discours de la pureté et des origines[19] ». Ce sont là des enjeux hautement significatifs en ce qui concerne l'identité raciale.

Certes, la notion de race n'est tenue ni pour une donnée biologique et ni pour un principe catégoriel immuable. Mon approche s'inspire du modèle d'Omi et Winant, pour qui l'identité raciale constitue un « fait social » (*social fact*), comme le genre, irréductible aux paradigmes de l'ethnicité, de la nation ou du conflit des classes, mais en interaction avec eux : « Bien que le concept de race invoque des traits humains en apparence biologiquement fondés (les prétendus "phénotypes"), la sélection de ces traits humains spécifiques à des fins de signification raciale est toujours et nécessairement un processus social et historique[20]. » C'est à ces processus sociohistoriques que renvoie leur théorie de la « *formation raciale*[21] », celle-ci relevant à la fois de la structure sociale et des représentations culturelles. Par rapport aux études sur la *blanchité* (*whiteness*), le modèle d'Omi et Winant rejoint la mise en garde de Joseph Pugliese contre toute approche déshistoricisante de l'identité blanche : la production de celle-ci doit être analysée en fonction de processus spécifiques d'ethnicisation, forcément localisés[22]. L'historien Jean-Frédéric Schaub nous invite à considérer « l'histoire longue de la formation des catégories raciales » dans le monde atlantique, en évitant les pièges de l'anachronisme et de la surgénéralisation[23].

Dans la mesure où la formation raciale participe des rapports d'inégalité et d'oppression entre des groupes, les phénomènes de racialisation sont liés à des *projets raciaux*, c'est-à-dire des tentatives « d'interprétation, de représentation ou d'explication des identités et significations raciales », jointes à « un effort pour réorganiser et distribuer des ressources (économiques, politiques et culturelles) en fonction de critères raciaux particuliers[24] ». Un projet racial n'est pas forcément raciste : un projet racial/raciste hégémonique (p. ex. : la ségrégation aux États-Unis jusqu'aux années 1960) peut, bien sûr, être contesté par des contre-projets d'orientation éventuellement antiraciste (comme le mouvement des droits civiques).

D'autres projets raciaux occuperaient une position marginale par rapport à la structure raciale d'ensemble, ou bien sont subordonnés à celle-ci : c'est ce que je soutiens au sujet de l'affirmation identitaire acadienne, au Canada atlantique et en Louisiane, à partir des années 1860. Même s'il s'agit de mouvements « ethniques », nous savons, comme le rappelle l'anthropologue Brackette Williams, que toute considération de l'ethnicité dans la formation de l'État-nation « se doit de rendre compte des relations idéologiques entre l'ethnicité et les autres aspects catégoriels des processus de formation identitaire[25] ». Évoluant dans l'ordre raciste issu du colonialisme de peuplement en contexte canadien, d'un côté, et dans celui du sud des États-Unis, façonné par l'esclavagisme, de l'autre, et le groupe acadien et le groupe cadien ont eu tous les deux à affirmer leur « blanchité », ce à quoi aura contribué l'appartenance diasporique. La diaspora acadienne apparaîtra donc comme un projet racial de portée transnationale, issue de la convergence et de l'harmonisation partielle de ces deux projets raciaux à l'échelle locale.

Enjeux contemporains autour du « drapeau de l'Acadiane »

Au printemps 2020, lors du regain spectaculaire du mouvement antiraciste *Black Lives Matter* dans la foulée du meurtre de George Floyd, et en pleine pandémie de COVID-19, des manifestations ont été organisées à Lafayette, en

Louisiane, comme ailleurs aux États-Unis et dans le monde entier. Un artiste local s'est alors saisi de l'occasion pour introduire un nouveau symbole : le drapeau « Acadiana Black Pride ». Dessiné par Cory Stewart, jeune graphiste et cinéaste d'héritage créole et afro-américain, cet emblème reprenait la forme du drapeau régional de « l'Acadiane » – aire culturelle du sud de la Louisiane nommée ainsi par référence à l'héritage acadien – mais en substituant aux couleurs de la France celles de la solidarité panafricaine et, à l'étoile mariale de l'Acadie, le poing levé du militantisme antiraciste. D'après Stewart, l'intention était de créer un symbole de justice raciale et d'inclusion culturelle tout en rendant hommage au drapeau de l'Acadiane[26], dont aucun élément ne renvoie à l'héritage afro-louisianais. Son initiative a suscité beaucoup de réactions dans la communauté, dont certaines la taxant de racisme inversé et de velléités de supprimer le drapeau associé à l'identité cadienne[27].

Cet incident en dit long sur les enjeux socioculturels qui ont conditionné l'imposition de la référence acadienne en Louisiane. Sur le plan symbolique, ce mouvement a été couronné par l'implantation du « drapeau des Acadiens louisianais », inspiré par le tricolore étoilé de l'Acadie et créé en 1965 à l'approche des commémorations des 200 ans de présence acadienne. Ce qu'il importe de signaler ici, c'est le glissement de sa fonction de symbole d'un groupe ethnique – les « Acadiens louisianais » – à celle d'un symbole d'une aire culturelle : l'Acadiane ou *Acadiana*, néologisme désignant le « triangle français » formé par la partie méridionale de la Louisiane à l'ouest de La Nouvelle-Orléans. En 1971, cette dénomination devient officielle en vertu d'une résolution de l'Assemblée législative de l'État reconnaissant une zone de 22 paroisses pour « leurs aspects culturels fortement français-acadiens ». Ensuite, le « drapeau des Acadiens louisianais », qualifié de plus en plus de « drapeau de l'Acadiane » (et parfois de « drapeau cadien », ou *Cajun flag*), est officiellement attribué à la région en 1974. Ces mesures relèvent d'une stratégie de promotion touristique appuyée par des groupes comme *The International Relations Association of Acadiana* (TIRAA) et le Conseil pour le développement du français en Louisiane (CODOFIL), agence d'État fondée en 1968. Cette démarche connaît un succès indéniable : le terme *Acadiana* et l'emblème dessiné en 1965 sont aujourd'hui omniprésents. La territorialisation de l'identité (a)cadienne accompagne la commercialisation massive des produits culturels *cajuns* survenue au tournant des années 1980[28], popularité que plusieurs voient comme une revanche après la dévalorisation séculaire du fait francophone.

Or, la projection d'une (seule) identité blanche sur l'ensemble de la culture régionale ne correspond ni aux réalités démographiques ni aux rapports interethniques ayant donné lieu à la créolisation culturelle propre à la Louisiane d'héritage francophone. Alors que la population louisianaise se déclare de « race noire » ou d'origine afro-américaine dans une proportion de 32,5 %, ces pourcentages varient dans les paroisses de l'Acadiane entre 58,4 % (St-Jean-Baptiste) et 4 % (Cameron), celle de Lafayette comptant 26,9 % de personnes noires en 2019[29]. Dès les années 1980, l'inexorable « acadianisation » ou *cajunization* de la région ainsi que l'invisibilisation concomitante de la communauté afro-créole ont été contestées par des groupes comme C.R.E.O.L.E. Inc. et l'*Un-Cajun Committee*[30]. Quelque peu avant le projet « Acadiana Black Pride » de Cory Stewart, un professeur de l'Université de Louisiane à Lafayette avait proposé d'autres versions du drapeau régional, enrichies d'éléments évoquant l'héritage africain[31]. Ces efforts vont de pair avec une campagne pour la reconnaissance des injustices raciales du passé, campagne qui, à Lafayette, s'est orientée autour de la dénonciation d'une statue d'un planteur d'origine acadienne, Jean-Jacques Alfred Alexandre Mouton (1829-1864), mort en défendant la cause esclavagiste pendant la guerre de Sécession.

S'il a semblé pertinent de soulever ces enjeux d'ordre symbolique, c'est pour mieux poser les fondements contextuels de l'hypothèse relative à ma question centrale, à savoir que, dans la mesure où le recours à l'identité acadienne implique des interactions avec l'Acadie des provinces maritimes, l'imaginaire diasporique qui en découle se construit de façon dialectique, selon une dynamique transnationale, et non seulement sur le plan local. Alors que le référent acadien a été examiné par d'autres[32], la dimension raciale du lien transnational représente un chaînon manquant qu'il s'agira dans la suite de rattacher à notre compréhension de l'Acadie diasporique. Si cette étude privilégie le siècle suivant la Confédération et la guerre de Sécession, il importe aussi de tenir compte des répercussions ultérieures ainsi que, bien sûr, des fondements antérieurs.

De l'Acadie coloniale à l'intégration acadienne en Louisiane créole

« Là, le plus riche était pauvre, et le plus pauvre vivait dans l'abondance » : c'est ainsi que Longfellow imaginait l'Acadie coloniale dans *Évangéline*[33]. Bien que la légende dorée d'une société paysanne parfaitement égalitaire continue d'exercer une indéniable emprise, il existait bien sûr une stratification socioéconomique aux XVIIe et XVIIIe siècles, sans qu'il y ait lieu de parler de classes[34]. En même temps, l'ethnogenèse d'un « peuple distinct » impliquait nécessairement des processus de différenciation par rapport aux autres groupes. En plus des relations avec les Mi'kmaq et d'autres nations autochtones, l'Acadie faisait partie du monde atlantique et donc d'un macro-système fondé sur l'esclavage et le trafic humain[35]. Des indices limités nous autorisent à soupçonner l'émergence d'une conscience raciale chez ces Français d'Amérique : en témoigne notamment la lettre des « principaux habitants de Port-Royal » qui se plaignent, fin 1710, après l'invasion anglaise, d'être traités « comme des nègres » par les occupants[36]. Clairement, ils avaient une perception de leur statut dans l'ordre racial du monde atlantique, perception qui allait être aiguisée par leurs contacts avec l'univers maritime, l'esclavagisme pratiqué à l'île Royale et, pendant le Grand Dérangement, leur passage dans des colonies esclavagistes d'Amérique du Nord et des Antilles. Que les familles acadiennes installées en Louisiane en soient venues à adopter massivement l'esclavage n'a rien de surprenant.

Colonie française depuis le tournant du XVIIIe siècle, avant d'être cédée à l'Espagne après la guerre de Sept Ans, la Louisiane compte une population majoritairement africaine et d'origine africaine au moment de l'arrivée des premiers réfugiés acadiens, en 1764-1765. L'immigration acadienne s'effectue par vagues, sur une période de 25 ans, et totalise environ 3 000 individus. Tout comme Saint-Domingue, ou la future Haïti, la Louisiane se caractérise par une hiérarchie raciale à trois étages : entre les Blancs libres et la population en esclavage, il y a les « gens de couleur libres », caste intermédiaire. L'esclavagisme ne tarde guère à s'implanter dans les communautés acadiennes. Le recensement de 1779 de Cabanocé (actuelle paroisse Saint-Jacques), région sur le Mississippi, qualifiée très tôt de « Côte des Acadiens », révèle que des personnes d'origine africaine sont tenues en esclavage dans 62 % des ménages acadiens[37]. Si l'asservissement de ces autres déportés répond initialement à des aspirations socioéconomiques, c'est à partir de 1785, à la suite d'une tentative de révolte par un Noir libre du nom de Philippe, que les Acadiens auraient assimilé la mentalité de la suprématie blanche, selon l'hypothèse de Brasseaux[38]. D'ailleurs cet historien relève que l'avènement de l'industrie sucrière entraîne une expansion galopante de l'esclavagisme au moment où la Louisiane est vendue aux États-Unis (1803)[39].

La famille fondatrice de Lafayette, les Mouton, constitue un exemple frappant de cette odyssée américaine. Né à Grand-Pré en 1755, Jean Mouton devient planteur de coton et de sucre. Son fils Alexandre (1804-1885), diplômé de Georgetown College, sera sénateur fédéral (1837-1842), gouverneur de l'État (1843-1846) et, en 1861, président de la convention de sécession juste avant la guerre civile. C'est en l'honneur de son fils, Alfred, que sera érigé, au début du XXe siècle, le monument qui s'est trouvé au centre des revendications antiracistes à Lafayette.

Bien entendu, l'existence de la plupart des Louisianais d'origine acadienne ne ressemble guère à celle de cette famille de l'élite. Toujours est-il que les contacts interculturels entre Acadiens et Africains, depuis leurs premières interactions sous le régime espagnol, exerceront une influence déterminante sur la formation de la culture « cadienne[40] ». Vue de cet angle, l'ethnogenèse cadienne résulterait d'une véritable créolisation, redevable aux conditions de la société esclavagiste[41]. Parmi celles-ci il ne faudrait pas passer sous silence les unions intimes – et encore moins la violence sexuelle – dont naissent un grand nombre de personnes de couleur d'ascendance acadienne[42].

Les paramètres identitaires dont il est question sont modifiés de manière radicale dans l'après-guerre de Sécession. Dans la foulée de l'abolition de l'esclavage, le programme de réforme sociopolitique de la Reconstruction (1863-1877) suscite une résistance acharnée de la part des défenseurs de la suprématie blanche. Cette réaction comprend le terrorisme et, sur le plan de l'identité raciale, l'imposition d'une dichotomie stricte entre Noirs et Blancs, la célèbre *color line* du racisme d'État à l'américaine. Or, une telle division absolue ne cadre guère avec l'organisation traditionnelle de l'univers créole. Ainsi, l'ethnonyme « créole » devient l'objet de vives polémiques dans les années 1870-1880 en raison du flou entourant le référent racial qu'il véhicule[43]. En contexte états-unien, où prime la pureté raciale, la dégradation sociale imputée à des groupes ethnicisés, même « blancs », est fortement teintée de présupposés racistes : le risque d'être associées aux « non-Blancs », par proximité ou par ressemblance, guette les autres minorités marginalisées[44].

La pensée raciale dans l'idéologie nationaliste en Acadie

L'identité raciale des populations francophones du Canada est devenue un enjeu discursif et sociopolitique après l'échec de la rébellion des patriotes et avec l'avènement de la Confédération. Si la logique colonialiste des siècles précédents pouvait admettre le métissage comme une étape vers l'assimilation des peuples autochtones, l'ordre social du Canada au sein de l'Empire britannique reposait sur une hiérarchie raciale de plus en plus rigide[45]. Les recherches de Corrie Scott ont montré à quel point les Canadiens français ont été racialisés, par l'élite anglophone, en fonction des critères de la prétendue supériorité anglo-saxonne, tant et si bien que « les Canadiens français étaient, en fait, aussi non blancs au XIXe siècle que sont blancs les Québécois de souche française [*French Québécois*] de nos jours[46] ». En témoigne l'injonction injurieuse de « parler blanc » (*Speak White*), qu'a essuyée, entre autres, Henri Bourassa, en pleine Chambre des communes. La racialisation des francophones s'articule à la construction idéologique et juridique du Canada en tant qu'État par et pour les Blancs, par opposition à la souveraineté autochtone ainsi qu'à l'inclusion des Afro-Canadiens et d'autres groupes racisés[47]. Nous savons aussi que, dans le contexte scolaire, le matériel d'enseignement véhicule des notions essentialistes des cultures « autres », ce qui tend à conforter les idéologies de l'impérialisme, à l'échelle mondiale, et de la supériorité des peuples blancs en Amérique du Nord[48].

Dans ce contexte, les élites du Canada francophone, y compris en Acadie, s'efforceront de faire valoir leur appartenance à la société blanche. L'idéologie des « deux peuples fondateurs » découle de la volonté de doter les Franco-Canadiens du « privilège de la blanchité comme identité canadienne et occidentale normative et incontestable[49] » sans sacrifier leur « nationalité », c'est-à-dire leur spécificité et leur autonomie culturelles. La dimension raciste des thèses de l'abbé Lionel Groulx, historien et théoricien du nationalisme canadien-français, a certes fait couler beaucoup d'encre[50]. Or, la pensée racialiste sous-tend les discours encadrant et émanant de la Renaissance acadienne, à partir des années 1860, et de l'idéologie nationaliste pendant les décennies suivantes. Il est vrai que le vocable de « race » reflète le sémantisme d'une conception romantique des collectivités ethnolinguistiques : ce terme pouvait servir d'équivalent de « nation » ou « peuple ». C'est ce qui autorise Spigelman à en conclure au caractère non racialiste du mot dans ce contexte : il attribue son emploi à l'incapacité des Acadiens de définir leur propre identité ethnoculturelle tout en affirmant qu'il s'agissait pour eux de « redéfinir le mot sur une base culturelle plutôt que biologique afin d'atteindre certains objectifs[51] ». McNally emboîte le pas en interprétant la synonymie dans cette déclaration de Pascal Poirier à la première Convention nationale acadienne de 1881 : « La race, Messieurs, la nation, c'est la famille agrandie[52]. » Or, il est impossible de saisir la portée de telles déclarations sans tenir compte des idéologies raciales. Alors que la « race acadienne » est le plus souvent présentée comme un groupe « national » appelé à prendre sa place parmi les autres « races » d'origine européenne au Canada (Anglais, Irlandais, etc.) et dans le concert des peuples, les stratégies discursives s'inscrivent pleinement dans l'environnement épistémologique de leur époque, caractérisé par la doxa raciste. Il en résulte une appropriation ambivalente, pour le moins, du discours racialiste en guise d'apologie de la minorité acadienne.

Certes, des idées entachées d'un racisme ouvert se font perceptibles dans les écrits de certains inspirateurs et artisans de la Renaissance acadienne. Si Joel Belliveau a raison d'attribuer une certaine influence « progressiste » à François-Edme Rameau de Saint-Père (1820-1899), cet historien et sociologue français entretient une perception très négative des Afro-Néo-Écossais qu'il a observés lors d'un voyage en 1860. Dans la mesure où il juge les membres de cette population pétris d'« instincts enfantins » et, implantés dans les provinces maritimes, « toujours là ce qu'ils sont partout ailleurs, incapables de rien faire par eux-mêmes[53] », c'est que leurs prétendus défauts, imputés à leur origine raciale, servent de repoussoir au potentiel de développement que l'auteur souhaite encourager chez l'élément acadien. Toutefois, les écrits de Rameau sur l'Acadie coloniale transgresseront l'impératif de la pureté raciale, cher à l'élite acadienne d'alors. À côté de quelques autres historiens de l'époque, il insiste sur le métissage des premiers colons avec les Mi'kmaq, ce qui ne manque pas de déclencher la riposte en Acadie. L'essai de Pascal Poirier, *L'Origine des Acadiens*, publié en volume en 1874, élabore un long argumentaire visant à prouver « que la race acadienne non seulement est exempte de tout mélange avec les sauvages, mais qu'elle est de toutes les races blanches qui habitent aujourd'hui, le continent américain, celle dont l'intégrité du sang a été peut-être le mieux conservée sous tous les rapports[54] ». Même si, contrairement à Rameau, le futur sénateur s'abstient dans cet essai de formuler des jugements explicitement dépréciatifs à l'encontre des autres peuples racisés, il n'en est pas de même pour tous ses écrits[55]. Ce racisme de la première heure n'exclut toutefois pas une évolution ultérieure : à la Convention nationale de 1905, Poirier affirmera l'égalité politique des immigrés au Canada, y compris « le Dukabor [sic] ou le fils du Céleste Empire chinois nouvellement débarqués », avec tout « Anglais pur sang[56] ».

Reste que les discours d'altérisation à l'égard des Autochtones continueront d'opérer tout en se généralisant. Inaugurée par la fondation du *Moniteur acadien* en 1867, la presse francophone des provinces maritimes contribue au renforcement des processus de différenciation identitaire, d'après les analyses d'Émilie Urbain et Sandrine Tailleur : les articles parus dans *Le Moniteur acadien* et *L'Évangéline* « participent à la construction de l'image de l'Autochtone comme un Autre "sauvage" et violent et renvoient à tout un imaginaire de l'époque qui oppose en termes manichéens la civilisation canadienne et les "sauvages" autochtones[57] ». Il y va d'une volonté d'essentialiser les Autochtones afin d'en démarquer ainsi les Acadiens comme « race » civilisée, c'est-à-dire blanche. Sans en avoir dressé un inventaire exhaustif des œuvres littéraires, nous pouvons signaler certains écrits d'André-Thaddée Bourque (1854-1914) ainsi que, bien plus tard, le roman historique d'Alphonse Deveau, *Le chef des Acadiens* (1955), composé à une époque où certaines œuvres en langue anglaise racialisaient les Acadiens en les rapprochant des Mi'kmaq. Même si, sous la plume de Deveau, les Acadiens n'hésitent pas à se venger « avec la férocité des sauvages », leurs alliés mi'kmaq, eux, renchérissent en combattant « avec des hurlements et une rage haineuse, inconnue de la race blanche[58] ».

Quant à la notion de « race » elle-même, son contenu racialiste se dégage clairement de l'étude d'un corpus représentatif de la presse acadienne et des discours des conventions nationales du tournant du XXe siècle[59]. Bien que fréquentes, les occurrences du terme « race » n'en font pas forcément un thème prépondérant. À titre indicatif, le mot se trouve à 48 reprises dans l'ensemble des discours et rapports des conventions d'Arichat (1900), de Caraquet (1905) et de Saint-Basile (1908). Son emploi est concentré chez certains orateurs et, bien qu'il revête parfois la synonymie de « nation » ou de « peuple », un nombre non négligeable d'occurrences puisent dans le répertoire métaphorique du racialisme biologique, au moyen de tropes évoquant tantôt la vitalité, tantôt la dégénérescence[60]. Le sémantisme racialiste ne se limite guère à l'arène oratoire des conventions, ainsi qu'en témoigne cet extrait d'un compte rendu des célébrations du 15 août 1909 à Cap-Pelé : « M. [Clarence] Cormier semble synthétiser en sa personne les vertus et les qualités proverbiales de la race acadienne. Stature haute et forte carrure, visage aux traits énergiques, qui annoncent un caractère fort et confiant, des dispositions viriles, que tempère une gentillesse toute française, en un mot, tant au physique qu'au moral, c'est un type acadien vrai. Au point de vue intellectuel, il reflète encore les dons de sa race[61]. »

Tout compte fait, le recours au concept de la « race acadienne » ne vise guère à rabaisser d'autres groupes. D'ailleurs, les « préjugés de race » sont parfois dénoncés. Néanmoins, l'atavisme racialisant participe des stratégies de légitimation de l'identité acadienne parmi les autres « nations » blanches. Tout se passe comme si la solidarité de « race », qui peut se passer de la maîtrise d'un territoire, est sollicitée pour compenser l'état de dispersion du peuple acadien, résultante du Grand Dérangement et, plus tard, de l'émigration massive vers les États-Unis[62].

L'identité à blanchir et le désir d'Évangéline

Amplement documentée, l'anxiété raciale caractérise la crise sociale que traverse la Louisiane, comme l'ensemble du Sud, dans le sillage de la Reconstruction. Alors que la destruction du système esclavagiste ouvre des possibilités inédites de justice raciale, les réformes en ce sens sont combattues avec acharnement par les défenseurs de la suprématie blanche, y compris par la terreur et la violence. L'identité *créole*, ethnonyme renvoyant à l'ensemble de « l'ancienne population » francophone, toutes origines confondues, est alors confrontée à une « campagne psychologico-culturelle visant à transformer le système de classification raciale d'avant-guerre, qui était ternaire (blancs/gens de couleur/noirs) en système binaire (blancs/noirs)[63] ». Le mot d'ordre à cet effet est lancé par un journal raciste et ségrégationniste, *Le Carillon*, en 1873 : « Ce que veulent les fils de la Louisiane, le moment de le dire est venu : il faut être BLANC OU NOIR, que chacun se décide[64]. » Or, à cette époque, les Cadiens subissent l'appauvrissement général des populations rurales, ce qui contribue fortement à l'image péjorative qui perdurera jusqu'à nos jours[65]. Véhiculée dans la presse américaine et dans des récits de voyage de l'après-guerre de Sécession, l'image classiste des Cadiens en tant que *white trash* est souvent teintée de connotations racialisantes[66]. Cette problématique est abordée dans une lettre adressée par Joseph Arsenne Breaux (1838-1926)[67], juge à la Cour suprême de Louisiane et principal interlocuteur de l'élite acadienne au tournant du XXe siècle, à Clarence Cormier (1880-1964), nationaliste acadien du Massachusetts : « Le mot Acadien est un reproche qui effraye les timides. Les descendants des autres nationalités s'imaginent quelque-fois [*sic*] que les Acadiens ne sont pas d'origine européenne. Qu'ils sont autochtones. [...] Ceci est un petit préjugé contre la masse[68]. » À l'instar de plusieurs autres minorités ethnolinguistiques aux États-Unis, surtout catholiques, les Cadiens sont tenus, aux yeux du *mainstream* anglo-saxon, pour « moins blancs », en raison des différences culturelles attribuées, dans ce cas, à la proximité des groupes non blancs[69].

Ces dynamiques rendent d'autant plus pertinente la filiation eurocanadienne du référent acadien, mobilisée de plus en plus à partir des années 1870. La publication de l'ouvrage de Rameau de Saint-Père, *Une colonie féodale en Amérique, l'Acadie (1604-1710)*, en 1877, introduit une légitimité historiographique : les annonces parues dans les journaux louisianais promettent que ce livre permet d'élucider « l'origine des familles créoles louisianaises » ayant des noms acadiens[70]. Un peu plus tard, l'appropriation locale de la figure d'Évangéline, personnage éponyme du poème à succès de l'écrivain américain Henry Wadsworth Longfellow (1807-1882), dotera la population blanche de la Louisiane francophone rurale d'un mythe fondateur. L'affiliation symbolique entre les Cadiens et le personnage de Longfellow étant de plus en plus reconnue, un écrivain de Saint-Martinville, le juge Félix Voorhies, s'attache à « indigéniser » le récit en le rattachant à son propre historique familial et en accordant une place d'honneur à son village natal. Publiée en volume en 1907, sous le titre *Acadian Reminiscences: The True Story of Evangeline*, l'œuvre de Voorhies avait paru en feuilleton 20 ans plus tôt, sous un autre titre : *The Creoles of Louisiana: Or, Reminiscences of an Old Acadian*[71]. Ce changement reflète l'évacuation progressive de la créolité louisianaise et de la fonction du « mythe d'Évangéline », que le sociologue Joseph Yvon Thériault résume ainsi : « *Évangéline* blanchissait les Cadiens en leur donnant une ascendance définitivement blanche en même temps que la romance pastorale et les mœurs paisibles et douces excluaient tout rapport avec l'esclavage[72]. » Puisque la figure d'Évangéline fait alors l'objet d'une appropriation parallèle chez les Acadiens des provinces maritimes, elle en viendra à dessiner un trait d'union symbolique entre les deux collectivités.

Ce phénomène se doit d'être situé dans le contexte de l'oppression raciale du tournant du XXe siècle. À côté du mythe de la Cause perdue, c'est-à-dire une vision romantique et pro-sudiste de la guerre de Sécession, l'un des supports idéologiques de la suprématie blanche et du régime ségrégationniste réside dans l'inviolabilité du corps de la femme blanche face à la « menace » de l'homme noir. Ainsi, l'accusation de viol ou de tentative de viol devient l'une des justifications majeures du lynchage aux États-Unis[73]. Compte tenu de ces facteurs contextuels, il me semble difficile de ne pas voir dans la sacralisation d'Évangéline, la vierge acadienne, une expression de la sacralisation raciste de la féminité blanche. À cet égard, la juxtaposition de deux textes dans une édition de 1903 du *Weekly Messenger* de Saint-Martinville, est particulièrement frappante : à côté d'un poème où est évoqué « *the resting place of Evangeline* », un éditorial intitulé « *The Cause of Lynching* » prétend que « le lynchage d'un nègre est une violation moins grave qu'un outrage sur une femme blanche aux mains d'une brute nègre[74] ». À partir des années 1920, le personnage d'Évangéline sera incarné par des troupes de jeunes femmes recrutées par Susan Evangeline Walker Anding (1878-1948), une promotrice culturelle à qui nous devons le « costume d'Évangéline » inspiré de l'habit des paysannes normandes. À travers leur participation à des défilés, des expositions agricoles et culturelles, et des tournées qui les amèneront jusqu'à la

Maison-Blanche, les « Evangeline Girls » figurent l'insertion de la Louisiane traditionnelle, dûment blanchie, dans la modernité américaine[75].

C'est d'ailleurs dans le contexte d'une résurgence de l'idéologie de la Cause perdue que la statue d'Alfred Mouton sera érigée en 1922, à l'initiative de l'association *United Daughters of the Confederacy*.

Un autre élément viendra renforcer l'efficacité du projet racial de la diaspora acadienne, à savoir les signes de l'appartenance familiale – encore soulignés de nos jours par les activités à caractère généalogique, comme les retrouvailles lors des Congrès mondiaux acadiens. Quelques semaines après sa correspondance avec Clarence Cormier, le juge Breaux se rend à la Convention acadienne de Waltham (Massachusetts), où, invité à prendre à parole, il évoque l'effet de parenté grâce aux patronymes[76]. Six ans plus tard, à la Convention nationale de Saint-Basile, il revient sur ce thème : « La ressemblance entre les descendants canadiens-français et Acadiens français du Canada et ceux de la Louisiane est frappante. Les familles portent encore les mêmes noms. Un Landry, un Thibodeau ou un LeBlanc du Canada ressemble bien aux membres des familles du même nom établies en Louisiane[77]. » Une telle conformité n'est-ce pas la preuve irréfutable de la pureté des origines ? Inscrite sur les corps mêmes ou, à travers la figure d'Évangéline, performée par les jeunes femmes, l'identification diasporique instaure sa temporalité propre, qui est une atemporalité, en abolissant tout ce qui sépare le présent de l'Acadie des origines – c'est-à-dire le XIXe siècle.

« Le voisinage des nègres » : témoignages d'Acadiens en Louisiane

Pour Christophe Landry, spécialiste des identités ethniques en Louisiane, la période de l'entre-deux-guerres s'avère décisive : « En anglais, après 1920, deux identités et mémoires culturelles ont émergé dans le sud-ouest de la Louisiane : une Acadienne blanchie, une créole noircie[78]. » En même temps que la constitution louisianaise de 1921 interdit formellement le français comme langue d'enseignement, les contacts Acadie-Louisiane se multiplieront dans la décennie qui suivra, à la faveur des projets axés sur la mémoire du Grand Dérangement. Il s'agit notamment de la mise en valeur du site de Grand-Pré, en Nouvelle-Écosse – dont le terrain entre dans la possession de la Société l'Assomption et où la chapelle commémorative est érigée en 1922, à quelques pas de la statue d'Évangéline inaugurée depuis peu – et en Louisiane, du parc Longfellow-Evangeline à Saint-Martinville. Ces démarches s'accompagnent d'une volonté de renouer davantage avec les communautés de la diaspora, ne serait-ce que sur le plan symbolique. Le « pèlerinage en Acadie », organisé par *Le Devoir* en 1924, ranimera le sentiment identitaire chez plusieurs Québécois d'origine acadienne. C'est vers la même époque que le sénateur Dudley LeBlanc s'approprie l'initiative des « Evangeline Girls », qu'il met au service des retrouvailles transnationales : après un voyage à Waltham (Massachusetts) pour une convention acadienne en 1928, il organise une tournée aux Maritimes en 1930, dont il sera question plus loin. L'année suivante, dans le cadre d'un autre « pèlerinage » organisé par *Le Devoir* et *L'Évangéline*, une importante délégation du Canada francophone se rend en Louisiane pour assister au dévoilement de la statue d'Évangéline à Saint-Martinville. D'autres liens sont tissés grâce aux réseaux associatifs et ecclésiastiques. Ces contacts donnent lieu à une pléthore de témoignages dont l'analyse révèle la prégnance de la dynamique raciale en Louisiane, sujet récurrent d'observations et de questionnements.

L'un des premiers témoignages d'un Acadien sur la Louisiane, la « Lettre d'un missionnaire » d'un jeune curé du Cap-Breton, soulève plusieurs enjeux liés à la reconstitution diasporique. Arrivé en Louisiane en 1921, peu après son ordination, le révérend père Fidèle Chiasson (?-1961) y exercera son ministère jusqu'aux années 1950. Sa présence exercera une influence déterminante, car c'est Chiasson qui, se liant d'amitié avec Dudley LeBlanc, initiera ce dernier à l'histoire de l'Acadie et à la cause acadienne. Ses impressions initiales, publiées dans *L'Évangéline*, reflètent la curiosité d'un jeune Acadien à l'égard de l'identité culturelle des Louisianais. Installé à Abbeville fin août 1921, Chiasson s'excuse de son silence pendant son voyage : « Plusieurs de mes amis se demandent sans doute si les nègres ou les serpents à sonnettes m'ont effrayé au point que je ne puisse leur donner de mes nouvelles[79]. » La Louisiane est ainsi placée sous le signe d'un exotisme racialisé. Sachant la fascination du lectorat du journal à propos de la survivance acadienne, Chiasson raconte sa rencontre à bord d'un bateau avec des passagers présentant le « type Acadien » : « C'étaient des Comeau, des Broussard et des LeBlanc de St-Martinville, je me croyais à la Baie Ste Marie [en Nouvelle-Écosse] tant par l'allure des gens que par le timbre de leur voix. Ils parlent parfaitement le français[,] en général plus correct que les Acadiens des provinces maritimes. Cependant en certains lieux, ils ont une espèce de patois qu'ils parlent entre eux[80]. » Cette allusion discrète à la langue créole, parlée par les Blancs et les Noirs de plusieurs communautés le long du bayou Têche, introduit une ambiguïté que nous retrouverons chez d'autres témoins : d'une part, l'effet de parenté s'autorise d'une mêmeté physionomique que vient confirmer la patronymie ; d'autre part, le visiteur constate une altérité linguistique peut-être susceptible de brouiller les frontières de l'appartenance.

C'est un problème similaire qui ressort d'un passage des *Mémoires* d'Edmond-Aubin Arsenault (1870-1968), ancien premier ministre de l'Île-du-Prince-Édouard (1917-1919) et président de la Société nationale l'Assomption au moment de la première visite d'une délégation officielle en provenance de l'Acadie des provinces maritimes, en février-mars 1924, visite mise en œuvre par la Société nationale et la Société L'Assomption. En juriste attentif, l'auteur s'intéresse à l'application de la ségrégation et aux relations raciales en général. Frappé par l'emploi du créole à Saint-Martinville, il fait observer que « [p]lusieurs Noirs, cependant, parlent un très bon français », anecdote à l'appui : « Un jour, à Lafayette, en passant devant le bureau d'un avocat, j'ai vu un grand nombre de Noirs, hommes et femmes, rassemblés dehors. Ils parlaient français entre eux; si je ne les avais pas vus, j'aurais pensé que c'étaient des Acadiens des provinces maritimes, car ils parlaient essentiellement la même langue[81]. » Son observation aide à comprendre en quoi le processus d'ethnicisation des « Cadiens » comme « Acadiens » – auquel contribuera justement la « redécouverte » des Acadiens du Canada – est appelé à renforcer leur racialisation comme Blancs : la langue ne les distingue pas forcément.

Les visiteurs acadiens en Louisiane s'intéressent à une série de questions quant à la condition de leurs « cousins » louisianais : statut socioéconomique, catholicité, rétention et qualité de la langue et bien sûr, survivance du sentiment acadien. L'expression de la fierté acadienne représente l'un des pôles de la discursivité identitaire franco-louisianaise dont l'univocité s'oppose à la pluralité inhérente dans l'ethnonyme *Créole*. Quelques visiteurs, comme la religieuse anonyme signant sous le pseudonyme de « Truth » une série d' « Impressions d'un touriste » en 1928, avouent leur perplexité : « Ici les Acadiens prennent le nom vulgaire de Créoles. Pourquoi? [...] Serait-ce parce que mêlés un peu aux Indiens de la Louisiane, ou aux Français venant de France [...], ils ont créé une nouvelle nation? La chose est possible. » Si oui, peuvent-ils appartenir à l'Acadie[82]?

Un objectif majeur de la tournée des « Evangeline Girls » de 1930 consiste justement à dissiper toute équivoque à ce sujet. De toute évidence, leur passage aux Maritimes, sous la conduite du truculent Dudley LeBlanc, aura suscité une grande émotion et, à leur tour, ces jeunes femmes ont été touchées et marquées par cette expérience[83]. Comme le fait remarquer Isabelle LeBlanc, « [l]'idéologie de l'évangélinisme jusqu'alors déployée par les élites acadiennes au Canada comme récit fondateur d'une minorité persécutée en quête de légitimité se transforme en véritable fantasme raciolinguistique pour Dudley J. LeBlanc[84] ».

Néanmoins, des doutes persistent quant à l'environnement culturel et ses effets. Le pèlerinage en Louisiane de 1931, coordonné par *Le Devoir* et *L'Évangéline*, donne lieu à des questionnements sur l'identité linguistique. Autant l'assimilation est mise en cause, autant le « voisinage des nègres » provoque la curiosité. Les chroniqueurs de *L'Évangéline* sont au courant de caricatures dépréciatives associant les Cadiens aux Noirs et ils y réagissent. Ainsi, « Henryot » s'interroge sur cette influence : « Était-ce bien vrai que certains d'entre eux, au contact du noir, avaient perdu petit à petit la syntaxe française pour adopter un parler primitif, le parler nègre, et dont le niveau social avait, toujours à ce contact, baissé déplorablement ?[85] » Dans son compte rendu du voyage, le rédacteur en chef Alfred Roy réfute des perceptions de corruption linguistique en affirmant que les « Acadiens louisianais » parlent « tout simplement le français. » Cependant, ses observations sur la situation sociolinguistique laissent entrevoir davantage de complexité : « [T]ous les nègres là-bas parlent français et sont catholiques, et ce n'est rien d'extraordinaire que de rencontrer un brave noir portant par exemple le nom de Smith, catholique de religion et incapable de dire *yes* en anglais – le voisinage des nègres donc a donné naissance dans certaines campagnes au langage nègre, ce langage primitif où tous les verbes sont à l'infinitif. C'est le langage dont les nègres se servent entre eux et dont nos gens font usage lorsqu'ils ont à converser avec ces derniers. Mais entre Acadiens nous n'avons pas remarqué qu'on l'employait[86]. » Contrairement aux témoignages du père Chiasson, qui suggère que les Acadiens louisianais se servent du créole entre eux, et d'Aubin-Edmond Arsenault, pour qui les Noirs de Lafayette parlent un français identique à celui des provinces maritimes, ce reportage insiste sur la spécificité linguistique des groupes raciaux. Peu importe : il ressort de ces exemples que, face à la dynamique raciale en Louisiane, l'acadianité est soumise à un examen de conformité raciale, condition nécessaire de l'appartenance diasporique.

Des années 1930 aux années 1950 : transition et transformations en Louisiane francophone

Tandis que les relations Acadie-Louisiane semblent être désormais scellées, puis confirmées par un autre pèlerinage des Évangélines effectué en été 1936[87], les événements des années 1930-1940 – la Grande Dépression, la Seconde Guerre mondiale et l'intégration accrue de la Louisiane francophone dans la société américaine – entraîneront des répercussions majeures sur le statut des

Cadiens blancs, d'une part, et sur les aspirations des Noirs louisianais, d'autre part. Sur la scène politique, le marasme économique favorise la montée du très puissant Huey Long (1893-1935), gouverneur (1928-1932) puis sénateur fédéral (1932-1935) dont le programme populiste trouve un écho chez les Cadiens et en fait un rival acharné de Dudley LeBlanc. Même si l'un et l'autre courtisent les communautés noires, tous les deux n'en rivalisent pas moins de rhétorique raciste – ou *race-baiting* – pour s'attaquer mutuellement[88]. Les velléités d'améliorer le sort de la population noire ne se traduisent guère par des gains réels et encore moins par la reconnaissance des droits politiques. Cette période voit même une recrudescence des lynchages en Louisiane, où, malgré la proximité qui pouvait caractériser les rapports entre blancs et noirs francophones, la tolérance avait des limites strictes, selon les codes sociaux du racisme[89]. C'est ce qu'illustre l'attaque brutale infligée en 1939 au légendaire accordéoniste créole Amédé Ardoin (1898-1942), supposément pour avoir ramassé le mouchoir d'une femme blanche dans un bal de maison[90]. Au niveau des échanges avec le Canada, les préjugés font parfois sourciller, certes. Au deuxième Congrès de la langue française de 1937, tenu à l'Université Laval, un délégué louisianais a décliné un doctorat honorifique par refus de partager la scène avec un congressiste d'Haïti, ce qui a provoqué une certaine indignation au Québec[91].

La Seconde Guerre mondiale modifiera considérablement les dynamiques identitaires en Louisiane. L'expérience du service militaire constituera un puissant moteur d'assimilation culturelle, à laquelle contribueront la prospérité d'après-guerre, renforcée en Louisiane par l'essor de l'industrie pétrolière, et, bien sûr, l'application accrue – et souvent cruelle – des politiques *English-only* dans le système éducatif. Pour la première fois, les Cadiens commencent à se voir comme des Américains, sans forcément renoncer à leur spécificité régionale. Leurs aspirations sont incarnées, pour un temps, par la réussite fulgurante et spectaculaire de l'élixir miracle commercialisé dès 1945 par Dudley LeBlanc, le Hadacol. Du jour au lendemain, le promoteur de la fierté acadienne devient un multimillionnaire jouissant d'une notoriété nationale. (En plus de la coterie de vedettes qu'il recrute à des fins publicitaires, LeBlanc incite également son vieil ami, le révérend père Chiasson, à livrer un témoignage dans les journaux[92]!)

Du côté des Afro-Américains, il y a une relance des efforts contre la discrimination. Sous la houlette du brillant avocat créole Alexandre Pierre Tureaud (1899-1972), la section louisianaise de la *National Association for the Advancement of Colored People*, ou NAACP, enregistre plusieurs victoires juridiques contre la ségrégation, tandis que les citoyennes et citoyens acceptent de moins en moins leur marginalisation. Ces efforts suscitent des résistances.

Un incident particulièrement choquant se produit en 1944 lorsque tous les médecins noirs de la Nouvelle-Ibérie, au sud de Lafayette, sont expulsés violemment de la paroisse par les agents du shérif qui cherchent à empêcher une campagne pour les droits civiques. Reste que des progrès viennent, comme le fait observer Adam Fairclough : « Entre 1946 et 1956, la structure de la suprématie blanche en Louisiane semble s'effondrer, alors que tombait une barrière raciale après l'autre. Les noirs se sont inscrits pour voter dans 60 des 64 paroisses de la Louisiane, et l'électorat noir est passé de 7 000 à 161 000 votants[93]. »

À côté de ces progrès, le recul de la langue française s'accélère, chez les Blancs comme chez les Créoles noirs[94]. À partir des années 1950, sous le double effet de l'américanisation culturelle et du mouvement des droits civiques, l'appartenance ethnoraciale devra forcément se réarticuler.

Du bicentenaire de 1955 au bicentenaire de 1965

Le bicentenaire de la Déportation de 1755 est commémoré en grande pompe, aussi bien en Louisiane qu'en Acadie des provinces maritimes. Dans l'un et l'autre contexte, il s'agit d'affirmer la continuité de l'héritage acadien tout en l'inscrivant dans la modernité. Tandis que les cérémonies et activités au Canada atlantique tendaient à conforter la vision d'une coexistence harmonieuse des deux peuples fondateurs (européens)[95], les festivités louisianaises répondaient aux normes de « l'anglo-conformisme », c'est-à-dire sans contestation de l'hégémonie nationaliste[96]. Or, ces projets respectifs, apparentés mais distincts, n'en sont pas moins légitimés grâce au référent transnational. À cette fin, des voyages réciproques sont organisés. Le coup d'envoi est donné par la participation d'une importante délégation canadienne en Louisiane, coordonnée par la Liaison française, lors des activités inaugurales de l'*Acadian Bicentennial Celebration*, en janvier 1955. Au mois d'août, un groupe louisianais se rend aux Maritimes, à l'occasion des cérémonies du 15 août à Grand-Pré, et des festivités à Saint-Martinville, berceau du pays d'Évangéline en Louisiane, attirent des Canadiens à la fin octobre. Ces échanges donnent aux Acadiens l'occasion d'évaluer la « vitalité ethnolinguistique » de la Louisiane francophone, y compris le degré d'appartenance acadienne. Le docteur Joseph-Émile LeBlanc, qui avait accueilli les Évangélines louisianaises en 1930, en tire ces impressions : « En Louisiane, nous nous sommes connus comme les citoyens d'un même sang, d'une même croyance et en mettant les pieds sur le sol d'Alexandrie au son de la fanfare, entonnant "Ô Canada" à notre arrivée le 13 janvier, nous avons pleuré à la rencontre de nos frères longtemps dispersés de Grand-Pré. Nous nous sommes mis la main dans la main avec un cœur où vibrai[en]t les mêmes amours, les mêmes ambitions, les mêmes sentiments de noblesse et de grandeur d'âme que ceux de nos cousins et cousines de la Louisiane [...][97]. » Malgré ces bons sentiments qui reflètent l'impératif diasporique, quelques heurts se produisent, et l'avenir de la langue française, socle de l'identité culturelle selon l'idéologie de la survivance, va diviser l'opinion des délégués acadiens[98]. À la différence des témoignages des années 1920 et des reportages du voyage de 1931, le thème des rapports avec la population noire n'a pas laissé beaucoup de traces dans la presse ou dans les autres documents. Cette dimension fondamentale de la Louisiane francophone – et de l'expérience acadienne en Louisiane – est totalement occultée, ou peu s'en faut, dans la programmation par le comité présidé par le professeur Thomas J. Arceneaux (1908-1989). Par exemple, la suggestion de la part de l'éminente folkloriste Sarah Gertrude Knott (1895-1984), directrice du festival de folklore de Saint-Martinville, désireuse d'incorporer des éléments du patrimoine afro-créole, ne semble pas avoir eu de suites[99].

Placées sous le signe omniprésent d'Évangéline, les commémorations de 1955 précèdent de peu les grandes mutations sociopolitiques et culturelles des années 1960. L'Acadie des provinces maritimes connaîtra une modernisation en profondeur. Au Nouveau-Brunswick, en particulier, les réformes mises en œuvre par le gouvernement Robichaud allaient opérer « une vaste expropriation étatique du tissu social acadien[100] ». Les structures de la société civile héritées de l'ère des Conventions nationales acadiennes sont éprouvées ou disloquées, en même temps que l'autorité du clergé entre en perte de vitesse. Aux États-Unis, les succès du mouvement des droits civiques, couronnés sur le plan juridique par les lois fédérales de 1964 (*Civil Rights Acts*) et de 1965 (*Voting Rights Act*), modifieront drastiquement les relations raciales. À en croire Shane Bernard, les Cadiens finiront par « accepter à contrecœur » les avancées en matière de droits civiques qui marquent cette période[101]. Une exception importante : l'opposition parfois virulente à l'intégration des écoles[102]. Nonobstant le conservatisme culturel ambiant, le regain d'intérêt pour les cultures régionales, pistonné par la sensibilité contre-culturelle, va insuffler un nouvel enthousiasme quant aux expressions artistiques vernaculaires, surtout musicales, relativement absentes des festivités de 1955. Le passage du musicien Dewey Balfa au Newport Folk Festival de 1964 marquera un tournant à cet égard.

Lorsque viendra, 10 ans plus tard, un autre bicentenaire, celui des 200 ans de présence acadienne en Louisiane, le climat sera en train de changer. C'est à l'aube du renouveau de la fierté ethnique, aux États-Unis et ailleurs en

Occident, qu'en 1964 l'avocat et militant culturel Allen M. Babineaux (1925-2004) visite Caraquet, au Nouveau-Brunswick, où il voit flotter le tricolore étoilé de l'Acadie, créé en 1884 à l'occasion de la deuxième Convention nationale acadienne, à Miscouche (Île-du-Prince-Édouard). De retour en Louisiane, Babineaux suggère l'adoption de ce même symbole aux membres de l'association France-Amérique de la Louisiane acadienne, affiliée à l'Université du sud-ouest de la Louisiane (USL[103]), mais d'autres préfèrent un emblème distinct et original[104]. Il en résulte le « drapeau des Acadiens louisianais », dessiné par Thomas J. Arceneaux, alors doyen à l'USL. Son introduction coïncide avec le bicentenaire de 1965 et vise à rendre « hommage au peuple dont la présence a donné à la Louisiane son caractère distinctif », selon l'énoncé du Comité acadien de FALA[105]. Il est composé de deux bandes horizontales, l'une bleue, dans laquelle figurent trois fleurs de lys représentant l'héritage français, l'autre rouge et ornée d'un château jaune « pour symboliser l'Espagne qui gouvernait la Louisiane [...] et grâce à laquelle les pauvres Acadiens déracinés devinrent prospères après des années de cruel exil », ainsi que d'un triangle isocèle blanc situé du côté de la hampe. Au milieu du triangle trône une étoile jaune, emblème de Notre Dame de l'Assomption, « patronne officielle de tous les Acadiens », qui sert aussi à rappeler « la participation active des soldats acadiens à la Révolution américaine ». Sont absents tout élément renvoyant à l'influence afro-créole et toute trace des peuples autochtones.

Tout au long de l'année, les rassemblements et manifestations culturelles sont orientés autour du thème : « *Two Centuries of Acadian Culture in Louisiana, 1765-1965* ». À la différence des festivités de 1955, où primait une vision de l'Acadie intemporelle, l'accent est mis davantage sur la recherche historique et sur les spécificités régionales, selon une conception étroitement définie, à l'exclusion de plusieurs aspects de la culture populaire et, bien sûr, des apports afro-créoles[106]. Parmi les délégations venues de l'étranger, un groupe de la Société historique acadienne, fondée en 1960, sera de la partie. Comme l'explique Jean-Paul Hautecœur, ce voyage s'insère dans une série d'initiatives internationales, notamment avec la France. D'après le sociologue, la Louisiane représentait la destination « où l'on allait rencontrer les descendants des déportés vers le Sud et ainsi renouer le lien éternel de fidélité aux origines, proclamer la grande fraternité de la diaspora acadienne et annoncer les débuts de l'ère nouvelle, du "grand réveil culturel" qui s'annonce en Acadie[107] ». La courte citation, tirée de la septième édition des *Cahiers de la Société historique acadienne*, souligne la vision selon laquelle le « grand réveil culturel » naîtra des rêves et espoirs de toute la diaspora. Par ailleurs, ce passage de Hautecœur offre la première occurrence, du moins à ma connaissance, de l'expression « diaspora acadienne » en français. Ce qui est clair, c'est qu'en 1965, il n'y a pas encore de place dans cette diaspora pour la diversité ethnoraciale de la Louisiane d'héritage francophone.

⚜ ⚜ ⚜

Au début des années 1990, le Monument acadien de Saint-Martinville a été établi dans un édifice historique, tout près du parc Longfellow-Evangeline où se dresse le célèbre « chêne d'Évangéline ». Ce site mémoriel, qui a été jumelé peu après avec Grand-Pré, comprend un musée, un centre d'archives et une réplique de la croix de la Déportation que l'on peut contempler devant les eaux paisibles du bayou Têche. C'est pendant ses enquêtes de terrain sur la création du monument que l'anthropologue Marc David aurait entendu cette confidence d'une résidente noire : « Parfois je regarde ce bayou et je me demande combien de cadavres se trouvent au fond. Combien de cadavres de Noirs... si ce bayou pouvait parler ?[108] » Pénible aveu de la violence raciste depuis l'époque coloniale, cette remarque en dit long, aussi, sur l'effacement des dynamiques raciales à travers les discours de l'acadianité.

En adoptant le modèle de la formation raciale, cette étude a examiné la production discursive de la diaspora acadienne en tant que projet racial, en privilégiant les échanges entre l'Acadie des provinces maritimes et la Louisiane, des années 1860 aux années 1960. Malgré le vœu exprimé en 1931 par le sénateur Pascal Poirier, ces interactions n'ont pas permis l'unification d'une seule Acadie, comme en témoigne la création d'un drapeau distinct en Louisiane à la fin de la période étudiée. Il y a eu plutôt deux projets d'affirmation identitaire dont la convergence reposait en grande partie sur les présupposés de l'ordre racial dans leurs environnements respectifs, au sein de l'espace nord-américain. En Louisiane, les conséquences de l'interprétation et de la promotion de l'identité acadienne se font sentir par la suite au niveau de l'organisation et de la distribution des ressources « selon des critères raciaux » – qu'il s'agisse de la relative négligence à l'égard des communautés de couleur dans le mouvement de renouveau ethnolinguistique des années 1970, piloté par le CODOFIL[109], ou encore des retombées économiques du tourisme et de la commercialisation des produits culturels et culinaires. Malgré les velléités d'inclusion raciale, par exemple lors du Congrès mondial acadien 1999, une nouvelle ouverture à l'égard de la créolisation identitaire ou encore des critiques ouvertes du racisme au « pays des Cadiens » (comme dans le documentaire *Acadie Black et Blanc* [2015], de Monique LeBlanc), le référent acadien, légitimé par des échanges avec l'Acadie des provinces maritimes, sert, encore de nos jours, à simplifier à outrance à diversité franco-louisianaise.

Suivant la suggestion de Brackette Williams, mon approche prend le contrepied de celle des chercheurs qui ont minimisé le contenu racialiste de l'idéologie nationaliste en Acadie. Il n'est pas nécessaire de taxer d'un racisme pernicieux le nationalisme acadien, dont la mission consistait à encadrer et relever une minorité ethnique marginalisée, pour comprendre que ses stratégies discursives s'inscrivaient dans l'hégémonie raciale de son temps[110]. Il est sûr que sur le plan épistémique, le mythe d'un « pays sans race ni racisme » (*racelessness*), si cher à l'imaginaire national canadien, tend à réduire la visibilité des contours de la formation raciale, en dépit de l'héritage colonialiste et esclavagiste des empires français et britannique[111]. Il en résulte une forme d'« innocence blanche » telle qu'exposée par Gloria Wekker dans le contexte des Pays-Bas, où l'imaginaire national s'est déconnecté de l'impérialisme hollandais, au détriment de la reconnaissance des expériences des minorités racisées du pays[112]. La naïveté inhérente à l'innocence blanche explique, par exemple, la « surprise » qu'éprouvent certains Acadiens en apprenant l'esclavagisme pratiqué par les Acadiens louisianais ou encore le « secret » que quelques-uns de leurs ancêtres auraient esclavagisé des Noirs de la Nouvelle-Écosse après le Grand Dérangement[113]. Pourtant, comme l'affirme Amal Madibbo, « les hypothèses racialisantes concernant la fondation du Canada servent à établir une société eurocentrique structurée autour d'un racisme profondément enraciné qui sous-tend l'ordre constitutionnel racialisé qui en découle[114]. » L'identité collective des communautés francophones s'inscrit dans cet ordre qui est, de nos jours, confronté à la diversité ethnoraciale et qui était déjà, dans le cas de l'Acadie, confronté à la différence diasporique en contexte franco-louisianais.

À l'heure du mouvement *Black Lives Matter* et de la réconciliation avec les peuples autochtones, réconciliation qui se voit davantage compliquée au Canada francophone par le nouveau projet racial de l'identité métisse, il faut tourner le dos à la posture de l'innocence blanche face au passé. Espérons que la réflexion menée dans ce chapitre aidera à repenser la diaspora sur des bases renouvelées.

Notes

1. « Le message du Sénateur P. Poirier à nos frères de la Louisiane », *L'Évangéline*, 16 avril 1931, 1 et 3.
2. Carolynn McNally, « Acadian Leaders and Louisiana, 1902-1955 », *Acadiensis: Journal of the History of the Atlantic Region / Revue d'histoire de la région atlantique*, vol. 45, n° 1 (2016), 67-89.
3. Voir, notamment, Sara Le Menestrel, *La voie des Cadiens*, Paris, Belin, 1999; Marc David, « The Acadian Memorial As Civic Laboratory: Whiteness, History, and Governmentality in a Louisiana Commemorative Site », *Museum Anthropology Review*, vol. 4, n° 1 (2010) [en ligne : https://scholarworks.iu.edu/journals/index.php/mar/article/view/100/560]; Joseph Yvon Thériault, *Évangéline : contes d'Amérique*, Montréal, Québec Amérique, 2013; et Christophe Landry, *A Creole Melting Pot: The Politics of Language, Race, and Identity in Southwest Louisiana, 1918-45*, thèse de doctorat, Brighton, University of Sussex, 2015.
4. « Impressions de Louisiane », *L'Évangéline*, 30 avril 1931, 1.
5. Michael Omi et Howard Winant, *Racial Formation in the United States: From the 1960s to 1990s*, 2ᵉ éd., New York, Routledge, 1994, 110. Sauf indication contraire, les traductions d'extraits provenant de textes en anglais sont de l'auteur.
6. Voir, à cet égard, Michel A. Saint-Louis, « Les collectivités sans État et les relations internationales : l'exemple du peuple acadien des Maritimes », dans *Lectures de l'Acadie : une anthologie de textes en sciences humaines et sociales, 1960-1994*, sous la direction de Mourad Ali-Khodja et Annette Boudreau, Montréal, Éditions Fides, 2009, 563-582.
7. *Cf.* Rogers Brubaker, « The "diaspora" diaspora », *Ethnic and Racial Studies*, vol. 28, n° 1 (2005), 119.
8. Bruneau propose de distinguer entre quatre types de diasporas, organisés autour de « pôles » : celles structurées autour d'un pôle entrepreneurial; les diasporas reliées par une tradition religieuse, souvent associée à une langue; les diasporas organisées autour d'un pôle politique, dans l'espoir de créer un État-nation; et celles relevant d'un pôle racial ou culturel ayant diverses articulations de l'identité. Voir Michel Bruneau, *Diasporas et espaces transnationaux*, Paris, Économica/Anthropos, 2004.
9. Utiles à des fins heuristiques, les critères définitoires établis par Safran sont les suivants : (1) la dispersion d'une population à partir d'un centre vers au moins deux régions périphériques étrangères; (2) le maintien d'une mémoire collective du lieu d'origine; (3) la conscience d'une impossible acceptation par la société d'accueil;, (4) l'objectif d'un retour dans le lieu d'origine idéalisé; (5) le sentiment d'une obligation collective à défendre le pays d'origine; et (6) le maintien de liens avec le pays d'origine (William Safran, « Diasporas in Modern Societies: Myths of Homeland and Return », *Diaspora: A Journal of Transnational Studies*, vol. 1, n° 1 [1991], 83-104).

10 Robin Cohen et Olivia Sheringham, *À la rencontre de la différence : traces diasporiques et espaces de créolisation*, traduction par Élise Trogrlic, Montpellier, Presses universitaires de la Méditerranée, 2020, ch. 1, sec. 15.
11 Robin Cohen, « Diasporas and the nation-state: from victims to challengers », *International Affairs,* vol. 72, n° 3 (1996), 508, 513-514.
12 Sur l'émergence de la vision diasporique de l'Acadie à cette époque, voir Karine Gauvin, « Une analyse discursive de l'identité acadienne à l'aube du Congrès mondial acadien », dans *Discours et constructions identitaires,* sous la direction de Denise Deshaies et Diane Vincent, Québec, Presses de l'Université Laval, coll. « Culture française d'Amérique », 2004, 57-75.
13 Société nationale de l'Acadie, « Vision, Mission & Mandat » [en ligne : https://snacadie.org/a-propos/mandat].
14 André Magord et Chedly Belkhodja, « L'Acadie à l'heure de la diaspora ? », *Francophonies d'Amérique,* vol. 19 (2005), 45-54; et Stéphan Bujold, « La diaspora acadienne du Québec : essai de contribution à l'élargissement du champ national acadien » dans *Balises et références : Acadies, francophonies,* sous la direction de Martin Pâquet et Stéphane Savard, Québec, Presses de l'Université Laval, 2007, 461-484.
15 Clint Bruce, « L'oubli de l'Acadie politique ? Le débat sur les Congrès mondiaux acadiens à la lumière de la question diasporique », *Minorités linguistiques et société/ Linguistic Minorities and Society,* vol. 10 (2018), 104.
16 Clint Bruce, « "They're Really Family!": Discursive Dynamics of Municipal Twinnings between Louisiana and Acadian Communities of the Maritime Provinces », *Québec Studies*, vol. 70 (2020), 80; *cf.* Francesco Ragazzi, *When Governments Say Diaspora: Transnational Practices of Citizenship, Nationalism and Sovereignty in Croatia and Former Yugoslavia,* thèse de doctorat, Evanston [Illinois], Northwestern University, 2010; et Yehonatan Abrahamson, « Making a Homeland, Constructing a Diaspora: The Case of Taglit-Birthright Israel », *Political Geography,* vol. 58 (2017), 14-23.
17 Stuart Hall, « Cultural Identity and Diaspora », dans *Identity: Community, Culture, Difference,* sous la direction de Jonathan Rutherford, Londres, Lawrence and Wishart, 1990, 2-35.
18 Voir Vijay Mishra, « The Diasporic Imaginary. Theorizing the Indian Diaspora », *Textual Practice,* vol. 10, n° 3 (1991), 421-447, et « The Diasporic Imaginary and the Indian Diaspora », *Asian Studies Institute Occasional Lecture 2,* Wellington (Nouvelle-Zélande), Asian Studies Institute, 2005; ainsi que Brian Keith Axel, « The Diaspora Imaginary », *Public Culture,* vol. 14, n° 2 (printemps 2002), 411-428.
19 Axel, « The Diaspora Imaginary », 423.
20 Omi et Winant, *Racial Formation,* 110.
21 *Ibid.,* 109.
22 Joseph Pugliese, « Race as Category Crisis: Whiteness and the Topical Assignation of Race », *Social Semiotics,* vol. 12, n° 2 (2002), 163-164.

23 Jean-Frédéric Schaub, *Pour une histoire politique de la race*, Paris, Éditions du Seuil, 2015, 93-94.
24 Omi et Winant, *Racial Formation*, 125.
25 Brackette Williams, « A Class Act: Anthropology and the Race to Nation across Ethnic Terrain », *Annual Review of Anthropology*, vol. 18 (1989), 428-429.
26 Katie Gagliano, « Lafayette artist melding Acadiana pride and Black identity in new Acadiana Black Pride », *The Advocate* (27 juin 2020) [en ligne : https://www.theadvocate.com/acadiana/news/article_58488388-b8a4-11ea-adf1-6b8e1b2dac5e.html, consulté le 18 mai 2021].
27 Un article paru sur la page Facebook de la station de télévision KATC, filiale du réseau ABC, a attiré plus de 2 000 commentaires, dont l'intervention suivante est typique de celles défavorables au drapeau « Acadiana Black Pride » : « This is completely disrespectful!!! I find this so completely racist! There was nothing about the Acadiana flag that excluded anyone. » Il importe de souligner que beaucoup d'internautes ont exprimé leur appréciation de ce nouveau symbole. Cory Stewart, pour sa part, a insisté sur sa volonté d'enrichir le répertoire symbolique de la culture régionale, non pas de remplacer le drapeau de l'Acadiane, qu'il affirme affectionner. Kendria Lafleur, « Lafayette artist creates Black Pride Flag to showcase both Acadiana and Black heritage », KATC (30 juin 2020) [en ligne : https://www.katc.com/news/lafayette-parish/lafayette-artist-creates-black-pride-flag-to-showcase-both-acadiana-and-black-heritage, consulté le 19 mai 2021; et sur Facebook : https://www.facebook.com/katctv3/posts/10157109847316969].
28 Voir Cécyle Trépanier, « La Louisiane française au seuil du XXIe siècle : la commercialisation de la culture », dans *La Construction d'une culture : le Québec et l'Amérique française*, sous la direction de Gérard Bouchard et Serge Courville, Québec, Presses de l'Université Laval, 1993, 361-394.
29 Données tirées du portail du Bureau du recensement des États-Unis, *QuickFacts* [en ligne : https://www.census.gov/quickfacts/fact/table/US/PST045219].
30 Elista Istre, *Creoles of South Louisiana: Three Centuries Strong*, Lafayette, University of Louisiana at Lafayette Press, 2018, 210-213.
31 Claire Taylor, « Professor designs new Acadiana flag », *The Daily Advertiser* (15 août 2018), 1A et 9A.
32 *Cf.* Le Menestrel, *La voie des Cadiens*, et David, « The Acadian Memorial as Civic Laboratory. »
33 Henry Wadsworth Longfellow, *Évangéline, conte d'Acadie*, traduit par Charles Brunel, Paris, Ch. Meyrueis, éditeur, 1864 [1847], 20.
34 Voir Naomi Griffiths, « The Golden Age: Acadian Life, 1713-1748 », *Histoire sociale/Social History*, vol. 17, n° 33 (1984), 21-34; et Gregory Kennedy, *Something of a Peasant Paradise? Comparing Rural Societies in Acadie and the Loudunais, 1604-1755*, Montréal et Kingston, McGill-Queen's University Press, 2014.
35 Sur la place de l'Acadie au sein du monde atlantique, voir, entre autres, John Mack Faragher, *A Great and Noble Scheme: The Tragic Story of the Expulsion of the French*

Acadians from Their American Homeland, New York, Norton, 2005, 62 et 69, et, pour un survol historiographique, Gregory Kennedy, « L'Acadie prend sa place dans le monde atlantique », *Acadiensis*, vol. 43, n° 2 (été/automne 2014), 147-156.

36 Lettre des habitants de Port-Royal à M. de Vaudreuil, 13 novembre 1710, ANOM/AC, série C11D, vol. 7, 98-99, CÉAAC. Voir l'analyse de Christopher Hodson dans le présent ouvrage.

37 Ont été isolés dans mon analyse les ménages acadiens, lesquels sont majoritaires à Cabanocé (98 sur 128) et au sein desquels l'esclavage est pratiqué davantage – contrairement aux idées reçues – que chez leurs voisins créoles d'origine française ou allemande (61 % contre 43 %). AGI-PPC, Legajo 192, 334-336. Voir aussi Bruce, « Par tous les moyens nécessaires ».

38 Carl A. Brasseaux, *The Founding of New Acadia: The Beginnings of Acadian Life in Louisiana, 1765-1803*, Bâton-Rouge, Louisiana State University Press, 1987, 193-195.

39 *Ibid.*, 196.

40 James H. Dormon, *The People Called Cajuns: An Introduction to an Ethnohistory*, Lafayette, Center for Louisiana Studies, 1983, 50.

41 Sur l'interaction entre la notion de diaspora et les phénomènes de créolisation, tout particulièrement des observations sur la Louisiane, voir Cohen et Sheringham, *À la rencontre de la différence*, 61-63.

42 Brasseaux, *The Founding of New Acadia*, 195-196. À noter que le premier maire afro-américain d'une ville des États-Unis est un Créole né dans l'esclavage et ayant une ascendance acadienne, Pierre Caliste Landry (1841-1921), maire de Donaldsonville en 1868-1869. Voir Clint Bruce, « Mois de l'histoire des Noirs : se souvenir de Pierre Caliste Landry (1841-1921) », *Astheure* (28 février 2019) [en ligne : https://astheure.com/2019/02/28/filiere-louisiane-18/].

43 Voir Virginia R. Domínguez, *White By Definition: Social Classification in Creole Louisiana*, New Brunswick, NJ, Rutgers University Press, 1986, et Angel Adams Parham, *American Routes: Racial Palimpsests and the Transformation of Race*, New York, Oxford University Press, 2017.

44 Pour d'autres aperçus sur la racialisation des groupes ethniques aux États-Unis, voir, au sujet de l'immigration irlandaise, Noel Ignatiev, *How the Irish Became White*, New York et Londres, Routledge, 1995; sur la classification raciale des populations d'origine latino-américaine, Clara E. Rodríguez, *Changing Race: Latinos, the Census and the History of Ethnicity*, New York, NYU Press, 2000; et, sur les efforts juridiques pour le « blanchissement » de la communauté syriano-libanaise, Sarah M.A. Gualtieri, *Between Arab and White: Race and Ethnicity in the Early Syrian Diaspora*, Berkeley, University of California Press, 2009.

45 Sur l'évolution des idées sur le pluralisme culturel au Canada dans le sillage des idéologies racistes, voir Daniel R. Meister, *The Racial Mosaic: A Pre-History of Canadian Multiculturalism*, Montreal, McGill-Queen's University Press, 2021.

46 Corrie Scott, « How French Canadians Became White Folks, or Doing Things with Race in Quebec », *Ethnic and Racial Studies*, vol. 39, n° 7 (2016), 12-90.

47 Voir, entre autres, Camille A. Nelson et Charmaine A. Nelson, « Introduction », dans *Racism, Eh? A Critical Inter-Disciplinary Anthology of Race and Racism in Canada*, sous la direction de Camille A. Nelson et Charmaine A. Nelson, Concord (Ontario), Captus Press, 2004, 129; Sunera Thobani, *Exalted Subjects: Studies in the Making of Race and Nation in Canada*, Toronto, University of Toronto Press, 2007, 33-64; et Ikuko Asaka, « Exiles in America: Canadian Anti-Black Racism and the Meaning of Nation in the Age of the 1848 Revolutions », dans *Race and Nation in the Age of Emancipations. Race in the Atlantic World, 1700-1900*, sous la direction de Whitney Nell Stewart et John Garrison Marks, Athens, GA, University of Georgia Press, 2018, 53-68.

48 Catherine Larochelle, *L'école du racisme : la construction de l'altérité à l'école québécoise (1830-1915)*, Québec, Presses de l'Université Laval, 2021.

49 Nelson et Nelson, « Introduction », 3.

50 Voir, entre autres, Frédéric Boily, *La pensée nationaliste de Lionel Groulx*, Sillery, Septentrion, 2003.

51 Martin Spigelman, *The Acadian Renaissance and the Development of Acadien-Canadien Relations, 1864-1912, "des frères trop longtemps séparés"*, thèse de doctorat, Halifax, Dalhousie University, 1975, ix.

52 McNally, « Acadian Leaders and Louisiana », 67-68. Pour la citation originale, voir Denis Bourque et Chantal Richard (dirs), avec Amélie Giroux, *Les Conventions nationales acadiennes : tome I (1881-1890)*, Moncton, Université de Moncton, Institut d'études acadiennes, coll. « Bibliothèque acadienne », 2013, 145.

53 François-Edme Rameau de Saint-Père, « Documents sur le Canada », *Bulletins de la Société d'Anthropologie de Paris*, tome 2, Paris, Librairie Victor Masson, 1861, 9.

54 Pascal Poirier, *Origine des Acadiens*, Montréal, Eusèbe Sénécal, 1874, 95.

55 Voir les stéréotypes associés aux Iroquois, ou Haudenosaunee, dans sa pièce de théâtre *Les Acadiens à Philadelphie*, composée en 1875 (suivi de *Accordailles de Gabriel et d'Évangéline*, texte établi et annoté par Judith Perron, Moncton, Éditions d'Acadie, 1998).

56 Denis Bourque et Chantal Richard, dir., *Les Conventions nationales acadiennes : tome II (1900-1908)*, Moncton/Québec, Institut d'études acadiennes/Septentrion, 2018.

57 Émilie Urbain et Sandrine Tailleur, « L'Autre autochtone : une analyse des processus de différenciation dans la presse canadienne francophone », dans *Minorisation linguistique et inégalités sociales*, sous la direction de Karine Gauvin et Isabelle Violette, 85-106, Francfort, Peter Lang, collection « Sprache, Identität, Kultur », 2020, 94.

58 Alphonse Deveau, *Le chef des Acadiens*, Yarmouth (N.-É.), Éditions Lescarbot, 1956, 131 et 120, cité dans Robert Viau, *Les Grands Dérangements : la déportation des Acadiens en littératures acadienne, québécoise et française*, Beauport (Québec), MNH, 1997, 189.

59 Ces observations sont fondées sur l'analyse d'un corpus d'occurrences du mot « race » (et « races ») constitué, pour la presse, à l'aide de la base de données

Vocabularies of Identity / Vocabulaires Identitaires de l'Université du Nouveau-Brunswick [en ligne : https://voi.lib.unb.ca/fr], laquelle héberge des textes de journaux des provinces maritimes entre 1880 et 1940, et, pour les discours et rapports des conventions nationales acadiennes d'Arichat (1900), de Caraquet (1905) et de Saint-Basile (1908), au moyen d'une recherche dans la version électronique de l'édition critique de Denis Bourque et Chantal Richard.

60 Par exemple, le père Pierre-Marie Dagnaud (1858-1930) proclame à la Convention nationale de 1900 : « Vous n'êtes point une race dégénérée. »

61 « Fête splendide au Cap-Pelé », *Le Moniteur acadien*, 26 août 1909, 2.

62 *Cf.* Michel Bock, *Quand la nation débordait les frontières : les minorités françaises dans la pensée de Lionel Groulx*, Montréal, Hurtubise HMH, 2004.

63 Domínguez, *White by Definition*, 137; voir aussi Parham, *American Routes*, notamment le chapitre 1 : « Racial Systems and the Racial Palimpsest ».

64 « D'un côté ou de l'autre », *Le Carillon*, 13 juillet 1873.

65 Jacques M. Henry et Carl L. Bankston III, *Blue Collar Bayou: Louisiana Cajuns in the New Economy of Ethnicity*, Westport (Connecticut), Praeger, 2002; et Shane K. Bernard, *The Cajuns: Americanization of a People*, Jackson, University Press of Mississippi, 2003.

66 Carl A. Brasseaux, *Acadian to Cajun: Transformation of a People, 1803-1877*, Jackson, University Press of Mississippi, 1992, 1005; ainsi que Le Menestrel, *La voie des Cadiens*, 36-46.

67 Juriste, philanthrope et vétéran de la guerre de Sécession, Breaux est nommé à la Cour suprême de Louisiane en 1890. De 1904 à 1914, il en est juge en chef. On lui attribue un manuscrit anonyme sur les mœurs populaires franco-louisianaises, texte reproduit par Jay K. Ditchy dans *Les Acadiens louisianais et leur parler*, Paris, E. Droz, 1932.

68 Joseph A. Breaux à Clarence F. Cormier, 1er juillet 1902, CÉAAC, Fonds Clarence-F.-Cormier, 304-1 (Correspondance générale, 1902).

69 Notamment, il y avait une certaine ambivalence à l'égard du statut racial des Franco-Américains de la Nouvelle-Angleterre, dont la forte implantation nourrissait les craintes d'une dilution du caractère anglo-saxon du pays (David Vermette, *A Distinct Alien Race: The Untold Story of Franco-Americans – Industrialization, Immigration, Religious Strife*, Montréal, Baraka Books, 2018, 202, 318-321).

70 *Le Pionnier de l'Assomption*, 3 novembre 1877, 1.

71 Le premier fascicule du récit de Voorhies a paru dans *The Weekly Messenger*, de Saint-Martinville, le 28 mai 1887.

72 Thériault, *Évangéline : contes d'Amérique*, 213. Voir aussi Le Menestrel, *La voie des Cadiens*, 54-60.

73 Comme l'explique Sandy Alexandre, « Le lynchage fait de la femme blanche un trésor national dont le corps et la sexualité, lorsque jugées vulnérables aux attaques (des Noirs), en viennent à figurer la vulnérabilité de la nation même » (*The Properties*

of Violence: Claims to Ownership in Representations of Lynching, Jackson, University Press of Mississippi, 2012, 87). Pour un survol de ce phénomène en contexte louisianais, voir Michael J. Pfeifer, « Lynching and Criminal Justice in South Louisiana, 1878-1930 », *Louisiana History*, vol. 40, n° 2 (printemps 1999), 155-177.

74 « A Poem of St. Martin », par Willard Halsted Guepner, et « The Cause of Lynching », *The Weekly Messenger*, 18 juillet 1903, 1. Cet éditorial, qui se trouve aussi dans le journal de Lafayette, évoque la tentative de lynchage sur un homme noir du nom d'Esau Lovely, accusé d'avoir agressé l'épouse d'un René Hébert, planteur sucrier de la paroisse Sainte-Marie. Un autre reportage précise qu'alors que Lovely aurait seulement commis un vol sur la personne de Mme Hébert, la population blanche lui imputait (sans preuve) l'intention de la violer (*Lafayette Advertiser*, « A Lynching Averted », 22 juillet 1903, 1).

75 Voir notamment W. Fitzhugh Brundage, « Le Réveil de la Louisiane: Memory and Acadian Identity, 1920-1960 », dans *Where These Memories Grow: History, Memory, and Southern Identity*, sous la direction de W. Fitzhugh Brundage, Chapel Hill, University of North Carolina Press, 2000, 271-298.

76 « La Convention de Waltham : "Le peuple acadien", discours de l'hon. M. le Juge J.A. Breaulx [*sic*] de la Louisiane », *L'Évangéline*, 2 octobre 1902, 1.

77 Bourque et Richard, dir., *Les Conventions nationales acadiennes : tome II (1900-1908)*.

78 Landry, *A Creole Melting Pot*, 1.

79 « Lettre d'un missionnaire acadien », *L'Évangéline*, 26 septembre 1921.

80 *Ibid*. Pour davantage de contexte sur l'emploi du créole dans cette région, voir Landry, *A Creole Melting Pot*, 35-36.

81 Aubin-Edmond Arsenault, *Mémoires de l'honorable Aubin-Edmond Arsenault, ancien premier ministre et juge de la Cour suprême de l'Île-du-Prince-Édouard*, traduit de l'anglais par Yolande Painchaud, Madeleine Painchaud et Georges Arsenault, Tracadie-Sheila, La Grande Marée, 2015, 149.

82 Truth, « Louisiana (Impressions d'un touriste) », *L'Évangéline*, 9 février 1928, 5. À cette interrogation s'opposent les explications fournies par Mathilde Greene, Cadienne de passage à Montréal en octobre 1929, à un journaliste de *L'Évangéline*, en guise de réassurances quant à la pureté raciale. Elle précise que les Acadiens exilés en Louisiane s'étaient joints à « deux races blanches et catholiques, les races française et espagnole » et que « les descendants de ces mariages s'appellent des Créoles, [...], contrairement à la définition qu'en donnent ceux qui voudraient que les Créoles aient du sang noir dans leurs veines. » (« Les Acadiens de la Louisiane : Une interview avec Mme Greene, d'Abbeville », *L'Évangéline*, 10 octobre 1929, 1.)

83 Ryan André Brasseaux, *French North America in the Shadows of Conquest*, New York, Routledge, 2021, 79-82.

84 LeBlanc, « Le fantasme raciolinguistique de la blanchité en Louisiane », 364.

85 Henryot, « Billet : Croquis louisianais », *L'Évangéline*, 20 août 1931, 3.

86 Alfred Roy, « Impressions de Louisiane », *L'Évangéline*, 30 avril 1931, 1.

87 Pour un résumé de l'itinéraire et des réalisations de ce voyage, voir le rapport de l'*Association of Louisiana Acadians*, présidé par Dudley LeBlanc, dans *The Daily Advertiser*, 2 septembre 1936, 5.
88 Floyd Martin Clay, *Coozan Dudley LeBlanc: From Huey Long to Hadacol*, avant-propos d'Edwin W. Edwards, Gretna, LA, Pelican Publishing Co., 1998, 85-86.
89 Adam Fairclough, *Race and Democracy: The Civil Rights Struggle in Louisiana*, Athens [Géorgie] et Londres, The University of Georgia Press, 1995, 25-33.
90 Pour le contexte de cet incident, voir Michael William Smith, « Pockets of Freedom: Amédé Ardoin and the Racial Politics of Louisiana French Music during Jim Crow, 1929-1942 », *Louisiana History*, vol. 57, n° 1 (2016), 70-90.
91 Sean Mills, *Une place au soleil : Haïti, les Haïtiens et le Québec*, traduit par Hélène Paré, Montréal, Mémoire d'encrier, 2016, 46.
92 « Rev. Chiasson Relives Aches – Pains of Neuritis », *Miami Daily News*, 17 mai 1950, 4A.
93 Fairclough, *Race and Democracy*, 106.
94 Voir un aperçu du déclin du français vernaculaire, voir Carl Blyth, « The Sociolinguistic Situation of Cajun French », dans *French and Creole in Louisiana*, sous la direction d'Albert Valdman, Boston, MA, Springer, collection « Topics in Language and Linguistics », 1997, 25-46.
95 Comme le note Sacha Richard, « [l]e comité des fêtes croyait que les fêtes du bicentenaire fournissaient un excellent prétexte pour exposer et diffuser la notion du dualisme canadien, car l'harmonie entre les deux peuples fondateurs au Nouveau-Brunswick se voulait exemplaire de la coopération entre les communautés francophone et anglophone au Canada » (« Commémoration et idéologie nationale en Acadie. Les fêtes du bicentenaire de la Déportation acadienne », *Mens : revue d'histoire intellectuelle de l'Amérique française*, vol. 3, n° 1 [2002], 54). En plus d'une demande de subvention qu'elle cite, une lettre du maire de Moncton au professeur Arceneaux véhicule une idée similaire en évoquant l'attrait de sa ville pour l'éventuels voyageurs louisianais : « Moncton sera pour ces visiteurs d'un intérêt tout particulier : deux peuples, représentant deux cultures, y vivent côte-à-côte dans un grand esprit de paix et d'harmonie, et contribuent chacun leur part au bien commun » (Harris A. Joyce à Thomas J. Arceneaux, 6 janvier 1955, UAAMC [ULL], Fonds *Acadian Bicentennial Celebration*, Collection 80, 1.16 [Correspondance, du 3 au 7 janvier 1955]).
96 Shane K. Bernard, « Acadian Pride, Anglo-Conformism: The Acadian Bicentennial Celebration of 1955 », *Louisiana History*, vol. 41, n° 2 (printemps 2000), 161-174.
97 Joseph-Émile LeBlanc, « En Louisiane, du 9 au 25 janvier 1955 » (s.l. : 1955, exemplaire du CA-USA), 6.
98 La question du maintien de la langue française en Louisiane a fait l'objet d'une table ronde publique à Moncton, après le retour de la délégation acadienne (« Les Acadiens de Louisiane [*sic*] garderont-ils leur langue ? »,

L'Évangéline, 2 février 1955, 2). Voir aussi la chronique invitée d'Euclide Daigle, « À propos de la langue française en Louisiane », *L'Évangéline*, 3 février 1955, 4.

99 Sarah Gertrude Knott au comité de l'ABC, 26 janvier 1955, UAAMC (ULL), Fonds *Acadian Bicentennial Celebration*, Collection 80, 1.19 (Correspondance, du 26 au 30 janvier 1955).

100 Greg Allain, Isabelle McKee-Allain et Joseph Yvon Thériault, « La société acadienne : lectures et conjonctures », dans *L'Acadie des Maritimes : études thématiques des débuts à nos jours*, sous la direction de Jean Daigle, Moncton, Chaire d'études acadiennes, 1993, 354-355.

101 Bernard, *The Cajuns*, 63.

102 *Ibid.*, 64-65.

103 Aujourd'hui l'Université de Louisiane à Lafayette ou ULL.

104 Bernard, *The Cajuns*, 81-82.

105 « Le Drapeau des Acadiens louisianais », Fonds *France-Amérique de la Louisiane acadienne*, Collection 86, 105, UAAMC (ULL).

106 Voir le rapport final du comité organisateur dans le Fonds *France-Amérique de la Louisiane acadienne*, Collection 86, 105, UAAMC (ULL), et le programme du symposium sur la culture acadienne (6 novembre 1965) dans le Fonds *Acadian Bicentennial Celebration*, Collection 80, 3.03 (Discours, sans dates).

107 Jean-Paul Hautecœur, *L'Acadie du discours : pour une sociologie de la culture acadienne*, Québec, Presses de l'Université Laval, collection « Histoire et sociologie de la culture », n° 10, 1975, 46.

108 Marc David, *Memory's Warp: The Cultural Politics of History and Race in South Louisiana*, thèse de doctorat, Chapel Hill, University of North Carolina, 2005, 63-64.

109 Eric Waddell, « La Louisiane française : un poste outre-frontière de l'Amérique française ou un autre pays et une autre culture ? », *Cahiers de géographie du Québec*, vol. 23, n° 59 (1979), 207.

110 Sur ce point, je rejoins entièrement ce propos de Jean-Christian Pleau à propos du roman de Lionel Groulx, *L'appel de la race* (1922) : « On en vient à supposer une sorte de point aveugle dans l'esprit des lecteurs de 1922 : de toute évidence, les thèses racistes que Groulx empruntait à Le Bon ne devaient pas leur paraître particulièrement remarquables, et encore moins scandaleuses, qu'ils y aient ou non adhéré eux-mêmes. En vérité, on ne voit guère comment le Canada français aurait pu ne pas être touché par un type de discours si répandu à cette époque, tant en Europe qu'en Amérique, et qui pouvait encore se parer de cautions scientifiques » (« Polémique sur un "mauvais livre" : *L'appel de la race* de Lionel Groulx », *Voix et Images*, vol. 28, n° 2 [2003], 154).

111 Nelson et Nelson, « Introduction », 2-3.

112 Gloria Wekker, *White Innocence: Paradoxes of Colonialism and Race*, Durham et Londres, Duke University Press, 2016.

113 Emma Smith, « Researcher unearths disturbing family history about slavery in Nova Scotia », CBC News, 8 août 2020 [en ligne : https://www.cbc.ca/news/canada/nova-scotia/acadian-slave-owners-history-colby-gaudet-research-concordia-university-1.5675455]. Au sujet d'Amable Doucet (1737-1806) et de l'homme Jerome qu'il tenait en esclavage, voir Stephen A. White, « DOUCET, AMABLE », dans *Dictionnaire biographique du Canada*, vol. 5, Université Laval/University of Toronto, 2003 [en ligne : http://www.biographi.ca/fr/bio/doucet_amable_5F.html, consulté le 31 mai 2021].

114 Amal Madibbo, *Blackness and la Francophonie: Anti-Black Racism, Linguicism and the Construction and Negotiation of Multiple Minority Identities*, Québec, Presses de l'Université Laval, 2021, collection « Langues officielles et sociétés », 89.

CHAPITRE 3

« Notre lutte est aussi votre lutte » : mouvements de jeunes, tiers-mondisme et petite société acadienne des années 1970

PHILIPPE VOLPÉ

> D'Acadie en Afrique en Acadie, les coopérants, ces nouveaux missionnaires d'humanité et explorateurs de culture, auront fait naviguer quelques bribes de notre acadianité à travers le monde, contribué à asseoir plus solidement notre pays sur la carte des peuples et, au retour, enrichi notre vie collective de sens nouveau[1].
>
> Marc Johnson, 1990

Pour une histoire des mouvements de solidarité internationale en Acadie

Nos travaux de ces dernières années en histoire des mouvements sociaux en Acadie du XXe siècle nous ont menés à découvrir un ensemble de mouvements, comités, associations et actrices/acteurs engagés dans la coopération et la solidarité internationale[2]. Si ce n'est de quelques études sur la diplomatie culturelle – France-Acadie, Acadie-Belgique, Acadie-Jura, etc.[3] – seule une poignée de très rares études ont « souligné » les apports des mouvements internationaux, non limités à des questions d'ordre culturel et linguistique, aux transformations de la petite société acadienne. Ces initiatives font pourtant partie de l'histoire de l'Acadie contemporaine et participent, de façons variables, aux mobilisations et débats qui lui donnent sens. À défaut d'en dresser un panorama exhaustif, nous pouvons penser, en guise d'exemple, aux entreprises missionnaires conduites par les congréganistes d'Acadie, qu'il soit question des pères de Sainte-Croix en Inde dès la fin du XIXe siècle et des pères Blancs en Côte d'Ivoire au début du XXe siècle, ou encore, avec la croissance exponentielle des missions à la suite de la Seconde Guerre mondiale, des Religieuses hospitalières de Saint-Joseph au Pérou, des Filles Marie-de-l'Assomption aux Philippines et des pères Eudistes en Amérique latine[4].

Au cours des années 1960 et 1970, de premières organisations, animées soit par des idéaux d'éducation et d'aide au « développement » du tiers-monde (Service universitaire canadien outre-mer, Jeunesse Canada Monde) ou par les idées de la décolonisation (Acadie-Angola, Acadie-Chili), font leur entrée sur la scène acadienne. Si, à l'exception des comités de solidarité, les premières organisations non gouvernementales (ONG) à s'enraciner en Acadie ont des assises qui leur sont extérieures, particulièrement canadiennes, au cours des années 1980 et 1990, un ensemble d'organismes s'implantant dans les communautés francophones du Nouveau-Brunswick affichent une appartenance plus explicite eu égard à la petite société acadienne (OXFAM-Acadie, Réseau acadien de solidarité internationale, ACADI, Acadie-Haïti, etc.).

À la suite de l'historien Akira Iriye[5], nous sommes d'avis que l'histoire des organisations et des mouvements de solidarité internationale peut servir de baromètre pour rendre compte des « valeurs fondamentales » d'une société d'un temps donné; l'engagement en faveur d'une cause n'étant pas dénué de sens, voire de « visions du monde » – accompagnées d'idéologies qui leur correspondent – motivant l'action[6]. Loin de nous l'idée d'affirmer que les initiatives en termes de coopération et de solidarité internationale en Acadie des provinces maritimes composent des microcosmes de cette petite société. Par ailleurs, nous ne saurions prétendre à l'uniformité des motivations derrière chacune de ces organisations et entreprises. Nous pouvons, par exemple, aisément distinguer les aspirations religieuses des mouvements confessionnels des visées politiques, voire économiques, de l'humanitaire d'État portée par un bon nombre d'organisations gouvernementales[7]. Nous sommes néanmoins d'avis que, dans leur contexte propre, chacun de ces mouvements, auquel des Acadiennes et des Acadiens ont pris part, témoigne d'une partie des préoccupations acadiennes d'un temps donné et occupe une place dans les débats et les mobilisations de la petite société acadienne; lesquels lui sont constitutifs.

Ainsi, que ce soit après avoir œuvré dans des missions, des comités de solidarité, des ONG ou encore à la suite de stages, de voyages-échanges, de colloques, d'ateliers, etc., en lien avec des pays du tiers-monde, nombre d'Acadiennes et d'Acadiens en sont revenus chargés de nouvelles idées, de perceptions et de « visions du monde », qu'ils ont pu par la suite véhiculer dans leurs engagements en Acadie. Pensons à la militante féministe Huberte Gautreau qui sera de la partie dans bon nombre des mouvements de solidarité en Acadie des années 1970 à nos jours, au travail du militant Euclide Chiasson en Bolivie, aux initiatives auprès des pêcheurs du Nicaragua du syndicaliste Gilles Thériault de l'Union des pêcheurs maritimes[8], à l'enseignement de l'historien

Michel Roy en Algérie, au travail de coordination d'organismes humanitaires par nombre d'acteurs tels Chantal Abord-Hugon et Robert Thibault que nous retrouverons ensuite aux commandes de différents dossiers pilotés par la Société de l'Acadie du Nouveau-Brunswick et la Société nationale de l'Acadie. Sans prétendre à un transfert direct et strict des valeurs et des idées acquises à l'occasion de leurs engagements tiers-mondistes, nous sommes d'avis que ces itinéraires d'Acadiennes et d'Acadiens ont eu une incidence sur les idées qu'ils ont défendues et les projets qu'ils ont dirigés en Acadie.

C'est une première contribution à cette hypothèse des rapports d'influence et de confluence entre les mouvements de solidarité internationale et les mobilisations collectives acadiennes que nous offrons dans ce texte à partir d'une étude de certains mouvements de jeunes en Acadie des années 1970.

« Les jeunes sont le seul espoir » : à la recherche d'un nouvel ordre sociétal

« Il faut créer un nouvel ordre économique mais cela est impossible avec les adultes actuels qui sont trop pris dans le système. Les jeunes sont le seul espoir, ils sont généreux, ouverts et moins pris par la sécurité d'une carrière[9]. » C'est en ces termes que Jacques Hébert, président national de Jeunesse Canada Monde, exposait ses vues sur la pertinence de son organisme et le militantisme tiers-mondiste des jeunes à l'occasion d'une campagne de promotion à Moncton en 1977. Si de l'avis de certaines militantes et de certains militants de l'époque, le tiers-monde, comme troisième ensemble politique entre les blocs occidental et soviétique en pleine Guerre froide, se présentait comme le foyer idéologique d'un nouvel ordre sociétal, c'est aussi sur la jeunesse qu'ils fondaient leurs espoirs pour en faire la découverte et la promotion.

Cet espoir envers les jeunes n'a rien de singulier. Alors que la petite société acadienne du Nouveau-Brunswick est à traverser une importante période d'introspection référentielle et qu'elle est tiraillée entre différents projets politiques (province acadienne, dualité, annexion à un Québec indépendant, révolution prolétarienne, etc.), ce sont surtout des jeunes, comme nouvelle élite définitrice[10], qui contribuent à insuffler des éléments de réflexion tiers-mondistes dans les débats acadiens. En fait, à l'exception des congréganistes qui poursuivent leur œuvre dans divers pays d'Afrique et d'Amérique latine, ce sont des organismes jeunesse laïcs qui sont les figures de proue des mouvements de solidarité internationale en Acadie de la période, notamment l'Entraide universitaire mondiale du Canada (EUMC), Jeunesse Canada Monde (JCM) et le

Service universitaire canadien outre-mer (SUCO). La présente étude porte sur ces trois organismes, qui occupent l'avant-scène, voire monopolisent, les mouvements de solidarité internationale en Acadie des années 1970.

L'objectif de notre enquête est d'analyser les rapports entre les mouvements de solidarité internationale – les raisons et le contexte de leur fondation, expansion, déboire – et la petite société acadienne au cours des années 1970 afin de comprendre leurs contributions aux débats sociétaux de l'époque. Empruntant à la grille d'analyse de spécialistes en histoire de l'humanitaire et des mouvements de solidarité[11], notre analyse se penche sur trois axes de recherche interreliés : 1) les motivations des acteurs et le fondement idéologique et axiologique de leurs associations engagées dans l'aide humanitaire, la coopération et la solidarité internationales; 2) une périodisation contextualisée des moments caractéristiques de chacun en Acadie, par le biais d'une analyse synchronique et diachronique des différents mouvements de solidarité; et 3) les rapports de confluence et d'influence entre la petite société acadienne et l'engagement tiers-mondiste d'Acadiennes et d'Acadiens, au moyen d'une étude de l'itinéraire et du réseau de sociabilité des acteurs. Pour le dire autrement, nous rendrons compte des rapports entre les mouvements de solidarité internationale – et le capital culturel de leurs artisanes et artisans – et la modulation des mobilisations collectives acadiennes des années 1970.

Afin de mettre cette grille en application, nous effectuerons une analyse de contenu de divers documents textuels. Les trois associations à l'étude n'ayant pas ou peu conservé d'archives sur leurs activités en Acadie pour la période étudiée, et les documents à leur sujet dans les fonds des centres d'archives des campus de l'Université de Moncton étant peu nombreux, notre corpus a d'abord été constitué d'articles de la presse acadienne que nous avons dépouillée intégralement pour y relever tous les articles s'y rapportant : *L'Acayen*, *L'Aviron*, *La Jaunisse*, *Le Bouclier*, *Le Front*, *Le Madawaska*, *Le Point*, *L'Évangéline*, *Le Voilier*, etc. Afin de documenter certaines zones d'ombre à ce corpus, nous avons aussi effectué des entrevues avec des figures de proue des différents mouvements : Robert Thibault, Huberte Gautreau et Jacques Lapointe. Ces rencontres ont été utiles à plus d'un niveau puisqu'elles nous ont permis de récupérer, de la part de Robert Thibault et de Jacques Lapointe, une part des archives des activités du SUCO et de l'EUMC, respectivement, en Acadie des années 1970. L'étude de ces documents – procès-verbaux, rapports, mémoires, correspondance, etc. – croisés aux entrevues et à l'analyse de notre corpus de presse nous a permis de répondre à notre question de recherche. Précisons néanmoins que notre corpus surtout textuel nous a menés à analyser le militantisme tiers-mondiste davantage d'ordre économique, intellectuel et politique. Si le panorama que nous en tirons sera utile, voire nécessaire, à la réalisation d'une histoire sociale de l'engagement tiers-mondiste en Acadie, notamment à la suite d'une plus vaste enquête orale, ce volet est exclu du présent chapitre et réservé à des études à venir.

Cette étude est divisée en quatre parties. Après avoir offert un panorama de l'émergence de la sensibilité tiers-mondiste chez les jeunes d'Acadie au cours des années 1950 et 1960 et de l'entrée en scène de l'EUMC, nous analysons les retombées du militantisme du SUCO en ce qui concerne l'appui aux mouvements de libération dans le monde au début des années 1970. Nous étudions ensuite la façon dont les idéologies tiers-mondistes ont influencé la compréhension du « développement » en Acadie et, enfin, quels ont été les rapports d'influence et de confluence, établis dans le cadre de voyages-échanges entre les populations acadiennes et de certains pays du tiers-monde. L'ensemble nous permet de poser les balbutiements d'une réflexion, qui devra être élargie, sur l'interrelation entre des mouvements tiers-mondistes et acadiens.

La jeunesse acadienne face à l'émergence du tiers-monde

Avant d'aborder de front le sujet des mouvements de solidarité internationale en Acadie des années 1970, il nous faut noter que l'engagement des jeunes Acadiennes et Acadiens envers ces mouvements précède cette décennie. Déjà au lendemain de la Seconde Guerre mondiale, les jeunes des mouvements d'Action catholique spécialisée, dont la Jeunesse étudiante catholique (JEC), étaient invités à inscrire leur engagement, à l'image de l'Église, dans l'universel. Suivant la campagne annuelle de la JEC de 1951 – « Étudiant, homme de son temps » – un jéciste d'Acadie écrivait en ce sens : « Si nous voulons être homme de notre temps, il nous faut être homme du monde; car notre siècle est celui de l'internationalisme, de l'étroite relation des deux pôles et des vingt-quatre longitudes. Celui qui est du vingtième siècle est de l'univers[12]. » Se percevant de plus en plus à ce moment comme faisant partie d'une catégorie sociale distincte – la montée du « Nous » estudiantin – les jécistes – lié à la JEC – de l'immédiate après-guerre jettent leurs regards par-delà les frontières de leur établissement d'enseignement et de leur pays. C'est en ce sens qu'ils contribuent à la campagne de souscription en faveur des étudiantes et des étudiants d'Europe « dévastés par la guerre[13] », qu'ils adressent leurs prières aux pays frappés par des difficultés politiques et/ou économiques – Inde, Japon, Chine, Russie, Allemagne – et qu'ils portent une attention particulière aux films et conférences qui leur sont présentés, dans leur campus, par des missionnaires d'Afrique et d'Amérique latine et qui les sensibilisent aux difficultés vécues des pays du tiers-monde[14]. Les jeunes des mouvements d'Action catholique spécialisée, qui se définissent dès lors comme citoyennes et citoyens du monde, adoptant ainsi une posture anationale, sont d'avis que leurs préoccupations ne peuvent se limiter aux frontières étroites de l'Acadie, ou de quelque autre territoire par ailleurs : « L'histoire se déroule à tout instant du jour. L'histoire c'est ce qui se passe au Moyen-Orient et en URSS aussi bien qu'en Europe et dans notre pays[15]. » Bien campés dans l'internationalisme, les jécistes d'Acadie des années 1950 réprouvent alors l'« esprit de clocher[16] » – lire le nationalisme – des Acadiennes et des Acadiens qui, de leur point de vue, les aveuglent face aux enjeux sociaux, surtout eu égard aux difficultés vécues des démunis au pays et à l'international. Abondant en ce sens, le jéciste Guillemond Ouellet de l'Université Saint-Joseph, critiquant une activité nationaliste de l'Association générale des étudiants acadiens, écrit en 1952 : « En quoi les étudiants acadiens sont-ils coupables? De trop centraliser leurs regards sur un coin de pays. Alors qu'existent autour de nous les boucheries de Corée, les révoltes bruyantes du canal de Suez, la famine inquiétante, Chinois et Indiens, les projets de réarmement... nous nous contentons de rappeler le fâcheux événement de 1755, avec toutes ses conséquences[17]. »

Relevons que la posture partagée des jeunes des mouvements d'Action catholique en rapport aux misères vécues et aux enjeux sociaux de pays du tiers-monde au cours des années 1940-1950, conduit certains d'entre eux, au nom des mêmes idéaux, à reconsidérer les impératifs de la question nationale dans une perspective plus humaniste. Pour ces derniers, il n'est dès lors plus question de penser le projet collectif acadien dans l'ornière de la « nation » acadienne, mais plutôt dans une prise en considération des « personnes » – les Acadiennes et les Acadiens – qui la composent; perspective qui sera notamment incarnée par le jeune et futur sociologue Camille-Antoine Richard[18]. Notons que ce dédoublement des attitudes eu égard à la question nationale, influencé par l'éthique personnaliste des mouvements d'Action catholique spécialisée, est également observable au Québec où au nom d'un même schème de pensée, certaines militantes et certains militants de la JEC ont pu adhérer à des aspirations soit fédéralistes, voire antinationalistes – Pierre-Elliott Trudeau, Gérard Pelletier, etc., soit nationalistes, voire séparatistes – Marcel Rioux, Fernand Dumont, etc.[19]

Les initiatives menées par les mouvements d'Action catholique spécialisée et les relations entretenues entre les établissements d'enseignement d'Acadie et les missions du tiers-monde favorisent, à la fin des années 1950 et au début des années 1960, la mise sur pied de comités locaux de l'Entraide universitaire mondiale du Canada et du Service universitaire canadien outre-mer au campus de Moncton de l'Université Saint-Joseph[20]. Engagée à l'origine dans l'aide matérielle aux étudiantes et étudiants victimes de conflits militaires, l'EUMC, sans déroger à son implication dans la construction d'établissements d'enseignement et l'envoi de matériaux didactiques dans les pays « sous-développés » pour favoriser leur indépendance, évolue pour encourager la mutualité et la solidarité internationales dans le monde universitaire. À l'échelle du monde, « [l']EUM encourage étudiants, professeurs et administrateurs à collaborer étroitement pour améliorer les conditions de l'enseignement et fonctionne sans aucune distinction de race, nationalité, religion ou allégeance politique[21] ». Pour arriver à ses fins, l'EUMC crée des bourses à l'intention d'étudiantes et d'étudiants des pays du tiers-monde, soutient des professeurs réfugiés, favorise la mise sur pied de coopératives étudiantes, contribue à des projets de construction pour améliorer la vie estudiantine à l'international (cliniques médicales, centres communautaires, restaurants, auberges, etc.), encourage les échanges estudiantins, et, au lendemain de la Seconde Guerre mondiale, organise des séminaires internationaux dans des pays du tiers-monde[22].

L'EUMC fait son entrée en Acadie avec la création d'un comité local de l'organisme au campus de Moncton de l'Université Saint-Joseph au cours de l'année universitaire de 1956-1957[23]. C'est à l'automne 1956 que des étudiants du campus sont invités à participer pour la première fois à la vente de la Corne au trésor (*Treasure Van*, qui prendra le nom de Caravane), une vente de créations artisanales du tiers-monde dans le but de financer les activités internationales de l'EUMC et de sensibiliser la population étudiante aux enjeux tiers-mondistes par les arts[24]. De tout temps, l'activité connaît un certain succès à Moncton. Accumulant des profits pour plus de 1000 $ en 1957, les étudiants de l'Université Saint-Joseph reçoivent d'ailleurs un trophée de l'organisme national pour la « meilleure moyenne » des ventes au pays[25]. Au cours des années 1950 et 1960, le comité local de l'EUMC s'occupe surtout d'organiser des collectes de fonds (ventes de pâtisseries, *pool* de hockey, loteries, soirées sociales) pour financer le programme d'action de l'organisme[26]. Malgré ces activités davantage d'ordre culturel, le comité local permet aussi aux jeunes de l'établissement de participer annuellement à des séminaires d'information sur les réalités du tiers-monde, ce qui conduit certains étudiants acadiens au Ghana, en Yougoslavie et en Inde[27]. Nous pouvons aussi relever le cas du jeune Roger Savoie (le futur juge et non le prêtre philosophe). L'engagement étendu de Savoie dans l'EUMC, qui le conduit à occuper les fonctions de président national de l'organisation en 1965-1966, le mène à parcourir 25 pays d'Europe, du Moyen-Orient et d'Afrique, de même qu'à effectuer des stages dans des universités en Algérie et au Soudan pour y étudier « les systèmes politiques du tiers-monde[28] ». C'est notamment en s'appuyant sur ces expériences tiers-mondistes, où il avait pris connaissance des difficultés politiques et économiques de certains de ces pays et de la place notable qui occupe la langue française dans au moins 14 nations d'Afrique, qu'il prend position dans l'espace public, notamment dans le cadre de polémiques avec des anglophones, afin de défendre au cours des années 1960 certains programmes de développement socioéconomique et une vision biculturelle du Canada[29].

Alors qu'avec les années, le comité local de l'établissement (devenu l'Université de Moncton) en est venu à choisir ces participantes et participants aux séminaires internationaux de l'EUMC parmi le lot de celles et ceux qui reviendront étudier au campus l'année suivante, afin qu'ils y partagent leur expérience et sensibilisent le milieu estudiantin aux enjeux du tiersmonde, il semble que ces expériences ont été plus propres à nourrir l'engagement personnel que collectif. Certes, ces voyages à l'international ont su bousculer quelques convictions, comme celles de Raymond LeBlanc étonné de constater le caractère moderne de la ville de Lagos au Nigeria ou encore celles de Tom Evans décriant la corruption et les grandes disparités sociales au Pakistan, contrairement à ce qui était véhiculé par la propagande étatique[30]. Néanmoins, au cours des années 1960, une fois l'engouement des premières années passé, l'intérêt eu égard à l'EUMC, malgré la publicité entourant les séminaires internationaux, s'est estompé. Ainsi, alors qu'en 1968-1969 le père de Sainte-Croix Fernand Arsenault et Sœur Pierre Marie (Corinne Gallant) s'occupent d'animer des séances du comité local de l'EUMC et qu'ils parviennent à rallier certains jeunes animés par une sensibilité internationale et un certain anti-américanisme, comme les étudiants en sociologie Omer Chouinard et Carmelle Benoît, l'EUMC en vient malgré tout à connaître une discontinuité en Acadie avant d'être réorganisé au milieu des années 1970[31].

SUCO : de la coopération au « développement solidaire »

L'assoupissement des activités de l'EUMC au tournant des années 1970 ne conduit pas à un désintérêt eu égard aux enjeux tiers-mondistes dans la fratrie militante acadienne, mais plutôt à leur déplacement alors qu'un nouvel acteur consolide sa présence en Acadie. Depuis le tournant des années 1960, le Service universitaire canadien outre-mer, fondé en 1961, s'était progressivement implanté dans le milieu universitaire acadien[32]. Avec la création de l'Université de Moncton, un comité local du SUCO est éventuellement mis sur pied et collabore occasionnellement avec le comité de l'EUMC et le Club UNESCO de l'établissement dans l'organisation d'activités de sensibilisation tiers-mondistes au campus[33]. En 1971, le SUCO ouvre un bureau régional pour les provinces maritimes dans l'édifice Taillon de l'Université de Moncton où travaillent à l'origine Léon Richard et Doris Desjardins[34]. C'est toutefois avec l'embauche de Robert Thibault comme agent d'information en 1973, que le bureau SUCO-Maritime connaît une intensification de son militantisme[35].

Ayant comme mandat premier d'envoyer, pour une période de deux ans, des volontaires dans différents pays du tiers-monde pour qu'ils contribuent, par leurs compétences techniques, à leur « développement », le SUCO en vient à développer un nouveau volet d'action voué à sensibiliser la population canadienne aux enjeux tiers-mondistes en 1969[36]. Ce volet « sensibilisation » allait bientôt prendre le pas sur l'envoi de volontaires au tiers-monde au sein du SUCO, dont l'activisme gauchiste s'est avéré beaucoup plus prononcé qu'au sein de son versant anglophone CUSO (Canadian University Service Overseas)[37]. Cette valorisation pour l'éducation au développement en sol canadien s'appuie sur trois critiques adressées à la coopération, largement répandues à l'époque, et que Robert Thibault a véhiculées en milieu acadien. D'une part, les membres du SUCO en sont venus à dénoncer le fait que les coopérantes et coopérants envoyés au tiers-monde y devenaient par moments des « figures dominantes » peu enclines à contribuer à un développement solidaire : « Un type qui se promène à cheval dans les pays en développement n'a pas l'air d'un type qui sympathise beaucoup avec les pauvres[38]. » Ensuite, les militantes et militants sont d'avis que la coopération telle que pratiquée « s'attaqu[e] aux effets plutôt qu'aux causes du sous-développement », qui elles découlent des activités des multinationales et des responsables gouvernementaux en Occident[39]. Enfin, les membres du SUCO en sont venus à critiquer la coopération telle que mandatée par les autorités gouvernementales canadiennes, par l'intermédiaire de l'Agence canadienne de développement international (ACDI), comme constituant une forme de néocolonialisme où l'aide aspire en fait à « aider les compagnies canadiennes à se créer des marchés » plutôt qu'à contribuer au développement du tiers-monde. Dénonçant ce paternalisme étatique et cette exploitation occidentale, les membres du SUCO soutiennent qu' « il revient aux pays concernés d'établir les mécanismes d'entre-aide en fonction de leurs besoins et non de ceux des pays riches[40] ». Dans ce contexte critique de l'aide octroyée par l'envoi de coopérants suivant des mandats occidentaux[41], le SUCO-Maritimes emboîte le pas aux orientations nouvelles de l'organisme pour s'engager davantage dans l'éducation au développement en terre canadienne (dont en Acadie) plutôt que dans l'envoi de volontaires[42].

Cette posture mène le bureau des provinces maritimes du SUCO à soutenir les efforts de décolonisation en Afrique et en Amérique latine comme véritable moyen de répondre à leurs besoins. Si les membres du SUCO-Maritimes se montrent ainsi solidaires des luttes menées en Afrique du Sud, en Guinée-Bissau, au Madagascar, par le Polisario au Sahara ou encore en Haïti contre le régime Duvalier[43], ce sont surtout les mouvements de libération au Chili et en Angola qui les mobilisent au début des années 1970[44]. En vue de conscientiser et de lutter contre la complicité occidentale dans l'exploitation du tiers-monde, les membres du SUCO emboîtent d'abord le pas à la suite du bureau national pour dénoncer l'exploitation portugaise en Angola où les personnes noires vivent dans un véritable « système d'esclavage » alors qu'elles sont « conscrit[e]s massivement dans des travaux forcés », notamment sur les plantations de café desquelles s'approvisionnent des compagnies canadiennes[45].

L'« Opération Angola » du SUCO débute officiellement par l'organisation d'une marche à Moncton le 20 octobre 1973 où on pouvait lire sur une croix traînée par un marcheur : « Le café du Canada, c'est le sang de l'Angola; n'achetez pas de *General Foods*[46]. » Présidé par Jacques Lapointe, le comité Acadie-Angola qui est alors formé mène un ensemble d'actions pour « sensibiliser le public acadien à la situation d'esclavage du peuple angolais[47] » afin qu'il appuie la lutte pour que cesse l'exploitation ouvrière en Angola. Le comité lance en ce sens une campagne de boycottage des compagnies important leur café de l'Angola[48], appuie le Mouvement populaire de libération de l'Angola (MPLA) dans sa lutte pour décoloniser l'Angola, éduque le public sur les compagnies canadiennes de café plus respectables, organise des kiosques d'informations dans les supermarchés[49], invite des conférenciers comme le journaliste Jacques Roy[50], réalisateur du documentaire de sensibilisation sur les luttes du MPLA *Angola : libération, développement* (1973), et fait pression, par des rencontres et des pétitions, sur les autorités gouvernementales pour que l'OTAN cesse d'alimenter le Portugal en armes[51].

Le comité Acadie-Chili, formé à la suite du coup d'État contre le gouvernement de Salvador Allende en 1973, fait preuve d'une sensibilité similaire au comité Acadie-Angola. Alors qu'un groupe d'Acadiennes et d'Acadiens, proche du SUCO, s'était prononcé publiquement pour contester « le renversement brutal de la démocratie populaire au Chili[52] » au moment du coup d'État, c'est à la suite d'une conférence du sociologue Cesar Rutigliano prononcée à l'Université de Moncton le 26 septembre 1973 que le Comité Acadie-Chili est officiellement fondé[53]. Dès sa mise sur pied, le comité s'active pour sensibiliser la population à la situation des réfugiés à la suite de la « prise du pouvoir par la junte militaire au Chili[54] ». Pour l'assister dans cette campagne d'information, le comité organise des conférences, comme celle d'Ovide Bastien, auteur de *Le coup divin*, monte des kiosques d'information, notamment à l'occasion du Frolic acadien, noue des liens avec le Comité Québec-Chili, duquel il s'approvisionne en documentation, et délègue des Acadiennes et Acadiens à la conférence d'Hortensia Allende, veuve de Salvador, à l'occasion de sa venue à Montréal[55]. Ces initiatives s'accompagnent aussi d'une vaste campagne, à l'échelle canadienne, pour que le gouvernement canadien ouvre ses portes aux réfugiés du Chili. Le comité Acadie-Chili pétitionne ainsi au secrétaire d'État des Affaires extérieures, Mitchell Sharp, et organise des loteries, des quêtes aux portes des églises et des ventes d'affiches de Salvador Allende et du disque *Chansons et musique de la résistance chilienne* afin d'amasser des fonds pour soutenir les réfugiés du Chili[56]. L'engagement du comité Acadie-Chili permet d'ailleurs de financer la venue d'une réfugiée chilienne à Moncton en 1974[57].

Conformément à son mandat d'engager des réflexions bilatérales, le SUCO n'a pas tardé à établir des liens entre les situations d'injustice observées au tiers-monde et celles qui ont lieu dans la cour arrière du Canada, notamment en ce qui concerne les conditions de vie des populations autochtones. S'il appert que le SUCO-Maritimes a déployé peu d'énergie au travail de sensibilisation en ce qui concerne les difficultés vécues par les peuples autochtones[58], ses membres n'ont pas manqué d'établir des parallèles entre les difficultés vécues par les Acadiennes et Acadiens et celles des populations du tiers-monde.

Autour du parallélisme Acadie / tiers-monde : penser le « sous-développement » acadien

Déjà, au milieu des années 1950, certains jeunes d'Acadie sensibilisés aux enjeux socioéconomiques et tiers-mondistes commençaient à poser les balbutiements d'une critique de la domination coloniale et de l'impérialisme anglo-saxon en Acadie : « L'Acadie s'est vu renaître, il est vrai, mais depuis ce jour sa situation économique s'est résumée en ce mot : "infériorité" [...]. Aujourd'hui, nous sommes les victimes d'une dictature économique que dirige un groupe d'Anglais[59]. » Toutefois, c'est surtout à la fin des années 1960 et au début des années 1970 que les idées de la décolonisation prennent véritablement du galon en Acadie et dont nous pouvons sans doute trouver les évocations les plus populaires de la plume du philosophe et poète Raymond-Guy LeBlanc[60] et de l'influent sociologue Alain Even, qui, tablant sur les travaux d'Albert Memmi, de Jacques Berque, de Frantz Fanon et de Marcel Rioux, affirme, en conclusion de ses études, que « l'on peut trouver chez l'Acadien des traits qui sont dignes du "portrait du colonisé" » et qu'au « Nouveau-Brunswick, être pauvre c'est un peu être francophone[61] ».

Cette lecture du « sous-développement » acadien promu par Even est amplement véhiculée en Acadie des années 1970 dans les milieux de gauche et tiers-mondistes, et le SUCO n'y échappe pas : « Étant donné que le SUCO s'intéresse au sous-développement, il est logique qu'il s'intéresse au milieu puisque le sous-développement est un problème qu'on retrouve au Nouveau-Brunswick[62]. » De l'avis de Robert Thibault, c'est précisément sur ce parallélisme perçu des injustices vécues en Acadie et au tiers-monde que doit se construire la solidarité acadienne : « Monsieur Thibault nous dit qu'il est à remarquer que les efforts de développement et de libération des pays du Tiers-Monde sont profondément semblables à nos propres efforts. Notre appui doit donc être modelé par un esprit d'égalité, de solidarité et de réciprocité[63]. » Dans ce contexte, les comparaisons se font récurrentes entre l'oppression vécue par les prolétaires d'Acadie et du tiers-monde[64]. Que ce soit à l'usine Cirtex de Caraquet où les patrons japonais accusent leurs employés de racisme à leur égard pour délégitimer leur lutte[65], refusent de reconnaître leur syndicat, et obtiennent une injonction en cour pour amoindrir la visibilité de leur grève, ou encore à la Grande-Anse Peat Moss où les employeurs mettent à pied des leaders syndicaux en contexte de grève[66], des membres du SUCO ne manquent pas d'y entrevoir une réalité commune avec les politiques d'exploitation de la « main-d'œuvre à bon marché » au tiers-monde, dont avec le régime d'apartheid en Afrique[67].

Ce rapprochement entre les questions de développement au Canada et au tiers-monde, conformément aux nouvelles orientations du SUCO, mène le bureau des provinces maritimes à appuyer le Conseil régional d'aménagement du Nord (CRAN) et le Conseil régional d'aménagement du Sud-Est (CRASE) dans leurs efforts de mise sur pied du Centre de formation au développement (CFD)[68]. Coordonné par Romain Landry, un ancien agent de développement de l'ACDI à Dakar au Sénégal (1970-1972)[69], le CFD, qui aspire à surpasser les limites de l'éducation au développement en formant des responsables parmi les couches populaires, cherche aussi à penser le développement acadien dans une perspective internationale : « Le "Centre (permanent) de Formation au Développement" devrait être un outil de sensibilisation permanent aux problèmes de développement sur les situations des pays du tiers-monde et à partir des situations locales[70]. » C'est dans le même esprit que Robert Thibault prend la décision de déménager le bureau du SUCO-Maritimes du campus de l'Université de Moncton pour se rapprocher des organismes acadiens travaillant auprès des personnes défavorisées dans une perspective de développement (CRAN, CRASE, Maison du chômeur de Parkton, etc.) : « Nous nous entendons sur la nécessité de déménager en dehors du campus pour arriver à répondre davantage à nos aspirations, aux exigences du milieu et à ceux posés par la nouvelle orientation du SUCO. [...] [N]ous préférons devenir un organisme à la disposition des organismes de développement déjà établis, plutôt qu'un service autonome et indépendant[71]. » C'est ainsi que le SUCO quitte le campus pour être intégré au CRASE, dont Robert Thibault devient par ailleurs le président en 1975[72]. Le vide laissé par le départ du SUCO à l'Université de Moncton ne tarde néanmoins pas à être comblé.

À la suite de son militantisme pour le comité Acadie-Angola, Jacques Lapointe pose sa candidature à l'EUMC pour participer au séminaire international aux Antilles en 1974. À son retour dans les Maritimes, il est élu représentant de l'Atlantique au comité national de l'EUMC et contribue, avec sa collègue Martha Leblanc, à remettre sur pied un comité local de l'EUMC à Moncton[73]. Le comité poursuit ensuite des activités analogues aux années précédentes : ventes d'objets artisanaux de la Caravane, recrutement pour les séminaires internationaux, conférences sur des enjeux tiers-mondistes, collecte de fonds pour appuyer divers projets du tiers-monde en milieu universitaire, etc[74]. Le comité se dote également d'un « Centre de documentation au développement » et assiste à la mise sur pied de Sororité des étudiantes de l'Université de Moncton (SEUM), un groupe féministe fondé au campus à l'occasion de l'Année internationale de la femme en 1975[75]. Les séminaires internationaux, d'une durée de six semaines, se sont quant à eux réorganisés alors que l'accent est maintenant mis sur la réalisation de travaux étudiants portant sur divers aspects du développement dans les pays du tiers-monde visités. Ainsi, la militante féministe Jacinthe Soucy, présidente de SEUM et future présidente du comité de l'EUMC, a pu profiter du séminaire en Égypte (1975) pour étudier la situation des femmes en ce pays[76] et le militant marxiste-léniniste en devenir Raymond Léger a pu profiter de sa participation au séminaire en Guyane socialiste (1976) et de son travail comme personne-ressource pour le séminaire en Chine (1977) pour se pencher sur l'étude des politiques et de la vie ouvrière en pays socialistes et communistes[77].

Tout comme le SUCO, l'EUMC, qui « se préoccupe de la pauvreté, de l'oppression et de la discrimination à l'échelle mondiale », consolide au cours des années 1970 un engagement envers le développement « des minorités du Canada » et l'interrelation entre leur sous-développement et celui des populations du tiers-monde[78]. En ce sens, alors que le recteur de l'Université de Moncton Jean Cadieux[79] est élu président national de l'EUMC, l'organisme inaugure une nouvelle série de séminaires, lesquels, se déroulant en parallèle des séminaires internationaux annuels, prennent place dans les milieux francophones minoritaires, en Acadie d'abord (1977), puis dans l'Ouest canadien[80] (1978) et la Franco-Ontarie[81] (1979).

Le séminaire en Acadie se déroule à l'été 1977. Séjournant à différents endroits des provinces maritimes, du Nouveau-Brunswick à la Nouvelle-Écosse en passant par l'Île-du-Prince-Édouard, 26 participantes et participants mènent, durant cinq semaines, des enquêtes « sur l'Acadie comme exemple de "pays en voie de développement" » en vue d'y identifier des mesures pour contrer son sous-développement[82]. Rappelant « qu'il y a synonyme entre pays en voie de développement et disparité régionale », Gilles Beaulieu, coordonnateur acadien du séminaire, rappelle au sujet du sous-développement en Acadie que « [n]ous avons réalisé que nous n'avons pas besoin de nous en aller bien loin si on veut voir une culture essayant de survivre parmi le développement[83] ». Durant leur séjour d'étude, les jeunes s'intéressent aux multiples facettes de ce qu'ils nomment la « Nouvelle-Acadie », ce projet collectif aux assises distinctes de l'Acadie de l'époque coloniale. Les participantes et participants se penchent sur un vaste ensemble de sujets d'actualité, notamment : l'éducation (bilinguisme, langue, alphabétisation, etc.), l'économie (agriculture, foresterie, pêcherie, chômage, coopératives, etc.), la culture (littérature, musique, théâtre, etc.), les médias (presse et radio) et la politique (Parti acadien, projets prospectifs, etc.). Ces sujets sont exposés dans leur rapport du séminaire publié en 1979 : *À la recherche de la Nouvelle-Acadie*[84].

En somme, il ressort de leurs constatations que les Acadiennes et Acadiens forment un « peuple déporté, colonisé, déchiré[85] ». Séjournant à Moncton durant le séminaire, Paul Genuist, professeur de littérature à l'Université de la Saskatchewan choisi comme l'un des professeurs pour encadrer les travaux étudiants, dénonce les « lois iniques » et le système d'éducation qui ont contribué au façonnement du chiac, une langue qui constitue pour lui un indicateur de « dégénérescence linguistique », une « langue transitoire » vers l'assimilation, dont il perçoit celles et ceux qui s'en font les défenseurs comme s'adonnant à « une entreprise sadomasochiste »; « l'éloge de l'exploité[86] ». D'autres relèvent le problème du chômage chronique, des régionalismes qui scindent l'unité acadienne, de l'exode des jeunes et des talents artistiques, une « déportation habilement camouflée », et du poids du passé dont les Acadiennes et Acadiens doivent s'affranchir pour progresser : « Certes, il faut préserver la culture mais pas au détriment du progrès social[87]. » Au terme de ce panorama, les participantes et participants du séminaire favorisent, pour assurer la pérennité du fait acadien, un rapprochement, voire une union, avec le projet national québécois :

> Il semble logique, sinon urgent, que le Québec et l'Acadie se soutiennent et songent à une union afin de pouvoir mieux survivre ensemble. Toutes deux à la recherche d'une nouvelle dimension historique, ces deux nations francophones voisines doivent pourtant s'ignorer à cause d'une division politique inadéquate alors qu'elles auraient intérêt à s'unir. [...] La vérité doit être regardée froidement : l'Acadien perd actuellement son identité dans un territoire non défini qui se fait de plus en plus angliciser. [...] S'il faut pour cela réunir les forces francophones les plus fortes, il ne faut pas hésiter. Toute autre solution jugée aussi progressiste et valable devra également être retenue. Ce qui importe, c'est le résultat : sauvegarder l'Acadie et lui permettre de s'exprimer[88].

Une coopération d'égal à égal : quand l'Acadie s'inspire du tiers-monde

La volonté d'internationaliser la réflexion sur le développement en Acadie ne s'est pas limitée qu'à un vœu pieux. Les influences du réseau de sociabilité développé avec des Chiliennes et Chiliens, notamment autour du comité Acadie-Chili, sont évocatrices à ce sujet. Un certain nombre de réfugiés du Chili sillonnent d'ailleurs l'Acadie à la suite du coup d'État, donnant des conférences, participant aux réunions de divers organismes et aimant chanter que l'oppression vécue au Chili n'est pas étrangère à l'exploitation des prolétaires du Canada : « Les souffrances de mon peuple sont aussi les souffrances de votre peuple / Notre lutte est aussi votre lutte / Nous sommes tous des marionnettes entre les mains de ceux qui nous payent avec quelques monnaies, qui sèment partout la pauvreté[89]. » Que ce soit pour avoir initié à la théologie de la libération des clercs progressistes comme Yvon Sirois[90], qui en est venu à prêcher la désobéissance civile aux personnes démunies d'Acadie, ou pour avoir conduit des socialistes au marxisme-léninisme en montrant, à partir du cas chilien, les limites du modèle coopératif, du développement régional et de la démocratie (fragile aux coups d'État)[91], les rapports d'influences tiers-mondistes sont notables chez une part de la fratrie militante acadienne[92]. C'est aussi à la suite de cette solidarité que l'idée est reçue en milieu tiers-mondiste acadien que le tiers-monde, loin d'être dénué, possède de riches cultures, histoires et ressources pouvant alimenter la réflexion et l'action en Acadie, voire en Occident.

Cette posture sensible aux réalités du tiers-monde pour nourrir l'expérience militante en Acadie mène des militantes et militants du CRAN, près des initiatives du SUCO, à travailler à développer des liens de solidarité « à la base », entre prolétaires de part et d'autre des frontières. Ce sera notamment le cas lorsque le Centre de promotion rural (CPR) du CRAN travaillera à la réalisation de voyages-échanges entre des fermiers d'Acadie et du tiers-monde. De l'avis des membres du CPR, les effets néfastes de la commercialisation et de la mécanisation excessive en milieu agricole par des multinationales lient les petits producteurs agricoles de partout au monde : « i) Les problèmes de développement et en particulier alimentaires se posent au niveau mondial. ii) Il y a des relations de causalité entre l'opulence des uns et la pauvreté des autres. iii) des blocages semblables en termes de sous-développement agricole et rural se posent dans des sociétés par ailleurs bien différentes quant à la lecture, la géographie, l'histoire... Il nous semble donc normal et nécessaire de faire des rapprochements entre les uns et les autres, entre les fermiers d'ici et les paysans du Tiers-Monde[93]. »

Aspirant à la mise sur pied d'un syndicat qui offrirait « plus de pouvoir aux agriculteurs pour lutter contre le système établi », les membres du CPR caressent au départ l'idée d'organiser un voyage-échange à Cuba pour s'y alimenter en termes de militantisme socialiste. Si les participantes et participants disent surtout s'intéresser à « la réalité agricole cubaine », ils ne cachent pas, étant entourés de figures de gauche bien connues (Léopold Arpin, l'oblat Jean-Marie Jutras, l'abbé Armand Plourde, etc.), qu'ils souhaitent « une prise de connaissance plus globale du pays », notamment de son système politique socialiste : « buts du voyage : développer une base socialiste au N.-B.; à cette fin, connaître de plus près la Révolution cubaine[94] ».

À l'encontre des désirs des organisateurs du CPR, le SUCO coordonne plutôt un voyage-échange entre des fermiers d'Acadie et d'Algérie[95]. « Le peuple acadien, comme tous les peuples colonisés, a appris à vivre sous le joug[96]. » Présentant l'Acadie aux Algériens en ces termes, les cinq fermiers[97] d'Acadie choisis pour le voyage-échange, qui espéraient par leurs relations avec des Algériens « appren[dre] à mieux s'organiser en lisant leur réalité réciproque à travers une dimension internationale », ont vite déchanté. Certes, les relations ont été harmonieuses et les fermiers d'Acadie se sont montrés intéressés par le système coopératif agraire d'Algérie, notamment pour les coopératives de réparation[98], mais le fait demeure que les fermiers envoyés d'Algérie étaient plutôt des gens issus de la bureaucratie algérienne : Tahraoui Ahmed, secrétaire nationale de l'Union nationale des paysans algériens, Sisbane Chérif, professeur et membre de la Commission de la Révolution agraire, etc. Dans ce contexte, comme l'admettent les petits producteurs acadiens, face à cette délégation de dignitaires algériens, « l'objectif SUCO, d'un échange de base à base, ne s'est pas réalisé ». Percevant par ailleurs certaines incohérences entre le discours de la délégation algérienne lors de son voyage au Nouveau-Brunswick et les réalités observées en Algérie, les fermiers d'Acadie n'ont pas dissimulé leurs perceptions d'un certain « autoritarisme », ce qui les a aussi conduits à réitérer une critique récurrente dans les milieux de gauche de l'époque au sujet du nationalisme « petit bourgeois » : « Une lutte nationaliste est une lutte nationaliste, si les grands propriétaires ont été remplacés par une nouvelle élite bureaucratique qui impose le changement au peuple sans la participation de celui-ci, on peut se demander en quelle mesure ce témoignage est enrichissant[99]. »

Le second voyage-échange de fermiers acadiens en 1979, cette fois avec des fermiers boliviens encadrés par le volontaire du CUSO Euclide Chiasson, présente des résultats plus heureux. À nouveau, malgré des « différences indéniables » entre les deux populations, on reconnaît qu'elles sont liées par « une cause commune » : « Dans les deux places, une majorité de fermiers appartient à une culture qui fut colonisée dans le passé (Inca et Acadien) et tous les deux continuent à souffrir des effets de cette colonisation[100]. » En plus d'aspirer à « bâtir une solidarité entre les différentes organisations agricoles des deux pays », on estime que le voyage-échange sera utile à éduquer les agriculteurs boliviens[101] sur les dérives de la mécanisation en milieu agricole lors de leur séjour en Acadie, et les cultivateurs acadiens[102] sur les modèles d'organisation syndicale du tiers-monde[103]. Afin qu'un plus grand nombre puisse profiter des retombées du voyage-échange avec la Bolivie, le CRAN obtient une subvention du SUCO pour réaliser trois documentaires dont l'un des objectifs est précisément de sensibiliser l'Union nationale des fermiers (UNF) –

un syndicat agricole auquel des fermiers acadiens sont liés – « à l'analyse et la systématisation des mécanismes d'exploitation[104] ». Au terme de ce voyage-échange, Ronald Brun, membre de la table agricole du SUCO et de l'UNF au Nouveau-Brunswick, dit de l'échange avec les Boliviens qu'il a été « très profitable au niveau des échanges d'expériences politique et technique[105] ».

Cette posture « d'égal à égal » de la coopération internationale, où les populations occidentales et du tiers-monde s'enrichissent mutuellement, a été à l'origine de Jeunesse Canada Monde. Projet pilote inauguré en 1971, JCM consistait à mener les jeunes à se « familiariser avec les us et les coutumes, les méthodes de travail des habitants » et à « intellectualiser le développement », tant au Canada qu'au tiers-monde, en y vivant, dans des familles d'accueil, durant quelques mois. Ainsi, les jeunes étaient exposés non seulement aux problèmes de développement du tiers-monde, mais aussi au Canada, notamment ceux d'ordre linguistique[106]. Se déroulant sur huit mois, les stages de JCM commençaient en terre canadienne où de jeunes Canadiens, rejoints par des jeunes de la dizaine de pays du tiers-monde participant au projet, étaient dépêchés dans différentes régions du pays pour y travailler. Ainsi, tant des Québécois et des Ontariens, que des Maliens, des Mexicains, des Haïtiens, des Sénégalais, des Tunisiens, des Gambiens, femmes et hommes, ont travaillé en Acadie durant les années 1970, exécutant diverses occupations, de l'artisanat, à la pêche côtière, en passant par le travail en milieu agricole, dans des coopératives, aux presses du *Voilier*, au Village historique acadien et nous en passons. À la suite de ce séjour de quatre mois, les Canadiens accompagnaient leurs camarades du tiers-monde dans leur pays respectif pour y poursuivre le travail pour une autre période de quatre mois[107].

Au cours des années 1970, plus de 200 jeunes Canadiens des provinces de l'Atlantique, dont un bon nombre d'Acadiennes et d'Acadiens, participent au programme de JCM[108]. Si des retombées de ces stages sont à noter en Acadie – un certain nombre de militantes et militants reconnaissent l'apport de ces expériences dans le façonnement de leur itinéraire militant, comme l'écrivain Rino Morin Rossignol[109] – il apparaît à nouveau, à l'instar des séminaires de l'EUMC, qu'elles sont davantage d'ordre personnel que collectif. En effet, il appert que ce sont pour une bonne part les *retours du tiers-monde*, qui créent de nouveaux chocs culturels chez les occidentaux, lesquels, après avoir vécu et travaillé dans des milieux plus modestes durant quelques mois, sont frappés par le rythme effréné du consumérisme et de la vie mondaine au Canada, un rythme de vie qui leur apparaît dès lors « freakant » et duquel certaines et certains, adhérant à une nouvelle vision du monde, choisissent de se distancier en vivant différemment[110]. L'itinéraire international de ces volontaires aura ainsi autant, sinon davantage, contribué à leur « développement » personnel qu'il aura contribué au développement de leur milieu ou du tiers-monde, ce qui n'exclut pas qu'en retour ces acquis personnels aient pu alimenter de façon notable leur militantisme en Acadie.

⚜ ⚜ ⚜

Au tournant des années 1980, le milieu associatif acadien engagé dans la solidarité internationale change. L'engagement politique du SUCO, interreliant les mouvements de libération du tiers-monde avec ceux des francophonies canadiennes, n'a pas tardé à lui attirer des critiques des autorités gouvernementales et des médias, ce qui a entraîné une réduction de son financement de l'ACDI. Anticipant la fermeture du bureau régional de Moncton, Robert Thibault démissionne du SUCO pour effectuer un retour aux études et scelle ainsi le destin de l'organisme en terre acadienne[111]. Le déménagement du bureau atlantique de JCM de Moncton à Halifax à la fin des années 1970 aura quant à lui comme effet de réduire la participation acadienne aux différentes éditions du programme, effectivement peu documentées dans la presse acadienne des années 1980[112]. Pour sa part, l'EUMC connaît une période d'instabilité. Après avoir contribué à la mise sur pied de l'Association des étudiants étrangers de l'Université de Moncton[113], une part de son corps militant migre vers ce nouveau groupe et laisse le comité local de l'EUMC végéter jusqu'à sa désorganisation au début des années 1980[114].

Ces ramifications ne marquent pas pour autant la fin des engagements acadiens en termes de solidarité internationale. Au départ de ces acteurs suit l'arrivée de nouveaux, comme Développement et paix qui fait son entrée dans les provinces maritimes au tournant des années 1980, le groupe d'éducation à la solidarité et au développement international « Aski-y » fondé à l'Université de Moncton en 1983, le projet Acadie d'Oxfam-Canada qui démarre en 1985, la page d'information tiers-mondiste « À la grandeur du monde » qui est inaugurée dans le magazine *Ven'd'est* la même année, le comité SAPAL (Solidarité avec les peuples d'Amérique latine) qui voit le jour au début de la décennie, la page « International » du journal étudiant *Le Front* qui est inaugurée en 1980, et nous en passons. Plusieurs de ces initiatives reçoivent d'ailleurs la collaboration active d'anciens membres de l'EUMC, de JCM et du SUCO. Ainsi, l'éducation au développement et la coopération internationale se poursuivent en Acadie, mais sous des habits neufs.

Que ce soit pour avoir offert des chevilles ouvrières à des mouvements de solidarité, pour avoir inculqué une sensibilité eu égard aux enjeux de justice sociale, pour avoir alimenté des mouvements de gauche ou pour avoir nourri les réflexions néonationaliste, socialiste ou féministe, il apparaît à ce point-ci de notre enquête que les mouvements de solidarité internationale ont eu des incidences notables sur les mobilisations collectives acadiennes des années 1970, voire au-delà et en deçà. Sans prétendre que la fratrie militante acadienne y a systématiquement puisé ou qu'elle a trouvé dans ces mouvements la panacée aux enjeux acadiens des différentes époques, la constellation d'acteurs, d'organismes et d'initiatives que nous a permis de dégager le panorama dressé à partir de l'engagement tiers-mondiste des jeunes d'Acadie des années 1970 suffit, de notre point de vue, à inviter à une relecture du changement social acadien qui ne saurait se buter à une interprétation essentialiste des dimensions ethniques, généalogiques, culturelles et linguistiques du fait acadien pour tenir compte du pluralisme, notamment idéologique, qui est structurant de cette petite société en constante gestation.

Notes

1 Marc Johnson, « Des Acadiens en Afrique », *Ven d'est*, n° 40 (novembre/décembre 1990), 37.
2 Philippe Volpé, *À la frontière des mondes. Jeunesse étudiante, Action catholique et changement social en Acadie (1900-1970)*, Ottawa, Presses de l'Université d'Ottawa, 2021; Philippe Volpé et Julien Massicotte, *Au temps de la « révolution acadienne ». Les marxistes-léninistes en Acadie*, Ottawa, Presses de l'Université d'Ottawa, 2021.
3 Voir, parmi ces contributions, Léon Thériault, « L'évolution des relations extérieures de l'Acadie de 1763 à 1978 », *Égalité*, n° 12 (automne 1984), 19-47; Pierre M. Gérin, « Pour la sauvegarde du français dans les écoles acadiennes, Pascal Poirier et l'Alliance française (1889-1932) », dans *Les Acadiens et leur(s) langue(s). Quand le français est minoritaire*, sous la direction de Lise Dubois et Annette Boudreau, Moncton, Éditions d'Acadie, 1997, 29-45; Michel Saint-Louis, « Les "collectivités sans États" et les relations internationales : l'exemple du peuple acadien des Maritimes », *Revue de l'Université de Moncton*, vol. 27, n° 2 (1994), 55-75; Chedly Belkhodja et Roger Ouellette, « La reconnaissance de l'Acadie sur la scène internationale : de la diplomatie quasi étatique à la logique des réseaux », dans *L'Acadie plurielle. Dynamiques identitaires collectives et développement au sein des réalités acadiennes*, sous la direction d'André Magord, Moncton et Poitiers, Centre d'études acadiennes et Institut d'études acadiennes et québécoises, 2003, 567-592; Philippe Volpé et Julien Massicotte, « Les relations Acadie-Jura : à la recherche d'un modèle

d'autonomie nationalitaire (1970-1980) », *Revue transatlantique d'études suisses*, n° 11 (automne 2020), 37-60.

4   « Un missionnaire acadien », *Courrier des provinces maritimes*, 23 juillet 1891, 2; Emery LeBlanc, « Le monde missionnaire », *L'Évangéline*, 24 juin 1954, 3; Emery LeBlanc, « Le Canada missionnaire », 25 juin 1955, 4; sœur Léna Poitras, f.m.a., « Les Filles de Marie de l'Assomption aux Philippines », *Missions étrangères*, vol. 18, n° 1 (janvier-février 1977), 30-31; *Service se continuant... dans l'histoire. Les Religieuses hospitalières de Saint-Joseph au Pérou*, Pérou, Dimersa, 1998.

5   Akira Iriye, « A Century of NGOs », *Diplomatic History*, vol. 23, n° 3 (1999), 421-435; Akira Iriye, *Global Community: The Role of International Organizations in the Making of the Contemporary World*, Berkeley, University of California Press, 2002.

6   Karl Mannheim, *Ideology and Utopia: An Introduction to the Sociology of Knowledge*, New York, Harcourt Brace Jovanovich, 1985 (1936); Fernand Dumont, *Les idéologies*, Paris, Presses Universitaires de France, 1974.

7   Philippe Ryfman, *Une histoire de l'humanitaire*, Paris, La Découverte, 2008.

8   Euclide Chiasson, « Des pêcheurs et forestiers au Nicaragua », *Ven d'est*, n° 4 (février 1986), 28.

9   Paul-Émile Richard, « Grâce à Jeunesse Canada Monde. Sept jeunes du N.-B. vivront quatre mois dans une famille du Tiers-Monde », *L'Évangéline*, 1er février 1977, 18.

10 Julien Massicotte, *L'Acadie du progrès et du désenchantement, 1960-1994*, thèse de doctorat, Québec, Université Laval, 2011.

11 Kevin O'Sullivan, Matthew Hilton et Juliano Fiori, « Humanitarianisms in context », *European Review of History / Revue européenne d'histoire*, vol. 23, n°s 1-2 (2016), 1-15.

12 A. M., « Oyez étudiants! », *L'Évangéline*, 4 mai 1951, 3.

13 Lettre d'Alice Roy à la Centrale de la JEC datée du 30 janvier 1946; lettre de Joffre Daigle à la Caisse de secours datée du 29 janvier 1946, Fonds P65, boîte 81; lettre des élèves de Saint-Antoine à la Caisse de secours datée du 29 janvier 1946; télégramme du père R.E. Savoie à la centrale de la JEC datée de février 1946, Fonds P65, boîte 91, Bibliothèque et archives nationales du Québec, Montréal.

14 Léo Vienneau, « Nos conférences », *Liaisons*, octobre-novembre 1947, 10; Léopold Poirier, « L'étudiant devant le fait international », *Liaisons*, mars 1952, 7; « Semaine des vocations et de la jeunesse étudiante à St-Charles », *L'Évangéline*, 7 mai 1953, 5. Daniel Deveau, « Départ missionnaire », *Liaisons*, novembre 1953, 1.

15 « Le civisme », programme de la campagne étudiante de 1957 à l'Université Saint-Joseph de Memramcook, Fonds P1.5221.01, Centre d'études acadiennes Anselme-Chiasson (CÉAAC), Moncton.

16 Paul Thériault, « La JEC : un moyen d'apprendre la charité », *L'Évangéline*, 16 avril 1953, 4, 9.

17 Guillemond Ouellette, « Un étudiant se pose la question : notre patriotisme est-il trop sentimental? », *Vie étudiante*, mai 1952, 5.

18 Philippe Volpé, *À la frontière des mondes : jeunesse étudiante, Action catholique et changement social en Acadie (1900-1970)*, Ottawa, Presses de l'Université d'Ottawa, 2021.
19 E.-Martin Meunier et Jean-Philippe Warren, « De la question sociale à la question nationale : la revue *Cité libre* (1950-1963) », *Recherches sociographiques*, vol. 39, n°s 2-3 (1998), 291-316.
20 Raymond LeBlanc, « Expérience en Afrique », *Liaisons*, janvier-février 1958, 1, 8; Charles Mazerolle, « Yougoslavie », *Liaisons*, mars 1958, 1; Alex Pincombe, « Nouvelles de l'WUSC », *Liaisons*, mars 1959, 3; Yves Dumont, « SUCO », *Liaisons*, 9 mars 1962, 3; Charlotte Cormier, « L'Entraide universitaire mondiale », *Liaisons*, 9 mars 1962, 3; « Se grandir en aidant les autres », *Liaisons*, février 1964, 4.
21 « Qu'est-ce que l'entraide universitaire mondiale? », *L'Évangéline*, 16 mars 1968, 4.
22 Charles Mauzerolle, « Le WUSC parmi nous », *Liaisons*, décembre 1957, 3; Alex Pincombe, « Nouvelles de l'WUSC », *Liaisons*, mars 1959, 3; Charlotte Cormier, « L'Entraide universitaire mondiale », *Liaisons*, 9 mars 1962, 3; Tom Evans, « WUSC in Pakistan », *Liaisons*, octobre 1963, 7.
23 Procès-verbaux de la réunion du 29 octobre 1956, du 6 février 1957 et du 21 février 1957 de l'Association des étudiants du Collège Saint-Joseph, Fonds P1.5115.05, CÉAAC.
24 « Caravane », *La Jaunisse*, 20 octobre 1975, 2.
25 Tom Evans, « WUSC in Pakistan », *Liaisons*, octobre 1963, 7.
26 Procès-verbaux des réunions du 3 avril 1957, 8 décembre 1957 et 31 mars 1958 de l'Association des étudiants du Collège Saint-Joseph, Fonds P1.5115.05, CÉAAC, Moncton.
27 Charles Manzerolle, « Yougoslavie », *Liaisons*, mars 1958, 1; Alex Pincombe, « Nouvelles de l'WUSC », *Liaisons*, mars 1959, 3.
28 Lettre de Roger Savoie à Adélard Savoie datée du 25 avril 1965, Fonds 104.17; « Appointed Chairman », *Moncton Transcript*, 6 novembre 1965, 25; « Roger Savoie », *The Moncton Daily Times*, 15 octobre 1966, 5.
29 Roger Savoie, « Opinion: An Acadian Student Answers Dr Baird », *Telegraph Journal*, 18 décembre 1965, 15.
30 Raymond LeBlanc, « Expérience en Afrique », *Liaisons*, janvier-février 1958, 1, 8; Tom Evans, « WUSC in Pakistan », *Liaisons*, octobre 1963, 7.
31 « Symposium », *Le Microbe*, 7 février 1969, 8-9; Raymond Bourgeois, « EUM symposium », *La Moustache*, 21 mars 1969, 6.
32 Yves Dumont, « SUCO », *Liaisons*, 9 mars 1962, 3; « Se grandir en aidant les autres », *Liaisons*, février 1964, 4; Diana Legresley, « Le Service universitaire canadien outre-mer », *Le Basilien*, avril 1968, 1.
33 Claude Potvin, « La paix par le service », *Liaisons*, 23 novembre 1966, 1; « Les activités », *Le Microbe*, 29 novembre 1968, 4; Rhéal Bourgeois, « SUCO », *Le Microbe*, 31 janvier 1969, 8; Rhéal Bourgeois, « SUCO », *Le Microbe*, 2 février 1969,

3; Rhéal Bourgeois, « SUCO** Service universitaire canadien outre-mer **SUCO », *La Moustache*, 7 mars 1969, 2.

34 « Bureau du SUCO à Moncton », *L'Aviron*, 19 mai 1971, 10; communiqué du SUCO-Moncton daté du 15 décembre 1972; rapport des activités du Bureau SUCO-Maritimes du 30 juillet au 10 août, 14 août 1973, Archives personnelles de Robert Thibault, Moncton.

35 Lettre de Ronald Léger à Robert Thibault datée du 2 mars 1973, Archives personnelles de Robert Thibault, Moncton.

36 « Le corps SUCO : nos jeunes ambassadeurs de l'entraide », *L'Évangéline*, 21 avril 1969, 9; « SUCO-Maritimes veut sensibiliser le public acadien aux besoins du Tiers-Monde », *L'Évangéline*, 21 août 1973, 3.

37 Ruth Compton Brouwer, *Canada's Global Villagers: CUSO in Development, 1961-86*, Vancouver et Toronto, UBC Press, 2013, chapitre 3.

38 Entrevue réalisée avec Robert Thibault.

39 « Installé sur le campus. Le SUCO veut faire connaître le Tiers-Monde », *L'Évangéline*, 9 novembre 1973, 12.

40 Robert Thibault, « À qui l'aide canadienne aux pays pauvres profite-t-elle? », *L'Acayen*, vol. 2, n° 3 (novembre-décembre 1974), 89; Rachel Gibbs-Thériault, « Conférence à l'U. de M. sur l'aide aux pays en voie de développement. Le Canada participe en fonction de ses intérêts », *L'Évangéline*, 25 octobre 1974, 13.

41 « Congrès du SUCO. L'aide canadienne à l'étranger : de la fausse représentation? », *L'Évangéline*, 5 juin 1973, 5.

42 « Installé sur le campus. Le SUCO veut faire connaître le Tiers-Monde », *L'Évangéline*, 9 novembre 1973, 12.

43 « Justice à Haïti! », *L'Évangéline*, 28 novembre 1974, 1; « Conférence à l'U. de M. sur les menaces de déportation contre la Haïtiens », *L'Évangéline*, 7 novembre 1974, 4.

44 « Plan de travail, 1973-74 », 17 juillet 1973, 4 pages, Archives personnelles de Robert Thibault, Moncton; « SUCO demande au gouvernement canadien de reconnaître la Guinée-Bissau », *L'Évangéline*, 2 novembre 1973, 3; « Conférences. Le Polisario », *La Jaunisse*, 15 mars 1976, 10-12; Robert Thibault, « Service universitaire canadien outre-mer », *Le Front*, 21 novembre 1977, 7.

45 Robert Thibault pour le Bureau régional SUCO-Maritimes, « Le Nouveau-Brunswick et le Tiers-Monde », 1er octobre 1973, Archives personnelles de Robert Thibault, Moncton; Gilles Thériault, « Saviez-vous que... », *L'Acayen*, vol. 1, n° 5 (décembre 1973), 7.

46 « [sans titre] », *L'Évangéline*, 1er novembre 1973, 1.

47 « Le café du Canada c'est le sang de l'Angola », *L'Évangéline*, 1er novembre 1973, 3.

48 « Les travailleurs de Moncton boycottent le café de l'Angola », *L'Évangéline*, 12 décembre 1973, 8.

49 Lettre de Robert Thibault à Camille R. Huot datée du 5 février 1974.

50. « Jacques Roy présente à l'Université de Moncton : la campagne de boycottage du café angolais », *L'Évangéline*, 9 novembre 1973, 12.
51. « Angola : la campagne de sensibilisation se poursuit », *L'Évangéline*, 26 novembre 1973, 1, 5; « Rencontre du comité Acadie-Angola avec le député Roméo LeBlanc », *L'Évangéline*, 5 décembre 1973, 7; « Pétition au gouvernement », s.d. [1973], Archives personnelles de Robert Thibault, Moncton.
52. « Il n'est pas trop tard pour affirmer notre solidarité au peuple chilien », *L'Évangéline*, 20 septembre 1973, 6.
53. Robert Thibault, Rapport d'activités pour la période du 10 septembre au 13 novembre 1973, 13 novembre 1973, Archives personnelles de Robert Thibault, Moncton.
54. Communiqué intitulé « SUCO », sans date, Archives personnelles de Robert Thibault, Moncton.
55. « Des Acadiens solidaires des Chiliens se rendent à Montréal », *L'Évangéline*, 30 novembre 1973, 3; « Mme Allende s'est adressée samedi à 4500 Canadiens. "On ne tue pas une cause" », *L'Évangéline*, 3 décembre 1973, 5; « Communiqué », *La Jaunisse*, 30 septembre 1974, 7; lettre de Gisèle Haché au Comité solidarité Québec-Chili datée du 22 octobre 1973, Fonds 47.328, CÉAAC.
56. « Les activités du comité Acadie-Chili », *L'Évangéline*, 9 novembre 1973, 12; « Le cri d'un peuple », *L'Évangéline*, 11 janvier 1974, 9; Robert Thibault, Rapport d'activités pour la période du 13 novembre au 14 décembre 1973, Archives personnelles de Robert Thibault, Moncton.
57. France Daigle, « Une réfugiée chilienne à Moncton raconte le coup d'État militaire dans son pays », *L'Évangéline*, 22 février 1974, 7.
58. De notre corpus, seule une activité de l'EUMC a traité de l'enjeu : « Festival du film indien », *La Jaunisse*, 20 janvier 1975, 14.
59. Gérard Godin, « Le problème économique acadien », *L'Écho*, mars-avril 1954, 1.
60. Raymond Guy LeBlanc, *Cri de terre*, Moncton, Éditions d'Acadie, 1972; Raymond LeBlanc, « Colonialisme et capitalisme », *L'Acayen*, vol. 1, n° 1 (juillet 1973), 16-17.
61. Alain Even, *Le territoire pilote du Nouveau-Brunswick ou les blocages culturels au développement économique : contribution à une analyse socio-économique du développement*, thèse de doctorat, Rennes, Université de Rennes, 1970, 135, 179, 376. Voir aussi Alain Even, « Peut-on être français en Amérique du Nord? », *Réalité-Avenir*, Halifax, 1969, 4a-4c.
62. Robert Thibault pour le Bureau régional SUCO-Maritimes, « Le Nouveau-Brunswick et le Tiers-Monde », 1er octobre 1973, Archives personnelles de Robert Thibault, Moncton.
63. « SUCO-Maritimes veut sensibiliser le public acadien aux besoins du Tiers-Monde », *L'Évangéline*, 21 août 1973, 3.
64. Raymond LeBlanc, « "Prolétaires de tous les pays, unissez-vous" », *L'Évangéline*, 25 septembre 1974, 6.

65 La direction, « Le Tricto Cirtex Knitting Inc. : communiqué », *L'Évangéline*, 18 mars 1975, 25.
66 Paul-Arthur Landry, « Grande-Anse Peat Moss. La grève est finie – Le contrat est signé », *L'Évangéline*, 24 septembre 1973, 2; Alfred Leger, « Meurtre ou suicide du président Allende? », *L'Évangéline*, 27 septembre 1973, 6.
67 Robert Thibault, « Racisme égale exploitation économique : l'apartheid en Afrique du Sud », *L'Acayen*, vol. 2, n° 10 (décembre 1975-janvier 1976), 26-27.
68 Lettre de Romain Landry à Robert Thibault datée du 10 juillet 1974, Fonds 47.338, CÉAAC; lettre de Romain Landry à Robert Thibault datée du 1er août 1974, Fonds 47.339, CÉAAC.
69 « Départ pour l'Afrique de M. Romain Landry », *Le Madawaska*, 23 septembre 1970, 3.
70 « Agence canadienne de développement international. Programme de participation au développement. Formule de demande de projet », s.d., Fonds 47.338, CÉAAC.
71 « Planification pour les mois à venir », 6 février 1974, Archives personnelles de Robert Thibault, Moncton.
72 Lettre de Irma Pelletier à « Monsieur le président » datée du 11 juillet 1975, Fonds 46.3.16, CÉAAC.
73 « Un comité naît sur le campus : L'Entr'aide universitaire mondiale du Canada », *La Jaunisse*, 14 octobre 1974, 9, 13; « L'Entraide universitaire mondiale du Canada combat le sous-développement et favorise l'enseignement », *L'Évangéline*, 22 novembre 1974, 9.
74 « Caravane », *La Jaunisse*, 20 octobre 1975, 2; Jacinthe Soucy, « Diapositive tiers-monde », *La Jaunisse*, 26 janvier 1975, 4.
75 « Séminaire universitaire sur l'Égypte 1975 », *La Jaunisse*, 25 novembre 1974, 4; Raymonde Jodoin, « SEUM », *La Jaunisse*, 10 février 1975, 15; « Comité de l'Entraide universitaire mondiale du Canada », *La Jaunisse*, 10 mars 1975, 12; « Soirée vietnam », *La Jaunisse*, 22 mars 1976, 12.
76 « Deux étudiants de l'U. de M. iront au séminaire de l'EUMC en Égypte », *L'Évangéline*, 24 mars 1975, 16; « Pour une deuxième année consécutive comité local EUMC sur le campus », *La Jaunisse*, 6 octobre 1975, 4.
77 « EUM », *La Jaunisse*, 19 octobre 1976, 7; « EUMC – en Chine – en Acadie », *La Jaunisse*, 10 janvier 1977, 16; *Report of the 1976 University Seminar: Guyana*, s.l. World University Service of Canada, 1977, 39.
78 « Pour une deuxième année consécutive comité local EUMC sur le campus », *La Jaunisse*, 6 octobre 1975, 4; « EUMC », *Le Front*, 28 mars 1977, 7.
79 « Nouvelles », *La Jaunisse*, 8 décembre 1975, 5; « EUMC Nouvelles », *Le Front*, 7 mars 1977, 10.
80 Jeff Ramin, Jeanne Renault et André Courchesne, *La francophonie dans l'Ouest canadien*, Ottawa, Entraide universitaire mondiale du Canada, 1978.

81 Andrée Tremblay, *Dépêche-toi soleil : la parole aux Ontarois(es). Rapport du séminaire de l'Entraide universitaire mondiale du Canada*, Ottawa, Entraide universitaire mondiale du Canada, 1980.

82 Christine Beaupré et Michel Coulombe, « L'Acadie vue par de jeunes étudiants. Les gens de par chez vous », *L'Évangéline*, 8 août 1977, 5.

83 Rosella Melanson, « Séminaire dans le sud-est du N.-B. 26 jeunes voient en Acadie un exemple de "pays en voie de développement" », *L'Évangéline*, 5 août 1977, 3.

84 Michel Coulombe et coll., *À la recherche de la Nouvelle-Acadie*, s.l., Entraide universitaire mondiale du Canada, 1979.

85 « La Quasi-Acadie », *Le Front*, 31 octobre 1977, 6.

86 Paul Genuist, « La langue acadienne », *L'Évangéline*, 1er septembre 1977, 6; Paul Genuist, « La langue acadienne (suite) », *L'Évangéline*, 2 septembre 1977, 6.

87 Coulombe et coll., *op. cit.*; Christine Beaupré et Michel Coulombe, « L'Acadien maître chez soi... », *L'Évangéline*, 20 septembre 1977, 6.

88 Coulombe et coll., *op. cit.*, 35.

89 Paroles de la chanson *Tu pueblo es mi pueblo*, chantée à l'occasion d'un colloque à Fredericton, traduites par Jean-Marie Jutras, dans « Chili : avant le coup d'État c'était l'espoir... après c'est le désespoir », *L'Acayen*, vol. 2, no 2 (octobre 1974), 89.

90 Philippe Volpé, « Clercs progressistes et néonationalisme acadien, 1966-1982 », *Études d'histoire religieuse*, vol. 81, nos 1-2 (2015), 103-122.

91 « Séance d'information sur le Chili à Saint-Léolin », *Le Voilier*, 11 avril 1974, 8 et 20; lettre de Romain Landry datée du 1er août 1974, Fonds 47.339, CÉAAC; Maurice Lavigne et Jean-Marie Jutras, « Conférence sur le développement communautaire », 1974, vidéo 09-37, Fonds 47, CÉAAC, Moncton.

92 De façon générale, sur l'itinéraire des militantes et militants de gauche en Acadie des années 1970, voir Philippe Volpé et Julien Massicotte, *Au temps de la « révolution acadienne ». Les marxistes-léninistes en Acadie*, Ottawa, Presses de l'Université d'Ottawa, 2019, chapitre 2.

93 Michel Thiénot, « Projet de rencontre avec paysans du Tiers-Monde », 1er septembre 1975, Fonds 47.904, CÉAAC.

94 Michel Thiénot, « Pour information à ceux qui projettent d'aller à Cuba », 6 mai 1975; lettre de Léopold Arpin et Michel Thiénot à Alfonso Nerrera, conseiller à l'ambassade de Cuba, 12 février 1976, Fonds 47.891.

95 Claude Guy Pilon, « Projet de Voyage/Échange : Algérie/Acadie mis en branle le Centre de promotion rurale de Bathurst, Nouveau-Brunswick, et SUCO/Algérie », 20 novembre 1976; lettre de Vital Potvin à Robert Thibault datée du 10 mars 1977, Fonds 47.904, CÉAAC.

96 « Travail préparé par Robert Thibault, SUCO, Acadie, pour des travailleurs algériens dans le cadre d'un voyage échange entre travailleurs Algériens et Acadiens », mai 1977, Fonds 47.904, CÉAAC.

97 Roland Durette, Cajetan Dupéré, Florent Lamarche, Jean-Marie Turcotte et Eugène Deschesnes.
98 Cajetan Dupéré, « Voyage-échange Canada-Algérie », [1978], Fonds 47.904, CÉAAC.
99 Robert Thibault, « Tournée des Algériens en Acadie dans le cadre du voyage-échange Acadie-Algérie (28 juin-4 juillet 77) », 26 juillet 1977, 12.
100 Sous-comité du projet Acadie-Bolivie d'échange de fermiers du Centre de formation au développement, « Le projet Acadie-Bolivie d'échanges de fermiers. Application au programme de voyages d'éducation de SUCO », Bathurst, s.d. [1978], Fonds 47.955, CÉAAC; Darrell McLaughlin, « Quelques réflexions d'un fermier sur l'échange Acadie-Bolivie », s.d., 11 pages, Fonds 47.955, CÉAAC.
101 Freddy Delgadillo, Nelson Prado, Hermogener Rojas et José Yallejios, « Pour cinq agriculteurs boliviens, l'Acadie n'a plus de secret ou presque », *L'Évangéline*, 28 août 1979, 39.
102 Gérald Thériault (Paquetville), Patrick Riordon (Pokeshaw), Cajetan Dupéré (Saint-Quentin), Darell McLaughlin (California Settlement) et Yvon Daigle (Acadieville). Voir « Horaire du voyage en Bolivie des cinq cultivateurs », s.d. [mars-avril 1979], Fonds 47.955, CÉAAC.
103 Sous-comité du projet Acadie-Bolivie d'échange de fermiers du Centre de formation au développement, *op. cit.*; McLaughlin, *op. cit.*
104 Le comité de sélection, Rapport du comité de sélection des projets d'éducation, décembre 1979, Fonds 46.18.2, CÉAAC; Euclide Chiasson, « Subvention de création vidéo », 30 septembre 1980, Fonds 37.955, CÉAAC.
105 Procès-verbal de la 12e réunion du comité d'éducation du SUCO les 23 et 24 novembre 1979 à Montréal, Fonds 46.18.2, CÉAAC.
106 Monique Pelletier, « 240 jeunes étudiants et travailleurs participent à Jeunesse Canada-Monde », *L'Évangéline*, 13 novembre 1972, 5; « Jeunesse Canada Monde », *La Jaunisse*, 18 mars 1974, 5; Richard Dufresne, « Jeunesse Canada Monde en terre d'Acadie », *Le Point*, 5 juillet 1978, 4, 10.
107 « Rencontre acadienne-tunisienne la semaine dernière à Caraquet », *L'Évangéline*, 16 août 1973, 14; Marie Vallée, « Jeunesse Canada Monde est à Caraquet », *Le Voilier*, 11 octobre 1973, 4; « Jeunesse Canada Monde dans le Nord-Est », *Le Voilier*, 29 août 1974, 5, 6; « Jeunesse Canada Monde accueillera 40 jeunes de la Gambie et d'Haïti », *L'Évangéline*, 29 août 1975, 8; « *Le Voilier* accueille deux stagiaires de Jeunesse Canada Monde », *Le Voilier*, 28 septembre 1977, 5.
108 Paul-Émile Richard, « Grâce à Jeunesse Canada Monde. Sept jeunes du N.-B. vivront quatre mois dans une famille du Tiers-Monde », *L'Évangéline*, 1er février 1977, 18.
109 « Les activités du groupe Jeunesse Canada Monde », *Le Madawaska*, 8 août 1973, 3A.
110 Angela, « Jeunesse Canada Monde », *Eurêka*, juin 1975, 6; « Monique Sénéchal revient d'El Salvador. "Une partie de mon cœur est restée là-bas" », *L'Aviron*, 14 février

1979, A7. L'Acadie, à ce sujet, ne se distingue pas des expériences vécues par les volontaires ailleurs au pays. Voir Ruth Compton Brouwer, *Canada's Global Villagers: CUSO in Development, 1961-86*, Vancouver et Toronto, UBC Press, 2013, chapitre 5.

111   Lettre de Robert Thibault à Yvon Babineau datée du 4 septembre 1979, Fonds 46.4.2, CÉAAC; entrevue avec Robert Thibault.

112   Paul-Émile Richard, « Grâce à Jeunesse Canada Monde. Sept jeunes du N.-B. vivront quatre mois dans une famille du Tiers-Monde », *L'Évangéline*, 1er février 1977, 18; Jeunesse Canada Monde, « Jeunesse Canada-Monde : déjà 14 ans », *Le Front*, 14 janvier 1985, 11.

113   « EUMC », *La Jaunisse*, 1er novembre 1976, 5; Atsain Leonard, « Les étudiants du tiers-monde au Canada », *La Jaunisse*, 29 novembre 1976, 2; Alain Youndjé, « Association des étudiants étrangers à l'U de M », *Le Front*, 16 janvier 1978, 14.

114   Yvan Gervais, « L'Entraide », *Le Médium*, 3 décembre 1979, 3; Gilles Vienneau, « EUMC », *Le Front*, 15 février 1982, 13; « Caravane », *Le Front*, 22 novembre 1982, 7; « Recrutement pour comité local Entraide universitaire (FEUMC) mondiale du Canada », *Le Front*, 6 octobre 1983, 7; Nathalie St-Louis, « Un défi à relever : la création d'un comité local de l'EUMC », *Le Front*, 18 novembre 1986, 19; « Entraide universitaire mondiale du Canada », *Le Front*, 22 février 1988, 14.

CHAPITRE 4

L'Acadie et la Francophonie : une reconnaissance sans la nommer ? La représentation de l'Acadie du Nouveau-Brunswick aux Sommets de la Francophonie

MICHELLE LANDRY

Introduction

Il y a 25 ans, le Sommet de la Francophonie s'est tenu pour la première fois au Nouveau-Brunswick. Il s'agissait de la huitième édition de cette rencontre des chefs d'États et de gouvernements membres de l'Organisation internationale de la Francophonie (OIF). Moncton, une ville majoritairement peuplée d'anglophones, connue dans un passé pas si lointain pour les positions antibilinguisme et anti-francophone de ses dirigeants, a donc vu défiler des chefs d'État des quatre coins du globe ayant en commun des liens avec la langue française. Cet événement est passé dans la mémoire locale comme un événement marquant de l'histoire contemporaine de l'Acadie. Comme si l'Acadie, cette entité difficile à définir, sans gouvernement ni territoire propre, avait réussi, cette année-là, à se tailler une place dans la cour des grands et sur la scène de la politique internationale.

Si le Nouveau-Brunswick, une province dont le tiers de la population est de langue française, a accueilli le huitième Sommet de la Francophonie en 1999, c'est principalement en raison de son statut de membre. En effet, le Nouveau-Brunswick détient un siège à l'OIF depuis 1977, à côté de celui du Canada et du Québec, et ce, en raison de sa forte proportion de population acadienne. Mais le Nouveau-Brunswick agit-il réellement comme un représentant de l'Acadie du Nouveau-Brunswick lors de ces sommets ? Autrement dit, dans quelle mesure le gouvernement du Nouveau-Brunswick représente-t-il et reflète-t-il les particularités et les intérêts de la communauté acadienne lors des sommets de la Francophonie ?

Cet ouvrage invitait les contributeurs à « repenser l'Acadie dans le monde ». Ainsi, ce texte propose de porter un regard critique sur la place de l'Acadie du Nouveau-Brunswick au sein de l'OIF, une organisation internationale d'importance, en examinant le discours de ses représentants, soit les porte-paroles du gouvernement du Nouveau-Brunswick. L'Acadie est ici comprise comme un ensemble sociopolitique tissé par la population de langue française des provinces atlantiques et ses réseaux institutionnels, associatifs et communautaires[1]. Mais si l'Acadie a une place officielle lors des sommets de la Francophonie, ce n'est que par la voix du gouvernement du Nouveau-Brunswick et donc le texte s'intéresse plus précisément à l'Acadie de cette province.

La thématique abordée dans ce texte découle d'interrogations sur la question « qui parle au nom de l'Acadie ? », précédemment abordée sous l'angle de la représentation par des organismes de la société civile[2]. Les sommets de la Francophonie nous paraissent comme un lieu propice pour « repenser » la représentation de l'Acadie, cette fois dans le monde, c'est-à-dire sur la scène des relations internationales. Plus encore, il s'agit tout autant d'examiner la représentation de la population acadienne du Nouveau-Brunswick par son gouvernement provincial.

Concrètement, ce texte examine la voix acadienne publique et officielle aux sommets de la Francophonie de 1999 à 2018 dans la couverture médiatique et les communiqués gouvernementaux. Nous aborderons le discours des porte-paroles officiels du gouvernement du Nouveau-Brunswick lors des sommets de la Francophonie afin de le confronter à la perception commune que l'Acadie est représentée à l'Organisation internationale de la Francophonie par le biais du siège du Nouveau-Brunswick.

Nous avons choisi de centrer l'analyse sur les sommets suivant celui de Moncton (1999), car c'est à partir de celui-ci qu'il se discute plus largement de la place de l'Acadie aux sommets de la Francophonie et qu'à partir de cette période, les sources qui permettent de repérer le discours public du gouvernement sont largement numérisées et donc facilement accessibles. Deux sources de données ont été choisies afin de composer un corpus qui permet l'examen du discours du gouvernement du Nouveau-Brunswick : les médias de langue française disponibles dans la base de données *Eureka* de 2002 à 2019 et les communiqués émis par la province du Nouveau-Brunswick au sujet du Sommet de la Francophonie entre 1999 et 2019. Les communiqués gouvernementaux représentent directement le discours et la position du Nouveau-Brunswick. Dans les articles médiatiques, seules les citations textuelles de représentants gouvernementaux ont été analysées, car il ne s'agit pas d'une analyse de la couverture médiatique des sommets, ce qui serait d'un objectif tout autre. Par ailleurs, seules les sources de langue française ont été retenues, car en s'adressant aux médias de langue française, les porte-paroles du gouvernement sont plus susceptibles de mettre en valeur l'Acadie et de parler du rôle ou de la présence de l'Acadie au Sommet de la Francophonie. En d'autres mots, si le gouvernement cherche à parler au nom des Acadiennes et des Acadiens lors des sommets de la Francophonie, les sources médiatiques de langue française sont plus susceptibles de rapporter ce discours que les sources de langue anglaise. Nous pensons également que les porte-paroles officiels auraient plus tendance à s'adresser à la population anglophone en tant que représentants de la province de manière générale, plutôt que de l'Acadie. Les articles ont été repérés en utilisant les mots clés « Sommet », « Francophonie » et le nom de la ville et du pays où avait eu lieu chaque Sommet de la Francophonie. Au bout du compte, des citations pertinentes ont été repérées dans *L'Acadie Nouvelle*, *Radio-Canada*, *Le Moniteur acadien* et *Le Devoir*. Les communiqués émis par le gouvernement du Nouveau-Brunswick ont été repérés en utilisant le mot clé « Francophonie » dans le moteur de recherche de la page Web des communications gouvernementales. Comme cette recherche a généré une somme gérable d'entrées, le tri a été fait manuellement pour ne retenir que les communiqués pertinents. Nous avons ensuite codé le matériel dans MaxQDA, un logiciel d'analyse qualitative, qui nous a ensuite permis de faire ressortir des catégories et thèmes dans le discours qui font l'objet de la discussion présentée dans ce texte.

Avant de présenter notre analyse qui met en lumière la faible place explicite de l'Acadie dans le discours des représentants de la province néo-brunswickoise, une première partie permet de cerner la question de la représentation politique de l'Acadie du Nouveau-Brunswick et nous présentons ensuite en quoi consistent les sommets de la Francophonie et comment le Nouveau-Brunswick en est venu à y participer.

La représentation politique de l'Acadie du Nouveau-Brunswick

Le nationalisme acadien s'est construit dans la deuxième moitié du XIXe siècle[3]. À partir de la fin de ce siècle, les Acadiens et par la suite les Acadiennes se sont dotés d'associations les représentant, ainsi que des structures et de mécanismes de décisions collectives[4]. Le gouvernement fédéral a mis en place dans les années 1960 des programmes de financement pour les minorités de langue officielle qui ont d'ailleurs permis le développement d'un vaste réseau d'organisations. C'est ainsi principalement par le biais d'associations que se jouent la représentation et la défense des intérêts des Acadiens[5]. Bien que la population acadienne se soit progressivement bien intégrée dans les diverses sphères de la vie collective néo-brunswickoise, l'action collective, conjuguée au poids et à la concentration géographique des francophones dans le Nord et l'est du Nouveau-Brunswick, a permis de maintenir une certaine autonomie, notamment dans le domaine de l'éducation et dans la vie communautaire.

Le réseau associatif acadien est varié et se coordonne très peu, malgré l'existence d'une table de concertation nommée Concertation des organismes de l'Acadie du Nouveau-Brunswick (COANB). Comme dans les autres provinces, la Société de l'Acadie du Nouveau-Brunswick (SANB), un organisme généraliste porte-paroles, subsiste avec le financement du gouvernement fédéral pour défendre les droits et les intérêts de la population francophone du Nouveau-Brunswick. Elle est considérée par plusieurs comme étant la structure légitime pour la prise de décision collective ou l'adoption de projets de société au nom de l'Acadie du Nouveau-Brunswick; il s'agit néanmoins d'une association de défense d'intérêts qui n'a aucune préséance sur d'autres organismes ou institutions acadiennes ni de réel pouvoir de gouvernance[6].

Avant la consolidation des organismes provinciaux dans les années 1970, la Société nationale de l'Acadie (SNA), auparavant la Société nationale l'Assomption, constituait la principale association représentant les Acadiens et les Acadiennes. Avec la création des associations provinciales, la SNA a pris une structure fédérative et s'est donné le mandat de représenter le peuple acadien à l'échelle nationale et internationale. Dans les faits, l'organisme joue un faible rôle politique, mais facilite notamment la diffusion artistique et la mobilité étudiante. Soulignons que ce chapitre porte sur les sommets de la Francophonie pour explorer les relations internationales d'ordre diplomatique. Ainsi la visibilité de l'Acadie sur la scène internationale à travers d'autres types de relations, par exemple par la tournée d'artistes ou les délégations au festival de Lorient, dépasserait les objectifs de ce texte. Nous n'aborderons pas non plus les relations que tient la SNA à travers diverses ententes d'échanges et de bourses ni au sein de la Conférence francophone des organisations internationales non gouvernementales (OING)[7] qui demeurent au niveau de la société civile.

Ainsi, la SANB, qui est dans sa forme actuelle une association de membres individuels et la SNA, qui est structurée en fédération d'organismes provinciaux, se voit comme ayant des mandats de représentation exclusifs. Par exemple, la SANB se définit comme une « [...] structure de représentation politique de l'Acadie du Nouveau-Brunswick. Elle est vouée à la défense et à la promotion des droits et des intérêts de la communauté acadienne et francophone de la province[8] ». Le mandat de la SNA est « de représenter le peuple acadien sur les scènes atlantique, nationale et internationale[9] ». Il s'agit donc d'organisations associatives typiques qui défendent des intérêts et mettent en place des projets, mais elles se donnent un mandat de représentation quasi gouvernemental.

Force est de constater que ces associations ne sont cependant pas reconnues par les gouvernements comme étant plus que des associations ou des groupes de pression. Les Acadiens et les Acadiennes du Nouveau-Brunswick doivent s'en remettre au gouvernement provincial pour les représenter à bien des égards puisqu'aucune entente formelle de dévolution de pouvoir ou de partage de responsabilités n'a jamais été conclue[10]. Ainsi, les sommets de la Francophonie sont des exemples de ce rapport de force.

Les sommets de la Francophonie : plus haute instance de la Francophonie

La Francophonie est une organisation internationale particulière, car contrairement à son pendant anglo-saxon, le Commonwealth, et à d'autres organisations interétatiques, des acteurs publics et des acteurs privés (non gouvernementaux) y coexistent[11] et, de plus, les gouvernements intraétatiques y sont également admis.

Les gouvernements sont représentés à la Conférence des chefs d'États et de gouvernements des pays ayant le français en partage, soit le Sommet de la Francophonie, mais aussi à la Conférence ministérielle de la Francophonie (CMF), qui assure la continuité entre les sommets et au Conseil permanent de la Francophonie (CPF) qui veille à l'action prescrite par la Conférence ministérielle[12]. Deux conférences ministérielles sectorielles permanentes se réunissent également régulièrement, soit la Conférence des ministres de l'Éducation des Pays ayant le français en partage (Confemen) et la Conférence des ministres de la Jeunesse et des Sports des Pays ayant le français en partage (Confejes). Seule l'Organisation internationale de la Francophonie (OIF) détient le statut d'organisation intergouvernementale. Elle est placée sous l'autorité des trois instances politiques nommées précédemment, le Sommet, la CMF et la CPF.

Anciennement l'Agence de Coopération culturelle et technique (ACCT), l'OIF compte aujourd'hui 61 membres étatiques ou gouvernementaux (56 membres et 5 membres associés) et 32 observateurs. La plus haute instance de l'OIF est son secrétariat général mis en place en 1997. L'Assemblée parlementaire de la Francophonie (APF) est un organe consultatif de la Francophonie. D'autres instances font partie de la Francophonie institutionnelle et travaillent en collaboration avec l'OIF, soit : l'Agence universitaire de la Francophonie (AUF), TV5Monde, l'Association internationale des maires francophones (AIMF) et l'Université Senghor d'Alexandrie. Par ailleurs, tous les deux ans, une Conférence francophone des organisations internationales non gouvernementales (OING) se réunit sous l'égide de l'OIF. La société nationale de l'Acadie (SNA) est membre de cette conférence[13].

Il ne faut cependant pas oublier que la Francophonie institutionnelle a commencé par l'Agence de coopération culturelle et technique (ACCT) qui vit le jour à Niamey au Niger en mars 1970 dans le contexte de décolonisation. Ainsi pour les pays africains, il s'agissait d'un moyen de mettre en place une coopération internationale, mais pour la France, il s'agissait surtout à continuer à faire rayonner la « culture française ».

Le Canada, le Québec et le Nouveau-Brunswick à l'OIF

Le Canada fait partie des premiers États participants à la ACCT qui deviendra la Francophonie. Au grand dam du gouvernement canadien, dans un contexte de montée du mouvement souverainiste québécois, le Québec obtient aussi un statut de gouvernement participant dès le début grâce à l'appui de la France[14].

Face aux tensions linguistiques et à la montée de l'indépendantisme québécois dans les années 1960 et 1970, la préoccupation pour l'unité nationale est en filigrane de plusieurs actions du gouvernement fédéral. Que l'on pense à la mise en place de la Commission royale sur le bilinguisme et le biculturalisme, à la *Loi sur les langues officielles* ou au programme de financement pour les associations des minorités de langue officielle, il n'est pas exagéré d'affirmer que la reconnaissance du français au Canada et surtout des francophones hors Québec était, à cette époque, une stratégie peu subtile pour atténuer le mouvement souverainiste québécois et plus généralement des aspirations nationalitaires du Québec.

Le siège du gouvernement du Nouveau-Brunswick au sein de l'ACCT a clairement été acquis dans cette foulée. Le gouvernement fédéral de Pierre Elliott Trudeau a fortement incité le gouvernement du Nouveau-Brunswick, seul gouvernement provincial ayant reconnu le français comme langue officielle, à demander son adhésion au sein de l'agence, ce que le gouvernement provincial de Richard Hatfield a fait, tout en demandant que ce soit le gouvernement fédéral qui rembourse les coûts. Le gouvernement du Nouveau-Brunswick obtient donc son siège en 1977 au grand mécontentement du

Québec qui voyait bien le jeu du fédéral au lendemain de l'élection du Parti québécois qui visait à minimiser la place du Québec au sein d'une organisation internationale[15]. La demande du Nouveau-Brunswick se fit cependant sans fanfare ni trompette pour ne pas attirer l'attention des anglophones, dans cette province où les tensions linguistiques sont chose quotidienne. Hatfield, un conservateur unilingue anglophone provenant d'un milieu rural, a assez bien réussi à faire avancer des arrangements administratifs comme la dualité en éducation et l'entrée en vigueur de plusieurs articles importants de la *Loi sur les langues officielles* et d'autres jalons de reconnaissance officielle pour les francophones de la province. Sa réussite réside certainement dans sa volonté politique (y compris stratégique), mais aussi dans le fait que l'opposition à de telles initiatives venait majoritairement des rangs de son propre parti qu'il était en position de faire taire. À partir de 1977, le Canada, le Québec et le Nouveau-Brunswick sont donc membres de l'Agence de coopération culturelle et technique (ACCT). Cette présence triptyque ne se négocie pas sans tension.

Même si le gouvernement québécois est irrité par les tractations du gouvernement fédéral, les discours officiels et la presse soulignent tout de même la légitimité de la participation de l'Acadie. Dès l'entrée du Nouveau-Brunswick à l'ACCT, les discours de part et d'autre parlent tantôt d'une participation acadienne, tantôt néo-brunswickoise, selon la stratégie rhétorique. Selon Belkhodja : « Au Nouveau-Brunswick, la Société des Acadiens et Acadiennes du Nouveau-Brunswick (SAANB) et encore plus vigoureusement le Parti nationaliste acadien (PA) tiennent un discours proche de la thèse québécoise, selon laquelle on considère la place du Québec au sein de la Francophonie plus légitime que celle du gouvernement néo-brunswickois. On accuse surtout le gouvernement Hatfield de ne pas tenir compte des revendications de la communauté acadienne et le gouvernement fédéral de se servir de la communauté acadienne dans son opposition au nationalisme québécois[16]. » La menace souverainiste, surtout depuis l'élection du Parti québécois, oriente effectivement les stratégies gouvernementales et les Acadiens du Nouveau-Brunswick se sentent souvent comme des pions.

Le début de sommets

Par sa nature, l'Agence avait peu de poids et de prestige. Vers le milieu des années 1970, on commence à songer à réunir les dirigeants sous la forme d'un sommet, comme au Commonwealth, pour donner à la Francophonie une plus grande stature que la simple réunion périodique des hauts dirigeants politiques. Le premier Sommet de la Francophonie a eu lieu en 1986 à Paris. La place du Québec dans cette nouvelle instance raviva les frictions entre Ottawa et Québec. Cependant, au moment du premier sommet, les relations entre Québec et Ottawa sont moins tendues, notamment en raison de l'élection d'un gouvernement provincial fédéraliste et d'une attitude plus ouverte à l'autonomie du Québec de la part du gouvernement de Brian Mulroney, également élu quelque temps plus tôt[17]. Le Québec obtient donc aisément le statut de gouvernement participant au premier Sommet de la Francophonie, tout comme le Nouveau-Brunswick qui détient également un siège. Il est entendu que les provinces ne discutent que des enjeux qui relèvent de leurs compétences, comme la coopération en éducation. Les enjeux de politiques internationales sont laissés au gouvernement fédéral. L'unilinguisme de Hatfield qui représente cette province fait cependant sourciller.

La Conférence des Chefs d'États et de gouvernements des pays ayant le français en partage, soit le Sommet de la Francophonie, est de fait devenue l'instance suprême de la Francophonie puisque c'est celle-ci qui donne les grandes orientations à l'organisation et c'est lors de cet événement que les dirigeants adoptent les résolutions officielles[18]. À partir de 1986, la Francophonie se dote donc progressivement d'une dimension de plus en plus politique, notamment à travers le Sommet qui a lieu tous les deux ans.

Les dirigeants de la Francophonie, dont la plupart font aussi partie de plusieurs autres organisations internationales, n'ont pas d'intérêt à dédoubler les activités de l'ONU et de ses agences, de l'OTAN ou des organisations interafricaines. Les premiers sommets de la Francophonie sont ainsi consacrés à développer la coopération dans les domaines de « la formation et l'enseignement, la communication, la création culturelle, la science et la technique, la gestion du développement, des domaines où la langue française est un vecteur commun et où aucun pays francophone n'a seul les moyens d'agir[19] ».

C'est encore aujourd'hui essentiellement le rôle de ces sommets, quoi que chaque sommet puisse porter davantage sur un thème. Le Nouveau-Brunswick y participe encore et a accueilli le Sommet de 1999 à Moncton, comme expliqué plus haut.

Le discours du gouvernement du Nouveau-Brunswick : représentant de l'Acadie?

Cette analyse exploratoire doit être comprise dans le contexte particulier de l'organisation internationale atypique qu'est la Francophonie qui permet l'adhésion de gouvernements infraétatiques. Considérant aussi que les Acadiens et les Acadiennes du Nouveau-Brunswick forment un groupe ayant une visée nationalitaire qui historiquement cherche à se représenter et à se refléter comme une entité sociale cohérente ayant ses propres institutions[20], l'enjeu de représentation n'est donc pas simple. D'abord, ce sont seulement les Acadiens et Acadiennes du Nouveau-Brunswick qui se sentent directement impliqués dans la Francophonie internationale en raison du siège de la province du Nouveau-Brunswick[21], alors que la communauté acadienne se projette comme étant formée de l'ensemble des provinces atlantiques. Il est entendu que le gouvernement du Nouveau-Brunswick est membre de la Francophonie en raison de la forte proportion de population acadienne de cette province, mais le gouvernement provincial est une entité juridico-politique représentant l'ensemble de la population de cette province et ayant alors son identité et ses intérêts propres.

Ce cas participe ainsi à illustrer la négociation de la représentation des groupes nationaux, particulièrement dans les relations internationales. Ce cas montre à quel point les relations internationales des minorités nationales sans gouvernement propre sont existantes, mais peu visibles, soumises aux aléas politiques et filtrés par les multiples intérêts et priorités des porte-paroles officiels. Le thème a d'ailleurs récemment retenu l'attention des chercheurs Traisnel, Doucet et Magord qui situent ces relations internationales particulières dans une dynamique de paradiplomatie et proposent le concept de « considération politique » pour qualifier les rapports qu'entretient l'Acadie en tant que collectivité avec des juridictions ou des entités d'ailleurs dans le monde[22].

Avant d'aborder plus directement la question de la représentation de l'Acadie du Nouveau-Brunswick par le gouvernement de cette province lors de sommets de la Francophonie, il faut souligner que le positionnement international de cette province est en soi très récent. Dans un texte portant sur les liens entre le Nouveau-Brunswick et le Québec dans le dossier de la Francophonie internationale, Belkhodja[23] soulève que le gouvernement du Nouveau-Brunswick n'établit une stratégie d'action internationale qu'à partir de 1987, soit l'année du 2ᵉ Sommet de la Francophonie qui a eu lieu à Québec. Il en ressort que le gouvernement de l'époque, dirigé par le libéral Frank McKenna, met l'accent sur le potentiel de développement économique, au détriment du lien culturel et identitaire[24]. Ceci n'est pas surprenant puisque pendant ses 10 ans au pouvoir, McKenna a consacré ses mandats à prioriser le développement économique et n'a pas hésité à valoriser la main-d'œuvre bilingue de sa province pour attirer des entreprises, nommément des centres d'appel[25]. Dans le discours du Trône de 1988, le premier ministre reconnaît

« l'importance de développer des liens économiques avec les pays du Sommet de la Francophonie[26] », même si dans les faits, les sommets de la Francophonie ne sont pas à la base des sommets économiques. Comme l'explique Belkhodja : « Depuis le début des années 1990, l'espace de la Francophonie constitue alors un lieu privilégié pour conclure des affaires. Le gouvernement [provincial] y voit des circonstances favorables qui lui permettront de s'inscrire dans l'univers de la mondialisation et des réseaux transnationaux[27]. » Plus de 20 ans plus tard, cette citation est d'ailleurs encore aussi juste.

En effet, l'examen du discours du gouvernement du Nouveau-Brunswick rapporté par la presse et les communications gouvernementales lors des neuf sommets depuis celui de Moncton en 1999 révèle que l'Acadie, dans sa représentation par le gouvernement du Nouveau-Brunswick, occupe une place bien mince à l'OIF. Le Nouveau-Brunswick perçoit cette organisation intergouvernementale d'abord et avant tout comme une occasion de réseautage économique et non pas d'un forum de partage et de coopération autour du fait français commun.

Le Sommet de 1999

En 1999, les Acadiens et les Acadiennes ont dû livrer une chaude lutte pour simplement voir leur drapeau flotter lors du Sommet. Le protocole ne permettait pas que flotte un drapeau autre que celui de la Francophonie et des États et gouvernements membres, alors les représentants acadiens ont dû insister pour obtenir un compromis sans toutefois obtenir que le drapeau flotte parmi ceux des gouvernements participants. Malgré la « guerre des drapeaux », aucun doute ne planait dans le discours ambiant : c'était l'Acadie qui accueillait le Sommet de la Francophonie, même si officiellement il s'agissait bien entendu du Canada et du Nouveau-Brunswick. À titre d'exemple, *Le Devoir* titrait « 1999 : l'année de l'Acadie[28] », se référant au fait que cette année-là aurait lieu un Congrès mondial acadien, quoiqu'en Louisiane, et le Sommet de la Francophonie de Moncton.

Le Sommet de 1999 est considéré comme étant un événement si important pour l'Acadie du Nouveau-Brunswick qu'un documentaire a été produit sur la trajectoire de la participation du Nouveau-Brunswick aux Sommets et cinq ans plus tard, *L'Acadie Nouvelle* se remémorait la chose avec un article consacré à l'anniversaire de sa tenue. « On peut dire que 1999 c'est une année charnière pour la participation acadienne à la francophonie internationale », déclarait Bernard Richard, ancien ministre des Affaires intergouvernementales dans le gouvernement McKenna, dans le documentaire *De Moncton à Kinshasa*[29] produit en 2013. Ces paroles exemplifient l'importance consacrée au Sommet de la Francophonie de 1999 et reflètent l'opinion de bien des Acadiens et Acadiennes s'intéressant à la reconnaissance de leur peuple. L'impact de l'événement est évalué comme fort important par l'élite acadienne. « Il [le Sommet de la Francophonie de 1999] reste la fierté de la communauté acadienne, autant au niveau des affaires que dans la communauté artistique. On a été reconnu à l'extérieur avant qu'on reconnaisse nous-mêmes nos forces. Le sommet a permis à un paquet de gens de reprendre confiance. En Acadie du N.-B., il y a bien des gens qui ne croient pas en leurs possibilités. En se comparant à d'autres peuples, on a vu que nos réalisations ne sont pas si petites que ça, explique M. [Denis] Losier (dans *L'Acadie Nouvelle*)[30]. » L'ancien maire de Moncton, Brian Murphy, pense même que la vision des anglophones a changé pendant et après le Sommet : « Ils ont accepté les valeurs francophones, l'harmonie linguistique et le bilinguisme. Le sommet a fait en sorte de commencer une nouvelle ère pour Moncton », explique-t-il[31]. Il faut d'ailleurs ajouter que la Ville de Moncton a un peu francisé son affichage pour la venue du Sommet et qu'elle est par la suite devenue officiellement bilingue quelques années plus tard, quoique cette dernière mesure doit également être comprise dans le cadre d'une contestation judiciaire visant à faire appliquer les principes de la *Loi sur les langues officielles* de la province aux municipalités. Malgré ces avancements, les tensions linguistiques, quoiqu'atténuées pendant cette période, sont cependant loin d'être disparues.

Enfin, bien que les mentions de l'Acadie dans les communiqués gouvernementaux lors du Sommet de 1999 soient éparses, elles confirment tout de même une reconnaissance de l'Acadie comme lieu d'accueil du Sommet. Les communications gouvernementales portent surtout sur le Forum jeunesse, mais celles qui mentionnent l'Acadie soulignent que les délégations jeunesse pourront découvrir l'Acadie, acceptant et véhiculant ainsi l'idée que l'Acadie constitue une entité. Par exemple : « Au cours de la semaine, les jeunes auront l'occasion d'apprendre à connaître l'Acadie et le Nouveau-Brunswick en prenant part à diverses manifestations culturelles et artistiques[32] »; « Les jeunes pages suivent depuis le 21 août un horaire à la fois chargé et varié. Six jours de préparation leur ont permis de découvrir la Francophonie, l'Acadie et les rouages du Sommet[33]. » L'Acadie est reconnue comme un lieu par le gouvernement du Nouveau-Brunswick, voire comme le lieu hôte du Sommet, même si géopolitiquement parlant, l'événement se tient au Nouveau-Brunswick, à Moncton, ville majoritairement anglophone.

La Francophonie pour l'économie

De manière générale, les priorités du Nouveau-Brunswick aux sommets de la Francophonie demeurent les liens économiques et la coopération. Ces aspects sont clairement prédominants lors des sommets subséquents qui ont eu lieu à différents endroits au monde. En 2004, dans le cadre du Sommet de Ouagadougou, cette approche est clairement communiquée par le gouvernement de Bernard Lord. À titre d'exemple, la Presse canadienne reportait que : « Le premier ministre Bernard Lord a lancé un appel pour plus de partenariats dans le domaine économique et une plus grande place au secteur privé lors des délibérations du Xe Sommet de la Francophonie[34]. »

En 2006, même visée : « L'objectif principal de cette mission vise à renforcer les liens économiques entre le Nouveau-Brunswick et la Roumanie en mettant un accent particulier sur les relations existantes des deux gouvernements dans la Francophonie internationale », reportait *L'Acadie Nouvelle*[35]. L'Acadie ne semble pas une variable dans l'équation.

Dans la même optique, lors de la première journée du Sommet de Montreux en Suisse (2010), *L'Acadie Nouvelle* reportait que David Alward, premier ministre du N.-B. et Paul Robichaud, vice-premier ministre « avaient déjà entamé un dialogue avec certaines entreprises suisses qui pourraient éventuellement entrevoir des possibilités d'affaires au Nouveau-Brunswick[36] ». On ne spécifie pas si ces possibilités d'affaires pourraient toucher les régions acadiennes ou des entreprises acadiennes.

Par ailleurs, pour le gouvernement du Nouveau-Brunswick, le discours insinue l'objectif économique de la province sans gêne ni retenue. Par exemple, en parlant de la signature d'ententes de coopération, Shawn Graham, alors premier ministre du Nouveau-Brunswick expliquait à *L'Acadie Nouvelle* : « C'est certain qu'on parle de retombées à long terme pour le Nouveau-Brunswick. Il y aura encore beaucoup de rencontres à faire pour établir les stratégies. Mais l'important, c'est de continuer le travail[37]. » Il ne s'agit donc pas de faire rayonner l'Acadie sur la scène internationale, ni même d'engager la province dans une voie de coopération internationale. Car même lorsqu'on parle de coopération, il s'agit de ce qu'on appelle dans le domaine de la coopération internationale de l'aide liée, c'est-à-dire que pour tout investissement, il est attendu qu'il y aura des retombées économiques pour la province. À titre d'exemple, ces relations internationales par le biais de la Francophonie ont permis à l'entreprise NordSud.org d'Edmundston d'obtenir un contrat pour former les techniciens burkinabés en gestion informatisée en vue de prochaines conférences internationales lors du Sommet de la Francophonie de Ouagadougou (2004).

Les objectifs prioritairement économiques pour le gouvernement du Nouveau-Brunswick aux sommets de la Francophonie ont d'ailleurs soulevé des critiques. Le correspondant du *Devoir* à Paris, Christian Rioux, a d'ailleurs dénoncé cette position : « Chaque fois que je suis confronté à la délégation du Nouveau-Brunswick, on me dit qu'on vient faire des affaires dans les sommets de la Francophonie. Ce serait une bonne idée que le Nouveau-Brunswick renforce, utilise son siège pour intervenir sur les grandes questions dont on discute dans la Francophonie pour développer des positions, faire avancer des débats[38]. » En effet, selon les communiqués et la couverture médiatique, il ne semble pas que la délégation du Nouveau-Brunswick se dote de quelque rôle que ce soit pour faire avancer la Francophonie ni amener une perspective acadienne aux débats et enjeux de l'heure.

De plus, au Sommet de Kinshasa (2012), l'économie était l'un des thèmes du Sommet de la Francophonie, au grand bonheur du gouvernement du Nouveau-Brunswick qui ne pourrait pas s'y faire reprocher ses objectifs économiques. Le vice-premier ministre a ainsi pu justifier sa position dans *L'Acadie Nouvelle* : « C'est la première fois que la Francophonie parle d'économie et que l'économie est un thème du sommet. D'ailleurs, nous (la délégation du Nouveau-Brunswick) avions osé parler d'économie lors du Sommet de Montreux il y a deux ans et certains journalistes du Québec nous avaient dit que ce n'était pas la place pour parler d'économie dans un sommet de ce genre. [...] On n'a qu'à penser au fait que la Francophonie représente 75 gouvernements membres et les possibilités d'affaires dans ces 75 pays sont énormes pour une province exportatrice comme le Nouveau-Brunswick[39]. » Du côté de la société civile et des institutions d'enseignement, des projets de coopération ont été mis en place dans le cadre de sommets de la Francophonie, qui à première vue semblent non liés, mais le gouvernement provincial semblait peu ou pas impliqué.

Somme toute, les retombées économiques envisagées par le biais des sommets de la Francophonie concernent souvent des entreprises et des institutions acadiennes, compte tenu de l'importante dimension linguistique liée à ces échanges. Le gouvernement provincial parle cependant de retombées pour la province et n'emploie pas un vocabulaire qui ciblerait des régions acadiennes ou la communauté acadienne de manière particulière. Ainsi, même dans les médias de langue française, il est très clair que la délégation du Nouveau-Brunswick représente la province et non la communauté acadienne.

La représentation explicite de l'Acadie peu fréquente

Comme le montre la section précédente, le Nouveau-Brunswick ne cherche pas à amener une perspective acadienne dans la Francophonie internationale ; il s'agit surtout d'en tirer un avantage économique.

En fait, dans la revue de presse et les communiqués, le gouvernement du Nouveau-Brunswick s'est fait explicitement porte-paroles des Acadiens de la province à seulement quelques reprises. Par exemple, au Sommet suivant celui de Moncton, à Beyrouth en 2002, Paul Robichaud, alors ministre responsable de la Francophonie, a mentionné que le drapeau acadien allait flotter lors des activités du N.-B.[40] Après la guerre des drapeaux du Sommet de 1999, cette précision était de mise, mais surtout symbolique. En 2008, Shawn Graham a personnellement invité Nicholas Sarkozy au Congrès mondial acadien de 2009 qui aurait lieu dans la Péninsule acadienne, ce qui a été bien reçu par les organismes acadiens[41]. Dans le communiqué émis par son gouvernement, la citation du premier ministre utilise un pronom possessif pour parler des communautés francophones et acadiennes, indiquant dans ce contexte que le gouvernement se voit tout de même comme représentante des Acadiens : « Le Sommet de Québec sera mon premier Sommet de la Francophonie et c'est avec grande fierté que je dirigerai la délégation du Nouveau-Brunswick [...]. Notre gouvernement et nos communautés francophones et acadiennes sont très fiers de leur appartenance à la Francophonie internationale et nous participerons à ce Sommet avec ardeur[42]. » Les communautés acadiennes sont clairement associées à la province du Nouveau-Brunswick et le premier ministre se positionne à parler en leur nom pour exprimer une fierté d'appartenir à la Francophonie internationale. Une telle appropriation de la représentation de l'Acadie est très rare dans notre corpus. D'autant plus qu'ici, il estime que les « communautés francophones et acadiennes » sont membres de la Francophonie avec le gouvernement. Il s'agit d'une rare reconnaissance explicite exprimée par le gouvernement du fait que le Nouveau-Brunswick est membre de la Francophonie en raison de la population acadienne sur son territoire.

Lors du Sommet de Montreux en Suisse (2010), le premier ministre du Nouveau-Brunswick, David Alward, présente l'Acadie du Nouveau-Brunswick comme une communauté qui contribue au développement économique de la province : « Si en Suisse, les francophones sont un pilier de la Fédération, la communauté acadienne du Nouveau-Brunswick est très dynamique et contribue au développement social, économique et culturel de la province[43]. » Parler de la « communauté acadienne » est tout de même en soi une marque de reconnaissance à l'égard du lien entre celle-ci et la place du Nouveau-Brunswick au sein de la Francophonie internationale; toutefois, il est clair que le premier ministre ne représente pas ces communautés, mais bien la province. L'Acadie n'y est qu'un sous-élément dont il faut reconnaître sa contribution.

Ainsi, ces quelques bribes de discours qui tendent vers une représentation de l'Acadie et sa reconnaissance dans le discours du gouvernement du Nouveau-Brunswick montrent à quel point, aux yeux des membres du gouvernement du Nouveau-Brunswick, il est rare de concevoir que ce soit l'Acadie qui fait partie de la Francophonie. C'est à se demander s'il y a des représentations sociales allant dans ce sens. Dans notre corpus, nous avons tout de même trouvé beaucoup de commentaires sur les artistes invités par la province. Par exemple, deux des trois communiqués émis par la province au sujet du Sommet de Ouagadougou portent sur la prestation de la troupe *Ode à l'Acadie*[44]. *L'Acadie Nouvelle* rapportait aussi en 2010 comment « M. Alward a affirmé que la délégation de sa province a beaucoup fait pour la promotion de la jeunesse et de l'utilisation des nouvelles technologies en éducation auprès des 56 pays et de la dizaine de pays observateurs présents, tout en faisant connaître la culture et les artistes de l'Acadie du Nouveau-Brunswick[45] ». Tout comme à la SNA, la représentation de l'Acadie sur la scène internationale est plus tangible par la diffusion de spectacles qui peuvent être clairement associés à la culture acadienne. La représentation de l'Acadie sur la scène internationale par le biais des artistes est donc une hypothèse à vérifier.

L'inclusion de la société civile acadienne

La Société de l'Acadie du Nouveau-Brunswick (SANB)[46] et d'autres organisations comme l'Association francophone des municipalités, l'Université de Moncton ou le Collège communautaire, sont habituellement invitées à accompagner la délégation néo-brunswickoise. Néanmoins, pour le Sommet au Madagascar en 2016, la SANB n'a pas pu se joindre à la délégation néo-brunswickoise pour des raisons administratives, selon le gouvernement du Nouveau-Brunswick. L'élection du nouveau président aurait eu lieu trop tard pour organiser l'obtention de son visa et pour effectuer d'autres mesures administratives requises. Or, en 2018, la SANB n'a simplement pas été invitée par la province à participer au Sommet d'Erevan en Arménie[47]. Voilà un exemple flagrant du fait que les associations désignées comme les représentants ou les porte-parole de la communauté acadienne sont surtout perçues comme des groupes d'intérêt par le gouvernement provincial, que même s'ils sont considérés comme représentants des Acadiens et des Acadiennes, le gouvernement ne sent pas le besoin de consulter ces groupes dans sa participation aux sommets de la Francophonie. Est-ce parce que les membres du gouvernement se considèrent eux-mêmes comme représentants de la population acadienne lors des Sommets ? Ce serait difficile à le soutenir puisqu'ils se positionnent dans les faits très peu comme représentants de l'Acadie aux sommets, comme nous l'avons montré. Nous pensons donc que le Nouveau-Brunswick considère très peu l'Acadie dans ses relations à la Francophonie ; il s'agit avant tout de faire avancer les intérêts de la province comme entité. Ce qui est d'autant plus surprenant, c'est que lors des deux sommets où les groupes acadiens ont été exclus, le premier ministre était lui-même acadien, ce qui n'était pas le cas pour les sommets précédents depuis la défaite de Bernard Lord en 2006.

Pour ce qui est du Sommet de 2018, il faut noter que le gouvernement se trouvait en crise politique, alors que les libéraux ont essayé de former un gouvernement minoritaire avec une majorité des voix, mais une minorité de sièges. L'instabilité du gouvernement a donc fait en sorte que seule une fonctionnaire a représenté officiellement la province au Sommet de 2018, n'expliquant cependant pas l'exclusion de la SANB. Par ailleurs, en s'abstenant du Sommet de la Francophonie et en excluant la SANB, le premier ministre Brian Gallant envoyait le message que cette instance a peu d'importance pour lui et son gouvernement. Sa participation au Sommet précédent au Madagascar (2016) n'a d'ailleurs laissé aucune trace comme quoi le gouvernement provincial y représentait la population acadienne de sa province. En fait, la ministre responsable de la Francophonie, Francine Landry, justifie la présence du Nouveau-Brunswick non pas en raison de sa population francophone, mais par son statut bilingue : « Comme nous sommes une province officiellement bilingue, le premier ministre sera à la table où se trouveront des chefs d'État et de gouvernement comme, entre autres, le premier ministre Trudeau et le président Hollande[48]. » Le bilinguisme n'ayant rien à voir avec la Francophonie, cette citation est un peu énigmatique. On pourrait même y voir une vision du fait français dans la province comme étant accessoire.

Notons cependant qu'un kiosque qui met en valeur la culture acadienne est toujours organisé pour participer au Village de la Francophonie, un site de kiosques qui a fait tradition depuis le sommet de Moncton en 1999. Il s'agit d'un kiosque du Nouveau-Brunswick, mais c'est principalement l'Acadie du Nouveau-Brunswick qui y est représentée.

✢ ✢ ✢

En conclusion, rappelons que le gouvernement du Nouveau-Brunswick, province au statut bilingue dont le tiers de la population est francophone, détient un siège à la Conférence des chefs d'États et de gouvernements des pays ayant le français en partage, et au Sommet de la Francophonie, en raison des préoccupations du gouvernement fédéral pour l'union nationale à l'époque de Pierre Elliott Trudeau. Un peu plus de 20 ans après l'obtention du siège du Nouveau-Brunswick, si la tenue du Sommet de 1999 à Moncton est toujours considérée comme un tournant marquant et une reconnaissance de l'Acadie sur la scène internationale, cette modeste étude ne peut que renforcer la thèse de Traisnel, Doucet et Magord[49] selon laquelle les relations internationales en ce qui concerne l'Acadie ne sont que des « considérations politiques ». Nous pouvons même avancer que dans le cadre restreint des sommets de la Francophonie, ces « considérations » sont même bien minces. Cette étude montre en fait que les délégués du gouvernement du Nouveau-Brunswick, peu importe le parti politique au pouvoir, représentent dans leur discours d'abord et avant tout les intérêts économiques de la province en tant qu'institution et dans son entièreté. L'Acadie, voire les communautés acadiennes, n'est pas mise de l'avant dans cette recherche de retombées économiques, ni chez les libéraux ni chez les conservateurs. Plus encore, le Nouveau-Brunswick ne cherche aucunement à amener une perspective acadienne aux enjeux et aux débats discutés lors des sommets de la Francophonie. À quelques reprises, on a même retreint la participation des organismes acadiens. En d'autres mots, même si dans le discours populaire, il est entendu que l'Acadie a sa place à l'OIF grâce au siège du Nouveau-Brunswick, dans les faits très peu de place n'est accordée à l'Acadie par la participation de cette province qui voit d'abord et avant tout sa participation à la Francophonie comme une occasion de réseautage économique au bénéfice de la province et non pas des entreprises ou des régions francophones qui sont les plus susceptibles d'y contribuer et d'en bénéficier, et encore moins d'échanges et de coopération pouvant bénéficier à l'Acadie. Le rayonnement de l'Acadie se limiterait peut-être principalement aux arts. D'autres études pourraient approfondir ces questions.

Notes

1. Les provinces de l'Atlantique comprennent les quatre provinces de l'est du Canada et ont une proportion variée de population francophone. Selon les données de recensement 2016, le Nouveau-Brunswick compte 32 % de sa population ayant le français comme première langue officielle parlée, la Nouvelle-Écosse : 3,2 %, l'Île-du-Prince-Édouard : 3,3 % et Terre-Neuve-et-Labrador : 0,5 % (Statistique Canada, *Recensement de la population*, 2016). Les francophones de l'est du Canada sont désignés comme acadiens. Il s'agit pour nous d'une réalité sociologique puisque que comme toute autre société, l'Acadie intègre de nouveaux arrivants depuis sa formation et ce, même si dans le discours persiste encore une tension entre une Acadie de filiation et une Acadie sociopolitique (Landry, 2013).
2. Voir par exemple : Éric Forgues et Michelle Landry, « Quelle place pour le citoyen dans la gouvernance communautaire francophone en contexte minoritaire ? L'exemple de l'Acadie du Nouveau-Brunswick », *Minorités linguistiques et société / Linguistic Minorities and Society*, n° 10 (2018), 160-175; et Michelle Landry, « Le secteur associatif acadien : Plus de 100 ans de représentation, négociation et mobilisations », *Acadiensis,* 47, n° 1 (2018), 210-216.
3. Fernand Dumont, « Essor et déclin du Canada français », *Recherches sociographiques*, vol. 38, n° 3 (1997), 419-467; Joseph Yvon Thériault, *Écrits politiques sur l'Acadie et les francophonies canadiennes minoritaires*, Moncton, Éditions d'Acadie, 1995; Michelle Landry, « Esquisse d'une genèse de la société acadienne », *Recherches sociographiques*, vol. 54, n° 2 (2013), 305-323; Michelle Landry, *L'Acadie politique. Histoire sociopolitique de l'Acadie du Nouveau-Brunswick*, Québec, Presses de l'Université Laval, 2015.
4. Landry, *L'Acadie politique*; Landry, « Le secteur associatif acadien : Plus de 100 ans de représentation, négociation et mobilisations ».
5. *Ibid*.
6. Forgues et Landry, « Quelle place pour le citoyen dans la gouvernance communautaire francophone en contexte minoritaire ? », 160-175.
7. Sur les relations internationales de l'Acadie dans un sens plus large, voir : Christophe Traisnel, Eric Mathieu Doucet et André Magord, « Considérer l'Acadie. Ou lorsque les francophonies d'ailleurs contribuent à la reconnaissance des francophonies canadiennes », *Revue internationale des francophonies*, n° 7 (2020) [en ligne : https://publications-prairial.fr/rif/index.php?id=1089]; Eric Mathieu Doucet, André Magord et Christophe Traisnel, « Francophonie internationale », dans *L'état de l'Acadie*, sous la direction de Michelle Landry, Dominique Pépin-Filion et Julien Massicotte, Montréal, Del Busso éditeur, 2021, 406-411; Christophe Traisnel, Eric Mathieu Doucet et André Magord, « La considération politique de l'Acadie à l'extérieur du Canada : le rôle des francophonies minoritaires de Belgique, de Suisse et des États-Unis », *Revue transatlantique d'études suisses*, vol. 10/11 (2020/2021) [en ligne :

https://llm.umontreal.ca/public/FAS/llm/Documents/2-Recherche/RTES-10-11.pdf].
8   SANB, « Présentation », 2019 [en ligne : http://sanb.ca/la-sanb/presentation/].
9   SNA, « À propos de la SNA », 2019 [en ligne : https://snacadie.org/index.php/a-propos-de-la-sna].
10 Au Canada, seules certaines Premières Nations ont négocié des ententes de cette nature.
11 Françoise Massart-Piérard, « La francophonie, un nouvel intervenant sur la scène internationale », *Revue internationale de politique comparée*, vol. 14, n° 1 (2007), 71.
12 Massart-Piérard, « La francophonie, un nouvel intervenant sur la scène internationale ».
13 Voir Traisnel, Doucet et Magord, « Considérer l'Acadie. Ou lorsque les francophonies d'ailleurs contribuent à la reconnaissance des francophonies canadiennes ».
14 Frédéric Bastien, « Le premier sommet de la francophonie de 1986, 20 ans plus tard », *Bulletin d'histoire politique*, vol. 14, n° 3 (2006), 207-219.
15 Chedly Belkhodja, « Entre la discorde et l'indifférence : le Québec, le Nouveau-Brunswick et la Francophonie internationale », *Francophonies d'Amérique*, vol. 9 (1999), 7-20.
16 Belkhodja, « Entre la discorde et l'indifférence », 16-17.
17 Bastien, « Le premier sommet de la francophonie de 1986, 20 ans plus tard ».
18 Massart-Piérard, « La francophonie, un nouvel intervenant sur la scène internationale ».
19 Bastien, « Le premier sommet de la francophonie de 1986, 20 ans plus tard », 215.
20 Thériault, *L'identité à l'épreuve de la modernité* ; Landry, *L'Acadie politique*.
21 Il est intéressant de noter que le nouveau premier ministre de la Nouvelle-Écosse a annoncé en avril 2023 qu'il demanderait le statut d'observateur pour sa province.
22 Traisnel, Doucet et Magord, « Considérer l'Acadie » ; Traisnel, Doucet et Magord, « La considération politique de l'Acadie ».
23 Belkhodja, « Entre la discorde et l'indifférence ».
24 *Ibid.*
25 Philip Lee, *Frank: The Life and Politics of Frank McKenna*, Fredericton, Goose Lane Editions, 2001.
26 Cité dans Belkhodja, « Entre la discorde et l'indifférence... », 15.
27 *Ibid.*
28 Presse canadienne, « 1999 : l'année de l'Acadie », *Le Devoir*, 15 janvier 1999, B 4.
29 Paul Arsenault, *De Moncton à Kinshasa*, Moncton, Production Phare-Est, 2013.
30 Philippe Ricard, « Il y a cinq ans, le Sommet de la Francophonie de Moncton », *L'Acadie Nouvelle*, 11 septembre 2004, 4.
31 *Ibid.*

32　Gouvernement du Nouveau-Brunswick, « Forum jeunesse francophone international à Shippagan », communiqué, le 20 mai 1999.

33　Gouvernement du Nouveau-Brunswick, « Sommet / 52 jeunes Canadiens assistent aux délibérations », communiqué, le 3 septembre 1999.

34　Presse canadienne, « Lord appelle au partenariat économique à la Francophonie », L'Acadie Nouvelle, 29 novembre 2004, 2.

35　Marc Cochrane, « L'ambassadrice de Roumanie visitera le N.-B. », L'Acadie Nouvelle, 16 mars 2006, 14.

36　Patrick Lacelle, « David Alward vante le N.-B. en Suisse », L'Acadie Nouvelle, 23 octobre 2010, 10.

37　GD, « Shawn Graham rencontre des chefs d'État africains », L'Acadie Nouvelle, 18 octobre 2008, 5.

38　Radio-Canada, « Le rôle du Nouveau-Brunswick critiqué », Radio-Canada, le 1er novembre 2010 [en ligne : https://ici.radio-canada.ca/nouvelle/492166/nb-role-francophonie].

39　Paul Robichaud cité dans : Philippe Murat, « Sommet de la Francophonie : bilan positif pour le Nouveau-Brunswick », L'Acadie Nouvelle, le 18 octobre 2012, 8.

40　[Sans auteur], « Jean-Guy Rioux au Sommet de la Francophonie », L'Acadie Nouvelle, 9 octobre 2002, 5.

41　Jessica Ébacher, « Graham a invité Sarkozy à venir au CMA 2009 », L'Acadie Nouvelle, 20 octobre 2008, 6.

42　Gouvernement du Nouveau-Brunswick, « Le premier ministre à la tête de la délégation du Nouveau-Brunswick au Sommet de la Francophonie », communiqué, 10 octobre 2008.

43　Alward cité dans Lacelle, « David Alward vante le N.-B. en Suisse », 10.

44　Gouvernement du Nouveau-Brunswick, « Prestation de la troupe Ode à l'Acadie au Xe Sommet de la Francophonie », communiqué, 25 novembre 2004; Gouvernement du Nouveau-Brunswick, « Ode à l'Acadie participera au Xe Sommet de la Francophonie », communiqué, 28 octobre 2004.

45　Patrick Lacelle, « Sommet de la Francophonie : mission accomplie pour le N.-B. », L'Acadie Nouvelle, 25 octobre 2010, 8.

46　Avant 2008, nommée la Société des Acadiens et Acadiennes du Nouveau-Brunswick (SAANB).

47　Mathieu Roy-Comeau, « Brian Gallant ne sera pas du Sommet de la Francophonie », L'Acadie Nouvelle, 9 octobre 2018.

48　Gouvernement du Nouveau-Brunswick, « Participation du premier ministre et de la ministre au 16e Sommet de la Francophonie », communiqué, 21 novembre 2016.

49　Traisnel, Doucet et Magord, « Considérer l'Acadie » et « La considération politique de l'Acadie ».

DEUXIÈME PARTIE

Repenser les frontières de l'Acadie ethnolinguistique

Introduction

Il existe un consensus chez les spécialistes, dont Naomi Griffiths, qu'avant le Grand Dérangement, la vie pionnière des Acadiennes et Acadiens aux marges des empires et des terres ancestrales autochtones aurait influencé l'évolution de cette nouvelle société coloniale. Par conséquent, les communautés acadiennes en émergence auraient adopté un mode d'existence politique basée sur la neutralité et une capacité d'adaptation aux contextes changeants du fait des guerres, des traités et des frontières contestées. En effet, la délimitation officielle de l'Acadie n'a jamais fait de consensus, ni avant ni après le Grand Dérangement. Pourtant, ce qui nous concerne ici dépasse les frontières purement géopolitiques pour interroger celles des communautés ethnolinguistiques plurielles en contact et en évolution. L'anthropologie contemporaine a beaucoup insisté sur la notion de frontières des groupes ethniques, les mécanismes de différenciation entre les membres d'une majorité et d'une minorité, par exemple, ayant autant, sinon plus, d'importance (du moins selon l'influente théorie du Norvégien Fredrick Barth) que le « contenu » culturel dont se réclament ces groupes, c'est-à-dire les traits voulus objectifs comme leur langue, leur folklore, leur nourriture, leurs coutumes, etc. Or, les quatre chapitres réunis dans cette section ont en commun la volonté de contester la constitution même des paramètres de l'identité acadienne. Après tout, nous savons qu'il y a des définitions diverses et, à certains égards, incompatibles de l'Acadie et de l'acadianité. Comment donc les tensions inhérentes à cette donnée sociohistorique se manifestent-elles à travers les époques et dans les domaines de la reproduction identitaire ?

D'une étude à l'autre, nous nous trouvons confrontés à des aspects refoulés de l'expérience acadienne qui ressemblent à autant de fantômes. En s'intéressant à une branche de la famille Guédry avant et après la Déportation, Nicole Gilhuis conceptualise le phénomène des « fantômes coloniaux » qu'elle définit comme « des personnes disparues ou occultées dans les archives officielles (européennes), mais actives dans les espaces autochtones et communs ». Vivant à la périphérie des lieux de pouvoir et parfois adoptés par la communauté mi'kmaw, ces individus ont mené une existence dont les contours, pour peu qu'ils soient lisibles pour nous, viennent troubler les idées reçues sur les catégories identitaires. Si Gilhuis se garde de statuer sur des définitions ou de mobiliser des étiquettes toutes faites, c'est en partie parce que, de nos jours, les débats sur l'identité métisse au Canada sont devenus très politisés, en fonction de conditions politiques récentes. Dans sa comparaison d'œuvres romanesques d'Antonine Maillet et de Régis Brun, Rachel Doherty examine des questions très apparentées, liées ici à la queerité ou aux sexualités non hétéronormatives. Les fantômes dont il s'agit émanent des archives de folklore que les deux écrivains ont exploitées. En traduisant une fascination pour les figures marginales et en privilégiant le personnage de la sorcière, les écrits de Maillet et Brun intériorisent l'influence des cultures voisines, jugées « Autres » dans le discours nationaliste classique.

Ce qui apparaît comme le problème fondamental derrière ces manifestations de la hantise par l'Autre, c'est la production de savoirs sur l'Acadie et le type de savoirs qui déterminent l'acadianité. Pour mieux cerner ces enjeux, Mathieu Wade et Judith Patouma examinent, dans leurs chapitres respectifs, la construction des lieux de l'acadianité. L'étude de Wade, sociologue, porte sur le rapport au territoire – ici, à l'échelle des municipalités du Nouveau-Brunswick – qui institue un rapport à l'identité ethnolinguistique. En subordonnant les réalités de l'environnement naturel et des espaces vécus aux impératifs identitaires, les politiques en faveur de la francophonie consisteraient à « découper le territoire en parcelles d'acadianité et à évacuer de l'analyse les institutions, les acteurs et le discours qui se trouvent à l'extérieur des frontières communautaires ». Il s'agirait donc de repousser, voire de refouler les spectres de l'altérité. Le chapitre de Patouma, sociolinguiste et spécialiste de didactique des langues, nous aide également à repenser l'homogénéité des espaces de la francophonie minoritaire en Acadie. Face à la diversité grandissante de la population qu'elle dessert, les écoles du Conseil scolaire acadien provincial sont appelées à valoriser le patrimoine culturel afin de renforcer l'appartenance au fait francophone. Or, une intervention par une conteuse du Québec connaît des résultats fort différents en milieu urbain, caractérisé par l'apport de l'immigration, et en milieu rural, dans une région traditionnellement acadienne. Il en ressort autant de dissonances sur la façon de raconter l'Acadie : quels récits sont autorisés ? Et à partir de quelles sources ?

En fin de compte, l'apparition de fantômes à plusieurs reprises à travers les siècles, fantômes qui prennent plusieurs formes et qui émanent tantôt des marges et tantôt du cœur même de l'acadianité, souligne la diversité d'une Acadie plurielle contemporaine en émergence, avec tous les défis et horizons nouveaux que suscite une telle transformation.

Lectures proposées

Barth, Fredrik. « Les groupes ethniques et leurs frontières ». Traduit par Philippe Poutignat et Jocelyne Streiff-Fenart, dans *Théories de l'ethnicité*, Philippe Poutignat et Jocelyne Streiff-Fenart, dir. Paris : Presses universitaires de France, 1995, 203-249.

Desjardins, Pierre-Marcel. « Le mythe du miracle économique de Moncton vingt ans après », dans *Nouvelles perspectives en développement régional. Essais en l'honneur de Donald J. Savoie*, sous la direction de Sébastien Breau. Montréal : Presses de l'Université du Québec, 2014, 263-290.

Durand Folco, Jonathan. *À nous la ville ! Traité de municipalisme*. Montréal : Écosociété, 2017.

Griffiths, Naomi E.S. *From Migrant to Acadian: A North American Border People, 1604-1755*. Montréal : McGill-Queen's University Press, 2004.

Hayes, Jarrod. *Queer Roots for the Diaspora: Ghosts in the Family Tree*. Ann Arbor : University of Michigan Press, 2016.

Heller, Monica. *Crosswords: Language, Education and Ethnicity in French Ontario*. Berlin : Boston, De Gruyter Mouton, 1994.

Hornsby, Stephen J. et John G. Reid, dir. *New England and the Maritime Provinces: Connections and Comparisons*. Kingston et Montréal : McGill-Queen's University Press, 2005.

Landry, Rodrigue, Réal Allard et Kenneth Deveau. *École et autonomie culturelle : enquête pancanadienne en milieu scolaire francophone minoritaire, Rapport de recherche*. Gatineau : Patrimoine canadien, et Moncton, Institut canadien de recherche sur les minorités linguistiques, coll. « Nouvelles perspectives canadiennes », 2011.

LeBlanc, Isabelle et Adeline Vasquez-Parra. « Qui sont les subalternes en Acadie ? ». *Repenser l'Acadie dans le monde*, 6 septembre 2020 [en ligne : https://www.repenserlacadie.com/post/qui-sont-les-subalternes-en-acadie-isabelle-leblanc-et-adeline-vasquez-parra].

LeBlanc, Mélanie. *Dans l'accent de la Baie : se construire Acadien dans le sud-ouest de la Nouvelle-Écosse*. Sudbury : Édition Prise de parole, 2021.

Love, Heather. *Feeling Backward: Loss and the Politics of Queer History*. Cambridge : Harvard UP, 2007.

Michaux, Emmanuel. *L'identité métisse dans l'est du Canada : enjeux culturels et défis politiques*. Québec : Presses de l'Université Laval, « Mondes autochtones », 2017.

Paul, Daniel N. *Ce n'était pas nous les sauvages : le choc entre les civilisations européennes et autochtones*. Moncton : Bouton d'Or Acadie, 2020.

Sall, Leyla. *L'Acadie du Nouveau-Brunswick et « ces » immigrants francophones : entre incomplétude institutionnelle et accueil symbolique*. Québec : Presses de l'Université Laval, 2021.

Wade, Mathieu, avec la collaboration de Maurice Basque, Rémi Frenette, Noémie Haché-Chiasson, Gregory Kennedy et Amélie Montour. *De Sikniktuk à Kent : une histoire de communautés au Nouveau-Brunswick*. Québec : Septentrion, 2023.

Whitehead, Ruth Homes et Harold McGee. *The Micmac: How their Ancestors Lived Five Hundred Years Ago*. Halifax : Nimbus Publishing Limited, 1983.

CHAPITRE 5

Réexaminer la diaspora acadienne dans le cadre du Mi'kma'ki : discussion sur la généalogie, l'appartenance à la communauté et les répercussions de la Déportation dans le prisme de la famille Guédry, au XVIIIe siècle

NICOLE GILHUIS
Traduit par Natali Bourret

Ce texte explore l'univers de l'Acadie coloniale et du Mi'kma'ki au XVIIIe siècle dans le prisme du clan Guédry, une famille de colons dont les branches s'étendent à la communauté acadienne et à la communauté mi'kmaq. L'expérience des différents membres de la famille Guédry met en lumière certaines des complexités de l'identification des acteurs historiques avant et pendant le Grand Dérangement, qui débute en 1755. Les spécialistes de l'histoire acadienne se sont demandé si les colons français s'étaient forgé une identité acadienne distincte avant la Déportation, ou si c'était l'expérience collective du Grand Dérangement qui avait entraîné ce sentiment d'altérité[1]. Cette exploration de la famille Guédry nous invite de différentes façons à repenser l'identité acadienne émergente, notamment en réexaminant le rôle des Acadiens qui se sont ouverts à la culture et aux communautés mi'kmaq. En explorant l'expérience de certaines de ces familles en périphérie de l'Acadie, les chercheurs parviennent à reconstituer partiellement la complexité des communautés du Mi'kma'ki et de l'Acadie, reformulant les catégories coloniales pour nuancer la compréhension de l'appartenance à la communauté et de la vie quotidienne dans la perspective plus générale de l'Atlantique.

Cette courte étude invite le lecteur à réexaminer deux notions. Dans un premier temps, nous examinerons le rôle des archives dans le processus de définition du « qui » et du « comment » : c'est-à-dire, « qui » est considéré comme Acadien et « comment » vivait un Acadien. Dans les archives, on trouve davantage de documents sur les personnes dont le mode de vie était plutôt agraire et colonial[2]. Or, la famille Guédry nous montre qu'il existait d'autres pratiques de subsistance dans les familles d'origine européenne de la péninsule, en l'occurrence la pêche et la chasse. La décision d'habiter loin des villages coloniaux et à proximité des communautés autochtones nous pousse aussi à repenser qui étaient les Acadiens et à quoi ils ressemblaient.

Dans un deuxième temps, nous explorerons d'un œil nouveau les frontières malléables de l'appartenance à la communauté en Acadie coloniale et au Mi'kma'ki. Dans les zones frontalières impériales, l'appartenance à une communauté et à une catégorie raciale était généralement fluide, et non catégorique ou antagonique[3]. Les mouvements entre les réseaux autochtones et européens étaient cependant plus importants avant le début des batailles opposant les pouvoirs impériaux et autochtones au milieu du XVIIIe siècle. Dans les années 1720, une période marquée par des hostilités croissantes dans la péninsule, les dirigeants coloniaux et autochtones se sont entendus sur des catégories coloniales de « colons français » et d' « Indiens » ou de « Sauvages ». À cette époque, les tensions menaçant les alliances entre ces communautés s'intensifiaient également. La fluidité des liens unissant ces communautés était plus délicate en dehors des espaces centraux de pouvoir colonial ou autochtone, mais aussi plus complexe à l'échelle individuelle qu'à l'échelle politique[4]. L'expérience de la famille Guédry nous invite à reconsidérer la nature complexe de l'appartenance au Mi'kma'ki et en Acadie.

La famille Guédry est un exemple de ce que j'ai nommé dans d'autres textes les « fantômes coloniaux » du monde atlantique : des personnes disparues ou occultées dans les archives officielles (européennes), mais actives dans les espaces autochtones et communs. En effet, la plupart des membres de la famille Guédry ne figurent qu'ici et là dans les documents historiques acadiens, car la plupart d'entre eux vivaient en territoire mi'kmaq. Ces présences « fantômes » mettent en exergue la réalité des géographies culturelles et politiques de l'Acadie et du Mi'kma'ki, qui se chevauchaient tout en étant distinctes. Il est important de tenir compte du paysage mi'kmaq en parallèle à notre compréhension du contexte colonial en Acadie et en Nouvelle-Écosse. À l'aide de méthodes de reconstitution sociale et de la généalogie familiale, il est possible de suivre la trace de quelques descendants des Guédry dans leurs déplacements avec les Mi'kmaq à Unama'ki/Cap-Breton, puis à K'Taqmkuk/Terre-Neuve[5]. Leur Grand Dérangement n'est pas tout à fait le même que celui des familles acadiennes déportées de Grand-Pré en 1755. En suivant le clan Guédry au fil du XVIIIe siècle, on a l'occasion de repenser les notions d'identité, de famille, ainsi que de la culture en Acadie, au Mi'kma'ki et ailleurs.

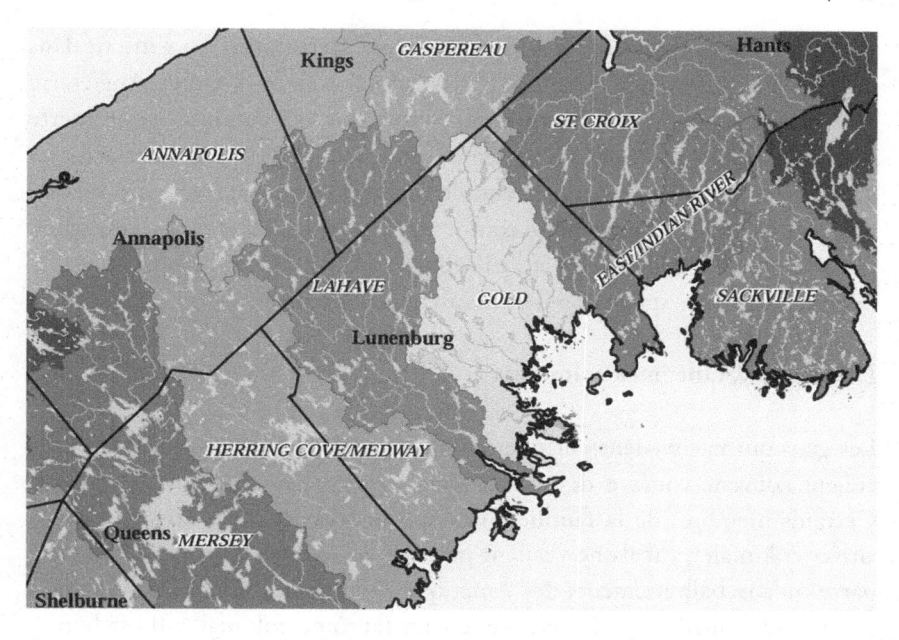

Fig. 5.1 | Carte des principaux bassins versants de la Nouvelle-Écosse (détail), le réseau hydrographique Pijinuiskaq/LaHave étant représenté dans la zone marquée par une flèche.

Survol du contexte historique

Au XVIIIe siècle, de nombreux membres de la famille Guédry vivent à l'embouchure de la rivière Pijinuiskaq/LaHave[6]. Avant l'arrivée des administrateurs de la colonie, cette anse côtière était habitée par les Mi'kmaq[7]. Déjà au XVe siècle, des pêcheurs européens avaient découvert l'endroit et tissé des liens commerciaux avec les populations autochtones locales[8]. En 1632, un poste colonial français est créé à LaHave, mais abandonné deux ans plus tard[9]. Les colons emportent alors leurs pénates de l'autre côté de la péninsule, à Port-Royal. De 1636 à 1710, la colonie acadienne installée le long de la baie de Fundy s'épanouit malgré les conflits impériaux qui continuent de la menacer[10]. C'est en 1710, après le siège de Port-Royal, que les Britanniques décident de prendre possession de la péninsule une fois pour toutes. Ce siège a en outre élargi la zone de tensions dans le territoire mi'kmaq, jusqu'à la rive de la rivière Pijinuiskaq/LaHave[11]. Quand les Français cèdent l'Acadie en 1713 dans le cadre du Traité d'Utrecht, les Britanniques consolident leur position dans la péninsule, intensifiant les tensions avec les Mi'kmaq, notamment ceux qui vivent le long de la rivière Pijinuiskaq/LaHave. Cette situation s'inscrit dans un conflit à plus grande échelle entre les habitants de la Nouvelle-Angleterre et les membres de la confédération des Wabanakis, qui conduira à une guerre dans les années 1720[12]. Dans la présente étude, nous nous concentrerons sur les déplacements des membres de la famille Guédry de 1720 et 1800, une période marquée par l'envenimement du conflit entre les Mi'kmaq et les Britanniques. Dans le contexte de la guerre et de l'expulsion, certains des membres de la famille referont leur apparition dans les archives coloniales.

Les Guédry, fantômes coloniaux[13]

Les gens qui naviguaient entre le monde européen et le monde autochtone étaient souvent voués à devenir ce que j'appelle des fantômes coloniaux. Certains membres de la famille Guédry, par exemple, disparaissent des archives coloniales, car ils ne vivaient pas dans les villages acadiens, mais aussi parce qu'aux balbutiements des Amériques, l'influence impériale était limitée. Claude Guédry, dit Laverdure, est un fantôme colonial[14]. Il est le premier Guédry dont on trouve la trace au Mi'kma'ki en Acadie, débarquant quelque temps avant les années 1680. On ne sait rien de son histoire avant son apparition dans les archives de l'Atlantique Nord, dans les années 1680. Sur les 11 enfants recensés de Claude Guédry et de Marguerite Petitpas, 5 disparaîtront des registres généalogiques acadiens. Aujourd'hui, il demeure des Guédry dont les ancêtres ont survécu à la Déportation et qui se considèrent comme Acadiens, tandis que d'autres vivent un peu partout au Mi'kma'ki, y compris à Terre-Neuve, illustrant bien les divers dénouements possibles du Grand Dérangement. De nombreuses recherches universitaires témoignent de l'existence d'une diaspora acadienne des Antilles françaises à la Louisiane et du Québec au Poitou, mais aucune ne s'est encore penchée sur la grande dispersion de ces colons qui ont choisi de rester et de fuir avec les peuples autochtones[15].

La famille Guédry a vécu aux côtés des Mi'kmaq à LaHave et à Mirliguèche, dans le réseau hydrographique de la rivière Pijinuiskaq/LaHave. Les villages mi'kmaq sont alors situés à la limite des eaux de marée, donnant accès à une formidable biodiversité le long de la rivière[16]. Les Mi'kmaq installent des barrages de pêche en amont et en aval de la rivière, et de petits groupes parcourent cette dernière, y compris vers les espaces côtiers et les lacs intérieurs, à la recherche de nourriture et de matériaux pour le village[17]. Comme nous l'avons vu, il y a à cette époque une présence européenne temporaire, comme en 1632, mais la région est plutôt considérée comme un territoire mi'kmaq[18].

Fig. 5.2 | Barrage de pêche en pierre au Mi'kma'ki.

Des paysages qui se chevauchent sans s'amalgamer

Les villages acadiens autour de la baie de Fundy vivent surtout de l'agriculture dans les marais, et ne se livrent pas à une concurrence directe avec les Autochtones quant aux techniques de pêche et autres utilisations de la côte. Selon John Mack Faragher, le chevauchement de territoires distincts est l'une des raisons qui expliquent la coexistence généralement plus pacifique entre les colons acadiens et les communautés mi'kmaq[19]. Ces dernières avaient tendance à se rassembler à la limite des eaux de marée, qui changeait d'endroit selon la rivière et pouvait se trouver tout près de l'océan ou alors à des kilomètres en amont. Il suffit d'observer la carte de Trudy Sable et Bernie Francis pour comprendre que les communautés mi'kmaq se trouvaient un peu plus loin dans les terres[20]. Bien sûr, les familles qui s'installaient le long du réseau hydrographique de la rivière Pijinuiskaq/LaHave, dont la famille Guédry, étaient encore plus éloignées des villages acadiens autour de la baie de Fundy[21]. Jacques De Meulles, intendant de la Nouvelle-France, a décrit le voyage qu'il a dû faire en ces terres, pénible même avec l'aide de guides autochtones[22]. Au début du XVIIIe siècle, les missionnaires catholiques ont également rapporté que les allers-retours aux communautés mi'kmaq étaient difficiles[23].

Le quotidien le long de la rivière Pijinuiskaq/LaHave est relativement protégé pendant les premières périodes de conflit entre les Français et les Anglais. Les fantômes coloniaux et les familles mi'kmaq pêchent et chassent selon les méthodes traditionnelles mi'kmaq : barrages de pêche, foënes à anguilles et à homards, harpons, pièges de chasse et raquettes, pour n'en citer que quelques-unes. La pêche est abondante, fournissant notamment de l'anguille, du gaspareau et du saumon[24]. Les Autochtones et les colons creusent pour trouver des palourdes, cueillent des baies et chassent le phoque, l'orignal, l'ours et la loutre[25]. Les familles, qu'elles soient mi'kmaq ou françaises, parlent la langue autochtone et participent à des rassemblements mi'kmaq au cours desquels elles dansent, chantent et écoutent les récits mi'kmaq[26]. Les gens nés en Europe apprennent à construire des canots d'écorce et à parcourir le territoire comme le font les Mi'kmaq, ce qui leur permet de visiter les établissements acadiens ainsi que d'autres bandes autochtones, au besoin. Les habitants de LaHave et de Mirliguèche entretiennent des liens avec les grands réseaux commerciaux atlantiques grâce au passage fréquent des commerçants et des pêcheurs le long de la côte.

Les fantômes coloniaux se font discrets dans les archives acadiennes, qui sont composées de diverses sources officielles. Parmi celles qui contiennent des preuves de la présence de la famille Guédry ou d'une présence sur la côte atlantique, on compte entre autres les recensements, les registres paroissiaux et les carnets de voyage. La discontinuité des documents historiques s'explique entre autres par la transition fréquente des régimes français et anglais à Port-Royal. Les administrateurs coloniaux visaient surtout la croissance de la population de colons[27]. Certains de ces documents contiennent des miettes d'information comme « LAVERDURE 35 ans, sa femme 25 ans, et un enfant », ce qui est tout ce dont nous disposons pour la famille Guédry en 1671. Des recensements ultérieurs, dont celui du Sieur de la Roque en 1752, sont plus bavards, contenant notamment les noms, les âges, les professions et le temps passé dans la colonie[28]. Les registres paroissiaux, où l'on consignait les baptêmes, les mariages et les décès, n'existent que s'il y avait un prêtre sur place. Il n'y avait ni église ni prêtre à LaHave, mais certains résidents, dont les Guédry, se rendaient dans des paroisses catholiques pour recevoir des sacrements. En outre, il existe des carnets de voyage donnant un rare aperçu de LaHave et de la région[29].

Heureusement, il existe d'autres sources d'information pour reconstituer les expériences vécues par la famille Guédry au Mi'kma'ki, notamment des cartes, des sources archéologiques et anthropologiques, ainsi que des connaissances transmises sur les pratiques de chasse et de pêche des Mi'kmaq. Un examen de l'ensemble des données d'archives d'un point de vue autochtone et la consultation des dirigeants et des chercheurs mi'kmaq ont révélé d'autres interprétations importantes de cette région du Mi'kma'ki et de la vie de ses habitants. Étant donné que traditionnellement, les historiens ont privilégié les archives eurocentriques et que la communauté acadienne a été reconstruite à l'aide de la généalogie, il n'est pas facile de faire apparaître les fantômes coloniaux. Sur le plan culturel, la disparition historique de ces personnes est logique, puisque la plupart d'entre elles ont choisi de vivre dans une autre ou d'autres communautés après la Déportation. Or, leur absence nous donne une image imparfaite de la vie dans cette région et des conséquences du Grand Dérangement. Les méthodes décrites dans le présent document permettent de mieux comprendre pourquoi certains colons ont choisi de vivre avec leurs voisins mi'kmaq. En effet, en mettant l'accent sur les choix et les actions de la famille Guédry, on révèle la grande diversité de résultats possibles dans le cadre des guerres et des migrations forcées du milieu du XVIIIe siècle.

Vue aérienne de la descendance des Guédry de 1681 à 1800

Claude Guédry, ses enfants et ses petits-enfants ont résidé à LaHave et à Mirliguèche des années 1680 aux années 1740[30]. Des années 1710 à 1740, les havres de LaHave et de Mirliguèche connaissent une hausse de l'achalandage de navires anglais, notamment des navires militaires venus patrouiller près de la côte, ce qui s'explique par une présence britannique croissante après 1710. Cet empiétement britannique au cours du XVIIIe siècle vient transformer la vie des habitants de la côte. Avant 1710, une grande partie de la circulation maritime le long de la côte atlantique du Mi'kma'ki est constituée de bateaux qui transportent des pêcheurs et facilitent le commerce avec les Mi'kmaq[31]. Même si l'industrie de la morue dans la région est assez lucrative pour les pêcheries de la Nouvelle-Angleterre, les pêcheurs ne s'installent pas ici[32]. Ce ne sera plus le cas après la signature du traité d'Utrecht, en 1713, quand l'Acadie est cédée à la Grande-Bretagne. L'expansion territoriale anglaise au Mi'kma'ki a commencé au début du XVIIIe siècle sur la côte atlantique et s'est poursuivie au XIXe siècle. Dans ce processus d'empiétement militaire suivi d'établissement de colonies, les Britanniques entrent en conflit avec les personnes qui vivaient déjà sur ces terres[33]. Les fonctionnaires britanniques adopteront des stratégies distinctes pour conquérir les Acadiens et les Mi'kmaq.

Ce processus de colonisation britannique de 1710 à 1755 va déraciner les communautés le long de la rivière Pijinuiskaq/LaHave. Les hommes de la

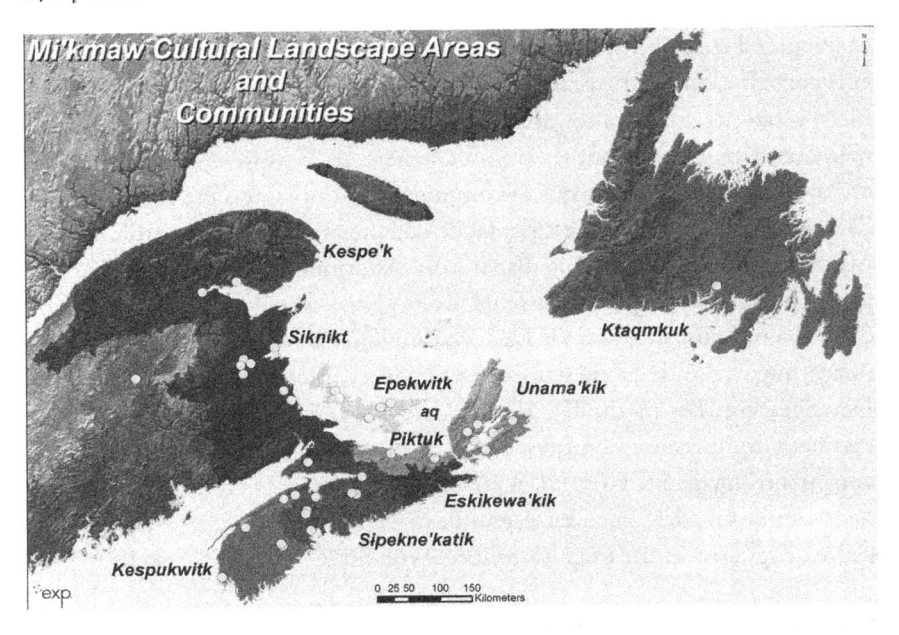

Fig. 5.3 | Carte du Mi'kma'ki.

famille Guédry défendront la côte avec leurs cousins mi'kmaq pendant la guerre de Dummer, de 1722 à 1726. Les comptes rendus des procès qui ont suivi l'un de ces combats nous donnent un précieux aperçu de la place qu'occupaient ces hommes Guédry dans la communauté mi'kmaq de l'époque et de leur volonté d'agir pour défendre le territoire contre les Britanniques[34]. Plus tard, en 1749, le nouveau fort britannique et l'établissement de Halifax à Kjipuktuk, à moins de 100 kilomètres (60 milles) de là augmenteront la pression sur les Mi'kmaq installés le long de la rivière Pijinuiskaq/LaHave[35]. Après une série d'attaques autochtones contre cette nouvelle colonie qui empiète sur des terres ancestrales, les Britanniques commencent à offrir une prime pour les scalps de Mi'kmaqs. Les combats se poursuivent jusqu'aux années 1760, et de nombreux membres de la communauté de la rivière Pijinuiskaq/LaHave choisissent de s'installer à Unama'ki/Cap-Breton. Certains membres de la famille Guédry se réfugieront plutôt parmi les Français près de Louisbourg et, par conséquent, feront de nouveau acte de présence dans les archives coloniales[36]. Ceux qui ont essayé de retourner à Mirliguèche ont été déportés l'année suivante[37]. D'autres personnes proches des communautés mi'kmaq d'Unama'ki/Cap-Breton, et plus tard de K'Taqmkuk/Terre-Neuve, choisissent de rester au sein de la communauté mi'kmaq. Chacun de ces parcours révèle les choix de plus en plus rigides auxquels sont confrontés les membres de cette famille dans ce contexte de resserrement du paysage racial causé par l'armée britannique[38].

À la fin du XVIIIe siècle, les membres de la famille Guédry cherchent à survivre ou à retrouver leurs proches un peu partout dans les régions de l'Atlantique. Ceux qui s'installent à Unama'ki/Cap-Breton et à K'Taqmkuk/Terre-Neuve conservent les traditions autochtones de chasse, de pêche et de commerce le long de l'Atlantique tout en s'intégrant aux populations françaises et anglaises des environs. Ceux qui ont été transportés comme réfugiés vers des zones européennes ou coloniales comme la Caroline du Nord, la France, le Québec et plus tard la Louisiane s'adaptent également aux occasions de travail et aux normes sociales de ces endroits. Cette adaptation prend de nombreuses formes. En Louisiane, certains s'unissent par le mariage à d'éminentes familles britanniques, anglicisent leur nom et adoptent le mode de vie des plantations, y compris le recours à l'esclavage. D'autres demeurent dans la pauvreté, dans de petites fermes familiales[39].

Maintenant que nous avons brossé le portrait de la situation historique, explorons de plus près les parcours de la famille Guédry.

Disparition : décès ou absence de la vie acadienne ?

L'un des défis, quand l'on travaille avec des données généalogiques, est d'arriver à interpréter ce qui s'est passé quand les archives restent muettes. Nous avons perdu la trace de cinq des onze lignées connues des Guédry[40]. Impossible de déterminer leur sort sans de nouveaux renseignements, mais les données qui existent sur ces enfants nous donnent quelques indices.

Les cinq enfants dont on perd la trace sont Jeanne, Claude (Claude l'aîné), Charles, Claude (Claude le jeune) et Joseph. J'estime que même si nous ne pouvons pas affirmer avec certitude leur décès, nous pouvons avancer l'argument plausible que certains d'entre eux ont survécu et ne figurent pas dans les documents historiques parce qu'ils vivaient au Mi'kma'ki et non en Acadie. Puisque les archives s'arrêtent vers 1710 avec la fin officielle du régime français en Acadie, il est possible que ces descendants de la famille se soient enracinés dans la communauté mi'kmaq, s'unissant à des hommes et à des femmes mi'kmaq et ayant des enfants mi'kmaq. En effet, le dernier recensement français de l'Acadie, une région qui comprenait la partie de la côte atlantique où vivait la famille Guédry, est réalisé en 1708. On l'appelle parfois le « recensement des Indiens », car il y a eu une tentative d'inclure les Mi'kmaq en plus de la population de colons[41]. Il faut ensuite attendre jusqu'à 1752 pour retrouver une mention de nombreux membres de la famille Guédry, dans un recensement à l'Île-Royale qui inclut les noms des récents migrants français qui reçoivent des rations pour pouvoir s'installer[42]. Pendant cette période de plus de 40 ans, les enfants mentionnés en 1708 ont eu le temps de grandir, de se marier et de voir leurs propres enfants devenir des adultes. Autrement dit, l'absence de données de recensement ne suppose pas un décès, mais simplement l'ignorance impériale de ce qui se passait dans la vie de ces gens.

En fait, il existe un acte de baptême qui permet de conclure que certains des enfants « fantômes » de la famille Guédry étaient bel et bien vivants et habitaient parmi les Mi'kmaq. Joseph Guédry figure dans deux recensements, soit en 1698 à l'âge de trois ans et en 1708 à l'âge de dix ans. Et bien qu'aucun acte de baptême n'ait été retrouvé pour Joseph, ce dernier est nommé dans les archives comme parrain de Paul Dugas, en 1725. Ce document rédigé à Port-Royal indique que Joseph est toujours résident de Mirliguèche, sur la côte[43]. Malheureusement, les rares archives des missionnaires catholiques qui ont visité la région ne mentionnent pas d'autres enfants Guédry. Il faut dire que les prêtres consignaient rarement les noms quand ils administraient les sacrements aux populations autochtones[44], et ils considéraient peut-être que les gens comme Joseph Guédry étaient devenus autochtones. Nous savons que d'autres Acadiens ont célébré des baptêmes et des mariages laïcs en l'absence de prêtres, notamment un baptême laïque célébré par Claude Guédry à Boston en 1723[45]. Les vastes recherches sur la mortalité en Acadie étayent l'hypothèse selon laquelle au moins quelques-uns des enfants de la famille Guédry qui ont disparu des archives coloniales ne sont pas décédés. Les familles acadiennes avaient un très bon taux de survie jusqu'à l'âge adulte. En outre, Gisa Hynes évoque la possibilité que les personnes dont le nom ne figure pas au registre des sépultures soient simplement retournées en France ou aient migré vers une autre colonie[46].

En ce qui concerne la communauté autochtone, on peut faire valoir qu'un grand nombre d'enfants mi'kmaq survivaient jusqu'à l'âge adulte au XVIIIe siècle. L'historien David L. Ghere a constaté une bonne survie démographique chez les Abénakis voisins malgré des guerres fréquentes[47]. De surcroît, les historiens Paul-André Dubois et Maxime Morin ont démontré que la population mi'kmaq est restée stable de 1688 à 1722, et qu'elle a même augmenté au milieu du XVIIIe siècle[48]. Ghere explique que la dispersion des sociétés de chasseurs-cueilleurs était une forme de protection contre les épidémies[49]. Autrement dit, contrairement à ce qu'on pourrait penser de prime abord, la population autochtone n'a pas connu un déclin continu. Bref, il y a tout lieu de croire que certains de ces cinq enfants Guédry ont survécu jusqu'à l'âge adulte et qu'ils vivaient au Mi'kma'ki.

Joseph, qui a 30 ans lorsqu'il est consigné comme parrain en 1725, avait probablement quelques frères qui vivaient avec lui ou dans les environs. Dans le recensement de 1708, on apprend que Charles est âgé de 21 ans, alors que Claude l'aîné (né en 1682) et Claude le jeune (né en 1694) ont 16 ans la dernière fois qu'on les retrouve dans les archives[50]. Ils avaient donc tous survécu à l'âge où la mortalité juvénile est un risque. La dernière, Jeanne, n'est connue que par son acte de naissance, un indice de plus de son appartenance aux Mi'kmaq. En effet, sa mère était une femme autochtone nommée Kesk8a qui vivait à Chignectou (ou Beaubassin, pour les Acadiens)[51]. Elle n'est mentionnée dans aucun autre document historique, à notre connaissance. Jeanne a sans doute été élevée par sa mère au Mi'kma'ki. De façon générale, pendant le Grand Dérangement, on peut retrouver cinq lignées de Guédry qui vivent au Canada atlantique ou au Mi'kma'ki, quatre familles déportées ou réfugiées ailleurs dans le monde atlantique (au Québec, dans les colonies américaines, en Angleterre, en France ou en Louisiane) et une possible descendance des deux Claude, dont on n'a aucune preuve, mais qui vivaient peutêtre avec les Mi'kmaq.

Mes recherches tendent à démontrer que ces lignées généalogiques ont eu des parcours distincts et se sont sans doute déplacées ensemble (à quelques exceptions près). Par exemple, Françoise Guédry, née en 1703 et mariée à Jean Lejeune en 1725, a été déportée en France en 1759[52]. Ceux qui ont survécu au voyage jusqu'en France (de nombreux membres de cette famille sont décédés pendant la traversée) se sont déplacés en tant qu'unité familiale une fois rendus[53]. Certains d'entre eux se sont ensuite rendus en Louisiane lors des migrations de 1785[54]. Ce parcours est semblable à celui de Claude Guédry, qui était marié à Anne Lejeune[55]. Tous deux ont également été déportés avec leurs enfants à Saint-Malo, en France, en 1759, et tous ceux qui étaient encore en vie ont ensuite fait la traversée vers la Louisiane[56]. Ces deux exemples illustrent la manière dont ces groupes familiaux semblent avoir pris des décisions en tant qu'unité, malgré l'incertitude occasionnée par la Déportation. Bien sûr, le Grand Dérangement a aussi été source de division au sein des familles. Par exemple, Pierre dit Grivois, né vers 1698, a eu des enfants qui se sont retrouvés à différents endroits de l'Atlantique[57]. Marie-Joseph, Pierre et Marguerite sont envoyés en France, tandis que Jean dit Labrador dit Labine finit au Québec. Charles, Joseph et Jean-Anselm sont déportés en France, mais font ensuite le voyage pour s'installer en Louisiane. Augustin, lui, reste en Nouvelle-Écosse.

Des descendances mi'kmaq ?

Il y a cinq lignées de descendants Guédry (Jeanne, Claude, Claude, Charles et Joseph) qui sont vraisemblablement restées au Mi'kma'ki après les guerres anglo-mi'kmaqs et les bouleversements de la Déportation. Étant donné les liens familiaux avec la communauté mi'kmaq de la région, révélés dans deux procès (le procès pour piraterie de 1726 et le procès de Marguerite Guédry visant à annuler son mariage avec l'officier français Chevalier de la Noue), il est probable que ces personnes aient fait leur vie parmi les Mi'kmaq. Si tel est le cas, leur présence dans les archives de recensement est la même que celle des Mi'kmaq au début du XVIIe siècle, c'est-à-dire pratiquement inexistante[58]. La plupart de ces cinq personnes auraient eu la soixantaine ou plus lors de la Déportation, ce qui signifie qu'elles auraient pu décéder avant que celle-ci se produise. Il ne fait aucun doute que certaines d'entre elles ont eu des enfants qui vivaient au Mi'kma'ki. Et si ces cinq lignées sont introuvables dans les archives françaises et britanniques, il existe tout de même quelques traces des liens qu'ont tissés les Guédry au Mi'kma'ki.

Marie Guédry est un fantôme colonial de LaHave, au Mi'kma'ki. Née vers 1712, Marie vient d'une lignée familiale avec une présence soutenue en Mi'kma'ki[59]. Le mariage de Jean-Baptiste Guédry et de Madeleine Mius d'Azi, les parents de Marie, indique qu'il y avait un désir de poursuivre dans la voie de cette vie culturelle familiale commune au Mi'kma'ki. Ce détail est important, car son père et son frère, tous deux prénommés Jean-Baptiste, sont les hommes de la famille Guédry qui ont défendu le havre aux côtés de leurs proches mi'kmaq et qui ont subi un procès pour piraterie en 1726[60]. Jean-Baptiste et son fils, Jean-Baptiste cadet, seront pendus à Boston pour leur rôle dans la lutte contre les Britanniques. Marie Guédry, elle, restera à Mirliguèche.

Marie Guédry et son mari, Germain Lejeune, ont surmonté les pressions de l'empiétement britannique grâce à des déménagements successifs qui leur ont permis de demeurer au Mi'kma'ki, bien que loin de leur foyer d'origine. Marie et Germain se sont mariés en 1735 et ont eu au moins cinq enfants de 1736 à 1749[61]. Alors que les Britanniques établissent leur présence militaire à Halifax, juste en amont de LaHave, Marie et sa famille fuient la violence croissante dans la région. Marie et Germain emmènent leur famille à l'île Saint-Jean, aujourd'hui l'Île-du-Prince-Édouard[62]. Ils n'y restent pas longtemps, déménageant à Unama'ki/Île-Royale en 1750. Marie et ses enfants figurent pour la première fois dans un recensement français en 1752, dans la colonie française de la Baie-des-Espagnols, soit l'emplacement actuel de Sydney, au

Cap-Breton[63]. Puis, en 1771, le prêtre Charles-François Bailly fait mention de Germain et de Marie à La Petite Brador, Caraquet, dans ce qui deviendra le Nouveau-Brunswick[64]. Ces traces dans les archives coloniales indiquent que Marie et sa famille sont restées dans les territoires contrôlés par les Français et les Autochtones et ont probablement échappé à la Déportation. Toujours dans le recensement de 1752 à la Baie-des-Espagnols, on trouve certains des enfants de Marie et Germain, dont Chrysostome Lejeune dit Briard, Paul Lejeune dit Briart et Joseph Lejeune, cadet de Germain et de sa première épouse. Ces trois fils ont laissé des traces de leur évasion du contrôle européen, se forgeant un nouveau chemin vers K'Taqmkuk/Terre-Neuve.

Joseph Lejeune est le seul des trois fils susmentionnés ci-dessus à subir la Déportation. Il sera déporté vers La Rochelle en 1759, mais reviendra à Unama'ki/Cap-Breton avant 1772[65]. Quand la guerre de Sept Ans prend fin, les Acadiens sont autorisés à retourner en Nouvelle-Écosse, mais ne peuvent récupérer leurs terres qu'à Cap-de-Sable et à l'Isle Madame[66]. L'une des descendantes de Joseph, Heather Young, énumère dans un billet de blogue ses « grands-pères mi'kmaq », à commencer par Pierre Lejeune, le père de Germain. Elle écrit également que Joseph, ou Old Joe, est devenu un patriarche bien-aimé des familles mi'kmaq de Terre-Neuve. Elle mentionne Pierre, Germain, Joseph (Old Joe), François, son frère Gabriel, John, John Henry et John Rober[67]. Joseph Lejeune était retourné au Cap-Breton. Son fils François y est né en 1772. François a eu des terres à Little Bras d'Or, mais à ce moment-là, son nom de famille est déjà anglicisé. Il est maintenant un Young, et non un Lejeune[68]. Notons que de nombreux noms mi'kmaq et français ont été anglicisés par les Britanniques après les années 1760. Dans *Family names of the Island of Newfoundland*, E.R. Seary et William Kirwin citent quelques-uns de ces changements de nom, soit de Aucoin à O'Quinn, de Benoit à Bennett, de Le Blanc à White et de Le Jeune à Young[69]. Le même phénomène s'est produit en Nouvelle-Écosse, où deux Young sont mentionnés dans le recensement des Mi'kmaqs de Nouvelle-Écosse de 1881[70].

Chrysostome, le deuxième fils Lejeune de la liste, était aussi étroitement lié aux descendants de Joseph. Le généalogiste Stephen White écrit : « Chrysostome a eu au moins six enfants, dont quatre ont épousé les enfants de Joseph, le demi-frère de leur père (au grand désarroi du pieux missionnaire François Lejamtel, qui a pris connaissance des faits au milieu des années 1790) [traduction libre][71]. » Cette disparition des hommes Guédry/Lejeune dans les archives est à l'image de celle de leurs grands-parents. Après avoir laissé sa trace dans les archives de la Baie-des-Espagnols en 1752, à l'âge de 12 ans,

Chrysostome fait de nouveau apparition dans les documents historiques lorsqu'il célèbre son mariage à l'église, en 1771[72]. Ces mariages laïcs bénis ultérieurement par l'Église sont ceux de Chrysostome Lejeune et de Louise Galand, de Germain Lejeune et d'Anne la Sonde et de Paul Lejeune et d' « Helene fille de Joseph et Jeanne mikmaks » (Hélène, fille de Joseph et Jeanne, Mi'kmaqs)[73]. De cette union entre Chrysostome et Louise naîtront un certain nombre d'enfants, dont certains s'installeront dans l'ouest de Terre-Neuve au milieu des années 1820[74].

Le troisième frère, Paul, est aussi considéré comme un patriarche mi'kmaq à Terre-Neuve. Quand le père Bailly consigne le mariage de Paul et d'Hélène en 1771, il décrit Hélène comme « Helene fille de Joseph et Jeanne mikmaks[75] ». Il est également intéressant de noter que le fils de Paul, François, s'appelait François Paul, et non François Lejeune ou Young. Il s'agit d'une pratique traditionnelle mi'kmaq selon laquelle le fils adopte le prénom de son père comme nom de famille[76]. Le nom de famille Paul est inclus dans la section des Mi'kmaq de Terre-Neuve dans l'étude de Seary et Kirwin sur les noms de ce territoire[77].

Comme le démontre la brève biographie de ces trois frères, de la fin du XVIIIe siècle au début du XIXe siècle, une partie de la communauté mi'kmaq migre de Unama'ki/Cap-Breton vers K'Taqmkuk/Terre-Neuve. Cette migration s'explique entre autres par l'arrivée des colons anglais dans la région et les répercussions sur les activités de chasse, de pêche et de trappage. Dans « Micmac Migration to Western Newfoundland », Dennis Bartels et Olaf Uwe Janzen expliquent que les Mi'kmaq du Cap-Breton étaient déjà capables de se rendre à Terre-Neuve avant l'arrivée des Européens. Grâce à des données archéologiques et archivistiques remontant au XVIe siècle, Charles A. Martijn a pu cartographier le territoire des Mi'kmaq de l'est, qui comprend l'ouest et le sud de K'Taqmkuk/Terre-Neuve[78].

Puis, dans les années 1760, la présence des colons anglais au Cap-Breton devient un problème pour les Mi'kmaq locaux. Notons qu'en 1768, il y a déjà 10 000 colons anglais en Nouvelle-Écosse, et les Mi'kmaq d'Unama'ki/Cap-Breton demandent la fin de la colonisation anglaise sur l'île[79]. En réponse à la demande des Mi'kmaq, un traité est conclu avec un chef mi'kmaq à Unama'ki en 1779. Ce traité accorde aux Mi'kmaq une « parcelle de terre stérile dans la baie St. George's et la permission au chef d'amener autant de ses compatriotes » avec lui[80]. Bartets et Janzen ajoutent que c'est l'une des bandes mi'kmaq du Cap-Breton qui a fait la traversée vers la baie St George, sous la direction de Jeannot Pequidalouet[81].

Des facteurs tels que l'arrivée d'immigrants anglais et écossais sur l'île et la raréfaction du gibier sont à l'origine d'une vague de migration des Mi'kmaq vers K'Taqmkuk/Terre-Neuve, dont fera partie Jacques Lejeune, à la fin du XVIIIe siècle et au début du XIXe siècle. Il aura suffi de quelques dizaines d'années pour que la présence britannique au Mi'kma'ki transforme le paysage politique et culturel des régions ainsi que leur accès aux lieux de chasse et de pêche traditionnels. Les Français étant partis, le colonialisme britannique a adopté un nouveau rythme, ce qui force de nombreux Guédry et d'autres familles à se déplacer. Deux siècles de contact avec les Européens et l'établissement subséquent des Anglais à Unama'ki/Cap-Breton ont fait chuter la population mi'kmaq de l'île à environ 500 personnes en 1847[82]. Divers efforts communautaires de survie ont été faits pour contrer ce déclin de la population mi'kmaq au Cap-Breton, y compris une vague de migration vers K'Taqmkuk/Terre-Neuve, où la chasse et la pêche étaient généreuses, et les Anglais peu nombreux[83]. L'afflux de colons écossais sur l'île de 1815 à 1838 a été pour de nombreuses familles le facteur décisif du déménagement. Au cours de ces 23 années, près de 30 000 colons écossais sont arrivés[84]. Cette crise démographique et de ressources a vu de nombreuses familles mi'kmaq se déplacer vers les rives de Nujio'qon/baie St George, Kutapsku'j/Stephenville Crossing et Tepot Kwesawe'kewei/Clam Bank Cove[85]. Jacques Lejeune était l'un de ces migrants dans les années 1820, pendant la période de colonisation écossaise au Cap-Breton.

Certes, des facteurs contraignants ont poussé certaines bandes mi'kmaq à quitter Unama'ki/Cap-Breton, mais il faut aussi dire que leurs terres d'accueil à K'Taqmkuk/Terre-Neuve comportaient quelques avantages, notamment l'abondance de gibier et de produits de la mer, qui leur ont permis de rétablir les pratiques de subsistance de leur communauté. L'ouest de la baie Fortune, c'est-à-dire la majeure partie de la côte sud de K'Taqmkuk/Terre-Neuve, regorgeait de gibier et était relativement à l'abri de l'ingérence des Britanniques et des Français en raison de son éloignement physique et législatif des centres administratifs comme St John's, Placentia et Louisbourg[86]. Ainsi, en s'installant dans cette région, les Mi'kmaq ont pu renouer avec deux aspects importants de leur vie au Cap-Breton, et les fantômes coloniaux qui peuvent être retracés dans le « sud » du Mi'kma'ki devaient aussi apprécier l'abondance de gibier et de produits de la mer ainsi que la distance de l'interférence européenne. Un guide mi'kmaq du nom de Joseph Sylvester, qui voyageait avec William E. Cormack, un philanthrope anglais qui a exploré Terre-Neuve en 1822, décrit l'abondance du gibier dans ces régions, et en particulier à

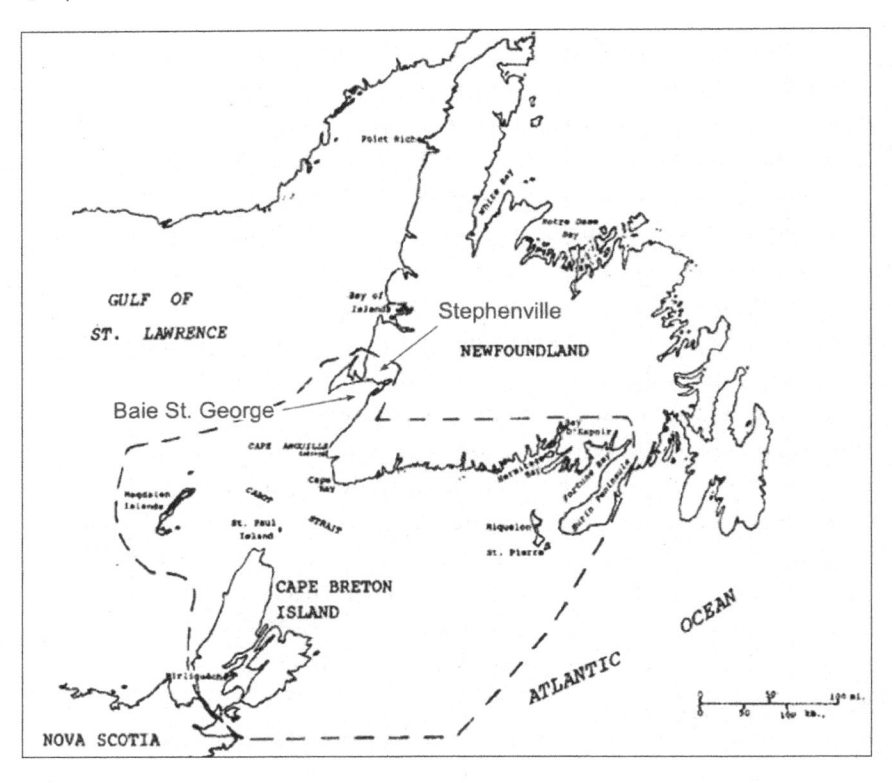

Fig. 5.4 | La carte de Dennis Bartels illustre la migration des Mi'kmaqs vers l'ouest de Terre-Neuve et indique les emplacements de Tepot Kwesawe'kewei/Clam Bank Cove (flèche supérieure). Kutapsku'j/Stephenville Crossing et Nujio'qon/baie St George sont tous deux dans l'anse marquée par la deuxième flèche.

Nujio'qon/baie St George, où les bandes du Cap-Breton s'étaient installées. Sylvester raconte à Cormack qu'il est venu « à Terre-Neuve, ayant entendu dire que c'était un meilleur pays de chasse que le sien et qu'il était maintenant en route pour chasser de la baie St George's à la baie d'Espoir pour y passer l'hiver avec les Indiens [traduction libre][87] ». Les forêts et les eaux de Nujio'qon/baie St George et les environs offraient suffisamment de ressources pour subvenir aux besoins des communautés et leur permettre d'échanger des fourrures contre des fusils, des munitions, des vêtements et des provisions avec les Français de Saint-Pierre ou les pêcheurs anglais de la côte sud, dans la baie d'Espoir et la baie Fortune, dès la fin du XVIIIe siècle[88].

L'anthropologue Angela Robinson a étudié les Mi'kmaq de l'ouest de Terre-Neuve et note la présence de francophones et de personnes d'origine française parmi eux. « On parlait couramment français sur la côte ouest de Terre-Neuve, y compris près de la baie St George's. Un généalogiste de la région a fait remarquer qu'il est difficile de distinguer les populations francophones de la région, car certains Mi'kmaq ont des ancêtres français et d'autres non. Beaucoup d'autres sont décrits à juste titre comme des Mi'kmaq francophones, et non des Français mi'kmaq [traduction libre][89]. » L'anthropologue ajoute que la baie St George était une région plutôt marginalisée sur le plan économique parce que ses habitants étaient « visiblement des Indiens[90] ».

En retraçant les fantômes coloniaux du Mi'kma'ki du sud (Nouvelle-Écosse) jusqu'à K'Taqmkuk (Terre-Neuve) en passant par Unama'ki (Cap-Breton), nous réunissons deux domaines de recherche auparavant distincts. Les spécialistes de l'histoire acadienne étudient les Européens dans le monde atlantique, tandis que les spécialistes de l'histoire autochtone retracent le mouvement des communautés mi'kmaq le long du détroit jusqu'à K'Taqmkuk/Terre-Neuve. Or, il ne faut pas oublier les familles qui appartenaient en quelque sorte aux deux communautés et qui révèlent une géographie culturelle et politique beaucoup plus complexe que nous le croyions en Acadie, en Nouvelle-Écosse ou au Mi'kma'ki. La diversité des choix et des expériences au sein du clan Guédry n'est qu'un exemple de ce phénomène.

Complément portant sur l'approche généalogique

Les travaux de recherche qui sous-tendent *Repenser l'Acadie dans le monde* illustrent bien comment l'Acadie a été et continue d'être renouvelée et repensée. Ce texte propose une nouvelle approche de la généalogie acadienne. Il n'est pas surprenant, compte tenu du Grand Dérangement et de la diaspora qui en est le fruit, que les chercheurs aient mis l'accent sur la généalogie et la reconstitution des familles dans le domaine des études acadiennes. Toujours à la recherche de cousins perdus et en train de raconter des histoires du passé de l'Acadie et des familles fondatrices, de nombreuses tantes acadiennes se souviennent d'avoir présenté d'autres Acadiens en égrainant les noms : « Charles à Paul à François... ». Bon nombre de ces pratiques généalogiques qui renforcent la culture acadienne sont reprises dans l'orientation des recherches du domaine de l'histoire acadienne. Des archives ont été réunies pour reconstituer l'histoire de ces familles et retracer leurs origines en Acadie et leur parcours pendant et après le Grand Dérangement.

Le présent article ne suggère pas d'abandonner les approches généalogiques traditionnelles des études acadiennes. Il préconise plutôt une interprétation plus souple et plus complète qui inclut la culture et la géographie. Rappelons également que les études généalogiques peuvent désormais compter sur un outil relativement nouveau, soit les analyses d'ADN. Cet outil a été utilisé avec beaucoup de succès dans les études généalogiques acadiennes, mais il présente certaines limites dans la chasse aux fantômes coloniaux chez les Mi'kmaq. En effet, principal bémol, l'ADN ne peut faire la lumière sur les questions de culture et d'appartenance communautaire. Ces analyses peuvent certainement retracer une histoire de filiation, mais si les chercheurs s'en servent comme seul moyen de comprendre ces familles, ils pourraient sans le vouloir simplifier exagérément les dynamiques et les formations culturelles et sociales de l'époque. Outre les questions de descendance et de lignée, les familles sont formées par les liens communautaires qu'elles tissent et par la culture et le contexte au sein desquels elles évoluent. En tenant compte de facteurs comme le lieu de résidence, le milieu culturel et les liens étroits, on peut trouver de précieux indices sur la culture qui a façonné ces familles.

Ce chapitre explore l'exercice de repenser l'histoire acadienne dans le prisme de l'expérience d'un seul clan. Les différentes branches du clan Guédry et l'expérience qu'elles ont vécue élargissent la définition de qui était Acadien et de ce que cela signifiait. En outre, elles nous permettent de mieux comprendre l'éventail des résultats et des conséquences possibles du Grand Dérangement dans le monde atlantique, notamment en ce qui concerne les migrations et les territoires autochtones. Même si les définitions d'Acadien, d'Anglais et d'Autochtone sont devenues plus catégoriques et entraînent de plus grandes conséquences sociales au XVIIIe siècle, les familles et les membres qui les composent ont trouvé des moyens de contourner ou de manipuler ces étiquettes coloniales. La famille Guédry en est un bon exemple. En effet, la diversité des parcours de ses membres illustre ces possibilités divergentes.

Lorsque la recherche historique ne comprend que des documents d'archives, omettant les sources culturelles et non écrites, cet ensemble de données autosélectives réduit l'information dont nous disposons, ne nous laissant que des documents écrits truffés d'identifiants coloniaux conscients et inconscients qui cherchent à faire des distinctions : le nous, les autres, l'allié, l'ennemi. Lire à contre-courant des archives, mais aussi sortir des dépôts d'archives, nous permet d'inclure d'autres ensembles de données qui peuvent contribuer à une nouvelle interprétation de la période coloniale. Les humains ont toujours été complexes et ont toujours entretenu une diversité de liens, de pratiques et de croyances qui peuvent ou non appartenir à des catégories précises. Les fonctionnaires coloniaux, et même les générations subséquentes, ont essayé de comprendre leurs ancêtres dans le prisme de catégories familières et, dans le cas qui nous concerne, familiales. Certains membres de la famille Guédry ont été déportés et ont donc vécu l'une des expériences marquantes de l'identité acadienne. D'autres ont esquivé les Britanniques et ont entretenu les modèles d'appartenance auxquels ils s'étaient habitués au sein de la communauté mi'kmaq. Ils n'étaient probablement pas les seuls. Jusqu'à présent, les études généalogiques acadiennes nous ont fourni de vastes connaissances sur les personnes qui habitaient les espaces coloniaux, mais elles ont aussi occulté par inadvertance les communautés mi'kmaq et les personnes qui choisissaient de vivre parmi celles-ci. Or, il est possible de rendre l'histoire plus inclusive.

Une histoire plus inclusive permettrait d'ailleurs d'éclairer, et peut-être même de transformer le débat politique actuel tendu sur les identités et les droits des Acadiens, des Mi'kmaq et des Métis. Cette importante discussion a une énorme incidence sur les communautés d'aujourd'hui, et illustre l'importance de l'interprétation historique et de la mémoire collective. La présente recherche ne cherche pas à définir les identités mi'kmaq ou acadiennes d'aujourd'hui ou à faire valoir des arguments sur celles-ci, ni à trouver des preuves de la présence de Métis parmi la famille Guédry. J'avais plutôt l'intention de suggérer de nouvelles façons de réaliser des recherches inclusives afin d'alimenter ces débats. À partir de cet aperçu de l'expérience d'un clan, il se dégage que l'inclusion de certains parcours moins étayés peut révéler une image plus complète et plus complexe des déplacements qui ont eu lieu pendant et après le Grand Dérangement. Certaines branches se sont retranchées dans des communautés coloniales, diasporiques ou autochtones, tandis que d'autres ont appartenu à toutes ces catégories. D'autres encore se sont séparées du tronc au fil du temps. Certaines ont été déplacées dans d'autres régions de l'Atlantique et ont pu s'adapter, comme d'autres réfugiés. D'autres ont pu éviter la Déportation et ont entretenu des liens solides au sein de la communauté mi'kmaq, ou se sont rendues dans d'autres colonies françaises. Par exemple, malgré la déportation de son père, François Paul est retourné au Cap-Breton lorsqu'il en a eu la possibilité, et ses descendants ont continué à vivre parmi les Mi'kmaq. D'autres, peut-être moins bien intégrés à la société autochtone, se sont retrouvés en France ou dans les colonies américaines, inspirant d'autres rassemblements et adaptations communautaires. Malgré leur discrétion dans les archives officielles et l'historiographie traditionnelle, les fantômes coloniaux ont beaucoup à nous apprendre sur l'Acadie et le monde atlantique.

Notes

1   Ce texte et la recherche qui le sous-tend n'auraient pas été possibles sans le soutien exceptionnel de l'équipe de Repenser l'Acadie dans le monde. Le duo formé de Clint Bruce, professeur agrégé de l'Université de Saint-Anne, directeur de l'Observatoire Nord/Sud et codirecteur du projet Repenser l'Acadie dans le monde, et de Gregory Kennedy, professeur agrégé à l'Université de Moncton, directeur scientifique de l'Institut d'études acadiennes et codirecteur du projet Repenser l'Acadie dans le monde, a réuni un groupe de recherche hors pair. Grâce à l'équipe même et aux séances de consultation entourant nos travaux, il a été possible de perfectionner la présente recherche au fil des commentaires et des révisions successives. Il est difficile d'imaginer deux chefs d'équipe plus aimables et plus passionnés que ces deux-là. L'ambiance de partage et de collégialité qu'ils ont créée est à l'origine de l'excellente recherche présentée dans cet ouvrage. C'est un honneur que de faire partie de leur équipe.

    Je tiens également à exprimer ma sincère gratitude à ma directrice de thèse, Carla Pestana, historienne à UCLA. Votre enthousiasme, vos connaissances et vos questions inspirantes m'incitent toujours à remonter jusqu'aux sources en essayant de trouver la vision d'ensemble qui réunit toutes les histoires qu'elles racontent. Merci d'avoir lu les versions préliminaires de cette recherche. John Reid, historien à l'Université Saint-Mary's : vos idées, votre expertise et votre cœur charitable m'ont inspirée pendant mes travaux. Les liens que vous avez su établir dans le cadre de nos projets et le degré de précision que vous avez apporté à ma réflexion sur les Abénakis et les Mi'kmaq m'ont aidée à m'y retrouver dans les empêtrements des relations autochtones et impériales. Michelle Landry, sociologue de l'Université de Moncton (campus de Shippagan) : votre lecture attentive de mon texte et le dialogue qui a suivi m'ont aidée à préciser mon argument et à reformuler mes idées en matière d'identité. Les séances de groupe de notre collectif de recherche m'ont été d'une aide précieuse dans l'élaboration des idées présentées dans le présent document. Je remercie aussi toutes les personnes qui ont contribué à ce volume; j'ai beaucoup appris grâce au dialogue et à leurs propres articles.

    Merci aussi aux généreux organismes et bailleurs de fonds qui appuient le collectif, soit le CRSH, l'Institut canadien de recherche sur les minorités linguistiques et l'Institut de recherche Gorsebrook, ainsi qu'à l'Université de Saint-Anne et l'Université de Moncton pour leur soutien. Merci également à l'équipe de soutien qui a coordonné les appels sur Zoom, les repas, l'hébergement et tous les petits détails de nos conférences. Enfin, je tiens à remercier Aaron, mon merveilleux partenaire, qui a été le spectateur des innombrables versions du projet et de mes intarissables fragments d'idées.

    Pour en savoir davantage sur l'identité acadienne, voir Naomi E.S. Griffiths, *From Migrant to Acadian: A North American Border People, 1604-1755*, Montréal et

Kingston, McGill-Queen's University Press, 2004; Jean-François Mouhot, *Les réfugiés acadiens en France, 1758-1785 : l'impossible réintégration?*, Québec, Septentrion, 2009; Gregory Kennedy, *Une sorte de paradis paysan? Une comparaison des sociétés rurales en Acadie et dans le Loudunais, 1604-1755*, Québec, Septentrion, 2021.

2 Pour en savoir davantage sur la vie en Acadie, voir Griffiths, *From Migrant to Acadian*; Kennedy, *Une sorte de paradis paysan?*; John Mack Faragher, *A Great and Noble Scheme: The Tragic Story of the Expulsion of the French Acadians from Their American Homeland*, New York, W.W. Norton & Company, 2005.

3 Dans les archives coloniales, on trouve des termes comme « habitants », « Français » et « Sauvages » ou alors des variantes de « Mi'kmaqs » pour décrire les habitants de la péninsule.

4 La notion d'espaces de pouvoir d'Elizabeth Mancke nous offre un cadre utile pour comprendre la diversité de groupes et de réseaux qui sillonnent la région. Voir « Spaces of Power in the Early Modern Northeast » dans *New England and the Maritime Provinces: Connections and Comparisons*, sous la direction de Stephen J. Hornsby et John G. Reid, Montréal et Kingston, McGill-Queen's University Press, 2005, 32-49 et 330-334.

5 Michelle Mathews et Angela Robinson, *Newfoundland Mi'kmaq Place Names: Ktaqmkuk: Across the Waters*, Corner Brook, Qalipu First Nation, 2018 [en ligne : https://qalipu.ca/qalipu/wp-content/uploads/2018/11/Ktaqmkuk%20Handbook.pdf].

6 Les Mi'kmaq donnent à cette région le nom de Pijinuiskaq, ce qui signifie « qui a de longues articulations ou branches ». En 1632, les Français bâtissent un fort à l'embouchure de la rivière et nomment la région LaHave. Le fort est en grande partie abandonné en 1636, mais les Français continuent à revendiquer la région pour la France en y laissant quelques familles ou personnes d'origine française. Dans le présent document, nous désignerons la région à la fois par son nom autochtone et son nom colonial, c'est-à-dire Pijinuiskaq/LaHave, quand nous parlerons des communautés de la région. Le nom LaHave sera utilisé pour désigner le poste français à l'embouchure de la rivière. Voir Tim Bernard, *Ta'n Weji-squalia'tiek: Mi'kmaw Place Names* [en ligne : https://qalipu.ca/qalipu/wp-content/uploads/2018/11/Ktaqmkuk%20Handbook.pdf, dernière modification en 2022].

7 Roger Lewis, *Pre-Contact Fish Weirs: A Case Study from Southwestern Nova Scotia*, mémoire de maîtrise, St John's, Université Memorial de Terre-Neuve, 2006. Ouvrages plus généraux sur l'histoire des Mi'kmaqs : Ruth Homes Whitehead et Harold McGee, *The Micmac: How Their Ancestors Lived Five Hundred Years Ago*, Halifax, Nimbus Publishing Limited, 1983; Roger Lewis, *Pre-Contact Fish Weirs: A Case Study from Southwestern Nova Scotia*; William Wicken, *Encounters with Tall Sails and Tall Tales: Mi'kmaq Society, 1500-1760*, thèse de doctorat, Montréal, Université McGill, 1994; Thomas Peace, *Two Conquests: Aboriginal Experiences of the Fall of New France and Acadia*, thèse de doctorat, Toronto, Université York, 2011.

8 Jack Bouchard, « Gens sauvages et estranges: Amerindians and the Early Fishery in the Sixteenth-Century Gulf of St. Lawrence », dans *The Greater Gulf: Essays on the Environmental History of the Gulf of St Lawrence*, sous la direction de Claire Elizabeth Campbell, Edward MacDonald et Brian Payne, Montréal et Kingston, McGill-Queen's University Press, 2020.

9 Joan Dawson, « LaHave, Capital of New France », 2022, *Historic Nova Scotia* [en ligne : https://historicnovascotia.ca/items/show/156].

10 Kennedy, *Une sorte de paradis paysan?*; Griffiths, *From Migrant to Acadian*; Faragher, *A Great and Noble Scheme*.

11 John Bartlet Brebner, *New England's Outpost: Acadia Before the Conquest of Canada*, New York, Columbia University Press, 1927; William Wicken, « Mi'kmaq Decisions: Antoine Tecouenemac, the Conquest, and the Treaty of Utrecht », dans *The "Conquest" of Acadia, 1710: Imperial, Colonial, and Aboriginal Constructions*, sous la direction de John Reid et coll., Toronto, University of Toronto Press, 2016, 86-100.

12 Barry Moody, « Making a British Nova Scotia », dans Reid et coll., *The "Conquest" of Acadia, 1710*, 127-154; John G. Reid, « Imperialism, Diplomacies, and the Conquest of Acadia », dans Reid et coll., *The "Conquest" of Acadia, 1710*, 101-124.

13 Pour une exploration plus exhaustive du concept de fantômes coloniaux, voir ma thèse : *Colonial Ghosts: Mi'kmaq Adoption, Daily Practice & the Alternate Atlantic, 1600-1763*, thèse de doctorat, Los Angeles, UCLA, 2020.

14 Stephen White, *Dictionnaire généalogique des familles acadiennes, première partie, 1636 à 1714*, Moncton, Université de Moncton, 1999, 714.

15 Christopher Hodson, *The Acadian Diaspora: An Eighteenth-Century History*, New York, Oxford University Press, 2012; Carl A. Brasseaux, *Scattered to the Wind: Dispersal and Wandering of the Acadians*, Lafayette, Centre for Louisiana Studies, 1991; Bona Arsenault, *History of the Acadians*, Montréal, Leméac, 1978; Faragher, *A Great and Noble Scheme*; Naomi E.S. Griffiths, *The Contexts of Acadian History, 1686-1784*, Montréal et Kingston, McGill-Queen's University Press, 1992.

16 La limite des eaux de marée, soit l'endroit où l'eau douce devient de l'eau salée, est l'endroit de la rivière où la bande a accès à la plus grande biodiversité. Voir Lewis, *Pre-Contact Fish Weirs*.

17 Lescarbot parle du sagamo Membertou, qui « envoyait sa fille au bief » pour voir s'il y avait du gaspareau dans le barrage de pêche. Voir Marc Lescarbot, *The Jesuit Relations and Allied Documents*, sous la direction de R.G. Thwaites, New York, Pageant Book Company, 1959, 185. Voir aussi David J. Christianson, « The Use of Subsistence Strategy Descriptions in Determining Wabanaki Residence Location », *Journal of Anthropology at McMaster*, vol. 5, n° 1, 98; Lewis, *Pre-Contact Fish Weirs*, 40.

18 On en a la preuve par l'établissement colonial de Razilly à LaHave, de 1632 et 1636, et la brève lutte impériale pour son port dans les années 1650. L'absence de présence

européenne permanente se poursuivra jusqu'au début de la colonisation britannique, en 1753. Voir Joan Dawson, « Fort Sainte-Marie-de-Grace, LaHave, Nova Scotia: 350 Years of History », *Nova Scotia Historical Review*, vol. 2, n° 2 (1982); Joan Dawson, « Colonists or Birds of Passage? A Glimpse of the Inhabitants of the LaHave, 1632-36 », *Nova Scotia Historical Review*, vol. 9, n° 1 (1988).

19 Faragher, *A Great and Noble Scheme*.
20 Bernie Francis et Trudy Sable, *The Language of this Land, Mi'kma'ki*, Sydney, Cape Breton University Press, 2012, 21.
21 Thomas Peace, *Two Conquests: Aboriginal Experiences of the Fall of New France and Acadia*, 62, 75, et 180-181.
22 Lorsque M. De Meulles, intendant de la Nouvelle-France, a dû traverser la péninsule, les Acadiens lui ont dit que le voyage était impossible. Il décrit le voyage comme étant l'un des plus difficiles que l'on puisse faire dans une vie, après l'avoir effectué en 1686. Voir Jacques De Meulles, *Relation du voyage que j'ay fait dans l'Acadie*, DUA, W.I. Morse Collection, Acadiensis Nova, vol. 1, n° 110.
23 Maxime Morin, *Devenir missionnaire des Sauvages : origines, formation et entrée en fonction des sujets dans les missions amérindiennes du Canada et de l'Acadie (1700-1763)*, thèse, Québec, Université Laval, 2018, 451-452; Peace, *Two Conquests*, 181-182.
24 Ralph T. Pastore, *Traditional Mi'kmaq (Micmac) Culture*, Patrimoine canadien, Terre-Neuve-et-Labrador, 1998 [en ligne : https://www.heritage.nf.ca/articles/indigenous/mikmaq-culture.php]; Kerry Prosper, *The Mi'kmaq and the American Eel (Kat)*, Université St Francis Xavier, 2001, « Antigonish: Social Research for Sustainable Fisheries »; Kerry Prosper et Mary Jane Paulette, *The Mi'kmaq Relationship With Kat (American Eel) Scientific Name: Anguilla rostrata*, Université St Francis Xavier et Première Nation Afton, 2002, « Social Research for Sustainable Fisheries and the Paqtnkek Fish and Wildlife Commission » [en ligne : http://www.msvu.ca/site/media/msvu/Factsheet7.pdf]; Roger Lewis, *Pre-Contact Fish Weirs: A Case Study from Southwestern Nova Scotia*, 40-42.
25 Pour une description de la chasse à l'orignal lorsqu'il n'y a pas de neige, voir Nicolas Denys, *Nicolas Denys account of the Mi'kmaq first published in 1672: concerning the ways of the Indians, their customs, dress, methods of hunting and fishing, and their amusements*, « Pictou-Antigonish Regional Library », 2007, 21 [en ligne : http://www.parl.ns.ca/nicolasdenys, consulté en janvier 2020]; David J. Christianson, « The Use of Subsistence Strategy Descriptions in Determining Wabanaki Residence Location », *Journal of Anthropology*, vol. 5, n° 1 (1979), 101, 102, 105-106, 110; Benjamin C. Pentz, *A River Runs Through It: An Archaeological Survey of the Upper Mersey River and Allains River in Southwest Nova Scotia*, mémoire de maîtrise, St John's, Université Memorial de Terre-Neuve, 2008, 186, 189.

26 Voir Gilhuis, *Colonial Ghosts*. Voir aussi *The Trials of Five Persons for Piracy, Felony and Robbery* [...] *held at the Courthouse in Boston, within His Majesty's Province of the Massachusetts-Bay in New England on Tuesday the Fourth Day of October, Anno Domini, 1726*, « Evans Early America Imprint, collection » Boston, 1726 [en ligne : https://quod.lib.umich.edu/e/evans/N02375.0001.001/1:5.1?rgn=div2;view=fulltext, consulté en novembre 2019].

27 Une transcription des documents de recensement peut être consultée ici : Lucie LeBlanc Consentino, *Acadian & French Canadian Ancestral Home, 1998 - Present* [en ligne : http://www.acadian-home.org/census1671.html]. Un exemplaire du recensement de 1752 peut être consulté ici : Sieur de la Roque, *The 1752 Census of Isle Royale* (reproduction manuscrite), Ottawa, Archives nationales, C585, NS69, A1, 1997 [en ligne : http://www.acadian-home.org/1752laroque.pdf].

28 Il existe une telle inscription pour la famille Guédry : « Pierre Gédry (Guédry), laboureur, né à la Cadie, 28 ans, Haniez Hiel (Friel), son épouse, née à la Cadie, 28 ans, Simon, 5 ans, Charles, 7 mois, Marie, 7 ans, Marguerite, 3 ans, Philippe Turpin, leur nièce, 10 ans. Dans la colonie depuis août dernier. » [traduction libre].

29 Parmi ces carnets : Nicolas Denys, *The description and natural history of the coasts of North America*, sous la direction de William F. Ganong, Toronto, The Champlain Society, 1908; Jacques De Meulles, *Relation du voyage que j'ay fait dans l'Acadie*, DUA, W.I. Morse Collection, Morse, Acadiensis Nova, 1:110; Samuel de Champlain, *Œuvres de Champlain publié sous le patronage de l'Université Laval*, sous la direction de Charles-Honoré Laverdière, Québec, Imprimé au Séminaire par G.-E. Desbarats, 1870, ainsi que des écrits d'Edward Cornwallis et de Charles Morris.

30 Données de recensement de 1686 et 1693 [en ligne : http://www.acadian-home.org/census1686.html et http://www.acadian-home.org/census1693.html]; archives de la Nouvelle-Écosse; *Recensement général 1708*, Ayers MS 751, Chicago, Newberry Library; White, *Dictionnaire généalogique des familles acadiennes, première partie*, 714.

31 William Wicken, « 26 August 1726: A Case Study in Mi'kmaq-New England Relations », *Acadiensis*, vol. XXIII, n° 1 (automne 1993).

32 William Wicken, *Mi'kmaq Treaties on Trial: History, Land, and Donald Marshall Junior*, Toronto, University of Toronto Press, 2002, 104.

33 Voir Jeffers Lennox, *Homelands and Empires: Indigenous Spaces, Imperial Fictions, and Competition for Territory in Northeastern North America, 1690-1763*, Toronto, University of Toronto Press, 2017; Kelly Chaves, *Blood and Saltwater: The Colonial Fight for an Indigenous Ocean, pre-contact-1763*, thèse, Université du Nouveau-Brunswick, Fredericton, 2019.

34 *The Trials of Five Persons for Piracy, Felony and Robbery* [...] *held at the Courthouse in Boston, within His Majesty's Province of the Massachusetts-Bay in New England on Tuesday the Fourth Day of October, Anno Domini, 1726*, « Evans Early America

Imprint, collection » Boston, 1726 [en ligne : https://quod.lib.umich.edu/e/evans/ N02375.0001.001/1:5.1?rgn=div2;view=fulltext]. Voir Gilhuis, *Colonial Ghosts*, chapitre 6.

35 Voir Nicole Gilhuis, *Colonial Ghosts*, chapitre 7; Faragher, *A Great and Noble Scheme: The Tragic Story of the Expulsion of the French Acadians from Their American Homeland*, New York, W.W. Norton & Company, 2005, 260; Thomas Akins, *History of Halifax City*, Halifax, Nova Scotia Historical Society, 1895, 18; « Mi'kmaw chiefs to Cornwallis », 24 Septembre 1749, dans Henri-Raymond Casgrain, *Les Sulpiciens et les prêtres des missions-étrangères en Acadie*, Québec, Pruneau & Kirouac, 1888-1890, chap. 1, 17-19.

36 Sieur de la Roque, *The 1752 Census of Isle Royale* (reproduction manuscrite), Ottawa, Archives nationales, C585, NS69, A1, 1997 [en ligne : http://www.acadian-home.org/1752laroque.pdf].

37 *A List of Foreign & Other Settlers Victualled at Lunenburg between 16 & 29 June 1755 both Days Included*, Cambridge, Harvard University et The Houghton Library, « Collection Hyde », fMS Can 76; *1755 Victual List for Lunenburg* [en ligne : http://freepages.genealogy.rootsweb.co/~ked1/1755vict.html, consulté en novembre 2019]; Winthrop P. Bell, *The "Foreign Protestants" and the Settlement of Nova Scotia – The History of a Piece of Arrested British Colonial Policy in the Eighteenth Century*, Toronto, University of Toronto Press, 1961, 483-484; Thomas Akins, *Selections from the Public Documents of the Province of Nova Scotia*, Halifax, Charles Annand, 1869, 228.

38 Pour en savoir davantage sur la racialisation dans l'empire anglais, voir Colin Kidd, *The Forging of Races: Race and Scripture in the Protestant Atlantic World, 1600-2000*, Cambridge, Cambridge University Press, 2012; Nancy Shoemaker, *A Strange Likeness: Becoming Red and White in Eighteenth-Century North America*, Oxford, Oxford University Press, 2004; Roxann Wheeler, *The Complexion of Race: Categories of Difference in Eighteenth-Century British Culture*, Philadelphie, University of Pennsylvania Press, 2000.

39 Pour en savoir davantage sur les Acadiens en Louisiane, voir les ouvrages de Carl Brasseaux, notamment : *The Founding of New Acadia: The Beginnings of Acadian Life in Louisiana, 1765-1803*, Baton Rouge, Louisiana State University Press, 1987.

40 Stephen White, *Dictionnaire généalogique des familles acadiennes, première partie*, 714.

41 *Recensement général 1708*, Ayers MS 751, Newberry Library, Chicago.

42 Sieur de la Roque, *The 1752 Census of Isle Royale* (reproduction manuscrite), Ottawa, Bibliothèque et Archives Canada, C585, NS69, A1, 1997 [en ligne : http://www.acadian-home.org/1752laroque.pdf].

43 Archives d'église, microfilm, vers 1870, Saint-Jean-Baptiste (Port-Royal), BMD (1724-1727); Milton P. Reider et Norma Reider, *Acadian Church Records*, vol. 4; White, *Dictionnaire généalogique des familles acadiennes, première partie*, 772.

44 L'historienne Naomi Griffiths explique qu'il pouvait passer une dizaine d'années ou plus avant que Mirliguèche ne reçoive la visite d'un prêtre, jusqu'à ce que la *mission-étrangère* soit établie et envoie un missionnaire tous les ans. Pour en savoir davantage, voir, Naomi E.S. Griffiths, *Mating and Marriage in Early Acadie*, exposé, 1988, The 1988 Florence Bird Lecture, 13-14; Maxime Morin, *Devenir missionnaire des Sauvages : origines, formation et entrée en fonction des sujets dans les missions amérindiennes du Canada et de l'Acadie (1700-1763)*, 2018, 451-452, thèse, Université Laval. Pour en savoir davantage sur les pratiques religieuses laïques et laxistes des Acadiens du point de vue des prêtres catholiques, voir Brasseaux, *The Founding of New Acadia*, 152; Andrew Hill Clark, *Acadia: The Geography of Early Nova Scotia to 1760*, Madison, University of Wisconsin Press, 1968, 69; Pacifique de Valigny, *Chroniques des plus anciennes églises de l'Acadie : Bathurst, Pabos et Ristigouche, Rivière St. John, Memramcook*, Montréal, 1944, 12; Rameau de Saint-Père, *Une colonie féodale*, vol. 1, n° 75 et vol. 2, n° 13.

45 Massachusetts Archives, vol. II, doss. 540. Voir aussi Kennedy, *Une sorte de paradis paysan?*, 175-180.

46 L'historienne Gisa Hynes rapporte que les trois quarts des enfants nés (à Port-Royal) se rendent à l'âge adulte. Voir Gisa Hynes, « Some Aspects of the Demography of Port Royal, 1650-1755 », *Acadiensis*, vol. 3, n° 1 (automne 1973), appel de note 31 à la p. 10 et à la p. 11. Voir aussi Jacques Houdaille, qui calcule un taux de mortalité relativement faible, surtout chez les enfants, dans son étude intitulée « Quelques aspects de la démographie ancienne de l'Acadie », *Population*, vol. 35, n° 3 (mai-juin 1980), 602.

47 « Malgré les maladies endémiques courantes et la proximité à des épidémies fréquentes, les Abénakis se rétablissent pendant cette période » [traduction libre]. David L. Ghere, « Myths and Methods in Abenaki Demography: Abenaki Population Recovery », *1725-1750*, *Ethnohistory*, vol. 44, n° 3 (été 1997), 511.

48 « La population micmaque estimée à un peu plus de 1500 individus demeure stable entre 1688 et 1722. Elle croît ensuite, tant et si bien qu'au début des années 1730 elle dépasse le cap des 2000 individus, voire atteint celui des 2300. » Paul-André Dubois and Maxime Morin, « Les populations amérindiennes du Canada, des postes du Domaine du Roy et de l'Acadie, 1680-1763 : un portrait démographique », *Recherches amérindiennes du Québec*, vol. 49, n° 1 (2019), paragraphe 40 [en ligne : https://www.erudit.org/fr/revues/raq/2019-v49-n1-raq05082/1066760ar/].

49 David L. Ghere, « Myths and Methods in Abenaki Demography: Abenaki Population Recovery », *1725-1750*, *Ethnohistory*, vol. 44, n° 3 (été 1997), 516.

50 Charles et Claude Lejeune figurent dans ce qui a déjà été nommé le « recensement des Indiens », *Recensement général 1708*. La dernière trace que laisse Claude l'aîné dans les archives est à Port-Royal, en 1698.

51 Registre Beaubassin, 2 juin 1681.

52 White, *Dictionnaire généalogique des familles acadiennes, première partie*, 772.

53 Françoise Guédry et sa famille sont arrivées à Saint-Malo en 1759, ont habité à Saint-Suliac pendant cinq ans, puis à Saint-Servan. Stephen White, *Dictionnaire généalogique des familles acadiennes, deuxième partie, 1715 à 1780* (non publiée), Moncton, Université de Moncton, 1999, 941.
54 White, *Dictionnaire généalogique des familles acadiennes, deuxième partie*, 941.
55 Il subsiste des doutes sur les parents de Claude. Stephen White est d'avis qu'il s'agit du fils de Jean Baptiste, né en 1714, mais d'autres chercheurs pensent qu'il est né plus tard, plutôt en 1726, et qu'il pourrait être le fils d'un autre Guédry. Claude est mentionné dans les documents historiques suivants : Rc Lq 1752 38a, liste des arrivées à Saint-Malo 1759 33a, Rc Châteauneuf 1762 36a, Rc St-Malo 1772 43a, liste des passagers pour la Louisiane 1785 60a, dans White, *Dictionnaire généalogique des familles acadiennes, deuxième partie*, 941; Marty Guidry, *Les Guidry d'Asteur : Generations*, vol. 4, n° 2 (été 2006) [en ligne : https://freepages.rootsweb.com/~guedrylabine family/genealogy/newsletters/summer2006newsletter.pdf].
56 White, *Dictionnaire généalogique des familles acadiennes, deuxième partie*, 602-603 et 941-942.
57 *Ibid.*, 596-598.
58 Les archives du procès de Marguerite Guédry peuvent être consultées ici : ANOM, DPPC (Dépôt des papiers publics des colonies), GR 189 FF 270-360. FR CAOM DPPC, Gr 2114, doss. 270; Anne Marie Lane Jonah, « Unequal Transitions: Two Métis Women in Eighteenth-Century Île Royale », *French Colonial History*, vol. 11 (2010), 118; *The Trials of Five Persons*, « Evans Early America Imprint, collection » Boston, 1726 [en ligne : https://quod.lib.umich.edu/e/evans/N02375.0001.001/ 1:5.1?rgn=div2;view=fulltext].
59 La mère de Marie, Madeleine Mius d'Azy, était la fille d'un important couple acadien-mi'kmaq. Le père de Madeleine, Philippe, est né dans la pointe sud du Mi'kma'ki, à Pobomcoup/Cap-de-Sable. Son père est le baron français Philippe Mius d'Entremont. Philippe, le grand-père de Marie, a eu deux épouses autochtones. Ses descendants, dont Madeleine, sont à l'origine de la branche mi'kmaq de la famille Mius, dont le nom est aussi orthographié Muise, Muse ou Meuse ou apposé à d'Azy. White, *Dictionnaire généalogique des familles acadiennes, première partie*, 773 & 1201. Clarence J. d'Entremont, *Histoire du Cap-Sable de l'an mil au traité de Paris, 1763*, vol III, Eunice, Hébert Publications, 1981, 966-971.
60 *The Trials of Five Persons*, « Evans Early America Imprint, collection » Boston, 1726 [en ligne : https://quod.lib.umich.edu/e/evans/N02375.0001.001/1:5.1?rgn=div2; view=fulltext]; Clarence J. d'Entremont, *Histoire du Cap-Sable*, vol. IV, 1601; Wicken, *26 August 1726*; Alexandra L. Montgomery, *Pirates, 1726: The Regionalism of Danger in the Early Northeast* [en ligne : https://earlycanadianhistory.ca/2015/ 12/07/pirates-1726-the-regionalism-of-danger-in-the-early-northeast/].
61 White, *Dictionnaire généalogique des familles acadiennes, deuxième partie*, 936-937.
62 *Ibid.*, 938. Notes de Stephen A. White.

63 Sieur de la Roque, *The 1752 Census of Isle Royale* (reproduction manuscrite), Ottawa, Bibliothèque et Archives Canada, C585, NS69, A1, 1997 [en ligne : http://www.acadian-home.org/1752laroque.pdf]. Pour une carte de la Baie-des-Espagnols, voir : France. Dépôt des cartes et plans de la Marine, « Plans particuliers dépendans de l'Île Royale » (avec) Plan de la Baie des Espagnols (avec) Plan du Havre d'Aspé (avec) Plan de la Baie de Morienne (avec) Plan de la Baie des Espagnols. (avec) Plan de l'Entrée et de la Riv. au Saumon. (avec) Plan de la Rade et de la Baie de Chetecan », carte, 1780, *David Rumsey Map Collection, David Rumsey Map Center, Stanford Libraries* [en ligne : https://www.davidrumsey.com/luna/servlet/detail/RUMSEY~8~1~330967~90099375].

64 *Registre de l'abbé Charles-François Bailly, 1768 à 1773 (Caraquet)*, transcrit sous la direction de Stephen A. White, Moncton, s.n., 1978, 221, 65-66.

65 White, *Dictionnaire généalogique des familles acadiennes, deuxième partie*, 960.

66 Anne Marie Lane Jonah, *Les Acadiens du Cap-Breton*, Parcs Canada, 2004 [en ligne : http://www.krausehouse.ca/krause/FortressOfLouisbourgResearchWeb/Search/AcadiaPaperF.html]; Alphonse Deveau et Sally Ross, *The Acadians of Nova Scotia: Past and Present*, Halifax, Nimbus Publishing, 1995, 73-76.

67 Heather Young, « 21-Grandfathers », *A Stranger in My Nation*, mardi 20 septembre 2011 [en ligne : https://strangerinmynation.blogspot.com/2011/09/21-grandfathers.html]. Kevin Young a aussi compilé des données généalogiques sur sa page, « John Young (Lejeune) of Bras'dor, NS », *Tribal pages* [en ligne : https://kevinyoung.tribalpages.com/].

68 Image : « Transcription of Francois Young's Last will and testament dated November 25, 1837 », *A Stranger in My Nation* [en ligne : https://strangerinmynation.blogspot.com/2011/09/21-grandfathers.html].

69 E.R. Seary et William Kirwin, *Family names of the Island of Newfoundland*, Montréal et Kingston, McGill-Queen's University Press, 2016, xlii [en ligne : https://ebookcentral-proquest-com.lib.pepperdine.edu/lib/pepperdine/detail.action?docID=3331579].

70 Les inscriptions sont les suivantes : « Young, Agnes, Age 19, Shanty, Education-?, Married, Truro » et « Young, Charles, Age 20, Shanty, Education-?, Cooper, Married, Truro. », dans le recensement des Mi'kmaqs de Nouvelle-Écosse de 1881 [en ligne : http://www.acadian-home.org/Census-Mikmaq.html].

71 White, *Dictionnaire généalogique des familles acadiennes, deuxième partie*, 962.

72 Le prêtre, Charles-François Bailly, consigne trois des mariages des frères en deux jours, les 26 et 27 août 1771, et note que ces mariages ont été célébrés pour officialiser des unions antérieures puisque les époux « etant eloignes de tout pretre et missionaire, et dans l'impossibilitez meme d'en trouver avaient contractes en presence de temoins » (faute de pouvoir compter sur un prêtre ou un missionnaire à proximité et sans possibilité d'en trouver, les époux se sont mariés en présence de témoins). *Registre de l'abbé Charles-François Bailly, 1768 à 1773 (Caraquet)*, transcrit sous la direction de Stephen A. White, Moncton, s.n., 1978, 65-66.

73 *Ibid.*, 66
74 « Jacques Lejeune, fils de Chrysostome, est l'un des premiers habitants de Little Bras d'Or à migrer vers l'ouest de Terre-Neuve, au milieu des années 1820, donc il existe des descendants de sa lignée dans cette région, ainsi qu'à Cap-Breton. », correspondance électronique avec Stephen White [traduction libre], 30 mai 2019.
75 *Registre de l'abbé Charles-François Bailly, 1768 à 1773 (Caraquet)*, transcrit sous la direction de Stephen A. White, Moncton, s.n., 1978, 66.
76 Entrevue avec Ruth Holmes Whitehead, anthropologue de la culture mi'kmaq, 2018.
77 Seary et Kirwin, *Family Names*, 402.
78 Charles A. Martijn, « Early Mikmaq Presence in Southern Newfoundland: An Ethnohistorical Perspective, c.1500-1763 », *Newfoundland and Labrador Studies*, vol. 19, n° 1, 50, 57-60 [en ligne : https://journals.lib.unb.ca/index.php/NFLDS/article/view/141]; Dennis A. Bartels et Olaf Uwe Janzen, « Micmac Migration to Western Newfoundland », *Canadian Journal of Native Studies*, vol. 10, n° 1 (1990), 72; Ralph Pastore, *Newfoundland Micmacs: A History of Their Traditional Life*. St. John's, Newfoundland Historical Society, 1978; Ralph Pastore, « Indian Summer: Newfoundland Micmacs in the Nineteenth Century, in Richard Preston », Papers from the 4th Congress, *Canadian Ethnology Society*, National Museums of Canada Mercury, série n° 40 (1978). Pour en savoir davantage sur les techniques de navigation des Mi'kmaq avant l'arrivée des Européens, voir Ingeborg Marshall, « Beothuk and Micmac: Re-examining Relationships », *Acadiensis*, vol. 17, n° 2 (1988), 52-82.
79 Rapport des Lords of Trade, CO 220/13:3. Voir Samuel Holland, *A Description of the Island of Cape Britain*, 1er novembre 1768, PRO CO 5/70, 14-45.
80 Frank G. Speck, *Beothuk and Micmac*, New York, Museum of the American Indian, Heye Foundation, 1922, 124-125.
81 Dennis A. Bartels et Olaf Use Janzen, « Micmac Migration to Western Newfoundland », 76.
82 Andrew Parnaby, « The Cultural Economy of Survival: The Mi'kmaq of Cape Breton in the Mid-19th Century », *Labour/Le Travailleur*, vol. 61 (2008), 72.
83 Charles A. Martijn, « Early Mikmaq Presence in Southern Newfoundland: An Ethnohistorical Perspective, c.1500-1763 », *Newfoundland and Labrador Studies*, vol. 19, n° 1 [en ligne : https://journals.lib.unb.ca/index.php/NFLDS/article/view/141].
84 Andrew Parnaby, « The Cultural Economy of Survival », 70.
85 Ces noms de lieux mi'kmaq ont été retracés grâce à la carte *K'Taqmkuk Mi'kmaq Place Names*, créée par la Première Nation Qalipu [en ligne : https://qnr.maps.arcgis.com/apps/Cascade/index.html?appid=f354c681382345189e77864ac4cbd64b]. Kutapsku'j signifie « lieu des pierres jusqu'à la moitié », Nujio'qon signifie « St. George's » et Tepot Kwesawe'kewei se décline ainsi : Tepot – « botte », kwesake'k – « pointe de terre » et ewei – « terre en forme de botte ».

86 Dennis A. Bartels et Olaf Uwe Janzen, « Micmac Migration to Western Newfoundland », 78.
87 Frank G. Speck, *Beothuk and Micmac*, New York, Museum of the American Indian, Heye Foundation, 1922, 142 [en ligne : https://library.si.edu/digital-library/book/beothukmicmac00spec].
88 Dennis A. Bartels et Olaf Uwe Janzen, « Micmac Migration to Western Newfoundland », 83. Certaines pages d'histoire locale décrivent les membres fondateurs et l'histoire de l'endroit. Cette page [en ligne : https://www.benoitfirstnation.ca/clam_bank_cove.html] comprend les familles fondatrices mi'kmaqs, dont la famille Young.
89 Angela Robinson, « Enduring Pasts and Denied Presence: Mi'kmaw Challenges to Continued Marginalization in Western Newfoundland », *Anthropologica*, vol. 56, n° 2 (2014), 387 [en ligne : https://www.jstor.org/stable/24467312].
90 Angela Robinson, « Enduring Pasts and Denied Presence », 389.

CHAPITRE 6

La romance archivistique – un déterrement des marges de l'Acadie ethnolinguistique et folklorique à la fin du XXe siècle

RACHEL DOHERTY

Dans un essai publié en 2014, le sociologue Matthieu Wade affirmait que la littérature acadienne contemporaine conserve « une surprenante cohérence » nationaliste « malgré une apparente diversité[1] ». Surtout, d'après Wade, la littérature acadienne « évacue de son giron tout ce qui pourrait ressembler à de l'Autre[2] ». Néanmoins, comme le constate Isabelle Kirouac Massicotte[3], la littérature acadienne moderne revendique une esthétique de la marginalité, un « délaissement de l'acadianité – il y a ici consensus – au profit d'une esthétisation de différents types de marges[4] ». Cette acadianité délaissée qu'analyse Kirouac Massicotte remonte au mouvement nationaliste acadien des années 1960, marqué par une tendance à remettre en question le discours identitaire du XXe siècle[5]. Ce néonationalisme se caractérisait par un éloignement des « signes du nationalisme[6] » hérité de la Renaissance acadienne afin d'afficher sa francophonie et sa solidarité avec toutes les francophonies, avant tout autre critère d'acadianité[7]. Deux œuvres littéraires de la fin du XXe siècle font exception à la tendance de négliger l'Autre que Matthieu Wade fait remarquer, tout en traitant de la diversité historique en Acadie. *La Mariecomo* (1974) de Régis Brun[8] et *Chronique d'une sorcière de vent* (1999) d'Antonine Maillet[9] mettent en lumière cette tension entre le manque de représentation de l'Autre – le non-Acadien – et l'esthétisation des marges en Acadie. Dans l'un et l'autre de ces textes, les romanciers se tournent vers le folklore pour mettre au jour la multiplicité des marges acadiennes. Leurs sujets romanesques, à savoir les sorciers légendaires du comté de Kent au Nouveau-Brunswick, proviennent des archives folkloriques et orales. L'intérêt populaire et littéraire pour les figures occultes indique que la marge a toujours eu une forte présence dans la culture vernaculaire, et que la marginalisation a depuis longtemps occupé une place importante dans l'imaginaire collectif. En faisant revivre les histoires des

Acadiens étranges, en représentant l'Acadie folklorique de la perspective de ceux qui vivaient dans les marges entre l'Acadie et le Mi'kma'ki, entre le catholicisme et l'hérésie, Brun et Maillet révèlent l'impact de plusieurs « Autres » sur le développement des traditions en Acadie, voire de l'identité acadienne dite folklorique. Leurs œuvres transfèrent des archives à la littérature les traces des personnages qui, à cause de leur marginalité religieuse, sexuelle et sociale, intériorisent l'influence des cultures voisines.

Deux facettes de ces romans nous intéressent : l'intérêt de Brun et de Maillet pour les traces ethnographiques des légendes occultes, d'une part, et leur perspective personnelle en tant que personnes acadiennes homosexuelles, d'autre part. Cette perspective se situe dans la subalternité, une théorie sociale proposée par Gayatri Spivak[10]. Selon Isabelle LeBlanc et Adeline Vasquez-Parra[11], la subalternité serait en fait une qualité identitaire nécessaire aujourd'hui pour une réflexion complète sur l'acadianité : en tant qu'ancienne colonie française de peuplement contrôlée par l'Empire britannique, l'Acadie serait emblématique du « centre silencieux[12] » où les femmes sont présentées comme étant « doublement dans l'ombre[13] » d'une expérience marginalisée au sein de l'histoire atlantique. Le colonialisme européen s'est systématiquement immiscé au sein même du discours savant *sur* l'Acadie à travers l'idéologie patriarcale. Dans cette dernière, les Acadiennes sont conçues comme les « Autres » d'une histoire collective racontée au « nous[14] ».

Pareillement, les Acadiennes et Acadiens queers et leurs sujets de recherche folkloriques sont emblématiques des « centres silencieux ». Les sorciers sont au centre d'un vaste intérêt populaire et folklorique. Au centre de la création des versions romancées de cet intérêt se trouve l'expérience de la marginalité vécue par les romanciers-ethnologues queers. La fusion du folklore et de la fiction représente l'expérience du silence que vivent doublement les personnes queers et acadiennes. Nous explorons cette représentation dans deux sens : la romance entre deux chercheurs queers et un sujet queer découvert dans les archives, et les implications psychologiques de la représentation vernaculaire et matérielle des histoires refoulées d'un peuple minoritaire. Il est question de la romance dans le sens que l'intérêt de ces auteurs pour leur sujet transcende la passion, une tendance qui, comme nous le verrons, caractérise la recherche de plusieurs chercheurs queers. La notion de la romance nous permet aussi une poétique de transformation dans un sens littéraire. La romancisation de ces légendes de la tradition orale évoque l'évolution de la littérature acadienne moderne : la marge, même les marges littéraires et historiques, éclairent davantage l'expérience acadienne.

L'acte même de la part de Maillet et de Brun de déterrer des personnages obscurs dépend, nous postulons, d'une perspective queer sur l'histoire. Antonine Maillet a révélé son amour pour sa collègue Mercedes Palomino dans le film *Les possibles sont infinis* de Ginette Pellerin[15]. Leur relation a duré jusqu'au décès de Palomino. Dans son essai d'introduction pour l'édition de 2006 de *La Mariecomo*, Clint Bruce[16] écrit que Régis Brun s'est rendu compte de son homosexualité pendant sa jeunesse[17]. Les romans en question mettent en avant les histoires de l'exclusion de l'étrangeté que Maillet et Brun écrivent comme des histoires de triomphe contre la marginalisation de la différence. Leur écriture est transformative : la transformation des symboles de honte en icônes de fierté, un trait répandu chez les chercheurs queers[18]. La queerité dans ces textes est plus vaste que la sexualité. Pourtant, leurs expériences, ayant tous les deux des sexualités qui sortent de la norme, permettent à Maillet et Brun d'entreprendre une interprétation queer du folklore. Ils interprètent plus largement l'imaginaire collectif acadien de manière queer, en se focalisant sur la figure subalterne de la sorcière.

Vers la fin du XXe siècle, les esthétiques de la littérature acadienne se sont tournées vers l'urbanité, surtout dans la poésie. « [L]a prise de parole poétique en Acadie... pendant les années 1970 et la première moitié des années 1980 » et « le processus d'affirmation à l'œuvre dans les différentes sphères culturelles correspond[ent] à une même revendication d'une identité localisée dans un espace culturel continental défini par sa modernité, donc en opposition avec le folklore[19] ». Les tendances culturelles de la fin du XXe siècle exigeaient l'abandon du folklore. À partir des années 1970, en insistant sur le présent, plusieurs auteurs de l'Acadie ont tourné le dos à la possibilité de trouver des exemples préexistants – littéraires ou légendaires – d'une valorisation des marges dans l'organisation sociale de l'Acadie rurale. Après le mouvement néonationaliste des années 1960 et 70, les contemporains de Maillet et Brun voulaient se distancier du romantisme d'Évangéline et du nationalisme catholique si prédominants dans le discours identitaire de la littérature précédente.

La queerité et la queeritude en jeu dans ces textes sont pourtant nées d'un certain romantisme du passé légendaire en Acadie. Or, la romance entre l'écrivain gay et son sujet historique sert d'un mécanisme pour la transformation textuelle de ces sujets en icônes de la minorisation. Dans *La Mariecomo* et *Chronique d'une sorcière de vent,* le sorcier et la sorcière sont les icônes pour une acadianité à part, différente de la vision nationaliste dominante dans la littérature acadienne précédente. L'image offerte par Brun et Maillet présente cependant une acadianité refusant le fondement de ce nationalisme;

c'est-à-dire que dans leurs versions de l'Acadie, la généalogie et la fidélité au catholicisme ne sont pas les facteurs déterminants de l'identité. Dans les romans le tabou de la magie noire génère une altérité dangereuse. Cet état d'altérité fait partie d'une hiérarchie de privilèges au sein d'une culture minoritaire, privilèges auxquels les personnages magiques n'ont pas accès, ou qu'ils rejettent. Les personnages dans ces textes ont une ethnie hybride ou une sexualité qui sort de l'hétéronormativité[20]. Malgré leur altérité, les sorciers transmettent les valeurs de résistance et de survie culturelle, des caractéristiques très importantes pour une culture diasporique. Malgré le cadre très central à l'Acadie, la région de Kent, ces sorciers et leurs proches vivent des exils, des voyages et des échanges avec toute variété d'Autre avec qui les Acadiennes et Acadiens entrent en contact dans l'histoire de leur colonisation et de leur diaspora : les anglophones, les Autochtones, les immigrants, les personnes mises en esclavage, les prêtres étrangers et les Canadiens et Canadiens francophones d'ailleurs. *Chronique d'une sorcière de vent* est l'histoire d'une écrivaine à la recherche des détails d'une légende concernant un triangle amoureux, composé d'un sorcier et de deux femmes. Cet amour est jugé anormal dans la culture acadienne traditionnelle et catholique, mais l'histoire de ces alliances romantiques inspire des légendes fascinantes dans la région. Leur proximité au sorcier de Sainte-Marie, un Français qui pratique la magie noire du vieux monde, les rend encore plus étranges aux yeux des autres villageois. Dans *La Mariecomo*, lors de la soirée d'une noce, des sorciers et leurs proches racontent des histoires locales de personnes étranges et étrangères composant la communauté d'appui pour les marginaux dans leur village. Les familles des marginaux sont mixtes, composées de couples de différentes races. La Mariecomo apprend la sorcellerie de ses parents autochtones et hérite des traditions magiques de son ancêtre afro-caribéenne.

Pour comprendre l'attirance des légendes de personnes transgressives en Acadie, il est nécessaire de considérer le poids affectif de la recherche des sujets queers sur le chercheur-écrivain queer. Selon Heather Love, pour un tel écrivain, l'affect est inséparable de son regard sur le passé queer. Elle explique cette relation affective ainsi :

> The experience of queer historical subjects is not at a safe distance from contemporary experience; rather, their social marginality and abjection mirror our own. The relation to the queer past is suffused not only by feelings of regret, despair, and loss but also by the shame of identification. In attempting to construct a positive genealogy of gay identity, queer critics and historians have [...] disavowed the difficulties of the

queer past, arguing that our true history has not been written. If critics do admit the difficulties of the queer past, it is most often in order to redeem them. By including queer figures in a positive genealogy of gay identity, we make good on their suffering, transforming their shame into pride after the fact[21].

Ces textes sont loin d'être des manifestes de droits des personnes gaies. En effet, ils ne représentent guère des figures homosexuelles historiques. Les auteurs s'inspirent des légendes surnaturelles, et donc queer dans le sens d'étrange. L'existence des Acadiens est improbable, et, étant minoritaires, ils sont fondamentalement un peuple résistant à l'hégémonie anglophone et à la culture dominante de l'Acadie ethnolinguistique. Dans le sens de la perturbation et de l'altérité, la queerité est inextricable de l'acadianité. À cette fin, Brun et Maillet se penchent sur les icônes d'un passé obscur dans leurs réalisations d'une iconographie littéraire queer qui remplace la généalogie positive de l'identité queer dont écrit Heather Love. Vu le manque de représentation historique des Acadiens queers, toute figure queer dans la littérature acadienne représente l'impact de la queerité sur les discours identitaires changeants à la fin du XXe siècle. Déterrer les figures queers de la tradition orale correspond aussi à l'intérêt renouvelé dans la marge que Kirouac Massicotte remarque dans la littérature acadienne contemporaine, un intérêt qui remonte à la fin du XXe siècle chez deux auteurs queers.

Brun et Maillet transforment non seulement des contes en romans, mais aussi une perspective limitée du passé rural acadien. Ce sont des histoires de l'exclusion de l'étrangeté que Maillet et Brun écrivent comme des histoires de triomphe. Étant tous les deux nés dans les années 1930, il n'est pas déraisonnable de présumer que dans leur cas, leur queeritude personnelle informe leurs avis des mœurs traditionnelles catholiques. Aucune relation dans *La Mariecomo* n'est homosexuelle, mais la structure des familles sort de la patrilinéarité. Dans *Chronique d'une sorcière de vent*, l'androgynie d'un personnage, la romance lesbienne et les relations homosociales intimes sont des détails secondaires. Plutôt, ce récit cible la fascination et la répugnance simultanées pour une légende de personnes insoumises au sein d'une culture conservatrice. Nous puisons dans les théories d'Heather Love sur le sauvetage réciproque littéraire, et de Judith Butler[22] et Liz Constable[23] sur la psychologie de l'amour et de la perte pour analyser le lien entre l'amour queer et la recherche.

On peut lire les œuvres de Brun et de Maillet comme la construction d'une généalogie positive de la queerité acadienne, de la manière que Heather Love explique ce processus, une tentative « to construct a positive genealogy of gay identity[24] ». Pour les Acadiens, l'archive historique queer n'existe pas. Dans l'absence de personnes queers historiques, ces chercheurs mettent le doigt sur tout indice d'une expérience queer légendaire. Ainsi, ils fondent une sorte de communauté queer qui traverse le temps et le genre, le genre littéraire. L'oralité sert d'une source pour le roman contemporain, et l'étrangeté occulte devient un précédent pour la queeritude. Dans sa présentation du concept d'« emotional rescue » Heather Love explique que l'historiographie queer dépend d'un questionnement affectif[25]. Ce questionnement priorise l'émotion comme la motivation de recherche : « why do we care so much?[26] ». L'acte de transformer des légendes occultes en narrations complexes effectue un sauvetage émotionnel. Les auteurs dotent les personnages légendaires d'une voix qu'ils ne possédaient pas avant que leurs histoires ne deviennent des romans. L'archive et la tradition orale dépossèdent ces personnages d'une voix-je, et leur re-présentation romanesque leur confère de l'agentivité dans la narration. Nous lisons cette agentivation comme un acte d'amour de leur part.

La romance de l'Acadie occulte

La romance lesbienne dans *Chronique d'une sorcière de vent* constitue le seul exemple d'une transformation explicite d'un amour queer tabou en une histoire d'affection sublime. Carlagne la travestie, bien qu'elle ait une relation plus tard avec Yophie, un homme diabolique, est l'amante de Marijoli, une villageoise gentille qui, elle aussi, se marie finalement avec un homme. Dotée d'un sens olfactif aigu, Marijoli a des narines trop flairées et une idiosyncrasie « d'absorber le monde par le nez[27] ». La narratrice qui raconte leur légende est Mère Domrémy, une vieille sœur qui se souvient de l'histoire de ces amants étranges. La nonne avoue que ces jeunes femmes ont des tendances bizarres, mais elle les décrit toujours en mots évoquant la nature. Donc, la narratrice présente leur attirance l'une pour l'autre comme un résultat naturel de leurs affinités, sans jugement moral. Mère Domrémy présente le caractère de Carlagne en termes venteux et atmosphérique :

> Le jeune trèfle du printemps dégage un parfum encore plus envoûtant, si possible, que l'arôme des lilas. Marijoli, en apparence, s'y roulait à s'en saouler des après-midis durant, comme un poulain encore sauvage. Lilas ou trèfle, une chose est certaine : Marijoli a reconnu Carlagne d'abord à l'odeur. Quand je dis reconnu, entendons-nous : elle ne la connaissait pas. Et ce jour-là, elle n'a pas pu reconnaître la femme sous l'apparence qu'empruntait de temps en temps Carlagne. La vision

que reçut Marijoli entre les fleurs de lilas fut celle du plus beau jeune homme qu'une fille de 16 ans pût imaginer[28].

Carlagne a « le charme de l'androgyne[29] » décrit comme une « apparition », une des créatures magiques « pas forcément définies par leur sexe[30] ». La séduction qu'effectue Carlagne est naturelle et surnaturelle en même temps.

Cette histoire d'amour que présente Antonine Maillet est en fait une instance de représentation du passé queer qui n'a pas, autant que nous avons pu trouver, de précédent dans les archives. Cependant, dans la narration du roman, le ton de la narratrice et la situation de l'énonciation évoquent les mêmes processus de l'alchimie queer et du sauvetage réciproque qu'effectue Antonine Maillet en écrivant un roman basé sur le folklore refoulé. Nous verrons que d'autres détails et personnages surnaturels dans ce texte viennent des archives du folklore, surtout des collections de l'ethnologue Catherine Jolicœur[31]. La queeritude est au centre de la narration fictive qui sert d'une toile de fond pour la transformation du folklore en littérature. Cette narration se déroule dans le médium folklorique originel – la transmission orale. La toile narrative que Maillet tisse effectue donc un greffage d'un précédent de la queeritude positive dans la représentation du passé folklorique obscur.

La motivation d'« emotional rescue » dont écrit Heather Love[32] décrit l'attachement affectif entre le chercheur queer et un sujet qu'il veut sauver de l'oubli à cause de sa marginalité. Ce lien affectif s'élabore au cours d'un processus de recherche et d'écriture qui aboutit à un sauvetage réciproque. L'acte de prendre contact avec son sujet queer historique – ou dans ce cas littéraire et folklorique – effectue un remède émotionnel pour l'écrivain queer dans le sens que l'écrivain crée une communauté qui transcende le temps. « Although many cast queer historical subjects […] as lonely, isolated subjects in search of communion with future readers […] contemporary queer subjects are also isolated, lonely subjects looking for other lonely people, just like them[33]. » Love explique que le désir pour une communauté historique, c'est-à-dire des liens affectifs avec des personnes que l'on ne connaîtra jamais dans le présent, est crucial pour une vision de l'histoire qui ne néglige pas l'impact des personnes queers. « The longing for community across time is a crucial feature of queer historical experience, one produced by the historical isolation of individual queers as well as by the damaged quality of the historical archive[34]. » Dans le cas de *Chronique d'une sorcière de vent*, Maillet insère l'histoire d'une romance queer dans un univers fictif inspiré des légendes qui existent vraiment dans les archives. Ainsi, elle réapproprie le passé rural acadien dans une perspective queer sur la transmission des légendes.

Dans un essai portant sur l'amour, Judith Butler, philosophe et l'une des fondatrices de la pensée queer, compare l'état psychologique amoureux à l'amour bridé pour le sujet d'une analyse. « [O]ne who enters analysis also enters into a scene of love, [...] So it is a kind of love, but it is one that restrains itself radically, and which bespeaks that restraint, thematizes that restraint, works for its fecundity, when it works[35]. » Cette comparaison de l'écriture avec une poursuite amoureuse nous semble particulièrement pertinente dans le cas de la narration dans *Chronique d'une sorcière de vent*. L'histoire se déroule en conversations entre la Mère Domrémy et d'autres sœurs, et l'écrivaine-chercheuse qui est la narratrice principale du roman. Dans les mémoires des nonnes cloîtrées résident les traces des vraies identités des personnes dans la légende. Le travail créatif de Maillet ici fait preuve de la sorte de retenue dont écrit Judith Butler dans sa comparaison entre l'écriture et l'amour. La présentation de l'amour lesbien dans un contexte religieux est dépourvue de radicalisme, car les sœurs décrivent les femmes et leur amour avec tendresse. La conteuse Mère Domrémy ose lier l'androgynie de Carlagne à son caractère exceptionnel : « Personnellement, je crois que la femme que Marijoli a aimée, aimée à la folie, dépassait Carlagne. D'abord elle a cru aimer un homme... C'est malaisé à dire. Je suis d'avis que certaines créatures qui ont fait leur apparition çà et là dans l'histoire n'étaient pas forcément définies par leur sexe. Elles étaient, comment dire, au-dessus de ça[36]. »

La religieuse « coiffée de chasteté[37] » revêt cet amour lesbien d'un exceptionnalisme spirituel. La séduction de Marijoli perturbe le village. Dès qu'elle tombe amoureuse de Carlagne, elle « s'est mise à se moquer des hommes qui se pâmaient pour elle. Bien sûr, y en a qui ont accusé Carlagne de sorcellerie[38] ». La conteuse comprend bien que de telles accusations ne servent qu'à ostraciser la différence sexuelle. Elle continue : « Tu penses bien qu'à l'époque on n'aurait pas osé appeler n'importe quoi par son nom. [...] l'amour n'a jamais été n'importe quoi[39]. » La religieuse présente cette histoire d'amour en termes mystiques parce qu'à ses yeux, l'androgynie de Carlagne est un effet de sa béatitude et de sa sensualité. « Carlagne représentait une sorte de parangon de l'être humain... la personne dans son intégralité. Et à ce titre, elle serait le prédateur de bien des cœurs. Le charme à l'état pur... n'a plus de sexe[40]. » De la bouche de Mère Domrémy, la valorisation retenue de la non-binarité et de l'amour queer en termes spirituels intègre la perspective catholique et donc traditionnelle dans la généalogie positive littéraire de la queeritude acadienne.

Vu sa vie personnelle et son évolution comme écrivaine, ces caractérisations sont remarquables dans l'œuvre de Maillet. À partir des années 1990, « l'écriture d'Antonine Maillet se transforme en se fondant davantage sur sa vie[41] ».

Chronique d'une sorcière de vent est un exemple de la réflexion perpétuelle chez Maillet sur la relation entre l'acte de raconter et l'acte d'écrire, son rôle de conteuse et d'écrivaine. La narratrice est un avatar de l'écrivaine, une auteure qui vit à Montréal mais qui fait des voyages de retour en Acadie pour s'inspirer de l'histoire locale pour ses romans. Maillet a déménagé à la capitale culturelle du Canada français en 1970[42]. La Mère Domrémy est aussi une sorte de double de Maillet : « à l'exemple des créateurs de mythes, elle a vécu la vie de tous ces personnages qui se bousculent dans son inépuisable mémoire[43]. » Maillet se voit comme une conteuse mais elle a aussi été religieuse. Elle a écrit ses premières œuvres alors qu'elle vivait dans un couvent[44]. Antonine Maillet n'a révélé sa romance avec une femme que jusqu'après le décès de sa partenaire, et à part cette instance dans le film de Pellerin, elle n'en parle guère. La queeritude sous-jacente de sa re-présentation des légendes archivistiques ouvre une comparaison des thèmes de la sorcellerie dans l'imaginaire collectif acadien et l'intériorisation de l'altérité que vivent les personnes marginales. Pour Maillet, une romance pour ses sources narratives et pour sa propre expérience comme conteuse, chroniqueuse et amante devient possible par le biais de la fiction. Dans sa contemplation du processus analytique, Judith Butler décrit une liberté en amour que l'écriture rend possible, grâce au fait que l'écriture et la recherche produisent un amour unilatéral. « And given that so much mental suffering stems from the belief that love of one sort or another is not possible, this scene of pure impossibility, of no actuality, can open up a horizon that one previously took to be closed[45]. » L'horizon ouvert par Maillet dans ce texte ouvre la possibilité pour d'autres Acadiens queers de s'identifier dans les discours d'où émane l'identité traditionnelle : la ruralité, le folklore et le catholicisme.

Les légendes archivistiques de la sorcellerie inspirent les événements surnaturels dans le roman. Grâce à sa beauté vaporeuse, Carlagne nourrit aussi le feu des passions de Yophie, un personnage infernal. Selon les dires des villageois, Yophie est sorti de l'enfer[46]. Il a l'étrange habitude de brûler le bois rare qu'il ramasse sur les côtes[47]. Sa maison diffère des autres par ses deux cheminées[48], symboles de sa réputation démoniaque et excessive dont il n'a pas honte. Les soirs d'hiver, Yophie veille tard devant une de ses cheminées, brûlant du bois franc et lisant un grimoire, le Grand Albert[49]. D'après Catherine Jolicœur, ce livre était la source de la sorcellerie en Acadie, apporté non pas par le vent, mais par la mer. « La sorcellerie, qui existait surtout au sud du Nouveau-Brunswick, provenait selon certains informateurs, d'un ponchon (baril) que les vagues avaient déposé sur le rivage dans la région de Memramcook. Il contenait des livres que l'on s'est hâté de distribuer à ceux qui savaient lire. C'était des livres de sorcellerie, le Petit Albert[50]. » Carlagne et Yophie se rencontrent pour la première fois sous un pont couvert, un endroit « au cœur du comté de Kent », « à mi-chemin » entre deux villages[51]. Bien que ce tunnel se situe au centre du comté, il se trouve aux marges de la civilisation. Lors d'une soirée tempétueuse, l'air et le feu entrent en contact. En ce moment, deux sorciers romantisés déclenchent l'histoire d'un amour interdit qui dure dans l'imaginaire collectif. Dans l'imagination d'Antonine Maillet, la puissance de cet amour étrange éclipse même la légende d'un autre sorcier, celui qui est plus effrayant, et dont il y a plus de traces dans le folklore.

La rencontre sous le pont couvert s'inspire de la légende du Vieux Dolleux, un sorcier du comté de Kent, parfois dit Dallaire ou Dollar[52]. Plusieurs informateurs de Catherine Jolicoeur attribuent à ce sorcier la destruction du pont de Bouctouche lors d'un ouragan[53]. Le sorcier crée la tempête destructive, ou parfois la tempête sort de son tombeau. Joseph Gallant de Grande-Digue a décrit en 1977 l'incident au pont couvert : « Y avait un homme puis une femme qui venaient de passer sur le pont de Bouctouche. L'ouragan a emporté le pont de Bouctouche. Cette lisière-là a toute été emporté [sic]. Ça été emporté jusqu'à l'Ile du Prince Edouard[54]. » L'hyperbole de la force de cette tempête reflète l'étrangeté de la personnalité du Vieux Dolleux. Ce sorcier est aussi étranger. « Il a venu un vieux Français de France[55]. » L'étrangeté ainsi que le statut d'étranger sont traditionnellement associés avec la sorcellerie en Acadie[56]. Dans le roman de Maillet, le sorcier français de Sainte-Marie crée aussi un ouragan au moment de sa mort, mais cet incident survient très tard dans la chronologie du récit, non pas au moment de la rencontre des amants sous le pont couvert[57]. Maillet n'attribue pas ce phénomène naturel à la magie. Dans sa version romantique, l'orage sert d'un prétexte pour la rencontre de deux âmes extraordinaires qui ont, toutes les deux, une réputation pour l'étrangeté et pour le tabou sexuel.

Quelques informateurs rapportent que ce Dolleux avait ensorcelé une femme qui perd la raison à cause d'une malédiction[58], ou à cause d'un philtre[59]. Cette femme « a chaviré dans la nuit[60] ». Marie Robichaud raconte une version en 1976 : « A tombait comme dans les *fits* pis là c'était toute Dollar qu'a voyait. Des fois, alle était dans la France pis des fois, elle était dans l'Angleterre. Alle était icite pis alle était là. Pis a partait pas d'chez-eux[61]. » En recyclant cette légende, Antonine Maillet la transforme en une histoire d'agentivation. Le récit d'une femme folle victimisée par un déviant change en une histoire d'une femme résolue à poursuivre sa passion. La puissance aérienne associée aux vols magiques est, dans le roman d'Antonine Maillet, un aspect de l'agentivation chez Carlagne, distinct des exemples légendaires des femmes victimisées. La malédiction des vols imaginaires devient la prise d'un envol dans l'éternité du légendaire. Carlagne choisit une réputation déviante avec toute son agentivité, grâce à sa nature orageuse qui sort de l'ordinaire.

La narratrice explique la raison que Carlagne aime le soi-disant démon du comté : « crois-tu que Carlagne se serait laissé ensorceler par un véritable démon ? Elle était bien au-delà de ça. Carlagne aspirait à l'inaccessible, disons le mot, à une sorte d'infini[62]. » Une sorcière de vent, Carlagne incarne l'infinité des forces de nature cycliques, les courants d'air qui circulent autour du globe, rappelant le va-et-vient entre les légendes du passé et les lecteurs et auditeurs dans le présent. L'imagerie aérienne des relations déviantes dans cette légende rurale illumine une perspective marginale sans devoir se conformer à l'esthétique de la modernité. L'esthétique magique et élémentaire du feu et de l'air rend mythique cette histoire d'amour entre une femme avec une affinité pour le travestisme et un homme démoniaque.

L'esthétique dans *Chronique* est celle de la transformation magique de la honte. Cette honte se transforme en *glamour* et en splendeur, une esthétique de l'alchimie queer. Love écrit que cette perspective alchimique transforme la honte en fierté; en outre, l'obscur se transforme en visibilité et l'exclusion sociale devient une marginalité séduisante[63]. À partir de cette perspective, Maillet crée des liens affectifs entre le passé folklorique et le présent où les gens discutent plus ouvertement de l'acceptation des sexualités non normalisées. Dans le roman, cette légende brûle dans les cœurs de ceux et celles qui la répètent. La narratrice Mère Domrémy explique qu'elle répète cette histoire de la conteuse originelle, sa tante Marie, qui était la femme de ménage de Yophie. La tante Marie avait aussi un talent singulier comme conteuse, et une passion pour cette histoire[64]. Au moment de la rencontre entre les deux amants, Carlagne « avait reconnu la couleur des flammes qui l'embrassait depuis sa naissance, senti la chaleur d'un feu qui seul pouvait la purifier de tant de passions contradictoires, consumer au fond de ses tripes les rêves de milliers de générations inassouvies[65] ». Cette histoire d'amour comble le désir pour un précédent historique des sexualités défendues en Acadie. La légende orale, telle qu'elle existe dans la diégèse du roman, est une sorte de remplacement pour le dossier historique queer et acadien non-existant. Du moins, pour les lecteurs dans les présents infinis qui suivent l'écriture de la légende, une trace d'un précédent queer existe. La légende queer – basée sur de vraies légendes acadiennes – ainsi que sa transmission orale, deviennent tangibles à travers l'écriture. La spiritualité et la magie rendent le désir queer iconique et transcendant, un amour digne de représentation dans le canon romanesque acadien. L'amour de Maillet pour son univers fictif, et pour son lectorat, incarne l'amour unilatéral offrant du soulagement pour le deuil du manque de représentation de la queerité en Acadie. « One finds that love is not a state, a feeling, a disposition, but an exchange, uneven, fraught with history, with ghosts, with longings that are more or less legible to those who try to see one another with their own faulty vision[66]. » Le contexte légendaire et magique de cet amour rend sa valorisation accessible à tous les lecteurs qui tendent l'oreille aux voix du passé.

La romance et l'horreur

Chez Régis Brun et Antonine Maillet, la romance archivistique en jeu est une romanisation, une transformation de légendes en roman. La transformation de genre, le don d'une structure narrative et d'une caractérisation plus complexe aux personnages négligés – s'agit-il d'un romantisme? Dans la mesure où le mode gothique et l'horreur dérivent de la littérature romantique, on peut trouver des parallèles dans *La Mariecomo*. La sorcellerie dans ce roman est plus sombre, plus ouvertement diabolique que les thèmes magiques dans *Chronique d'une sorcière de vent*. Régis Brun, « un passionné du document[67] », s'est inspiré du folklore régional, surtout des légendes qui avaient déjà fait la transition de l'oralité à l'écrit, c'est-à-dire, celles qu'il aurait lues dans le Centre d'études acadiennes lors de son emploi comme archiviste[68]. Brun s'est certainement inspiré des *Contes d'Acadie*, un texte anonyme dans les archives qui contient les origines de la conception des récits surnaturels dans *La Mariecomo*[69]. Un conte surtout, « Les sorciers de la Côte » inspire les personnages dans le Village-des-Borgitte que Brun invente pour son roman. L'auteur des *Contes d'Acadie*[70] écrit que ces sorciers étaient les plus puissants dans l'ère suivant la Déportation. « [U]n certain nombre d'étrangers à allure excentrique, parlant presque toutes les langues et en outre n'ayant pas une réputation des plus enviables; ils se firent aucun scrupule d'initier quelques uns [*sic*] des nôtres aux pures secrets [*sic*] de la magie. J'ai souvent ouï dire que c'était des incroyants de la pire espèce, que le diable dans son nouveau champ d'action, avait appelés à son secours[71]. »

Les « incroyants de la pire espèce » sont les protagonistes de *La Mariecomo*. « Quant aux "Sorciers de la Côte", l'astuce de Brun ne tient à rien d'autre qu'un changement de prise de vue en vertu duquel les malfaiteurs des *Contes d'Acadie* deviennent les héros du Village-des-Borgitte[72]. » Pratiquants des messes noires, guérisseurs, diseurs de bonne aventure et vus comme des malfaiteurs, les sorciers de la Côte de Brun se présentent néanmoins comme des victimes de harcèlement et d'oppression.

Aussi passionné du document qu'il soit, le regard sympathique de Brun sur les « mal vus » de l'Acadie s'aligne avec la théorie d'Heather Love sur le désir pour une communauté queer transhistorique. Or, sa mise en valeur des sorciers fait un parallèle entre la diabolisation catholique de l'homosexualité et la place des personnes déviantes dans la fiction d'horreur. Encore, il est impossible de savoir les motivations personnelles de Brun, mais historiquement, la littérature gothique met en avant l'exploration de la déviance sous couvert de l'horreur. « [G]othic fiction offered a testing ground for many unauthorized genders and sexualities [...] In this sense, it offers an historical model of queer theory and politics: transgressive, sexually coded, and resistant to dominant ideology[73]. » Les sorciers et les sorcières dans *La Mariecomo* ne sont pas homosexuels, mais leurs familles vivent à la marge de l'Acadie. Chez les Borgitte, les pratiques sexuelles déviantes sont à l'intersection de la sorcellerie et des familles non normatives. Les relations interraciales de la Mariecomo sert d'exemple de ces tabous. Elle a souffert du harcèlement pour son choix de vivre « la vie au grand air » lorsqu'elle a commencé à fréquenter Jackayelle, un homme micmac[74]. Bien que toutes les relations soient hétérosexuelles, dans la sous-culture des sorciers et de leurs proches de « sur les Borgitte », une certaine hyper-apparenté permet des rapports quasi-incestueux. Les noces de Julienne et Tit R'nard forment le contexte pour l'échange des histoires du monde de sur les Borgitte. Ce couple a de vagues empêchements de parenté contre lesquels le prêtre proteste, refusant de les marier dans l'église[75]. Aux yeux des Borgitte, leur différence par rapport aux gens du Village de l'Église est le fondement de leur identité.

Il y a un incident dans le roman qui vient directement des *Contes d'Acadie* et dont il y a plusieurs traces dans le fonds de Catherine Jolicœur au Centre d'études acadiennes. *La Mariecomo* raconte une histoire de sa jeunesse dans laquelle elle employait la magie noire, le sort des « déchireux », afin de se protéger des sanctions sociales pour son péché sexuel. La sorcière et un ami entrent par effraction dans la maison d'une famille riche où ils ont des relations sexuelles. Une fille pieuse de la communauté tombe sur le couple par hasard et elle réagit avec terreur et haine. Elle crie « comme une innocente[76] » et maudit la Mariecomo, la traitant « de guédoune[77] », décriant surtout la sexualité féminine. La sorcière a des mots en retour, mais les siens portent une vraie malédiction. « En sortant d'hors, eche m'ai dévirée de bord pis eche l'ai regardée droite dans les yeux, et eche lui ai souhaité ce que Jean l'Djâble m'avait dit pour les secrets des Déchireux de Richibouctou[78]. » Dans une tentative de protéger les mœurs des bons catholiques, la Chandelle emploie aussi la parole. Elle va tout de suite à l'Église où les paroissiens sortent des vêpres, et là, devant toute la congrégation, elle annonce que la Mariecomo lui a jeté un sort. Le charme des Déchireux de Richibouctou prend son effet et, à son désarroi, la jupe de la Chandelle se déchire par la magie devant toute la congrégation. L'attaque cible sa pudeur extrême. Le charme intériorise et amplifie le sentiment de l'abjection qui pousse la Chandelle à condamner la Mariecomo. Pour la sorcière, il y a des conséquences sociales pour son attaque. « Le tchuré, lui, a dit au monde que personne devrait laisser la Mariecomo rentrer chez zeux, parce que c'était yinque une sorcière[79]. » Déjà ostracisée des catholiques, cette marginalisation religieuse n'est pas très grave pour la Mariecomo.

Le sort qu'elle a jeté est un charme qu'elle avait emprunté d'une tradition de sorcellerie peu dangereuse. Les déchireux possèdent le pouvoir de faire déchirer le linge par la magie. Dans les archives folkoriques concernant la sorcellerie dans le Centre d'études acadiennes Anselme-Chiasson, la plupart des légendes sur les déchireux présentent une motivation ludique derrière ce sort. En 1976, une informatrice a expliqué que chez ces sorciers, leur magie était « plutôt faire fâcher que d'autre chose[80] ». Un autre informateur dit dans cette même collection : « [i]ls rentrint dans les maisons puis s'y avait du linge, ils le déchiriont. Ils ont pris un petit bébé puis ils l'ont porté dans le jardin. Ils lui ont pas fait mal[81]. » Encore une autre informatrice rapporte que ces sorciers piquaient les bébés « à coups d'épingles » et « déchiriont les rideaux, i déchiriont les couvartes » mais que les déchireux « riiont d'ça. C'était un gros tour z-eux[82] ». Le fait de déchirer le linge n'est, dans la tradition orale, rien qu'un tour. Pour la Mariecomo, ce pouvoir constitue un signe de son altérité, un signe qu'elle déplace de l'espace privé de la maison – où la plupart des charmes des déchireux ont lieu – au domaine public de l'église. Cette adaptation assure que son danger et ses puissances sont connus, qu'elle n'est pas sujette à l'intimidation. Jouer un tour devient un acte de défense, un signe que les marginalisés sont enclins à se protéger.

Les déchireux paraissent dans les *Contes d'Acadie*. Dans ce texte, le sort se manifeste dans une situation identique à celle du charme de la Mariecomo : « De coutume, c'était le dimanche après la grand'messe que ces tours scandaleux survenaient. Les dames, au sortir de l'église, n'en avaient pas franchi le seuil que la première chose dont elles s'apercevaient, c'était leurs robes neuves, leurs jupons qui se déchiraient d'eux-mêmes[83]. » Pourtant, le narrateur de ce conte affirme que la motivation des déchireux est « un engouement criminel qu'ils avaient pour la nudité et le plaisir extrême qu'ils prenaient à déshabiller insolemment le sexe féminin de cette région, lequel n'en pouvait rien contre ces traitements brutaux[84] ». Ce contraste avec les témoignages dans la collection de Catherine Jolicoeur présente une situation intéressante, une double réputation de ces sorciers dans l'imaginaire collectif. Régis Brun réapproprie le sort des déchireux d'une interprétation littéraire favorable aux bons catholiques. Il le refait dans une histoire d'une défense de la sexualité féminine. Brun a un regard sensible à « ce qui se présente comme autre », pour reprendre les mots de Denise Lamontagne[85]. Cette chercheuse qui a découvert le lien atavique entre la sainteté et la sorcellerie en Acadie définit « l'approche transversale », une théorique d'analyse historique incorporant le rôle du folklore dans le développement des icônes culturelles. Une experte de l'iconographie magico-religieuse, Lamontagne préconise son approche du savoir dit banal : cette « écoute sensible » tient compte des effets de la différence et la marginalité sur les croyances populaires[86]. On peut constater chez Brun une telle sensibilité, basée sur sa représentation nuancée du positionnement moral d'une déchireuse.

Heather Love discute de l'envie chez le chercheur queer pour non seulement une communauté, mais pour un contact transhistorique avec son sujet queer[87]. Love développe cette idée à partir de la théorie de Carolyn Dinshaw. Cette dernière constate une dynamique affective entre le chercheur et son sujet queer, caractérisée par la pulsion de créer une communauté à travers le contact, née du désir de toucher le passé autant que possible[88]. De la perspective du chercheur, ce contact désiré se manifeste pour la plupart en termes affectifs et sympathiques. Parfois, Love observe, une rencontre avec la violence historique peut susciter chez le chercheur des sensations douloureuses. Elle cite l'attention que Dinshaw porte à un essai de Michel Foucault – « The Lives of Infamous Men » – qui est central à sa théorie sur le contact trans-historique et queer[89]. Dans les archives de l'Hôpital général et de la Bastille, Foucault découvre des traces des prisonniers oubliés, et il éprouve une sensation physique, une vibration émanant des textes qui constituent le seul moyen de contact avec ces vies condamnées[90]. Pour Foucault, ces figures sont « constituted by the violence that they experienced[91] ». Ils sont infames dans le sens le plus strict du mot[92]. L'affect archivistique est, pour le chercheur queer, un contact douloureux marqué par l'annihilation de toute représentation positive de ces figures dans la mémoire collective. Cette douleur crée une fascination pour la face de l'histoire qui se tourne vers l'obscurité[93]. Il paraît que dans sa conception de *La Mariecomo*, Régis Brun a été touché par une douleur pareille, un affect archivistique qui inspire un désir de représenter la face obscure de l'histoire des sorciers dans sa région.

L'historien queer ne peut pas s'empêcher de son désir de sauver le passé queer. Love explique que ce désir est né de l'obscurité, et donc lié à un sentiment de perte[94]. Or, il faut considérer la situation unique du chercheur queer qui puise dans le folklore de la sorcellerie. Les légendes préservées dans la fiction folklorique, et dans les enregistrements d'enquêtes dans les archives, effacent la voix des sorciers. Cependant, ces sujets queers possèdent une certaine puissance; ils sont effrayants. Ils ont la capacité de faire mal et de se protéger. Dans sa présentation de la protection magique de la queerité, Brun entreprend une sorte de sauvetage pour son sujet queer. La connexion entre les sorciers du passé et le lecteur marginalisé du présent crée plutôt un contact transhistorique. Ce contact étend dans le présent une protection pour la face obscure du passé. Cette re-présentation habilite rétroactivement la Mariecomo d'agir en justicière. La justice fictive de la magie noire offre en même temps une agentivation au chercheur queer et à ses lecteurs queers ou minoritaires. Ils possèdent dès lors une icône de la vengeance pour l'oppression. Cette image, cette personnalité, est composée d'une iconographie nourrie de la tradition folklorique, un domaine aussi légitime et répandu dans la culture que tout autre composant de l'imaginaire collectif.

Guérison et futurité

L'affect derrière le déterrement des légendes occultes de la part d'un chercheur queer peut s'expliquer comme un sentiment de perte. Liz Constable analyse les productions culturelles vernaculaires sous un angle psychanalytique. Elle constate que dans les cultures minoritaires, souvent les productions vernaculaires historiques resituent le deuil d'une histoire refoulée dans une expression artistique afin de percer dans l'apaisement des traumatismes sociaux[95]. Au-delà du traumatisme intergénérationnel du Grand Dérangement, la condamnation sociale de l'homosexualité est, on peut présumer, un traumatisme personnel qu'ont vécu Brun et Maillet pour la majorité de leurs vies[96]. En insérant les dangers de l'ostracisation des soi-disant déviants sexuels dans les textes folkloriques, Brun et Maillet se lancent dans un processus d'apaisement social, grâce aux thèmes reconnaissables à un public acadien. Pour Maillet, la valorisation de la famille poly-queer de Carlagne et de Marijoli, racontée en termes affectifs par des religieuses, signale un désir pour l'acceptation de familles qui sortent de la norme hétérosexuelle et catholique. Brun traite aussi de tels thèmes, mais il met en avant les traumatismes du racisme contre les familles acadiennes d'héritage mixte.

Allen et Mendez[97] expliquent que la mononormativité fait également partie de l'hétéronormativité. « The hegemony of mononormativity is indiscriminate: Polyqueer identities and practices are considered deviant regardless of the bodies enacting them (e.g., heterosexual, gay)[98]. » Dans *Chronique d'une sorcière de vent*, la relation de Carlagne et de Marijoli est homosensuelle, dans le sens que leur attirance n'aboutit jamais à une consommation physique. Du moins, une relation physique ne se réalise pas dans la narration de la Mère Domrémy, une narratrice dont « la pudeur, ça engotte[99] ». Mère Domrémy contemple tout au long du roman les raisons pour lesquelles cette légende perturbe la région. Son ton demeure surpris, perplexe à propos du lien émotionnel entre son peuple et cette histoire :

> Tu sais, l'histoire nous apprend que nombre de ses pages furent écrites par des sentiments que le cœur lui-même n'eût pas su débroussailler. Carlagne restera sûrement l'un des chapitres les plus obscurs et pourtant les plus ensoleillés de la chronique du comté de Kent. Voilà le paradoxe. Personne n'aurait la prétention de défricher l'âme de cette femme qui inonde cependant notre histoire d'un éclairage dont l'histoire ne saurait se passer[100].

Les sentiments ambivalents dont le pays ne sait pas se débarrasser tracassent la nonne. En décrivant les relations de cette histoire, les liens non-normatifs et condamnés, « [l]e souffle lui manque[101] ». En ces moments, son étouffement en prononçant les sentiments de séduction et d'amour queer, « lui vient de l'âme, non des poumons[102] ». L'abjection qu'elle ressent est une réaction à son manque d'expérience avec de telles passions. Elle ressent le rejet collectif de l'étrangeté de ces personnages. Elle expulse son « je » en racontant cette histoire, non pas parce qu'elle éprouve le dégoût, mais parce qu'elle n'a aucun lien physique avec les expériences affectives de ses personnages. Cette abjection est spirituelle, due non pas à l'horreur, mais à l'étrangeté de sa relation personnelle avec cette histoire d'amour bizarre. Pour cette raison, Mère Domrémy décrit l'amour entre ces deux femmes en termes austères et spirituels. Marijoli aime avant tout « la liberté » de Carlagne, une femme qui « entendait vivre d'une manière qui ne figurait dans aucun code connu[103] ». Selon la nonne, cet amour est au-delà de la corporalité. Étrangement, la seule instance de l'homosensualité confirmée dans ces romans n'aboutit pas à l'ostracisation sociale. D'autres queerités, les plus évidentes, sont les sources de la marginalisation de cette famille étrange.

La déviance chez ces personnages réside plutôt dans leur approche à la formation d'une famille, ou d'une unité d'intimité. Puisque Marijoli et Carlagne ne forment jamais un couple, et leur connexion n'est pas publique, Marijoli se marie finalement avec le forgeron, mais les conteuses croient que son choix lui servait de cacher son lesbianisme : « Non, apparence qu'elle ne laissait rien paraître de sa folie. On dit même qu'elle a dû faire un terrible effort sur elle-même pour ne pas livrer le secret qui rongeait jusqu'à la moelle des os[104]. » Leur attirance mutuelle demeure un secret. Pourtant, avant son mariage, le forgeron Joseph à Benjamin a su de ce lien extraordinaire entre les deux femmes. La soirée des noces de la sœur de Carlagne, leur comportement révèle à tout le moins un indice de leur romance. Le prétendant de Marijoli note que « l'amazone » Carlagne joue un rôle osé de garçonne ce soir-là[105]. « Mais jamais Carlagne n'avait poussé l'audace jusqu'à s'emparer de la place de l'homme dans une danse carrée. Le forgeron en pâlit et conçut cette nuit-là la seule rancœur qui devait assombrir l'âme la plus pure du pays. Quand les autres se furent aperçu de la présence de Carlagne à la noce, Carlagne avait déjà bâsi. Disparue, avec Marijoli[106]. »

La jalousie de Joseph à Benjamin diminue au cours des années, car il devient le père adoptif de la fille de Carlagne. L'amour de Marijoli pour une femme ne pose aucune menace à ce couple, car pour Joseph, son acceptation du polyamour assure la continuité de sa famille. « La Tit-Annie était l'enfant du couple Joseph-Marijoli. Et je suis sûre d'une chose que je tiens de la tante Marie; Carlagne, non seulement ne la réclamera pas, mais ouvertement la désavouera. Je suis portée à croire que c'était dans le seul but de n'accorder aucun droit paternel à Yophie[107]. »

Joseph à Benjamin devient alors un héros mineur dans la légende. Étant le père adoptif d'une fille issue d'un père diabolisé, Joseph joue un rôle de protecteur de la fille et de la mère, ladite sorcière de vent, dont la fascination transcende le temps. Cette paternité asexuelle assure une continuation de la famille ainsi que de l'histoire. Carlagne, pour sa part, épouse aussi un homme, le sculpteur Léon. Elle choisit son mari pour son amitié, mais aussi pour sa demeure à Bouctouche, près des parents adoptifs de sa fille : « … [J]e te dirais que Carlagne n'était pas le genre à épouser un homme par intérêt, du moins par intérêt personnel. Mais elle pouvait avoir intérêt à s'approcher de sa fille[108]. » Jarrod Hayes[109] écrit d'une stratégie queer de créer des liens d'association qu'il appelle la filiation par affiliation; cette approche à l'apparenté constitue une « queering of the family », contrariée à la filiation, que nous comprenons comme la parenté[110]. La queerité et la survivance forment la base de l'apparenté dans cette famille.

Malgré les tentatives bienveillantes de la part des adultes dans cette famille de polyamoureux, ils ne peuvent pas protéger Carlagne d'une fin tragique. Elle meurt dans un incendie accidentel. La seule famille qui comprend l'importance de cette femme et les conséquences négatives du refoulement de son histoire est la famille spirituelle des sœurs. Heather Love écrit de l'effet affectif sur l'exclusion historique des familles queers des notions de l'arbre généalogique : « The historical exclusion of queers from normative definitions of intimacy, the family, reproduction, and basic human thriving has resulted in the production of a crucial resource, a resistance to the world as it is given. The ongoing marginalization and denigration of queer subjects – which persist in spite of new inclusions – make evident the value of refusal, negativity, and engagement with difference as a project without a limit[111]. »

Alors pour Antonine Maillet, faire tomber les limites de son regard queer comprend une critique de la famille nucléaire acadienne, ainsi que les maux que cette institution cache.

La déviance sexuelle chez Régis Brun a moins à voir avec l'exclusion sociale que les liens généalogiques avec l'Autre. Ce monde se trouve toujours à l'intersection des efforts de la colonisation, sous forme de l'exploitation des pauvres gens aux mains des curés d'une culture majoritaire. Dans cet univers, les sorciers jouent un rôle indispensable dans la transmission des croyances populaires, c'est-à-dire les croyances de la paysannerie de la mère patrie, ainsi que les connaissances autochtones et afro-antillaises. Ces figures créolisées deviennent dans le folklore des anti-héros, inspirant des histoires de la vengeance pour l'oppression. *La Mariecomo* indique que la tradition de la sorcellerie du côté de son père remonte à une ancêtre étrangère. « Ielle, la Catin, n'était pas une sorcière comme les autres sorciers de la Côte, parce qu'elle était une Négresse » dont la mère cubaine « faisait corver des hommes avec ses catins à voudouse[112] ». La Catin avait été une esclave dans le sud des États-Unis. Une fois arrivée en Acadie, elle s'est intégrée dans la culture par le mariage et la maternité. Selon la légende, elle s'est mariée avec cinq hommes en Acadie, et elle a mis au monde des dizaines d'enfants[113]. Chacun de ses époux meurt, mais elle laisse des enfants partout en Acadie, du Memramcook au Cap Breton, des Cormier, des Léger et des Landry. Arrachée de sa culture d'origine, la Catin impose sur la culture colonisatrice une vengeance généalogique et mystique en même temps – ses dizaines d'enfants introduisent dans la lignée acadienne un héritage africain et le souvenir de ses pouvoirs magiques.

Le père de la Mariecomo, Johnnie Catin, est nommé pour cette ancêtre. Il s'est marié avec une femme de sur les Borgitte, la fille d'un sorcier et la descendante de la dite Grande Borgitte, la matriarche en sorcellerie du village. D'après Pivaromme, le mentor en sorcellerie de Gros Pied et de la Mariecomo, la Grande Borgitte pouvait lire le temps dans le firmament, guérir les gens et connaissait tous les autres sorciers légendaires de la Côte[114]. La Mariecomo est héritière de la sorcellerie des deux côtés de sa famille, mais du côté de Johnnie Catin, elle apprend une sorcellerie étrangère, indigène et africaine, et donc plus dangereuse aux yeux des Acadiens. « Johnnie Catin m'a appris pas mal de choses sur les sorciers et i disait que ça venait de la Catin. C'est ielle qu'avait emmené dans le pays comment faire pour guérir les fièvres scarlatines qui faisiont corver le monde comme des mouches[115]. » Non seulement la Catin transmet-elle une tradition de guérison magique, mais elle explique à son petit-fils ses connaissances spirituelles, notamment son explication de la chasse-galerie, un phénomène fantastique étroitement associé avec le Canada français. La Mariecomo raconte : « [E]che pensions à quou-ce que la Catin avait dit à mon père des chasse-galeries … a' pouvait voir pis entendre les gens et les animaux qu'étiont dans ces caravanes-là, et que ce monde-là étiont du monde qui veniont des autres mondes et qui se promeniont comme ça d'une étoile à l'autre, et qui pouviont pas venir sur la terre à cause du péché d'Adam pis Ève qu'aviont mangé le fruit défendu de l'arbre de la vie[116]. »

Son étrangeté et son statut d'étranger, et sa capacité pour la magie amplifient sa connaissance de l'occulte, même d'une légende éminemment canadienne. Ayant vécu dans le siège de l'esclavagisme des Amériques (la Caraïbe et le Sud), d'une perspective acadienne, le parcours compliqué de la Catin la dote d'une connaissance magique approfondie. En termes mythologiques, le péché originel du colonialisme – le racisme et l'esclavagisme – définissent le destin de la Catin. Malgré le fait qu'elle est une victime de l'esclavagisme, Brun dote ce personnage d'une perspective créolisée, magique et transcendante. Son arrière-petite-fille la Mariecomo la présente d'une manière respectueuse; pourtant, elle ne diminue point le danger et sa propension pour la vengeance chez la Catin. L'inclusion de ce personnage dans la généalogie légendaire des

Acadiens signale que Régis Brun met le doigt sur la tension sous-jacente la plus problématique de l'acadianité colonialiste : le désir sexuel refoulé qui hante le racisme.

La fécondité de la Catin ne pose aucun danger à la soi-disant pureté des Acadiens; au contraire, la seule mention du mot « race » s'emploie dans un sens plus général, sans allusion à l'ethnie : « ... alle a marié un des Claude de Memramcook. Alle a eu avec lui une dizaine d'enfants, toutes des garçons qui sont devenus la race des Cormier du pays[117]. » On peut lire le récit de la Catin comme une tentative de la part de Régis Brun de relier les diasporas acadiennes et africaines, de mettre le doigt sur une expérience coloniale partagée. Une expérience d'oppression n'équivaut pas à l'autre, et un exemple historique de nettoyage ethnique, dans le cas des Acadiens, n'a pas le même effet de traumatisme générationnel que les 400 ans d'esclavage des Noirs aux Amériques. Ici Brun fait moins une comparaison des deux diasporas qu'une insertion ciblée de l'expérience des Noirs dans les légendes de l'Acadie postcoloniale. Nous lisons cette inclusion comme une correction du manque de représentation littéraire des intersections historiques des deux populations.

La prévalence du folklore au sujet de l'intersection du métissage, de la différence raciale et de la magie indique que, sur le plan populaire, cette interconnectivité de peuples dans le monde atlantique avait un énorme impact sur les traditions mystiques en Acadie. Dans l'introduction de son ouvrage précurseur, *Epistemology of the Closet*, Eve Kosofsky Sedgwick écrit : « "Closetedness" itself is a performance initiated by the speech act of a silence – not just a particular silence, but a silence that accrues particularity by fits and starts, in relation to the discourse that surrounds and differentially constitutes it[118]. » *La Mariecomo* contient plusieurs « outings » dans la mesure où Brun présente l'hypocrisie du discours d'appartenance en Acadie, et il sort du placard le secret du racisme systémique. La tension centrale du roman réside dans l'exclusion sociale des gens responsables pour la transmission du folklore. Les sorciers de la Côte sont exclus de la culture officielle à cause du péché de la sorcellerie, et ils sont exclus de la parenté officielle à cause de leur métissage. Leur familiarité avec les légendes dérive de leur parenté avec les sujets de ces histoires. Si on peut considérer la transmission orale de ces légendes au sein d'un groupe marginalisé comme une archive, « the damaged quality of the historical archive » dont écrit Heather Love, elle est plutôt une inaccessibilité. À cause des préjugés, la vraie histoire des ancêtres queers demeure hors de portée de la société acadienne plus large, reléguée aux marges du dossier historique.

✤ ✤ ✤

Régis Brun et Antonine Maillet établissent une relation symbiotique entre l'imaginaire traditionnel et la représentation textuelle d'une acadianité divergente – un va-et-vient entre la mémoire collective qui soutient la tradition et l'acte de graver une nouvelle perspective plus endurante sous forme d'un texte. Dans les textes, les sorcières deviennent iconiques parce qu'elles prennent en compte la différence en même temps qu'elles la représentent. Comme l'écrit Theresa Sanders, l'icône se distingue par son intention de représenter un concept plutôt que son adéquation de le représenter[119]. Avant la création de ces textes, cette interdépendance entre le domaine spirituel et fictif et le monde réel n'existait que dans les moments où une personne racontait ces légendes. Au mieux, les sorcières iconiques avaient acquis une continuité dans les archives et dans les textes des chercheuses et chercheurs acadiens durant les années 1970-1980, « l'âge d'or » de l'ethnographie acadienne qui a pris son essor une trentaine d'années après les premiers efforts de recueillir le folklore des Acadiens[120]. Cette même période de recherche est aussi, selon Jean-Pierre Pichette[121], « une décennie d'errances », en ce qui concerne les méthodes de la transcription[122]. Pour autant que le culte de la sorcière réside dans la tradition orale, il est sujet aux errances des mœurs de l'époque où l'on rapporte le contenu des légendes.

La critique queer contemporaine se méfie du désir d'un fondement historique. Pour certains théoriciens – dont Edlemen et Muñoz – la futurité du queer doit se réaliser dans l'absence d'une histoire, car on risque de répéter les mêmes erreurs des modèles hétéronormatifs de l'histoire, c'est-à-dire de créer des figures mythiques exemptées de la critique[123]. Cette objection ne prend pas en compte une vision queer du passé, ni l'affect en jeu dans la chronique de l'histoire d'une perspective queer. Un tel regard affirme l'impact historique queer sur l'imaginaire collectif, et ouvre tous les domaines culturels à l'expression queer. La revitalisation des mêmes iconographies qui ont exclu la contribution des voix queers deviennent, grâce à l'alchimie romanesque de Brun et de Maillet, une voie pour la valorisation de la queerité acadienne. Leurs œuvres révèlent une infinité pour la représentation de l'Acadie queer s'étendant sur l'horizon du futur, et éclairant un passé plein de découvertes sous l'angle de la queerité.

Notes

1. Mathieu Wade, « Blind spot de la littérature acadienne », *Astheure,* 21 mars 2014, astheure.com/2014/03/31/blind-spot-de-la-litterature-acadienne-mathieu-wade/.
2. *Ibid.*
3. Isabelle Kirouac Massicotte, « Une esthétique trash de la marginalité. Des *Crasseux* d'Antonine Maillet à la collection "Poésie/Rafale" (Perce-Neige) », *@nalyses, revue des littératures franco-canadiennes et québécoises*, vol. 14, n° 1 (2019), 33-65.
4. *Ibid.*, 36.
5. Mélanie LeBlanc et Annette Boudreau, « Discourses, Legitimization, and the Construction of Acadianité », *Signs and Society*, vol. 4, n° 1 (2016), 80-108.
6. *Ibid.*, 85.
7. Jean-Paul Hautecoeur, « Variations et invariance de l'Acadie dans le néo-nationalisme acadien », *Recherches sociographiques*, vol. 12, n° 3 (1971), 261.
8. Régis Brun, *La Mariecomo*, Moncton, Perce-Neige, 2006.
9. Antonine Maillet, *Chronique d'une sorcière de vent*, Montréal, Leméac, 1999.
10. Gayatri Spivak, « Can the Subaltern Speak? » dans *Marxism and the Interpretation of Culture*, sous la direction de Cary Nelson et Lawrence Grossberg, Londres, Macmillan, 1988.
11. Isabelle LeBlanc et Adeline Vasquez-Parra, « Qui sont les subalternes en Acadie? », *Repenser l'Acadie dans le monde*, 6 septembre 2020 [en ligne : https://www.repenserlacadie.com/post/qui-sont-les-subalternes-en-acadie-isabelle-leblanc-et-adeline-vasquez-parra, consulté le 28 mars 2023].
12. Spivak, « Can the Subaltern Speak? ».
13. LeBlanc et Vasquez-Parra, « Qui sont les subalternes en Acadie? ».
14. *Ibid.*
15. Ginette Pellerin, réalisatrice, *Les possibles sont infinis,* Améri Ka Productions inc., 2009, 52 minutes.
16. Clint Bruce, « Comment lire un livre dangereux? », introduction, *La Mariecomo*, Moncton, Perce-Neige, 2006.
17. *Ibid.*, xii.
18. Heather Love, *Feeling Backward: Loss and the Politics a Queer History*, Cambridge, Harvard UP, 2007, 23.
19. Jimmy Thibeault, « La prise de parole poétique de la longue décennie 1970 : une trace de la franco-américanité », *Francophonies d'Amérique*, n°s 38-39 (2015), 25-47.
20. « [D]ans le cadre de la pensée *queer* des années 1990 » la notion de l'hétéronormativité est comprise comme la présupposition de l'hétérosexualité comme la norme » (Natacha Chetcuti, « Hétéronormativité et hétérosocialité », *Raison présente*, n° 183 [2012], 71).
21. Love, *Feeling Backward*, 26.
22. Judith Butler, « Doubting Love », dans *Take My Advice, Letters to the Next Generation from People Who Know a Thing or Two*, sous la direction de James L. Harmon, New York, Simon & Schuster, 2002, 62-66.

23 Liz Constable, « Material Histories of Transcolonial Loss: Creolizing Psychoanalytic Theories of Melancholia? », dans *The Creolization of Theory,* sous la direction de Françoise Lionnet et Shu-mei Shih, Durham, Duke University Press, 2011, 112-141.
24 Love, *Feeling Backward,* 26.
25 *Ibid.*
26 *Ibid.*
27 Maillet, *Chronique d'une sorcière de vent.*
28 *Ibid.,* 37.
29 *Ibid.,* 40.
30 *Ibid.,* 59.
31 Catherine Jolicoeur, « La vie religieuse des Acadiens à travers leurs croyances traditionnelles », *Sessions d'étude - Société canadienne d'histoire de l'Église catholique,* n° 48 (1981), 79-88.
32 Love, *Feeling Backward,* 26.
33 *Ibid.*
34 *Ibid.,* 30.
35 Butler, « Doubting Love », 64.
36 Maillet, *Chronique d'une sorcière de vent,* 54.
37 *Ibid.*
38 *Ibid.*
39 *Ibid.*
40 *Ibid.,* 54-55.
41 David Lonergan, « Avant-propos », *Paroles d'Acadie : Anthologie de la littérature acadienne (1958-2009),* Sudbury, Édition Prise de parole, 2010.
42 Pellerin, *Les possibles sont infinis,* 4 min 56.
43 Maillet, *Chronique d'une sorcière de vent,* 25.
44 Pellerin, *Les possibles sont infinis,* 34 min 10.
45 Butler, « Doubting Love », 65.
46 Maillet, *Chronique d'une sorcière de vent,* 30.
47 *Ibid.,* 90.
48 *Ibid.,* 30.
49 *Ibid.,* 90.
50 Jolicoeur, « La vie religieuse des Acadiens à travers leurs croyances traditionnelles », 83.
51 Maillet, *Chronique d'une sorcière de vent,* 99.
52 CÉAAC, coll. Catherine Jolicœur, bob. 228, enreg. 9495. Tous les exemples des légendes acadiennes que nous citons viennent de la collection Catherine Jolicœur du Centre d'études acadiennes Anselme-Chiasson à l'Université de Moncton.
53 Bob. 207, enreg. 8710; bob. 225, enreg. 9413; bob 232, enreg. 9597; bob. 234, enreg. 9631; bob. 235, enreg. 6982.

54 Bob. 373, enreg. 15,557.
55 Bob. 275-76, enreg. 11, 482-485.
56 Le premier sorcier en Acadie était un Français. Jean Campagna fut incarcéré pour sorcellerie en 1684, à Beaubassin. Dans le folklore, les Acadiens du XXe siècle se souviennent de ce sorcier comme quelqu'un qui venait d'ailleurs, une personne dont le caractère était différent des Acadiens. Emery LeBlanc, ancien rédacteur en chef de *L'Évangéline*, a produit une série radiophonique basée sur les anecdotes qu'il a recueillies lors de ses recherches, et il les a fait publier dans le recueil du même titre *Les entretiens du village*. Son Jean Campagna est bizarre, un vieux garçon qui a du mal à se marier avec une Acadienne. Campagna se parle tout seul dans sa cabane et il fait peur à ses voisins. Pour cette raison, suivant une chicane avec la famille qui lui refuse la main d'une fille, personne dans le village n'hésite à l'accuser de la sorcellerie. Voir Emery LeBlanc, « Un sorcier acadien » dans *Les entretiens du village*, Moncton, L'imprimerie acadienne limitée, 1957.

Dans son étude des recensements du village de Beaubassin et du procès de Jean Campagna, qui a eu lieu à Québec, Myriam Marsaud a trouvé des détails révélateurs quant à l'ethos du village qui persiste jusqu'à l'ère de notre corpus. Au moment de l'arrestation de Jean Campagna, le village de Beaubassin était composé d'une population plus diverse que la légende ne présente. « En résumé, 9 hommes et 12 femmes sont nés en Amérique, soit 21 des 41 adultes que comptait Beaubassin à ce moment, les 20 autres sont nés sur le vieux continent et viennent de régions très diverses » (423). Néanmoins, seulement quatre hommes étrangers ne se sont pas intégrés à la communauté par le mariage (61). La famille à laquelle Jean Campagna demande la fille en mariage était composée d'un couple « mixte ». L'époux, un Caissie et un Irlandais, n'avait pas le statut d'étranger grâce à la famille de son épouse nommée Poirier (108). Lors de son procès, Campagna réfute les témoignages qu'il avait demandé la fille Caissie en mariage, probablement, Marsaud présume, afin de réfuter aussi les accusations qu'il a jeté des sorts à la famille pour se venger (108). Dès le tout début du dossier historique sur la sorcellerie en Acadie, on a affaire à la confusion de la sexualité étrange ou non-intégrée à la société, et le danger spirituel. Voir Myriam Marsaud, *L'étranger qui dérange : le procès de sorcellerie de Jean Campagna. Miroir d'une communauté acadienne, Beaubassin 1685*, mémoire de maîtrise, Moncton, Université de Moncton, 1993.
57 Maillet, *Chronique d'une sorcière de vent*, 267.
58 Bob. 232, enreg 9597.
59 Bob. 58, enreg. 2783.
60 Bob. 232, enreg 9327.
61 Bob. 58, enreg. 2783.
62 Maillet, *Chronique d'une sorcière de vent*, 131.
63 « [T]he emergent field's powerful utopianism, affirmation of gay identity, and hope for the future resonated with the seemingly magical power of this new movement

to transmute shame into pride, secrecy into visibility, social exclusion into outsider glamour ». Heather Love, *Feeling Backward: Loss and the Politics a Queer History*, Cambridge, Harvard University Press, 2007, 23.
64 Maillet, *Chronique d'une sorcière de vent*, 41.
65 *Ibid.*, 132.
66 Butler, « Doubting Love », 65.
67 Bruce, « Comment lire un livre dangereux ? », xiii.
68 *Ibid.*, xii.
69 *Ibid.*, xvi-xvii.
70 *Contes d'Acadie*, Université de Moncton, Centre d'études acadiennes Anselme-Chiasson, 643, Fonds Contes d'Acadie.
71 Brun, *La Mariecomo*, 17.
72 Bruce, « Comment lire un livre dangereux », xx.
73 George Haggerty, « The Horrors of Catholicism: Religion and Sexuality in Gothic Fiction », *Romanticism on the Net*, n°s 36-37 (novembre 2004, février 2005) [en ligne: https://doi.org/10.7202/011133ar].
74 Brun, *La Mariecomo*, 59.
75 *Ibid.*, 7.
76 *Ibid.*, 71.
77 *Ibid.*, 72.
78 *Ibid.*, 74.
79 *Ibid.*, 75.
80 Coll. Catherine Jolicoeur, bob. 111, enreg. 4727.
81 Bob. 331, enreg. 13632.
82 Bob. 66, enreg. 3033.
83 *Contes d'Acadie*.
84 *Ibid.*
85 Denise Lamontagne, « Pour une approche transversale du savoir banal en Acadie : la taoueille, Sainte Anne et la sorcière », *Études canadiennes / Canadian Studies*, n° 58 (2005), 309.
86 *Ibid.*
87 Love, *Feeling Backward*, 36.
88 *Ibid.* 29.
89 *Ibid.* 35.
90 *Ibid.*
91 *Ibid.* 36.
92 *Ibid.*
93 *Ibid.*, 37.
94 *Ibid.*, 38.
95 Constable, « Material Histories of Transcolonial Loss », 119.

96 Pour une étude sur le traumatisme dans la poésie contemporaine de la diaspora acadienne, voir Nathan Rabalais, « *Acadie(s) divergente(s)* : langue, identité et poésie en Louisiane et au Canada maritime », *Contemporary French and Francophone Studies*, vol. 21, n° 4 (2018), 431-439.
97 Samuel H. Allen et Shawn Mendez, « Hegemonic Heteronormativity : Toward a New Era of Queer Family Theory », *Journal of Family Theory & Review*, n° 10 (2018), 70-86.
98 *Ibid.*, 76.
99 Maillet, *Chronique d'une sorcière de vent*, 50.
100 *Ibid.*, 147.
101 *Ibid.*, 50.
102 *Ibid.*
103 *Ibid.*, 37.
104 *Ibid.*, 100.
105 *Ibid.*, 69.
106 *Ibid.*
107 *Ibid.*, 210.
108 *Ibid.*
109 Jarrod Hayes, *Queer Roots for the Diaspora: Ghosts in the Family Tree*, Ann Arbor, University of Michigan Press, 2016.
110 *Ibid.*, 22.
111 Heather Love, « Queer Critique, Queer Refusal », dans *The Great Refusal*, sous la direction d'Andrew T. Lamas, Todd Wolfson et Peter N. Funke. Philadelphia, Temple University Press, 2017, 127.
112 Brun, *La Mariecomo*, 68.
113 *Ibid.*
114 *Ibid.*, 15-16.
115 *Ibid.*, 71.
116 *Ibid.*, 69-70.
117 *Ibid.*, 68.
118 Eve Kosofsky Sedgwick, *Epistemology of the Closet*, Create Space Independent Publishing Platform, 2017, 3.
119 Theresa Sanders, « The Otherness of God and the Bodies of Others », *The Journal of Religion*, vol. 76, n° 4 (1996), 572-587, 575.
120 Louis-Martin Savard, « Étude du folklore en Acadie », *l'Encyclopédie Canadienne*, 7 septembre 2018, *Historica Canada* [en ligne : https://www.thecanadianencyclopedia.ca/fr/article/etude-du-folklore-en-acadie, consulté le 10 janvier 2020].
121 Jean-Pierre Pichette, « De l'oral à l'écrit : toute une histoire », *Port Acadie*, n°s 16-17 (2009-2010), 147-224.
122 *Ibid.*, 198.

123 Kaitlin Noss, « Queering Utopia: Deep Lez and the Future of Hope », *Women's Studies Quarterly*, vol. 3/4, 2012, 131. « [Q]ueerness for Edelman must be the disruptive force against the future and identity itself. He dismisses the desire of memory and wholeness, contending that the problematic consequence of a politic based on an imagined past that reflects our desire for 'eventual self-realization' is that it leaves universalizing figures insulated from critique (2004, 10) » (Noss, 131); voir aussi José Esteban Muñoz, *Cruising Utopia: The Then and There of Queer Futurity*, New York, New York University Press, 2009.

CHAPITRE 7

Repenser l'Acadie dans le monde : typologie et synthèse des représentations du territoire en Acadie

MATHIEU WADE

En novembre 2021, le gouvernement du Nouveau-Brunswick dévoilait son livre blanc sur la gouvernance locale. Cette réforme porte essentiellement sur deux aspects. D'une part, elle vise à réduire le nombre d'entités administratives, les faisant passer de 340 à 89. En diminuant le nombre d'entités, elle rationalise et consolide la gouvernance locale et tente de favoriser la collaboration régionale. D'autre part, elle vise à distribuer de façon plus égalitaire l'accès à la démocratie locale. La réforme réduirait la proportion d'individus habitant un territoire sans gouvernement local de 30 % à 8 %. Il s'agit de la plus importante réorganisation de la gouvernance depuis celle de 1967, où le gouvernement avait aboli les comtés, réduit l'autonomie des gouvernements municipaux et créé les districts de services locaux DSL[1].

Cette réforme était attendue de longue date par de nombreux acteurs, et en particulier par le milieu associatif acadien. Lors de la Convention de l'Acadie du Nouveau-Brunswick de 2014, la municipalisation du territoire avait été hissée au rang de priorité nationale, perpétuant une longue tradition de revendications territoriales dans la province depuis les deux derniers siècles. Dans le dossier plus spécifique des municipalités, la Société des Acadiens du Nouveau-Brunswick (SANB) en faisait déjà un enjeu dès 1975. En effet, 10 ans après les ambitieuses réformes menées dans le cadre du programme Chances égales pour tous, le gouvernement du Nouveau-Brunswick constatait les défis engendrés par les districts de service locaux (DSL) créés en 1967[2]. Dans un mémoire soumis au gouvernement, la SANB plaidait déjà pour une pleine municipalisation : « Si les districts de service locaux jouissent de services, leur statut, en tant que régions non constituées, ne permet pas à leurs habitants de disposer de moyens politiques et techniques d'organisation dont disposent les municipalités (un conseil élu, un maire, des fonctionnaires municipaux, des régies municipales), ni des moyens légaux en vue d'assurer une meilleure planification et la prestation de services locaux plus nombreux ou en rapport avec les conditions locales (fiscalité et pouvoirs de législation municipale)[3]. »

Les arguments prônant la municipalisation, issus du milieu acadien, n'ont pas beaucoup changé depuis les années 1970. Au-delà des motifs d'efficience selon lesquels une consolidation des échelles de prise de décision permettrait d'éviter les dédoublements et générerait des économies d'échelle – et des arguments démocratiques voulant que tout citoyen devrait être représenté par des élus locaux (le palier de gouvernement le plus « près du citoyen »), un argument nationaliste s'ajoute.

Que la Convention de l'Acadie du Nouveau-Brunswick ait fait de cet enjeu sa priorité en 2014 illustre bien à quel point celui-ci n'est pas strictement administratif. Daniel et Yves Bourgeois ont probablement proposé la formulation la plus claire des enjeux politique et identitaire de la municipalisation. Selon eux, l'échelle municipale pourrait donner lieu à un nationalisme administratif, c'est-à-dire « la poursuite, par des minorités nationales, de la création et de la gestion d'institutions publiques sous-étatiques auxquelles sont déléguées des compétences étatiques (agences, commissions, municipalités)[4] ». C'est ce même argument que met de l'avant la sociologue Michelle Landry, estimant que les communautés rurales représentent, pour reprendre le titre d'un de ses articles, une « occasion d'acquisition de pouvoirs et d'autonomie pour les Acadiens[5] ». Pour une nation sans État, l'échelle municipale est présentée comme un site potentiel d'autonomie politique, un palier gouvernemental où la communauté peut être majoritaire et exercer un certain contrôle sur son territoire et son devenir.

Étant donné sa centralité dans le discours nationaliste des dernières décennies, la question municipale est un terrain particulièrement heuristique pour éclairer la place ambiguë qu'occupe le territoire en Acadie. La principale caractéristique de l'Acadie est le fait qu'elle ne correspond pas à des frontières administratives claires. Les frontières de l'Acadie demeurent ainsi un sujet de débat. Le nationalisme a tenté d'apporter des réponses à ce manque originel. En un sens, le projet de la municipalisation promue s'inscrit en continuité directe avec celui de colonisation formulée au XIXe siècle. Les deux visent une certaine territorialisation de l'Acadie, la consolidation de frontières géographiques réelles à défaut de formelles, qui pourraient se substituer à un État.

Dans ce texte, nous nous intéresserons à la place qu'occupe le territoire au sein de la sociologie acadienne. Le point de départ de cette réflexion est le constat d'une étonnante régularité dans la manière dont le territoire est représenté en Acadie. Certains rapports à l'espace sont plus systématiquement associés à l'Acadie, à l'expérience et à l'expression de l'acadianité que d'autres. Dans la littérature scientifique, on retrouve de façon régulière certains acteurs et questionnements alors que d'autres sont presque complètement absents. Ces représentations de l'espace sont devenues, en un sens, des formes ritualisées du rapport de l'Acadie au monde, de son rapport au territoire qu'elle occupe et contribue à façonner[6].

Ce rapport ritualisé au territoire contribue à masquer des pans entiers de la territorialisation de l'Acadie. L'ambition de ce texte est ainsi double. Dans un premier temps, il s'agira de proposer une typologie des représentations acadiennes de l'espace. Nous montrerons comment les principales représentations de l'espace en Acadie demeurent essentiellement déterritorialisées, c'est-à-dire qu'elles conçoivent l'espace comme un simple contenant vide où se déploie l'acadianité, un simple contexte, un arrière-fond où Acadiens vont et viennent, mais qui semble exister indépendamment d'eux. Dans un second temps, après avoir abordé les conceptions générales du territoire en Acadie, nous focaliserons le regard sur les études urbaines en particulier. Plus spécifiquement, nous proposerons une synthèse comparative des travaux produits sur Moncton, Saint-Jean et Halifax. En comparant ces deux littératures issues de traditions nationales distinctes, nous mettrons en évidence certains angles morts caractéristiques des études acadiennes portant sur le territoire et offrirons des pistes de réflexion et d'enquête pour « repenser l'Acadie dans le monde ». Plus spécifiquement, nous proposerons de repenser les manières concrètes dont les communautés acadiennes s'établissent dans l'espace, aménagent des territoires, comment elles s'inscrivent physiquement dans le monde.

Typologie de l'espace en Acadie

En l'absence de frontières claires, les critères à partir desquels on définit l'appartenance à l'Acadie sont problématiques. La question de savoir *qui* est Acadien et *ce qui définit* l'acadianité demeure contentieuse. L'enjeu touchant aux frontières, c'est donc du point de vue du territoire que sont menés plusieurs débats récurrents concernant les modalités d'appartenance au groupe, les capacités d'action collective et, ultimement, le sens de l'histoire acadienne[7].

Deux principales conceptions du territoire acadien dominent la littérature : l'une diasporique qui inscrit l'acadianité dans un rapport à la filiation, et l'autre ethnolinguistique, qui englobe l'acadianité dans des institutions et des réseaux de socialisation permettant de construire une frontière ethnolinguistique plus ou moins stable. Ces deux conceptions sont à maints égards opposées. Elles ne s'entendent pas sur *où* est l'Acadie, sur *qui* sont les Acadiens et sur ce qui constitue l'acadianité. Mais elles ont en commun, comme nous le verrons, de subordonner l'espace à l'identité. Tant dans le territoire diasporique que dans le territoire ethnique, il n'est pas question de la manière dont l'Acadie produit et aménage des territoires, mais plutôt des lieux qui permettent de construire un certain rapport à l'identité.

Entre ces deux approches, on peut identifier une troisième conception de l'espace, bien qu'elle demeure marginale. Il s'agit de l'espace aménagé, où il n'est plus tant question de la manière dont ce dernier permet à une identité acadienne de se maintenir, que de celles dont les espaces qu'habitent les Acadiens sont aménagés, façonnés, construits et conçus formant ainsi le territoire. C'est cette approche que nous proposerons de développer dans la seconde partie de ce texte. Cette troisième voie permet, du moins, nous semble-t-il, de contourner l'écueil dans lequel nous mènent les deux autres approches.

Le territoire diasporique

Pour certains, on ne saurait circonscrire un territoire acadien. L'Acadie serait un peuple diasporique qui prendrait la forme d'un archipel de communautés dispersées par le Grand Dérangement d'une part et par les vagues d'émigration depuis le XIXe siècle de l'autre. Cette Acadie, héritière de l'histoire, se définit désormais davantage par la généalogie, le recours aux ancêtres que par des espaces de vie. Il n'en fut pas toujours ainsi, cependant. En l'absence d'un État propre et face à une marginalisation politique et économique, l'Acadie s'est historiquement organisée en archipel de paroisses centrées autour de la famille, de la religion et de la langue. La famille et la religion ont favorisé une certaine cohérence et une continuité, identitaires en l'absence d'un territoire politique propre. Des poches d'acadianité pouvaient se produire et se reproduire autour de ces institutions phares. C'est pourquoi, la Révolution tranquille eut des effets profonds sur le rapport de l'Acadie au territoire. Non seulement les liens de filiation se métamorphosaient-ils avec la restructuration de la famille acadienne[8], transformant au passage le rapport collectif au territoire, mais la religion perdait du coup son influence, elle qui avait organisé des échelles de territoire et de vie collective avec son réseau de paroisses.

C'est à la suite de ces mutations qu'est apparu le discours proprement contemporain sur la diaspora. Désormais dépourvues des institutions qui garantissaient une socialisation agissant comme culture première, ces communautés ont été appelées à redéfinir leur appartenance à une Acadie des

Maritimes. Exclue d'une aire géographique en pleine effervescence politique et culturelle[9], l'Acadie diasporique allait recourir à la généalogie et aux ancêtres pour définir son appartenance. Le renouveau diasporique s'inscrit dans un double mouvement de transformation ethnique en Amérique du Nord[10] et d'expansion de l'industrie touristique[11]. C'est dans le cadre de ce nouveau contexte que s'inscrivent les congrès mondiaux acadiens (CMA), événement à mi-chemin entre l'activité politique et touristique, où les rassemblements familiaux jouent un rôle central, bien que controversé[12]. L'identité s'y vit surtout autour d'un mode ponctuel et festif[13], la langue française y exerçant trop souvent un rôle d'arrière-plan.

En situant l'acadianité dans des liens de filiation, l'Acadie diasporique se compose de réseaux[14] et de flux mouvants et déterritorialisés. Les études qui portent sur la diaspora insistent en effet davantage sur la mobilité des individus dans l'espace identitaire, ou encore sur les jumelages entre communautés, que sur la consolidation et l'aménagement des territoires qu'ils habitent. Le débat entourant l'Acadie de la diaspora met donc en scène un territoire problématique : quels territoires permettent à un individu de se réclamer légitimement de l'Acadie ? Pour certains, ces individus participent de l'acadianité et devraient être enrôlés dans les débats et les institutions collectives de façon plus régulière et concertée[15]. Pour d'autres, la diaspora pose une menace au plein déploiement politique de la nation acadienne en diluant les effectifs et en mettant de l'avant une définition généalogique, plutôt que civique de l'acadianité[16].

Le territoire ethnolinguistique

L'Acadie diasporique, dans sa version la plus typique, s'exprime lors de grands rassemblements festifs et renvoie à une identité individuelle déterritorialisée et décontextualisée qui se justifie davantage par la filiation que par la socialisation. Pour sa part, l'Acadie ethnolinguistique se maintient grâce à des institutions collectives qui assurent la présence routinière de la langue et de la culture dans la socialisation. Elle renvoie à ce que Bérubé a appelé l'Acadie opérationnelle[17]. En outre, elle est généralement admise comme se trouvant dans les provinces maritimes, surtout depuis la Révolution tranquille. Cette Acadie est opérationnelle dans le sens où elle réussit à cerner l'appartenance des individus au quotidien, à garantir le maintien de frontières ethnolinguistiques en contexte de minorité. C'est à cette fonction que réfèrent les concepts de « complétude institutionnelle[18] » et de « vitalité ethnolinguistique[19] » centraux à cette approche. Les tenants de ce courant sont davantage intéressés par les conditions de reproduction et de transmission de l'identité, et surtout de la langue, plus que ne l'est l'Acadie diasporique.

L'Acadie diasporique est souvent présentée comme une antithèse d'une Acadie qui serait territoriale, mais c'est une fausse catégorisation. Ni l'une ni l'autre de ces approches ne s'intéresse réellement au territoire, bien que le territoire soit au cœur de leur différend. L'Acadie ethnolinguistique n'est territoriale que dans la mesure où elle contribue à hiérarchiser les territoires en fonction de la solidité des frontières ethnolinguistiques que l'on y trouve. Si les communautés de la diaspora se trouvent exclues, c'est que les frontières identitaires sur leurs territoires ne correspondraient pas à certains critères trouvés dans les provinces maritimes, et particulièrement au Nouveau-Brunswick.

Or, dans cette optique, le territoire demeure tout à fait secondaire. Il n'est pas un objet d'étude. Il n'est qu'un contexte de socialisation. Les chercheurs œuvrant dans ce champ s'intéressent aux mécanismes par lesquels s'opère la construction d'une frontière identitaire. C'est ce que l'on a appelé les territoires et les espaces francophones[20]. Précisément, ces territoires et ces espaces ne sont considérés qu'*en tant qu'ils sont francophones*. Ces approches consistent à découper le territoire en parcelles d'acadianité et à évacuer de l'analyse les institutions, les acteurs et le discours qui se trouvent à l'extérieur des frontières communautaires.

L'espace francophone, de façon contre-intuitive, est un concept a-spatial. L'espace francophone est défini « comme une forme ethnique fondée sur la complétude institutionnelle, ayant ses bases sur un territoire qui ne nécessite pas de frontières définies, mais qui s'organise autour de réseaux de relations[21] ». Plus encore, « cet espace francophone se construit non seulement sur un territoire physique, mais il englobe aussi toutes les sphères nécessaires au développement de la francophonie[22] ».

Autrement dit, le territoire est soumis à l'identité. Il n'importe que dans sa capacité à soutenir l'identité, à rendre opérationnelle la frontière ethnolinguistique. Ce rapport au territoire est ancien, voire structurel en Acadie.

Entre la fin du XVIIe et le début du XXe siècle, la population acadienne a crû de façon relativement stable. Une série de facteurs économiques, politiques et culturels expliquent cette expansion démographique continue vers l'intérieur des terres[23]. L'ethnicité régulait les rapports sociaux et les frontières ethniques se traduisaient également par des frontières géographiques. Patrick Clarke observe très justement comment l'étude des mouvements migratoires dans le Sud-Est (1760-1810) souligne l'importance de la parenté dans la reconstitution d'établissements. La stabilité remarquable de la répartition géographique des familles de même que la densité des toponymes d'origine familiale sont indicatrices de l'ampleur de ce phénomène qui, partout, sous-tend la structuration de l'espace[24].

Cette dynamique endogène d'ethnicisation du territoire trouva éventuellement une formulation plus explicite dans le discours inaugural de Mgr Richard à la première Convention nationale acadienne en 1881 à Memramcook :

> Partout les forêts ont été abattues par les bras des Acadiens, et sur ce sol si vaillamment défriché, nous avons imprimé avec nos sueurs le souvenir ineffaçable de notre génie colonisateur. Restons dans ces nobles traditions, étendons encore le domaine de la patrie. Nous devons faire pour nos descendants ce que nos pères ont fait pour nous, nous emparer de tous ces territoires encore inoccupés qui doivent appartenir aux plus vaillants [...] Allons dans la forêt, Acadiens, les dangers qui nous y attendent sont moins à craindre que ceux que nous trouvons sur des terres appauvries, dans les séductions des cités, ou sous un ciel étranger. Établissons encore de nouvelles colonies, elles augmentent notre force, multiplieront notre ombre, rendant de plus en plus sensible aux yeux des autres peuples la nécessité de notre existence, et nous aideront merveilleusement à nous conserver aussi religieux que l'étaient nos pères. Les Acadiens ont été colonisateurs parce qu'ils ont été avant tout agriculteurs[25].

Au sein du nationalisme acadien, l'expansion territoriale devenait un projet collectif de consolidation et de protection des frontières ethnolinguistiques. L'impératif d'extension du domaine de la patrie au cœur du discours nationaliste traditionnel faisait de la création de nouvelles localités une fin en soi, dans la mesure où celles-ci offraient un cadre de vie acadien aux individus. On cherchait la complétude institutionnelle afin d'assurer la vitalité ethnolinguistique, dirions-nous dans un vocabulaire plus contemporain. Cette idéologie a durablement structuré l'inscription de l'Acadie sur le territoire, en un archipel de petites localités et de paroisses plus ou moins contiguës. La structure de peuplement de l'Acadie est sans doute l'un des legs les plus durables du nationalisme.

Pour certains, il s'agit d'un legs ambigu. Dans sa virulente critique du nationalisme acadien, Michel Roy remettait en cause le sens de cette dispersion. « L'Acadie de la fin du XIXe siècle, écrit-il, n'avait pas les moyens de son expansion. Aucun village acadien de cette époque ne pouvait se payer le luxe d'une colonie d'arrière-pays[26]. » Il poursuit en déplorant que « l'Acadie en plein XXe siècle n'est rien de plus qu'un chapelet de villages reliés entre eux par des routes absolument sous le contrôle de pochettes urbaines anglaises[27] ». Le géographe français Jean-Claude Vernex, qui consacra sa thèse de doctorat à la géographie acadienne du Nouveau-Brunswick, constatait, quant à lui, au début des années 1970, que « mis à part quelques clairières de colonisation intercalaires, la trame de peuplement se relâche très vite en s'éloignant du littoral ou des voies de communication importantes. L'emprise humaine manque de profondeur; l'hinterland est vide[28] ». Tous deux s'étonnaient de la dispersion géographique de l'Acadie et y voyaient un mode d'organisation non viable.

Les cartes ci-dessous présentent les bâtiments, permettant d'observer les espaces habités en date de 2021. On peut voir sur la figure 7.1 le résultat de la colonisation acadienne dans la Péninsule acadienne. Les développements linéaires traversent le territoire, tandis que les centres ne sont que faiblement développés. La figure 7.2 illustre un autre exemple d'une localité acadienne – Caraquet – prenant la forme d'un développement linéaire sans centre apparent. Enfin, la figure 7.3 présente un exemple éloquent des morphologies distinctes des localités anglophones et acadiennes. Memramcook et Sackville sont deux villages situés à quelques kilomètres l'un de l'autre, ils ont une population similaire et ont tous deux été des communautés collégiales et universitaires. Plus encore, Memramcook a été l'un des hauts lieux de la renaissance acadienne. Pourtant les deux localités ont des morphologies très différentes. Memramcook a un développement linéaire, sans centre évident, alors que Sackville a un centre-ville plus dense, avec un plan en damier.

La Révolution tranquille des années 1960 a rendu ce legs ambivalent. La dispersion des communautés s'est traduite par la perte de structures de gouvernance locale et par une décroissance démographique chronique dans plusieurs régions[29]. Malgré tout, l'attachement local demeure important. Dans leur analyse des discours entourant le rejet de la municipalisation au Nouveau-Brunswick, Michelle Landry et Julie Guillemot ont justement démontré comment « la construction de l'appartenance à une communauté semble être assez peu associée à l'existence d'un gouvernement local[30] ». L'identité acadienne, même au sein de l'Acadie des Maritimes, celle dite « territoriale », n'est que marginalement rattachée au contrôle collectif du territoire. La localité et la paroisse sont des fins en elles-mêmes.

Depuis quelques décennies, ce patrimoine territorial est célébré dans des dizaines de monographies paroissiales qui retracent l'histoire locale. La sociologue Andrée Fortin a bien illustré comment au Québec ces histoires paroissiales ont joué un rôle central. En effet, selon elle, les paroisses « constituent alors non seulement une assise institutionnelle, mais aussi la communauté d'appartenance principale au Québec[31] ». On peut faire le même constat en Acadie. Or, la paroisse est une échelle d'appartenance qui entretient avec le territoire une relation complexe. Ces nombreuses monographies – on pourrait dire qu'il s'agit d'une genre littéraire important en Acadie – suivent une trame narrative commune qui tend à évacuer le territoire comme espace politique. « Pour présenter une paroisse, on en trace la genèse, ce qui comprend souvent des indications toponymiques, et on mentionne quelques faits marquants de son histoire, de son économie ou de sa situation géographique. [Et] on insiste sur les églises [...] Enfin, les rubriques se terminent par la liste des prêtres, curés ou desservants de la paroisse depuis sa fondation[32]. »

En Acadie, cette production historique est en grande partie amatrice et il n'est pas question ici de lui reprocher certains biais ou partis pris. Plutôt, ces ouvrages mettent en évidence certains éléments centraux et structurels du rapport de l'idéologie nationale au territoire. Ils servent de témoins d'un rapport au territoire qui imprègne le discours en Acadie, jusque dans les sciences sociales elles-mêmes.

Cette logique consistant à subordonner le territoire à l'identité est reprise dans l'argument nationaliste en faveur de la municipalisation : il faut municipaliser le territoire afin d'accroître la complétude institutionnelle des communautés et permettre à l'Acadie l'accès à des lieux de pouvoir. Mais ces appels à s'emparer d'un nouveau pouvoir ne sont pas accompagnés – au sein du champ des études acadiennes – d'analyses décrivant ces pouvoirs, ce qu'ils permettent de faire, ce qu'on en fait. Le territoire est pensé du point de vue d'une communauté ethnolinguistique minoritaire cherchant à agir comme « mini polity[33] » parallèlement à l'État et à se tailler une place dans un environnement plus ou moins hostile, plutôt que comme un lieu politique en lui-même. C'est ce qui explique, sans doute, l'absence étonnante de travaux sur la politique municipale, alors que la colonisation et la municipalisation ont été parmi les principaux projets collectifs du dernier siècle et demi. L'Acadie pense le politique ailleurs.

Le territoire aménagé

Les conceptions diasporiques et ethnolinguistiques de l'Acadie, malgré tout ce qui les distingue, ont en commun de placer le territoire à l'arrière-plan. Les

Fig. 7.1 | Morphologie de la Péninsule acadienne. Carte faite par l'auteur à partir de données ouvertes du gouvernement du Nouveau-Brunswick.

raquet

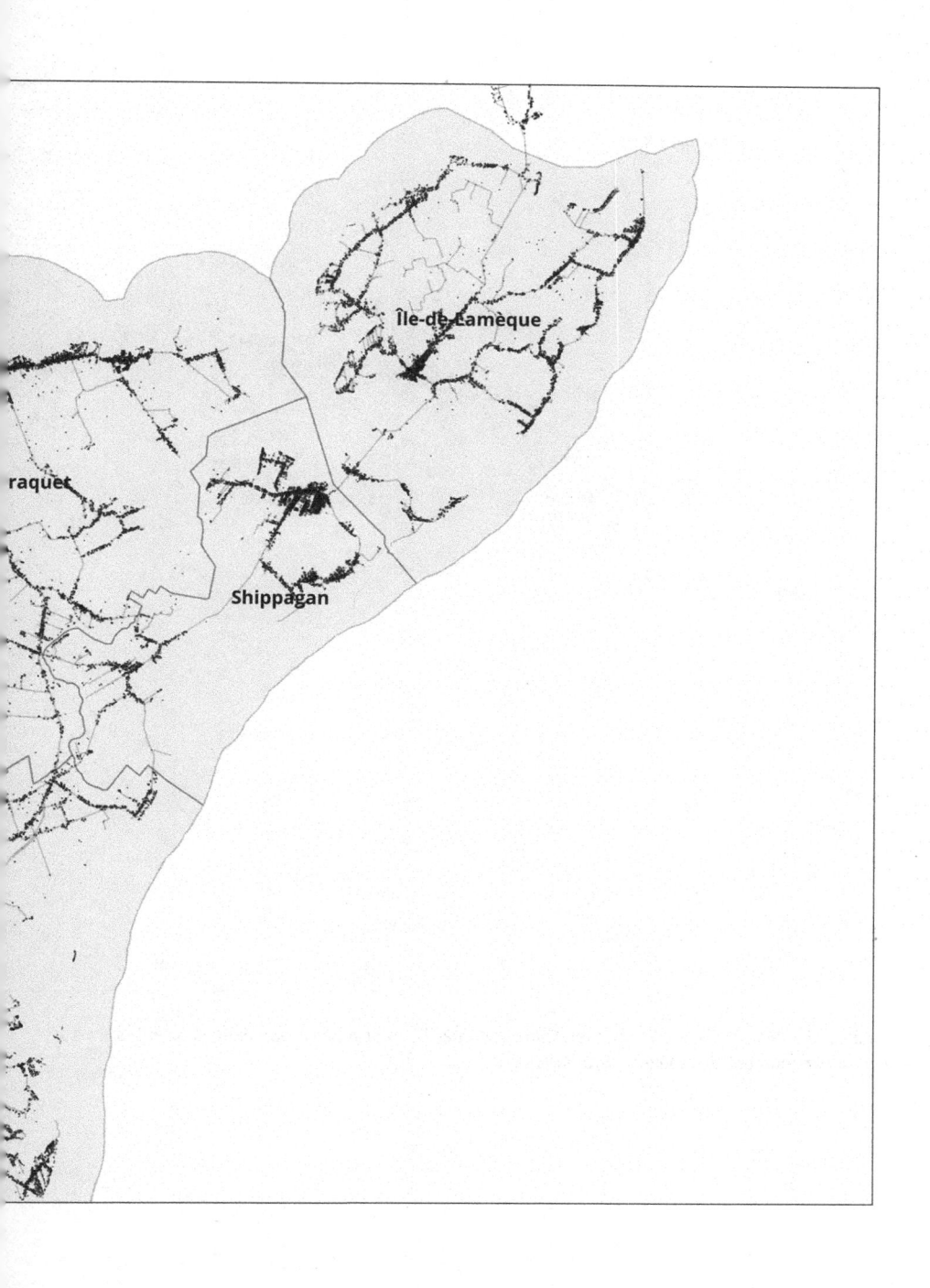

Île-de-Lamèque

Shippagan

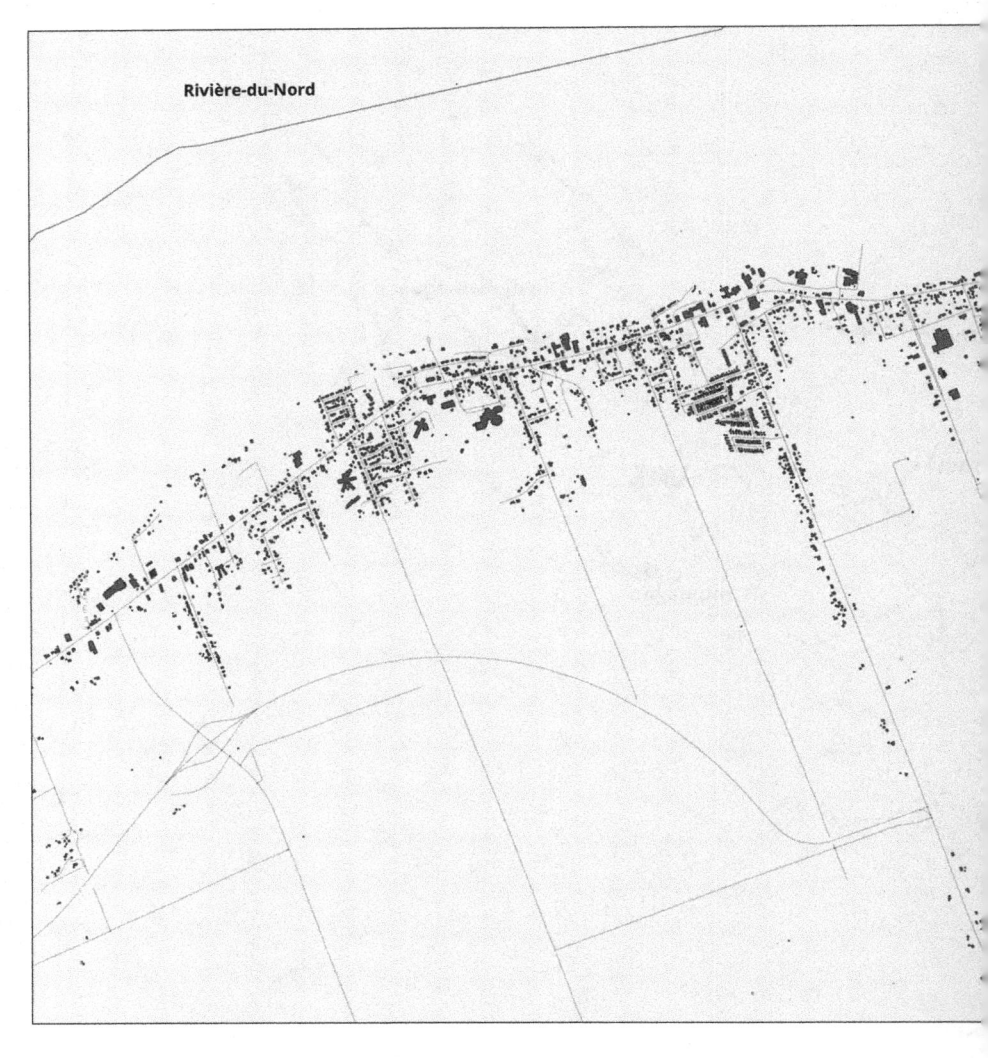

Fig. 7.2 | Morphologie de Caraquet. Carte faite par l'auteur à partir de données ouvertes du gouvernement du Nouveau-Brunswick.

et

Fig. 7.3 | Comparaison de la morphologie de Memramcook (pop. 4 778) et Sackville (pop. 5 331). Carte faite par l'auteur à partir de données ouvertes du gouvernement du Nouveau-Brunswick; Statistique Canada, profil des communautés 2021.

Tantramar

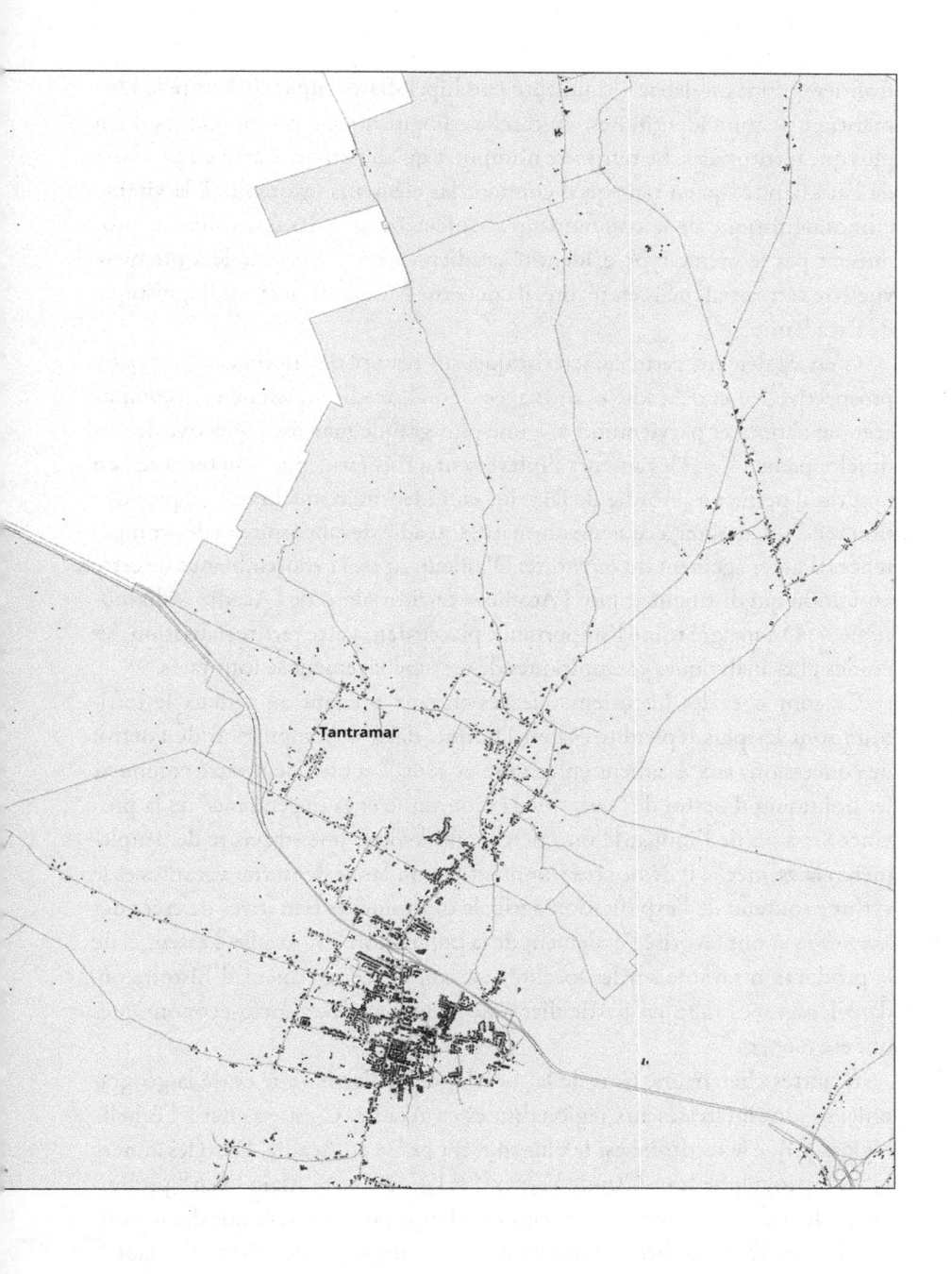

frontières dont on débat – d'un côté l'archipel diasporique, de l'autre le bloc maritime – sont identitaires, culturelles, linguistiques, généalogiques, bien plus que territoriales. Le territoire n'importe qu'en tant qu'il arrive à produire de l'acadianité, qu'en tant qu'il contient les éléments favorables à la vitalité ethnolinguistique de la communauté. Seulement, tous les territoires ne produisent pas le même type d'identité acadienne. Le débat semble à première vue être territorial, mais en réalité, il concerne la définition ethnolinguistique de l'acadianité.

C'est également cette caractéristique qui ressort des notions d'« Acadie prospective[34] » et d'Acadie « aménagée », où l'Acadie réussirait à s'accomplir comme nation, et parviendrait à « une plus grande maîtrise collective de son développemen[35] ». Ces auteurs s'intéressent à l'aménagement du territoire en tant qu'il permet à l'Acadie de faire un saut identitaire qualitatif. La proposition tend à demeurer à ce stade normatif, l'Acadie devant aspirer à des compétences d'aménagement du territoire. D'ailleurs, c'est la vraisemblance de cette aspiration qui distingue le plus l'Acadie « territoriale » de l'Acadie « diasporique ». Or, malgré toute l'importance placée dans cette territorialisation, les études plus analytiques et empiriques de cet aménagement se font rares.

Ce sont chez les historiens que ces travaux prenant au sérieux le territoire sont les plus répandus. Raoul Dionne, dans sa compilation de l'octroi de concessions aux Acadiens entre 1760 et 1860[36], a bien démontré comment les politiques d'octroi des terres de la Couronne et la dépendance de la province vis-à-vis de l'industrie forestière[37] ont favorisé une structure de peuplement clairsemée[38]. Il démontre comment l'abondance des terres vacantes et le rythme soutenu de l'exploitation agricole ont miné les tentatives de créer des *townships* et ont favorisé l'étalement de la population. En Acadie, l'essentiel de la production savante sur les localités est issu du département d'histoire où, dans les années 1980 en particulier, une série d'analyses socio-économiques ont été menées[39].

D'autres chercheurs, issus de la sociologie, de l'économie et de la géographie, se sont intéressés aux régionalismes en Acadie. C'est en effet à l'échelle régionale que le territoire est le plus souvent pensé en Acadie. Dans les années 1970, le géographe Jean-Claude Vernex[40] et l'économiste Alain Even[41] produisaient des travaux critiques sur le sous-développement économique des régions acadiennes. Dans sa thèse de doctorat, le sociologue Joseph Yvon Thériault[42] liait, quant à lui, territoire, économie et identité, projet qui a été repris deux décennies plus tard par Patrick Clarke. Clarke propose « un modèle susceptible de saisir, dans son ensemble et dans la longue durée, le développement spatial de l'Acadie avec, comme objectif premier, la "territorialisation", ce processus dynamique par lequel la culture, l'identité et l'espace se combinent pour faire une matrice de société[43] ». Ce texte de Clarke demeure, à ce jour, la synthèse la plus aboutie de la territorialisation acadienne et l'essentiel des pistes de recherche vers lesquelles il pointe reste à être défriché.

Les régions demeurent elles aussi relativement absentes de la littérature, bien que l'Acadie puisse être considérée comme une identité et un territoire régional. Certaines études portent sur les mouvements sociaux liés au développement économique[44], alors que d'autres, issues de la macro-économie, se limitent à l'analyse des variables socio-économiques[45]. Ces travaux ont en commun de penser l'espace à l'échelle des régions économiques, plutôt qu'à l'échelle de l'habiter. L'espace, dans ces études, prend la forme d'un contenant plus ou moins abstrait, qui serait essentiellement composé de variables macro-économiques et socio-démographiques.

Enfin, un troisième type d'études portant sur le territoire aménagé s'inscrit dans le champ des sciences de l'environnement[46]. Ces travaux portent sur l'échelle locale, et s'intéressent généralement à l'adaptation des communautés côtières dans un contexte de changements climatiques. Si elles pensent concrètement le territoire comme espace à aménager, elles le font dans une optique plus limitée que celles que nous aimerions explorer dans la section suivante.

Nous nous inspirons, pour notre part, de travaux récents en sciences du territoire, qui invitent à réfléchir le territoire comme phénomène social et politique complexe. À un niveau général, le territoire peut être analysé « comme un construit social, c'est-à-dire comme le résultat d'une tentative faite par un individu ou un groupe d'affecter, d'influencer ou de régir des personnes, des phénomènes ou des relations en délimitant et en contrôlant une aire géographique[47] ». Le géographe Bernard Debarbieux, quant à lui, définit le territoire comme un « agencement de ressources matérielles et symboliques capables de structurer les conditions pratiques de l'existence d'un individu ou d'un collectif social et d'informer en retour cet individu ou ce collectif sur sa propre identité[48] ». Il ressort de ces définitions la reconnaissance des liens entre territoire et identité soulevés plus haut, mais les identités en question ne sauraient être réduites à la seule expression nationale ou ethnolinguistique. Le territoire est un processus que des collectifs façonnent et qui les façonne en retour. L'enjeu, comme le souligne à juste titre Jonathan Durand Folco, est de ne pas considérer l'urbanisation du territoire « comme une évolution naturelle ou mécanique, sur laquelle les institutions ou les individus n'ont aucune prise[49] ». Au contraire, le territoire tel que nous entendons l'étudier est

« construit, c'est-à-dire travaillé, inventé et incarné en permanence par les acteurs politiques officiels certes, mais aussi par les acteurs sociaux, individuels et collectifs[50] ».

Ce qui ressort des trois grandes approches du territoire en Acadie, c'est qu'elles subordonnent le territoire à l'identité, n'abordant l'espace qu'en fonction de son rapport à la construction de frontières ethnolinguistiques. Elles tendent à considérer l'espace comme étant d'abord et avant tout définies par des données démographiques et macro-économiques (migrations, emplois, chômage). Dans la section qui suit, je proposerai de recentrer l'échelle d'analyse vers la production matérielle de l'espace, et en particulier de l'espace urbain. Pour ce faire, il faudra d'abord dénationaliser les sciences du territoire. Ce n'est pas dire que les savoirs produits jusqu'ici seraient illégitimes en raison de leur teneur identitaire. Notre critique ne concerne pas la légitimité des types d'identité étudiés. Il ne s'agit pas de choisir entre des formes d'attachement et d'appartenance à l'Acadie diasporique ou ethnolinguistique. Plutôt, il s'agit de montrer en quoi l'idéologie nationaliste a formulé un certain rapport au territoire qui imprègne aujourd'hui la production scientifique et qui limite de façon inconsciente tant l'horizon scientifique que politique du territoire. Il en découle certaines zones d'ombres, certains phénomènes, acteurs, discours qui demeurent absents des savoirs qui sont produits en Acadie. En comparant le territoire dans des travaux récents sur Moncton, Halifax et Saint-Jean, certaines de ces zones d'ombre seront éclairées et des pistes de recherche seront suggérées. Il s'agit, finalement, d'un appel à transnationaliser les sciences sociales acadiennes, et à les ouvrir davantage qu'elles ne le sont à l'heure actuelle sur les travaux produits dans au sein de la communauté anglophone, du Québec et d'ailleurs.

Analyse comparative des études urbaines dans les provinces maritimes

Les provinces maritimes sont parmi les moins urbanisées au pays, mais elles ont été, à certains égards, pionnières en matière d'urbanisme. Saint-Jean fut la première ville incorporée au pays, en 1785 et le Nouveau-Brunswick fut la première province à avoir adopté une loi sur l'urbanisme, en 1912. Cette loi, calquée sur le modèle britannique, balisait la préservation de bâtiments historiques, la construction des immeubles, l'aménagement des rues et prônait, entre autres, une approche régionale, plutôt que strictement locale à l'aménagement[51]. La Grande-Bretagne avait adopté une loi similaire en 1909 et ses idées s'étaient propagées par l'entremise de conférences prononcées par d'éminents urbanistes britanniques, si bien qu'entre 1912 et 1913, le Nouveau-Brunswick, la Nouvelle-Écosse et l'Alberta adoptaient des textes de loi pratiquement identiques[52]. En 1936, le *New Brunswick Town Planning Act* fut adopté. Cette nouvelle loi prévoyait la création de commissions d'aménagement qui devaient jouer un rôle consultatif auprès des conseils de ville et introduisait le zonage dans l'arsenal législatif des municipalités. Or, estimant que les plans municipaux et les arrêtés de zonage étaient trop importants pour être laissés aux seules municipalités, la province devait les approuver[53]. On peinait à reconnaître une autonomie politique à l'échelle locale, les municipalités demeurant des « créatures » provinciales. La province créait également un comité provincial d'aménagement afin d'appuyer les localités. La loi de 1936 fut révisée en 1952 et plusieurs localités adoptèrent alors des arrêtés de zonage. Les plans qui en ont découlé demeuraient toutefois sommaires, les urbanistes ne s'étant pas encore imposés comme professionnels à part entière dans la province.

Dans les années 1960, la province mit en œuvre une réforme en profondeur de la gouvernance locale. Les comtés ont été abolis. Dans ce contexte les régions peu peuplées ont été rassemblées en districts de services locaux (DSL) et les services à la population (éducation, santé, aide sociale, justice) furent centralisés[54]. Ce faisant, un système à deux vitesses était mis en place, avec des taux d'imposition plus élevés dans les territoires incorporés et plus faibles dans ceux qui ne le sont pas. Ce système, combiné à l'effondrement des économies rurales et à la démocratisation de l'automobile, allait susciter de nombreux problèmes. À l'échelle des DSL, la Commission sur l'utilisation des terres et l'environnement rural estimait que ce système était responsable de l'étalement urbain et d'un développement linéaire[55]. À l'échelle des territoires incorporés, une meilleure approche de la planification devenait nécessaire. À Moncton, la province mandata Roderick Bryden, qui avait veillé à la révision des lois sur l'urbanisme en Saskatchewan et en Nouvelle-Écosse, pour harmoniser la planification dans la région[56]. La loi de 1973 fit du plan municipal la pièce maîtresse de l'aménagement du territoire. Tout arrêté de zonage devait être lié à un plan municipal plus large. C'est dans ce contexte que le Grand Moncton adoptait son second plan d'aménagement en 1972[57]. Ce plan, créé conjointement par les villes de Dieppe, de Moncton et de Riverview, planifiait la distribution des usages commerciaux, résidentiels et industriels, prévoyait les types de logements et les densités permises selon les quartiers et organisait le réseau routier en vue d'une croissance démographique soutenue[58]. Depuis, la ville de Moncton produit des plans municipaux qui étayent la vision du développement urbain. Dans les années 1990, d'importantes réformes ont été mises en œuvre. Au Nouveau-Brunswick comme en Nouvelle-Écosse, les gouvernements provinciaux cherchaient à régionaliser l'aménagement du territoire afin de contrer l'étalement urbain et d'éviter les dédoublements[59]. Après avoir procédé à quelques fusions municipales (Miramichi, Edmundston), la province prit un pas de recul. En 2017, la révision de la loi sur l'urbanisme et la gouvernance locale transformaient le rôle et les capacités des villes. Puis, en 2021, la réforme de la gouvernance locale annoncée allait mener à un réaménagement en profondeur de l'aménagement du territoire, tel que revendiqué par de nombreux acteurs, dont ceux issus du milieu associatif acadien.

Depuis la Révolution tranquille, le Canada et l'Acadie se sont urbanisés et, surtout, se sont « suburbanisés[60] ». La migration rurale se traduisait par la création d'espaces à faible densité et à usage résidentiel unique sis à la périphérie des centres-villes historiques. Un nouveau rapport à l'espace – plus particulièrement à l'espace urbain – se manifestait. En Acadie, deux tendances allaient émerger : la poursuite des développements linéaire traditionnel et la création de nouvelles banlieues résidentielles typiques de l'urbanisme d'enclave[61]. On peut voir sur la figure 7.4 la morphologie dominante dans la plus grande ville acadienne du monde. Cette morphologie, composée de culs-de-sac et de courbes arrondies et constituée de quartiers exclusivement résidentiels, contraste avec le cadastre en damier à usage mixte du entre-ville de Moncton à la figure 7.5. On voit également les développements linéaires à la périphérie de la ville, dans le DSL de Moncton dans l'encadré de la figure 7.6. Ce DSL a connu une croissance démographique de 9,8 % entre 2016 et 2021, soit quasiment autant que la ville de Moncton, qui a connu une croissance de 10,5 % au cours de la même période. Ces développements linéaires, fréquents dans les régions rurales, prennent un sens nouveau et posent des défis particuliers dans un contexte d'urbanisation.

Plusieurs questions sont soulevées par ces phénomènes. Comment expliquer le virage vers la banlieue en Acadie ? Qui sont les acteurs qui contribuent à façonner ces nouveaux espaces ? Quels discours et quels savoirs mobilisent ces acteurs ? Quels instruments et dispositifs rendent possible, voire favorisent la création de tels espaces ? Quels sont ses effets sur le sens de communauté et le sentiment d'appartenance ? Existe-t-il des contre-discours, des contre-mouvements qui mettent de l'avant d'autres conceptions de l'espace urbain ? Si oui, comment s'organisent-ils ? Entretiennent-ils des liens avec le milieu associatif et le nationalisme acadiens ?

Ces interrogations proposent des explorations riches bien que largement inédites de l'Acadie et de l'acadianité. Elles nous invitent à considérer des acteurs et des discours que nous n'avons pas l'habitude de rencontrer dans la littérature. La comparaison entre les littératures sur les villes anglophones des Maritimes et celles sur Moncton permet de mieux mettre en lumière les points aveugles dans le rapport de l'Acadie au territoire. La littérature anglophone s'intéresse davantage à la production du territoire comme enjeu politique. Elle tend à considérer que les plans et les arrêtés municipaux sont des manifestations concrètes des manières dont l'idéologie s'incarne dans l'espace[62]. Pourtant, les localités anglophones et acadiennes sont régies par les mêmes lois. Le Nouveau-Brunswick et la Nouvelle-Écosse ont pratiquement adopté des lois sur l'urbanisme et sur la gouvernance locale identiques depuis 1912. Pourtant, ces dispositifs communs n'ont pas produit des savoirs équivalents. Le territoire est effectivement politique, et les nations acadiennes et anglophones ne se le représentent pas de façon similaire.

La ville comme production ou comme contexte?

Les trois villes auxquelles nous nous intéressons ne sont pas abordées avec les mêmes outils et les mêmes interrogations. En outre, elles ne s'inscrivent pas dans les mêmes champs scientifiques. En tant que villes coloniales et portuaires influentes, Saint-Jean et Halifax occupent une place plus centrale que Moncton dans la littérature canadienne et nord-américaine. Elles se trouvent imbriquées dans un faisceau d'approches, de disciplines et d'interrogations plus dense que Moncton[63].

L'origine volontaire et subite – *ex nihilo* – de Halifax et de Saint-Jean comme centres urbains, leur relation directe à l'Empire britannique et leur croissance rapide ont amené les chercheurs à s'intéresser aux réseaux de pouvoir globaux dans lesquelles elles sont inscrites[64] et aux formes de pouvoir politique et économique qui les ont façonnés à l'interne[65]. Cette prise en compte du pouvoir dans la production de la ville est inscrite dans la narration de leur origine, mais elle ne se limite pas à la période coloniale.

L'historien Greg Marquis, par exemple, se sert de la théorie de la « growth coalition » afin d'étudier les discours et les acteurs qui ont cherché à orienter le développement à Saint-Jean dans la seconde moitié du XXe siècle[66]. S'intéressant aux discours sur la croissance, il montre que « la planification urbaine à Saint-Jean comprenait l'élimination de taudis, la rénovation urbaine et le logement public[67] ». La ville y est explicitement présentée comme un

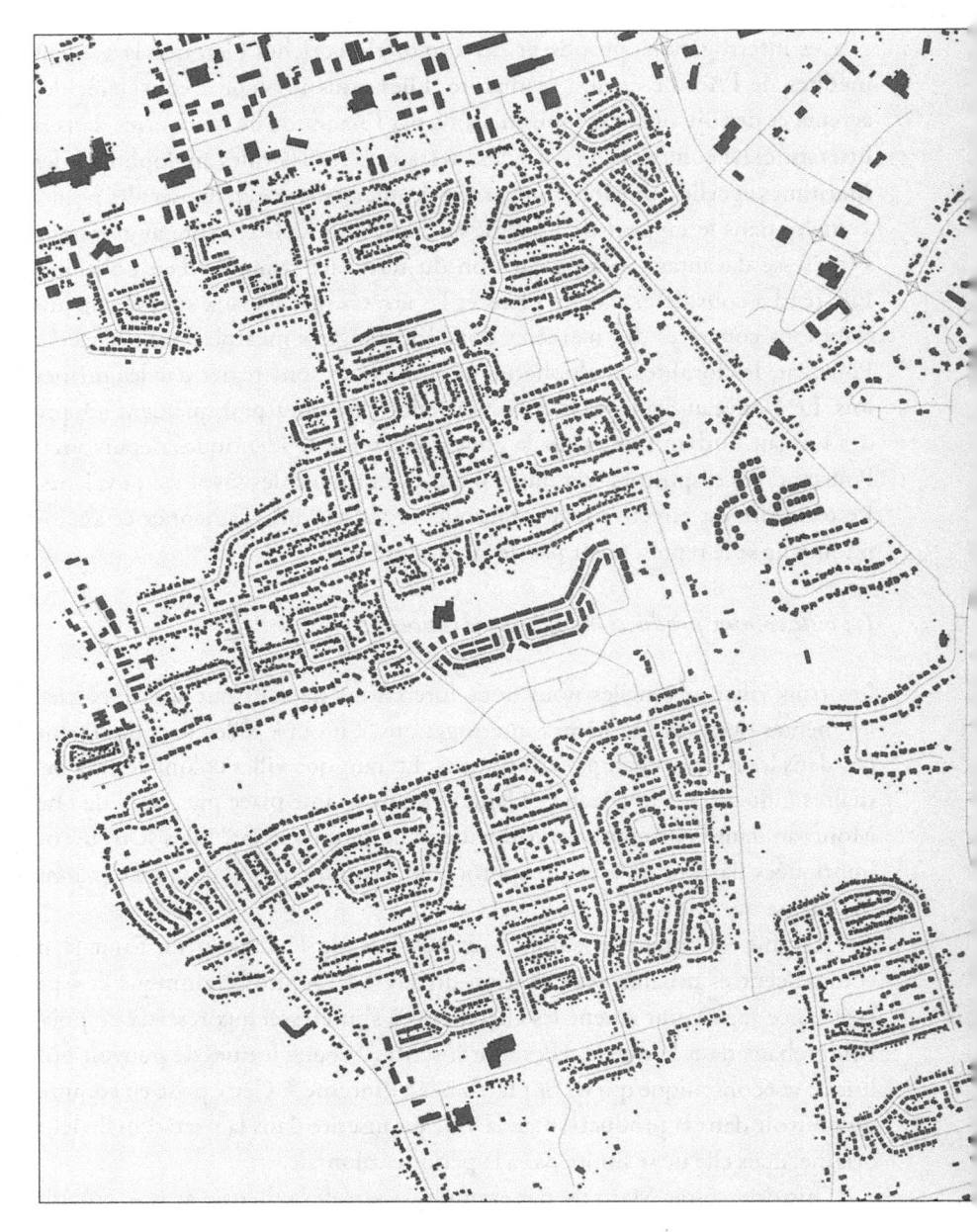

Fig. 7.4 | Cadastre de Dieppe. Carte faite par l'auteur à partir de données ouvertes du gouvernement du Nouveau-Brunswick.

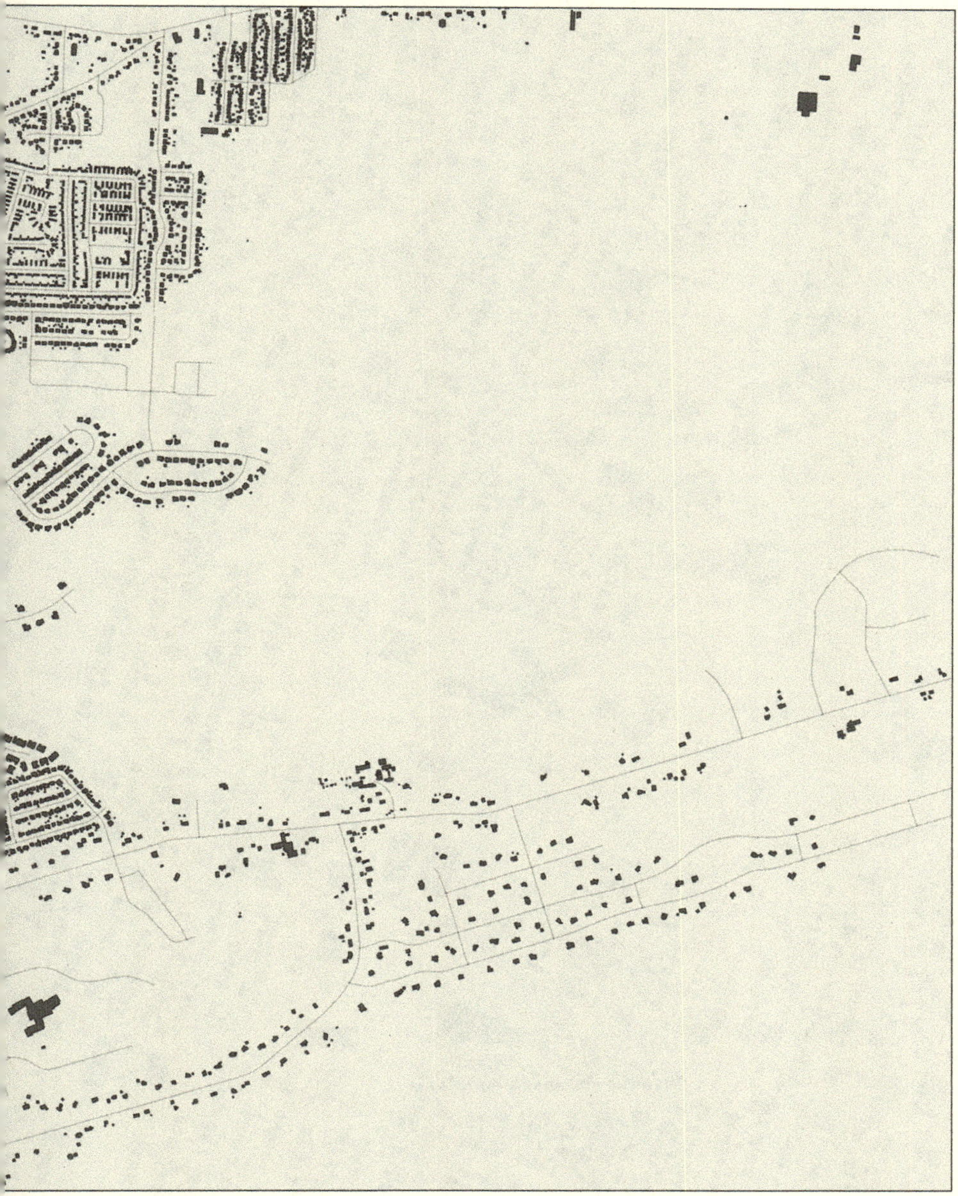

Fig. 7.5 | Cadastre du centre-ville de Moncton. Carte faite par l'auteur à partir de données ouvertes du gouvernement du Nouveau-Brunswick.

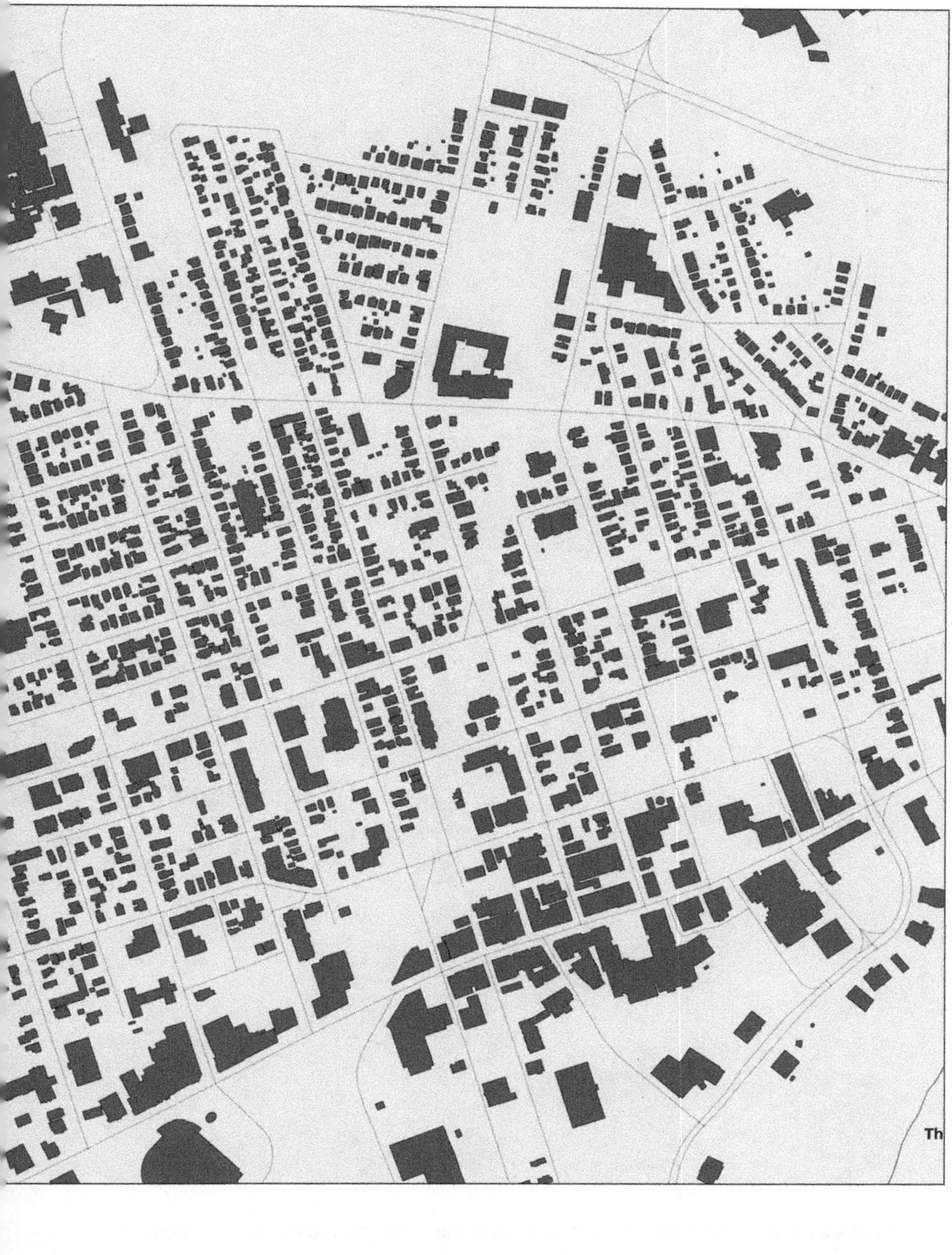
Th

Fig. 7.6 | Carte des bâtiments dans le Grand Moncton. Carte faite par l'auteur à partir de données ouvertes du gouvernement du Nouveau-Brunswick.

Moncton

Dieppe

The Town of Riverview

espace produit – « élimination de taudis, rénovation urbaine » et contesté par des acteurs, des discours, des dispositifs spécifiques – « urbanistes et consultants » qui sont décrits dans le détail. Cette prise en compte de la ville comme terrain contesté est encore plus manifeste dans les études sur Halifax. Des travaux récents s'intéressent aux discours sur le développement et la rénovation urbaine[68], à la mémoire et au patrimoine[69] et à la gentrification[70]. Enfin, et c'est sans doute la plus importante différence, Halifax fait l'objet d'une littérature sur les quartiers résidentiels, s'inscrivant dans le champ des études sur les banlieues. Ces travaux s'intéressent aux dispositifs – plans d'urbanisme, montages financiers, contraintes techniques et géologiques – et aux idéologies qui façonnent les quartiers résidentiels[71]. Ils démontrent que l'espace est une production complexe, façonnée par des forces diverses et dont les résultats sont souvent inattendus. En effet, constatant un écart considérable entre la volonté et les discours des urbanistes, d'une part, et les espaces effectivement construits d'autre part, Jill Grant, Pierre Filion et Scott Low démontrent comment « les modèles de comportement existants sont difficiles à briser en raison d'obstructions structurelles impliquant des agents gouvernementaux, l'industrie du développement et les consommateurs » et ont constaté que « les philosophies néolibérales, l'attachement des consommateurs à des modes de vie dépendants de la voiture, les modèles de transport et d'aménagement du territoire prévalent et la capacité limitée de planification régionale sapent le potentiel de transformation en Amérique du Nord[72] ». De telles études sont étonnamment absentes de la littérature acadienne, à l'heure où la population francophone s'urbanise à rythme accéléré.

Ces études sur les villes Saint-Jean et Halifax ont toutes en commun de prendre comme objet d'étude la production matérielle, physique de la ville. Les villes y sont présentées comme des entités territorialisées dont la forme est un produit, une réalité à la fois agie et agissante. Cet accent placé sur les réseaux de pouvoir, les rues, le patrimoine est ce qui distingue le plus ces études de celles produites en Acadie, sur Moncton en particulier.

L'essentiel des savoirs francophones produits sur Moncton, quant à eux, s'inscrit dans l'approche ethnolinguistique. Certains travaux s'intéressent à la structure économique de la ville, passée[73] et actuelle[74]. D'autres travaux explorent la répartition des communautés linguistiques[75] ou la participation des Acadiens à l'économie[76]. Ces études ne portent pas tant sur la ville en elle-même, que sur l'inscription de l'acadianité et l'histoire d'une complétude institutionnelle acadienne au sein de la ville. Mais surtout, elles ne s'intéressent pas à la matérialité de la ville, privilégiant plutôt une approche macro-économique à l'espace. Dans leur analyse du rôle de la communauté acadienne dans la gouvernance du développement économique de la région de Moncton, Greg Allain et Guy Chiasson expliquent que la concentration territoriale de la communauté acadienne à Dieppe devient, en quelque sorte, un moteur de la stratégie économique « distincte » de la Ville. La municipalité se conçoit clairement comme un véhicule pour assurer une plus grande maîtrise acadienne de l'économie monctonienne. De surcroît, cette maîtrise des leviers économiques s'inscrit dans un projet plus large, celui de faire de Dieppe un lieu d' « urbanité acadienne[77] ».

Cet extrait illustre clairement l'approche dominante, combinant territoire et identité ethnolinguistique, et pointe, en conclusion, vers l'objet qui demeure absent de la littérature : la création de l'urbanité. D'ailleurs, dans ce même texte, les auteurs observent que « la croissance depuis la renaissance de Moncton a profité de façon disproportionnée à la banlieue, et plus particulièrement à la banlieue francophone », à quoi ils s'empressent de se réjouir que cette banlieue francophone de Dieppe « est la ville championne en matière de croissance démographique en Atlantique, la première au Nouveau-Brunswick, et la cinquième au Canada pour des communautés de sa taille, *ex aequo* avec Fort McMurray en Alberta![78] ». L'exclamation qui termine cet extrait illustre bien le soubassement nationaliste de leur analyse, selon laquelle la création de nouvelles localités, la croissance, est une fin en soi. Pourtant, une telle croissance devrait rendre d'autant plus urgente la prise en compte des politiques d'aménagement du territoire. On retrouve une approche similaire dans des travaux récents d'Yves Bourgeois, qui est sans doute celui qui a le plus écrit sur Moncton. Dans un texte sur la gouvernance du Grand Moncton, il constate lui aussi la suburbanisation du développement : « la croissance urbaine a poussé les lotissements vers les banlieues, rendant les transports publics moins soutenables, augmentant la dépendance à l'automobile et, de ce fait, réduisant les possibilités d'emplois pour les travailleurs et travailleuses à faible revenu[79]. » La description est juste et ne porte pas la trace du nationalisme, mais elle dépolitise elle aussi le territoire. Le phénomène est décrit comme s'il était mécanique, une chaine causale naturelle.

Dans pratiquement aucune enquête ne trouve-t-on des acteurs politiques, des mouvements socio-territoriaux, des débats entourant la forme à donner à la ville, des descriptions des espaces de vie. La ville y est présentée comme un espace passif où vont et viennent des populations et des industries au gré de contextes et de facteurs divers. De façon tout à fait évocatrice, l'une des rares analyses de la structure de peuplement dans la région de Moncton porte sur les territoires non incorporés à sa périphérie, zone où l'aménagement du territoire est précisément soustrait au processus politique[80].

Pourtant, ces enjeux ont, pour une brève période à la fin des années 1970, été présents dans les sciences sociales. Dans la foulée des travaux critiques de l'espace et du nationalisme de Vernex, Even et Roy que nous avons évoqués plus haut, les géographes Jean-Pelletier, Samuel Arsenault et Jean-Pierre Boudreau produisaient des analyses détaillées de l'aménagement du territoire urbain à Moncton.

Pour Pelletier et Arsenault, Moncton représentait un « exemple remarquable de ville américaine moyenne [...] en proie à tous les problèmes de dépérissement du centre, de développement des quartiers périphériques, de stationnement et de circulation, des villes grandes ou petites de l'Amérique du Nord[81] ». Ils analysaient le déplacement de l'activité économique et des secteurs résidentiels vers les périphéries et proposaient une lecture critique des plans d'aménagement. Cependant, c'est le mémoire de maîtrise de Jean-Pierre Boudreau, en 1980, qui allait proposer la critique la plus étoffée et radicale de l'aménagement à Moncton[82]. Son mémoire, intitulé « *Espace machine* » *et aménagement à Moncton*, aborde le territoire en fonction de l'espace qui y est réservé aux voitures. Selon son analyse, 55 % de la superficie du centre-ville aurait été consacrée à l'automobile en 1980. Boudreau procédait à une analyse des décisions et des savoirs experts servant à justifier cette situation. À partir d'une analyse critique de trois documents officiels – Moncton Renewed (1958), Plan métropolitain de la région de Moncton (1972) et Moncton Core Action Program (1979) – il abordait la ville comme un espace façonné par des discours et des savoirs. Le territoire y devenait politique. Étrangement, ces travaux sont demeurés sans suite. La parenthèse des études critiques du territoire ouverte en 1970 avec la thèse d'Alain Even s'est refermée au début des années 1980. Il y aurait, en plus des travaux empiriques et critiques à mener sur les territoires acadiens, une réflexion à mener sur l'imaginaire territorial acadien. L'absence de certaines problématiques, de certains phénomènes dans nos savoirs et nos représentations mérite d'être analysée.

✤ ✤ ✤

Alors que la ville de Moncton allait faire irruption dans l'imaginaire littéraire et que les artistes allaient « présenter Moncton comme le lieu géographique de l'enracinement de leur création, et faire de Moncton le cadre de leurs récits et fictions[83] », les approches scientifiques allaient subitement bifurquer de la critique de la production de l'espace vers l'appropriation ethnolinguistique du territoire. Les études du territoire au sein des sciences sociales acadiennes allaient s'autonomiser, allaient devenir un champ à part entière, distinct des études sur les autres centres urbains des Maritimes. Elles allaient renouer avec la grande trame narrative traditionaliste du territoire. Ces études ont permis de mettre en évidence une certaine spécificité de Moncton, notamment dans sa composition ethnolinguistique, mais en s'isolant ainsi du champ des études urbaines et régionales, les sciences sociales se sont coupées d'une littérature qui a le mérite de considérer le territoire acadien comme objet politique. À l'heure où la municipalisation de la province, priorité nationale acadienne, est en voie d'être réalisée, les approches de la ville issues des études urbaines anglophones des provinces maritimes, entre autres, offrent des perspectives intéressantes.

Dans un numéro de la revue québécoise *Liberté* consacrée à l'Acadie en 1969, le poète Jean-Guy Pilon écrivait que « Moncton est une ville laide qui doit sûrement être l'œuvre de quelqu'un. Car il m'apparaît impossible que les gens, laissés à eux-mêmes, soient parvenus à réaliser un tel ensemble. Aucun plan de construction, aucun sens de l'urbanisme, aucun goût dans la façon de peindre ces maisons de bois, toutes assez basses, qui auraient pu avoir une certaine allure[84] ».

Mis à part son jugement sévère, il avait mis le doigt sur quelque chose de central. Cette ville, tout comme les autres villes et villages d'Acadie, doivent être l'œuvre de quelqu'un, mais de qui ? Quels savoirs, quels discours, quels acteurs, quels dispositifs façonnent nos milieux de vie urbains et ruraux ? L'état actuel des savoirs en Acadie ne permet pas de répondre adéquatement à cette question. Pourtant, ces questions sont couramment posées dans la sphère publique. En 2017, près de 40 ans après la critique de Jean-Pierre Boudreau, le *Plan d'améliorations communautaires du noyau du centre-ville* de Moncton déplorait que « 42 pour cent du noyau est sous-utilisé sous la forme de stationnement, n'engendrant pas de recettes fiscales[85] ». En 2021, l'urbaniste de Moncton, Andrew Smith, avouait au conseil municipal, en s'appuyant sur une étude faite à Halifax en 2005, que « si les communautés nord-américaines ont construit des quartiers peu densément peuplés dans leurs villes après la Seconde Guerre mondiale, ce mode de croissance est insoutenable à long terme[86] ». Des savoirs produisent et façonnent nos espaces. Qui produit ces discours ? Comment circulent-ils ? Comment sont-ils contestés, mis en œuvre ? Voilà autant de questions qu'il reste à nous poser et qui contribueront à territorialiser l'Acadie et à politiser le territoire, à rendre visible des rapports de force, des mobilisations, des tendances et des enjeux que nous n'avons pas eu l'habitude d'analyser. Dans ce texte, nous avons comparé l'état des connaissances sur trois villes des provinces maritimes. En ouvrant ainsi le champ des études urbaines acadiennes, nous espérons avoir tracé une voie pour repenser l'Acadie dans le monde.

Notes

1. Geoffrey Martin, « Municipal reform in New Brunswick: minor tinkering in light of major problems », *Journal of Canadian Studies*, vol. 41, n° 1 (2007), 75-99.
2. Edwin Allen, « Report of the Task Force on non-incorporated areas in New Brunswick », Fredericton (N.-B.), 1976.
3. SANB, « Mémoire de la SANB sur les régions non constituées », 1975, 42-4-12, CÉAAC.
4. Daniel Bourgeois et Yves Bourgeois, « Territory, Institutions and National Identity: The Case of Acadians in Greater Moncton, Canada », *Urban Studies*, vol. 42, n° 7 (2005), 11-33.
5. Michelle Landry, « Le nouveau projet de communautés rurales au Nouveau-Brunswick : une occasion d'acquisition de pouvoirs et d'autonomie pour les Acadiens », *Francophonies d'Amérique*, n° 23-24 (2007), 15-29.
6. Pour les effets du droit linguistique sur le rapport de l'Acadie au territoire politique : Mathieu Wade, « Limites du pouvoir francophone : le territoire dans le régime linguistique canadien », *Minorités linguistiques et société*, n° 10 (2018), 54-75 ; et littéraire : Mathieu Wade, « Régimes linguistiques et symboliques : les structures juridiques de la littérature acadienne », *Francophonies d'Amérique*, n° 48 (2019), 61-86.
7. Clint Bruce, « Une Acadie à construire, mais où? », *Acadiensis*, vol. 47, n° 2 (2018), 129-141.
8. Marc Adélard Tremblay et Marc Laplante, *Famille et parenté en Acadie. Évolution des structures et des relations familiales et parentales à l'Anse-des-Lavallée*, Ottawa, Musées nationaux du Canada, 1971.
9. Joël Belliveau, *Le « moment 68 » et la réinvention de l'Acadie*, Ottawa, Presses de l'Université d'Ottawa, 2014; Michael Poplyansky, *Le Parti acadien et la quête d'un paradis perdu*, Montréal, Septentrion, 2018; Philippe Volpé et Julien Massicotte, *Au temps de la « révolution acadienne » : les marxistes-léninistes en Acadie*, Ottawa, Presses de l'Université d'Ottawa, 2019.
10. Sara Le Menestrel, « Connecting Past to Present: Louisiana Cajuns and Their Sense of Belonging to an Acadian Diaspora », *Nuevo Mundo Mundos Nuevos*, 2005 [en ligne : http://journals.openedition.org/nuevomundo/646]; Nathan Rabalais, « Le Grand réveil acadien : une nouvelle mise en relief de la présence acadienne en Louisiane », *Rabaska. Revue d'ethnologie de l'Amérique française*, n° 14 (2016), 722.

11 Clint Bruce et Émilie Urbain, « Discours du tourisme diasporique : l'exemple d'une visite louisianaise en Acadie », *Argumentation et analyse du discours*, n° 27 (2021) [en ligne : https://doi.org/10.4000/aad.5483]; Mireille McLaughlin et Mélanie LeBlanc, « Identité et marché dans la balance : le tourisme mondial et les enjeux de l'acadianité », *Francophonies d'Amérique*, n° 27 (2009), 21-51.

12 Clint Bruce, « L'oubli de l'Acadie politique ? Le débat sur les Congrès mondiaux acadiens à la lumière de la question diasporique », *Minorités linguistiques et société*, n° 10 (2018), 100-132.

13 Marie Lefebvre, *Le rôle géographique de la fête : le Congrès mondial acadien comme catalyseur identitaire et inhibiteur de frontières*, thèse de doctorat, Ottawa, Université d'Ottawa, 2012.

14 Greg Allain, « Le Congrès mondial acadien de 1994 : réseaux, conflits, réalisations », *Revue de l'Université de Moncton* 30, n° 2 (1997), 141-159.

15 Bruce, « L'oubli de l'Acadie politique ? ».

16 Michelle Landry, *L'Acadie politique. Histoire sociopolitique de l'Acadie du Nouveau-Brunswick*, Québec, Presses de l'Université Laval, 2015; Joseph Yvon Thériault, « Identité, territoire et politique en Acadie », dans *Adaptation et innovation : expériences acadiennes contemporaines*, sous la direction d'André Magord, Bruxelles, P.I.E. Peter Lang, 1996, 37-49.

17 Adrien Bérubé, « De l'Acadie historique à l'Acadie à la Nouvelle Acadie : les grandes perceptions contemporaines de l'Acadie », dans *Les Acadiens : état de la recherche*, sous la direction de Jacques Lapointe et André Leclerc, Québec, Conseil de la vie française en Amérique, 1987, 198-226.

18 Daniel Bourgeois et Yves Bourgeois, « Minority sub-state institutional completeness », *International Review of Sociology*, vol. 22, n° 2 (2012), 293-304; Raymond Breton, « Institutional Completeness of Ethnic Communities and the Personal Relations of Immigrants », *American Journal of Sociology*, vol. 70, n° 2 (1964), 193-205; Stéphanie Chouinard, « Quand le droit linguistique parle de sciences sociales : l'intégration de la notion de complétude institutionnelle dans la jurisprudence canadienne », *Revue de droit linguistique*, n° 3 (2016), 60-93; Joseph Yvon Thériault, « Complétude institutionnelle : du concept à l'action », *Mémoire(s), identité(s), marginalité(s) dans le monde occidental contemporain*, n° 11 (2014) [en ligne : https://doi.org/10.4000/mimmoc.1556].

19 Greg Allain, « Fragmentation ou vitalité ? Regard sociologique sur l'Acadie actuelle et ses réseaux associatifs », dans *Aspects de la nouvelle francophonie canadienne*, sous la direction de Simon Langlois et Jocelyn Létourneau, Québec, Presses de l'Université Laval, 2003, 231-254; Anne Gilbert, *Territoires francophones. Études géographiques sur la vitalité des communautés francophones du Canada*, Québec, Septentrion, 2010; Rodrigue Landry et Réal Allard, « Vitalité ethnolinguistique : une perspective dans l'étude de la francophonie canadienne », dans *De la polyphonie à la symphonie :*

   méthodes, théories et faits de la recherche pluridisciplinaire sur le Canada français, sous la direction de Jürgen Erfurt, Leipzig, Leipziger Universitätsverlag, 1996, 61-96.

20 Gilbert, *Territoires francophones*; Anne Gilbert, Joseph Yvon Thériault et Linda Cardinal, *L'espace francophone en milieu minoritaire au Canada : nouveaux enjeux, nouvelles mobilisations*, Montréal, Éditions Fides, 2008.

21 Huhua Cao, Omer Chouinard, et Olivier Dehoorne, « De la périphérie vers le centre : l'évolution de l'espace francophone du Nouveau-Brunswick au Canada », *Annales de géographie*, vol. 2, n° 642 (2005), 117.

22 *Ibid.*

23 Raoul Dionne, *La colonisation acadienne au Nouveau-Brunswick, 1760-1860*, Moncton, Chaire d'études acadiennes, 1989.

24 Patrick Clarke, « Régions et régionalismes en Acadie. Culture, espace, appartenance », *Recherches sociographiques*, vol. 41, n° 2 (2000), 309.

25 Denis Bourque et Chantal Richard, *Les Conventions nationales acadiennes. Tome I, (1881-1890)*, Moncton, Institut d'études acadiennes, 2014, 110.

26 Michel Roy, *L'Acadie perdue*, Montréal, Québec/Amérique, 1978, 123.

27 *Ibid.*, 126.

28 Jean-Claude Vernex, *Les francophones du Nouveau-Brunswick : géographie d'un groupe ethnoculturel minoritaire*, thèse de doctorat, Lille, Université Lille III, 1978, 315.

29 Majella Simard, « La restructuration du tissu de peuplement en Atlantique au cours de la période 1981-2011 : défis et enjeux pour un aménagement harmonieux du territoire », dans *Nouvelles perspectives en développement régional. Essais en l'honneur de Donald. J. Savoie*, sous la direction de Sébastien Breau, Montréal, Presses de l'Université du Québec, 2014, 187-224.

30 Michelle Landry et Julie Guillemot, « Pour ou contre habiter une municipalité : discours sur les projets de communautés rurales au Nouveau-Brunswick », *Revue canadienne des sciences régionales*, vol. 44, n° 1 (2021), 19.

31 Andrée Fortin, « Histoires de paroisses en 1900 et histoire de l'histoire », *Les Cahiers des dix*, n° 70 (2016), 83.

32 *Ibid.*, 87.

33 Raymond Breton, « La communauté ethnique, communauté politique », *Sociologie et sociétés*, vol. 15, n° 2 (1983), 23-38; Yann Fournis, « L'institutionnalisation des communautés minoritaires au Canada : des communautés politiques aux politiques communautaires? », *Politique et société*, vol. 36, n° 3 (2017), 93-114.

34 Bérubé, « De l'Acadie historique à l'Acadie à la Nouvelle Acadie »; Volpé et Massicotte, *Au temps de la « révolution acadienne » : les marxistes-léninistes en Acadie*.

35 Thériault, « Identité, territoire et politique en Acadie », 278.

36 Dionne, *La colonisation acadienne au Nouveau-Brunswick*.

37 Graeme Wynn, *Timber Colony: A Historical Geography of Early Nineteenth Century New Brunswick*, Toronto, University of Toronto Press, 1981.

38 Graeme Wynn, « Population patterns in pre-confederation New Brunswick », *Acadiensis*, vol. 10, n° 2 (1981), 124-138.
39 Sophie Doucette, *Marcel-François Richard et la colonisation agricole de Rogersville (1870-1915) : entre discours et réalité*, mémoire de maîtrise, Moncton, Université de Moncton, 2012; Patricia Gallant, *Aspects d'histoire socio-économique de Cocagne, village acadien du Nouveau-Brunswick, 1767-1867*, mémoire de maîtrise, Moncton, Université de Moncton, 1985; Irène Landry, *Saint-Quentin et le retour à la terre. Analyse socio-économique, 1910-1960*, mémoire de maîtrise, Moncton, Université de Moncton, 1986; Nicolas Landry, *Aspects socio-économiques des régions côtières de la péninsule acadienne (Nouveau-Brunswick), 1850-1900*, mémoire de maîtrise, Moncton, Université de Moncton, 1982; Jacques Lapointe, *Saint-Léonard de la Grande-Rivière : une municipalité acadienne au Nouveau-Brunswick, 1789-1932*, mémoire de maîtrise, Moncton, Université de Moncton, 1985; François Rioux, *Shediac, Nouveau-Brunswick : analyse socio-économique, 1851-1871*, mémoire de maîtrise, Moncton, Université de Moncton, 1979.
40 Jean-Claude Vernex, « Les francophones du Nouveau-Brunswick ».
41 Alain Even, *Le territoire pilote du Nouveau-Brunswick ou les blocages culturels au développement économique. Contribution à une analyse socio-économique du développement*, thèse de doctorat, Rennes, Université de Rennes, 1970.
42 Joseph Yvon Thériault, *Acadie coopérative et développement acadien : contribution à une sociologie d'un développement périphérique et à ses formes de résistances*, thèse de doctorat, Paris, EHESS, 1981.
43 Clarke, « Régions et régionalismes en Acadie. Culture, espace, appartenance », 302.
44 Greg Allain, *The State and Regional Development Organizations in New Brunswick, Canada (1960-1990): A Social Control Perspective*, thèse de doctorat, Santa Barbara, University of California, 1998; Donald Savoie et Maurice Beaudin, *La lutte pour le développement : le cas du nord-est*, Moncton, Institut canadien de recherche sur le développement régional, 1988.
45 Maurice Beaudin, *L'état des régions : la région économique du nord-est du Nouveau-Brunswick*, Moncton, Institut canadien de recherche sur le développement régional, 1996; Pierre-Marcel Desjardins, *La périphérie n'est pas homogène – trois régions du Nouveau-Brunswick : Madawaska, Gloucester et Kent/Westmorland*, Moncton, Institut canadien de recherche sur le développement régional, 1999.
46 Omer Chouinard, Gilles Martin et Jean-Paul Vanderlinden, « La gouvernance et l'adaptation au changement climatique : le cas du sud-est du Nouveau-Brunswick », dans *Inégalités, démocratie et développement. Des enjeux pour la gouvernance des territoires locaux et régionaux*, sous la direction de Martin Simard et coll., Rimouski, GRIDEQ, 2006, 273-287; Steve Plante, Omer Chouinard et Gilles Martin, « Gouvernance participative par l'engagement citoyen à l'heure des changements climatiques. Études de cas à Le Goulet, Pointe-du-Chêne et Bayshore Drive (Nouveau-Brunswick) », *Territoire en mouvement*, n° 11 (2011), 33-49.

47 Guy Hermet et coll., « Territoire », dans *Dictionnaire de la science politique*, Paris, Armand Colin, 2015, 301.
48 Jacques Lévy, Bernard Debarbieux et Jean-Paul Ferrier, « Territoire », dans *Dictionnaire de la géographie et de l'espace des sociétés*, Paris, Belin, 2003, 910.
49 Jonathan Durand Folco, *À nous la ville! Traité de municipalisme*, Montréal, Écosociété, 2017, 10.
50 Serge Belley, « La construction politique des territoires. De l'activation des acteurs à la coordination localisée de l'action publique », dans *Sciences du territoire. Perspectives québécoises*, sous la direction de Guy Massicotte, Montréal, Presses de l'Université du Québec, 2008, 236.
51 William Cooper et Tommy Jellinek, « The Evolution of Community Planning in New Brunswick: 1912-1980 », *University of New Brunswick Law Journal*, n° 29 (1980), 173-182; Basil Stapleton, « Land Use Controls in New Brunswick: Some Observations », *University of New Brunswick Law Journal*, n° 22 (1973), 89-98; Hugh Joseph Whalen, *The Development of Local Government in New Brunswick*, Fredericton, Dept. of Municipal Affairs, 1964.
52 Jill Grant, Leifka Vissers et James Haney, « Early Town Planning Legislation in Nova Scotia: The Roles of Local Reformers and International Experts », *Urban History Review*, vol. 40, n° 2 (2012), 314.
53 Cooper et Jellinek, « The Evolution of Community Planning in New Brunswick ».
54 Daniel Bourgeois, « Municipal Reforms in New Brunswick: To Decentralize or Not to Decentralize », dans *Municipal Reform in Canada. Reconfiguration, Re-empowerment, and Rebalancing*, sous la direction de Joseph Garcea et Edward LeSage, Oxford, Oxford University Press, 2005, 242-268.
55 Gouvernement du Nouveau-Brunswick, « La Commission sur l'utilisation des terres et l'environnement rural », Fredericton, Gouvernement du Nouveau-Brunswick, 1993, 117.
56 Cooper et Jellinek, « The Evolution of Community Planning in New Brunswick », 178.
57 S. Wilbur, « Moncton Town Planning », 1972.
58 Les cibles prévues dans le plan ne furent atteintes qu'en 2006.
59 Bourgeois, « Municipal Reforms in New Brunswick ».
60 Richard Harris, *Creeping Conformity. How Canada Became Suburban (1900-1960)*, Toronto, University of Toronto Press, 2004.
61 Karim Youssef, *The Monadic Space of Suburban Canada*, New York, Nova, 2020.
62 Jill Grant, *Planning the Good Community: New Urbanism in Theory and Practice*, London, Routledge, 2006; Albert Guttenberg, *The Language of Planning: Essays on the Origins and Ends of American Planning Thought*, Chicago, University of Illinois Press, 1993; Albert Guttenberg, « Planning and Ideology », *Journal of Planning History*, vol. 8, n° 4 (2009), 287-294; Martina Löw, *Sociologie de l'espace*, Paris,

Éditions de la Maison des sciences de l'homme, 2015; Edward Shepherd, Andy Inch et Tim Marshall, « Narratives of Power: Bringing Ideology to the Fore of Planning Analysis », *Planning Theory*, vol. 19, n° 1 (2020), 316.

63   Halifax et Saint-Jean sont couramment étudiées par les prismes colonial et impérial (Thomas Acheson, *Saint John: The Making of a Colonial Urban Community*, Toronto, University of Toronto Press, 1985; Katherine Crooks, « "Profits, Savings, Health, Peace, Order": Prostitution, Urban Planning and Imperial Identity in Halifax, Nova Scotia, 1898-1912 », *The Journal of Imperial and Commonwealth History*, vol. 46, n° 3 [2018], 446-472; Jeffers Lennox, « An Empire on Paper: The Founding of Halifax and Conceptions of Imperial Space, 1744-1755 », *Canadian Historical Review*, vol. 88, n° 3 [2007], 373-412; Allen Robertson, « City upon a Hill: Architecture and Identity in Colonial Halifax », *Journal of the Royal Nova Scotia Historical Society*, n° 2 [1999], 155-166). Moncton, quant à elle, est plus récemment abordée par le prisme de la « nouvelle économie » en raison de la présence de centres d'appels (Greg Allain, « La "nouvelle capitale acadienne?" Les entrepreneurs acadiens et la croissance récente du Grand Moncton », *Francophonies d'Amérique*, n° 19 [2005], 19-43; Greg Allain et Guy Chiasson, « La communauté acadienne et la gouvernance du développement économique dans une micro-métropole émergente : Moncton, Nouveau-Brunswick », *Francophonies d'Amérique*, n° 30 [2010], 17-35; Yves Bourgeois, « Small Cities as Talent Accelerators: Talent Mobility and Knowledge Flows in Moncton », dans *Seeking Talent for Creative Cities: The Social Dynamics of Innovation*, sous la direction de Jill Grant, Toronto, University of Toronto Press, 2018, 219-240; Yves Bourgeois, « Moncton: Innovative or Resilient City? », dans *Growing Urban Economies: Innovation, Creativity, and Governance in Canadian City-Regions*, sous la direction de David Wolfe et Meric Gertler, Toronto, University of Toronto Press, 2018, 334-362; Pierre-Marcel Desjardins, « Moncton, ville émergente de la nouvelle économie en région périphérique? », dans *La compétitivité urbaine à l'ère de la nouvelle économie : enjeux et défis*, sous la direction de Diane-Gabriel Tremblay et Rémy Tremblay, Montréal, Presses de l'Université du Québec, 2006, 195-213).

64   Crooks, « "Profits, Savings, Health, Peace, Order" »; Lennox, « An Empire on Paper »; Robertson, « City upon a Hill ».

65   Acheson, *Saint John*; Stéphanie Benoit, *La prise en compte de la décroissance démographique dans la planification territoriale : le cas de Saint John, Nouveau-Brunswick*, mémoire de maîtrise, Montréal, Université de Montréal, 2017; Grant, Vissers et Haney, « Early Town Planning Legislation in Nova Scotia: The Roles of Local Reformers and International Experts »; Benjamin Peterson, *Modernizing a Marginal Maritime Metropolis: The Emergence of Canada's Postwar Planning Practice in Saint-John, New Brunswick*, mémoire de maîtrise, Montréal, Concordia University, 2020; David Sutherland, « Halifax Merchants and the Pursuit of Development, 1783-1850 », *Canadian Historical Review*, vol. 59, n° 1 (1978), 117.

66 Greg Marquis, « Regime or Coalition? Power Relations and the Urban Agenda in Saint-John, 1950-2000 », *Journal of Enterprising Communities: People and Place in the Global Economy*, vol. 3, n° 4 (2009), 355-368; Greg Marquis, « Growth Fantasies: Setting the Urban Agenda in Saint John, New Brunswick: 1960-1976 », *Acadiensis*, vol. 46, n° 1 (2017), 122-144.

67 Marquis, « Growth Fantasies », 122 [traduction libre de l'auteur].

68 Kelly Baker, *"We don't need another Africville": Historical Imaginings of Gentrification and Development in Halifax's North End*, thèse de doctorat, London, University of Western Ontario, 2014; Tina Loo, « The View from Jacob Street: Reframing Urban Renewal in Postwar Halifax », *Acadiensis*, vol. 48, n° 2 (2019), 5-42.

69 Lachlan Barber, *Making Meaning of Heritage Landscapes: The Politics of Redevelopment in Halifax, N.S.*, mémoire de maîtrise, Vancouver, University of British Columbia, 2006; Claire Campbell, « Whatever Happened to Pleasant Street? Rediscovering an Urban Shoreline in Halifax, Nova Scotia », *Environmental History*, vol. 25, n° 1 (2020), 134-149.

70 Trudi Bunting et Hugh Millward, « A Tale of Two CBDs I: The Decline and Revival (?) of Downtown Retailing in Halifax and Kitchener », *Canadian Journal of Urban Research*, vol. 7, n° 2 (1998), 139-166; Nathan Roth et Jill Grant, « The Story of a Commercial Street: Growth, Decline, and Gentrification on Gottingen Street, Halifax », *Urban History Review*, vol. 43, n° 2 (2015), 38-53.

71 Jill Grant, « Contested Spaces: Suburban Development in Halifax and Other Midsized Canadian Cities », dans *The Life of North American Suburbs*, sous la direction de Jan Nijman, Toronto, University of Toronto Press, 2020, 328-348; Jill Grant, Pierre Filion et Scott Low, « Path Dependencies Affecting Suburban Density, Mix and Diversity in Halifax », *The Canadian Geographer*, vol. 63, n° 2 (2019), 240-253.

72 Grant et coll., « Path Dependencies Affecting Suburban Density », 241 [traduction libre de l'auteur].

73 Daniel Hickey, dir., *Moncton, 1871-1929. Changements économiques dans une ville ferroviaire*, Moncton, Éditions d'Acadie, 1990.

74 Yves Bourgeois, « Small Cities as Talent Accelerators »; Yves Bourgeois, « Moncton: Innovative or Resilient City? »; Pierre-Marcel Desjardins, « Moncton, ville émergente de la nouvelle économie en région périphérique? »; Pierre-Marcel Desjardins, « Le mythe du miracle économique de Moncton vingt ans après », dans *Nouvelles perspectives en développement régional. Essais en l'honneur de Donald J. Savoie*, sous la direction de Sébastien Breau, Montréal, Presses de l'Université du Québec, 2014, 263-290.

75 Régis Brun, *Les Acadiens à Moncton : un siècle et demi de présence française au Coude*, Moncton, Chez l'auteur, 2005; Vincent Roy et Huhua Cao, « Transformation ethnolinguistique de l'espace social du Grand Moncton au Nouveau-Brunswick (Canada), 1981-2006 », *Minorités linguistiques et société*, n° 2 (2013), 85-106; Guy

Vincent, « Le paradoxe du français à Moncton : fragilité et force économique ? Le cas du quartier Sunny Brae », *Francophonies d'Amérique*, n° 16 (2003), 133-148.

76 Allain, « La "nouvelle capitale acadienne?" » ; Greg Allain et Guy Chiasson, « La communauté acadienne et la gouvernance du développement économique dans une micromé-tropole émergente : Moncton, Nouveau-Brunswick », *Francophonies d'Amérique*, n° 30 (2010), 17-35.

77 Allain et Chiasson, « La communauté acadienne et la gouvernance du développement économique », 28-29.

78 *Ibid.*, 22.

79 Yves Bourgeois, « The Bumpy Road to Regional Governance and Inclusive Development in Greater Moncton », dans *Governing Urban Economies*, sous la direction de Neil Bradford et Allison Bramwell, Toronto, University of Toronto Press, 2014, 288 [traduction libre de l'auteur].

80 Luc Ouellet, *Investigating Growth and Settlement Patterns in the Unincorporated Areas of New Brunswick : A Look at the Urban-Rural Fringes of the Moncton and Fredericton Regions*, mémoire de maîtrise, Halifax, Dalhousie University, 2005.

81 Jean Pelletier et Samuel Arsenault, « Moncton, étude de géographie urbaine d'une ville moyenne des provinces maritimes du Canada », *Revue de géographie de Lyon*, vol. 52, n° 3 (1977), 231.

82 Jean-Pierre Boudreau, *« Espace machine » et aménagement à Moncton*, mémoire de maîtrise, Québec, Université Laval, 1980.

83 Benoit Doyon-Gosselin, « Pour une géocritique de Moncton », *Cadernos de literatura comparada*, n° 33 (2015), 64 [en ligne : https://ilc-cadernos.com/index.php/cadernos/article/view/294].

84 Jean-Guy Pilon, « Journal de bord », *Liberté*, vol. 11, n° 5 (1969), 155.

85 Ville de Moncton, « Plan d'améliorations communautaires du noyau du centre-ville », Moncton, Ville de Moncton, 2017, 3.

86 Cédric Thévenin, « Moncton étudie différentes façons de se densifier », *L'Acadie Nouvelle*, 26 octobre 2021 [en ligne : https://www.acadienouvelle.com/actualites/2021/10/26/moncton-etudie-differentes-facons-de-se-densifier/].

CHAPITRE 8

Vers une didactique du plurilinguisme dans les écoles francophones néo-écossaises en milieu minoritaire

JUDITH PATOUMA

Comment sera l'école de demain et comment promouvoir la réussite scolaire de tous les apprenants dans un contexte de diversité culturelle et langagière ? C'est la question que nous nous posons face aux nouveaux enjeux que sont l'immigration et les migrations interprovinciales qui apportent plus de diversité dans la salle de classe. Les instances de l'éducation doivent donc s'interroger sur la réussite de tous les élèves et bien sûr, leur inclusion dans ce système. Dans ce chapitre, nous allons prendre l'angle didactique et introduire une perspective méthodologique dans l'axe du plurilinguisme et de l'usage du conte. Le projet d'où découle cette perspective a été mené en 2019 en partenariat avec la Fédération acadienne culturelle de la Nouvelle-Écosse et nous en expliquerons les détails dans la partie ci-nommée *Contextualisation*. Il sera brossé un portrait des enjeux langagiers et culturels que les apprenants peuvent percevoir lors d'ateliers de contes mis en place dans des écoles de langue française en milieu urbain et rural.

Étant donné que nous allons aborder la situation de l'éducation en langue française, il est important de dresser le tableau concernant le bilinguisme au Canada. En effet, le Canada est un état officiellement bilingue; toutefois, ce bilinguisme est loin d'être équilibré (75,5 % ont l'anglais comme première langue officielle parlée contre 21,84 % pour le français)[1]. Ce statut indique que la population devrait être desservie dans les deux langues (anglais et français) et, par conséquent, éduquée pour développer des compétences linguistiques dans les deux langues. Cependant, sur le territoire canadien, l'éducation, qui relève de la compétence provinciale, n'est pas, de fait, bilingue (la seule province officiellement bilingue est le Nouveau-Brunswick). Ainsi, l'éducation en français pour les ayants droit[2] relève de l'article 23 de la *Charte canadienne des droits et libertés*.

En Nouvelle-Écosse (terrain de notre étude), province majoritairement anglophone[3], il existe 22 écoles[4] de langue française qui accueillent plus de 6 000 jeunes de la maternelle à la 12e année. Selon Statistique Canada, en 2021, « parmi les 168 460 enfants d'âge scolaire, 16 800 étaient admissibles à l'instruction en français et 8 070 fréquentaient ou avaient déjà fréquenté une école de langue française[5] ». Ces écoles sont gérées par le Conseil scolaire acadien provincial (CSAP), seul conseil scolaire francophone de la Nouvelle-Écosse. Ainsi, nous avons des écoles de langue française et des écoles de langue anglaise[6]. Fondée en mai 1996, à la suite de l'adoption de la *Loi*[7] *concernant l'éducation* de la Nouvelle-Écosse, l'école homogène[8] (éducation en langue française) est le résultat d'une longue revendication culturelle et identitaire venant en tout premier de la Fédération acadienne de la Nouvelle-Écosse (FANE) en 1967.

« En 1981 l'Assemblée législative de la province acquiesce à la demande. La *Charte canadienne des droits et libertés*, adoptée en 1982, reconnaît le droit à l'éducation dans la langue de la minorité. Ceci marque le début d'une nouvelle ère en ce qui concerne l'éducation en français langue première en Nouvelle-Écosse et au Canada[9]. »

Depuis 1996, le paysage culturel a changé dans les écoles à la suite des différentes vagues de mobilité dans la province. De fait, les données statistiques du Conseil scolaire acadien provincial (2017) montrent que les écoles situées dans la région métropolitaine d'Halifax comptaient plus de 30 % d'élèves issus de différentes communautés culturelles. De plus, le Conseil ouvre progressivement ses portes aux autres élèves issus de l'immigration internationale dont la ou les langues parlées en famille ne sont pas nécessairement le français (élèves originaires des pays membres de l'Organisation internationale de la Francophonie : Marocains, Tunisiens, Congolais, Ivoiriens et autres comme Syriens, Chinois, etc.). Selon le site du CSAP, « Les écoles du CSAP sont ouvertes :

- à tous les francophones vivant en Nouvelle-Écosse, incluant les nouveaux arrivants qui comprennent et parlent le français ainsi que les nouveaux arrivants allophones qui ne parlent ni l'anglais, ni le français;
- aux enfants de famille exogame (francophone et une autre langue) dont un des parents ou grands-parents a fréquenté une école francophone au Canada lors de son enfance ou de sa jeunesse et qui parle et comprend encore le français;

- aux élèves qui participent à un programme d'échange international qui parlent, lisent et écrivent le français selon les exigences de leur niveau scolaire[10]. »

La présence de plus en plus importante des élèves immigrants et réfugiés peut être considérée comme un apport positif pour la vitalité des communautés francophones minoritaire[11]. De plus, les vagues d'immigrations et de migrations permettent aussi de mettre des apprenants de diverses provinces en contact et que se jouent, dans ce contexte minoritaire, différents enjeux langagiers liés aux idéologies linguistiques que la chercheuse Mélanie LeBlanc a beaucoup explicité dans son ouvrage, *Dans l'accent de la Baie : se construire Acadien dans le sud-ouest de la Nouvelle-Écosse*. Ainsi, nous verrons les enjeux de l'enseignement du français, langue de scolarisation, de la variété locale, l'acadjonne et de l'anglais, langue majoritaire de la province.

Il existe des défis reliés à l'inclusion et la réussite scolaire des élèves nouvellement immigrés. Ces défis sont documentés par la recherche, notamment le manque de ressources et de matériel adaptés, le manque de formation sur les connaissances historiques et sociales des élèves issus de l'immigration, etc.[12] Rares sont les études qui se sont intéressées aux solutions viables à ces problèmes dans les écoles minoritaires francophones, particulièrement celles en Nouvelle-Écosse[13]. Ainsi, alors que ce collectif a pour ligne directrice de *Repenser l'Acadie dans le monde*, qu'en est-il du monde en Acadie ? Nous pensons que nous avons l'occasion ici d'investiguer la mondialisation dans un micro-système sociétal qu'est l'institution scolaire, plus particulièrement le Conseil scolaire acadien provincial.

Contextualisation

La question de l'inclusion de la diversité par voie didactique n'est pas nouvelle. Depuis des années, l'Europe s'intéresse à l'inclusion de la culture des immigrants, entre autres, dans la salle de classe, et différentes méthodes ont été développées qui sont connues aujourd'hui sous le terme de l'éducation plurilingue et interculturelle. Au Canada, plusieurs chercheurs travaillent sur l'intégration des didactiques plurielles en salle de classe; notons, par exemple, « le laboratoire du plurilinguisme[14] », groupe de travail qui « a pour objectif d'analyser les pratiques enseignantes et modalités d'apprentissage des élèves en contexte bi-/plurilingue et de construire des ressources » pour la zone

AEFE[15] Amérique du Nord[16]. Qu'en est-il en Nouvelle-Écosse? Et comment intégrer les didactiques plurielles en salle de classe?

Le projet d'étude

En 2019, grâce au financement du Change Lab Action Research (CLARI)[17], nous avons pu mener une recherche en partenariat avec la Fédération culturelle acadienne de la Nouvelle-Écosse (FéCANE) sur le conte et le développement des compétences en littératie. Les projets en partenariat semblent un moyen efficace pour développer les compétences plurilingues et pluriculturelles des apprenants. La recherche en partenariat implique une collaboration étroite entre différents partenaires (la chercheuse universitaire, l'association, l'intervenante-conteuse, l'école); elle permet de mieux connaître le milieu et amène des solutions par le biais de perspectives différentes. Dans cette première étude exploratoire et compréhensive en partenariat[18], nous explorons les enjeux de la mise en œuvre d'une telle collaboration entre une association culturelle, une conteuse (Arleen Thibault, originaire du Québec), des enseignants en salle de classe, des élèves et des agents de développement scolaire et communautaire.

Le partenariat entre les associations communautaires culturelles et les écoles est une autre voie qui nous amène à réfléchir sur les enjeux de l'inclusion de la diversité dans la salle de classe et la place du plurilinguisme à l'école.

Notre perspective étant la didactique des langues, il est nécessaire dans cette étude de tenir compte des langues en contact dans le contexte minoritaire et des spécificités du contexte rural et urbain.

Des enjeux langagiers

Le milieu rural de l'étude est caractérisé par la région sud-ouest de la Nouvelle-Écosse et le milieu urbain par Dartmouth, municipalité régionale d'Halifax.

Cette région (Clare, Argyle, Pubnico et Shelburne) est celle où on retrouve la majorité[19] des francophones d'origine acadienne de la Nouvelle-Écosse. On observe que, en plus de l'anglais, deux variétés du français dans cette région cohabitent: l'acadjonne[20] et le français standard. Dans la région urbaine, Halifax, il y a une communauté francophone, mais elle n'est pas constituée majoritairement d'une population francophone acadienne d'origine néo-écossaise.

Le vernaculaire de la région, l'acadjonne, semble avoir une place particulière dans la communauté du sud-ouest de la Nouvelle-Écosse. Plusieurs chercheurs ont étudié sa structure[21] et son usage[22]. Il semblerait que la variété soit maintenue dans la communauté malgré une volonté de standardisation de la langue. Nous avons observé ce même phénomène dans les écoles où les élèves ont communiqué majoritairement dans leur variété pendant notre étude. « Non seulement les Acadiens de la Baie Sainte-Marie ont-ils conservé des traces du français le plus ancien en Amérique du Nord, mais ils en sont conscients. Cette conscience de parler un français acadien qu'ils considèrent comme authentique – parce qu'on peut le faire remonter à la première colonie française – génère des attitudes et des représentations favorables au maintien de ces "traces"[23]. » Cette conscientisation amène les locuteurs à adopter une position particulière par rapport à leur langue, voire à une idéologie du dialecte[24]. Cependant, nous sommes aujourd'hui dans une structure éducative où il faut considérer non seulement la langue d'enseignement, mais aussi les différentes cultures des apprenants venant d'horizons divers. La question serait de trouver un juste équilibre dans l'enseignement.

Les affirmations de LeBlanc confirment notre positionnement : « L'école francophone, en tant qu'institution et lieu de (re)production de la langue de la communauté francophone, a traditionnellement favorisé la variété "standardisée". Elle doit pourtant tenir compte des besoins particuliers de la population qu'elle dessert. En effet, elle a la responsabilité et le devoir de répondre aux besoins d'une clientèle de plus en plus diversifiée [...][25]. » Ainsi l'intégration d'une éducation plurilingue pourrait permettre de développer les compétences visées suivantes[26] : « la compétence à communiquer langagièrement et à interagir culturellement d'un acteur social qui possède, à des degrés divers, la maîtrise de plusieurs langues et l'expérience de plusieurs cultures, tout en étant à même de gérer l'ensemble de ce capital langagier et culturel. On considérera qu'il n'y a pas là superposition ou juxtaposition de compétences distinctes, mais bien existence d'une compétence complexe, voire composite, dans laquelle l'acteur peut puiser. »

Les approches plurielles de la didactique des langues-cultures

Étant donné le changement du paysage éducatif de nos écoles en raison de l'apport de l'immigration et des migrations nationales, il faut aujourd'hui se questionner sur les différentes approches éducatives à intégrer dans les salles de classe.

Dans son plan stratégique 2019-2023[27], le CSAP indique que ses principes directeurs sont : le partenariat, l'inclusion et la diversité, l'équité, l'autodétermination et le leadership. Selon nous, l'approche d'une éducation plurielle pourrait donner des fondements à des institutions qui souhaitent intégrer des personnes d'horizons divers dans leur système éducatif. En outre, cette éducation promeut l'ouverture sur le monde, ce qui est important dans une éducation citoyenne. L'éducation plurielle a vu le jour en Europe. Le caractère multilingue et la mobilité de sa population ont rendu nécessaire la mise en place de nouvelles pratiques; ainsi, le Conseil de l'Europe a inclus dans ses priorités le développement et la pratique de l'éducation plurilingue[28]. Le contexte multiculturel et multilingue canadien est aussi fructueux pour le déploiement de divers cadres théoriques, entre autres sur le multilinguisme[29]. Le plurilinguisme, quant à lui, considère, des locuteurs individuels et différents répertoires linguistiques permettant d'inclure des compétences diverses dans plusieurs langues[30]. À notre connaissance, plusieurs études ont été faites au Canada dans différents contextes scolaires[31], mais pas en Nouvelle-Écosse.

L'éducation plurilingue et interculturelle

« L'éducation plurilingue et interculturelle définit un projet éducatif dont les finalités visent la protection des droits fondamentaux de chaque apprenant à une éducation de qualité et sont fondées sur des valeurs destinées à assurer sa formation comme individu et comme citoyen : la cohésion et la solidarité sociales, la démocratie participative, la compréhension réciproque, le respect et la valorisation de la diversité linguistique et culturelle[32]. » Ce modèle pourrait être considéré par le CSAP étant donné que, selon le plan stratégique de 2019-2023, le Conseil vise, entre autres, à « développer et mettre en œuvre une stratégie de recrutement et d'accueil des nouveaux arrivants et des élèves internationaux[33] ».

Tout d'abord, il serait important de connaître les grandes lignes de l'éducation plurilingue et interculturelle. Selon Castellotti et Moore[34],

> L'objectif est d'intégrer la diversité linguistique et culturelle et de valoriser, mobiliser et développer le plurilinguisme, *en lien avec la (les) langue(s) de scolarisation*[35], dans le quotidien de la classe et de la vie des élèves. Il s'agit en particulier de renforcer : l'interrelation et la complémentarité des langues et des apprentissages; le transfert des connaissances et des compétences; le recours à l'expérience (linguistique et

culturelle) comme appui cognitif; la valorisation critique de la pluralité, de la diversité et de l'hétérogénéité; l'appui sur l'activité réflexive, la décentration et la distanciation comme leviers au service des apprentissages scolaires. *Ces orientations peuvent se matérialiser selon diverses directions, à géométrie variable, en les contextualisant selon les caractéristiques des enjeux et objectifs des systèmes éducatifs et des élèves concernés. Chaque environnement et chaque public imposent de réimaginer des méthodes et outils qui lui soient adaptés*[36].

La tâche pourrait paraître colossale. Cependant, il existe des méthodes que nous pouvons utiliser pour permettre de développer les compétences langagières et culturelles des apprenants. Nous tenons à souligner, dans la citation ci-dessus, les deux points suivants :

- Le plurilinguisme doit être développé *en lien avec la (les) langue(s) de scolarisation*. En effet, la langue de scolarisation étant le français dans les conseils scolaires francophones en milieu minoritaire, il va de soi que les méthodes doivent se diriger vers l'acquisition du français langue de scolarisation.
- L'approche du plurilinguisme est flexible et contextualisable selon les besoins du milieu (voir texte surligné dans le paragraphe plus haut) ce qui en fait un atout indéniable en éducation.

Plusieurs facteurs soutiennent la réussite de l'apprenant, et l'enseignant est un des facteurs de cette réussite. Dans une approche systémique et/ou écologique[37], nous prenons aussi en compte les différents éléments contextuels qui vont intervenir dans cette relation c'est-à-dire le rôle de l'école et les directives ministérielles, etc. Tous les partenaires doivent travailler de manière cohérente pour la réussite de l'apprenant.

Le parcours des élèves migrants

L'une des lacunes des systèmes éducatifs est que souvent, l'information est incomplète sur les parcours des élèves immigrants[38]. Il est important de donner la parole à ces apprenants pour que leur parcours soit légitimé et qu'il ne soit pas mis à l'écart ou vu comme différent (l'identification aux pairs et au groupe de référence) dans la salle de classe.

Selon Castellotti et Moore[39], l'éducation plurilingue et interculturelle est bénéfique à tous les élèves puisqu'elle « contribue à questionner les états stables, sédentaires, habituels, souvent considérés par les enfants comme étant la "normalité". Elle aide à réfléchir sur ce qui apparaît a priori comme familier et à s'interroger, en retour, sur toutes les expériences de confrontations, agréables ou douloureuses, à la pluralité. Elle concourt ainsi à revaloriser les compétences construites antérieurement et à leur donner un rôle important dans le développement des nouvelles capacités nécessaires à une intégration scolaire réussie ».

Ainsi, connaître les différentes cultures permettra aux apprenants non seulement de découvrir l'autre, mais aussi le développement de leur pensée critique en s'interrogeant sur leur perception de la réalité. Le conte nous semble un support pédagogique adapté au développement des compétences langagières et culturelles et l'appui des partenaires culturels, un atout.

Les partenariats écoles-familles-communautés

De plus en plus de recherches démontrent l'impact positif des partenariats écoles-familles-communautés[40]. Ce lien nous semble encore important concernant les familles immigrantes et leur communauté (mais pas seulement !) puisqu'issues d'une autre société, elles devraient apprendre la culture de l'école : la mission, la vision, les valeurs, les priorités, les outils technologiques utilisés, la langue de scolarisation et le rôle des différentes personnes qui vont encadrer l'apprenant et lui permettre de réussir.

Ce partenariat offre plusieurs possibilités pour l'inclusion culturelle des apprenants. Comment les partenariats culturels s'intègrent-ils dans les écoles néo-écossaises ?

Le partenariat culturel et scolaire

L'intégration de la culture dans les écoles du CSAP

Selon le site du ministère de l'Éducation de la Nouvelle-Écosse,

> Le Conseil scolaire acadien provincial a le même mandat éducatif que les régions éducatives de la province. *En plus, la législation du gouvernement définit que les écoles du CSAP ont un mandat linguistique et culturel.* Ils [sic] collaborent avec les partenaires communautaires afin

de contribuer à la vitalité et la pérennité des communautés francophones et acadiennes. *Le développement scolaire et communautaire est un processus dynamique qui implique les élèves, leurs familles et tout le personnel de l'école, en lien avec des organismes et des membres de la communauté. Le développement d'initiatives suit un parcours qui part de la réalité actuelle de l'école et de la communauté, en se dirigeant vers une vision commune*[41].

La structure au sein du CSAP en lien avec les arts et la culture comprend plusieurs éléments, et c'est souvent en partenariat avec le réseau des organismes communautaires, ou bien par l'entremise de programmes subventionnés par le gouvernement. Le CSAP est le plus grand diffuseur culturel jeunesse francophone en Nouvelle-Écosse. « Membre du Réseau atlantique de diffusion des arts de la scène (RADARTS) depuis 2011, le CSAP a accueilli, entre septembre 2012 et mars 2020, 25 tournées pour un total de 284 représentations devant 58 147 spectateurs. Les artistes fournissent des guides d'accompagnement afin que le personnel enseignant puisse travailler avec les élèves avant, pendant et après pour en tirer tout le profit[42]. »

Afin de créer des ponts entre l'école et les associations, au niveau de tout le CSAP se trouve la responsable provinciale du développement scolaire communautaire qui coordonne les projets au et les agents de développement scolaire communautaire dans les écoles.

L'agent.e de développement scolaire et communautaire facilite un processus dynamique qui implique les élèves, leurs familles, et tout le personnel de l'école, en lien avec des organismes et des membres de la communauté. Ce processus se caractérise par le contact constant et bidirectionnel. Le développement d'initiatives suit un parcours qui part de *la réalité actuelle de l'école et de la communauté, en se dirigeant vers une vision commune*. [...]

En somme, les agents développeront des initiatives dans les trois volets suivants :

- l'animation culturelle dans la communauté scolaire pour développer le leadership étudiant et créer un espace francophone dynamique, ouvert à la participation de tous;
- *la liaison entre l'école et la communauté pour contribuer à la réussite de tous*;

- la promotion et la valorisation de la langue française et de l'éducation en français pour assurer la vitalité et la pérennité de la francophonie en Nouvelle-Écosse[43].

Nous remarquons que ces dernières années, le CSAP a embauché des agents d'origines francophones diverses, ce qui démontre une réelle volonté à s'appuyer sur *les réalités* de la salle de classe. Cependant, il nous faudrait plus d'éclaircissement sur la notion de « réussite de tous » ... réussite scolaire des apprenants? de l'inclusion? Si oui, comment cette liaison y contribue-t-elle et quels sont les résultats?

Voici quelques-uns des projets qui ont lieu chaque année : le programme « GénieArts[44] » et « Jamais trop tôt », géré par la FéCANE; le programme « Voir grand » – des ateliers offerts pour parents et enfants par la Fédération des parents acadiens de la Nouvelle-Écosse; plusieurs projets en collaboration avec le Conseil jeunesse provincial (CJP), entre autres une « ligue d'Impro » et « Autour du feu », une activité socioculturelle en partenariat avec le CJP et l'Université Sainte-Anne.

Le CSAP joue un rôle indéniable dans l'apport de la culture en salle de classe et en dehors de la salle de classe par le biais de spectacles et ateliers offerts à la communauté. Cependant, nous n'avons pas de données concernant l'impact de ces apports culturels en salle de classe.

Notre expérience dans le cadre du projet CLARI

Dans notre processus de planification du projet financé par CLARI, nous avons utilisé plusieurs outils. Nous étions sur le terrain avec la conteuse durant tout le processus de la recherche. De manière générale, le projet a été mené en milieu urbain dans trois classes de 8e année au secondaire (un total de 78 élèves ayant une moyenne d'âge de 13 ans); et en milieu rural, dans deux écoles : dans la première, deux classes de 9e année au secondaire (un total de 69 élèves) et dans la deuxième, un groupe de 9e année constitué de 28 élèves (ayant une moyenne d'âge de 14 ans).

Des entretiens semi-directifs ont été menés avec quatre enseignants des classes participantes au projet, deux agents de développement scolaire et communautaire des écoles, un représentant communautaire (FéCANE) et la conteuse. Nous avons aussi tenu un entretien avec autre conteur d'origine française pour recueillir des informations complémentaires sur l'apport d'un tel projet en salle de classe.

Pour les entretiens semi-directifs, nous avons choisi d'appliquer l'analyse du contenu[45] fondée sur la déduction, l'inférence et les principes de l'approche interactionniste[46]. Voici quelques résultats de notre recherche.

Pistes didactiques à l'issue de la recherche

La culture à l'école

L'innovation majeure de cette recherche était la reconnaissance du rôle de la culture orale et du conteur en tant que véhicule de cet art comme levier du développement scolaire et communautaire en milieu minoritaire.

Au niveau scolaire, l'approche adoptée (approche ethnographique) a permis l'identification d'un besoin et la possibilité de mettre en place ce genre d'activité. Nous avons pu observer les bienfaits de l'utilisation du conte en salle de classe et c'est là une bonne manière de diffuser une pratique dans laquelle la valorisation du patrimoine culturel francophone devient un outil pour le développement des compétences des élèves et des enseignants. La conteuse, étant un véhicule de la culture, a pu partager sa culture et sa vision à travers ses histoires dans sa langue, et les apprenants ont pu réagir en utilisant leurs compétences plurilingues (par exemple, utiliser des mots dans leur répertoire anglais quand ils ne trouvaient pas l'équivalent dans la langue de l'école, augmentant ainsi leur connaissance des cultures existantes dans la francophonie). Ainsi, que ce soit la conteuse ou les apprenants, nous avons pu observer que leur utilisation de la langue se situe dans un continuum, et que les buts visés sont la communication et la compréhension des différents discours en situation d'interaction.

L'implication active des différents acteurs (Université, FéCANE, CSAP) a contribué à la sensibilisation sur le rôle de la culture dans des milieux sensibles où la langue et les cultures francophones doivent être valorisées.

L'importance de la conteuse dans la salle de classe et en dehors de la salle de classe

Les différents ateliers et le spectacle donné par la conteuse nous ont permis d'observer l'utilité de cette démarche. De manière générale, en milieu urbain, les apprenants et le personnel enseignant ont exprimé leur intérêt pour ce type d'événement (« c'était intéressant de voir et d'écouter une conteuse avec un différent répertoire », enseignant 1; « j'ai aimé que la conteuse me demande à participer », élève 7). Malgré les défis logistiques, les enseignants et les agents de développement scolaires et communautaires ont su trouver le temps d'encadrer les activités de contes et de faire un suivi avec les élèves. Selon les conteurs interrogés, le personnage du conteur apporte incontestablement une valeur ajoutée à la salle de classe, car il représente :

- une personnalité extérieure au milieu scolaire, ce qui permet un dynamisme différent dans la salle de classe;
- un métier – très peu d'élèves se rendaient compte qu'on pouvait vivre du conte;
- une partie de la francophonie (les élèves ont pu être en contact avec une culture francophone différente de la leur, un accent différent, un lexique différent, etc.);
- une personne avec des ressources multiples (l'art de la parole, l'utilisation de la musique en salle de classe, etc.);
- un modèle de langue et de culture – ceci rejoint l'une des observations mentionnées dans le « Comité de la langue parlée du CSAP », « Des modèles positifs, les élèves veulent en rencontrer, ils veulent être entourés de personnes convaincues qui sauront les influencer à s'afficher en tant que francophones. Ils apprécient les spectacles qui leur sont offerts parce que les "spectacles et ateliers nous offrent des modèles"[47]. »

Le spectacle apporte aussi sa valeur ajoutée :

- la découverte des métiers du spectacle et des arts de la scène (par exemple, toute la mise en place technique du spectacle – éclairage, système de son, etc.);
- la découverte du métier de conteur en dehors de la salle de classe;
- le transfert et l'intégration des différentes connaissances acquises et discussion en salle de classe par la suite.

Dans notre article intitulé « Pratiques de classe en milieu minoritaire francophone canadien : la conteuse au centre des interventions[48] », nous abordons de manière beaucoup plus spécifique le vécu de la conteuse durant l'expérimentation. Il est à noter que l'expérience de la conteuse a été différente dans les deux contextes d'étude. Il semble que les apprenants dans l'école en milieu urbain ont été plus réactifs, ont plus participé à l'activité même s'ils ne s'exprimaient pas toujours dans le français de scolarisation à l'oral.

Voici ce que nous dit Arleen en parlant du milieu rural :

> C'est intéressant pour moi, c'est une réussite même s'ils n'ont pas tout compris au même niveau. L'expérience de conte, moi je trouve que ça s'est bien passé. C'est quand on a passé à *l'aspect participatif*. Mais pour les adolescents, il y a une routine, une petite phase d'*apprivoisement*, dans le côté participatif parce qu'il y toujours une protection de ce que je vais dire. Est-ce que les autres vont rire ? *Mais là, on a eu la misère à la dépasser comme il y a deux écoles-là : la première école, on a eu de la misère à la dépasser dès le début.* D'habitude, j'ai deux, trois élèves qui finissent par parler, puis on prend le rythme de croisière. Mais, *on était pris à la frontière de la communication.* Puis, on passe pas, ça prenait plus de temps que d'autres écoles francophones. Ou je savais qu'il y a *l'insécurité linguistique* ou en fait je savais qu'est-ce s'est passé. Est-ce que c'est *l'insécurité linguistique* ? Est-ce qu'ils sont vraiment gênés ? ils sont intimidés parce que je viens de l'extérieur ou je sais pas quoi ou ils sont jamais participatifs ? Je me suis posé toutes ces questions. Est-ce que juste ils ne veulent pas faire d'effort ? Ça, c'est possible. Les ados ont leurs humeurs aussi.

À l'évidence, la conteuse s'est sentie très mal à l'aise dans les écoles en milieu rural. Mais quelle était la cause de l'absence/du manque de motivation des élèves à participer aux activités ? Plusieurs élèves dans une des écoles ont aussi affirmé qu'ils ne comprenaient pas ce que disait la conteuse. « I don't speak French. I don't understand. » Rappelons qu'ils sont dans une école de langue française. Se sont-ils sentis en insécurité linguistique (c'est ici la perception de la conteuse) ? Par rapport à leur variété ? Dans ce cas, pourquoi s'exprimer en anglais ? C'est intéressant de voir les différents enjeux qui se jouent ici. Sur le marché linguistique[49] de la Nouvelle-Écosse, l'anglais a une valeur élevée étant donné que c'est la langue de la majorité; est-ce une forme de rejet de la langue française au sein même de l'école ? Est-ce le rejet de la conteuse qui est perçue comme illégitime ? Dans une école en particulier, les enseignants en milieu rural nous ont aussi indiqué qu'ils rencontraient des difficultés avec leurs élèves. Ce refus envers la langue de l'école (surtout dans une des écoles) semble être une constante dans différentes matières enseignées selon les témoignages des enseignants : « C'est très difficile pour nous d'enseigner la langue française, les élèves parlent en anglais tout le temps, dans les couloirs, dehors et même dans la classe. Parfois, je me décourage, je ne sais plus quoi faire. »,

Enseignant 2. « On les aide comme on peut, mais c'est difficile, il n'y a pas d'intérêt. », Enseignant 1.

Espace urbain, espace rural

Du milieu rural au milieu urbain, nous sommes passés à deux mondes distincts. Selon les données recueillies, ce fut un succès dans l'un et plus difficile dans l'autre et cela, dans plusieurs aspects.

En milieu rural, nous avons observé une certaine résistance face à la conteuse et à son discours. Plusieurs des réponses des apprenants aux questionnaires étaient en anglais : « I did not understand what she was saying », « I wasn't listening to her, anyway » etc. En revanche, dans le milieu urbain, les apprenants semblaient plus engagés dans les ateliers. Nous avons aussi observé que la collaboration avec les enseignants était plus fluide. Un climat d'apprentissage favorable à l'apprentissage a persisté tout le long du processus. Même si les interventions des apprenants en milieu urbain n'étaient pas complètement en français de scolarisation, nous notons qu'ils prenaient la parole et participaient activement.

Pourquoi de telles différences dans des écoles de langue française? Pourquoi en milieu rural, la conteuse n'était plus un modèle de langue et de culture? Quelle était l'image véhiculée par la conteuse et quelles en sont les raisons? Quels sont les modèles identitaires des apprenants dans les écoles de langue française? Il est à constater que dans les deux milieux, les enjeux sont différents, et que le rapport dans la négociation des identités et les pratiques langagières sont multiples.

À l'issue de cette première étape de notre étude, nous n'avons malheureusement pas de réponses claires expliquant les attitudes des apprenants; cependant, il serait important d'élucider ces interrogations pour un encadrement pédagogique efficace.

⚜ ⚜ ⚜

Cette étude vise à démontrer qu'il existe des solutions viables pour l'intégration des langues et des cultures des apprenants d'origines diverses dans les écoles. L'intégration par la voie culturelle ne peut être que gagnante pour *tous* les apprenants.

Les modèles éducatifs privilégiés ici se fondent sur la valorisation de la diversité linguistique et culturelle. Plus les apprenants auront des perspectives multiples, plus ils pourront développer leur esprit critique dans la salle de classe et en dehors de celle-ci. Ainsi, amener la diversité à l'école, c'est donner aux apprenants les outils pour s'intégrer dans le monde d'aujourd'hui et leur permettre de participer activement à la cohésion sociale. Cependant, nous avons noté des écarts entre les populations d'apprenants en milieu urbain et rural. Ce sont deux contextes éducatifs très différents avec des populations hétérogènes. L'utilisation de la variété et le refus de parler le français semblent plus prononcés en milieu rural. Nous pensons qu'il est plus que nécessaire aujourd'hui de légitimer la parole des apprenants et de respecter leurs différentes identités dans la salle de classe et en dehors de la salle de classe.

La communauté francophone en Nouvelle-Écosse et dans les écoles de langue française est en train de s'enrichir de différentes cultures. La question aujourd'hui serait de savoir comment préserver la langue d'enseignement et s'ouvrir au monde. Il semblerait y avoir plusieurs enjeux économiques, identitaires et langagiers selon les contextes; et l'intégration de la culture en salle de classe permettra de rendre visibles les cultures du milieu tout en s'ouvrant sur la francophonie mondiale. La notion de dualité (langue d'enseignement et langue de l'apprenant) se verrait remplacée par celle de la complémentarité qui va de pair avec le continuum langagier et identitaire.

Notes

1 Statistique Canada, *Profil du recensement, recensement de la population 2021*, 2022 [en ligne : https://www12.statcan.gc.ca/census-recensement/2021/dp-pd/prof/index.cfm?Lang=F].
2 Gouvernement du Canada, *Article 23 – Droits à l'instruction dans la langue de la minorité*, 2022 [en ligne : https://www.justice.gc.ca/fra/sjc-csj/dlc-rfc/ccdl-ccrf/check/art23.html].
3 Selon Statistique Canada, en 2021, 96,6 % de la population déclare avoir comme première langue officielle l'anglais et 2,8 % le français.
4 Conseil scolaire acadien provincial, 2021. *À propos du CSAP* [en ligne : https://csap.ca/le-csap/qui-nous-sommes].
5 Statistique Canada, *Faits saillants sur la langue française en Nouvelle-Écosse en 2021*, 2023 [en ligne : https://www150.statcan.gc.ca/n1/pub/89-657-x/89-657-x2023006-fra.htm].
6 Nous ajoutons que les écoles de langue anglaise offrent aussi des programmes de français, par exemple le « Français de base » et « l'immersion française ».
7 1er avril 1996.

8   « École homogène de langue française : un établissement scolaire dans lequel s'offre uniquement une programmation de langue française (sauf pour les cours d'anglais) qui est accessible exclusivement aux enfants d'ayant droit et qui est géré par les ayants droit »; Kenneth Deveau, *Les facteurs reliés au positionnement éducationnel des ayants droit des régions acadiennes de la Nouvelle-Écosse*, mémoire de maîtrise, Moncton, Université de Moncton, 2001, 21.
9   Conseil scolaire acadien provincial, *À propos du CSAP*, 2023 [en ligne : https://csap.ca/le-csap/a-propos-du-csap].
10 En ligne : https://csap.ca/le-csap/a-propos-du-csap.
11 Voir les travaux de Phyllis Dalley, « Francisation, communication orale et construction identitaire », *Actes du forum sur la francisation, le 21 mai 2009*, Consortium pour le perfectionnement professionnel, 2009, 33-58; Diane Gérin-Lajoie et Marianne Jacquet, « Regards croisés sur l'inclusion des minorités en contexte scolaire francophone minoritaire au Canada », *Éducation et francophonie*, vol. 36, n° 1 (2008), 25-43 [en ligne : https://doi.org/10.7202/018088ar]; Monica Heller, « Discourse and Access to Knowledge in Educational Contexts: Franco Ontarian Students' Access to School Opportunities in Toronto », dans *Institut d'études pédagogiques de l'Ontario/Centre de recherches en éducation franco-ontarienne*, 1984.
12 Mahsa Bakhshaei, Theophano Georgiou et Marie McAndrew, « Language of Instruction and Ethnic Disparities in School Success », *McGill Journal of Education / Revue des sciences de l'éducation de McGill*, vol. 51, n° 2 (2016), 689-713; G. Papazian-Zohrabian, C. Mamprin, V. Lemire, A. Turpin-Samson, G. Hassan, C. Rousseau et R. Aoun, « Le milieu scolaire québécois face aux défis de l'accueil des élèves réfugiés : quels enjeux pour la gouvernance scolaire et la formation des intervenants scolaires? », *Éducation et francophonie*, vol. 46, n° 2 (2018), 208-229.
13 Malanga-Georges Liboy et Judith Patouma, « L'école francophone en milieu minoritaire est-elle apte à intégrer les élèves immigrants et réfugiés récemment arrivés au pays? », *Canadian Ethnic Studies*, vol. 53, n° 2 (2021), 23-40. DOI: 10.1353/ces.2021.0012.
14 Laboratoire du plurilinguisme [en ligne : https://sites.google.com/view/aefe-plurilinguisme/qui-sommes-nous].
15 Agence pour l'enseignement français à l'étranger.
16 Sophie Beaumont et Danièle Moore, « Plurilinguisme et formation des enseignants de l'Éducation nationale en Amérique du Nord. Une recherche-action-formation pour le développement d'outils et de pratiques innovantes », dans *Didactique du plurilinguisme et formation des enseignants : contextes, dispositifs et perspectives*, Français dans le monde. Recherches et applications, 2020, 30-40.
17 "A Change Lab supports a cross section of stakeholders to come together to find creative actions to address a shared problem or to maximize the outcomes of a shared opportunity. Action Research measures and observes an activity, especially the execution of a solution or strategy, to identify and optimize the results of that activity.

Through an interactive process, Action Research can enhance outcomes targeted during the Change Lab process. Action Research is about engaging participants as co-researchers, working equally and collaboratively with academic-based researchers" [en ligne : https://actionresearch.ca/ (anglais seulement)].

18 Joyce L. Epstein, *School, Family, and Community Partnerships*, Boulder (Color.), Westview Press, 2001.

19 D'autres francophones habitent aussi dans la région. Ils sont originaires de France, du Québec et aussi des pays de la francophonie africaine. Ce sont souvent des personnes qui travaillent à l'Université Sainte-Anne, la seule université francophone en Nouvelle-Écosse [en ligne : https://www.usainteanne.ca/].

20 Le terme fut utilisé en 1976 par Phil Comeau, « Le dialecte "Acadjonne" des Acadiens de la Baie Ste-Marie (N.-É.) », *Le Petit Courrier de la Nouvelle-Écosse*, 15 avril 1976, 17.

21 Geneviève Massignon, *Les parlers français d'Acadie*, Tomes I et II, Paris, Librairie C. Klinckseick, 1962; Karin Flikeid et B. Edward Gesner, « Le démonstratif dans les parlers acadiens de la Nouvelle-Écosse », *ALFA*, vol. 3, n° 4 (1990-1991), 210-228; Karin Flikeid, « La longueur vocalique dans les parlers acadiens de la Nouvelle-Écosse », *Revue québécoise de linguistique théorique et appliquée*, vol. 11, n° 14 (1993), 71-100; Karin Flikeid, *Origines et évolution du français acadien à la lumière de la diversité*, *Les origines du français québécois*, Québec, Presses de l'Université Laval, 1994, 275-326; Edward Gesner, *Étude morphosyntaxique du parler acadien de la Baie Sainte-Marie*, Nouvelle-Écosse (Canada), Québec, Centre international de recherche sur le bilinguisme, 1979; Edward Gesner, *Description de la morphologie verbale du parler acadien de Pubnico (Nouvelle-Écosse) et comparaison du français standard*, Québec, Centre international du bilinguisme, 1985.

22 Lesley Milroy, *Language and Social Network*, Oxford, Blackbell, 1987.

23 Mélanie LeBlanc, *Dans l'accent de la Baie : se construire Acadien dans le Sud-Ouest de la Nouvelle-Écosse*, Sudbury, Édition Prise de parole, 2021, 56.

24 Annette Boudreau et Lise Dubois, « Français, Acadien, Acadjonne: Competing Discourses in Language Preservation along the Shores of the Baie Sainte-Marie », dans *Discourses of Endangerment: Ideology and Interest in the Defence of Languages*, sous la direction d'Alexandre Duchêne et Monica Heller, London, Continuum, 2007, 99-120.

25 LeBlanc, *Dans l'accent de la Baie*, 166.

26 Daniel Coste, Daniel Moore et Geneviève Zarate, *Compétence plurilingue et pluriculturelle*, Conseil de l'Europe, 2009, 5.

27 Conseil scolaire acadien provincial [en ligne : https://csap.ca/le-csap/plan-strategique].

28 Centre européen pour les langues vivantes du Conseil de l'Europe, *Éducation plurilingue et interculturelle*, 2023 [en ligne : https://www.ecml.at/Thematicareas/Plurilingualandinterculturaleducation/tabid/4145/language/fr-FR/Default.aspx].

29 Diane Dagenais, « Multilingualism in Canada: Policy and Education in Applied Linguistics Research », *Annual Review of Applied Linguistics*, n° 33 (2013), 286-301.
30 Daniel Coste et coll., *Compétence plurilingue et pluriculturelle*; Danièle Moore, *Plurilinguismes et école*, Paris, Éditions Didier, 2006.
31 Pour n'en citer que quelques-unes, Diane Dagenais, « La prise en compte du plurilinguisme d'enfants issus de familles immigrantes en contexte scolaire : une analyse de cas », *Revue des sciences de l'éducation*, vol. 34, n° 2 (2008), 351-375; Françoise Armand, « Enseigner en milieu pluriethnique et plurilingue : place aux pratiques innovantes! », *Québec français*, n° 167, (2012), 48-50; Sophie Beaumont et Danièle Moore, « Plurilinguisme et formation des enseignants de l'Éducation nationale en Amérique du Nord. Une recherche-action-formation pour le développement d'outils et de pratiques innovantes », dans *Didactique du plurilinguisme et formation des enseignants : contextes, dispositifs et perspectives, Français dans le monde. Recherches et applications*, 2020, 30-40.
32 Marissa Cavalli et Marinette Matthey, « Formation des enseignants à l'éducation bi-/plurilingue : point de vue et réflexions sur quelques expériences valdôtaines », *Lidil*, (2009), 39 [mis en ligne le 1er décembre 2010 : http://journals.openedition.org/lidil/2743, consulté le 1er mai 2019].
33 CSAP, Plan stratégique 2019-2023, 6, 2019-06-25_PlanStrat_CSAP-pages-LOW.pdf.
34 Véronique Castellotti et Danièle Moore, « Répertoires plurilingues et pluriculturelles. Leur valorisation pour une meilleure intégration scolaire », *Babylonia : revue pour l'enseignement et l'apprentissage des langues*, Comano, Fondazione Lingue e Culture, 2011, 29.
35 C'est nous qui soulignons.
36 C'est nous qui soulignons.
37 Daniel Durand, *La systémique*, PUF « Que sais-je? », n° 1795, 2017; Urie Bronfenbrenner, *The Ecology of Human Development: Experiments by Nature and Design*, Cambridge, MA, Harvard University Press, 1979.
38 Liboy et Patouma, « L'école francophone en milieu minoritaire ».
39 Castellotti et Moore, « Répertoires plurilingues et pluriculturelles », 29-30.
40 Joyce L. Epstein, *School, Family, and Community Partnerships*, Boulder, CO, Westview Press, 2001; Joyce L. Epstein, et coll., *School, Family, and Community Partnerships: Your Handbook for Action* (2e édition), Thousand Oaks (Calif.), Corwin Press, 2002; Rodrigue Landry, Réal Allard et Kenneth Deveau, *École et autonomie culturelle : enquête pancanadienne en milieu scolaire francophone minoritaire*, Rapport de recherche, Gatineau, Patrimoine Canada, et Moncton, Institut canadien de recherche sur les minorités linguistiques, coll. « Nouvelles perspectives canadiennes », 2011.
41 Programme des écoles publiques de la N.-É, *Relations et communauté, 2021* [en ligne : https://www.ednet.ns.ca/psp/fr/equite-et-education-inclusive/relations-et-communaute].

42 Information du CSAP. Cette information est tirée d'un document intitulé « le rôle du CSAP dans la diffusion et le développement culturel de la Nouvelle-Écosse » C'est un rapport interne et je n'ai que le document en version Word.
43 Information du CSAP, « Le rôle des agents de développement scolaire et communautaire », septembre 2013.
44 « La Fédération culturelle acadienne de la Nouvelle-Écosse (FéCANE) finance divers projets collaboratifs par le biais du programme GénieArts Nouvelle-Écosse. Ces projets sont l'occasion pour les enseignants de mettre en place une méthode d'apprentissage moins traditionnelle, basée sur une collaboration avec les artistes francophones de la province et un engagement plus important de la part des étudiants. » [En ligne : https://fecane.ca/geniearts].
45 André D. Robert et Annick Bouillaguet, *L'analyse de contenu*, Paris, Presses Universitaires de France, « Collection Que sais-je », 1997.
46 George H. Mead, *Mind, Self, and Society from the Standpoint of a Social Behaviorist*, Chicago, University of Chicago Press, 1934.
47 « Comité de la langue parlée du CSAP » octobre 2013, 12.
48 Judith Patouma, « Pratiques de classe en milieu minoritaire francophone canadien : la conteuse au centre des interventions », dans *Pratiques de classe en contextes francophones. Orientations officielles, défis de la recherche, contraintes du terrain*, sous la direction de M. Essaouri, A. Mabrour et M. Sadiqui, Paris, L'Harmattan, 2021.
49 Pierre Bourdieu, *Ce que parler veut dire : L'économie des échanges linguistiques*, Paris, Fayard, 1982.

TROISIÈME PARTIE

Repenser les mobilités culturelles et idéologiques

Introduction

Le regroupement des cinq chapitres suivants reflète l'importance de la création et de la mobilisation de mythes, normes, symboles et autres construits identitaires dans toute société, mais surtout au sein d'un groupe minorisé. À cet égard, nous apprenons beaucoup par le biais de ces études consacrées aux récits valorisés et transmis à travers les générations. Cette valorisation d'idées et d'un certain imaginaire collectif prend plusieurs formes : des chansons jusqu'aux mèmes, et des publications savantes jusqu'aux discours politiques. Cette section propose plusieurs éléments de réponses à la question fondamentale : « Qui parle pour l'Acadie? ». Ce volet de l'ouvrage se démarque par l'attention qui est portée aux histoires d'en bas et aux prises de position à l'encontre des visions trop simplistes et nationalistes. Isabelle LeBlanc souligne l'opposition et même le refus de certaines femmes à suivre « le fantasme raciolinguistique » inhérent au programme de mobilité étudiante à Lafayette développé par Dudley J. LeBlanc. Pour sa part, Nathan Rabalais observe que l'expression créative dont témoignent les mèmes publiés sur les médias sociaux, bien que puisant dans des symboles et repères géoculturels communs, ont pour effet de déstabiliser, voire de bouleverser les récits dominants.

Les questions culturelles et idéologiques en Acadie n'ont rien de statique. Les récits valorisés et les formes d'expression privilégiées varient beaucoup en fonction des acteurs, de leurs publics et de leurs positionnements relatifs dans le monde. Joel Belliveau retrace l'évolution des idées d'un individu, en l'occurrence l'intellectuel français Rameau de Saint-Père, entre ses deux ouvrages consacrés à l'histoire acadienne, et cela, à la lumière de son parcours ainsi que de ses contacts avec les habitants de l'Acadie. Il est d'ailleurs notable que l'histoire acadienne coloniale soit si influencée par des gens de l'extérieur, une tendance qui se perpétue jusqu'à nos jours. (Il suffit de penser aux ouvrages de Naomi Griffiths, une Canadienne; de Jean-François Mouhot, un Français; ou de John Mack Faragher, un Américain.) Pour sa part, Carmen d'Entremont se penche sur les expériences complexes et les perspectives changeantes des immigrantes et immigrants d'origine acadienne en Nouvelle-Angleterre au fil de la première, deuxième et troisième générations. La nature et la profondeur du sentiment d'appartenance de ces familles à l'égard de leurs terres ancestrales acadiennes s'est modifiée avec le temps et au gré de leurs visites en Nouvelle-Écosse.

Un exemple particulièrement remarquable de mobilité culturelle est la transmission des chansons militaires du régime français en Acadie après le Grand Dérangement. Éva Guillorel note une préférence marquée pour les complaintes – au sujet de la chute de Louisbourg ou du naufrage d'un vaisseau de guerre, par exemple – chez les chanteuses et chanteurs du Nouveau-Brunswick. L'intérêt pour ce genre de chansons et le lien indirect avec l'Acadie d'avant 1755, risque d'étonner. Curieusement, si peu de chansons du répertoire traditionnel évoquent la Déportation; des Acadiennes et Acadiens ont plutôt évoqué des défaites militaires françaises de la même époque afin de se représenter leur passé. Voilà donc un autre rappel que la coupure absolue entre l'Acadie coloniale et l'Acadie contemporaine ne tient pas forcément la route. Même à la fin du XXe siècle, les Acadiennes et Acadiens chantaient d'un autre monde, mais aussi de la continuité de leur situation périphérique et défavorisée par rapport à la majorité anglophone et aux marges des États et des empires.

Tous les auteurs de cette partie de l'ouvrage soulignent la richesse de leurs sources et surtout de l'oralité. Les paroles et témoignages cités révèlent des sauts territoriaux et idéologiques fort révélateurs, tissant des mondes de relation pour divers acteurs et actrices historiques. La narrativité représente un autre mode d'expression, et aussi un autre site de pouvoir, étant moins centrée dans les institutions que chez les individus. Il s'agit de performances et parfois même des mises en spectacle de l'identité, autant de manifestions de l'imaginaire collectif qui sont moins représentées dans les archives officielles : il faut des terrains d'enquête pour les découvrir. Nous remarquons l'interaction de la culture dominante (nation, patriarcat, blanchité) avec la nostalgie et la pluralité des perspectives à l'échelle locale, ainsi que les voix subalternes à côté des discours hégémoniques. L'homogénéité n'existe pas, même si elle est performée, parfois pour l'assumer, parfois pour la subvertir. Ce qui se dégage en guise de fil conducteur de ces cinq chapitres, c'est l'importance de la mobilité culturelle et idéologique au sein de la société acadienne et à l'échelle de sa diaspora, en fonction de ses contacts avec un monde plus vaste.

Lectures proposées

Ancelet, Barry Jean. *Cajun and Creole Folktales: The French Oral Tradition of South Louisiana*. Jackson : University Press of Mississippi, 1994.
Anderson, Benedict. *L'imaginaire national : réflexions sur l'origine et l'essor du nationalisme*. Paris : La Découverte, 2007.
Arsenault, Georges. *Complaintes acadiennes de l'Île-du-Prince-Édouard*. Montréal : Leméac, 1980.
Boudreau, Annette. *Dire le silence. Insécurité linguistique en Acadie 1867-1970*. Sudbury : Édition Prise de parole, 2021.
Bouthillier, Robert. *Temporel/Intemporel. 29 chansons de tradition orale du Québec et d'Acadie*. 2017.
Dessens, Nathalie et Jean-Pierre Le Glaunec, dir. *Interculturalité : La Louisiane au carrefour des cultures*. Québec : Presses de l'Université Laval, 2016.
Frenette, Yves et Stéphane Plourde. « Les nouvelles Acadies de l'Atlantique, 1763-1871 », dans *Atlas historique du Québec : La Francophonie nord-américaine*, sous la direction d'Yves Frenette, Étienne Rivard et Marc St-Hilaire. Québec : Presses de l'Université Laval, 2012.
Giroux, Dalie. *Parler en Amérique : oralité, colonialisme, territoire*. Montréal : Mémoire d'encrier, 2019.
Hautecœur, Jean-Paul. *L'Acadie du discours : pour une sociologie de la culture acadienne*. Québec : Presses de l'Université Laval, 1975.
Labelle, Ronald, dir. *Chansons folkloriques d'Acadie/Acadian Folk Songs*. Sydney : University College of Cape Breton Press/Musée canadien des civilisations, 1988.
LeBlanc, Dudley. *The Acadian Miracle*. Lafayette : Evangeline Publishing Company, 1966.
LeBlanc, Ronnie-Gilles. *Le Voyage de Rameau de Saint-Père en Acadie, 1860*. Québec/Moncton : Septentrion/Institut d'études acadiennes, 2018.
Magord, André, en collaboration avec Maurice Basque et Amélie Giroux. *L'Acadie plurielle : dynamiques identitaires collectives et développement au sein des réalités acadiennes*. Moncton : Centre d'études acadiennes et Institut d'études acadiennes et québécoises de l'Université de Poitiers, 2003.
Nadeau, Jean-Marie. *L'Acadie possible. La constance d'une pensée*. Lévis : Les Éditions de la francophonie, 2009.

Quintal, Claire, dir. *L'Émigrant acadien vers les États-Unis : 1842-1950*. Actes du 5e colloque annuel de l'Institut français, Québec : Conseil de la vie française en Amérique, 1984.

Rameau de Saint-Père, François-Edme. *La France aux colonies : Acadiens et Canadiens*. Paris : A. Jouby, 1859.

Rosa, Jonathan. *Looking like a Language, Sounding like a Race: Raciolinguistic Ideologies and the Learning of Latinidad*. New York : Oxford University Press, 2019.

Shifman, Limor. *Memes in Digital Culture*. Cambridge (Mass.): The MIT Press, 2014.

Thériault, Joseph Yvon. *Évangéline : contes d'Amérique*. Montréal : Québec-Amérique, 2013.

CHAPITRE 9

Traditions chantées et mémoires orales de la guerre de Sept Ans en Acadie

ÉVA GUILLOREL

Comment l'analyse des traditions orales peut-elle enrichir les réflexions sur l'interaction entre histoire et mémoires en Acadie[1]? L'étude des complaintes évoquant le souvenir des conflits franco-anglais de la guerre de Sept Ans permet d'aborder les mécanismes de composition, de circulation et de renouvellement du répertoire chanté en resituant les traces mémorielles acadiennes dans la dynamique des circulations culturelles entre Europe et Amérique sur le temps long. Une telle recherche, au croisement des sources et des méthodes empruntées à l'histoire et à l'ethnologie, rejoint le courant de l'ethnohistoire qui met en valeur les archives ethnographiques recueillies depuis le XIXe siècle et jusqu'à nos jours comme matériau pour l'étude historique des sociétés anciennes[2]. Ce fort ancrage diachronique, inspiré de la discipline historique, se démarque de certaines approches héritées du folklore plus soucieuses de comparaison synchronique entre les versions recueillies dans des espaces différents ou abordant l'étude des traditions orales comme témoignage de la « vie traditionnelle », à l'image de l'importante synthèse publiée dans *L'Acadie des Maritimes* en 1993[3].

La comparaison transnationale a toujours été au cœur de la démarche des folkloristes : en effet, la circulation des chansons et autres traditions orales (contes, légendes, savoirs populaires...) a accompagné les déplacements des populations francophones entre la France et les colonies françaises d'Amérique. La présence massive de chants-types[4] ayant de fortes parentés des deux côtés de l'Atlantique, tout en ayant développé des variantes textuelles et musicales locales, est mise en évidence dès les premières publications de corpus francophones canadiens au XIXe siècle[5]. Au-delà du constat de cette circulation, il reste toutefois encore beaucoup à faire pour analyser plus en profondeur les mécanismes de transmission et d'appropriation ainsi que les enjeux mémoriels qui entourent la préservation, la transformation ou l'oubli de ces chants.

La guerre de Sept Ans est un bon observatoire pour ce type de questionnement. Bien que la quasi-totalité des chansons de tradition orale racontent des récits sans thématique historique particulière (chansons d'amour, de métier, évoquant la vie quotidienne...) ou qui ne peuvent pas être rattachées à des faits précisément datables (comme des combats navals contre les Anglais se déroulant dans un contexte indéfini), plusieurs complaintes se rapportent de façon clairement identifiable à des événements de cette période. Trois d'entre elles, déclinées en de multiples variantes, ont été recueillies principalement – voire uniquement – en Acadie au cours des enquêtes orales du XXe siècle et décrivent des épisodes de défaite française. *La prise du vaisseau* relate le combat du *Foudroyant*, vaisseau parti de Toulon vers les côtes espagnoles afin de rejoindre l'escadre française envoyée en renfort à Louisbourg et capturé en février 1758[6]. Le *Combat en mer de Bart* évoque la prise de la *Danaé* qui avait quitté Dunkerque pour ravitailler la Nouvelle-France malgré le blocus anglais en mars 1759[7]. Enfin, une dernière complainte décrit le siège et la capitulation de Louisbourg face aux Anglais[8]. Une autre chanson, *La sentinelle de Montcalm*, est volontairement omise de cette analyse : il s'agit d'une composition patriotique de style lettré écrite en 1826, 70 ans après les événements qui l'ont inspirée, par le prêtre québécois Apollinaire Gingras[9]; imprimée en 1881, la chanson a connu une intégration dans la tradition orale – probablement favorisée par le milieu clérical – puisqu'une quinzaine de versions ont été collectées au Québec et dans les provinces maritimes, mais la plupart d'entre elles diffèrent faiblement du texte écrit et la « folklorisation » du chant a été très limitée[10]. Au contraire, les trois autres complaintes présentent de nombreuses marques d'ancienneté et des indices d'une diffusion orale dans le temps et l'espace, qui permettent de les rattacher à un fonds ancien de chansons composées sur les événements qu'elles relatent ou tout au moins réactualisées de façon contemporaine à ceux-ci.

À partir de ce corpus, il est possible d'analyser les mécanismes de circulations chansonnières entre l'Europe et l'Acadie depuis le XVIIIe siècle, et de s'interroger sur les raisons qui expliquent la réception réussie de ces chansons et leur intégration – plus ou moins affirmée selon les cas – dans la tradition orale acadienne. Les enseignements tirés de l'étude de ce répertoire pourront ensuite être mis en perspective par une réflexion plus large sur l'héritage mémoriel acadien autour des conflits franco-anglais.

De l'Europe à l'Acadie : dynamiques de circulations chansonnières

Les auteurs des chansons de tradition orale sont presque toujours inconnus. Les trois complaintes retenues ici ne font pas exception à cette règle. Pourtant, plusieurs indices permettent de formuler des hypothèses sur leur contexte de composition. Dans les deux complaintes maritimes, la précision des termes techniques de navigation ne laisse guère de doutes quant à la grande familiarité de l'auteur avec cet univers. On y évoque selon les versions différents éléments de la mâture (grand mât, mât de beaupré et d'artimon) et de la voilure (misaine, grand-voile, petit hunier) ainsi que des manœuvres (hisser le pavillon, carguer les basses voiles) et une description du déroulement de combats en mer (caractéristique des canons, démâtage, reddition) de façon réaliste et largement conforme à ce que l'on connaît de ces événements d'après les relations écrites conservées dans les archives officielles[11]. Les textes pourraient avoir été composés par un témoin direct ou par une personne bien informée des faits par voie orale ou écrite. Les noms des navires, des lieux de départ et de destination – et même, dans certaines versions de *Bart,* la mention exacte du jour et du mois de la prise – sont donnés avec précision. La *Complainte de Louisbourg* présente pour sa part de nombreuses ressemblances avec des chansons qui se rapportent aux guerres européennes de Louis XIV et Louis XV, consignées dans des chansonniers manuscrits, imprimées sur feuilles volantes au XVIIIe siècle ou recueillies ultérieurement de tradition orale et dont on sait pour certaines qu'elles sont l'œuvre d'anciens soldats reconvertis en chanteurs de rue[12].

De fait, ces complaintes s'inscrivent dans un ensemble bien représenté de chants attestés par des sources écrites et orales sur la thématique militaire. La chanson est un médium d'une redoutable efficacité pour faire circuler auprès d'un large public les nouvelles sur les victoires et les défaites, se moquer des généraux vaincus, faire l'éloge des officiers héroïques ou se lamenter sur les misères de la guerre. La plupart des textes écrits n'ont qu'une postérité très limitée et sont vite oubliés une fois les événements passés, mais la pratique du recyclage de motifs narratifs stéréotypés appliqués à des airs préexistants déjà connus par les auditeurs permet une réactualisation continuelle du répertoire autour de modèles attendus. Il en est de même pour les chansons recueillies de tradition orale – dont certaines possèdent des antécédents écrits avérés – qui transforment le texte, en particulier les noms de lieux, pour replacer l'action dans un contexte signifiant pour les auditeurs. Les récits de sièges sont ainsi facilement interchangeables et il y a tout lieu de penser que la *Complainte de*

Louisbourg est l'adaptation d'une ou plusieurs chansons antérieures évoquant la prise de Philippsbourg, place-forte stratégique sur le Rhin ayant connu trois grands sièges impliquant les Français et les armées impériales entre 1676 et 1734. La simple substitution du nom de la citadelle permet de réactualiser facilement le chant autour de la description d'un siège qui répond à toutes les règles codifiées de la poliorcétique (creusement de tranchées, bombardement, assaut puis capitulation)[13].

Ces trois complaintes ont pour point commun d'avoir été recueillies oralement au cours des collectes menées en Acadie au XXe siècle, tout en étant originaires d'Europe. Cette situation invite à s'interroger sur les mécanismes de circulations chansonnières d'un bord à l'autre de l'Atlantique. La cartographie des versions connues est un exercice à l'interprétation toujours délicate du fait de l'inégal approfondissement des enquêtes ethnographiques selon les régions : on ne sait jamais avec certitude si l'absence d'attestation signifie que le chant n'a pas été transmis dans un espace donné ou simplement qu'il n'y a jamais été recueilli par des collecteurs. Elle constitue toutefois un repère essentiel pour comprendre les schémas de diffusion géographique d'une chanson. Dans le cas du combat du *Foudroyant*, seule une poignée de versions sont recensées en France, contre plus d'une quarantaine en Amérique francophone, réparties dans tout l'est du Québec (de Chicoutimi à la Gaspésie), au Nouveau-Brunswick, en Nouvelle-Écosse et dans le Maine[14]. Les versions françaises ont avant tout été recueillies sur la façade atlantique, et l'une d'elles présente l'originalité d'avoir été consignée dans le carnet de chansons manuscrit d'un contremaître forgeron de l'arsenal de Brest[15]. Cette géographie littorale paraît très cohérente avec les flux de circulation humaine vers les colonies françaises d'Amérique. De façon plus surprenante à première vue, la localisation de la seule version notée au centre du pays, dans le Nivernais, s'explique aussi : elle a été recueillie dans une zone de forte production industrielle destinée à la marine, exportée sur la Loire vers Nantes et les ports de la façade atlantique par des mariniers ainsi mis en contact avec les horizons lointains et pouvant rapporter de nouvelles chansons à l'intérieur des terres[16]. Ces circulations immatérielles entre métropole et colonies d'Amérique suivent un schéma de mobilité confirmé par les archéologues dans le domaine de la culture matérielle, puisque l'analyse des céramiques trouvées lors de fouilles menées aux Antilles et dans l'île Sainte-Croix dans le Maine montre qu'une partie importante d'entre elles viennent de cette même région nivernaise[17].

La circulation de populations civiles et militaires a favorisé la migration de ces complaintes jusqu'en Acadie. Si l'on retient l'hypothèse que la *Complainte de Louisbourg* soit une réactualisation d'une chanson antérieure sur le siège de Philippsbourg, les occasions sont nombreuses pour que des recrues envoyées au Cap-Breton à partir de la réinstallation française en 1749 aient apporté la chanson. Le contexte est alors à la démobilisation des armées européennes après le traité d'Aix-la-Chapelle et au renforcement des troupes coloniales par l'ajout de bataillons de l'armée de terre en plus des troupes de la marine. Certains hommes, notamment parmi les officiers, ont auparavant servi dans les campagnes européennes de la guerre de Succession de Pologne et de la guerre de Succession d'Autriche, à l'image de Jean-Louis Raymond de Villognon, gouverneur de l'Île Royale entre 1751 et 1753. D'autres ont même participé au siège de Philippsbourg en 1734, comme Michel Le Courtois de Surlaville, major des troupes de la Marine à Louisbourg dans les mêmes années[18]. Les soldats qui n'ont pas directement pris part à ces campagnes allemandes en ont de toute évidence entendu parler à travers les récits d'exploits militaires, contes et chansons qui circulent dans les régiments et créent une culture partagée transplantée depuis l'Europe et en partie adaptée à leur nouveau contexte colonial[19].

Geneviève Massignon constate que les versions sur le *Foudroyant* qu'elle a recueillies en Nouvelle-Écosse ont conservé une référence aux « vaisseaux du roi Bourbon », plaçant à juste titre le récit au cours de l'Ancien Régime, là où des versions françaises et québécoises ont rajeuni l'événement et l'ont réinséré dans le contexte ultérieur de la Révolution française en mentionnant les « vaisseaux de la nation ». Elle en déduit une circulation des chants – qu'il s'agisse du *Foudroyant* ou de *Bart* – par l'intermédiaire de plusieurs canaux de transmission distincts et chronologiquement espacés : les premières versions auraient pu être apportées sur les côtes orientales de l'Acadie par des réfugiés de retour de France à la suite de la Déportation, tandis que les variantes gaspésiennes seraient issues des communautés de pêcheurs et marins français au XIXe siècle[20]. La prise en compte de l'analyse comparée des versions pour déterminer des renouvellements diachroniques est séduisante, mais pas entièrement satisfaisante : des versions recueillies par d'autres collecteurs en Nouvelle-Écosse et au Nouveau-Brunswick mentionnent en effet aussi la réactualisation révolutionnaire ou d'autres variantes qui écartent toute référence à un contexte précis, comme les « vaisseaux de l'orient[21] » (que l'on peut aussi interpréter comme une allusion au port breton de Lorient). Dans la formulation de telles hypothèses de circulation, il est nécessaire de tenir compte de la diversité des modèles de mobilité et de constitution des communautés acadiennes, petites, dispersées et isolées les unes des autres, formant une

« diaspora à multiples visages[22] » au sein de laquelle les schémas de diffusion des traditions orales ont pu varier dans la forme et dans le temps. Ceci pourrait expliquer pourquoi la *Complainte de Louisbourg* ne semble avoir qu'une dissémination spatiale limitée autour de Chéticamp. Cependant, le *Foudroyant* a largement circulé en Acadie et, malgré quelques variantes, les versions restent très proches les unes des autres, quel que soit l'endroit où elles ont été recueillies (en France ou en Amérique), qu'il s'agisse du texte ou de la structure mélodique.

Pourquoi chanter des complaintes se rapportant à la guerre de Sept Ans ? Réflexions sur une transmission orale acadienne sur le temps long

Les trois chansons obéissent à des modèles de diffusion différents. La *Complainte de Louisbourg* n'a pas été collectée sous une forme identique en France, même si elle présente des parentés avec des chansons écrites compilées au XVIIIe siècle, et elle est seulement connue par une poignée de versions acadiennes recueillies dans une aire géographique restreinte autour de Chéticamp. Seules quelques versions de la *Danaé* sont attestées, mais leur dispersion spatiale suggère cette fois une circulation orale bien plus large qui n'est que partiellement reflétée dans les collectes ethnographiques : on la retrouve en effet dans le nord de la France à travers des textes en français et en flamand, tandis que trois versions sont recensées en Nouvelle-Écosse mais collectées en des lieux très éloignés les uns des autres entre le Cap-Breton au nord et Pubnico sur la côte sud. Le *Foudroyant* enfin est la seule dont on peut affirmer qu'elle a largement circulé dans la tradition orale de l'est du Canada : les versions françaises sont beaucoup moins nombreuses mais aussi moins bien préservées, puisque deux couplets conservés en Acadie ne sont plus connus dans les textes rassemblés en France[23].

Plusieurs raisons peuvent être avancées pour comprendre pourquoi ces complaintes ont été intégrées et transmises dans la tradition orale acadienne alors que tant d'autres chansons composées sur la guerre de Sept Ans n'ont pas connu le même succès. Tout d'abord, elles développent des événements qui ont directement touché l'Amérique française, même lorsqu'ils se déroulent dans des espaces éloignés. Le commandant du *Foudroyant*, Duquesne de Menneville, a été gouverneur de la Nouvelle-France entre 1752 et 1755. Durant cette période, il mène une lutte active contre les Anglais et accélère la politique de fortification dans la région de l'Ohio pour freiner les velléités britanniques. Le fort Duquesne – nommé en son honneur – est au cœur des enjeux d'occupation du territoire : la défaite de Braddock, qui échoue à en prendre possession lors de la bataille de la Monongahéla en juillet 1755, a d'ailleurs inspiré plusieurs chansons conservées dans des manuscrits mais qui n'ont pas été recueillies dans la tradition orale[24]. Remplacé par Rigaud de Vaudreuil en septembre 1755, Duquesne de Menneville est promu chef d'escadre et commandant du *Foudroyant*, vaisseau amiral de l'escadre de Toulon lors de la victoire des Français sur les Anglais à Minorque en 1756, avant que sa défaite au large de Carthagène en février 1758 ne mette un terme à sa carrière. Deux versions du *Foudroyant* recueillies dans la Péninsule acadienne ont conservé le nom de Louisbourg comme destination de l'escadre, alors que les versions françaises et la plupart des versions nord-américaines n'indiquent pas (ou plus) de toponyme précis concernant le port d'arrivée du navire[25]. Plusieurs versions acadiennes ont par ailleurs transformé la mention de Lisbonne – donnée comme lieu de mouillage du vaisseau sur les côtes ibériques – en « Louisborne », une prononciation qui évoque Louisbourg[26]. Un an plus tard, la prise de la *Danaé* au large de Dunkerque empêche l'envoi de renfort à Québec au moment où les Britanniques se préparent à assiéger la ville : cette défaite navale contribue ainsi à la perte définitive de la colonie[27]. La capitulation de Louisbourg en juillet 1758 concerne quant à elle non seulement l'Acadie mais l'ensemble de la Nouvelle-France. Elle constitue un tournant de la guerre de Sept Ans en donnant aux navires anglais le contrôle du Saint-Laurent et l'accès au cœur de la colonie française[28]. Ce sont donc des chansons en lien direct avec le conflit franco-anglais en Amérique qui ont été conservées dans les mémoires.

Les communautés acadiennes cumulent en outre deux caractéristiques qui sont souvent associées à une meilleure conservation du répertoire de tradition orale : la déterritorialisation et l'isolement culturel. Les versions acadiennes du *Foudroyant* sont à la fois les plus nombreuses, les plus riches et celles qui conservent le plus d'archaïsmes dans les motifs narratifs. Il ne s'agit pas d'un cas unique : en dehors du répertoire portant sur les conflits franco-anglais, d'autres complaintes issues du fonds ancien de la tradition orale – remontant dans certains cas à un ancrage médiéval – ont été plus souvent recueillies en Amérique du Nord qu'en France, voire oubliées dans le pays d'origine mais conservées dans l'espace colonial[29]. Ce phénomène de conservatoire des populations déterritorialisées est relevé par nombre d'observateurs au Canada et applicable à d'autres domaines de l'oralité comme le conte, les expressions langagières ou les jurons. Il est encore accentué dans certaines communautés éloignées des centres de décision, comme en Acadie. Jean-Pierre Pichette analyse cette « résistance des marges » en se demandant à quelles causes attribuer une telle vitalité culturelle : « à un stimulus déclenché par le choc migratoire ? Ou aux souvenirs indélébiles qui survivent en dépit de l'éloignement du pays natal et qui, pour cette raison, seraient plus fidèlement transmis ? Ou encore, tout simplement, au prolongement d'un climat favorable à leur épanouissement[30] ? » La mémoire longue de ces populations marquées par les migrations et qui, pour la plupart, n'emportent avec elles que leur culture orale lorsqu'elles quittent leur pays d'origine traduirait selon lui un attachement inconscient à un héritage qui continue à être transmis dans des conditions d'isolat culturel. Encore faut-il qu'il y ait une masse critique d'individus suffisante pour permettre le maintien d'une communauté soudée, de même que des formes d'autarcie générant une certaine autonomie et une suffisante stabilité du groupe pour ancrer un sentiment d'appartenance (ou tout au moins des formes de distinction par opposition aux communautés culturelles et linguistiques qui l'entourent)[31]. Patrick Clarke, se demandant pour sa part si l'isolement n'est pas « la condition même de la culture acadienne », fait le lien entre cette caractéristique et la lenteur de l'intégration des Acadiens aux structures économiques et politiques : ces deux critères favoriseraient la sauvegarde de la culture orale apportée de France tout en exacerbant les traits d'autarcie[32].

Il faut aussi tenir compte des caractéristiques narratives des complaintes. Pour qu'un chant continue à être transmis dans la tradition orale, la communauté qui le porte doit y trouver un sens et un intérêt, quels qu'ils soient. L'adéquation à des modèles esthétiques attendus et appréciés de l'auditoire facilitent une telle appropriation. Or, les trois chansons correspondent à des genres bien représentés dans le répertoire oral, qu'il s'agisse des chansons de sièges ou de combats navals. Cette seconde catégorie présente aussi des ressemblances avec les complaintes de composition locale, très répandues en Acadie et qui évoquent souvent des drames survenus en mer comme des naufrages et des noyades[33]. La dimension tragique est un élément esthétique essentiel dans ce répertoire. La relation du combat de la *Danaé* répond pleinement aux canons du genre. Elle raconte une histoire concrète incarnée par des figures héroïques qui fixent l'attention du récit, en l'occurrence Pierre-Jean Bart et son fils : c'est d'ailleurs sous le titre *Kapitein Bart*, mettant en valeur le commandant plutôt que son navire, que la chanson en flamand est publiée en 1856[34]. Ce nom évoque une grande famille de corsaires dunkerquois dont le plus célèbre est Jean Bart, oncle du protagoniste du chant. La complainte est conforme aux faits historiques tels que connus par les archives écrites mais aborde l'événement avant tout sous l'angle d'une double tragédie familiale : lors du combat de la *Danaé*, le capitaine meurt emporté par un boulet de canon alors qu'il galvanise ses hommes sur le pont; son jeune fils Benjamin prend le commandement mais est peu après mortellement blessé par l'artillerie ennemie. Les circonstances de la prise du navire dans un combat inégal et meurtrier contre les Anglais, alors que la seconde frégate qui accompagnait la *Danaé* est accusée d'avoir battu en retraite en abandonnant l'autre équipage à son sort, émeuvent l'opinion publique, d'autant plus que le nom de Bart est bien connu et que son fils n'a que 19 ans au moment de son trépas[35]. Tous les ingrédients sont rassemblés pour l'héroïsation des deux hommes : leur mort tragique correspond aux modèles attendus dans les chansons et facilite d'autant leur appropriation dans la tradition orale[36]. Dans la version lacunaire recueillie par Geneviève Massignon auprès d'un chanteur de la région de Chéticamp, les couplets les mieux conservés sont justement ceux qui évoquent la mort de Benjamin Bart[37]. Ce n'est donc pas tant le détail du combat que la puissance émotionnelle de l'agonie conjointe d'un père et de son fils qui marque les esprits. La mort tragique et les dangers de la mer sont des thématiques universelles et intemporelles dans lesquelles, au-delà de l'événement historique premier, chanteurs et auditeurs peuvent se reconnaître, favorisant ainsi le maintien du chant au fil des générations.

Enfin, les trois complaintes recueillies en Acadie et liées à la guerre de Sept Ans relatent des récits de défaite. Celles sur la chute de Louisbourg et la prise du *Foudroyant* insistent longuement sur les étapes de la reddition du navire et de la capitulation de la ville. S'il peut paraître étrange de se remémorer des récits peu glorieux qui laissent éclater la supériorité de l'ennemi, le cas est loin d'être unique. Dans son analyse du fonctionnement de la mémoire sociale, Peter Burke suggère que certaines cultures se souviennent plus du passé que d'autres lorsqu'il s'agit de « perdants » de l'histoire, alors que l'interprétation des vainqueurs, largement mise par écrit et bénéficiant de puissants réseaux de diffusion, ne nécessite pas d'effort pour être conservée. Il prend comme exemple les Irlandais et les Polonais, peuples déracinés et migrants vivant dans des pays partitionnés, mais les critères qu'il propose pourraient tout aussi bien s'appliquer à l'Acadie[38].

Mémoire orale et oubli social : que reste-t-il du souvenir des conflits franco-anglais du XVIIIᵉ siècle en Acadie ?

Pointer les raisons qui ont pu favoriser le maintien de ces trois complaintes dans la tradition orale ne doit cependant pas induire une vision déformée de la mémoire historique acadienne. Ces versions ne forment qu'un infime fragment du répertoire collecté dans les provinces maritimes, qui est en quasi-totalité sans lien avec l'histoire des conflits franco-britanniques. *Bart* et *Louisbourg* sont recueillies de façon très lacunaire. Les collectes donnent l'impression dans ces deux cas d'une transmission orale à bout de souffle, qui ne repose plus sur un répertoire commun largement partagé mais seulement sur quelques chanteurs à la mémoire et au répertoire remarquables : à Chéticamp au début des années 1960, c'est le cas de Willy Aucoin, qui interprète l'une après l'autre la reddition du *Foudroyant* et la *Complainte de Louisbourg*, ou de Germain Chiasson, seul chanteur repéré à connaître des couplets appartenant aux trois complaintes[39].

Si l'on se base sur les enquêtes ethnographiques réalisées en Acadie depuis la seconde moitié du XXe siècle, on est loin de pouvoir ranger ce territoire parmi les « sociétés-mémoires » au sens où Philippe Joutard l'entend, c'est-à-dire « des sociétés qui, depuis longtemps, ont fondé leur identité sur la mémoire historique, [...] des groupes ayant une mémoire vivante, autour d'événements fondateurs évoqués dans différents lieux de sociabilité souvent devenus en même temps des lieux de mémoire[40] ». Il faut bien s'entendre sur la définition donnée au terme de « mémoire », pensée ici dans le contexte de mémoires communautaires fortes soudées autour d'une tradition orale – ce qui n'exclut bien sûr pas l'influence et l'interaction avec des médias écrits – entretenue sur le temps long. La mémoire de la révolte protestante des Camisards dans les Cévennes françaises dans les premières années du XVIIIe siècle, base des recherches menées par Philippe Joutard, en est l'archétype[41]. En Acadie, même au-delà du seul répertoire chanté, le corpus recueilli de tradition orale concernant les conflits de la guerre de Sept Ans se limite à de rares traces. Le souvenir de la Déportation de 1755 n'émerge pas à travers les milliers de récits légendaires, chants et contes enregistrés par Robert Bouthillier et Vivian Labrie dans la Péninsule acadienne entre 1974 et 1979 : certes, ce thème n'était pas l'objet de leur recherche, mais il est remarquable que les informateurs n'aient pas spontanément indiqué de traditions à ce sujet[42]. Une décennie plus tôt, Carmen Roy et Marie-Marguerite Pichonnet Andral enregistrent un seul très bref témoignage qui évoque indirectement le sujet – puisque la Déportation en tant que telle n'est jamais mentionnée – auprès d'un informateur du Cap Sainte-Marie au sujet de l'installation de son ancêtre Dominique Doucet dans le sud-ouest de la Nouvelle-Écosse[43]. L'enquête d'histoire orale menée par Ronald Labelle sur l'Île Madame au début des années 1980, centrée cette fois sur l'identité culturelle incluant l'histoire du peuplement acadien dans la région depuis les années 1760, n'est guère plus éclairante : seules quelques anecdotes et légendes recueillies auprès de deux informateurs abordent ces questions – entre autres la chute de Louisbourg – ce qui fait dire à ce chercheur que « les souffrances des Acadiens du XVIIIe siècle ne sont pas demeurées dans la mémoire collective[44] ». La seule chanson de composition locale ayant circulé dans la tradition orale et que l'on puisse rattacher à l'histoire des tensions entre Britanniques et Acadiens est nettement postérieure à la guerre de Sept Ans. Elle relate l'exode des Acadiens de la Baie de Malpèque, obligés de quitter leurs terres en 1812 à cause des conflits avec le propriétaire et les voisins anglais : elle a été collectée auprès de différents informateurs de l'Île-du-Prince-Édouard jusque dans les années 1970[45]. Ce qui ressort plus facilement, ce sont des expressions, dictons et comportements à connotation anglophobe, non rattachés à un contexte historique précis mais qui traduisent les tensions latentes durables entre ces deux communautés. Cela étant, ils ne sont pas spécifiques à l'Acadie et on en retrouve aussi en France et ailleurs en Amérique du Nord[46].

Cette absence de mémoire orale consistante sur la guerre de Sept Ans en Acadie (et plus largement en Amérique francophone) est d'autant plus frappante qu'elle contraste avec une mémoire communautaire forte dans la tradition chantée anglophone, qui se structure notamment autour de la figure de James Wolfe. Des centaines de versions correspondant à plusieurs chants-types sur ce général britannique sont recensées tant dans les collectes orales que dans les *broadside ballads* imprimées à bas prix et diffusées auprès d'un large public. La complainte la plus populaire a pour thème la mort de Wolfe[47]. Imprimée en Europe et en Amérique dès l'annonce de la prise de Québec en 1759, elle est ensuite régulièrement recueillie lors des enquêtes ethnographiques jusque dans les collectes les plus récentes. Elle est citée, dans une mise en scène à l'inspiration très romantique, dans un récit que l'auteur américain Frederic Cozzens publie en 1859 : la visite des ruines de Louisbourg en compagnie d'un jeune Anglo-Irlandais amène une longue discussion sur Wolfe et l'interprétation de plusieurs chansons à son sujet, dont le texte est partiellement donné[48]. La complainte tragique sur son trépas devant les murs de Québec s'inscrit parfaitement dans les canons esthétiques attendus, ce qui a pu faciliter son intégration dans la tradition orale : Wolfe est érigé en héros national autant pour ses combats victorieux que pour sa fin pathétique alors qu'il n'a que 32 ans. Ce récit rencontre les aspirations romantiques qui prennent alors leur essor en Grande-Bretagne et se déclinent à travers de multiples supports écrits, oraux et iconographiques, dont la diffusion est renforcée par une prise en charge institutionnelle et éducative[49].

Des souvenirs de la guerre de Sept Ans et de la Déportation ont pourtant bel et bien circulé parmi les populations acadiennes. La tradition orale est une des sources majeures de l'enquête que Rameau de Saint-Père mène en 1860 sur les traces des descendants de colons français en Acadie : au cours de son périple, il rencontre une quarantaine d'informateurs auprès desquels il recueille des souvenirs familiaux[50]. À sa suite, Placide Gaudet, passionné par l'histoire des Acadiens après avoir entendu dans son enfance les récits de son grand-père, prolonge les recherches à partir des années 1875 et profite de son statut d'enseignant pour collecter lui-même ou inciter ses élèves à poursuivre la même démarche. Il fait œuvre de pédagogie en expliquant l'intérêt et les limites de ces sources ainsi que l'importance de confronter les récits oraux avec les archives écrites[51]. Il rapporte que, bien que les Acadiens n'aient pas laissé de narration écrite sur les souffrances de l'exil, « ils ont fait à maintes fois de vive voix à leurs enfants l'historique de leurs pérégrinations et de leurs souffrances. Ceux-ci l'ont transmis à leurs descendants et de la sorte la tradition de famille s'est perpétuée de génération en génération[52] ». Henri-Raymond Casgrain affirme pour sa part dans les années 1880 qu'il est encore possible d'entendre des histoires sur la Déportation auprès des habitants âgés de Nouvelle-Écosse[53]. Le récit de Célina Bourque, qui met par écrit à la fin de sa vie les souvenirs de sa jeunesse, montre bien comment la tradition familiale est encore vivante au début des années 1860 : cette femme née en 1854 à Shédiac rapporte les histoires de son arrière-grand-père Michel Bourque et des fugitifs qui se sont établis avec lui à Menoudie et Memramcook et comment, petite, elle a entendu les vieillards qui se rassemblaient pour veiller chez son père et racontaient les anecdotes que leurs pères ou grands-pères exilés leur avaient transmises[54].

Ces récits sont pour l'essentiel recueillis 100 à 120 ans après les événements, et Rameau de Saint-Père mentionne à plusieurs reprises les grands-parents comme source du savoir de ses informateurs âgés[55]. Ils sont énoncés dans la sphère familiale, fédérée autour des exploits légendaires des ancêtres et des misères de l'exil puis de la réinstallation. Ils s'appuient parfois sur des paysages évocateurs – comme les lieux d'anciennes demeures acadiennes abandonnées en 1755 – et sur des objets qui jouent un rôle d'appui mnémonique : la canne à pommeau d'or de la famille Lévi d'Entremont ou le calice français transmis de génération en génération au sein de la famille Robichaud acquièrent ainsi un statut vénéré de reliques familiales[56]. Cette situation correspond à la première étape du fonctionnement mémoriel des sociétés tel que théorisé par Jan et Aleida Assmann : caractérisée par une mémoire vivante, mouvante et transmise au sein de petits groupes en se basant sur des expériences historiques communautaires, cette « mémoire communicative » se limite à trois ou quatre générations; elle peut ensuite laisser place à une « mémoire culturelle » fixée, codifiée et institutionnalisée qui remplace les souvenirs familiaux[57]. Formulé autrement par Pierre Nora, l'émergence de « lieux de mémoire », entendus comme espaces d'institutionnalisation mémorielle, se fait lorsqu'il n'y a plus de « milieux de mémoire » pour transmettre les souvenirs dans un contexte communautaire[58].

Patrick Clarke analyse comment les années 1860 constituent en Acadie un tournant intellectuel qui annonce la transformation profonde des mémoires communautaires par un discours des élites bourgeoises naissantes imposant une nouvelle identité nationale. L'historiographie joue selon lui un rôle-clé dans ce processus de « renaissance acadienne » qui laisse de côté le discours sur le passé porté par la tradition orale : les derniers témoins de la Déportation ou dépositaires de souvenirs directs transmis dans un cadre familial s'éteignent avant qu'une tradition forte n'ait le temps de s'ancrer et de résister au nouveau discours historique en phase avec la société moderne et porté par des ouvrages imprimés, des institutions et des commémorations[59]. Cet argumentaire rejoint la thèse d'Eric Hobsbawm sur l'« invention de la tradition » : des traditions nouvelles forgées surtout entre 1870 et 1910 en vue d'établir ou de légitimer des institutions et des discours en les inscrivant dans une prétendue ancienneté historique supplantent les traditions orales et le discours sur le passé auparavant transmis au sein des communautés[60]. Paradoxalement, la chanson traditionnelle joue un rôle important dans l'entreprise de revalorisation culturelle et de promotion identitaire de l'Acadie qui accompagne l'affirmation nationaliste au XXe siècle[61], mais cela se fait largement en dehors de la transmission communautaire.

Certes, il faut se garder de conclusions hâtives : dans bien des cas, les « traditions inventées », bien plus présentes dans l'espace public et médiatique, invisibilisent des traditions orales qui continuent à se transmettre de façon souterraine dans les espaces privés des familles. Par ailleurs, les « traditions inventées » sont d'autant plus facilement appropriées par les populations qu'elles font écho à des traditions vivantes déjà ancrées. Guy Beiner juge ainsi plus pertinent de parler de « réinvention de la tradition », en insistant sur les processus mouvants de renouvellement et de réinterprétation mémorielle qui caractérisent le fonctionnement de la tradition orale[62]. Pour autant, on a du mal à retrouver en Acadie la démonstration brillante qu'il conduit au sujet de la mémoire des rébellions de 1798 en Irlande. Devant la faiblesse des traditions historiques acadiennes attestées sur la guerre de Sept Ans, on pourrait plus volontiers envisager des mécanismes d'« oubli social », concept mis en avant par Guy Beiner pour contrebalancer l'accent porté sur la mémoire sociale en rappelant l'importance de l'oubli dans les processus mémoriels[63]. Plusieurs des caractéristiques retenues par cet historien pour expliquer le phénomène d'oubli social en Ulster sont transposables dans le contexte acadien : la réticence à se souvenir d'événements douloureux, la présence accrue de ce phénomène dans des zones périphériques d'états ou empires puissants marqués par des conflits ethniques, religieux ou politiques qui ont laissé des souvenirs complexes, ou encore la plus grande facilité à parler d'événements traumatiques en dehors de l'espace géographique concerné (les premiers historiographes de l'Acadie sont en effet américains – Longfellow – et français – Rameau de Saint-Père). La tension entre ce qui peut être rappelé en privé et ce qui est valorisé et commémoré en public est là aussi un point intéressant à relever, que ce soit pour la minorité irlandophone catholique d'Ulster ou pour les Acadiens francophones isolés au milieu d'une majorité anglophone et protestante. Cependant, l'oubli social n'est pas synonyme d'amnésie collective ni d'oubli complet : la volonté d'oubli se traduit paradoxalement par des formes privées du souvenir[64]. Or, celles que l'on repère aujourd'hui dans les provinces maritimes semblent bien plus le reflet de l'appropriation d'un discours construit de l'extérieur, d'une « Acadie du discours » se définissant avant tout par un mythe national prompt à réécrire l'histoire pour unifier le peuple acadien autour de symboles et de rituels que par une mémoire familiale qui aurait continué à circuler de façon parallèle[65]. Déjà au début des années 1980, Ronald Labelle constate à la suite de ses observations de terrain sur l'Île Madame que « la rareté des récits historiques recueillis en enquête orale au cours des dernières années indique qu'il n'existe plus vraiment une histoire orale collective chez les Acadiens[66] ». De ce point de vue, les chansons, par leur structure textuelle codifiée et leur forme littéraire qui leur confèrent une valeur esthétique, sont plus à même d'être transmises sur le temps long en se fondant dans un répertoire traditionnel qui est par ailleurs d'une grande richesse : le chant s'intègre à tous les moments de la vie sociale, accompagne le travail comme le temps libre et occupe une grande place dans l'espace communautaire. La mémoire des événements entourant la *Danaé* ou le *Foudroyant* peut avoir été entièrement oubliée par les chanteurs du XXe siècle, mais les complaintes qui relatent ces combats navals conservent leur attrait poétique et leur puissance émotionnelle en s'intégrant dans un horizon culturel plus large, à défaut de garder une signification associée à un contexte historique précis.

Il est indéniable que de nombreux Acadiens ont aujourd'hui des choses à dire sur l'histoire de leurs ancêtres et des conflits franco-anglais du XVIIIe siècle, mais d'où ces informations viennent-elles[67]? Même si elles ont été apprises auprès de leurs parents ou grands-parents, ceux-ci les tenaient-ils de tradition orale ou s'agit-il de la transposition et de la réoralisation d'influences lettrées diffusées par le biais de l'école, du clergé, des livres d'histoire ou des romans historiques[68]? L'imbrication entre oral et écrit et entre discours populaires et lettrés se retrouve dans toutes les traditions orales, en particulier dans les pays européens et leurs aires d'influence coloniales, de sorte qu'il est illusoire et peu pertinent de chercher à établir une frontière étanche entre des formes de cultures distinctes. Il ne s'agit pas pour autant de renoncer à analyser l'interaction entre ces différentes influences. Lorsque Philippe Joutard mène ses enquêtes dans les Cévennes dans les années 1960 ou Guy Beiner dans l'Irlande des années 2000, ces historiens réalisent un long et minutieux travail de confrontation des discours recueillis de tradition orale et des écrits qui circulent de façon manuscrite ou imprimée depuis le XVIIIe siècle, tout en tenant compte de résurgences plus ou moins récentes du souvenir historique sous de multiples formes (commémorations, monuments, objets, films...) qui complexifient le fonctionnement mémoriel. L'enjeu est alors de cerner les contours d'une « historiographie vernaculaire » qui permette de retrouver à l'échelle locale et régionale la trace de souvenirs historiques distincts des mémoires officielles et nationales[69]. Le territoire acadien, sujet de nombreux travaux ayant généré un corpus foisonnant de monographies, d'études d'ethnohistoire régionale et d'enquêtes ethnographiques, n'est pas en manque de matière dans ce domaine[70]. Mais il reste encore à mener un indispensable et fastidieux travail d'analyse pour, suivant les mots de Patrick Cabanel, « établir la "traçabilité" de la tradition[71] » sur la mémoire de la guerre de Sept Ans et plus largement le souvenir des conflits franco-anglais en Acadie.

Annexe 1 – La prise du vaisseau

Version de la complainte sur la reddition du *Foudroyant* recueillie par Dominique Gauthier en 1953 auprès de Lévi LeBouthillier, 67 ans, Saint-Simon (Gloucester, N.-B.). Archives de Folklore et d'Ethnologie de l'Université Laval (AFEUL), coll. D. Gauthier, enrg. n° 263. Publiée dans : *Chansons de Shippagan*, recueillies par Dominique Gauthier, transcription musicale de Roger Matton (Québec : PUL, 1975), 66. Les vers entre crochets proviennent d'une version plus longue recueillie en 1975 auprès du même chanteur alors âgé de 88 ans par Robert Bouthillier et Vivian Labrie. AFEUL, coll. Bouthillier-Labrie, enrg. n° 455. Cet enregistrement ainsi qu'une réinterprétation par le groupe Serre l'Écoute peuvent être écoutés sur le blogue « Repenser l'Acadie dans le monde » : https://www.repenserlacadie.com/post/guillorel-la-m%C3%A9moire-acadienne. L'enregistrement de Dominique Gauthier est publié sur le CD *Chants et complaintes maritimes des Terres françaises d'Amérique*, « Anthologie des chansons de mer » vol. 16, Le Chasse-Marée-ArMen/Radio Canada/SPDTQ/CVPV, 2000, piste 11.

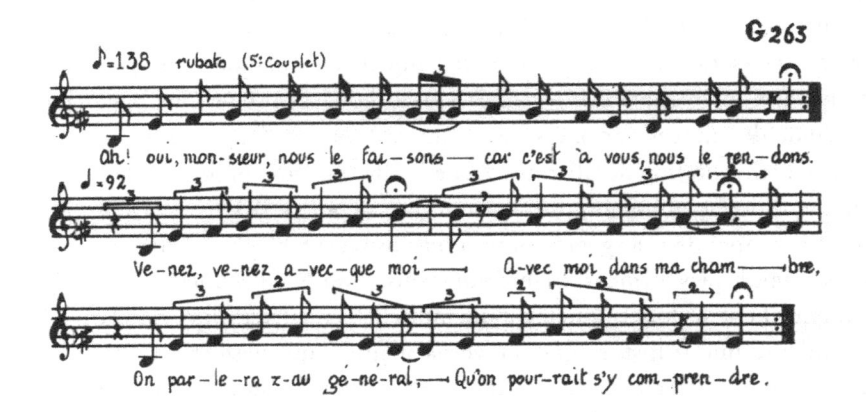

Fig. 9.1

Nous somm' partis de Toulande
D'un gros navire de l'Orient,
[D'un gros navire l'Orient
Du côté de la France,
D'un gros navire l'Orient
Du côté de la France.]
Marchant toute la nuit
Marchant grand train,
Faisant toujours notre chemin,
Le lendemain matin, mouillés,
Mouillés, sur quatre chaînes[72].
Hélas! Grand Dieu! quelle pitié!
Les vents nous sont contraires.
Pour *ajuer* notre affliction

Qu'on voit venir comm' un *léon*
Quatre-vingt-dix vaisseaux anglais,
Venaient toute en furie,
Z-on croyait bien z-à toutes moments
Nous serions mis en poudre.
Notre combat z-a bien duré,
Au d'ssus d'cinq heur' sans modérer.
On voyait les boulets rouler,
D'un bâtiment z-à l'autre,
Les soldats n'avoint jamais vu
Un combat semblable au nôtre.
Tout aussitôt, l'pavillon bas,
Oh! qu'arrivent à bord : deux officiers.
C'étaient deux officiers anglais,
Venaient 'vec grand' révérence.
 – Car c'est don' vous, monsieur le Français,
Qui nous fait résistance.
 – Ah! oui, monsieur, nous le faisons
Car c'est à vous, nous le rendons.
 – Venez, venez avecque moi
Avec moi dans ma chambre,
Z-on parlera z-au général,
Qu'on pourrait s'y comprendre.
Le capitaine s'est écrié :
 – Que l'on m'emport' mon porte-voix,
Que l'on m'emport' mon porte-voix,
Que j'publie ma sentence :
Oh! r-adieu donc, cher Foudrion[73],
Nous sommes plus pour la France.

Annexe 2 – Combat en mer de Bart

Version de la complainte de la *Danaé* recueillie en 1946 par Geneviève Massignon à Pubnico-Est (Yarmouth [N.-É.]) auprès de Louise Déon (née Admirault), 92 ans. Publiée dans : « Chants de mer de l'Ancienne et de la Nouvelle-France », *International Folk Music Journal* XIV (1962), 76. Les lettres entre parenthèses correspondent aux sonorités non prononcées par l'interprète.

Fig. 9.2

Ô vous Français, Flamands
Qui voyez nos tourments
Qui sont si grands
Apprenez la misèr'
Que nous avons souffert
Pour le soutien de la France
L'Anglais, avec impudence
Sortant de nous laisser
Nous a fait prisonniers.

Le vingt-sept de mars
Sans attendre plus tard
C'est not(re) départ
Batt, ce grand guerrier
Nous a tous commandés
Nous somm(es) partis de Dunkarque
Pour aller d(e) vergue en arrière
C'est dès lors au Canada
Nous avons eu-t-un combat

Le matin, avant jour,
Nous vur(ent) dessous le vent
Trois gros bâtiments
Un autre, au vent de nous
Qu'arrivait droit sur nous
Batt (a) dit à son équipage
« Allons, mes enfants, courage!

Il faut fair(e) voir aux Anglais
Que nous sommes des Français. »

Le feu, de tous côtés,
Les quatre gros vaisseaux
Sont décédés
Dessur la *Dénoyé* [*Danaé*]
Il n'yavait aucun(e) pitié
Batt dit à son équipage
« Allons, mes enfants, courage !
Il faut fair(e) le branlebas
Se préparer au combat. »

Le grand mât de misaine
A tombé à la traîne
Et par un boulet de canon
Batt a tombé mort sur le pont

Son fils était présent
Prit le commandement
Du bâtiment
La première volé(e)
Eut la jambe emporté(e)
Ils l'ont porté dedans sa chambre
Soutenu par les membres
Pour lui fair(e) son pansement
Lui donner soulagement

« Il faut fermer les paupières
C'est pour suivre mon cher père
Je demande à tous adieu
Et qu'on prie Dieu pour nous deux »

Le combat finit...
Les officiers ont dit
« Mes chers amis,
Levons tous les blessés
Pour les faire panser. »

Oh! mon Dieu, quelle misère
De voir de vent en arrière
Cent cinquante homm(es) étendus
Et les autr(es) n'en pouviont plus

Annexe 3 – Louisbourg

Version recueillie par Helen Creighton en 1944 à Grand-Étang (Inverness [N.-É.]) auprès de Thomas Doucet, 67 ans, de Saint-Joseph-du-Moine. Nova Scotia Archives, Fonds Creighton, AC 2267, Rec 782. Publiée dans : Helen Creighton, *La fleur du rosier. Chansons folkloriques d'Acadie/Acadian Folk Songs*, éd. Ronald Labelle (Sydney, University College of Cape Breton Press/Musée canadien des civilisations, 1988), 239-240; texte republié dans Ronald Labelle (dir.), *Chansons acadiennes de Pubnico et Grand-Étang tirées de la collection Helen Creighton/Acadian Songs from Pubnico and Grand-Étang From the Helen Creighton Collection* (Dartmouth/Moncton, Helen Creighton Folklore Society/Chaire de recherche McCain en ethnologie acadienne, 2008), 46-48 et CD piste 10. Deux extraits de l'enregistrement de Tom Doucet peuvent être écoutés au début et à la fin du film documentaire « Helen Creighton and the Mystery of "Louisbourg's Lament" » : https://www.youtube.com/watch?v=7iPMhPJ1kD0.

Fig. 9.3

Ah, c'est-y toi, noble empereur,
Qui m'avais placé gouverneur
De Louisbourg, ville admirable,
Qu'on croyait en sûreté,
On t'y croyait z-imprenable,
Mais tu n'as plus résisté.

Ça n'était pas manque de canons,
De poudre et d'amunitions
En garnison vingt mille hommes
Nous avions tant de secours
Mais je voudrais savoir comme
Ont-ils pris Félixebourg[74].

Les Anglais, soir et matin,
Animés par leur Dauphin,
Nuit et jour dans leurs tranchées,
Faisiont écouler leurs eaux.
Vingt mille hommes par leur z-hardiesse,
Ils l'avont pris t-à l'assaut.

J'ai fait une composition,
Moi et toute ma garnison,
De sortir nos chalumiers
En bourbaille en bataillon,
En déployant nos enceintes
Quittant bagage et argent.

J'ai quitté cent vingt canons
Vingt milliers de poudre et d'plomb,
Quinze mille quarts de farine
Et trente-deux mille boulets.
Les Anglais ont bien la mine
D'y faire la guerre aux Français.

J'ai fait une composition
Moi et toute ma garnison,

De sortir nos chalumiers
En bourbaille en bataillon,
Vous excuserez la chanson.

Notes

1 Je tiens à remercier les nombreuses personnes qui m'ont aidée dans la rédaction de cet article, tout d'abord Robert Bouthillier avec qui j'ai posé les bases d'une réflexion sur ce thème à l'échelle de l'Amérique francophone en dressant une typologie des catégories de chansons à partir de 45 chants-types se rapportant aux conflits franco-anglais depuis le siège de Québec de 1690 jusqu'aux années 1760: Robert Bouthillier et Éva Guillorel, « Que reste-t-il des conflits coloniaux franco-anglais dans la tradition chantée francophone d'Amérique? », dans *Vers un nouveau monde atlantique. Les traités de Paris, 1763-1783*, sous la direction de Laurent Veyssière, Philippe Joutard et Didier Poton, Rennes, PUR, 2016, 231-257. J'ai aussi bénéficié des conseils généreux de Ronald Labelle, Maurice Basque, Boris Lesueur, Greg Kennedy et du groupe de recherche « Repenser l'Acadie dans le monde ».
2 Pour des réflexions méthodologiques sur cette approche, voir Philippe Joutard, *Ces voix qui nous viennent du passé*, Paris, Hachette, 1983, et le propos renouvelé de cet auteur 40 ans plus tard : Philippe Joutard, *Histoire et mémoires, conflits et alliance*, Paris, La Découverte, 2013; ainsi que Peter Burke, « History and Folklore: A Historiographical Survey », *Folklore*, vol. 115, n° 2 (2004), 133-139.
3 Anselme Chiasson, Charlotte Cormier, Donald Deschênes et Ronald Labelle, « Le folklore acadien », dans *L'Acadie des Maritimes. Études thématiques des débuts à nos jours*, sous la direction de Jean Daigle, Moncton, CEA, 1993, 649-705. Voir dans la même veine le chapitre antérieur d'Anselme Chiasson, « Les traditions et la littérature orale en Acadie », dans *Les Acadiens des Maritimes*, sous la direction de Jean Daigle, Moncton, CEA, 1980, 521-556.
4 Deux versions sont rattachées à un même chant-type si elles traitent du même sujet, utilisent des motifs narratifs et expressions langagières comparables, et ont le même système de versification.
5 Cette filiation apparaît dès les premières lignes de l'introduction du célèbre recueil d'Ernest Gagnon, *Chansons populaires du Canada*, Québec, Foyer Canadien, 1865.
6 *La prise du vaisseau*, catalogue Laforte II.1-69; *La reddition du vaisseau*, catalogue Coirault 7107. Ces deux catalogues forment les ouvrages de référence pour la classification de la chanson francophone de tradition orale : Conrad Laforte, *Le catalogue de la chanson folklorique française*, vol. 6, Québec, Presses de l'université Laval, 1977-1987; Patrice Coirault, *Répertoire des chansons françaises de tradition orale*, ouvrage révisé par Georges Delarue, Yvette Fédoroff, Simone Wallon et Marlène Belly, 3 vol. Paris, BnF, 1996-2007.

7 *Combat en mer de Bart*, catalogue Laforte VI.B-42 ; non catalogué par Coirault.
8 *Louisbourg*, catalogue Laforte VI.B-35 ; non catalogué par Coirault.
9 Catalogue Laforte VI.B-45. Apollinaire Gingras, *Au foyer de mon presbytère : poèmes et chansons*, Québec, Coté & Cie, 1881, 233.
10 Sur le fonctionnement de la tradition orale et les mécanismes de « folklorisation » des chants, c'est-à-dire leur transformation textuelle et mélodique induite par une transmission orale de génération en génération, voir Patrice Coirault, *Notre chanson folklorique. L'objet et la méthode*, Paris, Picard, 1942 ; Jean-Michel Guilcher, *La chanson folklorique de langue française. La notion et son histoire*, Paris, Atelier de la danse populaire, 1989.
11 Voir l'étude de Geneviève Massignon, « Chants de mer de l'Ancienne et de la Nouvelle-France », *International Folk Music Journal*, vol. 14 (1962), 74-86.
12 Comme le chanteur parisien Belhumeur, qui a laissé une vingtaine de compositions dont beaucoup portent sur la vie aux armées dans les années 1730-1750, ou encore David Michelin, originaire du Pays de Vaud francophone en Piémont, soldat pendant les guerres de Succession de Pologne et d'Autriche puis auteur de chansons militaires. Patrice Coirault, *Formation de nos chansons folkloriques*, vol. I, Paris, Éditions du Scarabée, 1953, 83-99 ; Éva Guillorel, « La *Complainte de Louisbourg* : chansons de sièges et circulation des cultures militaires entre Europe et Acadie », *Acadiensis*, vol. 51, n° 1 (2022), 5-38.
13 De toute évidence, il ne s'agit donc pas d'une complainte d'origine acadienne, bien qu'elle apparaisse dans cette catégorie dans Helen Creighton, *La fleur du rosier. Chansons folkloriques d'Acadie/Acadian Folk Songs*, éd. Ronald Labelle, Sydney, University College of Cape Breton Press/Musée canadien des civilisations, 1988, 239-240. D'ailleurs, plusieurs informateurs enregistrés en Nouvelle-Écosse prononcent « Félixbourg » et non Louisbourg lorsqu'ils chantent cette complainte. David Michelin compose au XVIIIe siècle une chanson sur le dernier siège de Philippsbourg qui présente de nombreux traits communs avec la *Complainte de Louisbourg*. Pour une étude approfondie de cette chanson, voir Guillorel, « La *Complainte de Louisbourg* » ; et, sur le renouvellement des chansons de siège dans la tradition orale, David Hopkin, « "My gunners will burn your houses, my soldiers will pillage them": What French People Were Singing When They Sang about Napoléon », *French History* [en ligne, mai 2021].
14 Bouthillier et Guillorel, « Que reste-t-il des conflits coloniaux », 241-242 ; Massignon, « Chants de mer », 80-85. Les collectes nord-américaines s'étalent entre les années 1920 et le début du XXIe siècle. Ronald Labelle en a encore enregistré une version en 2014 auprès de Daniel Doucet, né en 1942 et originaire de Saint-Joseph-du-Moine, pour le Beaton Institute of Cape Breton Studies.
15 Donatien Laurent, « La reddition du *Foudroyant* en 1758. Un épisode de la guerre de Sept Ans à travers la chanson française de tradition orale en France et en Nouvelle-France », dans *Entre Beauce et Acadie. Facettes d'un parcours ethnologique. Études*

offertes au professeur Jean-Claude Dupont, sous la direction de Jean-Pierre Pichette, Québec, PUL, 2001, 253-256.

16 Voir l'analyse très pertinente de Youenn Le Prat, « La mémoire chantée d'une frontière maritime au XVIIIe siècle : la menace britannique sur les côtes françaises vue d'en-bas », dans *Entre terre et mer. L'occupation militaire des espaces maritimes et littoraux*, sous la direction de Jean de Préneuf, Éric Grove et Andrew D. Lambert, Paris, Economica, 2014, 279-286.

17 « Les échanges transatlantiques entre la France et ses colonies d'Amérique à la lumière de la culture matérielle (XVIe-début du XIXe s.) », communications inédites de Fabienne Ravoire, Anne Bocquet-Liénard et Steven S. Pendery au colloque tenu à la Maison de la recherche en sciences humaines de Caen les 14 et 15 novembre 2019.

18 Voir les notices biographiques de ces deux hommes, rédigées par T.A. Crowley pour le *Dictionnaire biographique du Canada* [en ligne], vol. 4; Boris Lesueur, *Les Troupes coloniales d'Ancien Régime. Fidelitate per Mare et Terras*, Paris, SPM, 2014; et, sur l'évolution des régiments à Louisbourg : Andrew J.B. Johnston, *Control and Order in French Colonial Louisbourg, 1713-1758*, East Lansing, Michigan State University Press, 1992, 175-177.

19 Guillorel, « La *Complainte de Louisbourg* »; David Hopkin, *Soldier and Peasant in French Popular Culture, 1766-1780*, Woodbridge, The Boydell Press, 2002.

20 Massignon, « Chants de mer », 79-80, 86.

21 Bouthillier et Guillorel, « Que reste-t-il des conflits coloniaux », 245.

22 Ronald Labelle, *Au Village-du-Bois. Mémoires d'une communauté acadienne*, Moncton, CEA, 1987, 7. Voir aussi les remarques de Patrick Clarke sur la dissimilitude des expériences vécues et des variations culturelles et mémorielles selon que l'on regarde les communautés du Nouveau-Brunswick ou celles plus éclatées et plus sujettes à l'acculturation anglophone, de la Nouvelle-Écosse : Patrick Clarke, « "Sur l'empremier", ou récit et mémoire en Acadie », dans *La question identitaire au Canada francophone. Récits, parcours, enjeux, hors-lieux*, sous la direction de Jocelyn Létourneau et Roger Bernard, Québec, PUL, 1994, 36.

23 Laurent, « La reddition du *Foudroyant* », 258-259.

24 Hugolin Lemay les publie parmi une vingtaine de chansons portant sur les guerres franco-anglaises compilées d'après plusieurs manuscrits du XVIIIe siècle, conservés dans les archives de l'Hôtel-Dieu de Québec. Son article « Victoires et chansons » paru dans la revue *La Nouvelle-France* en 1913 est républié avec d'autres études dans Hugolin Lemay, *Vieux papiers, vieilles chansons*, Montréal, Impr. des Franciscains, 1936.

25 Versions de Majorique Duguay à Petit-Lamèque et de Sandy Ross à Bas-Caraquet, citées dans Massignon, « Chants de mer », 81. Un enregistrement sonore de la complainte de Majorique Duguay comportant cet élément est consultable aux Archives de Folklore et d'Ethnologie de l'Université Laval (AFEUL), coll. Luc Lacourcière, enrg. 1468.

26 Voir les versions enregistrées dans la Péninsule acadienne auprès de Sandy Jones, Suzanne Morais-Brideau et Augustin Haché en 1977 par Robert Bouthillier et Vivian Labrie, AFEUL, coll. Bouthillier-Labrie, enrg. 2527, 3247 et 3542.
27 Voir les remarques de Le Prat, « La mémoire chantée d'une frontière maritime », 284-285.
28 Andrew J.B. Johnston, *1758. La Finale. Promesses, splendeur et désolation de la dernière décennie de Louisbourg*, Québec, PUL, 2011.
29 La chanson sur le sacrilège de l'hostie profanée en est un bon exemple, analysé dans Robert Bouthillier, *Temporel/Intemporel. 29 chansons de tradition orale du Québec et d'Acadie*, 2017, CD+DVD, piste 11. D'autres complaintes comme *La blanche biche*, *Les écoliers de Pontoise* ou *Le prince Eugène* correspondent à ce même schéma. Luc Lacourcière, « Les écoliers de Pontoise. Étude critique d'une chanson populaire », *Archives de Folklore*, vol. 1 (1946), 176-199; Brigitte Charnier, *La Blanche biche : poétique et imaginaire d'une complainte traditionnelle*, thèse de doctorat, Université Stendhal, Grenoble, 2008.
30 Jean-Pierre Pichette, « Le Principe du limaçon ou la résistance des marges. Essai d'interprétation de la dynamique des traditions », *Cahiers Charlevoix. Études franco-ontariennes,* vol. 8 (2010), 11-75, citation p. 38.
31 Pichette, « Le Principe du limaçon », 38-42. Cet article est la version développée d'une théorie d'abord exposée lors de l'allocution d'ouverture du colloque international « La résistance des marges. Exploration, transfert et revitalisation des traditions populaires des francophones d'Europe et d'Amérique » tenu à l'Université Sainte-Anne en 2007 : Jean-Pierre Pichette, « Le principe du limaçon, une métaphore de la résistance des marges », *Port-Acadie* 13-14-15 (2008-2009), 11-31.
32 Clarke, « Sur l'empremier », 89.
33 Georges Arsenault, *Complaintes acadiennes de l'Île-du-Prince-Édouard*, Montréal, Leméac, 1980; *Cahiers de chants de marins 5. Terres françaises d'Amérique*, Douarnenez : Le Chasse-Marée/ArMen/CVPV/SPDTQ, 2000. Cette forte présence des complaintes navales n'est en rien spécifique au répertoire français. Pour une anthologie commentée du répertoire en anglais, voir Roy Palmer, *Boxing the Compass. Sea Songs and Shanties*, Todmorden, Herron Publishing, 2001.
34 Edmond de Coussemaker, *Chants populaires des Flamands de France*, Gand, Gyselynck, 1856, 264-268.
35 Henri Malo, *Les derniers corsaires*, Paris, Émile-Paul frères, 1925, 51-61.
36 Voir les remarques à ce sujet de Peter Burke, *Popular Culture in Early Modern Europe*, Aldershot, Ashgate, 1994, 1re éd. 1978, 169-170.
37 Version de Germain Chiasson, citée dans Massignon, « Chants de mer », 77.
38 Peter Burke, « History as Social Memory », dans *Varieties of Cultural History*, Ithaca, Cornell University Press, 1997, 54.
39 Ronald Labelle conclut aussi d'après ses propres enquêtes que les souvenirs historiques reposent sur quelques individus à la mémoire et à la trajectoire hors du

commun. Ronald Labelle, « L'histoire orale et l'identité culturelle chez les Acadiens de la Nouvelle-Écosse », *Cahiers de la Société Historique Acadienne*, vol. 15, n° 4 (décembre 1984), 141-149.

40 Joutard, *Histoire et mémoires*, 79.
41 Philippe Joutard, *La légende des Camisards. Une sensibilité au passé*, Paris, Gallimard, 1977.
42 Fonds consultable aux AFEUL.
43 Archives nationales de France, Musée national des Arts et Traditions Populaires, MUS 1962.35.429, Enquête réalisée le 23 juillet 1962 au Cap Sainte-Marie.
44 Ronald Labelle, « Du personnel au collectif : une étude des témoignages oraux recueillis à l'île Madame, Nouvelle-Écosse », *Les Cahiers de la Société historique acadienne*, vol. 34, n° 1 (mars 2003), 22-32, citation p. 27 ; Labelle, « L'histoire orale et l'identité culturelle ». Narcisse Marchand raconte notamment une légende à la fois historique et étiologique selon laquelle des Britanniques auraient capturé des prêtres à Louisbourg et les auraient torturés avec des piquants de porcs-épics, à la suite de quoi ces animaux auraient définitivement disparu du Cap-Breton. Sur l'intérêt de légendes comme source pour l'histoire et une étude de cas sur les mécanismes du souvenir et de l'oubli d'un autre conflit franco-anglais de la guerre de Sept Ans ayant laissé peu de traces dans les mémoires locales, à savoir le débarquement de Saint-Cast en 1758 en Bretagne, voir David Hopkin, « Paul Sébillot et les légendes locales : des sources pour une histoire "démocratique"? », dans *Paul Sébillot (1843-1918), Un républicain promoteur des traditions populaires*, sous la direction de Fañch Postic, Brest, CRBC, 2011, 53-73.
45 Arsenault, *Complaintes acadiennes de l'Île-du-Prince-Édouard*, 93-116.
46 Jean-Claude Dupont, *Héritage d'Acadie*, Montréal, Leméac, 1977, 52-62 ; Jean Guiffan, *Histoire de l'anglophobie en France. De Jeanne d'Arc à la vache folle*, Rennes, Terre de Brume, 2004.
47 Roud Catalogue, Chant-type n° 624, plus de 230 versions recensées : les principaux titres relevés pour ce chant sont *The Death of General Wolfe, Bold General Wolfe* et *General Wolfe*. Les autres chants-types attestés sont les n° V856, 961, 9397, avec des titres comme : *Song supposed to be sung by General Wolfe the night before he was killed*; *Britain in Tears for the Loss of the Brave General Wolfe*; *Lament for General Wolfe* ou encore *The Ballad of Montcalm and Wolfe*. Plus de 600 entrées liées à Wolfe sont proposées dans le catalogue Roud [en ligne : http://library.efdss.org/].
48 Frederic S. Cozzens, *Acadia; or, a Month with the Blue Noses*, New York, Derby & Jackson, 1859, 122-125.
49 Alan McNairn, *Behold the Hero: General Wolfe and the Arts in the Eighteenth Century*, Montréal, McGill-Queen's University Press, 1997. *Les Charbonniers de l'enfer* et *La Nef* ont enregistré une version entremêlant la complainte de la *Danaé* en français et celle sur la mort de Wolfe en anglais sur le CD *La traverse miraculeuse*, Atma Classique, 2008, piste 9 [en ligne : https://www.youtube.com/watch?v=

juS347BWkn8]. Wolfe rejoint ainsi un panthéon de généraux britanniques héroïsés dont les exploits inspirent des chansons au cours du long XVIIIe siècle, comme Vernon ou Nelson. Mark Philp, « Politics and Memory: Nelson and Trafalgar in Popular Song », dans *Trafalgar in History: A Battle and Its Afterlife*, sous la direction de David Cannadine, Basingstoke, Palgrave Macmillan, 2006, 93-120; Oskar Cox Jensen, *Napoleon and British Song, 1797-1822*, Basingstoke, Palgrave Macmillan, 2015.

50 Ronnie-Gilles LeBlanc, *Le Voyage de Rameau de Saint-Père en Acadie, 1860*, Québec, Septentrion, 2018. Des détails sur chaque informateur rencontré sont donnés en annexe de l'édition critique de ces notes de voyage, 390-391. Rameau de Saint-Père consacre une partie de son analyse à un développement méthodologique sur l'usage des sources orales dans l'introduction de son ouvrage *Une colonie féodale en Amérique, l'Acadie, 1604-1710*, Paris, s.n., 1877, XXXII-XXXIII.

51 Centre d'études acadiennes Anselme-Chiasson (CÉAAC), Fonds Placide Gaudet, boîte 1.80.30, notes suivant l'étude sur la centenaire Euphrosine (orthographiée Euphroisine par Gaudet) LeBlanc, du Barachois, publiée dans *Le Moniteur acadien* le 6 juillet 1889 sous le titre « Une centenaire acadienne »; Sheila Andrew, « Gaudet, Placide », *Dictionnaire biographique du Canada* [en ligne], vol. 15.

52 CÉAAC, Fonds Placide Gaudet, boîte 1.80.23.

53 Henri-Raymond Casgrain, *Acadie. Nouvelle-Écosse. Un pèlerinage au pays d'Évangéline*, 3e éd., Paris, 1889, 1re éd. Montréal, 1886, 20-25. Anselme Chiasson mentionne aussi des rencontres d'aînés dans son enfance dans les années 1910-1920, au cours desquelles des contes se mêlent encore aux récits des souvenirs de la Déportation. Godefroy-C. Dévost, *Les deux allégeances d'Anselme Chiasson. Sa vie et son œuvre*, Moncton, CEA, 2006, 37.

54 Célina Bourque, « L'histoire de ses ancêtres », *Cahiers de la Société historique acadienne*, 37e cahier, vol. 4, n° 7 (1972), 290-302.

55 LeBlanc, *Le Voyage de Rameau de Saint-Père*, 121-122, 255-256, 265, 298-299.

56 *Ibid.*, 121-122, 141; CÉAAC, Fonds Placide Gaudet, boîte 1.83.97, récit publié dans *Le Moniteur acadien* le 21 décembre 1886 sous le titre « Encore un souvenir historique ». Sur ces supports mémoriels, voir les analyses de Guy Beiner, *Remembering the Year of the French: Irish Folk History and Social Memory*, Madison, The University of Wisconsin Press, 2007, 208-242.

57 Jan Assmann, *La mémoire culturelle. Écriture, souvenir et imaginaire politique dans les civilisations antiques*, Paris, Aubier, 2010, 1re éd. allemande en 1992; voir aussi Françoise Zonabend, *La mémoire longue. Temps et histoires au village*, Paris, PUF, 1983. Pour une synthèse sur les théories de la mémoire cuturelle depuis les travaux pionniers de Maurice Halbwachs, voir Astrid Erll, *Memory in Culture*, Basingstoke, Palgrave Macmillan, 2011, 1re éd. allemande en 2005.

58 Pierre Nora (éd.), *Les lieux de mémoire, I. La République*, Paris, Gallimard, 1984, 23.

59 Clarke, « "Sur l'empremier" »; Patrick D. Clarke, « L'Acadie, ou le culte de l'histoire », *Revue de la Bibliothèque Nationale*, vol. 33 (automne 1989), 6-16.

60 Eric Hobsbawm et Terence Ranger, dir., *L'invention de la tradition*, Paris, Éditions Amsterdam, 2006, 1re éd. anglaise en 1983.

61 Jeanette Gallant, *The Governed Voice: Understanding Folksong as a Public Expression of Acadian Culture*, thèse de doctorat, St Cross College, Oxford, 2011.

62 Beiner, *Remembering the Year of the French*, 271-272. Pour un collectif récent mettant en œuvre ces méthodes à l'échelle européenne, voir Éva Guillorel, David Hopkin et William G. Pooley, dir., *Rhythms of Revolt: European Traditions and Memories of Social Conflict in Oral Cultures*, London, Routledge, 2017, trad. fr. augmentée sous le titre *Traditions orales et mémoires sociales des révoltes en Europe, XVe-XIXe siècles*, Rennes, Presses universitaires de Rennes, 2020.

63 Guy Beiner, *Forgetful Remembrance: Social Forgetting and Vernacular Historiography of a Rebellion in Ulster*, Oxford, Oxford University Press, 2018.

64 *Ibid.*, 23-24, 253-286, 627. Pour une réflexion sur le silence et l'oubli et une comparaison partielle entre le fonctionnement mémoriel chez les Acadiens et chez le peuple juif, voir Patrick D. Clarke, « L'Acadie du silence. Pour une anthropologie de l'identité acadienne », dans *Aspects de la nouvelle francophonie canadienne*, sous la direction de Simon Langlois et Jocelyn Létourneau, Québec, PUL, 2003, 19-57; Pour une analyse de la distinction entre silence et oubli dans le rapport acadien à la Déportation, voir Caroline-Isabelle Caron, « "Y a jamais eu de grand dérangement" : représentations acadiennes de la Déportation au XXe siècle », *Mens. Revue d'histoire intellectuelle et culturelle*, vol. 11, n° 1 (automne 2010), 77-93.

65 Jean-Paul Hautecœur, *L'Acadie du discours. Pour une sociologie de la culture acadienne*, Québec, PUL, 1975.

66 Labelle, « L'histoire orale et l'identité culturelle », 148; Ronald Labelle, « Du personnel au collectif ».

67 Voir les entretiens réalisés dans toute l'Acadie au début des années 2000 autour du projet « 1755. L'Histoire et les histoires » [en ligne : http://cfml.ci.umoncton.ca/1755-html/]; ainsi que Ronald Rudin, *Remembering and Forgetting in Acadie. A Historian's Journey through Public Memory*, Toronto, University of Toronto Press, 2009; Robert Viau, « Mémoires acadiennes de la Déportation », *Port-Acadie*, vol. 22-23 (2012-2013), 77-101.

68 Sur le concept de réoralisation, voir Hildegard Tristram, dir., *(Re)Oralisierung*, Tübingen, Günter Narr Verlag, 1996.

69 Sur la pensée et les méthodes historiques de Guy Beiner, voir Éva Guillorel, « L'historiographie vernaculaire au service d'une autre histoire de la mémoire et de l'oubli social », *Revue d'histoire moderne et contemporaine*, vol. 67, n° 2 (2020), 125-134.

70 Sur l'importance de l'histoire régionale en Acadie, voir Julien Massicotte, « Du sens de l'histoire. Les historiens acadiens et leur représentation de l'histoire, 1950-2000 », dans *Clio en Acadie. Réflexions historiques*, sous la direction de Patrick Clarke, Québec, PUL, 2014, 94-104.

71 Patrick Cabanel, « La guerre des camisards entre histoire et mémoire », *Dix-huitième siècle,* vol. 39, n° 1 (2007), 222.
72 La version brestoise de cette complainte ainsi que celle qui est publiée par Marius Barbeau d'après une collecte en Gaspésie (Notre-Dame-du-Portage) évoquent Carthagène, port espagnol au large duquel a eu lieu l'affrontement de 1758. Ce toponyme, non compris par la plupart des interprètes, est logiquement déformé (ici en « quatre chaînes », comme dans plusieurs autres versions acadiennes) ou supprimé.
73 Déformation habituelle du nom du navire dans les complaintes de tradition orale.
74 La graphie proposée insiste sur la prononciation du « e » dans Félixebourg.

CHAPITRE 10

Rameau de Saint-Père : Passeur des idées du « printemps des peuples » en Acadie ?

JOEL BELLIVEAU

Le notable et intellectuel français Edme Rameau de Saint-Père est reconnu comme étant la première personne à avoir écrit un ouvrage historique de langue française incorporant l'Acadie de l'après-Déportation. Il s'agit de *La France aux colonies : Acadiens et Canadiens*, publié en 1859[1]. Avec cet ouvrage – principalement destiné à un public français, il faut dire – Rameau offrait aux Acadiens et Acadiennes une première mise en récit des expériences de leurs ancêtres récents, et de leur survie comme groupe culturel[2]. Sept ans plus tard, le poème *Evangeline* de l'Américain Henry Longfellow fut l'objet d'une traduction libre du Canadien français Pamphile Lemay, ce qui ajouta au répertoire discursif des premiers notables acadiens, noyau d'un leadership qui émergeait tranquillement 100 ans après les déportations de 1755-1762[3]. En raison de cette précocité, et pour les conseils qu'il a prodigués aux Acadiens, Rameau a été célébré comme étant rien de moins que l'un des instigateurs de la « Renaissance acadienne » de la fin du XIXe siècle[4]. Cette renaissance fût proclamée dès les années 1880 par des contemporains, qui s'émerveillaient des progrès accomplis par ce « petit peuple » qui s'était doté, en moins de 20 ans, de son premier collège, de son premier journal et d'une identité nationale en cours de ritualisation[5]. L'importance de Rameau n'est qu'amplifiée par le fait qu'il a aussi effectué deux voyages en Acadie et au Canada (1860, 1888) et qu'il a publié plus tard un deuxième ouvrage d'histoire portant sur l'Acadie, *Une colonie féodale en Amérique : L'Acadie*[6].

Mais qu'a retenu l'histoire sur ce personnage singulier ? En gros, qu'il était un « conservateur catholique et nostalgique de l'Ancien Régime[7] », dont il croit avoir trouvé une branche sur la côte est du Canada. Il parle après tout d'une « colonie féodale ». C'est presqu'assez pour établir un verdict : Rameau était un gentilhomme qui, quoique bien intentionné, n'avait absolument rien en commun avec les Acadiens dépossédés. Forcément, la seule contribution idéologique qu'il a pu leur fournir est celle de la prise de conscience identitaire. Cette contribution est certes opportune; on est, après tout, au cœur du « siècle des nationalités[8] ». Mais est-ce vraiment tout ce que Rameau a trimballé jusqu'en Acadie du bouillonnement des idées européennes du siècle? De ce siècle déchiré par des combats épiques entre monarchistes et républicains; conservateurs, libéraux et socialistes; cléricaux et anticléricaux? Nous tenterons de montrer que l'idée reçue du « Rameau nostalgique de la vieille France » est bien incomplète et nous postulerons que le jeune Rameau a pu avoir des influences égalitaires et antiautoritaires sur le premier discours politique acadien.

Le « jeune Rameau de Saint-Père » : un révolutionnaire chrétien, républicain et démocrate

L'Europe a commencé, en 1789, une Révolution dont le terme logique, naturel et incontestable, est le règne de la Souveraineté du peuple et la destruction de toutes les formes de despotisme de la terre.

Edme Rameau de Saint-Père, « Les Cosaques », *La République Universelle*, 1851.

Edme Rameau de Saint-Père est né en 1820 à Gien, dans le Loiret, environ 150 km au sud de Paris. Il est issu d'une famille de notables et de propriétaires terriens. Bien qu'il ait eu, adolescent et jeune adulte, une longue période parisienne et qu'il ait beaucoup voyagé, il demeure toujours attaché à la région, si bien qu'il y mourra, en 1899, à Adon, soit à une quinzaine de kilomètres de Gien. De bonne famille, il devint toutefois orphelin à l'âge de trois ans et fut élevé par sa grand-mère maternelle, une femme profondément pieuse qui tenait à lui inculquer « les bonnes manières du monde[9] ». Le jeune Rameau a aussi été influencé, quoiqu'indirectement, par son grand-père paternel, qui avait été le patriarche de la famille. Médecin, il avait aussi été le maire de Gien pendant 27 ans. Surtout, il avait été fait chevalier de la Légion d'honneur par l'Empire pour avoir soutenu sans faille les idées de la Révolution[10]. Ensemble, ces deux grands-parents incarnaient déjà les contradictions qui travaillèrent Rameau pendant toute sa vie.

Après l'obtention de son baccalauréat en 1838, il aménage à Paris pour étudier le droit jusqu'en 1842[11]. C'était l'époque de la monarchie de Juillet, pendant laquelle la France expérimentait avec la monarchie constitutionnelle, mais pendant laquelle, aussi, des mouvances politiques extrêmement divergentes, allant des légitimistes aux républicains révolutionnaires socialisants se

Fig. 10.1 | Edme Rameau de Saint-Père vers 1863. Photo : Dion et frère.

mobilisaient en force. Globalement, un ferment révolutionnaire animait les esprits, et plusieurs sentaient que le régime risquait de s'écrouler sous le poids des contradictions de l'époque. Les « ambiguïtés de la monarchie de Juillet », avec son « roi bourgeois », ressemblait effectivement à un compromis ne pouvant satisfaire qu'une minorité[12]. Au milieu de tout cela, une mouvance catholique républicaine et libérale inédite s'est fait sentir, mouvance à laquelle le jeune Rameau, à la fois catholique et progressiste, s'identifie de plus en plus.

En parallèle, Rameau développa une obsession : la colonisation. En effet, s'il est une chose qui lui plaisait du régime de Louis Philippe, ce duc d'Orléans devenu « roi des Français », c'est sa colonisation de l'Algérie, entamée en 1830. À partir de 1842, il s'y intéressa activement et il vint à considérer, comme de nombreux européens de l'heure, que l'impérialisme était une obligation pour l'Occident, qui était appelé à « l'œuvre de la civilisation et du peuplement du globe ». Il en fit même un projet personnel, considérant que c'était un « devoir patriotique de prendre part à cette extension de la France ». Ainsi, il fit l'acquisition de jardins à Blidah et de maisons à Alger[13]. Son intérêt pour le sujet le mena même à faire paraître en 1844, comme co-auteur avec un dénommé L. Binel, un ouvrage intitulé *Aperçu sur la colonisation de l'Algérie suivi d'un plan d'établissement agricole*[14]. C'est cet intérêt poussé pour le plus récent projet de colonisation français qui a fait germer, chez Rameau, une passion qui durerait finalement toute sa vie : celle pour la Nouvelle-France, cette ancienne colonie perdue près d'un siècle plus tôt. Il note que celle-ci « nous eût assuré certainement une prépondérance incontestable dans le monde entier[15] ». Mais l'agitation politique de la capitale française des années 1840 laissa peu de temps à Rameau d'explorer cet intérêt, qui dût attendre.

En effet, dans le climat de plus en plus fébrile des années 1840, qui préparait la vague révolutionnaire pan-européenne de 1848, la passion de Rameau se versa avant tout dans la cause catholique libérale[16]. On n'a jamais vu, dans toute l'histoire française, pareille tentative de réconcilier « la vieille religion avec la jeune démocratie, l'Église et le peuple[17] ». Cette mouvance, bien qu'elle continue d'insister sur l'importance de la spiritualité et de lutter contre « l'esprit voltairien » (lire anticlérical), luttait âprement pour la justice sociale et refusait un rôle passif pour l'individu et l'Église. Toute une armée d'acteurs, cléricaux et laïcs, se donnait corps et âme dans cette première incarnation, précoce, du catholicisme social, parmi lesquels on retrouvait d'abord le père La Mennais et puis, entre autres, le Comte de Montalembert et son Cercle, le prédicateur romantique l'abbé Lacordaire et Frédéric Ozanam, fondateur de la Société Saint-Vincent-de-Paul. Sa cible : le règne de Louis-Philippe, trop appuyé sur une bourgeoisie aux tendances « voltairiennes[18] ». Pour l'orphelin héritier d'un grand-père révolutionnaire et d'une grand-mère pieuse, cette mouvance représentait un domicile politique aussi fortuit et inespéré que naturel[19].

L'année de la Révolution, alors que se mettait en place la Deuxième République, notre jeune avocat endossa activement le républicanisme et se donna entièrement à la cause du catholicisme libéral, devenant rédacteur au journal *L'Ère nouvelle*, fondé par les abbés Henri Louis Charles Maret, Jean-Baptiste Henri-Dominique Lacordaire et Frédéric Ozanam. C'était en quelque sorte l'héritier du journal *L'Avenir*, fondé par Lamenais et sensiblement le même groupe entre 1830 et 1831. Selon Lacordaire, les objectifs du nouveau journal étaient « de rassurer les catholiques et de les aider à l'acceptation du régime nouveau [...], d'obtenir pour l'Église des libertés nécessaires qui lui étaient obstinément refusées depuis cinquante ans, enfin un acheminement à une meilleure distribution des éléments sociaux, en arrachant à une classe trop prépondérante la domination exclusive des intérêts, des idées et des mœurs[20] ». Ce programme mêlait le catholicisme libéral traditionnel (défense de la liberté de conscience et d'enseignement) et le catholicisme social défendu par Frédéric Ozanam (aide aux démuni et égalisation des chances).

En parallèle, il s'engagea de plus en plus ouvertement dans les débats des gauches de l'époque. Il se lia d'amitié avec Alphonse Toussenel, adepte connu du socialisme utopiste de Fourrier, et développa même une grande admiration pour Pierre Joseph Proudhon, luminaire de la gauche française pourtant très lié au « communisme et à l'anarchisme athées[21] ». Bien décidé d'aider ses compagnons à créer une gauche catholique fédératrice, il se consacra à l'écriture d'un traité, qui demeurera inédit, cherchant à réconcilier les positions de Proudhon avec le catholicisme[22].

L'Ère nouvelle ayant été miné par les attaques de catholiques plus orthodoxes et de la hiérarchie religieuse, Rameau devint « administrateur gérant » en 1850 puis « secrétaire de la rédaction politique » à *La République universelle*. Il s'agit, pour Rameau et ses collaborateurs, d'une certaine radicalisation : cette revue mensuelle est campée résolument à gauche, allant au-delà du libéralisme catholique de *L'Ère nouvelle* et défendant « une sorte de socialisme associationniste[23] », et au-delà de l'idée républicaine de la souveraineté populaire pour embrasser pleinement l'idéal démocratique (notamment le suffrage universel). Organe mis sur pied par le député démocrate et socialiste chrétien Pierre Pradié et dont les contributeurs s'identifient souvent simplement comme « représentants du peuple », il était selon Rameau « destiné à rendre les plus grands services à la démocratie[24] ». Concrètement, il publiait des articles portant sur de nombreuses causes de gauche, allant des associations ouvrières socialistes à l'abolition de l'esclavage aux États-Unis.

Rameau y fit des contributions écrites de plus en plus fréquentes et de plus en plus longues. Il y défendit la nécessité de l'État de droit, dénonçant par exemple « l'obligation des livrets [d'identité] imposée aux ouvriers » au nom de « l'égalité devant la loi[25] ». Il s'y attaqua aux inégalités et à la pauvreté, déplorant par exemple que les nouvelles Caisses publiques de retraites délaissent « l'ouvrier pauvre, celui au secours duquel il aurait surtout fallu venir[26] ». Favorable à la participation politique du plus grand nombre, il s'y insurgea contre les délégués de partis qui se seraient trop préoccupés de la « dignité » de la profession des candidats à la présidence, arguant « qu'en démocratie, il ne doit plus y avoir de distinctions des classes et de rangs, pour l'aptitude aux diverses fonctions publiques[27] ». Bref, Rameau ne baignait pas seulement dans son *zeitgeist*; il y contribuait activement. Nous ne serons donc pas surpris de constater qu'il adhéra aussi à l'idéal émancipateur, universaliste et internationaliste du moment 1848 : celui de la souveraineté et de la liberté du peuple.

Fig. 10.2 | Page couverture du 11ᵉ numéro de *La République universelle*, 1851, dont Rameau est secrétaire de la rédaction politique.

Même que, pour lui, la Révolution ne pouvait se limiter à la France; elle était appelée à s'étendre. En 1851, venant à la défense des « malheureux Hongrois », victimes d'ingérences russes, il écrivait : « Qu'il [l'empereur russe] se tienne pour dit : [...] l'Europe a commencé, en 1789, une Révolution dont le terme logique, naturel et incontestable, est le règne de la Souveraineté du peuple et la destruction de toutes les formes de despotisme de la terre[28]. »

Comme nous le voyons, nous avons affaire, pendant la Seconde République, à un Rameau qui est à mille lieux d'être « un nostalgique de la France d'Ancien Régime ». Or, dans les huit ans qui suivront, Rameau écrira son premier ouvrage sur les Acadiens et Canadiens français, fera son premier voyage en Acadie et au Bas-Canada et entamera sa correspondance avec nombre de notables acadiens et canadiens. Doit-on supposer que ces huit années ont fait toute la différence ? Qu'elles ont effacé toute trace de républicanisme et de progressisme chez lui ? Ou bien alors le « jeune Rameau » libéral et républicain – et par extension la pensée de 1848 – ont-ils eu une influence sur l'élite acadienne naissante des années 1860 ?

Une passion pour l'Amérique française comme refuge d'un républicain impénitent

(Les Acadiens) vivaient ainsi sur leurs bonnes mœurs, sans roi ni gouverneur et sans police, se devant tout à eux-mêmes et à leur liberté, depuis l'idée créatrice de leur fortune, jusqu'aux détails de l'organisation de leurs travaux.

Edme Rameau de Saint-Père, *La France aux colonies : Acadiens et Canadiens*, 1859.

La Seconde République, proclamée dans la ferveur de la révolution de 1848 et porteuse des espoirs de générations de républicains comme de démocrates, ne dura pas. Louis-Napoléon Bonaparte, neveu de l'Empereur déchu, se fit élire contre toute attentes lors du premier scrutin présidentiel au suffrage universel masculin, en décembre 1848. Les populations paysannes, en particulier, lui donnèrent un appui fort. Une fois au pouvoir, le président Bonaparte se butta à l'obstruction d'un « parti de l'ordre » assez informellement structuré qui neutralisait la gauche de l'Assemblée nationale, bloquant ainsi les dimensions progressistes de son programme. Voulant éviter la réélection de Louis-Napoléon, ce parti de l'ordre réussit même à éliminer le scrutin au suffrage universel. En décembre 1851, faisant face à une interdiction de se présenter à nouveau à la présidence et prétextant l'urgence des réformes sociales qu'il entendait mettre en place, Louis-Napoléon procéda à un coup d'État, suspendant la constitution. Après un plébiscite au suffrage universel qui sanctionna son action, il établit le « Second Empire », régime paradoxal qui alliera autoritarisme et réformisme social[29].

Pour tous les mouvements républicains, incluant la mouvance du catholicisme libéral, c'est un cataclysme. La République, toute jeune, a été fauchée, et avec elle la démocratie parlementaire. Il y eut certes une résistance au coup d'État, tant dans la presse que dans les rues et les campagnes, mais celle-ci se fit réprimer[30]. *La République universelle*, s'étant opposée avec force au coup d'État, fut fermée par les autorités. Rameau, membre de la rédaction, fera de la prison de décembre 1851 à mars 1852[31]. Cet épisode sera un traumatisme dans la vie de Rameau. Il se désengagea dès lors des débats politiques français, et ce, pour de bon, pour se réfugier dans des poursuites plus savantes[32]. Parmi celles-ci, les plus assidues seront consacrées à l'ancien empire français en Amérique.

C'est dès 1852 que ce nouvel intérêt prend son envol, quelques mois à peine après sa sortie de prison. Hasard? Peut-être bien. Mais il est très plausible que les recherches qui en découlent viennent remplacer, dans son emploi du temps et dans son affectivité, les débats politiques auxquels il s'était si profondément impliqué. Peut-être pour s'éloigner de la capitale, Rameau passe l'été en Algérie. Il y rencontre des missionnaires qui avaient œuvré en plusieurs régions francophones de l'Amérique du Nord, ce qui alimenta sa curiosité pour les anciennes colonies françaises[33]. En 1853, il consulte les archives de la Marine française de l'ancien régime. Il sera le premier individu à consulter plusieurs des documents portant sur les colonies de la Nouvelle-France[34]. Voulant en savoir plus, il entreprend une correspondance avec certains « Acadiens du Poitou » – c'est-à-dire les descendants de déportés acadiens établis dans la région – ainsi qu'avec le prêtre de Belle-Île-en-Mer, région qui a aussi accueilli nombre de réfugiés acadiens. Il lit aussi les auteurs anglophones qui ont traité de l'histoire de la Nouvelle-Écosse, du Nouveau-Brunswick et de l'Île-du-Prince-Édouard, soient l'historien néo-écossais Thomas Chandler Haliburton[35] et, du poète américain Henry Wadsworth Longfellow, le fameux *Evangeline*[36]. À ses lectures, il faut ajouter *L'histoire du Canada* publiée à partir de 1845 par le Canadien François-Xavier Garneau, avec qui il entreprend d'ailleurs une correspondance en 1858. Fasciné par les Acadiens, dont Garneau ne fait aucune mention pour les périodes après les déportations puisqu'il se recentre sur la « province of Quebec » de l'après-Conquête, Rameau se trouve un premier correspondant de la Nouvelle-Écosse, le père Hubert Girroir, à l'été 1859. Voilà parmi les premières d'environ 950 lettres qu'il adressera à des « Français d'Amérique » avant sa mort[37]. Plus il en connaît, plus il compte aller à leur rencontre. Mais avant, il s'est promis de terminer un premier livre sur « les Français d'Amérique » avant le 100e anniversaire de la chute de la Nouvelle-France de 1759.

La France aux colonies : Acadiens et Canadiens – Études sur le développement de la race française hors de l'Europe paraît effectivement en décembre 1859. C'est un ouvrage remarquablement bien documenté, en particulier en ce qui concerne l'évolution démographique des populations franco-canadiennes. Une bonne moitié de l'ouvrage est consacrée aux Acadiens. Rameau sait malgré tout que l'ouvrage est imparfait. « Je suis conscient d'avoir été au-dessous de mon sujet que je ne pourrais me pardonner à moi-même d'avoir éclopé

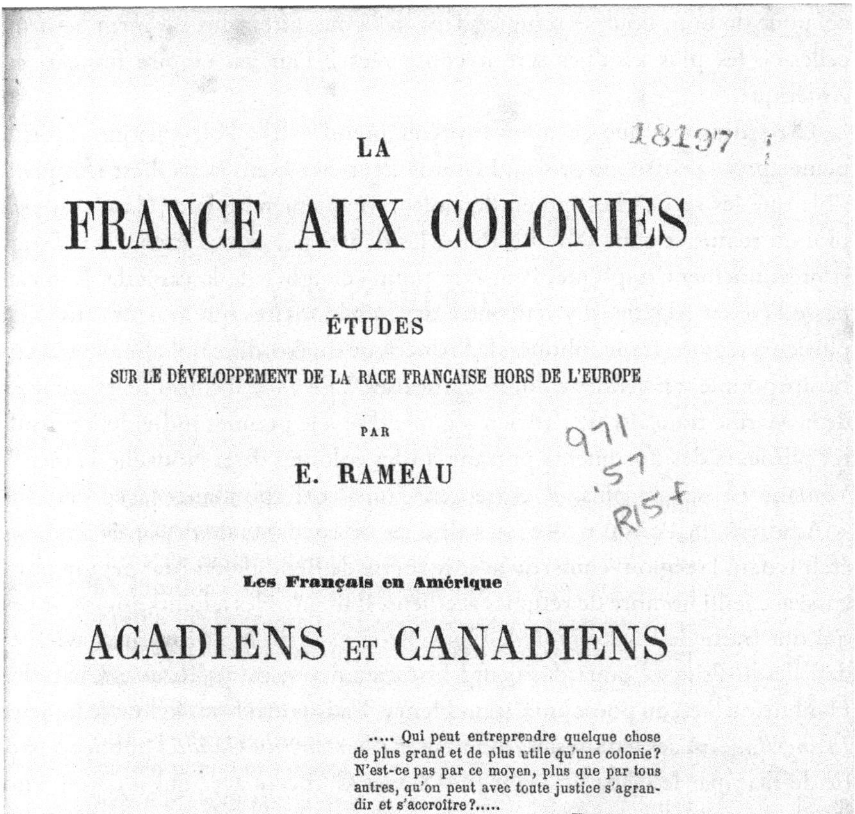

LA

FRANCE AUX COLONIES

ÉTUDES

SUR LE DÉVELOPPEMENT DE LA RACE FRANÇAISE HORS DE L'EUROPE

PAR

E. RAMEAU

Les Français en Amérique

ACADIENS ET CANADIENS

> ..... Qui peut entreprendre quelque chose de plus grand et de plus utile qu'une colonie? N'est-ce pas par ce moyen, plus que par tous autres, qu'on peut avec toute justice s'agrandir et s'accroître?.....
> VAUBAN.

PARIS
A. JOUBY, LIBRAIRE-ÉDITEUR
Rue des Grands-Augustins, 7.
—
1859

Fig. 10.3 | Couverture de la première édition de *La France aux colonies* (1859).

ainsi leur histoire si je ne faisais vœu de recommencer entièrement l'histoire », écrit-il au fonctionnaire et intellectuel canadien Étienne Parent dès 1860[38]. Il se promet effectivement de le faire suivre d'un deuxième ouvrage, plus exhaustif et consacré uniquement aux Acadiens, qui bénéficiera des connaissances qu'il acquerra en rendant visite aux francophones du Canada.

La France constitue clairement le premier public visé par l'ouvrage. Au-delà du récit historique, des analyses démographiques et des réflexions sur la survie du peuple acadien, il y a une thèse au texte, soit une réfutation de l'idée, courante en France, voulant que le Français ne sache pas coloniser, qu'il ne fait pas un bon colon. « Ce n'est pas la colonie qui a succombé », de dire Rameau, « c'est seulement la domination de la France »; les colons français, eux, « ont réussi[39] ».

L'explication de ce succès, pour Rameau, se retrouve – ironiquement – dans la faiblesse de l'administration coloniale en Acadie – d'abord la française, ensuite la britannique – faiblesse qui a donné une grande liberté aux colons. Or, la liberté est, pour Rameau, la source de la croissance des sociétés. L'autoritarisme, lui, non seulement nuit au bonheur et au dynamisme du peuple, il n'est pas nécessaire à l'ordre social. Pour maintenir l'ordre, la religion suffit amplement à faire contrepoids à la liberté.

Pour Rameau, les Acadiens ont eu de la chance, car l'administration française est généralement – au-travers des âges, et surtout depuis l'absolutisme de Louis XIV – trop dirigiste. Le bonapartisme du début du siècle en serait la dernière démonstration forte. La colonie laurentienne du Canada, cœur de la Nouvelle-France, en a payé le prix : ses habitants ont subi une gouverne arbitraire, autoritaire et liberticide, si bien que la colonie est demeurée chétive. Pendant ce temps, les colonies britanniques au sud fleurissaient, au point d'être 20 fois plus peuplées que la Nouvelle-France en 1754. Pour Rameau, elles offrent un contraste saisissant à la colonie de Québec. Les Acadiens, bien qu'à une beaucoup plus petite échelle, ont pu profiter davantage de la liberté du Nouveau Monde, et ce, en raison de leur situation périphérique : « [I]ls vivaient ainsi sur leurs bonnes mœurs, sans roi ni gouverneur et sans police, se devant tout à eux-mêmes et à leur liberté, depuis l'idée créatrice de leur fortune, jusqu'aux détails de l'organisation de leurs travaux[40] ». Et les résultats se firent sentir, démontre Rameau, puisque que leur population s'est multipliée par cinq entre 1707 et 1737.

Comme on peut le constater, l'idée de la liberté est centrale pour l'auteur de 1859; ce dernier demeure ce « Rameau le jeune » que nous avons connu avant le coup d'État, le catholique libéral qui s'est battu pour la république.

Son retrait de la vie publique n'équivaut manifestement pas, à cette époque, à une abdication de ses idéaux. D'ailleurs, Rameau affirme encore en 1886, sans réserve, l'inspiration proudhonienne de *La France aux colonies*[41]. Le ton de ce premier ouvrage ne passera pas inaperçu chez les historiens canadiens conservateurs du prochain siècle, qui lui reprocheront parfois son « excessive sévérité » dans son évaluation des « principes politiques et économiques qui ont présidé à la fondation et ça la direction des colonies perdues[42] ».

Si le Rameau de 1859 peut être qualifié de libéral (dans le sens classique d'être adepte de la liberté individuelle) et démocratique (c'est-à-dire partisan du droit de vote universel masculin comme expression politique de la liberté individuelle), cela n'empêche pas que sa pensée ait un volet qui peut sembler antimoderne et qui a permis son agencement aux projets de colonisation portés par l'église canadienne-française. En effet, à l'image d'un certain courant socialiste utopique présent en France à cette époque, Rameau n'est pas un partisan du capitalisme industriel. « Il appartient au Canada », affirme-t-il dans *La France aux colonies*, « de s'approprier avec désintéressement et une noble fierté le côté intellectuel, scientifique et artistique du mouvement américain, en s'adonnant avec préférence au culte du sentiment, de la pensée et du beau. [...] Il ne nous semble point être dans la destinée du Canada d'être une nation industrielle ou commerciale[43] ». Cette opposition au capitalisme industriel découle d'une conviction que la liberté individuelle, si elle est bonne en général, doit être limitée dans la sphère économique. Limité au nom de quoi? De l'intérêt commun. Ce réflexe, républicain en ce qui concerne Rameau, rend la pensée de celui-ci plutôt compatible avec le mouvement ultramontain canadien-français en pleine ascendance. Voilà pourquoi, dans l'ensemble, en 1859, les Canadiens ont accueilli ce livre qui ne leur était pas destiné avec « un enthousiasme, une émotion et une reconnaissance » sans pareille, et ce, malgré son éclectisme intellectuel[44].

Le voyage acadien d'un « gentilhomme » français et ses observations

L'année suivant la publication de l'ouvrage, en juin 1860, Rameau s'embarque pour l'Amérique du Nord, bien décidé à finalement rencontrer Canadiens et Acadiens, pour la satisfaction de les connaître et aussi pour documenter son second ouvrage à venir. C'est tout un périple. Il débarque à Québec, où il est « accueilli à bras et à cœurs ouverts, fêté, entouré » par l'élite intellectuelle et politique canadienne-française, et où il est rapidement rassuré quant à la pérennité culturelle des « Canadiens[45] ». Voilà pourquoi après y avoir passé trois semaines, Rameau prend le train pour Boston. À partir de là, il se fait

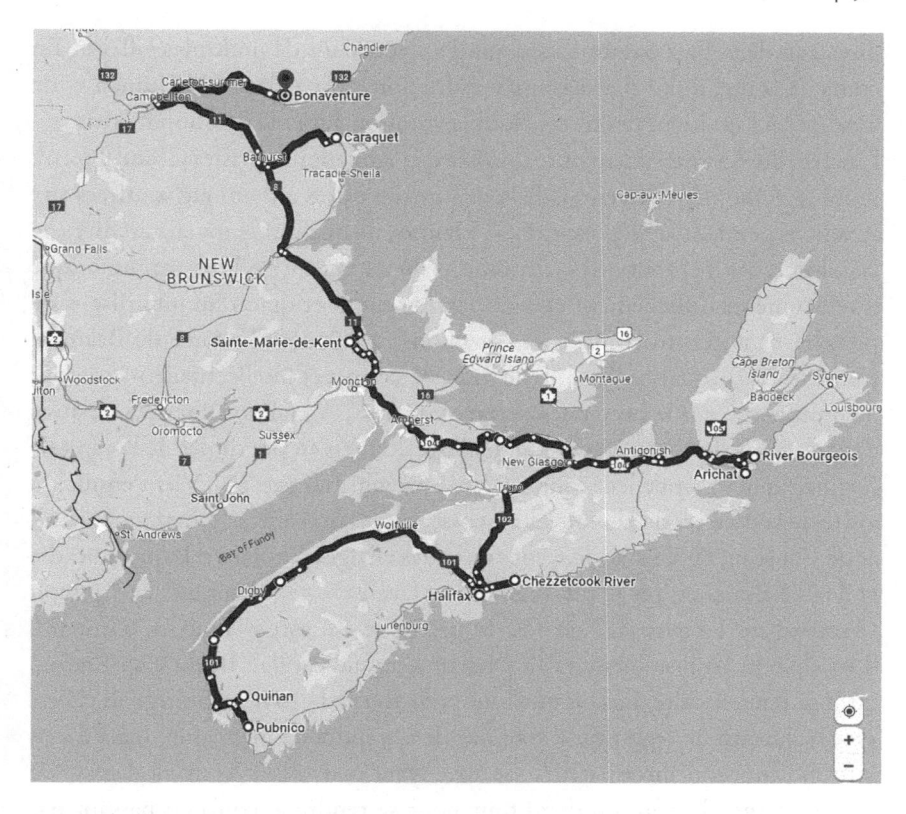

Fig. 10.4 | Le trajet pris Rameau en 1860 vu sur Googlemaps.

passager d'une petite embarcation, « un petit Packet à voile », qui traverse en deux jours et demi le Golfe du Maine pour se rendre à Yarmouth, en Nouvelle-Écosse, ville majoritairement anglaise mais sise entre les deux plus grandes populations acadiennes de la province. Muni de quelques lettres de présentation que lui ont fourni Louis Surette, un Acadien ayant réussi en affaires à Boston, il est accueilli dans la paroisse voisine de Sainte-Anne-du-Ruisseau puis à Pompcoup (Pubnico) « entouré des plus chaleureuses démonstrations de cordialité et d'affection[46] ». Il entame ensuite ce qui sera un long voyage terrestre dans les provinces maritimes, dont le réseau de routes, chemins et sentiers est encore rudimentaire. La plupart du temps, il se déplace dans des carrosses ou des « cabriolets » dans lesquels il se paye une place, ou dans lesquels des Acadiens lui offrent tout simplement le passage. Mais souvent, il doit aussi voyager à pied, surtout lorsqu'il choisit de se rendre dans des villages isolés.

Après son excursion au sud de Yarmouth – chez ceux qu'on appelle familièrement les « par en bas » de nos jours – il rebrousse chemin et prend la direction de la Baie Sainte-Marie, ou il s'arrête dans de multiples villages. En cours de route, il fait des détours vers les nouveaux villages de Quinan et de Corbery, à l'intérieur des terres, dont la vocation agricole – et non maritime – l'interpelle. Ensuite, il parcourt la vallée de l'Annapolis et visite Grand-Pré, où il prend la mesure, avec émoi, de la qualité des terres qui ont été soutirées aux Acadiens pendant la Déportation. À Halifax, il passe du temps aux archives de la colonie, où il éprouve des frustrations dû au fait qu'on lui « communique les documents difficilement et avec parcimonie » et qu'on lui interdise « de prendre ni notes, ni copies[47] ». Au moins, il fait connaissance de Beamish Murdoch, qu'il qualifie de « fils de l'Écosse savante et intellectuelle », avec qui il entretiendra par la suite une correspondance[48]. À Halifax, il rencontre aussi des habitants de Chezzetcook, seul village acadien en proximité de la capitale fortifiée, qui lui rappellent toujours les « paysans français[49] ». Vient ensuite sa visite de la côte est de la Nouvelle-Écosse, sur les détroits de Northumberland et de Canseau, où il passe du temps dans des villages acadiens tels que Tracadie et Havre-Boucher, où il fût « ému aux larmes » en discutant avec Joseph Girouard de l'œuvre de son fils, le prêtre et éducateur Hubert Girouard, d'Arichat. C'est justement à l'Île Madame, au sud-est de l'Île du Cap-Breton, qu'il se rend ensuite, faisant aussi un petit tour à la Rivière-Bourgeois. C'est avec beaucoup de regret qu'il renonce de se rendre à Chéticamp, mais il s'en informe auprès d'informateurs locaux. Ayant couvert la Nouvelle-Écosse de long en large, il opère un demi-tour pour se rendre à Truro et, passant par l'isthme de Chignecto, se dirige vers le Nouveau-Brunswick. Là, il s'attarde assez longuement dans la vallée de Memramcook, où des anciens – comme ailleurs – lui font un portrait des déplacements des ancêtres du temps des déportations. Longeant la côte est du Nouveau-Brunswick – il regrette amèrement de ne pouvoir se permettre d'aller à l'Île-du-Prince-Édouard – il s'arrête dans la région de Shédiac, puis Bouctouche et fait un détour à Sainte-Marie, autre nouveau village à vocation purement agricole, où une assemblée est tenue en sa présence. Après Richibouctou et la rivière Miramichi, il traverse les terres pour se rendre à Bathurst, pour ensuite piquer vers l'est, direction Caraquet. Finalement, il longe toute la rive sud de la Baie des Chaleurs, puis celle du nord jusqu'à Bonaventure et Paspébiac, villages d'origine acadienne en Gaspésie. En tout et partout, il aura couvert au minimum 1878 km, sur près de deux mois, dans cette partie « acadienne » du voyage, après quoi il regagne Québec en bateau le 12 septembre. Il reste dans cette province jusqu'à Noël, puis il s'offre un tour de l'ancien empire français en Amérique du Nord : Boston, Détroit, Chicago, Saint-Louis, Nouvelle-Orléans, avant de repartir de Québec vers Paris[50].

Il tient un journal tout au long du voyage, dont les sections acadiennes ont été retranscrites et éditées par l'historien Ronnie-Gilles LeBlanc récemment. Grâce à ces écrits, on peut prendre connaissance du grand nombre de personnes rencontrées par Rameau pendant son périple, allant des prêtres français et *canadiens* aux femmes de chambre « charmantes », des notables respectés aux voyageurs « irlandais » ivres, des vénérés aînés du village aux archivistes anglophones méfiants, en passant par quelques pêcheurs, agriculteurs et villageois du commun. Il quitte l'Acadie avec un carnet d'adresses impressionnant, point de départ de sa longue et volumineuse correspondance acadienne. Pas trop mal pour un voyageur incongru, « gentleman de Paris » hors contexte, que plusieurs – anglophones comme francophones – ont d'abord soupçonné d'être espion à la solde du gouvernement français[51].

Le journal tenu pendant la partie acadienne du voyage consiste essentiellement d'observations directes, prises sur le vif, qui doivent servir à alimenter des publications ultérieures, telles celles publiées dans le *Bulletin de la Société d'anthropologie de Paris* et dans *L'Économiste français* à son retour[52]. Il s'empresse de consigner par écrit ses expériences quasi-quotidiennement. Il y décrit les paysages et la flore, l'activité commerciale, la production agricole, l'architecture et l'état des routes. Il apporte une attention particulière à décrire la culture acadienne, notamment l'habillement, les us et coutumes et les activités productives. Il s'intéresse aussi au rapport des Acadiens à l'argent (« ils ne savent pas en faire usage », ayant le « goût de la dépense[53] »), à la religion et aux prêtres français[54]. Il accorde une grande attention à leur langue, dont l'état le rassure globalement (« on est attaché à sa langue et elle se conserve bien. Je l'ai trouvée assez bonne, meilleure que celle de nos paysans; mais déjà plusieurs mots anglais s'y glissent [...][55] »). De manière générale, il note « une certaine réserve » chez de nombreux Acadiens et Acadiennes, et se demande si cela découle des épreuves qu'ils ont vécues[56]. Il note aussi minutieusement les lectures de ses hôtes[57]. Toutefois, son plus grand intérêt demeure la démographie et la géographie de ces communautés. Il décrit assez minutieusement tous les villages et hameaux, évalue leur taille ainsi que la distance entre eux et estime leur population. Il note les noms de famille acadiens et signale les immigrants français (qui sont habituellement d'anciens marins)[58]. Finalement, il situe tout cela par rapport aux populations de langue anglaise de la région. On sent, même dans ces notes prises sur le vif, que Rameau se préoccupe de l'avenir de ces populations « françaises », et que ses descriptions mèneront bien vite à des prescriptions destinées aux Acadiens et Acadiennes.

Partout où cela s'avère possible, Rameau rencontre les « anciens » et recueille leurs témoignages sur les temps passés, en particulier les récits du temps des déportations et de leurs suites. Il tente d'établir les itinéraires pris par divers groupes et familles : comment se rendirent-ils de leur hameau de départ sur la Baie de Fundy à leur emplacement actuel ? Quels détours furent pris et pourquoi ? En examinant les témoignages recueillis par Rameau, on constate avec Patrick Clarke que « la Déportation et ses suites, si elles n'avaient pas été oubliées, n'étaient plus au cœur de la mémoire collective[59] ». En effet, seules les personnes très âgées avaient quelques anecdotes du « Grand Dérangement » qui leur avaient été transmises. Or, à partir de Rameau, ces sujets passionneront moults historiens de l'Acadie, en commençant par les jeunes Pascal Poirier et Placide Gaudet, qui deviendront l'un comme l'autre des correspondants de Rameau.

Rameau est aussi fasciné par le rapport qu'entretiennent les Acadiens à leur ancienne mère-patrie, la France, et ce, non sans cause. Le notable français découvrira avec stupéfaction que malgré le siècle qui a passé, le souvenir de la France est encore vivace chez les Acadiens de nombreuses localités. Plus encore, des Acadiens gardent encore espoir que la France viendra un jour reprendre le pays. Parlant du petit-neveu de l'abbé Jean-Mandé Sigogne, missionnaire français ayant fondé de nombreuses paroisses en Nouvelle-Écosse au début du XIXe siècle, il affirme : « Comme tous les Acadiens, il est persuadé que la France va venir délivrer le Canada![60] » Cet attachement a certes de quoi émouvoir le fier Français qu'est Rameau, qui se trouve toutefois bien embarrassé par les questions empressées qu'on lui adresse. Ne voulant ni entretenir ces espoirs ni les anéantir, il temporise : « Je lui dis : qui sait peut-être., etc.[61] ? » Cela le laisse songeur, musant : « C'est une idée que rien n'a pu sortir de la tête, ni le temps, ni les malheurs, ni la misère, ni l'aisance revenue, ni la persécution, ni le régime libéral auquel ils sont maintenant[62] ». Il sera par ailleurs surpris et un peu gêné de découvrir le portrait de « notre infâme Empereur » Napoléon III dans quelques demeures, mais se rassure puisque « [ceci] me prouve un certain zèle Français [*sic*][63] ». Cette inclinaison des Acadiens est d'autant plus surprenante qu'à pareille époque, bien peu de Canadiens (-français) du Bas-Canada, soient-ils conservateurs ou rouges, désirent ou même songent à un tel « retour de la France[64] ».

Les prescriptions et la pensée de Rameau en 1860 : celles d'un « nostalgique » ou d'un progressiste ?

Si les notes de Rameau sont avant tout descriptives, et son objectif explicite est scientifique, il ne peut s'empêcher d'esquisser, à mesure que le voyage progresse, une vision plus programmatique pour les Acadiens. Il avait d'ailleurs déjà commencé à élaborer un programme de « relèvement » pour les Acadiens dans *La France aux colonies*.... En voyage, il se résout à « s'en faire [des Acadiens] le porte-paroles et le protecteur auprès des Canadiens [...] et aussi envers ses compatriotes[65] ». Il suggère aussi aux Acadiens des mesures qui, mises ensemble, ressemblent à une esquisse de projet de société. Il partage ces idées avec les individus qu'il rencontre, et parfois lors d'assemblées publiques, comme celle organisée lors de son passage à Sainte-Marie-de-Kent. À la fin de celle-ci, une troupe d'hommes qui l'accompagnaient lui auraient dit : « vraymant il nous faudrait du monde comme vous pour parler aux Acadiens [...] deux comme cela par Paroisse[66]. »

L'idée la plus récurrente, et celle qui apparaît le plus tôt, est celle de la colonisation des terres de l'intérieur, surtout au Nouveau-Brunswick « où l'immigration anglaise est rare », ou en Gaspésie dans le but de lier Acadiens et Canadiens français. En effet, déjà avant sa venue, il avait constaté que les communautés acadiennes formaient des chapelets le long des côtes. Or, cela les rendait vulnérables à l'encerclement par l'élément anglophone. Pour former un véritable pays, il faudrait selon lui peupler le territoire de manière plus dense et éviter l'éparpillement. Ce dernier, d'ailleurs, était le résultat d'une politique volontaire de la part des Britanniques, qui en 1764 avaient permis aux Acadiens de se réinstaller en toute légalité, à condition de le faire en groupes de pas plus de 10 familles, dans des régions prédéterminées[67]. Pour Rameau, il était grand temps de répudier cet engagement. Il propose ceci avec d'autant plus d'empressement qu'il préfère généralement l'agriculture à la pêche pour les Acadiens, estimant la première comme une source plus certaine d'autonomie[68]. Voilà pourquoi il s'est empressé de faire des détours dans les petites et nouvelles communautés de Quinan, Corbery et Sainte-Marie; elles sont, espère-t-il, le signe de projets de colonisation intérieure à venir. Dans les deux premiers cas, notre voyageur remplit plusieurs pages d'observations sur le fort potentiel agricole de la région et sur les bienfaits de ce mode de vie sur les habitants – bienfaits déjà visibles, selon lui.

Rameau constate aussi rapidement la proximité qui existe entre les Acadiens et les quelques prêtres français ou *canadiens* de la région. Il perçoit une dévotion toute particulière chez ces prêtres francophones pour leurs ouailles acadiennes. Bien qu'il ait eu un rapport ambivalent avec une partie du clergé dans la métropole (plus spécifiquement, il s'agit du clergé à tendance « gallicane », c'est-à-dire prêt à troquer son indépendance pour la protection de l'État), ici, dans la périphérie nord-américaine, il se dit qu'un clergé « français » est essentiel au relèvement non seulement spirituel, mais aussi social et national des Acadiens. Méfiant dès le départ du clergé irlandais, il en vient à prôner la « conquête » de la hiérarchie religieuse dans la région, en commençant par les paroisses[69]. Ce zèle n'est guère surprenant. Après tout – ne le négligeons pas – Rameau, même révolutionnaire, est toujours demeuré un catholique convaincu.

Jusqu'ici, on devine très peu l'idéologie républicaine qui a été celle de Rameau durant les années 1840 et qui se fait encore sentir dans la thèse de son ouvrage de 1859. La colonisation des terres et l'obtention d'un clergé endogène peuvent difficilement être qualifiées de mesures révolutionnaires! Mais il faut tenir en considération le fait que Rameau pose ici son regard sur un ensemble social bien différent de la France du XIXe siècle. « L'Acadie » existe si peu, bien que Rameau croie en une renaissance possible. Spoliée, dispersée, minorisée et soumise tant économiquement que politiquement, on peut supposer qu'elle n'était pas prête pour une application directe du projet quarante-huitard; c'est le moins qu'on puisse dire. Voir dans ses conseils la preuve qu'on a déjà affaire, ici, à un Rameau « nostalgique de la France d'Ancien régime » me semble prématuré.

Ceci est d'autant plus vrai que les autres recommandations développées par Rameau dans son journal de 1860 et dans *La France aux colonies* laissent pointer cet esprit républicain qu'on lui connaît. Rameau note dans son journal qu'il serait bien de « constituer dans chaque paroisse acadienne un conseil de doyens[70] » qui tiendraient des « réunions périodiques où on parlerait de leurs intérêts communs » pour « créer l'esprit de corps » chez les Acadiens afin de « préparer l'avenir[71] ». Il faudrait aussi pour « créer quelque lien commun » entre régions[72] « fonder un journal qui, par la pensée, à défaut du voisinage matériel, resserre plus étroitement leur faisceau[73] ». Pour la même raison, il souhaitait la création de « quelque société analogue à celle de Saint-Jean-Baptiste au Canada[74] ». Il souhaitait aussi voir des maisons d'enseignement supérieur afin que se « répande davantage parmi [les Acadiens] une instruction[75] ».

Par ailleurs, ayant constaté que « la population Anglaise et Irlandaise [*sic*] imposent souvent aux pauvres Acadiens de vilaines avanies » et que les Acadiens vivent dans la peur[76], il propose que chaque village se dote d'un « société de protection ». Finalement, il envisage une forme de « coalition des ouvriers » acadiens[77]. Pris dans leur ensemble, ces mesures laissent deviner un penseur qui se démène pour tenter d'appliquer sur une gouverne ses idées égalitaires et démocratiques à un milieu très différent de celui d'où il vient.

Finalement, avant de décréter que le visiteur de 1860 était encore un homme plus progressiste que « nostalgique », il nous faut confronter de face un dernier aspect de sa pensée, qui fut aussi consigné dans son journal : sa vision des « races ». En effet, en lisant Rameau, il devient évident que dans son esprit, les « races » ont quelque chose d'essentiel. Elles ont un tempérament et un « génie » bien à elles. Notons d'abord que de multiples citations de son journal rendent clair que pour Rameau, les Acadiens *sont* bel et bien des « Français » installés en Amérique. « Les hommes qui ont ainsi souffert, écrit-il, sont ceux de notre race et de notre sang[78]. » L'essentialisation raciale permet même, pour lui, de rendre compte de la personnalité d'individus : « L'Abbé Girouard, assure-t-il par exemple, est animé de cette rude gaieté pleine de franchise et d'entrain qui appartient essentiellement à la race Gauloise[79]. »

Logiquement, il essentialise aussi les autres « nationalités » se trouvant sur le territoire des Maritimes. Un chauvinisme certain suinte de ses notes : « [...] contrairement à l'opinion commune les Anglais n'aiment pas à lutter contre les difficultés naturelles », avance-t-il un moment donné[80]. Les autres nationalités anglophones ont aussi leurs défauts propres, comme en témoignent de nombreux extraits, dont le suivant : « Cet homme qui est un Écossais est bien toujours le même Écossais, avare, économe, âpre au gain, et pourtant honnête à sa façon. [...] Les Écossais plus laborieux, plus économes, plus simples que les Anglais et Américains sont plus sobres, plus maladroits et aussi plus laids et plus laides[81]. »

Les Autochtones du pays, dont Rameau parle peu, sont affublés des défauts les plus stéréotypiques; ils seraient « vagabonds » et « voleurs », ressemblant beaucoup en cela aux « Bohémiens » en Europe[82]. Sur les Noirs libres de la Nouvelle-Écosse, il affirme : « je n'ai rien à en dire, si ce n'est qu'ils sont toujours là ce qu'ils sont partout ailleurs, incapables de rien faire par eux-mêmes[83]. »

Manifestement, Rameau essentialise les races et a, par conséquent, une pensée qu'on se doit de traiter de « raciste ». Ronnie-Gilles LeBlanc le reconnait, tout en rappelant que de telles idées « reflèt[ent] bien les sentiments de l'Occident envers les populations africaines à l'époque. [...] Rameau est loin d'être parfait, mais il est bien un homme de son temps. [...] il faut se placer dans le contexte du milieu du XIXᵉ siècle[84] ». L'histoire nous enseigne que, dans presque tous les cas, les individus adhéraient de manière variable aux idées dominantes et aux idées reçues de leur époque. On aurait donc tort de croire que la société du milieu du XIXᵉ siècle était uniformément raciste dans ses perspectives. Pour bien saisir comment se situait Rameau sur cette question dans la société de l'époque, il faudrait comparer ses affirmations au contenu des échanges, débats et courants d'idées sur l'idée de « race » en France et en Europe au milieu du XIXe siècle. Une telle analyse déborde malheureusement de notre propos ici. Prenons quand même le temps de vérifier si l'appartenance de Rameau à « la gauche » aurait dû logiquement l'immuniser contre ces idées.

Commençons par reconnaître que les idées racistes connurent bel et bien un important essor au XIXe siècle, et que cette « lentille » sur le monde a teinté les perceptions de la plupart des gens[85]. Participe à leur diffusion la nécessité ressentie de justifier le nouvel impérialisme européen (auquel Rameau est lié de près, rappelons-le)[86]. L'application des idées de Darwin au monde social par des proto-libertariens tels que Herbert Spencer – créateur de l'expression « survival of the fittest » – a aussi joué un rôle[87]. Ce racisme ambiant n'était pas la réserve de milieux extrémistes et conservateurs; il a influencé les milieux libéraux aussi, en partie parce que ceux-ci avaient beaucoup investi le nouvel impérialisme de l'Europe en cours d'industrialisation. C'est devenu un lieu commun que de penser que les « races inférieures » allaient tout simplement disparaître, naturellement[88].

Qu'en est-il de la gauche socialiste et communiste, en plein essor en raison de la prolétarisation en cours à la même époque ? L'antiracisme a beau être une composante intégrale du progressisme ou de la « gauche » d'aujourd'hui, les choses ne furent pas toujours et partout aussi claires. En effet, le mouvement socialiste utopique du milieu du XIXe siècle en France comportait toute une dimension racisante. On y trouvait en premier chef des idées antisémites, les Juifs étant tenus pour des agents du capitalisme. Le socio-historien français, Pierre-André Taguieff, spécialiste du racisme et de l'antisémitisme, nous le confirme : « Le "despotisme juif" menace la société moderne : ce jugement est fort répandu dans les milieux socialistes dès les années 1840[89]. » Les nations protestantes étaient aussi souvent dénigrées dans ces milieux pour le même motif : leur supposée adhésion à l'exploitation capitaliste. « J'appelle [...] de ce nom méprisé de juif », disait Alphonse Toussenel, l'ami Fourriériste de Rameau, « tout trafiquant d'espèces, tout parasite improductif, vivant de la substance et du travail d'autrui. [...] L'Anglais, le Hollandais, le Genevois [protestants...] professent pour les lois de l'équité et les droits des travailleurs le même mépris que le juif[90] ». Nous voyons donc comment certains socialistes de l'époque, l'antisémitisme semblait aller main dans la main avec la lutte au capitalisme.

Qu'en est-il du racisme vis-à-vis d'autres groupes culturels ou ethniques? Bien que cela nous semble contre-intuitif aujourd'hui, les penseurs de gauche du mi-XIXe siècle, s'ils rejetaient les « gouvernements bourgeois » de l'heure, adhéraient tout de même souvent aux projets colonialistes de ces mêmes gouvernements. L'impérialisme ne leur semblait pas nécessairement consubstantiel au capitalisme. Rameau, à la fois enthousiaste du colonialisme et révolutionnaire socialisant, n'était donc pas une exception. Plusieurs penseurs de gauche tentèrent de justifier l'esclavage, souvent même sous prétexte de protéger les « races inférieures » de l'exploitation capitaliste. C'est notamment le cas de Pierre Joseph Proudhon, cet influent penseur du socialisme libertaire non-étatique, qui a exercé une grande influence sur Rameau, comme nous l'avons vu[91].

Quelles conclusions tirer de ces observations préliminaires? Vue du XXIe siècle, la vision essentialiste des « races » qui est celle de Rameau peut et doit être considérée comme mesquine, antidémocratique, anti-égalitaire, bref, réactionnaire. Toutefois, nous venons de voir que même cet aspect de la pensée de Rameau est issu de ses lectures d'une « gauche » française de l'époque. Son racisme ne suffit donc pas pour catégoriser le Rameau de 1860 d'homme de droite. Nous maintenons notre verdict : les Acadiens des années 1860 ont connu « Rameau le jeune », et non pas le « nostalgique de la France d'Ancien régime » dont nous a tant parlé.

Le virage à droite et l'émergence du Rameau « nostalgique »

Celui qui n'est pas républicain à vingt ans fait douter de la générosité de son âme; mais celui qui, après trente ans, persévère, fait douter de la rectitude de son esprit.

Jules Claretie, *Portraits contemporains*, tome premier, Paris, Librairie Illustrée, 1875.

Mais d'où vient donc cet Edme Rameau de Saint-Père que nous décrit l'historiographie? Cet être conservateur et « nostalgique pour la France de l'Ancien Régime »? De toute évidence, cette réputation découle de son deuxième ouvrage, *Une colonie féodale en Amérique : L'Acadie*, dont le premier tome est publié en 1877 et le deuxième en 1889. Cet ouvrage qui devait au départ n'être qu'une version mieux documentée de *La France aux colonies* fait, en réalité, un virage interprétatif important. Si en 1859 la liberté relative dont bénéficiait la colonie était le secret de son succès, en 1877, ce sont des structures sociales découlant de la féodalité qui tiennent ce beau rôle. En effet, pour le vieil homme qu'est devenu Rameau, la démocratie est désormais un « foyer de discorde et d'hostilité » que la seule religion ne saurait tempérer. Non, l'ordre social en Acadie et dans toute la Nouvelle-France a reposé sur le système féodal, dans lequel « tous les féodaux sont solidaires ». Si cette thèse historique en particulier a été démolie dès 1896 par l'historien canadien-français Léon Gérin[92], le ton plus conservateur de Rameau dans ce second ouvrage, lui, aura des échos profonds et persistants. En effet, une longue liste d'historiens de la tradition clérico-nationaliste estimera *Une colonie féodale* « fidèle à la réalité » et d'une « actualité surprenante[93] », au grand dam de certains historiens de la fin du XXe siècle souhaitant renouveler l'historiographie : « Lauvrière après lui (Rameau), Antoine Bernard, l'abbé Richard, Robert Rumilly, ne diront jamais que la même chose dans des phrases à peine différentes... Ces phrases du vieil historien, c'est tout le programme de nos collèges, c'est le cœur de l'enseignement religieux dispensé depuis un siècle, c'est la philosophie fondamentale du journal L'Evangeline encore à ce jour, et celle bien entendu de toute notre « establishment », lamentera l'historien néo-nationaliste Michel Roy en 1978[94].

Mais d'où sort donc ce « second » Rameau ? Qu'est-il arrivé au démocrate, au républicain, au révolutionnaire ? Quelques éléments nous permettent d'esquisser le virage à droite du personnage.

En premier lieu, nous pouvons évoquer sa rencontre avec le sociologue Frédéric Le Play, dont il devient le disciple et l'ami, durant les années 1860. Il adhère à sa Société d'économie sociale en 1865[95]. L'influence de Le Play sur notre écrivain croîtra durant les années 1860 et 1870. Ce qui a attiré Rameau vers Le Play au départ, c'est leur intérêt partagé pour la démographie. Toutefois, si Le Play s'intéresse comme Rameau aux familles et à leur reproduction, il se réclame ouvertement de la tradition contre-révolutionnaire, se disant soucieux avant tout de l'ordre social, qui requiert selon lui le maintien des élites ainsi que leur patronage en appui des classes ouvrières. Les masses, leur influence et surtout leur potentiel chaotique fascinent de plus en plus en cette période de révolution industrielle. Aussi, il ne faut pas être trop surpris que Napoléon III en fasse un conseiller d'État, puis un sénateur[96]. Bref, sous son influence, l'intérêt de Rameau s'éloigne graduellement de la réforme politique pour s'approcher de préoccupations sociales.

Ce glissement vers un terrain plus prudent s'accorde bien avec la nouvelle situation personnelle de Rameau. À son retour d'Acadie, il a 40 ans. Après ses années d'engagement politique, puis de recherches historiques, il contemple de fonder une famille. Trois ans plus tard, en 1863, il épouse Thérèse Camusat,

Fig. 10.5 | Château qu'a fait construire Rameau à Adon, dans le Loiret.

avec qui il aura cinq enfants, dont quatre survivront. Malgré ses penchants politiques de jeunesse, il faut croire qu'il est demeuré, au fond, un notable de province, car c'est à Adon, très proche de son lieu de naissance, qu'il élit domicile et se fait construire un manoir. Il y devient membre du conseil communal, fonction qu'il exercera pendant près de 30 ans, incluant 16 années comme maire, suivant dans les traces de son grand-père[97].

Si jamais ses nouvelles fréquentations intellectuelles et son changement de situation n'ont pas été suffisants pour faire basculer Rameau vers une sensibilité plus élitaire, l'expérience traumatisante de la défaite de 1870 face aux Prussiens et de la Commune de Paris ont achevé le processus[98]. La Commune a, en effet, donné un aperçu d'où peuvent mener les idéaux républicains lorsqu'on les pousse à leur conclusion logique. Pour un notable de bonne famille comme Rameau, cela a pu être troublant. Nous partageons l'interprétation de Pierre Trépanier sur le Rameau tardif : « Notable de province, propriétaire foncier habitué au respect de ses métayers, il s'inquiétera de la montée de la population dévoyée, affaiblie et turbulente des villes, à côté de la population morale, saine et contente des campagnes[99]. »

Dans ce contexte, la pensée leplaysienne devint plus qu'un outil démographique, pour être un « moyen de renouer avec ses préoccupations de jeunesse et de refaire l'unité de sa vie, dans le respect de sa propre évolution[100] ».

« Il avait cru un temps que la politique était le moyen par excellence de reconstruire la société pour y instaurer la liberté et l'égalité, pour y restaurer l'union du peuple et de la religion. Puis il s'était convaincu que les termes devaient être inversés : la politique ne peut structurer la société, dont elle n'est en somme qu'un reflet; c'est au contraire la religion et la famille qui constituent l'ordre politique et c'est sur elles qu'il faut faire porter ses efforts[101]. »

Finalement, au-delà de des circonstances personnelles du personnage ou des événements historiques percutants, ce « nouveau Rameau » doit aussi sa pensée, en partie, à l'air du temps. À mesure que le XIXe siècle avance, le *zeitgeist* européen s'éloigne de plus en plus du « nationalisme ouvert » associé à 1789, et bascule vers une conception plus fermée de la nation, liée au romantisme, notamment (mais pas exclusivement) allemand[102]. Bref, en devenant plus conservateur durant les années 1870 et 1880, Rameau ne fait pas qu'être fidèle à son statut social; il suit la sensibilité d'une part importante de l'opinion publique française.

Rappelons, par ailleurs, qu'une sensibilité de plus en plus conservatrice pendant cette période s'insère *aussi* très bien dans l'évolution du contexte intellectuel canadien-français. En effet, si le premier élan national « canadien » avait été, lui aussi, très marqué par les idéaux démocratiques et républicains – nous avons nommé le mouvement des Patriotes des années 1820 et 1830 – cette tendance « rouge » connaîtra un déclin lent mais définitif après l'acte d'union de 1840. C'est un clérico-nationalisme ethnicisant et conservateur qui se fera de plus en plus la voix dominante des Canadiens français à partir des années 1860[103]. Les interlocuteurs canadiens de Rameau baignent dans ce climat. Rameau n'avait rien à gagner, dans ses discussions avec eux, de s'accrocher à sa culture politique républicaine initiale.

⚜ ⚜ ⚜

Au-delà de son influence durable sur l'historiographie acadienne déjà évoquée, il est incontestable que Rameau de Saint-Père a eu une influence importante sur les communautés acadiennes du XIXe siècle, qui commençaient justement à se relever de l'indigence dans laquelle la dispersion du siècle précédent les avait laissées. Quel avenir pour cette constellation de petits îlots franco-catholiques des provinces maritimes? Comme l'a souligné le sociologue Joseph Yvon Thériault, il était loin d'être certain qu'ils choisiraient de tenter de « faire société », c'est-à-dire d'affirmer une identité commune et de se doter de projets collectifs[104]. Ils auraient tout aussi bien pu choisir l'intégration dans une identité catholique plus large, voire dans la société « Maritimer » dans son ensemble. Non seulement la « Renaissance acadienne » que Rameau appelait de ses vœux eut-elle lieu à la fin du XIXe siècle, mais il est difficile d'ignorer le fait que ses acteurs semblent avoir adopté le programme esquissé par Rameau comme matrice. De dire Marguerite Maillet, ce programme « orientera directement la recherche et l'action de toute une génération de la classe dirigeante[105] ».

En effet, dans les années qui suivirent le passage de Rameau, plusieurs éléments de la « feuille de route » élaborée par Rameau furent mis en branle[106]. Dès 1864 fut fondé, avec l'aide des pères Sainte-Croix, le premier collège acadien à survivre plus de quelques années, le collège Saint-Joseph de Memramcook. Les collèges Sainte-Anne, à Pointe-de-l'Église, et Sacré-Cœur, à Caraquet, suivraient dans les années 1890. Dans les années 1860 et 1870, on multiplia les projets de colonisation, comme celui du haut de la rivière Bouctouche, qui créera la paroisse de Saint-Paul, et celui de Saint-Alexis-de-Matapédia, projets qui furent d'ailleurs activement appuyés par Rameau. On s'est doté d'un journal, le *Moniteur acadien*, en 1867, avec d'autres qui suivront dans les années 1880. Aussi dans les années 1880, après la formation des premières quelques cohortes de diplômés de collèges classiques, on entama ce qui deviendra une longue série, ponctuelle et assez régulière, de « conventions nationales » (1881, 1884, 1890 et sept autres avant 1937), de grandes assemblées devant préciser les orientations et les grands chantiers de la nation. Bien que les premier notables et le clergé aient dominé les délibérations, ces congrès avaient une dimension populaire et visaient à « rallier le peuple[107] ». Dans le cadre des premières conventions, comme l'avait souhaité Rameau, on adopta une fête patronale ainsi qu'un drapeau. Lors de la troisième convention, on fonda une société nationale. Bref, tout se passe comme si les élites acadiennes naissantes avaient suivi, presqu'à la lettre, les prescriptions de Rameau.

Rameau a aussi eu une influence énorme sur les « relations internationales » des communautés acadiennes, provoquant à lui seul la reprise des relations entre l'Acadie et la France. S'il n'a pu combler l'espoir d'Acadiens qui espéraient que la France viendrait « reprendre le pays » (idée dont il n'était de toute façon « pas le partisan[108] »), il a tout de même daigné solliciter Napoléon III, qui lui inspirait pourtant tant de mépris, afin qu'il finance certains projets acadiens. Des villages seront fondés, des migrations financées, des livres expédiés, des institutrices et collèges soutenus et une coopérative agricole créée grâce aux fonds personnels de l'Empereur[109]. Durant les années 1870 et 1880, il mit sur pied des « comités de soutien » aux Acadiens au sein de la bonne société parisienne et devint membre de la « Société canadienne-française de Saint-Jean-Baptiste de Paris ». Finalement, durant les années 1890, il aida à convaincre l'Alliance française d'Ottawa – ou alors la centrale de Paris – de soutenir des projets acadiens[110]. On jugea qu'il valait mieux ne pas irriter la majorité anglophone des Maritimes en dotant l'organisation d'un pignon sur rue dans la région, mais cela ne l'empêcha pas de fournir des primes aux enseignants francophones de l'Île-du-Prince-Édouard, de financer des congrès d'instituteurs, de soutenir l'Université Sainte-Anne et le nouveau journal *L'Évangéline* et même de faciliter la colonisation! Elle fut aussi instrumentale dans l'octroi au Sénateur acadien Pascal Poirier, un ami et confident de Rameau, la Croix de la Légion d'honneur et l'Ordre des Palmes académiques.

L'influence de Rameau sur les Acadiens a semblé si directe et si visible qu'il fut reconnu immédiatement par Benjamin Sulte, figure importante de l'école littéraire de Québec, dont le but officieux était de « donner une dimension nationale à la littérature canadienne émergente[111] » : « Ce peuple malheureux, oublié dans le monde, nous fut révélé ... par M. Edme Rameau de Saint-Père, qui n'a cessé depuis de s'en occuper. Il a inspiré aux Acadiens la conviction que leur destinée pouvait devenir meilleure, et la semence de sa parole a fructifié comme par un miracle. » Cent ans après la grande Déportation, il leur disait : « Vous n'êtes pas une race morte; agissez, il en est temps; l'heure est sonnée de reparaitre au soleil! Ils se sont levés comme un seul homme[112]. »

Ça ne prenait pas un homme de lettres du Québec pour que la société civile acadienne émergente reconnaisse en Rameau un important bienfaiteur. Aussi, lorsqu'il effectuera un second voyage dans la région, en 1888, ce ne sera plus en tant que *quidam* mystérieux. Au contraire, il sera accueilli en héros. Arrivé en train, cette fois – l'Intercolonial ayant été complété en 1876 – Rameau fait de son mieux pour satisfaire les notables qui se le disputent et les foules qui accourent pour voir et entendre ce gentilhomme français, amis des Acadiens[113]. Il a notamment l'occasion de célébrer la fête nationale acadienne, qu'il avait appelé de ses vœux, à Rogersville. C'est la paroisse de l'abbé Marcel-François Richard, qui a été déterminant dans le choix de la Vierge Marie comme sainte patronne lors de la première « convention nationale » acadienne, en 1881. On pose d'ailleurs à la même occasion la pierre angulaire de l'Église paroissiale du nouveau village, produit de la colonisation. Trois jours plus tard, on tient un banquet en son honneur à Shédiac, ville natale de son correspondant Pascal Poirier, où il fut reçu par 90 convives et « un tonnerre d'acclamations[114] ».

C'est avec beaucoup d'émoi que Rameau constate les progrès significatifs accomplis par ce petit peuple depuis sa première visite, 28 ans plus tôt.

Pour déterminer avec certitude l'influence qu'a eu « le jeune Rameau » sur l'identité et la culture politiques de la renaissance acadienne, il faudra procéder à un examen systématique de sa volumineuse correspondance avec les notables acadiens de l'époque. Il sera particulièrement intéressant d'examiner celle des années entre son voyage de 1860 et la commune de 1870. Cette décennie est non seulement celle des premiers contacts et des premiers échanges épistolaires entre le républicain catholique et des notables acadiens, elle est aussi une période charnière sur le plan identitaire, comme nous l'avons vu. Puisque le discours national, une fois élaboré et intériorisé, s'est avéré extrêmement stable dans le temps, une inflexion, même légère, de celui-ci dans une direction démocratique pourrait avoir eu des effets sur le long terme. Par l'entremise de Rameau, il se peut que l'esprit démocratique de 1848 ait alimenté le cours de l'histoire politique acadienne.

Notes

1 Edme Rameau, *La France aux colonies : Acadiens et Canadiens*, Paris, A. Jouby, 1859.
2 Marguerite Maillet, *Histoire de la littérature acadienne. De rêve en rêve*, Moncton, Éditions d'Acadie, 55. Comme Chantal Richard le dit si justement, en faisant ceci, il jette « les bases d'une tradition séculaire en historiographie acadienne » (*Les Conventions nationales acadiennes. Tome 1 (1881-1890)*, Moncton, Institut d'études acadiennes, 2012, 7).
3 L. Pamphile Lemay, *Évangéline : Traduction du poème acadien de Longfellow*, Québec, P.G. Delisle imprimeur, 1866.
4 Dans une recension des écrits récente, Ronnie-Gilles LeBlanc montre bien comment la pensée et l'influence de Rameau furent considérées par plusieurs comme déterminantes à la Renaissance acadienne. Voir son « Introduction », dans : Ronnie-Gilles LeBlanc, *Le Voyage de Rameau de Saint-Père en Acadie, 1860*, Québec/Moncton, Septentrion/Institut d'études acadiennes, 2018, 11-16. On y apprend que Rameau fut pour le sociologue Raymond Mailhot « à l'origine… de l'idéologie des leaders acadiens » (1969); pour son condisciplinaire acadien Camille-Antoine Richard, il a « insuffl[é] à l'élite nationale naissante » son projet collectif (1986); pour l'historien français Jacques Portes, il faut « non seulement propagandiste, mais bien l'idéologue respecté et suivi » (1974); selon le sociologue Joseph Yvon Thériault c'est lui qui la formulé « la matrice sous-jacente » des nationalismes acadien et canadien-français (1999), pendant que pour l'historien Patrick Clarke, il a joué « le rôle de *pater* de la renaissance acadienne » (1992). On peut rajouter d'autres chercheurs acadiens, de

plusieurs époques, qui virent en Rameau un « influenceur » hors-pair. Pour le folkloriste Anselme Chiasson, par exemple, Rameau a su « pénétrer les secrets de l'âme acadienne » paraphrasé par : Jean-Paul Hautecœur, *L'Acadie du discours*, Québec, Presses de l'Université Laval, 1975, 61. Pour la littéraire Marguerite Maillet, Rameau « trace en quelque sorte un programme qui assurerait la survie de ce peuple », si bien que son « influence [...] se prolongera, en Acadie, jusqu'au milieu du XXe siècle » (M. Maillet, *op. cit.*, 55-56). Pour l'historien Léon Thériault, Rameau « révèle [les Acadiens] à eux même en même temps qu'aux autres » (« L'Acadie de 1763 à 1990, synthèse historique », dans *L'Acadie des Maritimes*, Moncton, Centre d'études acadiennes, 1993, 55). L'historien néonationaliste acadien Michel Roy reconnaît aussi l'influence du « programme de redressement » promu par Rameau, même s'il considère que celui-ci a agi surtout en raison de l'appui du clergé, dont les idées ultramontaines y trouvèrent une « filiation » (Michel Roy, *L'Acadie des origines à nos jours : Essai de synthèse historique*, Montréal, Québec/Amérique, 1981, 195). L'historien vulgarisateur anglophone Richard Wilbur commence carrément son ouvrage *The Rise of French New Brunswick* en affirmant que c'est Rameau qui énonça les objectifs qui seraient adoptés par les « emerging leaders » de l'Acadie (Halifax, Formac, 1989, 1). Michel Bock, contributeur important à la récente vague d'histoire intellectuelle canadienne-française, estime aussi que Rameau a œuvré sciemment à la « résurrection » de la « nationalité » acadienne (Michel Bock, « Se souvenir et oublier : la mémoire du Canada français, hier et aujourd'hui », dans *L'espace francophone en milieu minoritaire au Canada. Nouveaux enjeux, nouvelles mobilisations*, sous la direction de Y.Y. Thériault, A. Gilbert et L. Cardinal, Montréal, Éditions Fides, 169). L'historien qui s'est le plus penché sur l'œuvre de Rameau, Pierre Trépanier, estime pour sa part que s'il n'est pas « à l'origine du vieux nationalisme acadien », il en a néanmoins « assemblé les éléments épars en une doctrine cohérente » et lui a « accordé l'aval prestigieux d'un intellectuel de la vieille Europe » (Pierre Trépanier, « Rameau de Saint-Père et le métier d'historien », *Revue d'histoire de l'Amérique française*, vol. 33, n° 3 (1979), 331). Plus récemment, la sociologue acadienne Michelle Landry reconnaissait elle aussi la grande influence de Rameau, ajoutant que la distinction qu'il établit clairement entre Canadiens et Acadiens est un autre de ses legs (Michelle Landry, *L'Acadie politique. Histoire sociopolitique de l'Acadie du Nouveau-Brunswick*, Québec, Presses de l'Université Laval, 26).

5 Pour une synthèse sociologique sur la nature de ladite « Renaissance acadienne », lire Joseph Yvon Thériault, « Naissance, déploiement et crise de l'idéologie nationale », et Joseph Yvon Thériault, *L'identité à l'épreuve de la modernité*, Moncton, Éditions d'Acadie, 1995, 219-244. Pour des regards plus approfondis, voir : Camille A. Richard, *L'idéologie de la première convention nationale acadienne*, mémoire de maîtrise, Québec, Université Laval, 1960; Raymond Mailhot, *Prise de conscience collective acadienne au Nouveau-Brunswick (1860-1891) et comportement de la majorité anglophone*, thèse de doctorat, Montréal, Université de Montréal, 1973; Stanley

Della, *Au service de deux peuples : Pierre-Amand Landry*, Moncton, Éditions d'Acadie, 1977; Patrick D. Clarke, *Les fondements idéologiques de la question linguistique en Acadie, 1867-1914*, mémoire de maîtrise, Moncton, Université de Moncton, 1981; Sheila M. Andrew, *The Development of Elites in Acadian New Brunswick, 1861-1881*, Montréal et Kingston, McGill-Queen's University Press, 1996; Denis Bourque et Chantal Richard, « Introduction », *Les Conventions nationales acadiennes. Tome 1 (1881-1890)*, Moncton, Institut d'études acadiennes, 2013.

6   Le premier tome paraît en 1877 (Paris, Didier et Cie Libraires-Éditeurs); le deuxième en 1889 (Paris et Montréal, Librairie Plon et Granger frères, 1889).

7   Michelle Landry, *op. cit.*, 24.

8   Sur le nationalisme au XIXe siècle, il existe une pléthore de publications. Contentons-nous de citer un classique de la perspective sociologique du constructivisme, encore abondamment cité, comme portrait de l'époque en général : Benedict Anderson, *Imagined Communities: Reflections on the Origin and Spread of Nationalism*, London, Verso, 1983. Pour une description fine de l'évolution du sens national canadien à cette époque, on consultera à profit Carl Berger, *The Sense of Power: Studies in the Ideas of Canadian Imperialism, 1867–1914*, Toronto, University of Toronto Press, 1970. Pour une étude assez récente replaçant l'histoire québécoise dans le prisme des théories du nationalisme, voir : Marcel Bellavance, *Le Québec au siècle des nationalités : essai d'histoire comparée*, Montréal, VLB éditeur, 2004.

9   Solange Decencière-Ferrandière (la fille de Rameau), « Voyages au Canada », *La Revue de l'Université Laval*, vol. 3, n° 6 (février 1949), 20; Jean Bruchési, *Rameau de Saint-Père et les Français d'Amérique*, Montréal, Éditions des Dix, 1950, 9.

10 Rameau à E. Dumez, cité par Ronnie-Gilles LeBlanc, 17-18.

11 Il avait aussi fait une partie de son collège à Paris, au Collège Saint-Louis. LeBlanc, *op. cit*, 16.

12 Serge Bernstein et Michel Winock, *L'invention de la démocratie, 1789-1914 (Histoire de la France politique 3)*, Paris, Éditions du Seuil, 116-122.

13 LeBlanc, *op. cit.*, 21-22.

14 L'ouvrage fut publié par « la Librairie de Théophile Barrois ».

15 Rameau, *op. cit.*, IX.

16 Bernstein et Winock, *op. cit.*, 134-135.

17 Pierre Albert, « L'Ère nouvelle », *Encyclopédie Universalis* [en ligne].

18 Charles Vaugirard, « 1848 : *L'Ère nouvelle* et la « première » Démocratie chrétienne, Cahiers Libres, avril 2014; Charles Morel, « Un journal démocrate-chrétien en 1848-1849 : *L'Ère nouvelle* », *Revue d'histoire de l'Église de France*, tome 63, n° 170 (1977), 25-55.

19 Jean Bruchési, *Rameau de Saint-Père et les Français d'Amérique*, Montréal, Éditions des Dix, 1950, 89.

20 Henri Lacordaire, *Frédéric Ozanam, in Œuvres complètes*, t. IX, Paris, Poussielgue, 1872, 56.

21 LeBlanc, *op. cit.*, 24.
22 Pour une exploration en profondeur de la relation de Rameau avec ce penseur et militant, voir Pierre Trépanier, « Rameau de Saint-Père et Proudhon (1852-1853) », *Les Cahiers des Dix*, n° 45 (1990), 169-191.
23 P. Trépanier, *op. cit.*, 177. Pour constater cet esprit dans un texte de Rameau, voir « Citoyen », *La République universelle*, juin 1850.
24 *Ibid.*
25 Rameau, Sans titre, *La République universelle*, 1er juin 1851, 149.
26 Rameau, « Caisses publiques de retraite », *La République universelle*, 1er juin 1851, 163.
27 Rameau, (sans titre, au sujet des candidatures à la présidence), *La République universelle*, 1er mai 1851, 116-117.
28 Rameau, « Les Cosaques », *La République universelle*, 1er août 1851.
29 Bernstein et Winock, *op. cit.*, 148-172.
30 *Ibid.*, 172-176.
31 P. Trépanier, *op. cit.*, 177.
32 Solange Rameau citée par Ronnie-Gilles LeBlanc, 25. De nombreux catholiques libéraux feront de même, incluant le célèbre Henri Lacordaire. Henri Lacordaire, *Testament du Père Lacordaire*, Charles de Montalembert, Charles Douniol, Paris, 1870, 150.
33 Bruchési soutient que c'est « vers 1850 », 9, pendant que LeBlanc affirme que c'est en 1852, (27).
34 LeBlanc, 28.
35 *An Historical and Statistical Account of Nova Scotia*, Halifax, J. Howe, 1829.
36 Henry Wadsworth Longfellow, *Evangeline, A Tale of Acadie*, Boston, 1847.
37 Environ 450 de celles-ci s'adresseront à des Acadiens. LeBlanc, *op. cit.*, 29-30.
38 Cité par P. et L. Trépanier, *op. cit.*, 347.
39 Rameau, *op. cit.*, 122.
40 *Ibid.*, 102.
41 P. Trépanier, *op. cit.*, 172.
42 Bruchesi, *op. cit.*, 10.
43 Rameau, *op. cit.*, 263.
44 Bruchesi, *op. cit.*, 11.
45 *Ibid.*, 14-15.
46 Rameau dans LeBlanc, *op. cit.*, 59.
47 *Ibid.*, 208.
48 LeBlanc, *op. cit.*, 52; P. Trépanier, *op. cit.*, 349.
49 Rameau dans LeBlanc, *op. cit.*, 205.
50 Bruchési, *op. cit.*, 19-20.
51 Voir les propos de Rameau dans LeBlanc, *Le Voyage de Rameau*, 117, 150 et 261.

52 Voir par exemple « Notes sur les modifications subies par les Européens transplantés en Amérique », *Bulletins de la Société d'anthropologie de Paris*, tome 2 (1862), 629. Lire P. Trépanier, *op. cit.*, 336; LeBlanc, *op. cit.*, 57.
53 LeBlanc, *op. cit.*, 234.
54 *Ibid.*, 137-138.
55 *Ibid.*, 251. Voir aussi 154, 212.
56 *Ibid.*, 77-78, 122.
57 *Ibid.*, 169, par exemple.
58 *Ibid.*, par exemple, 177-179, 230, 234, 245-246.
59 Clarke, 1994, 15.
60 LeBlanc, *op. cit.*, 184, note 227. Des échanges remarquablement similaires sont relatés aux pages 228, 238, 261, 267, 297 et 312. Voir les commentaires de LeBlanc sur le sujet, 84-86.
61 *Ibid.*, 228.
62 *Ibid.*, 238-239.
63 *Ibid.*, 154.
64 Yvan Lamonde, *Histoire sociale des idées au Québec, 1760-1896*, 385-387.
65 Bruchési, *Rameau de Saint-Père et les Français*, 17.
66 Rameau, dans LeBlanc, *op. cit.*, 293.
67 Yves Frenette et Stéphane Plourde, « Les nouvelles Acadies de l'Atlantique, 1763-1871 », dans *Atlas historique du Québec : La Francophonie nord-américaine*, sous la direction de Yves Frenette, Étienne Rivard et Marc St-Hilaire, Québec, Presses de l'Université Laval, 2012, 69.
68 Notons que cette idée deviendra un leitmotiv du clergé de la fin du XIXe siècle et du début du XXe siècle.
69 LeBlanc, *op. cit.*, 136-138, 161.
70 *Ibid.*, 293.
71 *Ibid.*, 305.
72 *Ibid.*, 42.
73 Rameau, *op. cit.*, 114-115.
74 *Ibid.*, 115-116.
75 *Ibid.*, 113.
76 LeBlanc, *op. cit.*, 301, 312-313.
77 *Ibid.*, 305.
78 Rameau dans LeBlanc, *op. cit.*, 190.
79 *Ibid.*, 222.
80 Rameau considère toutefois que le climat et d'autres facteurs peuvent aussi affecter le « tempérament » des peuples. Si les Américains lui semblent être « des Européens dégénérés », dont les « aptitudes et qualités » se limitent au commerce, il estime qu'il « en est autrement au Canada où la race est française [et] le climat est celui

de la Russie », une combinaison qui manifestement lui semble être plus heureuse. Rameau, « Notes sur les modifications subies par les Européens transplantés en Amérique », *Bulletins de la Société d'anthropologie de Paris*, tome 2 (1862), 629.
81 Rameau dans LeBlanc, *op. cit.*, 216, 220.
82 *Ibid.*, 55.
83 François-Edme Rameau de Saint-Père, « Documents sur le Canada », communication lue à la séance du 3 janvier 1861, *Bulletins de la Société d'anthropologie de Paris*, tome 2, (1862), 9. Cité par LeBlanc, 55.
84 LeBlanc, *op. cit.*, 55.
85 Élément de contexte révélateur : c'est sept ans avant le voyage de Rameau, en 1853, que Joseph Arthur de Gobineau fit paraître son *Essai sur l'inégalité des races humaines*, qui sera l'un des fondements des idéologies racistes du prochain siècle.
86 Emmanuelle Saada, « Un racisme de l'expansion. Les discriminations raciales au regard des situations coloniales », dans *De la question sociale à la question raciale. Représenter la société française*, sous la direction de Didier Fassin et Éric Fassin, La Découverte, Paris, 2006, 55-71.
87 Spencer écrivait dans ses *Principles of Biology*, vol. 1 (1864), 444 : « This survival of the fittest, which I have here sought to express in mechanical terms, is that which Mr. Darwin has called "natural selection," or the preservation of favoured races in the struggle for life. »
88 C'est d'ailleurs la thèse derrière l'un des romans américains ayant eu le plus grand retentissement international au XIXe siècle, *Le dernier des Mohicans*, publié par James Fenimore Cooper en 1826.
89 Pierre-André Taguieff, *La Judéophobie des modernes : Des Lumières au Jihad mondial*, Paris, Odile Jacob, 103.
90 Toussenel cité par Taguieff, *op. cit.*, 103. L'antisémitisme deviendra l'objet principal de la pensée de Toussenel, bien qu'il soit socialiste et fourriériste à la base. Voir Alphonse de Toussenel, *Les Juifs, rois de l'époque : histoire de la féodalité financière*, Paris, chez C. Marpon & E. Flammarion, 1845.
91 Michel Dreyfus, *L'antisémitisme à gauche, histoire d'un paradoxe*, Paris, La découverte, 2011; Pierre Joseph Proudhon, *La Guerre et la Paix : recherches sur le principe et la constitution du droit des gens*, E. Dentu, 1861, Livre II, Ch. X.
92 Léon Gérin dans « Le Gentilhomme français et la colonisation au Canada », *Mémoires et comptes rendus de la Société royale du Canada*, 1896.
93 Bruchési, *op. cit.*, 13.
94 Roy, *L'Acadie perdue*, 1978, 94.
95 P. Trépanier, « Rameau de Saint-Père et le métier d'historien... », 336.
96 Antoine Savoye, « Frédéric LePlay », *Encyclopédie Universalis* [en ligne].
97 Bruchési, *op. cit.*, 14; LeBlanc, *op. cit.*, 42-44.
98 P. Trépanier, *op. cit.*, 336. À en croire une lettre qu'il adresse à son correspondant Louisianais Dumez, il était « bien revenu de ses enthousiasmes » révolutionnaires

aussi tôt que 1868. CEA, 2.1-9, Rameau à E. Dumez, juin ou juill. 1868 (brouillon), cité à la p. 336, 342.
99   P. et L. Trépanier, « Rameau de Saint-Père et l'histoire de la colonisation française… », 43.
100 P. Trépanier, *op. cit.*, 336.
101 *Ibid.*, 354.
102 Voir notamment Roger Brubaker, *Citizenship and Nationhood in France and Germany*, Cambridge (Mass.), Harvard University Press, 1992; Michel Winock, *Nationalisme, antisémitisme et fascisme en France*, Paris, Le Seuil, 1990.
103 À ce sujet, voir notamment Yvan Lamonde, *Histoire sociale des idées au Québec, 1760-1896*, Montréal, Éditions Fides, ch. 9 et 10 et Éric Bédard, *Les Réformistes : Une génération canadienne-française au milieu du XIXe siècle*, Montréal, Boréal, 2012.
104 Joseph Yvon Thériault, « Naissance, déploiement et crise de l'idéologie nationale », *L'identité à l'épreuve de la modernité*, Moncton, Éditions d'Acadie, 1995, 224-225.
105 Maguerite Maillet, *op. cit.*, 56.
106 LeBlanc, *op. cit.*, 41.
107 Deborah Robichaud, « Les conventions nationales (1890-1913). La Société nationale L'Assomption et son discours », *Les Cahiers de la Société historique acadienne*, vol. 12, n° 1 (mars 1981), 36.
108 Robert Pichette, *Napoléon III, l'Acadie et le Canada français*, Moncton, Éditions d'Acadie, 1998, 88.
109 *Ibid.*, ch. 4.
110 Robert Pichette, « L'Alliance française, l'une des trois passions de Pascal Poirier », *Cahiers*, Société historique acadienne, vol. 41, n° 4 (2010), 206.
111 Joseph Yvon Thériault, *Évangéline, contes d'Amérique*, Montréal, Québec-Amérique, 121-122.
112 Benjamin Sulte, cité par P. Clarke, *Moïse de l'Acadie,* 89.
113 LeBlanc, *op. cit.*, 45-48.
114 Le *Moniteur acadien* du 21 août 1888, cité par LeBlanc, 48.

CHAPITRE 11

« *That's where the roots are* » : acadianité et sentiment d'appartenance dans le discours d'immigrantes et d'immigrants d'origine acadienne en Nouvelle-Angleterre

CARMEN D'ENTREMONT AVEC STÉPHANIE ST-PIERRE

Entre le milieu du XIXe siècle et la Seconde Guerre mondiale, pas moins de 20 000 à 30 000 Acadiennes et Acadiens des provinces maritimes, motivés par des facteurs économiques et un désir de progresser, migrent aux États-Unis[1]. On estime qu'un nombre considérable d'Américaines et Américains ont des racines acadiennes en raison de cette vague migratoire, qui dépasse largement l'Acadie. En 1988, Jean-Marie Nadeau affirme qu'il y a, en plus de la population acadienne en Louisiane, « un autre demi-million d'Acadiens aux États-Unis, concentrés principalement dans les États de la Nouvelle-Angleterre[2] ». Ces derniers représentent un sixième de la population acadienne si l'on considère qu'à l'échelle mondiale, elle compte « trois millions de personnes[3] ». On retrouve, au sein de ce groupe, des gens qui, quoique bien intégrés à la société américaine, restent attachés à leurs origines ethnoculturelles. Ces derniers gardent vivante la culture des ancêtres, à des degrés variés, notamment en cuisinant des mets traditionnels. Dans certains cas, les liens qui sont maintenus avec le lieu d'origine, par l'entremise de visites ou de relations familiales, contribuent à renouveler et à renforcer l'identité acadienne.

Si l'émigration de la population canadienne-française vers la Nouvelle-Angleterre est bien documentée[4], le phénomène est moins étudié du côté de l'Acadie. Au cours des années 1980, dans l'objectif de « créer des liens entre l'Acadie universitaire et officiel et ses cousins/cousines vivant en Nouvelle-Angleterre[5] », les organisateurs des colloques de l'Institut français du Collège de l'Assomption invitent les chercheurs en études acadiennes à examiner les effets de ce mouvement migratoire sur la démographie, le discours nationaliste qui entoure cet exode, les facteurs ayant incité les déplacements vers les milieux industriels, motifs généralement réduits à des difficultés économiques[6]. Un autre thème abordé est le patrimoine folklorique. Lorraine Léger souligne que les migrantes et migrants Acadiens ont apporté avec eux contes, légendes, coutumes et croyances quand ils ont traversé la frontière américaine, tandis que les recherches de Georges Arsenault et Donald Deschênes démontrent que les chansons acadiennes de composition locale peuvent révéler des détails intéressants sur les expériences migratoires[7]. Dans son étude sur les Acadiens de Chéticamp à Waltham, Laura Sadowsky remarque que les institutions franco-américaines, notamment les clubs sociaux, et le contact maintenu avec le lieu d'origine ont favorisé la survivance d'expressions du folklore et l'affirmation de l'identité culturelle aux États-Unis[8]. Des recherches plus récentes considèrent la participation des femmes au mouvement, s'interrogeant sur les parcours de vie ainsi que sur les motivations propres à ce groupe, telle la recherche d'un mode de vie indépendant[9]. Plusieurs aspects de cette migration vers les États-Unis aux XIXe et XXe siècles restent largement inexplorés. Très peu d'attention est accordée notamment à l'appartenance ethnique des enfants ayant grandi aux États-Unis dans des familles acadiennes.

S'inspirant d'une démarche ethnohistorique, cette étude qui s'intéresse tout particulièrement à la persistance d'éléments de l'appartenance ethnique dans le pays d'accueil, s'appuie sur un riche corpus d'entretiens constitué dans le cadre d'un projet d'histoire sur les migrations circulaires entre les régions acadiennes du sud-ouest de la Nouvelle-Écosse et la Nouvelle-Angleterre, où la population acadienne a une présence continue depuis les années 1860[10]. L'analyse de ces témoignages oraux permet d'explorer la représentation de l'identité acadienne auprès des participantes et participants. Dans un premier temps, il s'agit de cerner les éléments de la spécificité ethnique mis en évidence exprimé par les membres de la population immigrante à l'étude afin d'explorer l'attachement aux origines ethnoculturelles. Quelles sont les principales représentations ethniques maintenues? Pourquoi ont-elles tant de valeur? S'ensuit une réflexion plus large sur l'acadianité, qui tient compte de la dimension diasporique et transnationale de l'Acadie et des débats récents autour des termes « Acadie » et « Acadien[11] ». Nous examinons comment l'auto-identification se manifeste, quels éléments culturels sont perçus comme étant liées aux origines acadiennes, et le rôle des liens familiaux au sein de la population immigrante, entre autres.

L'enquête d'histoire orale, lancée à l'hiver 2021, se poursuivra jusqu'en 2026. Le corpus, constitué à l'aide de la méthode boule de neige, comprend déjà une soixantaine d'entretiens menés avec des immigrants, des enfants issus de l'immigration et des individus vivant au Canada (surtout dans les régions d'Argyle et de Clare) qui ont eu des contacts avec la parenté de « la Marique », comme le disent plusieurs. Les entretiens, s'inscrivant dans une démarche semi-dirigée, ont durée en moyenne une heure. Les sujets, tous d'origine acadienne, ont été invités à partager les récits de migration de leurs familles. Les discussions ont été guidées par des questions abordant les motifs de départ, les trajectoires migratoires, les types d'emplois occupés, les rapports maintenus avec le pays d'origine, les visites familiales (au lieu d'origine et au lieu d'accueil) et la transmission de l'héritage culturel. Réunissant des interprétations et points de vue diversifiés, les entretiens ont permis de documenter les expériences migratoires sur trois, parfois quatre, générations.

Les analyses proposées dans cette étude s'appuient sur les témoignages recueillis au cours de la première année de collecte auprès d'une trentaine de personnes dont les origines généalogiques remontent à la fondation de la région d'Argyle[12]. Afin de saisir la dynamique des expériences vécues et avoir une meilleure compréhension des interactions entre la population immigrante et la famille restée au pays, nous avons consulté l'ensemble des entretiens[13]. Or, en raison de la nature de notre étude, nous privilégions les récits d'individus ayant vécu aux États-Unis pour un minimum de 20 ans, soit 11 femmes et 2 hommes, qui se répartissent en 3 statuts de génération (voir Annexes 1 et 2). Ils ont entre 63 et 90 ans et leurs familles sont originaires des villages suivants : Pubnico, Wedgeport, Sluice Point, Melbourne, Butte-des-Comeau et l'Île-des-Surette. Plus de la moitié (54 %) est originaire des États-Unis, particulièrement de l'état du Massachusetts. Ce sont leurs parents et/ou grand-parents qui ont migré aux États-Unis à la fin du XIXe siècle et pendant la première moitié du XXe siècle, à la recherche de possibilités de pêche ou d'emplois rémunérés. Les autres, nés en Nouvelle-Écosse (46 %), sont partis pour la Nouvelle-Angleterre entre les années 1930 et 1965 pour des raisons variées : trouver du travail, rejoindre un parent ou un conjoint déjà installé là-bas, ou avoir de l'indépendance économique. Parmi ces derniers, quatre (67 %) sont revenus au lieu d'origine.

Une analyse préalable, fondée sur la méthode de l'analyse catégorique, qui consiste « à procéder systématiquement au repérage, au regroupement et, subsidiairement, à l'examen discursif des thèmes abordés dans un corpus[14] », a été réalisée afin de dégager les énoncés identitaires et traits culturels mis en exergue par les sujets. En plus de souligner l'importance accordée à l'appartenance ethnique en contexte migratoire, cet exercice a permis d'identifier trois thèmes récurrents sur lesquelles nous nous penchons : la langue, la cuisine et le lieu d'origine des ancêtres. Avant de se plonger dans l'analyse thématique du corpus, nous présenterons le cadre théorique de l'étude, suivi d'un survol historique qui servira de mise en contexte de la région d'Argyle et des mouvements migratoires vers les États-Unis[15].

Cadre théorique

L'approche ethnohistorique adoptée dans le cadre de ce travail repose ainsi en grande partie sur les méthodes de l'histoire orale et de l'ethnologie. Souvent utilisée pour étudier des populations sans écriture ou dont la documentation historique est limitée, l'ethnohistoire sert aussi dans des études portant sur l'Acadie ou d'autres minorités ethnoculturelles[16]. Dans un texte qui remonte à 1991, l'historien Bruno Ramirez soutient qu'il s'agit d'une approche particulièrement utile dans l'analyse des groupes migrants puisqu'elle « constitue une prolongation de l'étude du processus migratoire[17] ». Si Ramirez a comme champ d'observation la société d'accueil, ce dernier se penche néanmoins sur les dynamiques de pouvoir qui s'exercent entre sociétés hôte et sociétés d'origine, permettant de bien saisir la complexité de l'expérience immigrante. Il y voit un « microcosme social » par lequel on peut observer le développement de certaines formes, parfois concurrentielles, d'autoreprésentation[18].

Ramirez situe l'ethnohistoire au cœur du débat sur l'ethnicité, rappelant que « ce qui distingue une minorité du reste de la société est plus que ses seules caractéristiques raciales ou linguistiques[19] ». L'approche permet d'étudier, à une échelle microhistorique, les transformations identitaires des groupes minoritaires. « L'ethnicité devient donc observable en tant que processus historique : elle représente non pas un ensemble de valeurs transplantées et destinées simplement à se reproduire telles quelles ou à disparaître, mais plutôt des valeurs qui, une fois opposées à une nouvelle réalité, produisent de nouveaux comportements, de nouvelles formes d'association, de nouvelles identités, et font des immigrants des agents importants du changement social[20]. » Ces réflexions de Ramirez témoignent ainsi du rôle que peut jouer l'ethnohistoire dans l'étude des mouvements migratoires.

Les études en ethnologie montrent que les récits oraux d'une communauté reflètent l'identité culturelle du milieu et complémentent les textes historiques[21]. L'ethnologue Jean-Claude Bouvier note que « l'essentiel de la culture d'un peuple continue à se transmettre oralement, même dans une société depuis longtemps alphabétisée[22] ». Fondés sur quelques questions principales, nos échanges avec les sujets se sont inspirés de l'ethnotexte, élaboré par

Jean-Claude Bouvier, qui encourage les informateurs à avoir le dernier mot. En invitant les informatrices et informateurs à partager ce qui leur venait à l'esprit lors de nos échanges, nous espérions leur donner la liberté de déterminer, par eux-mêmes, ce que signifie être acadien en contexte migratoire. En examinant les récits oraux d'Américains d'origine acadienne sous l'angle des études ethnohistoriques, nous cherchons à comprendre pourquoi certaines représentations ethniques y sont retenues, de même que pourquoi ils ont tant de valeur.

Migrations, diaspora et acadianité

L'Acadie est parfois qualifiée de pays d'histoire dont les frontières sont difficiles à définir. Puisque les mouvements migratoires que nous étudions participent à la création de communautés acadiennes à l'extérieur des Maritimes, il importe de se pencher sur la dimension diasporique de l'Acadie. En effet, la définition de la diaspora ne fait pas l'unanimité. Qui plus est, il s'agit d'une notion qui dépasse largement les études acadiennes. Alors qu'on peut voir ce concept comme synonyme d'une « Acadie plurielle » dans laquelle le lien identitaire acadien sert de point d'ancrage, la définition plus classique repose sur les notions de déplacement forcé, de mouvements de groupes, de multiplication des lieux d'accueil. Le Grand Dérangement répond aux critères de cette définition plus classique. Toutefois, comme l'expliquent Magord et Belkhodja, le concept de diaspora s'est élargi, « ce qui a pour effet de rendre le vocable plus souple, mais également plus confus[23] ». S'inscrivant dans les nouveaux courants postmodernes et postcoloniaux, l'intérêt pour l'étude de la « diaspora » gravite autour des questions d'identité. Les auteurs expliquent que « la mondialisation introduit la redécouverte de soi, de sa culture et de ses origines. Par conséquent, elle permet aux sociétés, mais aussi aux individus, de se connaître à nouveau[24] ».

Bien adaptée aux besoins de cette étude, cette définition plus englobante de la diaspora accorde une place à l'individu tout en invitant à réfléchir aux identités comme mouvantes et multiples, notamment dans un contexte de migration. Comme Kathleen Wilson, nous proposons que : « [I]dentity results from the negotiation between where one is placed and where one places oneself within social networks, working through what is possible as well as what is forbidden. [...] [I]dentity is a historical process, "a matter of 'becoming' as well as of 'being,'" as Stuart Hall has evocatively put it, that produces and is produced by people's positioning in the narratives of the past[25]. » Les notions de diaspora et d'identité présentées ci-dessus servent de points d'ancrage pour explorer plus spécifiquement l'acadianité, concept central de notre étude qui fait l'objet de débats. Bien que l'Acadie se veut inclusive, l'identité ethnique demeure importante pour légitimer l'acadianité. Certains universitaires s'intéressent au concept dans une perspective d'intégration d'immigrantes et immigrants francophones dans les provinces maritimes ou d'études sur la diversité, notamment en ce qui a trait aux rapports entre acadianité et créolisation[26].

Résumant les grandes lignes des études sur l'identité acadienne, Caroline-Isabelle Caron rappelle le texte phare d'Adrien Bérubé[27] dans lequel il présente quatre visions de l'Acadie (historique, généalogique, opérationnelle et prospective) qui teinteront les recherches subséquentes[28]. Dans les études plus récentes, ces quatre catégories se sont mutées pour n'en former que deux. Parfois contradictoires, ces « Acadies » distinguent généralement l'Acadie généalogique de l'Acadie territoriale, circonscrites aux Maritimes et dotées d'un certain projet politique centré particulièrement au Nouveau-Brunswick[29]. Caron, pour sa part, souhaite proposer une vision plus constructive et inclusive de l'Acadie contemporaine qui s'éloigne de l'idée selon laquelle il y a opposition entre Acadie territoriale et Acadie généalogique, voir diasporique[30]. Pour Caron, le plus grand défi de la diaspora repose sur sa définition et sur ses limites, de même que sur la place de l'acadianité dans des cas de coexistence identitaire où l'acadianité s'exprime de façon ponctuelle, lorsque l'individu est interpellé. Pour Caron, « l'expérience acadienne, n'est pas univoque, mais diverse, multiple et plurielle[31] ». Utilisant des expressions comme « acadianité multivoque », la fluidité avec laquelle elle définit l'identité nous semble bien adaptée à notre approche. Elle explique : « Il y a plusieurs manières d'être Acadiens aujourd'hui, dans le quotidien. Cette diversité est une conséquence de l'histoire et une vision ethnohistoriciste de la culture acadienne est nécessaire. Être acadien aujourd'hui est en fonction, non seulement de ce que furent les Acadiens du passé, mais surtout de ce qu'est devenu l'Acadie avec le temps[32]. » Il existe toutefois des différences notables entre l'approche de Caron et la nôtre. Alors que cette dernière s'intéresse aux associations familiales à l'extérieur des Maritimes et aux travaux de généalogistes, nous nous penchons davantage sur les expériences individuelles et familiales. Le regard qu'elle porte sur la relation entre l'Acadie territoriale et l'Acadie généalogique nous permet toutefois de bien ancrer nos réflexions.

Comme le souligne Caron, l'acadianité « légitime », notamment à l'extérieur des provinces maritimes, repose de façon importante sur des principes généalogiques. Cette définition a par ailleurs teinté notre posture de départ, posture qui s'exprime de façon évidente dans le choix d'intervenantes et intervenants dont les origines acadiennes remontent jusqu'à la fondation de la région acadienne d'Argyle. Ce constat nous oblige à nous situer par rapport au débat et à conclure que notre étude, par la constitution de son corpus d'entretiens, participe ainsi activement à cette définition d'une Acadie et d'une acadianité « généalogique », qui s'exprime toutefois de façons multiples dans les Maritimes et ailleurs.

L'émigration vers la Nouvelle-Angleterre : le cas des Acadiens d'Argyle

L'émigration des Acadiennes et Acadiens vers les États-Unis à l'ère de l'industrialisation s'inscrit dans un vaste mouvement qui touche à l'ensemble des provinces maritimes[33] et à la population canadienne-française. Surnommée « la grande hémorragie », cette migration chiffre à 900 000 les départs de Canadiens français en direction des États-Unis entre 1840 et 1930[34]. Devant les difficultés économiques de l'époque, les agriculteurs, journaliers et salariés quittent le Canada dans l'espoir d'améliorer leur situation et d'assurer un meilleur avenir pour leur famille. L'émigration est donc devenue une stratégie de survie économique et de reproduction sociale[35]. Les villes industrialisées du Massachusetts se présentent comme une destination de choix, tant pour les immigrants Acadiens que pour les Québécois et les anglophones.

Fondée par des familles acadiennes revenues après le Grand Dérangement à partir de 1766, Argyle est l'une de sept communautés acadiennes de la Nouvelle-Écosse[36]. Argyle s'est développée majoritairement le long des côtes, à l'est de la ville de Yarmouth, dans les environs d'une zone géographique nommée Cap-Sable à l'époque du Régime français. La population actuelle se chiffre à environ 8 000 personnes, dont près de la moitié parle la langue française[37]. Les terres étant peu propices à l'agriculture, sa population se tourne vers la pêche, la construction navale et le cabotage[38]. Au XIXe siècle, le Traité de réciprocité de 1854 favorise les ventes sur le marché américain. Entre 1854 et 1871, une soixantaine de grands bateaux sont construits à Pubnico[39]. Quand ce traité est révoqué en 1866, l'économie locale glisse vers la récession[40]. L'industrialisation va ensuite révolutionner l'économie, faisant « perdre à la société acadienne son autonomie et son indépendance financière[41] », menant ainsi à un détachement du mode de vie traditionnel. Si les centres urbains des provinces maritimes ont vu une expansion industrielle à la fin du XIXe siècle, les régions rurales demeurent en difficulté économique, en partie à cause de l'incapacité de la Politique nationale de venir en aide aux activités

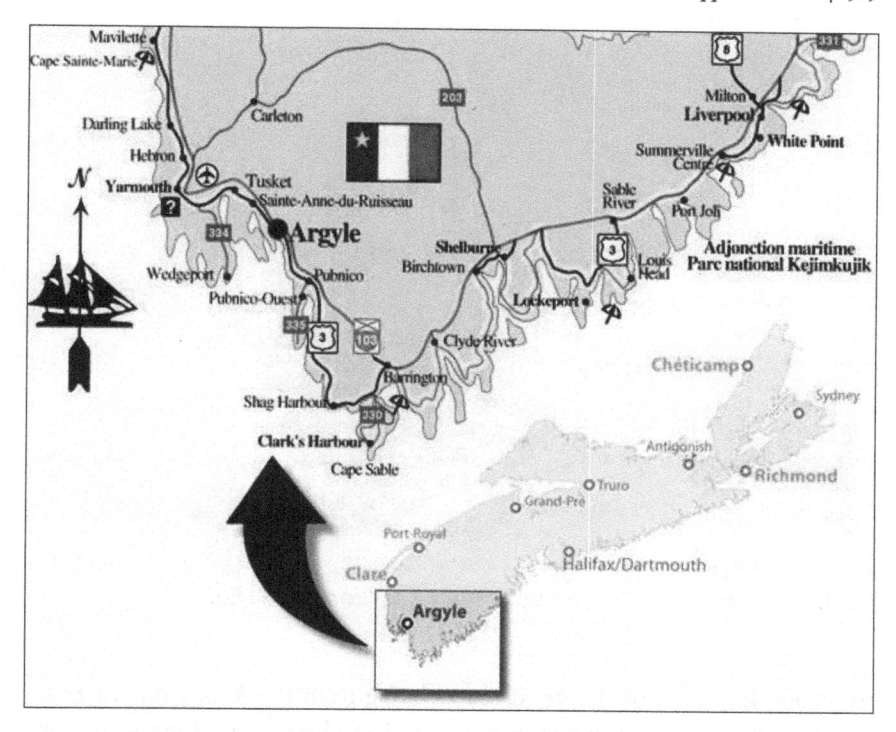

Fig. 11.1 | Carte de la région d'Argyle.

économiques spécialisées pratiquées dans ces milieux, comme la pêche et la construction navale[42]. En raison de la situation économique peu favorable des Maritimes, l'attraction aux États-Unis, notamment aux usines américaines devient forte[43].

Si la migration des Canadiens français a commencé dans les années 1840, la migration acadienne a débuté vers les années 1870[44]. Peu de gens d'Argyle s'installent aux États-Unis de façon permanente au XIXe siècle; on assiste plutôt à une migration saisonnière, essentiellement masculine[45]. Ce sont surtout les pêcheurs qui y participent; ils se rendent en Nouvelle-Angleterre pour se rapprocher des bancs de poissons et des marchés américains. Chaque année, ils laissent leur famille pour aller travailler aux États-Unis pendant six mois environ[46]. Ils vivent avec des connaissances ou dans des maisons de pension, comme l'explique Donald Doucette : « Although it was stated that they were from Boston and Gloucester, my grandfather's home was in Surette's Island, Nova Scotia. When these men who had not moved their families [...] went fishing out of the United State ports, they lived in boarding houses or with relatives

Fig. 11.2 | Carte postale, Traversier S.S. *Évangeline*, Yarmouth (N.-É.).

therefore they were frequently listed as being from the Massachusetts town that they were living in while in port[47]. » Ces absences prolongées ne sont pas idéales pour ceux qui ont des responsabilités familiales. Certains pêcheurs déménagent leurs familles au Massachusetts tandis que d'autres saisissent les occasions qui se présentent là-bas pour changer de métier et améliorer leur qualité de vie[48]. Cherchant une stabilité économique, les jeunes célibataires et aventureux sont également attirés au large éventail de possibilités d'emplois offerts[49]. Pour ces derniers, c'est également l'occasion de partir à l'aventure.

Avec le temps, ces mouvements temporaires deviennent permanents et, à partir de 1871, les départs augmentes considérablement[50]. Des familles entières s'installent en Nouvelle-Angleterre[51]. Dans la période d'entre-deux guerres, plusieurs villages d'Argyle sont presque désertés[52]. Comme l'explique une informatrice, c'est parce que les résidents « s'en allait aux États-Unis[53] ». D'après les témoignages, « c'était facile de se trouver un emploi », surtout « si tu avais une recommandation de quelqu'un[54] ». La présence de la famille à destination d'ailleurs était un facteur déterminant. De plus, les déplacements sont facilités par le service de paquebot qui relie Yarmouth et Boston dès 1855[55].

Au début, les Acadiens d'Argyle semblent graviter vers Salem et Lynn, en plus de Gloucester et Boston. Après 1918, on les trouve dans la plupart des centres industriels du Massachusetts, où vivent aussi des Canadiens français[56].

Fig. 11.3 | Clifford Muise, originaire de Hubbard's Point (N.-É.) et autres travaillants devant une tannerie, Winchester (Mass.), vers 1921.

Ils s'installent surtout dans les comtés de Middlesex, Essex, Norfolk et Suffolk, prenant parfois la route vers d'autres États, comme New York, New Hampshire et le Maine[57].

Parmi ceux qui ont fait partie des premières vagues, plusieurs sont des hommes de métier, tels que des charpentiers, cordonniers et peintres. Ils sont également employés dans les usines manufacturières, notamment la chaussure, la tannerie, l'horlogerie, les matériaux électroniques et le rotin[58].

Les données de recensements et l'historiographie démontrent que les femmes participent au mouvement migratoire à la même hauteur que les hommes[59]. Comme l'explique Betsy Beattie, les jeunes filles célibataires quittent le foyer pour devenir autosuffisantes et répondre aux besoins économiques de leurs familles[60]. Le cas des Acadiennes d'Argyle ne fait pas exception. À partir des années 1860, on les retrouve dans les usines de transformation de morue à Boston et à Gloucester[61].

Au-delà de soutenir les familles restées au Canada, les femmes migrent parfois pour des raisons de nature plus personnelle, comme échapper aux responsabilités familiales ou un environnement malsain, venir en aide à leurs proches,

Fig. 11.4 | Femmes qui emballent du poisson, tel que la morue, Sylvanus Smith & Co, Gloucester, vers 1899.

notamment avec la garde des enfants, devenir indépendantes, s'épanouir[62]. Si au XIXe siècle, les femmes occupent surtout des emplois manufacturiers ainsi que des postes de domestiques et de couturières, elles profitent des opportunités professionnelles et éducatives disponibles qui se présentent pour améliorer leur sort[63]. Elles cherchent des emplois moins contraignants, tels que des postes de bureau et de vente.

Si les statistiques imprécises rendent difficile le décompte officiel des départs d'Acadiennes et Acadiens d'Argyle vers la Nouvelle-Angleterre, les données disponibles permettent de conclure qu'il s'agit d'un phénomène important. Selon Arsenault, l'exode fut particulièrement « néfaste pour les Acadiennes et Acadiens de la Nouvelle-Écosse[64] ». Yves Frenette et Stéphane Plourde affirment que le sud-ouest de la province figure parmi les régions les plus touchées par l'émigration[65]. Dans une analyse démographique, Neil Boucher note une réduction de 73 % de la croissance potentielle de la population francophone du comté de Yarmouth et de 76 % pour celle du comté de Digby sur une période de 40 ans (1871-1911)[66]. En 1927, on note les effets du mouvement sur le portrait démographique des communautés locales dans le *Yarmouth*

Herald : « On this side of Pubnico Harbour, from the head of the harbour to Pubnico Beach, about one fifth of the dwelling houses are closed up. [...] Look over the Argyles, Eel Brook, Amirault Hill, Wedgeport [...] and you will find a large percentage of the homes vacant, and should you ask a neighbour as to their whereabouts, they will reply: "Gone to the States"[67]. » Les nouvelles communautaires publiées dans le *Petit Courrier*, journal néo-écossais fondé en 1937, témoignant de nombreux allers-retours des migrantes et migrants entre Argyle et les États de la Nouvelle-Angleterre, permettent aussi d'entrevoir l'importance du phénomène.

L'émigration vers les États-Unis inquiète certains contemporains, notamment l'élite laïque et cléricale qui craignent la perte de la langue et de la foi, les piliers de la survie acadienne[68]. À la fin du XIXe siècle, le père Alphonse Parker, curé de Saint-Bernard en Nouvelle-Écosse, exprime son opposition à ce mouvement migratoire dans la presse locale. Sous le pseudonyme « Alpha », il écrit : « Learning a strange tongue and forgetting his own, mocked at if he uses the signs and symbols of his Holy religion; acquiring the vices as well as the expensive habits of a new civilization, the place he works is surely his ruin[69]. » Les interventions de ce genre ont cependant moins d'impact en Nouvelle-Écosse qu'au Nouveau-Brunswick[70]. Le flux d'immigrants d'Argyle est constant jusqu'à la crise économique de 1929[71]. En raison du manque d'emplois, un système de visa d'immigration strict est implanté et plusieurs immigrantes et immigrants sont retournés au Canada[72]. La Nouvelle-Angleterre continue toutefois à accueillir des gens d'Argyle, au moins jusqu'aux années 1960[73]. Ces derniers devaient être parrainés financièrement par des Américains qui acceptaient de se porter garants pour eux[74]. En conséquence, les jeunes commencent à graviter vers des villes canadiennes, comme Toronto[75].

S'il y a aujourd'hui des centaines de milles d'Acadiens en Nouvelle-Angleterre, leur présence est pour ainsi dire invisible aux yeux du public, du fait qu'ils ont adopté la langue du pays d'accueil et, dans certains cas, changé de noms. Clarence d'Entremont, prêtre catholique et historien, déclare qu'on le ridiculisait et le qualifiait de traître en Acadie des Maritimes lorsqu'il se disait fier Acadien à l'époque où il vivait en Nouvelle-Angleterre (1950-1980), en raison de son départ[76]. Par ses travaux et discours, d'Entremont cherche à promouvoir la culture acadienne qui persiste chez un bon groupe d'immigrés, qui « sont fiers de se dire Acadiens, tout en étant d'excellents Américains[77] ». Si un certain nombre d'immigrants, indifférents à leur culture d'origine, se sont fondus dans le *melting pot*, Clarence souligne que plusieurs d'entre eux ont cherché à établir des relations avec d'autres membres de leur groupe et à maintenir leurs traditions culturelles dans le pays d'accueil[78]. Bien que les propos de l'auteur ne soient pas neutres, ayant lui-même participé au mouvement migratoire dont il est question, ils révèlent néanmoins certains détails fascinants quant à la complexité du concept d'acadianité.

Clarence d'Entremont note que la renaissance acadienne de la fin du XIXe siècle a contribué à l'éveil d'une fierté acadienne en Nouvelle-Angleterre[79]. Comme l'a montré Lauyra Sadoswky, les institutions francophones existantes dans le pays d'accueil et les échanges réguliers avec le pays d'origine ont favorisé l'affirmation et le maintien de l'identité ethnique jusqu'aux années 1980[80]. Socialement intégrés, les immigrants acadiens deviennent médecins, garde-malades, artistes, comptables, entrepreneurs. Petit à petit, les familles acadiennes installées en Nouvelle-Angleterre se dispersent, réduisant les rapports sociaux interethniques, un facteur déterminant majeur de l'identification ethnique acadienne, comme le souligne Marc-Adélard Tremblay[81]. En outre, la première génération, porteuse de la culture, disparaît, les mariages mixtes augmentent, et les paroisses franco-américaines, avec leurs écoles bilingues, ferment (ou s'anglicisent)[82]. Au tournant du XXIe siècle, si un certain nombre de migrants ayant des racines dans la région d'Argyle continuent de s'identifier, à un certain degré, avec leurs origines ethnoculturelles, une réelle communauté franco-américaine, « capable d'assurer la promotion et la défense d'intérêts communs », n'existe plus en Nouvelle-Angleterre, comme le souligne Yves Roby[83]. L'identité franco-américaine, coupée largement de la culture francophone, peut être qualifiée de symbolique, affirment Sylvie Beaudreau et Yves Frenette[84]. Dans ce contexte, l'ethnicité, qui demeure enracinée dans les traditions familiales, correspondant davantage à un choix personnel; celle-ci est valorisée et mis en acte occasionnellement lorsque l'individu est interpellé[85].

Analyse thématique du corpus d'entretiens : représentations ethniques

Comme l'a démontré Louis-Jacques Dorais, en mettant en acte des représentations culturelles, les immigrantes et immigrants contribuent à renforcer leur identité et à maintenir ainsi leur adhésion à la culture d'origine[86]. Pour jeter un éclairage sur l'ethnicité des immigrants acadiens d'Argyle, nous examinons ici les traits culturels associés à l'acadianité qui se sont manifestés dans notre corpus d'histoire oral, ainsi que les points de vue des sujets sur les racines ethniques et le sens de l'appartenance. Nous cherchons, entre autres, à avoir une meilleure compréhension de la valeur et du rôle qu'on leur accorde.

« *I wish they would have taught me French* » : *valorisation de la langue d'origine*

La langue française figure de façon importante dans les entretiens comme élément distinctif de la réalité acadienne. Le rapport à la langue s'exprime de multiples façons et notre interprétation du corpus révèle que la population acadienne migrante est attachée à sa langue et qu'elle cherche à faire des transferts linguistiques. Même si les entretiens témoignent d'une adhésion à la langue anglaise dominante auprès de la population migrante et ses descendants, la première génération maintient, du moins pendant un certain temps, l'usage de la langue maternelle au sein de leurs familles et du réseau social. Les immigrantes et immigrants de deuxième génération, bien qu'exposés au français par l'entremise de leurs parents, le parlent rarement aujourd'hui. Il y a néanmoins un attachement à la langue, et un certain désir de l'apprendre (ou la réapprendre), comme l'illustre ce témoignage d'Ivan Bourque : « I wish I could be bilingual. I tried a few times. I can understand it and I can read it to a good extent, but I can't converse. I can't think fast enough to find the words[87]. » À part quelques exceptions, les individus de la troisième et quatrième génération parlent à peine le français. Sans être une préoccupation majeure, les témoignages de ces derniers montrent que la langue, qui est loin d'être oubliée, constitue une expression importante de leur identité culturelle.

Alors que les répondantes et répondants évoquent la langue française lorsqu'ils parlent de leur héritage acadien, le français teinte aussi les souvenirs de vacances en Nouvelle-Écosse. De plus, certains d'entre eux partagent leurs sentiments vis-à-vis l'absence de transmission de la langue et ce, même si plusieurs témoignages évoquent l'usage du français au foyer, notamment dans le cas de migrations d'unités familiales. On évoque parfois le contexte minoritaire pour démontrer l'importance de la langue pour soi ou pour ses parents. À titre d'exemple, Regina Potter affirme que sa mère n'a jamais perdu son français. En plus de converser dans sa langue maternelle avec ses proches, elle a continué de prier en français aux États-Unis. L'informatrice précise que le vocabulaire de ses parents, même lorsqu'ils utilisaient l'anglais, était parsemé de mots français : « My Mom never said grapefruit, it was always pamplemousse. There were certain words that we didn't even know the English for, when we grew up it was the French word. So she did shove it in there here and there, which was nice. » Il en va de même pour Alice Bourque qui raconte : « When they first moved over, my parents were not fluent in English. [...] Amongst themselves it was only French. In the household it was all French [...] The people around them were all French [...] it's when they went out in the workforce that they had to switch. » Un autre répondant déclare : « Even my Aunts who married Americans – one was Italian, one was Irish – still held on to their language. »

Or, voyant le français comme un obstacle à l'intégration professionnelle, les membres de la première génération n'ont pas tardé à adopter la langue du pays d'accueil et, dans certains cas, même à angliciser leurs noms[88]. « They wanted to be successful in the states », explique Lisette d'Eon. C'était également une tentative d'assurer l'avenir des enfants, comme en témoigne Barbara Willie : « My parents spoke French to me when I was a baby but then they realized, once I started playing with the kids in the neighborhood, that I couldn't communicate. So they totally stopped speaking French to me, probably from the age of two. [...] So even though my first few words were French, I grew up with English as a first language. » Ainsi, la perte de la langue d'origine est un des thèmes récurrents, particulièrement dans les récits d'immigrantes et immigrants de deuxième génération. Alice Bourque précise que ses parents se sont convertis à l'anglais en raison de pressions provenant du milieu scolaire : « It was only French in my household until I went to school at the age of five and the teachers told them it would be too difficult for me, would confuse me [...]. So they converted to English. »

Les récits recueillis révèlent que certains individus ont regretté ce choix. Lisette, une immigrante de troisième génération, nous avoue qu'elle n'aimait pas visiter la parenté en Nouvelle-Écosse durant son enfance en raison de la barrière linguistique et qu'elle regrette son unilinguisme anglophone. Elle explique : « It's probably my biggest regret. You know, I would kind of pick on my parents a lot for not teaching me because as I got older – I mean it's such a beautiful language – I was really, really disappointed that I didn't speak it fluently. I understand some of the Pubnico French but not as much as I'd like. [...] If I had one complaint about my parents, it would be: "I wish they would have taught me French." » Motivées par le sentiment d'avoir manqué quelque chose, quelques immigrantes ont tenté de faire revivre le français au sein de leur famille. C'est le cas d'Alice Bourque qui a réappris le français pour le bien de ses enfants lorsqu'elle est revenue en Nouvelle-Écosse en 1985 : « I was very adamant that my children were going to have the language, because I felt I missed out. » Cette capacité de converser en français avec leur progéniture s'avère importante pour d'autres informatrices. Bertha Gardener partage que son fils lui parle souvent en français et que sa petite-fille apprend la langue à l'école. Barbara Willie, pour sa part, nous raconte fièrement que sa fille a voyagé plusieurs semaines en France alors qu'elle était membre d'un club français. Elles conversent d'ailleurs entre elles en français, donnant lieu à une belle complicité. « Now if we want to say something that we don't want our husbands or grandkids to understand, we speak to each other in French, which drives them crazy. » Le besoin de mettre en évidence la connaissance de la langue lors des entretiens est révélateur de l'importance qui est accordée à cet élément de l'expérience du migrant acadien. Quelques répondantes vont jusqu'à se vanter de leurs compétences linguistiques en français, comme dans le cas de Barbara Willie qui nous partage avec fierté qu'elle a été exemptée d'un cours de français à l'université après avoir réussi à l'examen imposé.

Il est intéressant de noter que la langue reprend parfois de l'importance avec l'âge. En effet, quelques immigrantes et immigrants de première génération recommencent à utiliser leur langue maternelle de façon spontanée vers la fin de leur vie. Les parents de Barbara Willie, qui sont retournés au pays vers la fin de leurs jours, se disaient reconnaissants de recevoir des soins dans leur langue maternelle alors qu'ils habitaient un centre de soins de longue durée de la Nouvelle-Écosse. Lisette d'Eon, pour sa part, conversait en français avec sa mère atteinte de démence, et ce, en dépit de son malaise à parler la langue. « You know at the end of her life she had dementia amongst other things and she reverted back to French. [...] I would count with her in French and I would try to sing songs to her in French. » Pour sa part, Regina souligne que les membres de sa famille ont fait des efforts pour chanter la version française de l'hymne « Ave Maris Stella » lors des funérailles de sa mère pour représenter ses origines acadiennes. « Some people were saying, "Well, we had a struggle with the language, but we tried our best!" »

L'interprétation du corpus nous révèle qu'avec le temps, l'usage quotidien du français en Nouvelle-Angleterre s'est perdu. Cela n'a cependant pas d'incidence sur l'importance que ces immigrantes et immigrants accordent à la langue. Même si elle ne sert pas comme outil de communication, la langue maternelle maintient une fonction comme marqueur identitaire. Dans ses recherches sur l'immigration, Marcus Hansen montre que les jeunes de la troisième génération désirent s'approprier ce que leurs parents ont volontairement mis en parenthèse, notamment la langue d'origine de leurs grands-parents[89]. Dans les cas des Acadiennes et Acadiens qui ont migré vers la Nouvelle-Angleterre au XXe siècle, ce désir se manifeste déjà auprès de la deuxième génération, peut-être à cause de la proximité du lieu de départ. Étant près géographiquement du lieu de naissance de leurs aïeules, la majorité des personnes interviewées maintiennent des liens avec la famille élargie qui habite toujours la Nouvelle-Écosse. En fait, les nombreux séjours ont permis à certains d'entre eux de maîtriser ou de renouer avec la langue ou, à tout le moins, de confirmer l'attachement à l'héritage linguistique. C'est le cas de Regina Potter : « I always come home with an accent. When I come back here to the states, I've got the Pubnico accent because I get into it. I forget it all and then it comes back. »

« *It was an all day affair* » : *l'importance de la nourriture*

Plusieurs recherches explorent l'importance de la nourriture en tant que marqueur d'identité[90]. On note, entre autres, que les habitudes alimentaires peuvent être au cœur de l'expérience et de la construction identitaire des immigrants[91], ainsi que de la reconstruction d'un chez-soi[92]. Donna Gabaccia remarque, par exemple, que les immigrants cherchent à maintenir leurs habitudes alimentaires à cause du rôle que joue la nourriture dans l'établissement et le maintien des relations interethniques; abandonner ses traditions alimentaires, dans l'esprit de nombreux immigrés, c'est aussi abandonner sa communauté, sa famille[93]. Charles Camp souligne que la nourriture est l'un des symboles ethniques les plus visibles[94]. Perçue comme un point d'ancrage de leur acadianité, la nourriture traditionnelle figure parmi les thèmes récurrents identifiés lors de l'analyse des entretiens. Si certains éléments de la culture culinaire prémigratoire sont délaissés, d'autres subsistent, ou se renforcent[95].

Les récits recueillis dévoilent notamment un attachement aux plats traditionnels acadiens. Une importance est accordée à la transmission de l'héritage culinaire, des saveurs et des recettes par les immigrants de première génération. Barbara Boudreau affirme que ses parents n'ont pas changé leurs habitudes culinaires aux États-Unis. Elle explique : « It's probably why I'm still eating salt cod. It didn't change very much. » Plusieurs plats prémigratoires ont été maintenus dans le pays d'accueil, comme l'illustre ce témoignage : « We had the rappie pie [...] we often had rabbits [...] we've had deer meat, haddock, halibut, all that stuff. That's what we ate, our basic. Steak was a rare thing but we had a lot of fish because that's what my parents were used to, that type of thing. We had all the same [foods]. And the baked beans, we had to have baked beans every Saturday night [...] and homemade bread, the biscuits, les galettes blanches. »

Les entretiens réalisés exposent par ailleurs un attachement profond au pâté à la râpure, communément appelé râpure ou *rappie pie* en anglais, un plat typique de l'Acadie du sud-ouest de la Nouvelle-Écosse. Principalement constitué de pommes de terre râpées et d'une viande, il s'agit d'un plat aux

Fig. 11.5 | Annonce de râpure, Early Harvest Diner, 2019.

ingrédients simples qui nécessite néanmoins plusieurs heures à confectionner. Phyllis Pothier, qui a toujours vécu en Nouvelle-Écosse, se rappelle qu'on préparait « beaucoup de râpure », « de gros bassins de râpure », quand les membres de la parenté américaine étaient en visite. Les récits révèlent que le pâté à la râpure est le repas de choix lors des rassemblements familiaux, tant aux États-Unis qu'en Nouvelle-Écosse. Ivan Boudreau déclare : « all our special occasions included at least one or two big rappie pie pans », et il nous dit fièrement : « my daughter makes rappie pie now and she's getting better and better. » Les Américains affirment presque tous qu'ils ont continué à manger le pâté à la râpure aux États-Unis, bien que la préparation fût laborieuse, « a two person all day affair », selon M. Boudreau. Les références à la râpure abondent : « My mother made it all my life » ; « À Boston j'en faisais.

J'apportais mes patates avec moi et je faisais ma râpure »; ou encore ce témoignage très révélateur : « In Wakefield now, they have a restaurant [Early Harvest Diner] that sells it, they have it on the menu [...] and, of course, now it's a rite of passage for the Acadians that drop by Massachusetts. » Bertha Gardener se rappelle qu'on servait de la râpure lors des rassemblements organisés à Lynn, sous le nom de « Nova Scotia Nights ».

Dans son étude sur la relation entre l'alimentation et la mémoire dans l'expérience diasporique des individus, David Sutton remarque que l'expérience de la nourriture traditionnelle évoque des souvenirs culturels[96]. Les échanges sur la râpure réveillent notamment des souvenirs entourant les méthodes de préparation du plat. Plusieurs individus évoquent d'ailleurs la tâche ambitieuse de râper les patates à la main, qui était généralement une affaire de famille[97]. Depuis quelques décennies, il est possible d'acheter dans certains magasins des blocs de patates déjà râpées et pressées, que certains nomment « *liquid gold* » aux États-Unis. Les sujets ont tous parlé de ces blocs qui diminuent le temps de préparation de la râpure et qu'ils achètent en quantité lors des visites au Canada : « now whenever we go down we stock up on blocks from the bakery », soutient Barbara Willie. Avant l'apparition de ce produit, certains individus rapportaient des patates et autres ingrédients du pays d'origine pour réaliser ce plat, comme l'illustre le témoignage d'Alice Bourque : « ... we had people travelling all the time, so we often had rabbits [...] It was all frozen. I mean, we declared it all [...] one year my husband came home with a duffle bag of potatoes from the garden down here. We brought them to the States. We brought potatoes to make rappie pie, from here [Buttes-Amirault]. We had brought the rabbits to make the rappie pie. » En raison de la durée du processus de préparation, ce mets est généralement réservé aux occasions spéciales. La râpure comme repas de veille de Noël notamment est une tradition qui demeure importante pour plusieurs familles au pays d'accueil, tel qu'en témoigne cette histoire de Deborah Boudreau : « We did have an adventure with a bloc of potatoes. We brought it to Florida except our flight got cancelled. We actually got rescheduled, ended up in Orlando Florida overnight. So, I raided the ice chest, and we had an ice bucket and a bloc of rappie pie, you know, the potato in the bathroom sink. And that was for our Christmas meal. It was defrosted, of course, by the time we got to the destination, but then it was gonna get cooked. My parents were snowbirds so we were just heading over for Christmas. »

Dans les discours sur la cuisine, il est aussi question de la transmission de ce patrimoine culinaire aux enfants et petits-enfants. Quelques parents étaient particulièrement fiers de nous dire que leurs enfants ont appris à faire le pâté à la râpure, ou encore que des membres de la famille non acadiens adorent ce plat, comme l'illustre ce témoignage : « She [fille de l'informatrice] makes it from bloc. She will eat one serving of it, full of molasses. Her husband, who has no French Acadian in him, loves it! The boys [ses petits-fils] won't touch it yet, but they've been introduced to it. » Il semble d'ailleurs que le désir de faire apprécier ce met traditionnel aux enfants et de transmettre les techniques de préparation, est un facteur déterminant de sa persistance.

On apprend aussi par les témoignages que certaines recettes ou habitudes alimentaires ont disparu aux États à cause du mode de vie et du manque de disponibilité de produits. L'art de faire son propre pain, par exemple, s'est perdu. Pour la mère d'Alice Bourque, comme pour tant de femmes de sa génération, cette tradition ne cadre tout simplement pas avec la vie professionnelle : « She was working so she couldn't make bread in the morning », explique Alice. Vivant en milieu urbain, les gens d'Argyle n'avaient pas de jardins de légumes et d'animaux de ferme. Jean Bernard d'Entremont se rappelle que les membres de la parenté américaine aimaient manger des choses qu'ils ne consommaient plus lors de leurs visites à Pubnico : des sandwichs aux concombres, du pain fait maison, de la crème sure, des coques cuites dans leurs coquilles. En plus de se régaler de certains délices lors des visites estivales, on raconte que les membres de la famille venus des États font des provisions avant de retourner chez eux. Parmi les items communs rapportés dans les valises au milieu du XIXe siècle, il y avait le homard en conserve, les bonbons à la menthe, le fromage cheddar, le thé Red Rose et les blocs entier de *baloney*.

Il est intéressant de noter l'absence d'une discussion autour de l'adaptation de recettes traditionnelles en raison des nouveaux contextes alimentaires. Cela pourrait s'expliquer, du moins en partie, par le fait que les aliments utilisés dans la cuisine acadienne n'étaient pas exotiques aux États-Unis. Barbara Willie remarque, par exemple : « the foods that we had here [à Chatham] were very similar to what my parents grew up eating in Nova Scotia. » Le sens de l'aventure ou de la curiosité, les mariages mixtes et l'accès à un espace alimentaire animé de dynamiques transculturelles encourage néanmoins la population immigrante à découvrir de nouvelles traditions culinaires. Les propos révèlent effectivement que l'exposition directe à d'autres cultures, surtout l'apprentissage de recettes nouvelles, a profondément marqué l'expérience de vie des immigrantes et immigrants. À titre d'exemple, Joan Surette remarque : « Par-là t'apprenais des différentes cultures. T'apprenais le manger des Italiens, le manger des Grecs, des Juifs, leurs religions, leurs façons de vivre. C'était really une learning experience all around. [...] Et j'ai appris à faire du différent manger moi-même à travers de z-eux [ses amis Italiens] : du lasagna, de l'eggplant, des stuffed shells et toutes sortes de différentes choses comme ça. » Pour sa part, Bertha Gardner nous a dit qu'elle fait du bon « chop suey » et « lo mein » depuis qu'elle a suivi quelques cours de cuisine chinoise.

Dans l'imaginaire collectif des Acadiens en Nouvelle-Angleterre, la cuisine avec ses plats traditionnels et ses préparations emblématiques, est un patrimoine commun qui joue un rôle comme marqueur identitaire. La cuisine, notamment la réalisation et la consommation du pâté à la râpure, un repas très familial, est une façon de maintenir vivante la mémoire collective du pays, de tisser des liens symboliques avec les ancêtres disparus et de répondre au besoin d'affirmer ou de réaffirmer l'appartenance culturelle.

« It feels like home to me » : hériter le pays d'origine

Si la langue et le patrimoine culinaire figurent de façon importante dans notre corpus, c'est l'attachement à la Nouvelle-Écosse qui revient le plus souvent lors des entretiens des immigrantes et immigrants. Plusieurs individus interviewés ont maintenu des liens affectifs étroits avec le lieu d'origine et la famille qui y habite. « I always kept in touch. Always! », s'exclame Barbara Boudreau. Les entretiens révèlent l'importance de la correspondance pour rester au courant des nouvelles du pays, au moins jusqu'aux années 1960. Bertha Gardener se rappelle que les employées du foyer pour personnes aînées à Brookline où elle travaillait vers la fin des années 1950 se rassemblaient les soirs pour lire les lettres qu'elles avaient reçues, ainsi que *Le Petit Courrier*. Ce journal, qui publiait les petites nouvelles des communautés acadiennes, circulait parmi la population immigrante, comme en témoigne Bertha Gardener : « Ivan qu'avait marié Rose à Pie avait le *Petit Courrier* et quand-ce qu'il avait fini, il l'emportait à Tante Esther, et quand Tante Esther avait fini, elle le donnait à moi, et quand moi j'avais fini avec je le passais aux femmes au home. »

Aux années 2020, les échanges entre la population acadienne en Nouvelle-Angleterre et leurs proches en Nouvelle-Écosse se maintiennent grâce aux réseaux sociaux, notamment Facebook, qui permet de renouer avec des connaissances. « Facebook makes it nice. [...]. Just seeing what's going on in their lives, with their families, their children, their grandchildren. » Pour Louise Gilson, une immigrante de deuxième génération, c'est grâce aux médias modernes que ses enfants maintiennent de bonnes relations avec leurs cousins et cousines en Nouvelle-Écosse. Quelques informatrices partagent néanmoins les

Fig. 11.6 | Ivan Boudreau (droite) et son père, Lawrence à Dominique Boudreau, visitent les Îles Tusket, où ont pêché des membres de la famille, fin des années 2000.

défis qui surgissent lorsque des lignées familiales sont rompues, ou en absence de liens de parentés. Barbara Willie explique : « It's hard for Monique [sa fille] because she doesn't have first cousins [...] as you get further and further away, and don't go up there as often, it's hard to keep connected. »

Pour la population immigrante, les séjours au Canada sont importants et réguliers. Jean-Bernard d'Entremont précise qu'autrefois, « le village s'emplissait d'Américains » les étés. En effet, pour les Acadiens et Acadiennes qui se sont installés aux États-Unis au cours de la première moitié du XXe siècle, les vacances d'été en Nouvelle-Écosse sont sacrées. « We never missed a summer from the time we left », soutient Barbara Boudreau. Pour les immigrantes et immigrants de première génération, il s'agissait d'un moment privilégié pour rattraper le temps perdu avec les proches restés au Canada et de visiter leur « chez-soi ». « Wedgeport was home for Mom [...] part of her was always in Wedgeport », soutient Louise Gilson. C'était aussi une occasion d'échapper à la vie ou à la chaleur de la ville, et de déguster les délices du pays. Même si l'été était le moment privilégié, certains individus saisissaient chaque occasion pour retourner au pays : pour se marier en présence de leur famille, assister à des funérailles, fêter Noël ou d'autres célébrations spéciales, ou s'occuper d'un parent malade, entre autres. Pour certains, les déplacements saisonniers deviennent plus permanents et on revient en Nouvelle-Écosse pour rejoindre

Fig. 11.7 | Louise Gilson posée avec des membres de sa famille après une sortie aux bleuets, Wedgeport, vers 1950.

un amoureux, élever les enfants ou pour prendre la retraite. Ivan Boudreau explique qu'il s'agit parfois d'un plan de longue haleine : « Dad always wanted to come back. When we were young, he talked nothing more then moving back to Wedgeport. That was his dream. »

La proximité géographique entre le lieu d'origine et celui d'accueil, de même que l'accès à des services de traversiers, facilite les aller-retours. Les visites sont si habituelles que l'attachement à la Nouvelle-Écosse se transmet d'une génération à l'autre. Les membres de la deuxième génération soulignent aussi l'importance de visiter le lieu d'origine pour revoir leurs proches. En plus de voir la famille et manger des aliments locaux, ces derniers agrémentent leurs vacances d'explorations de la région et d'événements locaux, comme les CMA, les festivals acadiens et le tournoi de thon de Wedgeport. La pratique ayant pris racine au cours de l'enfance, plusieurs souvenirs nostalgiques de moments passés en Nouvelle-Écosse sont évoqués lors des entretiens tels que découvrir certains délices, comme les biscuits au gingembre d'une tante, cueillir des bleuets sauvages, pique-niquer aux Îles de Tusket, participer à la récolte du foin, ou ramasser les œufs du poulailler.

Les amitiés forgées, l'esprit de communauté, l'attachement à la vie rurale et l'amour pour la Nouvelle-Écosse sont également évoqués. « I loved being in Nova Scotia [...] it was just a great place to be », exprime Louise Gilson. Ajoutons que par leurs témoignages, nous apprenons également que certains enfants ont été envoyés en Nouvelle-Écosse pour des séjours plus longs, par exemple pour se faire soigner par des membres de leur famille pendant les temps difficiles ou aller aux études, notamment au Collège Sainte-Anne[98]. « When my dad was about eleven or so, his mom passed away. So, he and his younger brother were sent back [home] to Sainte-Anne's, in Church Point, for schooling and care giving, because it was cheaper, actually, for them to be cared for at school than it was to have a care giver at home while my grandfather worked. [...] during holidays, and then sometimes the summer, my dad and my uncle didn't have enough money [...] to go back to the States so they would go visit their grandfather in Pubnico, and their uncles and aunts. »

Des 13 individus qui sont nés aux États-Unis ou qui ont émigré là-bas, quatre ont fini par s'installer en Nouvelle-Écosse. Trois d'entre eux affirment qu'ils ont adopté ou réadopté le lieu d'origine pour le bien des enfants. Pour Joan Surette, quitter la ville de Malden pour revenir en région rurale était une question de sécurité. Si les neuf autres immigrantes et immigrants ne prévoient s'établir en Nouvelle-Écosse, ils affirment néanmoins un sentiment d'appartenance à la province. Exposés à un environnement caractérisé par des va-et-vient ainsi qu'aux connexions transfrontalières par l'entremise de la première génération, ils ont hérité le pays d'origine[99]. Se remémorant ses multiples visites à Pubnico, le village natal de sa mère, Barbara Willie raconte : « Getting sick on the Bluenose, which is the ferry from Maine to Yarmouth. But then feeling like home when I got there, which I still do. I mean if I go to the Coop or go to mass or go any place, I'll run into someone I know. I went to mass here [Chatam] last weekend and I knew two people in the whole church. And I grew up in this town. So [it feels] very much, still, like going home to me. »

Certains parents insistent sur l'importance de transmettre, à leur tour, ce sentiment d'appartenance à leurs enfants, de les amener en Nouvelle-Écosse afin qu'ils puissent mieux connaître leurs compatriotes, développer des liens et vivre la culture acadienne. En attendant impatiemment la fin de la crise de la pandémie de COVID-19, Barbara Willie continue d'exposer ses petits-fils à son deuxième chez soi au moyen d'histoires : « They've both been to Nova Scotia. They don't remember a whole lot [...] so we tell them stories about it. »

Quelques immigrantes et immigrants ont acheté une maison en Nouvelle-Écosse après le décès de leurs êtres chers afin de garder vivante la tradition des visites, permettant à leurs enfants de connaître leurs cousins et cousines et de se rapprocher du village natal de leurs grands-parents. C'est le cas de Lisette

Fig. 11.8 | Petits enfants de Barbara Willie au Village historique acadien de la Nouvelle-Écosse, posés devant la statue de leur ancêtre, Philippe Mius d'Entremont. Pubnico-Ouest, juillet 2020.

d'Eon : « Then, when they [ses parents] built the house here [Pubnico], and they started coming down for summers, I would spend time here, and reconnected with a lot of cousins. I haven't looked back since. It's been amazing. Everyone's been so welcoming. It's kind of like you picked up where you left off, and there's nothing like it. And now I hate to leave. I come and I don't want to leave. The people are amazing and I feel so blessed to have the family that I have. » Si les liens demeurent étroits au sein de certaines familles, l'enquête a mis en évidence que les contacts transnationaux et la fréquence des visites au pays diminuent avec le passage des générations, surtout après le décès des personnes contacts. Barbara Boudreau en témoigne : « There's nobody there left, all my friends are gone. »

Le corpus étudié démontre un fort attachement au pays d'origine, plus spécifiquement aux communautés rurales et ses citoyens, et aux racines culturelles acadiennes. Cet attachement s'exprime à des degrés variés, selon les générations, et fait abstraction du sentiment d'appartenance aux États-Unis. Regina Potter traduit bien cette réalité en partageant l'expérience de sa mère : « Her heart was there [Nouvelle-Écosse]. But she was still happy here [aux États-Unis]. » Comme l'a démontré Peggy Levitt, les pratiques transnationales ne sont pas incompatibles avec l'assimilation[100].

On a longtemps perçu l'immigrante ou l'immigrant comme un individu en transit, à la recherche de perspectives de travail dans un pays d'accueil « avant que sa destinée le reconduise "logiquement" vers son "pays d'origine"[101] ». D'après les récits recueillis, il s'agit du plan initial de plusieurs immigrants d'Argyle. Motivés par des besoins économiques, ils s'installent aux États-Unis dans le but de s'enrichir avant de rentrer au pays pour se bâtir une meilleure vie. Si cette trajectoire se concrétise pour certains, le désir de revenir au Canada diminue avec le temps. Adaptés à la vie aux États-Unis et à l'environnement cosmopolite, ils ont établi des réseaux sociaux, embrassé diverses carrières et fondé des familles là-bas. En effet, nous avons vu que les individus qui mènent aujourd'hui une vie heureuse aux États-Unis n'envisagent pas de venir s'installer au Canada, en dépit de l'attachement émotionnel qu'ils gardent au pays d'origine. Même s'ils ont écarté le mythe du retour, ces immigrantes et immigrants sont loin de vouloir abandonner la Nouvelle-Écosse. Certains s'engagent plus concrètement en achetant des maisons d'été, en participant à des activités communautaires ou en s'intégrant à des groupes locaux, comme les clubs d'aînés. La plupart se contentent toutefois de visiter périodiquement et, dans certains cas, de se faire enterrer au pays d'origine, comme nous l'affirme Ivan Boudreau : « I've told my two daughters [...] when I go, all of the rest of me ends up along the Tusket River because that's really where home is for me. And even though I spent very little full time there, there's just a reason that I feel that way. Just the bond. I've been a lot of places, I've travelled a lot as a musician but that still feels like home, even though I left there at a young age [...]. That's where the roots are. That's where I want to end up. » Nos observations rejoignent celles de Mustafa Cakmac sur la communauté turque installée au nord de Londres. Cakmac soutient que les récits de retour ont été remplacés par un discours entourant les visites régulières au pays d'origine et le désir de se faire enterrer là-bas[102]. D'après lui, « visiting relatives has more meaning than simply keeping social networks; it strengthens a sense of belonging to the nationhood[103] ». Une chose est certaine : les contacts fréquents avec le territoire d'origine ont favorisé la survie d'éléments du patrimoine culturel en Nouvelle-Angleterre et ont contribué à renforcer le sens d'appartenance, le sens d'une communauté et d'une identité. Lorsque nous avons demandé à Ivan Boudreau si son attachement est lié au territoire ou aux gens, il répond : « I think it's both. I think it's just that sense of: "I am an Acadian." »

✜ ✜ ✜

À partir de l'analyse thématique d'un corpus d'histoire orale, nous avons cherché à saisir les moyens employés pour construire un rapport avec les origines ethnoculturelles et entretenir un sens d'appartenance à travers les générations. En cherchant à découvrir ce qui reste de l'acadianité chez un groupe d'Américaines et Américains d'origine acadienne qui choisissent les États-Unis tout en restant attaché au pays des ancêtres, nous avons vu que les liens affectifs que les membres de la population immigrante maintiennent avec l'héritage linguistique, les traditions alimentaires et la parenté élargie sont très forts, en dépit des frontières physiques qui les séparent du pays d'origine

Cette étude jette un nouvel éclairage sur les migrations acadiennes des XIXe et XXe siècles, ainsi que sur les relations transfrontalières qui les accompagnent. Les contributions à l'avancement des connaissances sont multiples. Ce texte place sous les projecteurs une région acadienne peu étudiée, soit la région d'Argyle. Alors que l'historique de l'émigration canadienne-française est bien documentée, très peu d'attention a été consacrée à la participation des Acadiens et Acadiennes des provinces maritimes. Grâce aux recherches de Clarence d'Entremont, Neil Boucher et de Laura Sadowsky, nous étions en mesure d'appuyer nos observations à un contexte relativement bien établi. L'étude de Sadowsky mise à part, peu d'études se penchent sur la dynamique des migrations acadiennes pour explorer la persistance d'éléments de l'appartenance ethnique au sein de la société d'accueil, ou encore, l'influence des aller-retours entre les deux pays. En présentant ce portrait d'une vie acadienne transnationale, nous avons voulu porter un nouveau regard sur le rapport culturel entre la Nouvelle-Écosse et la Nouvelle-Angleterre. L'originalité du projet repose également sur l'usage de nouvelles sources orales qui, nous espérons, inviteront d'autres gens à s'intéresser aux communautés diasporiques. Notre corpus rassemble des témoignages précieux permettant de tracer les expériences personnelles et collectives d'immigrants acadiens d'Argyle et de saisir l'évolution de l'appartenance acadienne[104].

S'il est difficile de mesurer l'acadianité, les témoignages permettent néanmoins d'affirmer l'importance accordée aux racines ethnoculturelles et au lieu d'origine. L'identité acadienne semble, à bien des égards, indissociable de la référence à la région d'Argyle. En d'autres termes, se référer à la Nouvelle-Écosse, au « Pubnico French », à ses « Novy roots », à la Co-op, au tournoi de thon de Wedgeport, c'est se référer à l'Acadie. Le cas d'Argyle est particulier en ce sens qu'il existe une proximité géographique peu négligeable entre le lieu d'origine et le lieu d'adoption. Ce facteur favorise les aller-retours, contribuant à renforcer l'attachement à la région d'Argyle et le sens d'une identité distincte, ce qui reflète les observations de Thomas Soehl et Roger Waldinger, pour qui le maintien des pratiques culturelles repose sur les connexions transfrontalière des parents et les visites effectuées pendant l'enfance[105]. L'ensemble des descendants des émigrés ont positivement été influencés par les pratiques transfrontalières de la première génération. Parler de la Nouvelle-Écosse avec eux évoque des réminiscences liées aux voyages réguliers au pays natal des ancêtres. Si les résultats de cette enquête sont représentatifs de la région explorée, ils offrent aussi aux chercheurs certaines pistes de réflexions vis-à-vis l'étude de régions frontalières.

Bien que notre recherche soit loin d'être exhaustive, ce texte contribue de façon importante aux réflexions portant sur l'acadianité, notamment en ce qui a trait à la coexistence de deux identités (en l'occurrence, l'identité acadienne et américaine) et à la complexité du principe même de l'attachement. Le texte permet d'explorer les débats qui entourent la légitimité d'une autoréférence à l'identité acadienne. Qui a le droit de se dire Acadien? Alors que notre choix d'intervenant traduit une certaine adhésion à la légitimation par la généalogie, il s'agit davantage d'une question de liens familiaux que de liens de sang. Même si les membres de ces familles migrantes ne participent pas activement, ou ne s'engagent pas au développement de l'Acadie politique ou territoriale, ces derniers demeurent néanmoins fiers de leurs origines. Les migrants enquêtés se considèrent tous comme Acadiennes ou Acadiens. « I'm a proud Acadian. It's a distinction I make to everyone that I share it with », affirme Ivan Boudreau. Il suffit de les interpeller pour réanimer la fierté qu'ils ont en eux. Au cours de la période d'entrevues, quelques participantes ont affirmé que nos échanges les ont amenées à contacter de la famille, à préparer les biscuits au gingembre d'une grand-tante ou à planifier leur prochain voyage au pays.

Par leur attachement à l'Acadie, ils témoignent de l'importance d'ouvrir la définition de ce que constitue la diaspora et de ce qui définit une Acadienne ou un Acadien. Si certains intervenants ont ce que Caron qualifie de conscience identitaire ponctuelle, il n'en demeure pas moins qu'ils maintiennent des liens forts avec la « vieille Acadie ». Qui plus est, notre approche démontre que la co-existence d'identités est non seulement possible, mais que c'est au fait une réalité qui ne devrait pas exclure une partie de la population des études portant sur l'Acadie. Par le maintien d'un rapport familial, culturel et affectif, l'acadianité de nos informatrices est tenace. Nous espérons que cette étude suscitera des travaux comparatifs avec d'autres groupes culturels et permettra

Tableau 11.1 | Annexe 1 : Profil des participantes et participants ayant vécu aux États-Unis pour un minimum de 20 ans

Nom, prénom	Âge*	Lieu d'origine / de résidence	Nombre d'années aux É.-U.	Profession	Villages d'origines de la famille	Lieu, date et motifs principaux de migration des participant(e)s (ou de leur famille)	Statut de génération
Boudreau, Barbara	89	Sluice Point (N.-É.) / Arlington (MA)	1949 (72)	Infirmière	Sluice Point et Melbourne (N.-É.)	Arlington, vers 1949, pour rejoindre sa famille	Première
Boudreau, Deborah	66	Arlington (MA)	Toute sa vie	Comptable	Melbourne (N.-É.)	Arlington, pour le travail (parents)	Deuxième
Boudreau, Ivan	70	Wedgeport (N.-É.) / Port Coquitlam (C.B.)	1954 (environ 20)	Musicien	Wedgeport (N.-É.)	Lynn, en 1954, pour suivre son père qui y allait pour le travail	Deuxième
Bourque (Surette), Alice	63	Malden (MA) / Buttes Amirault	1958 (27)	Assistante de bureau	Comeau's Hill (N.-É.) (mère) et Pea's Island (N.-É.) (père)	Everett, en 1955 (père, pour le travail) et 1957 (mère, pour rejoindre son conjoint)	Deuxième
d'Eon, Lisette	62	Lynn (MA) / Buffalo (NY)	Toute sa vie	Docteure	Pubnico-Ouest (N.-É.)	Lynn, 1950s (mère); Lynn, 1930s (grands-parents paternels)	Troisième
Gardener (Amiro), Bertha	77	Pubnico-Est (N.-É.) / Wilmington (MA)	1957 (plus de 60 ans)	Entretien ménager (foyer), semi conducteure	Pubnico-Est (N.-É.)	Jamaica Plains, été 1957 pour venir en aide à une ancienne voisine, Brookline, étés 1958 à 1962, et 1963 pour travailler	Première
Gilson (Pothier-Smith), Louise	79	Brockton et Easton (MA)	Toute sa vie		Wedgeport (N.-É.)	Boston, 1920 (sa mère)	Deuxième

Nom	Âge	Lieu	Année (âge)	Profession	Origine	Migration	Génération
LeBlanc (d'Eon), Simone	90	Pubnico-Ouest (N.-É.) / Souderton (PA)	1961 (60 ans)	Travailleuse sociale, services de bibliothèque	Pubnico-Ouest (N.-É.)	Melrose, Boston, vers 1961, pour rejoindre son conjoint	Première
Potter (d'Eon-Delorey), Regina	78	North Weymouth (MA)	Toute sa vie	Secrétaire médicale	Pubnico-Ouest (N.-É.)	Environs de Boston, 1937, pour soulager l'asthme (sa mère)	Deuxième
Surette (d'Eon), Alice	102	East-Boston (MA) / Pubnico-Ouest (N.-É.)	1918 (plus de 80 ans)	Domestique, employée de General Electric	Pubnico-Ouest (N.-É.)	Andover, vers 1934 pour venir en aide à une tante et pour le travail/East Boston, 1910s pour le travail (son père)	Première
Surette (Cottreau), Joan	74	Wedgeport et Île-des-Surette (N.-É.)	1965 (15 ans)	Travail à la chaîne et commis	Wedgeport (N.-É.)	Melrose, 1965, pour avoir de l'indépendance économique	Première
Surette, Warren	78	Île-des-Surette (N.-É.)	1956 (24 ans)	Travail de la tôle	Île-des-Surette (N.-É.)	Malden, 1956, pour rejoindre son père qui y était depuis 1950 pour le travail	Deuxième
Willey (Surette), Barbara	69	Chatham (MA)	Toute sa vie	Comptable et secrétaire d'école	Pubnico-Ouest et Île-des-Surette (N.-É.)	Gloucester, 1880s, pour faire la pêche (grand-père paternel); Boston, pour le travail (sa mère)	Deuxième

* Âge au moment des entretiens.

Tableau 11.2 | Annexe 2 : Principales caractéristiques des participants et participantes ayant vécu aux États-Unis pour un minimum de 20 ans

		Proportion %
Sexe	Femme	85
	Homme	15
Âge	61 à 70	38,5
	71 à 80	38,5
	81 à 90	15
	Plus de 90	8
Origine culturelle du conjoint/ de la conjointe	Acadien (de la N.-É.)	38,5
	Américain (anglophone)	38,5
	Célibataire	23
Statut de génération	Première	46
	Deuxième	46
	Troisième	8
Langue à la maison	Français	31
	Anglais	69

de renouveler les réflexions autour des façons de se penser Acadien, notamment en situation diasporique.

Il importe de tenir compte que notre analyse s'appuie sur un petit corpus et ne reflète pas les expériences vécues de tous les Acadiens en migration. Nous avons remarqué quelques différences au sein de l'échantillon. Nous constatons que les réseaux, notamment les liens familiaux, et les mariages endogames ont aidé à maintenir la continuité de l'héritage acadien chez la première génération, et que l'attachement au pays d'origine, qui est évoqué dans la totalité des entretiens, se transmet d'une génération à l'autre. Nous avons également vu que pour la deuxième génération, parler ou lire le français, cuisiner des plats traditionnels acadiens et organiser des séjours au pays d'origine sont des moyens de maintenir le lien avec l'identité culturelle et de répondre à un besoin de d'affirmer leur appartenance au groupe ethnique. Les échanges réguliers avec la famille restée au pays ont favorisé la continuité de l'identité ethnique, reflétant ainsi les constats de Laura Sadowsky concernant les Acadiens de Waltham.

Herbert Gans affirme que l'ethnicité symbolique peut persister pendant plusieurs générations, et peut s'atténuer ou s'intensifier selon les conditions sociales. Quels éléments sont retenus par les troisième et quatrième générations? Vu que les expériences des troisième et quatrièmes générations ne sont que brièvement abordées, il est difficile de tirer des conclusions sur ce qui est exceptionnel ou non. Il serait intéressant d'explorer cette piste dans une études future en menant des enquêtes avec des membres de ces groupes, ou encore avec des différentes générations d'une même famille, ce qui permettrait de jeter un regard plus attentif sur la dynamique de la famille qui, selon Beaudreau et Frenette, demeure la dernière institution qui gardent une fonction de socialisation ethnique.

Notes

Ce texte découle de la recherche de Carmen d'Entremont comme stagiaire postdoctorale avec le projet *Trois siècles de migrations francophones en Amérique du Nord, 1640-1940*, dirigé par l'historien Yves Frenette, titulaire de la Chaire de recherche du Canada de niveau 1 sur les migrations, les transferts et les communautés francophones à l'Université Saint-Boniface.

1 Stéphane Plourde et Yves Frenette, « Essor démographique et migration dans l'Acadie des Maritimes, 1871-1921 », dans *La francophonie nord-américaine*, sous la direction d'Yves Frenette, Étienne Rivard et Marc St-Hilaire, Québec, Presses de l'Université Laval (PUL), 2013, 113; Lauraly Deschambault, Noémie Haché-Chiasson et Gregory Kennedy, « Vers une reconstitution de la mobilité des Acadiennes à l'époque de l'industrialisation : l'émigration familiale et l'exode rural vus à travers l'analyse longitudinale », *Port Acadie*, n° 36-37 (printemps-automne 2022), 286-287. L'historiographie québécoise de l'émigration en Nouvelle-Angleterre laisse croire que ce chiffre pourrait être plus élevé. Fernand Arsenault note que le père Belliveau avait donné le chiffre de 20 000 à 30 000 Acadiens aux États-Unis en 1902, lors de la convention acadienne à Waltham, et dans *L'Évangéline* du 8 novembre 1923, on parle de 50 000 Acadiens sur 800 000 Franco-Américains en Nouvelle-Angleterre (Clarence-Joseph d'Entremont, « The Acadians in New England », dans *The French in New England, Acadia and Quebec*, NEAPG Center, University of Maine at Orono, 1972, 35).
2 Jean-Marie Nadeau, « L'Acadie possible : la force de toutes les "Acadies" » dans *L'Acadie possible. La constance d'une pensée*, sous la direction de Jean-Marie Nadeau, Lévis, Les Éditions de la francophonie, 2009, 42. Au début des années 2020, l'historien Neil Boucher estime qu'il y a « quatre fois plus de personnes d'origine acadienne dans l'état du Massachusetts seul qu'il y a d'Acadiens dans toutes les provinces maritimes combinées. » (Conférence virtuelle, « Émigration vers la Nouvelle-Angleterre : le cas des Acadiens du sud-ouest de la Nouvelle-Écosse », donnée le 28 février 2021 dans le cadre d'une activité de la Société historique de la Baie Sainte-Marie).

3 Mireille McLaughlin et Mélanie LeBlanc, « Identité et marché dans la balance : le tourisme mondial et les enjeux de l'acadianité », *Francophonies d'Amérique*, n° 27 (2009), 21.
4 Yolande Lavoie, *L'émigration des Canadiens aux États-Unis avant 1930 : mesure du phénomène*, Montréal, Presses de l'Université de Montréal, 1972; Yves Roby, *Les Franco-Américains de la Nouvelle-Angleterre. 1776-1930*, Sillery, Septentrion, 1990; Yves Roby, *Les Franco-Américains de la Nouvelle-Angleterre. Rêves et réalités*, Sillery, Septentrion, 2000; Bruno Ramirez, *La Ruée vers le Sud. Migrations du Canada vers les États-Unis 1840-1930*, avec la collaboration d'Yves Otis, Montréal, Boréal, 2003; Yves Roby, *Histoire d'un rêve brisé? : les Canadiens français aux États-Unis*, Sillery, Septentrion, 2007; Yves Roby et Yves Frenette, « L'émigration canadienne-française vers la Nouvelle-Angleterre, 1840-1930 », dans *La francophonie nord-américaine*, sous la direction d'Yves Frenette, Étienne Rivard et Marc St-Hilaire, Québec, PUL, collection « Atlas historique du Québec », 2013, 122-132; et David Vermette, *A Distinct Alien Race: The Untold Story of Franco-Americans*, Montreal, Baraka Books, 2018.
5 Claire Quintal, « Préface » dans *L'Émigrant acadien vers les États-Unis : 1842-1950*, Actes du 5ᵉ colloque annuel de l'Institut français, sous la direction de Claire Quintal, Québec, Conseil de la vie française en Amérique, 1984, 1.
6 Fernand Arsenault, « L'émigration et les Acadiens » dans *L'Émigrant acadien vers les États-Unis 1842-1950*, Quintal, 36-59; Neil Boucher. « L'émigration et les Acadiens : le cas des Acadiens du sud-ouest de la Nouvelle-Écosse », *Revue de l'Université Sainte-Anne*, Pointe-de-l'Église, Université Sainte-Anne, 1995, 723; Clarence-Joseph d'Entremont, « La survivance acadienne en Nouvelle-Angleterre, » dans *L'Émigrant acadien vers les États-Unis*, Quintal, 36-59; et Paul D. LeBlanc, « From Farm to Factory: Acadians in Fitchburg », dans *Le patrimoine folklorique des franco-américains*, Actes du 6ᵉ colloque annuel de l'Institut français du Collège de l'Assomption, sous la direction de Claire Quintal, Québec, Conseil de la vie française, 1986, 150-173.
7 Lorraine Léger, « L'émigrant acadien et sa culture populaire » dans *Le patrimoine folklorique*, Quintal, 86-100; Georges Arsenault, « Chanter son Acadie » dans *Le patrimoine folklorique*, Quintal, 101-119; et Donald Deschênes, avec la collaboration de Charlotte Cormier, « Le rêve d'une meilleure vie dans les chansons acadiennes de départ vers les États-Unis » dans *Le patrimoine folklorique*, Quintal, 51-114.
8 Barbara LeBlanc et Laura Sadowsky, « La survivance par la chanson et la danse : Chéticamp, Nouvelle-Écosse et Waltham, Massachusetts » dans *Le patrimoine folklorique*, Quintal, 105-150. Pour une étude plus détaillée faite par Laura Sadowsky, voir son mémoire de maîtrise : *The Chéticamp Waltham Connection : A Study of Acadian Ethnic Identity*, Québec, Université Laval, 1987.
9 Julie Williston, *L'émigration des femmes acadiennes célibataires vers la Nouvelle-Angleterre, 1906-1924*, mémoire de maîtrise, Moncton, Université de Moncton, 2012; et Deschambault, Haché-Chiasson et Kennedy, « Vers une reconstitution ».

10   Cette collecte de données a été réalisée par l'équipe de l'Observatoire Nord/Sud, partenaire du projet TSMF et foyer principal des activités de la Chaire de recherche du Canada en études acadiennes et transnationales (CRÉACT), dont le titulaire est Clint Bruce.
11   Voir, à cet égard, André Magord, *L'Acadie plurielle : dynamiques identitaires collectives et développement au sein des réalités acadiennes*, en collaboration avec Maurice Basque et Amélie Giroux, Moncton, Centre d'études acadiennes et Institut d'études acadiennes et québécoises de l'Université de Poitiers, 2003; Denis Bourque, « Appartenances dans le discours et l'essai acadiens », *Port Acadie*, vol. 5 (2004), 39-53; André Magord et Chedly Belkhodja, « L'Acadie à l'heure de la diaspora? », *Francophonies d'Amérique*, n° 19 (2005), 45-54; Caroline-Isabelle Caron, « Pour une nouvelle vision de l'Acadie » dans *Balises et références : Acadies, francophonies*, sous la direction de Martin Pâquet et Stéphane Savard, Québec, PUL, 2007, 433-460; Clint Bruce, « L'oubli de l'Acadie politique? Le débat sur les Congrès mondiaux acadiens à la lumière de la question diasporique », *Minorités linguistiques et société*, vol. 10 (2018), 100-132; et McLaughlin et LeBlanc, « Identité et marché ».
12   Ces individus ont été enquêtés en 2021 par l'auteure du présent texte. Les entretiens ont, pour la plupart, été réalisés en personne (à Pubnico, Buttes Amirault, Tusket, Île-des-Surette et Arcadia). Les entrevues de cinq personnes qui habitent aujourd'hui dans l'état du Massachusetts (Arlington, Chatham, Easton et North Weymouth) et d'un individu installé en Colombie-Britannique, se sont déroulées en mode virtuel.
13   L'échantillon comprend également 12 femmes et 3 hommes âgés de 42 à 84 ans et qui n'ont jamais vécu aux États-Unis, ainsi que deux femmes qui ont fait de courts séjours en Nouvelle-Angleterre. L'une d'entre elle a résidé quelques mois au Maine à un jeune âge lorsque son père, qui avait travaillé là-bas auparavant, fut recruté pour partager ses connaissances de la construction de bateaux de plaisance. L'autre participante a travaillé une brève période dans les environs de Boston, où était sa sœur, lors de son adolescence. En plus de tracer les parcours migratoires de membres de leurs familles, ces derniers partagent des souvenirs concernant des échanges avec la parenté des États.
14   Pierre Paillé et Alex Mucchielli, *L'analyse qualitative en sciences humaines et sociales*, Paris, Armand Colin, 2016, 162.
15   Sur l'importance d'étudier les récits oraux dans leur contexte, voir Richard Bauman, « The Field Study of Folklore in Context », dans *Handbook of American Folklore*, sous la direction de Richard M. Dorson, Bloomington, Indiana University Press, 1983.
16   Par exemple, Marc-Adélard Tremblay, « Les Acadiens de la Baie Française : l'Histoire d'une Survivance », *Revue d'histoire de l'Amérique française*, vol. 15, n° 4 (1962), 526-555; Neil Boucher, *The Development of an Acadian Village. Surette's Island, 1859-1970*, Yarmouth, Les éditions Lescarbot, 1980; Pietro Boglioni et Gérald Boudreau, « '*Du tems de la cadi*' : possessions diaboliques et exorcismes populaires

en Acadie au début du XIXᵉ siècle », dans *Revue d'histoire de l'Amérique française*, vol. 60, n° 4 (2007), 487-515.

17   Bruno Ramirez, « L'historien et les minorités ethnoculturelles », dans *Les dynamismes de la recherche au Québec*, sous la direction de Jacques Mathieu, Québec, PUL, 1991, 219.

18   *Ibid.*, 220.

19   *Ibid.*

20   *Ibid.*, 220-221.

21   Voir, notamment, Jean-Claude Bouvier et coll., *Tradition orale et identité culturelle : Problèmes et méthodes*, Paris, Éditions du CNRS, 1980; Ronald Labelle, « Histoire orale et culture locale : Perspectives ethnologiques », *Ethnologies*, vol. 13 (1991), 99-107; et Barry Ancelet, *Cajun and Creole Folktales: The French oral tradition of South Louisiana*, Jackson, University Press of Mississippi, 1994.

22   Bouvier, *Tradition orale et identité culturelle*, 16.

23   Magord et Belkhodja, « L'Acadie à l'heure », 46.

24   *Ibid.*, 47.

25   Kathleen Wilson, *The Island Race: Englishness, Empire and Gender in the Eighteenth Century*, New York, Routledge, 2003, 3.

26   Isabelle Violette, « L'immigration francophone en Acadie : langue, nation et minorité », *Minorités linguistiques et société*, vol. 4 (2015), 126-153; et Clint Bruce, « Le Divers et la diversité : quelle différence pour l'Acadie et pour la francophonie nord-américaine ? Réflexions autour d'un essai de Joseph Yvon Thériault », *Francophonies d'Amérique*, vol. 49 (2020), 121-152.

27   Adrien Bérubé, « De l'Acadie historique à la Nouvelle-Acadie : les grandes perceptions contemporaines de l'Acadie » dans *Les Acadiens : état de la recherche*, sous la direction de Jacques Lapointe et André Leclerc, Québec, Conseil de la vie française en Amérique, 1987, 198-206.

28   Caron, « Pour une nouvelle vision ».

29   Sur la question du territoire et/ou du pouvoir, voir Yvon Thériault, *La question du pouvoir en Acadie*, Moncton, Les Éditions d'Acadie, 1982; Michel Doucet, *Le discours confisqué*, Moncton, Les Éditions d'Acadie, 1995; Cécyle Trépanier, « Le mythe de l'Acadie des Maritimes' », *Géographie et Cultures*, vol. 17 (1996), 55-74; Maurice Basque, « Qui est Acadien aujourd'hui ? Qui le sera en 2020 ? », conférence prononcée au colloque Vision 20/20, Congrès mondial 2004, Pointe-de-l'Église, Université Sainte-Anne (non publiée); Joseph Yvon Thériault, « Identité, territoire et politique en Acadie » dans *Adaptation et innovation : expériences acadiennes contemporaines*, sous la direction d'André Magord, Bruxelles, P.I.E.-Peter Lang, 2006, 37-49; Julien Massicotte, « Le territoire acadien. Contextes et perceptions », dans *Balises et références : Acadies, francophonies*, sous la direction de Martin Pâquet et Stéphane Savard, Québec, PUL, 2007, 79-104; et Michelle Landry, *L'Acadie politique : histoire sociopolitique de l'Acadie du Nouveau-Brunswick*, Québec, PUL, collection « Langues officielles et sociétés », 2015.

30 Caron, « Pour une nouvelle vision », 443.
31 *Ibid.*, 450.
32 *Ibid.*
33 Sur les expériences migratoires de la population anglophone des provinces maritimes, voir notamment Alan Alexander Brookes, *The Exodus: Migration from the Maritime Provinces to Boston during the Second Half of the Nineteenth Century*, thèse de doctorat, Fredericton, University of New Brunswick, 1978; et Patricia Thornton, « The Problem of Out-Migration from Atlantic Canada, 1871-1921: A New Look », *Acadiensis*, vol. 15, n° 1 (automne 1985), 3-34.
34 Roby et Frenette, « L'émigration Canadienne-française », 123.
35 *Ibid.*
36 Sur l'historique de cette région, voir Sally Ross et J. Alphonse Deveau, *The Acadians of Nova Scotia: Past and Present*, Halifax, Nimbus Publishing, 1992, 111-132; Clarence-Joseph d'Entremont, *Histoire civile de Pubnico-Ouest,* Pubnico-Ouest, publié à compte d'auteur, 1994; *Histoire de Sainte-Anne-du-Ruisseau, Belleville, Rivière-Abram (Nouvelle-Écosse),* Pubnico-Ouest, publié à compte d'auteur, 1982; Neil Boucher, *The Development of an Acadian Village. Surette's Island, 1859-1970*, Yarmouth, Les éditions Lescarbot, 1980; et Carmen d'Entremont, *Contes, légendes, histoires et mystifications : la tradition orale de Pubnico-Ouest*, mémoire de maîtrise, Université de la Louisiane à Lafayette, 2006, 11-35.
37 Statistique Canada, Recensement 2016.
38 Deveau et Ross, *The Acadians of Nova Scotia*, 80. Sur l'industrie de la pêche, voir Donald Doucette, *Surette's Island, West Pubnico & Georges Bank – My Memoirs*, Lower West Pubnico, publié à compte d'auteur, 2008; et Donald Jacquard, *Lobstering, Southwestern Nova Scotia, 1848-2009*, Lower Wedgeport, publié à compte d'auteur, 2009.
39 d'Entremont, « The Acadians in New England », 28-31.
40 Boucher, « L'émigration et les Acadiens », 11.
41 Tremblay, « Les Acadiens de la Baie », 39.
42 Williston, « L'émigration des femmes acadiennes », 6-9. Sur l'industrialisation des provinces maritimes et l'implantation de la politique nationale, voir T. William Acheson, « The national Policy and the Industrialization of the Maritimes, 1990-1990 », *Acadiensis*, vol. 1, n° 2 (printemps 1972), 328; Kris Inwood, dir., *Farm, Factory and Fortune: New Studies in the Economic History of the Maritime Provinces*, Fredericton, Acadiensis Press, 1993; et Daniel Hickey, *Moncton, 1871-1929, Changement socio-économiques dans une ville ferroviaire*, Moncton, Éditions d'Acadie, 1990.
43 Boucher, « L'émigration et les Acadiens », 12.
44 d'Entremont, « The Acadians in New England », 30.
45 d'Entremont, « The Acadians in New England », 31. Une exception est Louis Surette, originaire de Sainte-Anne-de-Ruisseau. Éduqué par le Père Sigogne, il quitte la Nouvelle-Écosse en 1841 à l'âge de 22 ans pour faire fortune aux États-Unis.

Sur Louis Surette, voir *By Laws of Corinthian Lodge, of Ancient, Free and Accepted Masons, of Concord, Mass*, Concord, Benjamin Tolman, 1859, 94-106; et Clarence-Joseph d'Entremont, « The Rise and Fall of Louis A. Surette », *Yarmouth Vanguard*, le 14 novembre 1989.

46 Boucher, *The Development*, 64.
47 Doucette, *Surette's Island*, 17.
48 Boucher, *The Development*, 66.
49 *Ibid.*, 70.
50 d'Entremont, « La survivance acadienne », 10.
51 d'Entremont, « Acadians in New England », 31.
52 Boucher, *The Development*, 66.
53 Collection Alphonse Deveau, Centre acadien de l'Université Sainte-Anne. Témoignage d'Alvinie Légère (79 ans), recueilli le 4 juillet 1972 à Sainte-Anne-du-Ruisseau, N.-É.
54 H.R. Runte, *Chu nous Par-en-bas. Histoires acadiennes d'accoutume*, Pointe-de-l'Église, Presses de l'Université Sainte-Anne, 1988, 14.
55 d'Entremont, « Acadians in New England », 33.
56 Paul LeBlanc, « *From Farm to Factory* », 159.
57 d'Entremont, « La survivance acadienne », 15.
58 Plus tard, ils se trouvent aussi du travail dans le domaine de la maçonnerie, de la mécanique, de la tôlerie, du soudage et de la restauration, entre autres.
59 Nicolas Landry et Nicole Lang, *Histoire de l'Acadie*, Septentrion, Québec, 2001, 172. Sur la participation des femmes des provinces maritimes, voir Betsy Beattie, *Obligation and Opportunity. Single Maritime Women in Boston, 1870-1930*, Montréal et Kingston, McGill-Queen's University Press, 2000; et Williston, *L'émigration des femmes acadiennes célibataires*. Sur l'effet qu'a eu l'industrialisation sur la main d'œuvre féminine en Nouvelle-Écosse, voir D.A. Muise, « The Industrial Context of Inequality: Female Participation in Nova Scotia's Paid Labour Force: 1871-1921 », dans Inwood, *Farm, Factory and Fortune*, 121-148.
60 Beattie, *Obligation and Opportunity*, 8-19.
61 d'Entremont, « Acadians in New England », 30-31.
62 Beattie, *Obligation and Opportunity*; *Collection Trois siècles de migrations francophones* (Coll. TSMF), Observatoire Nord/Sud, Université Sainte-Anne.
63 Beattie, *Obligation and Opportunity*, 14-17.
64 Arsenault, « L'émigration et les Acadiens », 37.
65 Plourde et Frenette, « Essor démographique et migrations », 112.
66 Boucher, « L'émigration et les Acadiens », 9.
67 Burrill, *Away: Maritimers in Massachusetts, Ontario, and Alberta: An Oral History of Leaving Home*, Montréal et Kingston, McGill-Queen's University Press, 5.
68 Sur le discours nationaliste encourageant les Acadiens à persister dans leurs efforts de colonisation, voir Fernand J. Robidoux, *Conventions nationales des Acadiens. Recueil*

des travaux et délibérations des six premières conventions, vol. I, Shédiac, Imprimerie du Moniteur Acadien, 1907; Arsenault, « L'émigration et les Acadiens »; Boucher, « L'émigration et les Acadiens »; et Sophie Doucette, *Marcel-François Richard et la colonisation agricole de Rogersville (1870-1915) : entre discours et réalité*, mémoire de maîtrise, Moncton, Université de Moncton, 2012.

69 *L'Évangéline*, 10 avril 1889, 3, dans Boucher, « L'émigration et les Acadiens », 16.
70 Arsenault, « L'émigration et les Acadiens », 37; Boucher, « L'émigration et les Acadiens », 17.
71 d'Entremont, « The Acadians in New England », 32.
72 LeBlanc et Sadowsky, « La survivance par la chanson », 130.
73 Jacquard, *A history of Wedgeport*, 228.
74 LeBlanc et Sadowsky, « La survivance par la chanson », 130.
75 Doucette, *Surette's Island*, 17.
76 d'Entremont, « La survivance acadienne », 8.
77 *Ibid.*, 9.
78 d'Entremont, « The Acadians in New England », 36. Notre enquête révèle que certains gens, installés illégalement aux États-Unis, ont choisi de couper les liens avec leur pays d'origine pour éviter de se faire renvoyer.
79 *Ibid.*, 36-39.
80 Sadowsky, *The Chéticamp Waltham Connection*.
81 Marc-Adélard Tremblay, « Niveaux et dynamismes d'acculturation des Acadiens de Portsmouth, *Anthropologica*, vol. 3, n° 2 (1961), 45.
82 Roby, *Rêves et réalités*; Robert Perreault, « Les Franco-Américains de la Nouvelle-Angleterre en 2020 », *Rabaska*, vol. 18 (2020), 197-215.
83 Roby, *Rêves et réalités*, 493.
84 Sylvie Beaudreau et Yves Frenette, « Les stratégies familiales des francophones de la Nouvelle-Angleterre. Perspective diachronique », *Sociologie et Sociétés*, vol. 26, n° 1 (printemps 1994), 250.
85 Sur le concept d'ethnicité symbolique, voir, entre autres, Herbert Gans, « Symbolic Ethnicity: The Future of Ethnic Groups and Cultures in America », *Ethnic and Racial Studies*, vol. 2, n° 1 (1979), 120; Mary C. Waters, *Ethnic Options: Choosing Identities in America*, Berkeley et Los Angeles, University of California Press, 1990; Mary C. Waters, « L'ethnicité symbolique : Un supplément d'âme pour l'Amérique blanche », *Hommes et migrations*, n° 1, 1162-1163 (février-mars 1993), 71-74; Herbert Gans, « Another Look at Symbolic Ethnicity », *Ethnic and Racial Studies*, vol. 40, n° 9 (2017), 1410-1417.
86 Louis-Jacques Dorais, « Mémoires migrantes, mémoires vivantes. Identité culturelle et récits de vie d'aînés vietnamiens au Québec », *Ethnologies*, vol. 27, n° 1 (2005), 166-191.
87 *Collection Trois siècles de migrations francophones* (Coll. TSMF), Observatoire Nord/Sud, Université Sainte-Anne. À moins d'une indication contraire, les témoignages oraux cités à travers le texte proviennent de cette collection.

88   d'Entremont, « La survivance acadienne », 36.
89   Marcus Hansem, *The Problem of the Third Generation Immigrant*, Rock Island, Augustana Historical Society Publications, 1938.
90   Claude Fishler, « Food, Self and Identity », *Social Science Information*, vol. 27 (1988), 275-293; Charles Camp, *American Foodways: What, When, Why and How We Eat in America*, Little Rock, August House, 1989; Linda Keller Brown et Kay Mussel, *Ethnic and Regional Foodways in the United States: The Performance of Group Identity*, Knoxville, University of Tennessee Press, 1984; Donna Gabaccia, *We Are What We Eat: Ethnic Food and the Making of Americans*, Cambridge (Mass.), Harvard University Press, 1998; Hasia R. Diner, *Hungering for America: Italian, Irish and Jewish Foodways in the Age of Migration*, Cambridge (Mass.), Harvard University Press, 2001; Laurier Turgeon et Madeleine Pastinelli, « "Eat the World": Postcolonial Encounters in Quebec City's Ethnic Restaurants », *Journal of American Folklore*, vol. 115 (2002), 247-268; Haiming Liu et Lianlian Lin, « Food, Culinary Identity, and Transnational Culture: Chinese Restaurant Business in Southern California », *Journal of Asian American Studies*, vol. 12, n° 2 (2009), 136-162; Mu Li, « Negotiating Chinese Culinary Traditions in Newfoundland », *Digest: A Journal of Foodways and Culture*, vol. 3, n° 1 (2014); et Alain Girard, « L'alimentation en situation de minorité. L'apport des immigrants à la diversification de l'espace social alimentaire de Montréal », dans *Cuizine*, vol. 10, n° 1 (2019).
91   Li, « Negotiating Chinese Culinary Traditions ».
92   Girard, « L'alimentation en situation de minorité ».
93   Gabaccia, *We Are What We Eat*, 51.
94   Camp, *American Foodways*, 29; et Li, « Negotiating Chinese Culinary Traditions ».
95   Girard, « L'alimentation en situation de minorité ».
96   David Sutton, *Remembrance of Repasts: An Anthropology of Food and Memory*, Londres, Berg, 2001.
97   Traditionnellement, les patates sont râpées à la main et placées dans un sac, une taie d'oreiller ou une mousseline pour en extraire le liquide. Plus récemment, on utilise des outils comme des appareils à jus électriques pour extraire le liquide des patates.
98   Entre 1897 et 1954, environ 70 jeunes du Massachusetts sont allés étudier au Collège (Université Sainte-Anne depuis les années 1970). d'Entremont, « La survivance acadienne », 14.
99   Sur la transmission des activités transfrontalières d'une génération à l'autre, voir Thomas Soehl et Roger Waldinger, « Inheriting the Homeland? Intergenerational Transmission of Cross-Border Ties in Migrant Families », *American Journal of Sociology*, vol. 118, n° 3 (novembre 2012), 778-813.
100 Peggy Levitt, « Keeping Feet in Both Worlds: Transnational Practices and Immigrant Incorporation in the United States », dans *Toward Assimilation and Citizenship: Immigrants in Liberal Nation-States. Migration, Minorities and*

Citizenship, sous la direction de Christian Joppke et Ewa Morawska, London, Palgrave Macmillan, 2003.
101 Sabrina Aouici et Rémi Gallou, « Ancrage et mobilité de familles d'origine africaine : regards croisés de deux générations », *Enfance, famille et génération*, vol. 19 (automne 2013), 168-194.
102 Mustafa Cakmak, « "Take Me Back to My Homeland Dead or Alive!": The Myth of Return among London's Turkish-Speaking Community », *Frontiers in Sociology*, 2021.
103 *Ibid.*, 6.
104 Sur la comparaison de l'identité des deuxième et troisième générations dans d'autres diasporas, voir Peggy Levitt et Mary Waters, dir., *The Changing Face of Home: The Transnational Lives of the Second Generation*, New York, Russell Sage Foundation, 2002.
105 Soehl et Waldinger, « Inheriting the Homeland? ».

CHAPITRE 12

Le fantasme raciolinguistique de la blanchité en Louisiane : le cas d'une mobilité étudiante de femmes acadiennes devenues des *Evangeline girls* modernes

ISABELLE LEBLANC

Introduction

Dans ce chapitre, je propose de repenser l'Acadie à travers une réflexion sur le discours de la revitalisation du fait français en Louisiane dans les années 1960. Plus précisément, je cherche à comprendre l'existence de différentes stratégies pour revitaliser le français en Louisiane à cette époque, dont celle qui m'intéresse tout particulièrement dans ce texte, soit le financement par l'État louisianais d'une mobilité étudiante de femmes blanches acadiennes pour des études au sein d'une université anglo-dominante à Lafayette. En mobilisant une approche microhistorique, je vise à examiner comment des femmes blanches ont été instrumentalisées dans la promotion d'une identité acadienne transnationale en Louisiane. En effet, bien que la figure d'Évangéline soit récurrente dans le discours transnational liant l'imaginaire commun entre la Louisiane et l'Acadie, nous avons trop rarement écouté les paroles de femmes pour comprendre l'impact du mythe d'Évangéline sur *leurs vies*, notamment dans le déploiement de ce mythe sur leurs propres corps. Ce chapitre sera alors l'occasion de découvrir, au fil des récits de vie de certaines femmes, le désir de se dissocier de cette figure mythique en tant que symbole de la blanchité.

L'objectif de ce chapitre est de comprendre comment le corps blanc des femmes acadiennes sélectionnées pour cette mobilité étudiante constitue un sous-texte important dans le fantasme raciolinguistique de la blanchité de la part d'une élite en Louisiane qui insiste sur « la pureté raciale de ses membres[1] » dans l'articulation d'une définition bourgeoise de la francité louisianaise et la promotion culturelle d'une langue « qui est au mieux d'une importance purement symbolique, et au pire un instrument de dépossession pour la population en général[2] ». En effet, en favorisant une vision « transplantée[3] » de la francité acadienne *en* Louisiane à travers l'incarnation du mythe d'*Évangéline* par l'entremise de jeunes Acadiennes en mobilité étudiante, l'État louisianais appuie l'incarnation d'un héritage « acadien et donc, logiquement européen[4] » Cet héritage permet de réitérer un ordre racial dominant en Louisiane depuis la fin de la Guerre civile, soit le blanchissement de l'identité « cadjine » en Louisiane[5] par son association à l'identité acadienne qui « suppose une certaine pureté raciale. Selon cette nouvelle catégorisation ethnique, francophones métissés ou de race noir pouvaient toujours ressembler aux Cadjins, mais ils ne pouvaient jamais devenir Cadjins[6] ». Les gardiennes idéales de cet ordre racial deviennent alors celles qui sont en mesure d'incarner le mythe d'Évangéline, symbole par excellence de la francité *et* de la blanchité du groupe. Ce chapitre propose alors de repenser l'Acadie par le biais d'une lecture raciolinguistique qui permet de souligner à quel point les mythes sont des « savoirs incorporés [qui] chevauchent souvent l'espace et le temps, ainsi que les frontières nationales et linguistiques[7] ».

Il sera ainsi nécessaire d'explorer les dispositifs discursifs ayant contribué à penser une francité blanche en Amérique à travers le corps des femmes et à partir de celui-ci. Comme le montre Joseph Yvon Thériault dans son ouvrage *Évangéline : Contes d'Amérique*, le mythe d'Évangéline est bien entendu attaqué, mais sans jamais mourir. Maurice Basque fait écho aux propos de Thériault lors d'une conférence le 15 mars 2022 à l'Université de Moncton en précisant qu'Évangéline « n'est pas tuable et nous survivra[8] ». Selon Thériault, « plus l'Acadie se considère comme pays sans frontières, société sans politique, plus elle se soumet au royaume de l'imaginaire[9] ». D'ailleurs, la lecture que fait Thériault de *The True Story of Evangeline* de Félix Voorhies, permet de dégager comment « le récit acadien d'*Évangéline* 'blanchissait' les Acadiens, les dissociant du stéréotype de "White trash"[10] ».

Au cœur de cette tentative de blanchissement de l'identité acadienne en Louisiane est la personne responsable de la mise en place de la mobilité étudiante de femmes en Louisiane à la fin des années 1960, soit Dudley J. LeBlanc. Ce dernier fait la promotion d'une identité acadienne *incarnée* par les *Evangeline Girls* depuis le XIXe siècle. En effet, LeBlanc, qui est décrit par Thériault comme quelqu'un « qui fabrique et vend de l'identité comme s'il s'agissait d'un bien commercial comme un autre[11] » a organisé des voyages de femmes déguisées en *Evangeline Girls* dans les provinces maritimes entre 1930 et 1963[12]. Ce n'est donc pas étonnant qu'il soit l'instigateur d'une mobilité étudiante réservée aux femmes à la fin des années 1960.

L'idée de favoriser les candidatures de femmes plutôt que d'hommes dans le cadre d'une mobilité étudiante en Louisiane à la fin des années 1960 est ancrée dans le redéploiement de la figure d'*Évangéline* comme produit de l'imaginaire transnational. D'ailleurs cet imaginaire existe aussi dans les provinces maritimes du Canada puisque le poème *Évangéline* était mobilisé par les élites acadiennes comme moyen de légitimer l'existence d'une « nation acadienne » en tant que minorité distincte[13]. Presque un siècle plus tard, l'idéologie de l'évangélinisme[14] persiste puisqu'Évangéline se renouvelle continuellement dans le discours de l'élite masculine acadienne comme icône permettant de simplifier et d'idéaliser la complexité historique de ce que Naomi Griffiths nomme un « peuple frontalier[15] » qui se construit à travers la lutte des empires dans le monde Atlantique.

En mobilisant la figure mythique d'Évangéline, LeBlanc façonne un discours transnational de l'acadianité à partir du corps des femmes blanches qui devient un site discursif privilégié de la « reunification not back to a physical place but as an Acadian race[16] ». L'idéologie de l'évangélinisme jusqu'alors déployée par les élites acadiennes au Canada comme récit fondateur d'une minorité persécutée en quête de légitimité se transforme en véritable fantasme raciolinguistique pour LeBlanc.

En m'appuyant sur le caractère transnational d'Évangéline et sa récupération multidimensionnelle dans la fabrique des identités j'examinerai comment Évangéline est le plus souvent représentée et incarnée comme étant une jeune femme blanche avec des cheveux foncés. Comment des Acadiennes du Canada se sont retrouvées à incarner des *Evangéline Girls* modernes en Louisiane par l'entremise de bourses d'études à la fin des années 1960 ? J'adopterai une approche de « désarchivage[17] » afin de raconter un récit transnational à partir de discours d'archives institutionnelles, d'archives de presse et le témoignage de cinq femmes, anciennes boursières qui rendra possible de « proposer un autre point de vue sur les événements, de les expliquer autrement, de donner à réfléchir[18] ». L'intersection genre, langue et race examinée dans ce chapitre, s'inscrit dans les processus de structuration sociale au sein desquels l'appartenance à un groupe et la légitimation de celui-ci par les *Autres* se négocient à travers la performativité répétitive de certains marqueurs identitaires[19] de sorte que le corps est conçu autant en tant que produit de discours que comme produit biologique[20]. Annette Boudreau souligne « l'importance du lieu et des agir sociaux inscrits dans les corps » dans la reproduction d'un « modèle social dominant[21] ». Ce faisant, le *embodiment* d'Évangéline s'agit avant tout de penser la construction discursive et corporelle de la francité par le corps et du discours sur celuici.

Précision méthodologique et présentation de l'instigateur de la mobilité transnationale de jeunes femmes blanches

C'est en adoptant le cadre méthodologique du récit de vie avec comme outil de cueillette de données avec un guide d'entretien thématique accompagné d'une photo archive de 1969 (voir figure 12.3 dans ce texte) que j'ai rencontré cinq anciennes boursières pour des entretiens de recherche d'une durée moyenne d'une heure menant à une meilleure compréhension de cette mobilité étudiante féminine des années 1960[22].

Le récit de vie est un genre narratif qui mobilise plusieurs dimensions de l'histoire des femmes, notamment leur trajectoire individuelle, leurs relations avec les autres ainsi que le contexte socioculturel plus large dans lequel s'inscrivent les événements racontés[23]. Dans ce corpus, j'ai décidé d'inclure le récit d'une femme (Thérèse) qui a refusé la bourse d'études la veille de son départ

Tableau 12.1 | Pseudonymes et informations sur les femmes rencontrées dans le cadre de cette recherche

Pseudonyme	Année de naissance	Lieu de socialisation (enfance et jeunesse)	Année d'obtention de la bourse et durée du séjour en Louisiane entre 1969-1970[1]
Estelle	1951	Péninsule acadienne (N.-B.)	1969 / 1 an
Louise	1947	Sud-est du Nouveau-Brunswick	1969 / 1 mois
Thérèse	1952	Sud-est du Nouveau-Brunswick	1970[2] / 0 mois
Marie	1948	Sud-est du Nouveau-Brunswick	1969 / 1 mois
Hélène[3]	1950	Sud-est du Nouveau-Brunswick	1970 / 4 mois

1 Cette période correspond aux deux années de gestion du programme de bourses d'études en Louisiane par Dudley J. LeBlanc avec une sélection ciblée pour des femmes seulement.
2 Thérèse refuse la bourse la veille de son départ pour la Louisiane en raison d'un attouchement inapproprié de la part de Dudley J. LeBlanc lors d'une rencontre à Moncton.
3 Selon Hélène et Estelle, le ouï-dire correspondait à la préférence de Dudley pour des femmes dans le but d'aller en Louisiane pour fonder des « belles grandes familles ». De plus, selon les récits de ces deux femmes, la mort de Dudley en 1971 signifie également l'accès aux hommes acadiens aux bourse d'études en Louisiane (elles connaissent des hommes qui ont étudié en Louisiane après les années Dudley).

pour la Louisiane puisque ce récit élucide les incongruités de ce programme de bourses, notamment en ce qui concerne le comportement de LeBlanc envers les jeunes femmes et leurs corps.

Ces récits seront analysés en parallèle et de manière entrecroisée avec les correspondances d'hommes blancs en position d'autorité à travers les archives de collections institutionnelles du Centre d'études acadiennes Anselme-Chiasson de l'Université de Moncton, les *University Archives and Acadiana Manuscripts Collection* et les *Archives of Cajun and Creole Folklore* de l'Université de Louisiane à Lafayette. Je mobiliserai également la couverture de presse retrouvée dans le *Daily Advertiser*, *The Moncton Transcript*, ainsi que *The Philadelphia Inquirer* entre 1968-1971.

Dudley J. LeBlanc : homme politique louisianais et « entrepreneur ethnique[24] »

Dudley J. LeBlanc est né le 16 août 1894 et selon l'historienne, Carolynn McNally[25], il s'agit d'un homme qui participe pleinement aux efforts de la renaissance acadienne en Louisiane en nouant des rapports transcontinentaux et en faisant la promotion de liens plus intimes entre les francophones d'Amérique26. Il faut dire que LeBlanc est une personne très connue en Louisiane, même aujourd'hui, et que sa vie professionnelle en tant qu'homme politique en Louisiane s'étend sur plusieurs décennies avec de nombreux vacillements.

Sur le plan de la politique louisianaise, il est élu *state representative* en 1924. En 1926, il obtient des fonds du gouvernement louisianais pour financer un parc commémoratif en honneur des Acadiens; ce parc est nommé le *Evangeline State Park*. En 1940, il est élu sénateur pour un premier mandat de quatre ans et il se fait réélire pour deux autres mandats avant sa mort en octobre 1971. Dans une biographie sur sa vie, Floyd Martin Clay[27] indique qu' « [i]l était un personnage dans le sens où il était extraordinairement différent, mais il a accompli trop de choses pour être considéré comme un entrepreneur comique. De graves accusations d'abus de pouvoir politique, de pots-de-vin et de trafic d'influence sont portées contre lui. Mais personne ne s'est avancé pour faire une mise en accusation officielle ou pour étayer l'accusation ». Effectivement, il existe dans les archives de presse louisianaises des années 1930 des anecdotes concernant les inégalités réservées aux personnes noires dans le cadre d'un service de pompes funèbres appartenu par LeBlanc. De plus, lors d'un discours en juillet 1931, il accuse son opposant politique d'encourager la venue de personnes noires en Louisiane alors qu'en novembre 1931, il déclare publiquement : « Quant à ceux d'entre vous qui veulent un emploi après mon élection, je peux vous dire dès maintenant que les Blancs passeront avant les Noirs[28]. » Cela dit, dans la biographie de Clay sur LeBlanc, nous apprenons que certaines personnes noires appuyaient ce dernier. Ces personnes travaillent parfois pour LeBlanc et considéraient qu'aucun homme politique blanc leur offrait un soutien idéal.

En Louisiane, LeBlanc connaîtra une notoriété en raison d'un produit « miraculeux » pour la santé qu'il fabrique et qu'il nomme Hadacol. À la suite de problèmes de santé, il cherche à fabriquer un produit mélangé de vitamines et d'alcool et il s'entoure de « two pretty Cajun girls[29] » dans la préparation de ce produit. En réponse à un journaliste qui lui demande si son produit « miraculeux » est également un aphrodiasiaque, LeBlanc précise que les deux jolies filles étaient en sécurité lors de la préparation du produit puisqu'il (LeBlanc) « n'était pas dangereux alors – c'était avant Hadacol[30] ».

En parallèle au développement de sa vie politique, il publie son premier livre en 1927 intitulé *The True Story of the Acadians* en plus d'agir en tant que président de l'*Association of Louisiana Acadians* en 1930. Dans un autre ouvrage intitulé *The Acadian Miracle* (1966), LeBlanc parle de sa fierté acadienne et il souligne ce « beautiful tribute to the Acadian mothers » qu'il cite du frère Marie-Victorin : « Ce sont nos mères qui ont empêché notre race de disparaître dans le grand oubli de la race anglo-saxonne; ce sont nos mères qui ont conservé [...] les chants de France, ce beau sang pur, générateur de fierté, grâce auquel nous avons résisté dans cette vaste Amérique une vigoureuse individualité. Si ce miracle de survie est, jusqu'à présent, notre plus grand titre de gloire, combien lourde est la dette contractée envers celles qui ont modelé, affirmé, embelli l'âme de la femme acadienne[31]. » L'idée selon laquelle la femme acadienne est la conservatrice du « beau sang pur » influencera les actions et les discours de LeBlanc qui verra dans la femme acadienne le potentiel d'une renaissance acadienne en Louisiane. En effet, dès 1930, LeBlanc s'affirme comme future figure centrale du projet de renaissance acadienne en Louisiane en organisant ce qu'il appelle le « premier pèlerinage officiel[32] » à Grand-Pré en Nouvelle-Écosse d'une cohorte de 25 femmes blanches d'origine acadienne vivant en Louisiane.

Ces femmes, déguisées en Évangéline, incarnent l'icône transnationale adoptée par les élites acadiennes aux États-Unis et au Canada depuis la fin du XIXe siècle « as an acceptable embodiment of their own myths[33] ». Bien que le costume d'Évangéline n'ait aucune validité historique, ce dernier a été conçu en 1924 par Susan Evangeline Walker Anding (1878-1948) qui s'est inspirée « de l'habit des paysannes normandes[34] », ce qui permet d'ancrer l'image d'Évangéline dans un passé partagé avec la France[35]. La mobilité transfrontalière de jeunes femmes blanches au nom de l'Acadie se fera à plusieurs reprises entre les années 1930-1960 et mobilisera autant de Cadiennes de la Louisiane que d'Acadiennes des provinces atlantiques[36]. Ces mises en scène transnationales de femmes déguisées en Évangéline sont bien connues[37] des deux côtés de la frontière, mais *à quoi* servent-elles? À *qui* servent-elles?

À la suite de ce pèlerinage à Grand-Pré, la première cohorte d'*Evangeline Girls* de LeBlanc est accueillie à Moncton, au Nouveau-Brunswick, le 22 août 1930 et le costume est décrit comme le meilleur symbole de la survivance acadienne et des liens familiaux entre la Louisiane et l'Acadie. La formule de jeunes femmes blanches en costume d'Évangéline se montre gagnante dans le cadre de la promotion d'une identité acadienne transnationale commune, puisque les voyages au Canada des *Evangeline Girls* en compagnie de LeBlanc se multiplient (1930, 1936 et en 1963). LeBlanc semble comprendre qu'à travers l'incarnation d'Évangéline, c'est possible de promouvoir une identité acadienne blanche transnationale « [...] qui les différencie des Anglo-Canadiens ou des Américains qui les entourent...[38] ».

L'incarnation d'Évangéline permet de comprendre que celle-ci se présente comme étant bien plus qu'une idée fictive (poème) ayant façonné un mythe, car comme l'explique Joseph Yvon Thériault, il s'agit d'une idée bien ancrée dans le réel historique du fait de sa contribution à « la mise en forme et à la mise en sens du social[39] » qu'elle permet de déployer à travers différents récits politiques. Dans le récit politique transnational acadien, il existe un « gender subtext of the citizen role[40] » qui se décline différemment pour les femmes que pour les hommes. Ainsi, la récupération d'Évangéline comme symbole renvoie à des idées précises de ce que signifie être « femme » dans la fabrique de la francité acadienne à cette époque et ce récit transnational de reproduction culturelle est également un récit racialisé dont l'incarnation est ancrée dans une blanchité comparable, mais non assimilable à la majorité anglo-saxonne[41].

Évangéline : de la patrimonialisation à l'incarnation d'une gardienne raciolinguistique moderne

La volonté d'inscrire l'identité acadienne dans une temporalité à la fois nostalgique et futuriste amène le sénateur LeBlanc[42] à déployer de manière significative une idéologie raciolinguistique de l'acadianité par la mise en spectacle de jeunes femmes blanches dont le corps *représente* une francité acadienne en continuité avec l'époque coloniale. En effet, l'idéologie raciolinguistique de la blanchité renvoie au fait que « [l]es subjectivités sont historiquement et institutionnellement constituées et sont enracinées dans la réarticulation des distinctions coloniales entre l'européanité normative et l'autre non-européanité qui ont émergé à travers la production contestée de la modernité[43] ». Il s'agit alors d'un processus qui vise la revitalisation d'un ordre raciolinguistique qui arrime une forme de blanchité avec une forme de francité. En effet, les variétés de français portant les marques de l'anglicisation ou de la créolisation sont dévalorisées au profit d'une variété de français dite « internationale ». Comme le souligne Clint Bruce dans son chapitre, « [...] la valorisation du fait acadien en Louisiane passe, dès le tournant du XXe siècle, par la revendication d'une identité 'blanchie' – par rapport à la créolisation constitutive de la culture franco-louisianaise – à l'ère de la ségrégation raciale[44] ».

L'idéologie raciolinguistique mobilisée par LeBlanc met en tension deux processus/dynamiques identitaires dans la performance de la blanchité en Louisiane dans un contexte de déségrégation raciale dans le sud des États-Unis à la même époque : i) la stagnation et l'appauvrissement associés à une communauté francophone stigmatisée par le terme *white trash* en raison de processus de métissages culturels et linguistiques d'une part et de l'assimilation linguistique à l'anglais d'autre part; et ii) le potentiel d'embourgeoisement et d'ascension sociale de certains membres de cette communauté qui souhaitent s'approprier du pouvoir performatif du *Speak White* en Amérique du Nord, mais dans sa version française oubliée.

Le *Speak White* ou le *Sound White* en Amérique du Nord renvoie à l'idée que le « whiteness, like all racial categories, is a mythic and cunning construct with little biological credibility, but tremendous social power[45] », car la blanchité est le plus souvent « non marquée », puisqu'elle renvoie aux manières légitimes et standardisées de s'exprimer au sein de l'espace citoyen. En Amérique du Nord, cela renvoie le plus souvent à l'anglais standardisé américain ou canadien. La notion de *Speak White* est le plus souvent attribuée à la langue des maîtres[46], celle des anglophones d'Amérique, mais dans le poème de Lalonde (1968) il est possible de reconstruire l'idée d'un *Speak White* français qui hiérarchise les variétés de français à partir d'idéologies raciolinguistiques. Dans cette perspective, certains parlers sont jugés vulgaires, bâtards, illégitimes ou *white trash*[47], tandis que d'autres parlers, le plus souvent ceux associés aux langues coloniales devenues des langues étatiques standardisées, sont considérés purs et légitimes. La renaissance acadienne s'inscrit dans un effort de se défaire de la connotation péjorative de *white trash* associée aux *Cajuns*[48] par voie d'embourgeoisement qui réitère l'idéologie raciolinguistique d' « un français pur et atrocement blanc[49] » tel que décrit par Lalonde.

Pour que l'hégémonie blanche se maintienne dans un contexte postcolonial, la blanchité doit être perpétuellement représentée et reproduite, et la langue est un outil sémiotique puissant pour cette activité[50]. Sara Le Menestrel rappelle que le terme *Cajun* a souvent été synonyme de *white trash*[51] dans la société louisianaise, dans le sens de pauvreté, manque d'ambition et peu scolarisé. Le Menestrel[52] précise qu'avant la période de renaissance de la fin des années 1960, l'identité acadienne en Louisiane est surtout associée à l'idée d'un groupe figé dans le temps – ayant peu évolué depuis deux siècles[53]. Par la suite, « la stratification sociale de la société acadienne coïncide avec l'apparition d'une distinction sémantique entre « Acadien / *Acadian* et Cadien / *Cajun*, l'un réservé à l'élite, l'autre aux plus pauvres[54] ». C'est dans ce contexte discursif que LeBlanc insiste pour dire qu'en Louisiane « nous parlons français, pas *cajun* [...][55] » ce qui se veut une démarcation raciolinguistique entre la représentation de l'*Acadien* et celle du *Cajun*. C'est pourquoi, dans le cadre du projet de renaissance acadienne menée par LeBlanc, il faut se poser la question de ce que parler français plutôt que *cajun* représente en Louisiane. Est-ce une manière de s'approprier du *Speak White*[56] et se distinguer du *white trash*? Quel rôle joue le corps de la femme blanche dans le déploiement de cette idéologie?

Les phénomènes de standardisation linguistique et de légitimation identitaire au cœur des États-nations[57] occidentaux sont souvent des processus homogénéisants accompagnés d'images de jeunes femmes blanches pour représenter la pureté nationale et l'authenticité identitaire. Par exemple, la France mobilise *Marianne*, les États-Unis ont *Lady Liberty*[58] et, à plus petite échelle, l'Acadie dispose d'*Évangéline*. Les femmes deviennent alors symbole de la nation, à travers desquelles il est possible d'envisager la langue comme un héritage biologique[59]. Cela correspond à l'essentialisme stratégique[60], *souvent* mobilisé de manière transnationale par les groupes minorisés, stigmatisés afin de s'opposer au groupe dominant en affirmant une identité commune délimitée par des caractéristiques biologiques et culturelles.

Le rôle des femmes dans la sauvegarde et la reproduction d'une identité acadienne a été socialement construit à travers une conception biologisante de la « nation[61] » ou « *transnation*[62] ». L'élite masculine acadienne a longtemps misé sur l'importance de la sphère privée et de l'institution familiale pour constituer un espace de socialisation langagière et culturelle « authentique[63] » permettant la reproduction du groupe. L'idée selon laquelle les femmes doivent agir comme les « gardiennes de la langue » s'inscrit donc dans une idéologie du nationalisme qui peut être interprétée « as the struggle to keep the group "pure"[64] ». Cela correspond à une logique d'homogénéisation qui s'appuie sur des mécanismes d'inclusion/exclusion en ce qui concerne l'accès aux ressources les plus prestigieuses.

Dans le contexte moderne de mobilité transnationale entre les États-Unis et le Canada dans les années 1960, la femme acadienne continue d'incarner le futur d'une citoyenneté minoritaire, blanche et francophone tout en se cherchant dans une prise de conscience.

La jeune fille moderne, comme la nouvelle femme avant elle, incarnait un mélange de cette possibilité d'indépendance économique accompagnée de la capacité de se déplacer plus librement dans ce qui était compris comme une chasse gardée masculine. Pourtant, le foyer reste largement accepté comme le seul endroit viable et acceptable pour que les femmes vivent leur vie de mères et d'épouses en défendant les valeurs morales de la famille. Cette séparation artificielle des sphères a permis de maintenir les hiérarchies de genre soutenues par l'hétéropatriarcat[65].

Clint Bruce mentionne dans un chapitre de cet ouvrage que « la dimension transnationale de la racialisation de l'identité acadienne n'a pas fait l'objet d'un examen sérieux[66] » tout en reconnaissant une certaine naïveté au sein des recherches existantes qui font fi du contenu racialiste du discours nationaliste acadien pourtant bien présent[67]. À titre d'exemple, Carolynn McNally s'appuie sur le travail de Martin S. Spigelman pour avancer l'idée que « le concept acadien de "race" est extrêmement imprécis. Ils ont redéfini ce mot sur des bases culturelles plutôt que biologiques afin d'atteindre certains objectifs[68] ». Bruce déplore la tendance en études acadiennes de minimaliser « le contenu proprement racialiste de la notion de 'race acadienne', ce qui rejoint le propos du sociolinguiste Jonathan Rosa qui considère qu'il ne faut pas concevoir les deux composantes (culturelle et biologique) comme étant séparées ou même séparables, car celles-ci sont co-naturalisées dans le discours. Ce faisant, la blanchité a trop souvent été évacuée à titre de concept analytique dans l'étude des minorités linguistiques en Amérique du Nord alors même que ce concept peut être utile « for understanding specific forms of power relations and specific forms of normalization (Foucault 2003) and homogeneism (Blommaert and Verschuren 1998)[69] ». Dans le cas de l'instrumentalisation du corps des femmes dans ces processus de normalisation et d'homogénéisation, Gentile argumente qu'

> [e]n effet, l'idée ici n'est pas seulement que « le sexe fait vendre » mais aussi que la beauté et le corps des femmes ont été acceptés comme des

outils importants pour réifier des idéaux abstraits tels que la féminité, la nation, la communauté ou la "blanchité", qui sont ensuite devenus partie intégrante de la conscience collective des colons. La beauté n'est pas définissable, car elle est rhétorique. Au contraire, le corps de la reine de beauté était exploité comme un objet de désir dans des contextes où les anxiétés des colons blancs concernant les catégories de classe, de genre, de race, d'ethnicité et de nationalisme étaient débattues et résolues[70].

Dans ce sens, le renouveau francophone en Louisiane se présente comme un terrain fertile pour examiner le fantasme raciolinguistique de LeBlanc, car ce sont à travers les discours sur la revitalisation de la langue en Louisiane que la blanchité acadienne peut être mobilisée en tant que « catégorie raciale construite culturellement » tout en demeurant « systématiquement négligée[71] », puisque cachée derrière des discours sur la langue et la mise en spectacle de « la » gardienne légitime de celle-ci.

Le renouveau francophone en Louisiane : « vive la différence! » Laquelle?

Le Conseil pour le développement du français en Louisiane, ou CODOFIL, est créé en 1968 à titre d'agence de l'État louisianais. Le CODOFIL voit le jour à Lafayette, ville fraîchement couronnée capitale francophone américaine (« the U.S. French Capital[72] ») et située en plein cœur de l'Acadiane[73], une région associée à « l'implantation des exilés acadiens[74] ».

En 1970, deux journaux anglophones, l'un dans l'État du Philadelphie aux États-Unis[75] et l'autre dans la province du Nouveau-Brunswick au Canada[76] annoncent que les « Cajuns » sortent enfin de leurs coquilles caractérisées par la honte de soi et se réveillent quant à l'importance de sauvegarder le français pour faire de la Louisiane un État bilingue. Cette déclaration qui circule au-delà des frontières de l'État est accompagnée par l'image ci-dessus qui présente la Louisiane comme un lieu différent des autres États américains, car « ici on parle français ».

Le message « Vive la différence! *Louisiana is different! Ici on parle français* » se veut une contestation de l'idéologie américaine du *melting pot* dans le sens d'un creuset qui fusionne les différentes trajectoires immigrantes en une seule et même version de la citoyenneté américaine[77]. Ce faisant, le CODOFIL conteste une idéologie nationaliste américaine tout en valorisant le français au sein de la Louisiane, ce qui ne manquera pas de susciter certaines tensions.

Vive la différence!
LOUISIANA IS DIFFERENT
Ici on parle français
Conseil pour le Développement
du Français en Louisiane
• CODOFIL •

A Billboard Sign of Changing Mood
Cajuns were once told to forget their French.

Fig. 12.1 | Photo de panneau d'affichage en Louisiane, publiée dans le *Philadelphia Inquirer*, le 29 juin 1970.

En Louisiane, malgré l'existence de personnes parlant des variantes du français, le déclin de cette langue dans toutes ses variétés est un fait établi dans les années 1960 en raison d'un manque de transmission intergénérationnelle[78]. C'est dans ce contexte qu'émerge un activisme autour de la francité avec LeBlanc comme « champion of the Acadian ethnicity[79] » qui contribuera directement à la création du CODOFIL en 1968. De plus, l'idéologie de la revitalisation du français en Louisiane se déploie surtout dans des discours produits *par* et *pour* un public élitiste blanc[80]. Le CODOFIL, avec son directeur-fondateur de l'organisme, James R. Domengeaux comme directeur, participe à répandre l'idée d'apprendre le français comme « langue étrangère » dans les écoles et d'enseignement d'une variété de français qui ne correspond pas aux variétés locales de français en Louisiane[81]. Il y aura alors de multiples efforts pour mettre en œuvre la réintégration du français normatif et exogène dans le milieu scolaire (loi 409) après une absence qui s'étend sur une période de presque 50 ans. Avec l'adoption de nouvelles mesures législatives en 1968, le gouvernement de la Louisiane confère au CODOFIL la responsabilité de faire tout ce qui est nécessaire pour accomplir le développement, l'utilisation et la préservation de la langue française « telle qu'elle existe en Louisiane[82] », pour le bénéfice culturel, économique et touristique de l'État. Les objectifs du CODOFIL comprennent la francisation scolaire, la promotion du français au sein de la communauté et le développement du français à travers la mobilité étudiante internationale. Domengeaux pense que le milieu postsecondaire (loi 259) doit aussi contribuer à la revitalisation, notamment au moyen de la formation du futur corps enseignant et l'organisation d'activités francophones.

Le discours du CODOFIL sur la revitalisation du français de la fin des années 1960 et au début des années 1970 se caractérise alors simultanément par l'affirmation de la diversité au sein de l'identité *blanche* américaine[83] et l'homogénéisation de l'identité francophone au sein de la Louisiane qui passe sous silence la hiérarchisation des parlers français/des personnes parlant français. Dans ce processus nouvellement enclenché de légitimer le français en Louisiane, le CODOFIL adopte un certain effacement du *Cajun French* afin de mieux coïncider avec la représentation du français comme patrimoine partagé avec la France et d'autres pays francophones comme le Canada[84].

C'est donc dans cette double articulation de vouloir à la fois s'affirmer et se distinguer que la revitalisation du français en Louisiane prend la forme d'un réseautage transnational à travers la constitution de « régimes de réseau circulatoire[85] » au sein desquels des jeunes vont étudier ailleurs et reviennent de manière à tisser des affiliations complexes dans la fabrication de nouvelles subjectivités francophones. Ces « nouveaux » sujets parlants cosmopolites traversent les frontières et participent au monde moderne dans le sens donné par Appadurai d'une nouvelle organisation sémantique qui lie les individus à travers l'espace et le temps, c'est-à-dire : « À mesure que les populations se déterritorialisent et se nationalisent de manière incomplète, que les nations se divisent et se recombinent, que les États sont confrontés à des difficultés insolubles dans leur tâche de produire "le peuple", les transnations sont les sites sociaux les plus importants dans lesquels se jouent les crises du patriotisme[86]. » Appadurai nous permet de comprendre qu'au-delà d'une identité territoriale, il y les corps et leurs inscriptions dans des réseaux transnationaux. Le corps postcolonial francophone en Amérique n'échappe pas aux rapports sociaux de race; et bien que la fabrique d'une francité revitalisée en Amérique ne soit pas envisagée de la même façon par le directeur du CODOFIL, James Domengeaux et LeBlanc, dans les deux cas, c'est une francité « atrocement blanche[87] » qui se présente comme modèle dominant.

D'une part, Domengeaux focalise ses efforts sur la négociation de partenariats de mobilité étudiante avec les gouvernements francophones afin de favoriser la mobilité étudiante louisianaise au sein des pays francophones comme la France et le Canada en misant sur l'apprentissage du français par la jeunesse louisianaise dans le cadre d'un séjour à l'extérieur des États-Unis. Dans cette approche, le renouveau francophone en Louisiane s'inscrit dans une trajectoire linguistique qui sort l'individu de son milieu d'origine pour le confronter à d'autres manières de vivre et se percevoir en tant que francophone, à d'autres manières d'envisager ce que parler français veut dire. Domengeaux répond souvent en entrevue que sauver une langue, c'est sauver une culture. D'ailleurs, Domengeaux ne souhaite pas s'investir dans la revitalisation d'une identité strictement acadienne, car comme il dit : « We've been brooding over Evangeline long enough[88]. »

D'autre part, le sénateur LeBlanc focalise sur l'organisation et le financement de séjours d'études en Louisiane de plusieurs dizaines de femmes acadiennes vivant au Canada. Dans le cadre de cette stratégie, LeBlanc veut mobiliser le corps de femmes acadiennes pour rendre plus *sexy* le français, et l'identité acadienne aux yeux des jeunes, mais surtout auprès des hommes (jeunes et moins jeunes). Cette stratégie n'aidera pas la réputation du CODOFIL, considéré par certaines personnes comme « a front for foreigners to come wine and dine and all of this » ou encore « nothing but an escort service[89] ».

D'ailleurs, le financement de séjours d'études pour des Acadiennes du Canada n'est pas appuyé par le directeur du CODOFIL, James Domengeaux, qui considère que la revitalisation doit se faire par la scolarisation en français des jeunes Louisianaises et Louisianais et non pas par le financement d'un voyage d'études en Louisiane d'Acadiennes qui parlent déjà le français.

En lisant les correspondances entre Domengeaux[90] et le recteur Adélard Savoie[91] (entre le 20 septembre et le 18 octobre 1971), nous apprenons que Domengeaux voit le sénateur LeBlanc comme une source d'obstruction aux objectifs du CODOFIL et comme une personne qui ne cherche qu'à obtenir des faveurs en raison de son poste de pouvoir. À la suite du premier semestre d'études en Louisiane des jeunes femmes à l'automne 1969, la *University of Southwestern Louisiana* n'a toujours pas reçu de paiement pour les frais de scolarité et de logement des boursières acadiennes. Ce faisant, l'Université souhaite renvoyer au Canada chacune des boursières et Domengeaux est d'accord avec cette solution. Cependant, le représentant du Québec, originaire du Nouveau-Brunswick, réussit à convaincre Domengeaux que le retour des femmes au Canada serait un scandale médiatique et que cela porterait atteinte à la réputation internationale du CODOFIL. Ce faisant, Domengeaux débourse 22 000 $ à l'USL des fonds du CODOFIL « to pay for Dudley's girls » ce qui paralyse le fonctionnement du CODOFIL pendant cette période[92]. Domengeaux remarque que LeBlanc vient tout juste de rentrer en Louisiane après le recrutement de 10 nouvelles étudiantes du Nouveau-Brunswick pour l'automne 1971 et que 900 $ du budget du CODOFIL doit encore servir à payer pour ce voyage. Le recteur répond que désormais, l'Université de Moncton considère que : « As far as we are concerned, there is but little that we can do to discourage that procedure. We have consistently refused to be associated directly or indirectly with that system of scholarship[93]. »

Autrement dit, le président-fondateur du CODOFIL considère qu'il s'agit d'un usage abusif des fonds publics et il refuse de s'associer au programme de bourses conçu par LeBlanc. Pourtant, tel que le caractérise Thériault, l'« entrepreneur ethnique[94] » LeBlanc insiste pour utiliser des fonds publics pour financer la visite en Louisiane de jeunes femmes acadiennes, car il considère que c'est le meilleur moyen de promouvoir la langue française. En effet, LeBlanc envoie une carte postale au recteur de l'Université de Moncton en septembre 1970 pour souligner la présence de « jeunes filles des provinces maritimes qui sont venues ici afin d'encourager l'emploi de la langue française », ce qui, selon LeBlanc, « a contribué énormément au relèvement du français en Louisiane[95] ».

Or, les femmes interviewées dans le cadre de cette étude disent avoir très peu parlé français pendant leur séjour en Louisiane puisque les interactions se faisaient majoritairement en anglais, sauf quelques exceptions. Il faut croire que ce n'était pas tant le parler des jeunes femmes qui était important, mais bien l'incarnation d'une identité acadienne *désirable* et porteuse de la langue comme héritage.

Ce faisant, dans la vision de LeBlanc, le corps de la femme blanche acadienne *suffit* pour faire la promotion de la francité acadienne, car son corps est le site potentiel d'un récit alternatif et distinctif du récit péjoratif associé aux *white trash/Cajuns*.

De la blanchité des *Evangeline Girls* au « Dudley scheme » : une mobilité étudiante insolite

Dans les années 1960, l'identité acadienne dans le sud des États-Unis se construit en opposition à l'identité noire américaine tout en se comparant à celle-ci pour légitimer la lutte d'émancipation et les ressources mobilisées pour assurer l'ascension sociale du groupe[96]. Dans un extrait de journal publié à Moncton en 1970, nous pouvons lire que « [l]es historiens rapportent qu'en tant que peuple, méprisé et maltraité – tout comme le noir américain – les Acadiens de Louisiane ont été exhortés à oublier leur langue et leur culture[97] ». Pourtant, Brundage[98] montre qu'une nuance importante s'impose dans cette comparaison improbable, car : « Les partisans du renouveau acadien ont minimisé tout rôle des Acadiens dans l'esclavage avant la guerre civile ou dans la cause confédérée. Malgré l'incorporation évidente d'influences afro-américaines (et autres) dans la musique et la cuisine acadiennes, les partisans du renouveau acadien ont mis en avant exclusivement les traits culturels qui avaient des origines pures du "Vieux Pays". Ils se distinguaient de la majorité anglophone environnante sans impliquer d'aucune façon un lien culturel ou historique avec la communauté la plus honnie de la région – les Afro-Américains. »

Puisque le fantasme raciolinguistique du *Speak white* à la française est au cœur du projet du renouveau acadien mené par LeBlanc, il n'est pas possible de faire comme si les processus de stigmatisation identitaire et d'affirmation identitaire des deux communautés (noires et blanches) étaient identiques. De plus, l'idéologie raciolinguistique associée à la blanchité s'inscrit dans un continuum de potentialité qui permet d'envisager le devenir *non marqué* et *légitime* de toute personne blanche pouvant se défaire de codes *white trash* ce qui n'est pas possible de la même façon pour les corps socialement construits à l'extérieur de la blanchité[99]. Comme le démontrent Éric Waddell et Sara Le Menestrel[100], la distinction entre *blanc* et *non-blanc* dans l'assignation identitaire créole en Louisiane est alimentée par le pouvoir anglo-américain puisqu'en « conférant aux Créoles une origine métisse, les Anglo-Américains ont participé au renforcement de l'opposition entre Cadiens et Créoles noirs. Afin d'esquiver tout soupçon, les Créoles blancs ruraux choisissent dès lors de s'identifier à des Cadiens. Malgré sa connotation négative, cette désignation renvoyait à une origine acadienne, donc blanche, excluant l'identification des personnes de couleur aux groupes de Cadiens (Waddell, 1983). En définissant l'identité cadienne comme blanche, le CODOFIL va perpétuer cette distinction[101] ».

La figure allégorique d'Évangéline s'inscrit dans cette potentialité de blanchité et permet de raconter « les Acadiens en victimes héroïques et en êtres purs auxquels la bourgeoisie peut s'identifier sans se compromettre, tout en valorisant leur ascension sociale[102] ». La sérialisation[103] de cette figure par l'entremise des corps de femmes blanches mêle nostalgie puriste et « sex-appeal en accord avec le goût moderne pour les reines de beauté[104] ». Pour l'historienne canadienne Patrizia Gentile[105], la femme blanche et hétérosexuelle a été le corps fétichisé de choix pour inscrire des significations politiques, sociales, culturelles et historiques à ce que constitue *une représentation légitimée* de la citoyenneté en Amérique qu'elle soit envisagée dans une perspective nationale ou transnationale.

Cette consolidation d'une francité blanche acadienne en Louisiane dans les années 1960 grâce aux efforts de revitalisation « du français » financé par l'État, s'inscrit également dans un contexte sociopolitique de déségrégation raciale et de nouvelles reconnaissances pour les minorités racialisées. Par exemple, l'espace universitaire qui accueille les étudiantes acadiennes en Louisiane demeure un lieu de haute tension en ce qui concerne les relations raciales à cette époque. En 1960, le *Southwestern Louisiana Institute* est devenu la *University of Southwestern Louisiana* qui sera éventuellement renommée la *University of Louisiana at Lafayette* en 1999. Il s'agit de la première université recevant des fonds publics dans le sud des États-Unis à ouvrir les inscriptions aux personnes noires à partir de 1954. Cette ouverture des inscriptions advient à la suite d'une poursuite judiciaire *Clara Dell Constantine et al. v. Southwestern Louisiana Institute et al.*, obligeant l'institution de rendre possible l'admission de personnes noires souhaitant s'y inscrire. Cependant, comme le montre la thèse de Ruth Anita Foote, la déségragation de l'espace universitaire ne signifie pas pour autant la fin de la discrimination, puisque selon elle, « desegregation heightened racial discrimination and intensified racial exclusion[106] ».

Ainsi, les femmes blanches acadiennes sélectionnées pour la bourse de mobilité en Louisiane ont été transplantées dans un ordre racial qu'elles ne connaissaient pas tout en arrivant d'un milieu universitaire caractérisé par l'après « moment-68 » en Acadie[107] au sein duquel le militantisme francophone et minoritaire était fort. C'est pourquoi la mobilité étudiante en Louisiane a été vécue comme un réel « retour en arrière » pour certaines femmes boursières. On témoigne d'un sentiment de recul idéologique en prenant conscience de se retrouver dans un lieu où parler français est associé à une suprématie blanche qui opprime l'*Autre* à travers une forme de « faire taire » qu'elles connaissent déjà dans leur situation sociolinguistique[108] et qu'elles n'avaient pas envie de reproduire envers un autre groupe minoritaire. Cela est devenu particulièrement insupportable pour quelques femmes de la cohorte de 1969 très influencées par la Révolution tranquille et le mouvement étudiant de 1968[109]. Ces femmes ne savent toujours pas mettre en mots l'aliénation vécue au sein des espaces suprématistes blancs en Louisiane. Il faut dire qu'il y a aussi parmi ces femmes boursières qui conçoivent la bourse comme une rare occasion de mobilité sociale ascendante. Comme le mentionne Louise, « la bourse en Louisiane c'était une opportunité d'avancer dans la vie. Ça promettait[110] ». Cette ascension sociale mène souvent au silence de ces femmes qui n'osent pas dénoncer le fantasme raciolinguistique de LeBlanc au cœur même de la raison d'être de leur présence en Louisiane.

De plus, certaines femmes comprennent qu'elles participent comme le souligne Louise « au rêve de Dudley, c'est-à-dire personne ne nous a agressés, mais c'était à se demander si c'était une traite des blanches avec toutes les soirées organisées avec des hommes blancs...mais ce n'était tout de même pas un monstre Dudley...bien qu'il nous exposait...bon pas en bikini là... nous étions habillées... mais oui...il y avait comme un effet de spectacle de nous les blanches. On a vite désenchanté de la Louisiane[111] ». Ce désenchantement dont parle Louise mène au désir de celle-ci et d'autres à vouloir dénoncer ce racisme entremêlé de misogynie. Une ancienne boursière, Marie, raconte qu'à son retour de la Louisiane, un petit groupe s'est rendu au Centre d'études acadiennes pour raconter leur malaise et leur indignation. La réaction des dirigeants en Acadie a été sans équivoque : l'indifférence. L'étudiante raconte la honte qu'elle ressent lorsqu'elle comprend que ce qui est attendu d'elle est de se tenir au script d'un bel échange transnational entre l'Acadie du Nord et l'Acadie du Sud. Il fallait oublier les pratiques de racisme et de misogynie. Il fallait se taire.

Bien que le racisme de LeBlanc ne gêne pas particulièrement le comité de sélection en Acadie[112] ni les responsables en Louisiane, son comportement avec les jeunes femmes blanches en mobilité étudiante en Louisiane inquiète passablement les responsables à la *University of Southwestern Louisiana*. En effet, les soirées sociales entre hommes de pouvoir et jeunes femmes acadiennes sont jugées suffisamment inappropriées pour que la USL envoie une lettre au sénateur LeBlanc pour l'informer que les jeunes femmes relèvent de la responsabilité de l'Université et qu'elles ne doivent pas rentrer tard le soir ou s'absenter pendant plusieurs jours sans approbation écrite des responsables de l'Université[113].

En juillet 1969, LeBlanc se rend à Moncton où il est accueilli à l'aéroport par un groupe de dignitaires incluant le maire Jones, Anselme Chiasson, Yves Robichaud, Léonyde Cyr et Léone Boudreau-Nelson[114]. L'objectif du voyage de LeBlanc est clair : il est à Moncton pour former un comité de sélection afin de recruter de jeunes femmes qui recevront une bourse pour étudier à la *University of Southwestern Louisiana*. LeBlanc est ravi d'annoncer à la presse louisianaise que 73 femmes postulent pour la bourse, et qu'environ 20 femmes seront sélectionnées. Le recrutement se fait par l'entremise de petites annonces dans les journaux[115] et bien que des membres du corps enseignant de l'Université de Moncton participent au comité de sélection, l'Université cherchera à prendre ses distances de ce programme de bourses au moment du décès du sénateur LeBlanc en octobre 1971.

Le comité de sélection est présenté comme un comité indépendant de l'Université de Moncton et est constitué de Marguerite Michaud, Anselme Chiasson, Lorraine LeBlanc, Marie-Esther Robichaud et Yves Robichaud. Entre 1969 et 1972, 42 étudiantes étudient en Louisiane aux frais du gouvernement de cet État, soit 22 étudiantes lors de la première année du programme 1969-1970, 12 étudiantes pour la deuxième année 1970-1971 et huit étudiantes lors de la dernière année du programme de bourses en 1971-1972.

Dans les correspondances entre la Louisiane et l'Acadie, le terme « Dudley scheme » est couramment utilisé pour décrire le programme de bourses et le recrutement de jeunes femmes. Ce faisant, le projet raciolinguistique de LeBlanc est une version moderne des « Filles du roi » et devient rapidement un secret de polichinelle. De toute évidence, LeBlanc, avec le programme de bourses d'études, exploite le mythe d'Évangéline tout en mobilisant une stratégie coloniale déjà bien connue : favoriser la migration de jeunes femmes célibataires. Pour les anciennes boursières, les références aux « Filles du roi » ou à la sexualisation de leurs corps est indéniable. Que ce soit par l'entremise de cadeaux, de notes, de baisers, de touchers ou de regards inappropriés, les anciennes boursières considèrent que ce programme constitue « quasiment une affaire de Filles du roi c'était peut-être pour essayer de nous marier et faire des enfants qui parleraient français tu sais ç'aurait été la vision la plus noble de ce qu'il faisait, mais même ça j'étais pas prête[116]. Une autre femme (Estelle) raconte que : « Ça, c'était la joke quand on était en Louisiane c'était ce qu'on se disait : il nous voulait là pour qu'on marie des Cajuns pis qu'on fasse des familles cadiennes. Ça se disait entre les branches qu'en raison de la qualité de vie plus élevée que chez nous qu'on serait bien impressionné et qu'on resterait là faire des belles grandes familles cadiennes (rires)[117]. » Hélène[118] pour sa part précise : « J'avais entendu dire par une amie-boursière de l'année qui précédait la mienne qu'il (LeBlanc) voulait revitaliser le français en Louisiane et que sa stratégie était de faire venir des filles pour qu'elles se marient et aient des enfants. C'était du ouï-dire, mais c'est ce qu'on me disait sur lui. »

D'ailleurs, parmi les questions posées aux jeunes femmes dans le processus de sélection, nous retrouvons celle qui a été la plus déterminante pour le succès/insuccès des candidates : « avez-vous un petit ami? ». Les femmes[119] rencontrées dans le cadre de ce projet de recherche ont participé aux campagnes de recrutement entre 1969-1971 et elles expliquent les différentes stratégies adoptées pour répondre à la question. L'une des femmes, Marie, explique que « pendant l'entretien, on m'a demandé si j'avais un petit ami ; j'ai dit non. Par instinct, j'ai menti[120] ». La femme a été retenue pour la bourse, tandis qu'une autre candidate, Hélène[121], qui n'a pas adopté la même stratégie a dû attendre l'année suivante pour partir en Louisiane : « La première année que j'ai postulé pour la bourse, j'avais un chum et je n'ai pas été aussi intelligente que d'autres puisqu'en révélant que j'avais un chum je n'ai pas été retenue. En tout cas, la deuxième année j'ai été retenue. »

Les femmes se rappellent que certains collègues masculins de l'époque commentaient l'aspect bizarre d'une bourse réservée aux femmes, mais en même temps celles-ci voyaient d'un bon œil la possibilité de partir à l'aventure et voyager à l'extérieur de leur milieu. Cependant, la Louisiane n'était pas nécessairement un lieu de prédilection – il s'agissait surtout d'un concours de circonstances. En effet, il y a un consensus entre les femmes rencontrées qui expliquent le sens que prenait cette bourse à l'époque : « c'était excitant ! Voyager et une année gratuite d'études dans un autre pays. » Hélène[122] raconte : « Nous ne voulions pas nécessairement ce que LeBlanc voulait et je ne connais personne qui s'est marié. Peut-être qu'il y en a une… »

Véritablement, au moins une femme s'est mariée en Louisiane. Celle-ci raconte son souvenir de l'humidité étouffante en débarquant de l'avion ainsi que la découverte de la cuisine et de la musique locales. Lors de sa première journée de cours à l'université, un étudiant lui ouvre la porte de la salle de classe et c'est l'homme qu'elle a marié la même année[123]. Pour elle, la bourse a changé sa vie pour le mieux et elle n'a que de bons souvenirs du sénateur LeBlanc.

En contraste, une autre étudiante, Thérèse, raconte avoir refusé la bourse d'études après que LeBlanc eut caressé sa main de manière très suggestive lors de l'entretien de sélection à Moncton avec ses parents à proximité[124]. Bien que le recteur de l'Université de Moncton souhaite prendre ses distances du programme de bourses, le vice-recteur de l'époque (1971), Helmut J. Schweiger, appelle tout de même l'étudiante en fin de soirée pour chercher à la convaincre de ne pas refuser la bourse d'études même si celle-ci refuse de partir en ne sachant pas ce que LeBlanc osera comme geste inapproprié une fois rendu en Louisiane. Elle revient sur les événements : « Ma rencontre avec le sénateur est encore vive dans ma mémoire, et je pense surtout à comment j'ai eu de la misère à décider de refuser la bourse. Je ne l'ai jamais regretté – pas simplement parce que j'ai eu une bonne vie depuis – mais parce que tout ce que j'ai appris depuis me confirme que j'ai bien réagi à 17 ans à cette proposition infâme. De nos jours, j'appellerais la police, tweeterais, et le sénateur aurait mal aux testicules, mais à chaque âge sa réaction[125]. »

L'autre aspect qui émerge dans le cadre de mes rencontres avec les anciennes boursières concerne le discours raciste de LeBlanc. Il faut se rappeler que les Acadiennes ont traversé la frontière pour étudier en Louisiane un an après la mort de Martin Luther King dans un contexte américain où la déségrégation raciale dans les écoles était encore en cours de mise en œuvre, certaines écoles ne parvenant pas à se conformer à la déségrégation en raison de problèmes de transport[126]. L'université fréquentée par les Acadiennes est considérée comme l'une des premières à avoir procédé à la déségrégation dans le Sud, à partir de 1954, et le discours institutionnel officiel célèbre ce détail jusqu'à ce jour, même si la vérité est que l'intégration des personnes noires n'a eu lieu qu'après que l'université ait perdu un procès civil contre une étudiante noire (Clara Dell Constantine) qui voulait être admise à l'université[127]. La déségrégation au sein de l'université n'a pas pour autant mis fin aux expériences de racisme subies par les personnes noires étudiant à cette institution, car celles-ci vivent même un renforcement de la discrimination raciale et l'intensification de l'exclusion par le refus d'accès à certains services universitaires ou même l'obtention systématique de notes inférieures[128]. L'une des anciennes boursières, Marie, raconte à propos de LeBlanc :

> À ce moment-là, il tient des propos racistes, nous disant de ne pas parler aux Noirs, que ce sont des descendants des cannibales. Je suis scandalisée par la connivence et le silence des adultes d'ici qui ne veulent pas le contrarier, qui n'approuvent sans doute pas de ses propos, mais ne disent rien. Je suis d'autant plus choquée que je viens de vivre les années 1968 et 1969 et que je suis très sensible aux questions de racisme et des inégalités. Chez Dudley, il y a des serviteurs noirs. On nous dit de ne pas leur parler. Je leur parle. Je sens la honte de me trouver là. On nous emmène en limousine visiter les quartiers noirs, on nous montre la pauvreté sans compassion. Je ne souhaite pas participer à ce cirque. Voyeurisme de la pire espèce. Des propos tellement racistes entendus… on dirait des suprémacistes blancs[129].

Dans ce même ordre d'idées, LeBlanc s'oppose à toute socialisation entre les femmes acadiennes et des personnes noires. Il conseille même aux femmes de traverser la rue afin de ne pas croiser de personnes noires sur le trottoir.

Lorsqu'une étudiante acadienne de la cohorte de 1969 se lie d'amitié avec l'une des quatre étudiantes noires de sa résidence, LeBlanc est furieux. Elle craint de perdre sa bourse et envoie une lettre à sa mère pour l'avertir qu'elle pourrait être renvoyée à tout moment. Elle réussira finalement à terminer son année universitaire en Louisiane, mais elle ne mettra pas fin à son amitié. Le sénateur n'est pas le seul qui n'approuve pas de son amitié avec une personne noire, étant donné que le racisme sur le campus est omniprésent et que « les autres étudiantes blanches (Louisianaises) cessent immédiatement de me parler. Puis sur le campus, lorsque je marche, les filles crient "N-Lover!"[130] » Malgré cette ostracisation, sociale, l'étudiante ne cèdera pas au script raciste attendu d'elle de la part du sénateur et des personnes qui adhèrent à l'idée de la suprématie blanche. Elle se rappelle avoir très peu parlé français en Louisiane – sauf avec le père de son amie, homme noir francophone. L'autre visage de la francophonie louisianaise – non légitimée par le sénateur LeBlanc[131].

⚜ ⚜ ⚜

Dans ce chapitre, j'ai voulu repenser l'Acadie à travers une loupe de féminisme transnational afin d'examiner de manière critique comment la mise en corps d'Évangéline en femmes blanches peut aussi devenir une source potentielle de résistance au mythe. En effet, en mobilisant le concept de la raciolinguistique, j'ai argumenté que la francité et la blanchité étaient socialement co-construites et que le corps des femmes blanches a été mis en spectacle, en tant que produit *désirable* de la nation. Par le prisme d'une microhistoire racontée au moyen de plusieurs types d'archives ainsi que par le biais de récits de vie de femmes, cette contribution permet de valoriser la parole des femmes dans la déconstruction d'un métarécit acadien transnational qui participait à reproduire un ordre racial. La blanchité n'étant pas une identité en soi dans le récit acadien, sa dimension demeure importante dans les rapports sociaux et les rapports de pouvoir dans la fabrique de la francité en Amérique. En historicisant la mise en spectacle du corps des femmes en tant qu'objets précieux d'une trans-nation – les *Evangeline Girls* – nous voyons à quel point la reproduction de l'incarnation d'une icône par de jeunes femmes blanches n'est pas neutre.

Bien que le fait francophone en Amérique se trouve le plus souvent présenté et (re)présenté à travers l'incarnation d'un groupe ayant vécu des processus d'oppression et de minorisation, il ne faudrait pas taire l'existence d'archives et de vécus de femmes permettant d'établir une co-construction des rapports raciaux et des rapports linguistiques. Ainsi, *Évangéline*, l'immortelle, est une mise en corps de la renaissance de l'une des langues coloniales de l'Amérique[132]; et bien qu'elle ait été examinée comme mythe et icône de l'Acadie, celle-ci a aussi nourri une idéologie raciolinguistique insuffisamment explorée qui lie une forme de francité acadienne à une forme de blanchité.

Le témoignage des femmes acadiennes ayant participé à la mobilité étudiante en Louisiane dans les années 1960 contribue à rompre le silence sur cette idéologie raciolinguistique de la blanchité qui ne peut pas être dépassée sans briser le silence sur son existence. Celle-ci a été entretenue par une élite acadienne en Louisiane et en Acadie et nos recherches actuelles en études acadiennes ne problématisent pas suffisamment l'usage du terme « race » dans les discours identitaires. Il ne s'agit pas simplement de promouvoir une culture francophone, mais un ordre racial qui prend d'autres formes au Canada. De plus, bien que le sous-texte de la blanchité soit au cœur de la mobilité étudiante conçue par LeBlanc dans les années 1960, la parole des femmes rencontrées a permis de souligner la résistance de certaines femmes à la suprématie blanche en Louisiane et leur volonté de refuser celle-ci même lorsque leur propre corps était désigné comme l'incarnant. En croisant les discours d'hommes et les discours de femmes, ce chapitre a contribué à repenser l'Acadie dans sa multidimensionnalité en montrant les liens et les rapports de pouvoir entre les individus selon différentes dimensions intersectionnelles liées au genre, la race et la langue.

Notes

1 Eric Waddell, « La Louisiane française : un poste outre-frontière de l'Amérique française ou un autre pays et une autre culture ? », *Cahiers de géographie du Québec*, vol. 23, n° 59 (1979), 211.
2 *Ibid.*
3 *Ibid.*, 206.
4 *Ibid.*
5 *Ibid.*, 203. Voir aussi Clint Bruce dans ce collectif.
6 *Ibid.*
7 Logan Natalie O'Laughlin, « Réflexions transnationales sur la corporéité des pronoms non-binaires », dans *Devenir non-binaire en français contemporain*, sous la direction de Vinay Swamy et Louisia Mackenzie, Paris, Éditions Le Manuscrit, 2022, 105.
8 Maurice Basque, « L'Acadie, ses histoires et ses mythes : Une conversation entre Maurice Basque et Mario Doucette », le 15 décembre 2022, Musée acadien et Galerie d'art Louise-et-Reuben Cohen.

Fig. 12.2 | Baton Rouge, Louisiana, « Girls from the Maritime Provinces were selected because of their Acadian ancestry », *The Daily Advertiser*, 31 août 1969. Texte publié sous la photo : « CANADIAN STUDENTS – Sen. Dudley J. Leblanc of Abbeville (center) is sponsoring 22 girls from the Maritime Provinces to continue their education at USL this fall in an effort to further and promote the French language. They will arrive in Lafayette September 9. »

Fig. 12.3 | State Capitol, Baton Rouge, Louisiana. La photo est transformée en carte postale sur laquelle est imprimé cet extrait : « The purpose of the project conceived and organized by Senator Dudley J. LeBlanc is to encourage the continued use of the French language », le 9 septembre 1969.

9. Joseph Yvon Thériault, *Évangéline : contes d'Amérique,* Montréal, Québec-Amérique, 2013, 232.
10. *Ibid.,* 294.
11. *Ibid.,* 298.
12. Voir Clint Bruce dans ce collectif.
13. Voir Naomi Griffiths, « Longfellow's *Evangeline*: The Birth and Acceptance of a Legend », *Acadiensis,* vol. 11, n° 2 (printemps 1982), 28-41. Le poème était enseigné dans les collèges classiques et diffusé dans les journaux acadiens.
14. Antonine Maillet, *Rabelais et les traditions populaires en Acadie,* Québec, Presses de l'Université Laval, 1971, 13-14; et Cristina Brancaglion, « Lire Rabelais en Acadie : "La vraie langue" d'après Antonine Maillet », *Livres de chevet de Montaigne à Miterrand,* 2017, 127-137.
15. Naomi Griffiths, « Longfellow's *Evangeline*: The Birth and Acceptance of a Legend », *Acadiensis,* vol. 11, n° 2 (printemps 1982), 7. Veuillez noter que la formule originale en anglais est *border people.*
16. Warren A. Perrin et Mary B. Perrin, *Seeking an Acadian Nation: the 1930 Diary of an Evangeline Girl,* Opelousas, Andrepont Publishing, 2019, xi.
17. Voir Marie-Anne Paveau, « Comment pensent les chercheuses blanches ? Propositions épistémologiques et méthodologiques », *Itinéraires ITC,* 2021-3/2022, dossier « Race et discours 2 : Représentations et formes langagières » [en ligne : https://doi.org/10.4000/itineraires.11375, consulté le 23 septembre 2022].
18. Claudine Moïse et Claire Hugonnier, « Discours homophobe. Le témoignage comme discours alternatif », *Semen,* vol. 47 (2019), 2.2. paragraphe 11 [en ligne : https://journals.openedition.org/semen/12795, consulté le 15 août 2022].
19. Voir Sibo Kanobana et Mi-Cha Flubacher, « Language, Mobility and the Resemiotization of Race », dans *Language and Mobilities, Handbooks of Applied Linguistics,* édité par Alfonso Del Percio et Li Wei, de Gruyter, À paraitre.
20. Voir Judith Butler, *Ces corps qui comptent : de la matérialité et des limites discursives du « sexe »,* Paris, Éditions Amsterdam, 2009, et la lecture offerte par Mary Bucholtz et Kira Hall, « Embodied Sociolinguistics », dans *Sociolinguistics: Theoretical Debates,* sous la direction de Nikolas Coupland, Cambridge, Cambridge University Press, 2016, lorsqu'elles précisent que « Butler's theories recognize the importance of the body without reducing it to a precultural prime », 175.
21. Annette Boudreau, *Dire le silence. Insécurité linguistique en Acadie 1867-1970,* Sudbury, Édition Prise de parole, 2021, 28.
22. J'ai mené ces entretiens entre 2020-2021 en concordance avec l'approbation éthique obtenue le 20 juillet 2020 par le Comité d'éthique de la recherche institutionnelle de l'Université de Moncton pour ce projet (dossier 1920-101).
23. Voir Daniel Bertaux, *Le récit de vie,* Paris, Armand Colin, 2016 (4e édition) et Jean-Michel Adam, *Genre de récits : narrativité et généricité des textes,* Paris, L'Harmattan, 2012.

24 Joseph Yvon Thériault, *Évangéline : contes d'Amérique*, 2013, 298.
25 Carolynn McNally, « Acadian Leaders and Louisiana, 1902-1955 », *Acadiensis: Journal of the History of the Atlantic Region / Revue d'histoire de la région atlantique*, vol. 45, n° 1 (2016), 67-89.
26 Voir le texte de Clint Bruce dans ce collectif.
27 Floyd Martin Clay, *Coozan Dudley LeBlanc: From Huey Long to Hadacol*. Avant-propos d'Edwin W. Edwards, Gretna, LA, Pelican Publishing Co., 1998, 6.
28 *Ibid.*, 86. Citation originale tirée du *New Orleans Times-Picayune* en novembre 1931, tel que cité dans l'ouvrage de Clay : « as for those of you who want a job after my election, I can tell you now that white people are going to come before Negroes. »
29 *Ibid.*, 154.
30 *Ibid.*
31 Frère Marie-Victorin cité par Dudley J. LeBlanc, *The Acadian Miracle*, Lafayette, Evangeline Publishing Company, 1966, 367. Ma traduction du texte original en anglais : « It was our mothers who prevented our race from disappearing in the great oblivion of the Anglo Saxon race; it was our mothers who preserved, with the faith of Britanny, and the songs of France, that beautifully pure blood, generator of pride, thanks to which we have perpetuated in this vast America a vigorous individuality. If this miracle of survival is, up to the present, our greatest title to glory, how heavy is the debt contracted with those who have modelled, affirmed, and embellished the soul of the Acadian woman. »
32 Perrin et Perrin, *Seeking an Acadian Nation*.
33 Naomi Griffiths, « Longfellow's *Evangeline* », 35.
34 Voir Clint Bruce dans ce collectif.
35 Cela correspond également à la description retrouvée dans le poème *Evangeline: A Tale of Acadie* de Longfellow lorsqu'il écrit « Wearing her Norman cap and her kirtle of blue, and the ear-rings, Brought in the olden time from France, and since, as an heirloom, Handed down from mother to child, through long generations » [en ligne : https://nslegislature.ca/sites/default/files/pdfs/about/evangeline/Evangeline.pdf].
36 Perrin et Perrin, *Seeking an Acadian Nation*, mentionnent qu'en 1931 et en 1946 deux groupes de « Canadian Evangeline Girls » visitent la Louisiane à la suite du premier pèlerinage officiel des *Evangeline Girls* louisianaises au Canada.
37 Voir Joseph Yvon Thériault, *Évangéline : contes d'Amérique*; Fitzhugh W. Brundage, « Memory and Acadian Identity, 1920-1960: Susan Evangeline Walker Anding, Dudley LeBlanc, and Louise Oliver, or the Pursuit of Authenticity », dans *Acadians and Cajuns. The Politics and Culture of French Minorities in North America*, sous la direction de Ursula Mathis-Moser et Günter Bischof, Innsbruck, Innsbruck University Press, 2009, 55-68; Perrin et Perrin, *Seeking an Acadian Nation*; McNally, « Acadian Leaders and Louisiana, 1902-1955 »; et Bruce, « L'Acadie diasporique à l'épreuve de la dynamique raciale de la Louisiane, des années 1860 aux années 1960 ».

38 Martin tel que cité par Naomi Griffiths, « Longfellow's *Evangeline* », 36.
39 Voir Joseph Yvon Thériault, *Évangéline : contes d'Amérique*, 15.
40 Voir Nancy Fraser, *Fortunes of Feminism: From State-Managed Capitalism to Neoliberal Crisis*, London, Verso, 2013, 37.
41 Voir Sylvia Federici, *Beyond the Periphery of the Skin: Rethinking, Remaking, and Reclaiming the Body in Contemporary Capitalism*, Oakland, PM Press, 2020.
42 Dans Fitzhugh W. Brundage, « Memory and Acadian Identity, 1920-1960 », nous apprenons que « LeBlanc prône l'union culturelle des communautés françaises d'Amérique du Nord et élargissement des liens avec la communauté acadienne d'Amérique du Nord » et qu'il « a fondé l'Association des Acadiens de la Louisiane, dont l'adhésion était limitée aux descendants des exilés acadiens », 61-62.
43 Jonathan Rosa, *Looking like a Language, Sounding like a Race: Raciolinguistic Ideologies and the Learning of Latinidad*, New York, Oxford University Press, 2019, 3. Texte original en anglais : « Historically and institutionally constituted subject formations that are rooted in the rearticulation of colonial distinctions between normative Europeanness and Othered non-Europeanness that emerged through the contested production of modernity as an ideology and power formation that is global in its scope (Bauman and Briggs, 2003). »
44 Voir Clint Bruce dans ce collectif, 73.
45 Janet McIntosh, « Whiteness and Language », dans *The International Encyclopedia of Linguistic Anthropology*, sous la direction de James Stanlaw, Hoboken (N.J.), Wiley-Blackwell, 2021, 1.
46 En Louisiane, concevoir la notion de *Speak White* comme étant anglophone participe à taire le rôle des francophones en tant que maîtres d'esclaves (voir Bruce, « L'Acadie diasporique à l'épreuve de la dynamique raciale de la Louisiane, des années 1860 aux années 1960 »).
47 Voir Dalie Giroux, *Parler en Amérique : oralité, colonialisme, territoire*, Montréal, Mémoire d'encrier, 2019.
48 Notons que ces termes ne sont pas toujours synonymiques, car comme le mentionne Basque dans son article, « Acadiens, Cadiens et Cajuns : identités communes ou distinctes ? », dans *Acadians and Cajuns. The Politics and Culture of French Minorities in North America*, sous la direction de Ursula Mathis-Moser et Günter Bischof, Innsbruck, Innsbruck University Press, 2009, le terme Cajun renvoie davantage aux personnes d'origine acadienne ne parlant pas le français, alors que Cadien prend le sens d'une réaffirmation identitaire francophone.
49 *Speak White*, poème écrit en 1968 par Michèle Lalonde.
50 *Ibid.*
51 *Ibid.* Cela s'explique aussi par une déformation de la prononciation « Cadien » en anglais.
52 *Ibid.*

53 Voir Basque, « Acadiens, Cadiens et Cajuns », 27-33 pour une interprétation du sens associé aux différentes nominations.
54 Sara Le Menestrel, *La Voie des Cadiens : tourisme et identité en Louisiane*, Paris, Belin, 1999, 45. De plus, le terme « Cadien » ne renvoie pas nécessairement à une appartenance *acadienne*, car le terme peut être utilisé pour désigner de personnes de différentes origines ethniques et sociales.
55 Je reviendrai sur cette idée, mais voir Thériault, *Évangéline : contes d'Amérique*, 300 pour la citation.
56 Lalonde, *Speak White*.
57 Voir Arjun Appadurai, *Modernity at Large, Cultural Dimensions of Globalization*, Minneapolis, University of Minnesota Press, 1996.
58 Patrizia Gentile, *Queen of the Maple Leaf: Beauty Contests and Settler Femininity*, Toronto, UBC Press, 2020, 12.
59 Rosa, *Looking like a Language, Sounding like a Race*.
60 Il s'agit d'un concept développé par Spivak en 1988 et introduit en sociolinguistique par Bonnie McElhinny en 1996 dans « Strategic Essentialism in Sociolinguistic Studies of Gender », dans *Gender and Belief Systems: Proceedings of the Fourth Berkeley Women and Language Conference*, sous la direction de Natasha Warner et coll., Berkeley, Berkeley Women and Language Group, 469-480.
61 Voir Mireille McLaughlin et Monica Heller, « Dieu et Patrie : Idéologies du genre, de la langue et de la nation au Canada francophone », dans *Langage, genre et sexualité*, sous la direction de A. Duchêne et C. Moïse, Montréal, Éditions Nota bene, 2011, 253-274; et Isabelle LeBlanc, *Femmes, langue et construction identitaire : Un portrait sociolinguistique de l'Acadie*, thèse de doctorat, Moncton, Université de Moncton, 2019.
62 Le terme est d'Appadurai et on le retrouve dans ses écrits, incluant *Modernity at Large* et *Cultural Dimensions of Globalization*.
63 Voir Elinor Ochs et Bambi B. Schieffelin, « Language Acquisition and Socialization: The Three Developmental Stories and Their Implications », *Sociolinguistic Working Paper*, n° 105, 1984.
64 Jan Blommaert et Jef Verschueren, *Debating Diversity: Analysing the Discourse of Tolerance*, London, Routledge, 1998, 207.
65 Patrizia Gentile, *Queen of the Maple Leaf: Beauty Contests and Settler Femininity*, 60. Le texte original en anglais : « The modern girl, like the new woman before her, embodied a mixture of this possibility for economic independence accompanied by the ability to move more freely in what was understood as a male preserve. Still, the home remained widely accepted as the only viable and acceptable place for women to live out their lives as mothers and wives upholding the moral values of the family. This artificial separation of speres functioned to maintain the gender hierarchies sustained by heteropatriarchy. Despite the new "freedoms" experienced by white,

middle-class women, especially through the discourse of the new woman and modern girl, the heterosexual family continued to reproduce gender and racial ideologies that upheld white settler nationalism. »

66   Voir « Par tous les moyens nécessaires : l'assassinat de Constant Melançon, Acadien louisianais, par Toussaint, son esclave et camarade d'enfance », *HistoireEngagée.ca*, le 29 mars 2018 [en ligne : https://histoireengagee.ca/par-tous-les-moyens-necessaires-lassassinat-de-constant-melancon-acadien-louisianais-par-toussaint-son-esclave-et-camarade-denfance/], et son chapitre, « L'Acadie diasporique à l'épreuve de la dynamique raciale de la Louisiane, des années 1860 aux années 1960 », dans cet ouvrage.

67   Je pense notamment aux travaux de Clint Bruce et Carolynn McNally. Il y a aussi l'ouvrage de Leyla Sall, *L'Acadie du Nouveau-Brunswick et « ces » immigrants francophones : Entre incomplétude institutionnelle et accueil symbolique*, dans lequel le sociologue examine certaines manifestations de la discrimination raciale en Acadie.

68   McNally, « Acadian Leaders and Louisiana, 1902-1955 », 68. Texte original en anglais : « For instance, according to historian Martin S. Spigelman, "the Acadian concept of 'race' is extremely imprecise. They have redefined the word on cultural rather biological grounds in order to achieve certain goals". »

69   *Ibid.*, 11.

70   Gentile, *Queen of the Maple Leaf*, 14. Texte original en anglais : « Indeed, the idea here is not just that "sex sells" but also that beauty and women's bodies were accepted as important tools in reifying abstract ideals like femininity, nation, community, or "whiteness", which then became part of collective settler consciousness. Beauty is not definable because it is rhetorical. Instead, the beauty queen's body was exploited as an object of desire in contexts where white settler anxieties abut categories of class, gender, race, ethnicity, and nationalism were debated and resolved. »

71   Voir Joseph Pugliese, « Race as Category Crisis: Whiteness and the Topical Assignation of Race », *Social Semiotics*, vol. 12, n° 2 (2002), 149-168.

72   *Lafayette Advertiser*, le 28 mars 1969, 26.

73   Le Menestrel, *La voie des Cadiens*, 19.

74   Michael D. Picone, « Le français louisianais hors de l'Acadiana », *Revue de l'Université de Moncton*, vol. 37, n° 2 (2006), 229.

75   John Corr, « Louisiana's "Cajuns" Come Out of Their Shells », *The Philadelphia Inquirer*, 29 juin 1970, 5.

76   Bill Robb, « Cajuns Awaken to Heritage », *The Moncton Transcript*, 3 août 1970, 15.

77   L'origine du mythe est attribuée à la pièce de théâtre de 1908 écrite par l'auteur Israel Zangwill qui raconte la crise des réfugiés juifs avant la Seconde Guerre mondiale et le devenir du bon citoyen américain. La pièce fut jouée à Washington, DC, en présence du Président américain Roosevelt. Voir Neil Larry Shumsky, « Zangill's The Melting Pot: Ethnic Tensions on Stage », *American Quarterly*, vol. 27, n° 1 (1975), 28-41.

78 Voir Albert Camp, *L'essentiel ou Lagniappe: The Ideology of French Revitalization in Louisiana*, thèse de doctorat, Lafayette, Louisiana State University, 2015.
79 Barry Ancelet (1988, 345) cité par Camp, *The Ideology of French Revitalization in Louisiana*, 38.
80 Voir Camp, *The Ideology of French Revitalization in Louisiana*.
81 *Ibid.*
82 Cela laisse entendre un effort de valoriser le français *issu* de la Louisiane. C'est effectivement l'esprit qui animera éventuellement le militantisme franco-louisianais pour lequel Barry Ancelet sera une figure importante. J'ai moi-même entendu Barry Jean Ancelet raconter son expérience de se faire corriger par une enseignante québécoise qui lui disait qu'il fallait dire « fenêtre » (prononcé avec la diphtongaison) et non « châssis », ce qu'Ancelet réfutera des années après en s'appuyant sur le travail effectué dans le cadre de la préparation et la parution en 2010 du *Dictionary of Louisiana French: As Spoken in Cajun, Creole, and American Indian Communities,* dirigés par Albert Valdman et Kevin J. Rottet avec la collaboration de Barry Jean Ancelet, Richard Guidry, Thomas A. Klingler, Amanda Lafleur, Tamara Lindner, Michael D. Picone et Dominique Ryon, University Press of Mississippi. De plus, lors d'une école d'été francophone à Poitiers en 2010, Barry Ancelet nous raconte (ses étudiants) qu'il ne parle pas français comme s'il a grandi à deux pas de la tour Eiffel, car il n'a pas grandi à deux pas de la tour Eiffel. Il a grandi en Louisiane, lieu que Jacques Derrida (*Le Monolinguisme de l'autre*, 25) décrit comme n'étant « pas n'importe où en France ». Lors d'une soirée de poésie, Erin Stickney, jeune femme louisianaise, fait la lecture du poème « Je suis cadien » signé Jean Arceneaux (Barry Jean Ancelet) et nous fait vivre l'émotion de ce que signifie un vécu subalterne du point de vue des francophones d'Amérique.
83 Diversité = Blanchité anglophone/Blanchité francophone.
84 Selon Clint Bruce (en conversation), plusieurs documents de l'époque montrent également une volonté de tisser des liens avec les Antilles ainsi qu'avec l'Afrique francophone. Des reportages et éditoriaux du magazine *Acadiana Profile* en font foi (échanges avec la Guadeloupe, missions économiques en Afrique). Ce n'est pas l'aspect dominant, mais c'est là quand même.
85 Voir Joyce Goodman, « Gender, Cosmopolitanism, and Transnational Space and Time: Kasuya Yoshi and the Girls' Secondary Education », *History of Education*, vol. 44, n° 6 (2017), 683-699.
86 Appadurai, *Modernity at Large*, 176. Citation originale : « As populations become deterritorialized and incompletely nationalized, as nations splinter and recombine, as states face intractable difficulties in the task of producing "the people", transnations are the most important social sites in which the crises of patriotism are played out. »
87 Pour reprendre le terme de Lalonde dans *Speak White*.

88 John Corr, « Louisiana's 'Cajuns' Come Out of Their Shells », *The Philadelphia Inquirer*, 29 juin 1970, 5.
89 Collection Shane K. Bernard, BE1.061, Interview with Allen Simon, French language-armed service, 1997, Center for Cultural and Eco-Tourism, Archives of Cajun and Creole Folklore, Acadian Folklore Center.
90 CODOFIL, Collection 206, boîte n°s 5-14 et 4-08, 1966-2015, ULL.
91 Fonds Adélard-Savoie, Correspondances, boîte n° 104.18, 1966-1975, CÉAAC, Université de Moncton.
92 L'antipathie de Domengeaux à l'égard de Dudley J. LeBlanc perdure depuis longtemps. Clint Bruce a trouvé un article dans le *Daily World* daté du 23 juillet 1943 dans lequel nous apprenons que Domengeaux a reçu une amende pour avoir agressé physiquement Dudley devant une station de radio où ce dernier venait de le critiquer en ondes. Domengeaux lui a cassé ses lunettes!
93 Fonds Adélard-Savoie, Correspondances, boîte n° 104.18, 1966-1975, CÉAAC, Université de Moncton.
94 Voir Joseph Yvon Thériault, *Évangéline : contes d'Amérique*.
95 Carte postale de Dudley J. LeBlanc à Adélard Savoie, Fonds 104, CÉAAC.
96 Corr, « Louisiana's "Cajuns" Come Out of Their Shells », 5.
97 Bill Robb, « Cajuns Awaken to Heritage », *The Moncton Transcript*, 3 août 1970, 15.
98 Fitzhugh W. Brundage, « Memory and Acadian Identity, 1920-1960: Susan Evangeline Walker Anding, Dudley LeBlanc, and Louise Oliver, or the Pursuit of Authenticity », 67.
99 Voir Patrizia Gentile, *Queen of the Maple Leaf: Beauty Contests and Settler Femininity*.
100 Voir Waddell, « La Louisiane française »; et Le Menestrel, *La Voie des Cadiens*.
101 Voir Le Menestrel, *La Voie des Cadiens*, 110.
102 *Ibid.*, 60; et Bruce « L'Acadie diasporique à l'épreuve de la dynamique raciale de la Louisiane, des années 1860 aux années 1960 » dans cet ouvrage.
103 Voir Martine Delvaux, *Les filles en série : des Barbies aux Pussy Riot*, Québec, les Éditions du remue-ménage, 2013. La sérialisation renvoie aux représentations répétitives du corps féminin dans les productions culturelles.
104 Fitzhugh W. Brundage, « Memory and Acadian Identity, 1920-1960: Susan Evangeline Walker Anding, Dudley LeBlanc, and Louise Oliver, or the Pursuit of Authenticity », 60.
105 Patrizia Gentile, *Queen of the Maple Leaf: Beauty Contests and Settler Femininity*.
106 Ruth Anita Foote, *"Just as brutal…but without all the fanfare": African American Students, Racism, and Defiance during the Desegregation of Southwestern Louisiana Institute, 1954-1964*, thèse, University of Louisiana at Lafayette, 2018, 4.
107 Voir Joel Belliveau, *Le Moment 68 et la réinvention de l'Acadie*, Ottawa, Presses de l'Université d'Ottawa, 2014.

108 Annette Boudreau, *Dire le silence. Insécurité linguistique en Acadie 1867-1970*, Sudbury, Édition Prise de parole, 2021.
109 Pour en savoir plus sur cette période, voir Belliveau, *Le Moment 68 et la réinvention de l'Acadie*.
110 Louise, LCEG060621, Corpus *Evangeline Girls*, entretien le 6 juin 2021.
111 *Ibid.*
112 Marie parle de connivence entre LeBlanc et la direction en études acadiennes qui cherche à excuser le comportement de Dudley en évoquant son âge.
113 Presidential Papers, Clyde Lee Rougeou, Correspondence, D, Collection 1A box 382, Dean of women file 382K, 3 octobre 1969.
114 *Lafayette Advertiser*, le 30 juillet 1969, 35.
115 Les parents acadiens, notamment certaines mères, voient d'un bon œil la bourse qui représente une ressource importante permettant à leur fille de voyager.
116 Thérèse, TCEG150621, Corpus *Evangeline Girls*, entretien le 15 juin 2021.
117 Estelle, ECEG030621, Corpus *Evangeline Girls*, entretien le 3 juin 2021.
118 Hélène, HCEG030621, Corpus *Evangeline Girls*, entretien le 3 juin 2021.
119 L'identité des femmes boursières est une information publique et, dans un effort de protéger l'anonymat des femmes qui ont généreusement accepté de me parler de cette mobilité étudiante hors du commun, je présenterai les citations d'extraits sans donner davantage de détails sociobiographiques sur les femmes. Cette décision me permet de présenter des extraits de cinq différentes femmes qui façonnent, chacune à sa façon, un contre-discours collectif au fantasme scripté par Dudley. De plus, je manque d'espace pour élaborer les nombreux détails de ces récits. Je publierai d'autres textes pour approfondir la parole des femmes dans cette histoire.
120 Marie, MCEG030621, Corpus *Evangeline Girls*, entretien le 3 juin 2021.
121 Hélène, HCEG030621, Corpus *Evangeline Girls*, entretien le 3 juin 2021.
122 *Ibid.*
123 À cette époque, plusieurs femmes se marient pendant leurs études et la presse locale à Lafayette atteste de l'existence de célébrations sur le campus pour les filles nouvellement fiancées. Une ancienne boursière se rappelle qu'elle quêtait souvent de l'argent à sa mère pour offrir des cadeaux aux nombreuses collègues de classe à se marier pendant son année d'études en Louisiane. Pour certaines boursières, la culture féminine en Louisiane est plus traditionnelle qu'en Acadie. Par exemple, les anciennes boursières observent une différence d'au moins quatre pouces entre leurs mini-jupes et celles portées par les Louisianaises.
124 Dudley J. Leblanc cherche à convaincre le public du « sérieux » de ces bourses en faisant valoir la qualité des dossiers de candidature et sur ce point, les archives confirment que les femmes avaient d'excellents dossiers universitaires. Cependant, la sélection ne se faisait pas que sur les dossiers et pendant les entretiens de sélection ; les parents étaient invités à se joindre aux jeunes femmes, ce qui ne favorisait pas un échange de type intellectuel.

125 Thérèse, TCEG150621, Corpus *Evangeline Girls*, entretien le 15 juin 2021.
126 Voir Foote, "*Just as brutal…but without all the fanfare.*"
127 *Ibid.*
128 *Ibid.*
129 Marie, MCEG030621, Corpus *Evangeline Girls*, entretien le 3 juin 2021.
130 Estelle, ECEG030621, Corpus *Evangeline Girls*, entretien le 3 juin 2021.
131 Rappelons qu'une étude doctorale, Albert Camp, *L'essentiel ou Lagniappe: The Ideology of French Revitalization in Louisiana*, examine l'idéologie de la revitalisation du français en Louisiane comme un projet déployé au sein du milieu scolaire qui demeure très féminin et blanc.
132 Voir Dalie Giroux, *Parler en Amérique : oralité, colonialisme, territoire*, sur le français et l'anglais comme langues coloniales d'Amérique.

CHAPITRE 13

Tous les mèmes : identité et culture numérique en Louisiane et dans les Maritimes

NATHAN RABALAIS

L'identité culturelle est constamment dans un processus d'adaptation et de négociation en fonction de changements sociaux dans son milieu et en dehors des communautés. En ce qui concerne les cultures minoritaires, notamment des minorités ethniques et/ou linguistiques, ce processus de négociation identitaire engendre également une négociation continue avec la culture dominante. À titre d'exemple, les Cadiens en Louisiane et les Acadiens, de plusieurs façons, sont contraints de participer à une culture anglophone dominante afin d'atteindre certains objectifs professionnels, d'accéder à la politique nationale, etc. Cet état marginal nécessite donc une interaction et une mise en examen des critères d'appartenance à une telle identité et son positionnement par rapport à la culture dominante.

Si les baby-boomers ont subi des changements majeurs aux niveaux social et économique qui ont bouleversé les identités acadienne, cadienne et créole en Louisiane, la génération Y a dû faire face à une renégociation identitaire encore plus profonde et définitive. Cette dernière se trouve encore plus écartée de la dernière génération de locuteurs natifs du français louisianais et dans une situation économique fondamentalement différente de celle de leur grands-parents. Dans les communautés acadiennes des provinces maritimes, notamment au sud-est du Nouveau-Brunswick, les francophones n'ont pas vécu un tel déclin de la langue française. En revanche, la dynamique linguistique de la francophonie canadienne hors Québec reste très présente dans le discours populaire.

Giesen et Seyfert constatent que les collectivités sont représentées dans l'espace et dans le temps; les allégories, les icônes, et les défilés représentent ce qui n'est pas déjà représenté en soi[1]. Nous proposons que les mèmes, des éléments (concepts, idées, images) propagés sur le Web, comblent un vide essentiel pour une génération de Cadiens qui est largement absente du discours identitaire officiel et du domaine des musiques et langues d'héritage. Nous reconnaissons néanmoins que ce groupe maintient et définit, à sa manière, une identité réelle et démontrable qui est basée, en partie, sur un dialecte de l'anglais qui lui ressemble, son rapport au territoire, sa cuisine et quelques industries fortement associées à ce milieu social (p. ex., l'industrie pétrolière). Tandis que la majorité de la recherche sur la Louisiane de nos jours porte sur la survie du français louisianais, les manifestations culturelles des Cadiens « lambda » sont rarement prises en compte par les anthropologues et les ethnologues. Les Acadiens des provinces maritimes, pour leur part, semblent s'inspirer plus de l'histoire acadienne (notamment du Grand Dérangement), des actualités et de la météo (surtout l'hiver). Ce chapitre propose une étude de cas de mèmes puisée de quatre groupes Facebook et une page Instagram. CajUUUn Memes, Cajun Meme Factory et Memes en français louisianais représentent la Louisiane, tandis que les mèmes acadiens sont pris de Niaiseries acadiennes et Acadie Memes. Notre corpus se limite aux mèmes à base d'image fixe (*photo-based memes*), car c'est le format le plus populaire et quasiment le seul genre de mème que l'on retrouve dans les groupes qui font objet de cette analyse.

Antonio Casilli suggère que « [l]es changements de notre milieu technologique doivent être appréhendés moins comme des causes que comme des conséquences visibles de la transformation des attitudes publiques[2] ». Dans ce sens, les mèmes se présentent comme un moyen pratique pour exprimer cette identité, car le « contenu » de base (a priori déjà connu dans la *Meme culture* américaine) est facilement modifié dans sa « forme » et son « positionnement[3] » pour correspondre à des réalités sociales et culturelles actuelles en Louisiane et en Acadie des provinces maritimes. Nous proposons que ces mèmes constituent une source très riche quant à l'expression de jeunes adultes acadiens et louisianais vis-à-vis leur identité et leur réalité culturelle. On n'a pas accordé la même importance à cette forme d'expression, éphémère et difficilement interprétée, qu'à la littérature et à l'art visuel en ce qui concerne les études sur l'identité. Cependant, nous proposons qu'il s'agisse d'un véritable discours identitaire digne d'une analyse approfondie.

« L'Acadie du Nord » et « l'Acadie tropicale »?

L'Acadie[4] et la Louisiane partagent de nombreux éléments culturels, linguistiques et historiques. Entre 1764 et 1788, environ 3 000 Acadiens se sont installés en Louisiane durant les périodes coloniales espagnole et française[5]. Au fil des ans, les Acadiens se sont assimilés dans la culture française et créole de la Louisiane tout en maintenant, à bien des égards, une identité spécifiquement acadienne. Au XIXe siècle, l'on assiste à l'émergence de l'ethnonyme *Cadien* sous ses diverses formes (*cajin, Cadjein, Cadjien,* entre autres)[6]. L'historien Carl Brasseaux explique : « Outsiders quickly came to identify downwardly mobile elements of other local white ethnic groups with the dominant ethnic group in their humble socioeconomic niche – the Cajuns. Through intermarriage, these newcomers were rapidly drawn into the Cajun community. But the numerous cross-cultural marriages, particularly in the early postbellum era, influenced the Cajun community as much as they did the smaller groups that were absorbed. The cultural interchanges born of these unions transformed the Cajun community, producing, in the process, a new people[7]. »

Depuis l'usage plus répandu du terme *cadien*, les critères exacts de cette identité s'avèrent furtifs. À la suite de l'élargissement de son usage et le déclin de la langue française – et par conséquent, son absence comme marqueur d'appartenance – il est encore plus difficile de nos jours d'établir une définition définitive de ce terme. Le sociologue Jacques Henry souligne cette difficulté en observant : « All definitions focus on or refer to Acadian ancestry, French language, ecological and cultural adaptation to Southwestern Louisiana, Catholicism, agriculturalism, and a particular folk culture as the main variables of Cajun ethnicity. Yet, these efforts are deemed wanting because of inadequacies inherent to the approach, the fast-evolving, multi-dimensional and sometimes paradoxical nature of the phenomenon at hand or the larger theoretical difficulties in tackling the issue of ethnicity per se[8]. »

Bien que l'origine étymologique de ce terme soit sans doute une déformation du mot *Acadien*, il est évident qu'au XIXe siècle cette étiquette (et toutes ses différentes orthographes) commence à s'appliquer, surtout parmi ceux en dehors de la communauté francophone louisianaise, aux habitants blancs, francophones et de classe populaire, et ceci, quels que soient leurs liens généalogiques aux premiers immigrés acadiens. Surtout au milieu du XXe siècle, il est clair que le terme *Cajun* (l'orthographe anglaise de *Cadien*) prend de l'ampleur à la fois dans la renaissance culturelle de la Louisiane francophone des années 1970 aux 1990 et dans le boom commercial de la culture cadienne qui était en plein essor pendant à peu près cette même période. Comme constate la géographe québécoise Cécyle Trépanier en 1993 : « En fait, la Louisiane a été cadjinisée, de nom au moins. Ce processus a débuté par la réhabilitation du mot « Cadjin » par le Conseil pour le développement du français en Louisiane (CODOFIL). En essayant de rendre l'identité cadjine respectable, le CODOFIL a insisté sur la définition généalogique originale et restrictive d'un Cadjin, c'est-à-dire sur son caractère acadien. Les deux mots « Cadjin » et

« Acadien » sont devenus synonymes, mais c'est le dernier que l'on diffusait, d'où le nom Acadiana rendu officiel en 1971 par la Législature de l'État pour désigner le territoire de la Louisiane française[9]. »

En outre, le drapeau qui représente cette région, Acadiana, est le drapeau acadien louisianais, conçu en 1965 par Thomas Arceneaux et adopté à la législature en 1974. À cause de la valorisation économique et culturelle de la composante acadienne de la Louisiane francophone, aujourd'hui, le terme Cajun/(A)cadien est extrêmement polyvalent. Il décrit pour plusieurs la culture du sud de la Louisiane, peu importe son origine acadienne (ou non). D'autres personnes tiennent à une définition plus restreinte et un lien direct avec les premières familles acadiennes installés en Louisiane au XVIIIe siècle. Quoi qu'il en soit, il est clair que la composante acadienne est la plus visible et reconnue parmi les diverses influences culturelles du fait français en Louisiane. Parmi les différents groupes en Louisiane ayant un héritage français ou francophone, on présume que c'est la « culture cadienne » qui jouit d'une plus grande influence et visibilité[10].

Lorsqu'on analyse la relation entre la Louisiane et l'Acadie, on constate qu'il existe un paradoxe au sens où les Cadiens louisianais semblent revendiquer davantage la composante précisément acadienne de l'identité « *Cajun*/cadienne » plus large; cependant il y a clairement une divergence en termes du contenu et de la signification de cette étiquette « acadienne ». À titre d'exemple, dans le milieu culturel, les artistes, les musiciens et musiciennes, et les cinéastes de la Louisiane sont de plus en plus visibles dans les événements et les festivals en Acadie (et vice versa). Cependant, sur le plan linguistique, on constate un écart important au cours des dernières décennies alors que le nombre de francophones en Louisiane ne cesse de diminuer. Pour beaucoup de Cadiens anglophones, d'autres facteurs comme la généalogie et la cuisine contribuent à un sens d'appartenance culturelle. En revanche, la langue française semble jouer un rôle plus important dans la construction identitaire dans l'Acadie de nos jours où les francophones sont beaucoup plus présents sur le plan politique et dans le domaine de l'éducation.

Malgré ces différences, il est clair que les liens entre la Louisiane et l'Acadie sont nombreux et signifiants. Hormis leurs affinités historiques et culturelles, nous suggérons que ces deux régions font face à des enjeux semblables au présent, y compris un rapport complexe avec le territoire en raison de la nature diasporique des populations et au manque de démarcation géographique nette. Sur le plan linguistique, l'on observe également un besoin d'occuper un « entre-deux » où l'anglais est perçu comme étant plus ou moins nécessaire pour accéder à la culture *mainstream* et au monde des affaires, surtout pour les Louisianais. Cela étant dit, même pour plusieurs Louisianais issus d'un héritage francophone, qui n'ont plus de contact quotidien avec la langue française, l'importance du français demeure évidente dans la popularité de la musique traditionnelle, certaines expressions en français et sans doute dans la culture numérique.

Bien que la Toile soit souvent représentée comme une force de la mondialisation qui a tendance à neutraliser la spécificité, plusieurs plateformes numériques offrent des réseaux sociaux où les communautés peuvent exprimer une appartenance culturelle, souvent de façon humoristique et poignante. Selon Antonio Casilli, « [l]es changements de notre milieu technologique doivent être appréhendés moins comme des causes que comme des conséquences visibles de la transformation des attitudes publiques[11] ». Dans cette étude, nous suggérons que les mèmes[12] et les espaces numériques qui les abritent mettent en lumière l'expression des identités dynamiques qui négocient en permanence avec la culture dominante. Comme nous le montrerons, il s'agit non seulement d'imposer (ou de superposer du texte) sur une image déjà connue en dehors de la communauté, mais aussi de s'imposer comme un groupe légitime malgré les diverses pressions sociales qui visent à assimiler les minorités ou les différences avec les générations précédentes qui pourraient donner l'impression d'être moins authentiques.

Il est important de noter qu'une grande partie des internautes qui créent et qui consomment les mèmes font partie de la génération dite Y (ou les milléniaux), c'est-à-dire les individus nés entre 1981 et 1997. Surtout pour ceux qui sont nés vers le début de cette période, ils occupent une place intermédiaire en termes du développement de l'Internet, ayant passé une partie de leur jeunesse avant l'explosion technologique déclenchée par la Toile. Plusieurs milléniaux ont donc apprivoisé cette technologie en tant qu'adolescents, leur donnant une perspective différente des générations d'avant et d'après.

La génération Y se trouve également au carrefour de plusieurs changements sociaux importants. Certes, la génération des baby-boomers a vécu des transformations majeures sur le plan social et économique pendant la période de la modernisation qui ont bouleversé les identités cadienne, créole et américaine (entre autres). Cependant, à bien des égards, la génération Y a entamé une renégociation identitaire encore plus marquée et déterminante. À titre d'exemple, les milléniaux sont encore plus éloignés de la dernière génération de locuteurs natifs du français louisianais et dans une situation économique fondamentalement différente (et généralement plus précaire) de celle de leurs grands-parents[13]. En revanche, ils n'ont pas vécu la même rupture volontaire avec la culture traditionnelle comme la génération baby-boomer. On constate donc une tentative de se réapproprier certains éléments culturels à travers le contact avec les grands-parents. Dans les communautés acadiennes des provinces maritimes du Canada, notamment au sud-est du Nouveau-Brunswick, les francophones n'ont pas vécu un tel déclin de la langue française. Cela étant dit, les enjeux linguistiques de la francophonie canadienne hors-Québec demeurent très présents dans le discours populaire et politique.

L'identité chez les Cadiens de la Louisiane a fait l'objet de plusieurs études, mais jusqu'ici les chercheurs ont eu tendance à se focaliser sur son intersection avec la langue française ou des pratiques traditionnelles (p. ex., la musique, le mode de vie et le savoir-faire traditionnel). Cette négligence de la culture numérique dans les travaux scientifiques n'est pas limitée à ces deux régions. Shifman observe un décalage important entre les discours académique (sceptique) et populaire (enthousiaste) en ce qui concerne les mèmes[14]. Dans cette étude, je propose que la création des mèmes qui ont pour but d'exprimer l'appartenance à l'identité cadienne ou acadienne est un phénomène culturel qui mérite d'être étudié sérieusement pour plusieurs raisons : 1) les mèmes sont produits et reproduits par un nombre important de la population; 2) comme ces mèmes sont (à l'origine) publiés dans des espaces dédiés (des groupes Facebook ou des pages Reddit), l'on voit qu'un discours identitaire est l'un des éléments essentiels de ces mèmes; et 3) les mèmes offrent non seulement un aperçu d'un discours identitaire de la collectivité, mais aussi la façon dont cette dernière se voit et interagit par rapport à la culture *mainstream*.

Nous examinerons chacun de ces points plus en détail ci-dessous, mais étant donné l'ambiguïté de ce concept, il importe de donner une définition provisoire du terme « mème » avant de poursuivre notre analyse afin de préciser notre interprétation du terme.

Comment définir un mème?

Le mot « mème » a été créé par Richard Dawkins en 1976 dans son texte *The Selfish Gene (Le gène égoïste)*[15]. Dawkins s'est inspiré de l'association entre *mimema* (« ce qui est imité » en grec), qu'il a ensuite raccourci afin de rimer avec « gène[16] ». Selon lui, un mème fait référence à une unité culturelle, qui se transfère (de façon non génétique) d'une personne à l'autre, particulièrement par l'imitation. Bien que le terme soit très critiqué dans la communauté scientifique dès sa parution, il jouit plus récemment d'une grande popularité dans la culture numérique grâce aux chercheurs tels que Michele Knobel, Ryan Milner, Jean Burgess et Limor Shifman[17].

Aujourd'hui, « mème » ou « *Internet meme* » s'applique à une gamme d'artéfacts culturels, y compris des images, des vidéos, et des blagues. Mais la définition exacte du terme demeure floue, car certains le confondent avec la notion d'être « viral ». Bien que ces deux termes soient interchangeables pour certains utilisateurs, nous tenons à faire une distinction entre *viral*, ce qui signifie une croissance soudaine et exponentielle de partages et de visionnements d'une unité (une vidéo, une image) et *mème*, ce qui renvoie à un ensemble de textes ou artéfacts culturels, souvent une image avec un court texte superposé dessus[18]. Certes, ces deux notions partagent certains éléments clés comme la reproduction rapide et la popularité explosive. Des exemples de phénomènes « viraux » abondent, car, selon Shifman, nous vivons dans une époque *hypermèmétique* où n'importe quel événement public peut faire surgir de nombreux mèmes. Tel était le cas du mème « *I'm gonna let you finish* » inspiré d'une soirée de remise de prix (MTV Music Awards) en 2009 où Kanye West a interrompu le discours de remerciement de Taylor Swift afin de proclamer devant le public que ce prix aurait dû être remis à Beyoncé.

Ces exemples démontrent la capacité des utilisateurs de créer presque instantanément d'innombrables dérivés à partir d'un concept ou d'une situation qui vient de survenir. Ces dérivés peuvent prendre la forme d'un remix, d'un *mashup* (un collage d'images, de vidéos ou du son) et les images (*photo-based memes*). Dans notre étude, c'est justement cet élément de participation de la part des internautes qui différencie un mème de n'importe quel phénomène viral (où l'utilisateur n'est que spectateur/consommateur) d'un mème (ou l'utilisateur est créateur-spectateur). C'est-à-dire que nous vivons dans une société qui est non seulement hypermèmétique, mais aussi participative ; la participation dans la création représente d'ailleurs un élément clé dans le concept du Web 2.0[19].

Dans cette étude, nous fondons notre analyse sur la définition de *mème* fournie par Shifman dans son ouvrage *Memes in Digital Culture* : a) un ensemble d'unités numériques qui partagent des traits communs en termes de contenu, forme et/ou position ; b) et qui ont été créées avec une reconnaissance de l'ensemble ; c) et qui ont été diffusées, imitées et ou transformées sur Internet par plusieurs utilisateurs[20]. Selon cette interprétation du mème, nous constatons des similitudes avec la tradition orale au sens où un grand répertoire plus ou moins universel est transmis et retransmis à travers plusieurs régions et communautés en s'adaptant pour correspondre à chaque réalité spécifique[21]. Les mèmes ont été reconnus comme du *(post)modern folklore*,[22] car ils font à la fois partie d'une culture numérique mondiale (*global digital culture*) et d'une culture numérique locale (*local digital culture*)[23]. Cependant, notons qu'un élément clé entre la culture numérique et le folklore est la transmission sur le temps long que l'on a tendance à associer au patrimoine oral. Quant aux mèmes, que deviennent-ils dans le temps ? Étant donné la vitesse à laquelle les tendances numériques évoluent, est-ce que l'on retrouvera certains mèmes d'ici les décennies à venir (voire dans les prochaines années) ?

La structure des mèmes

Afin de mieux élaborer notre compréhension du mème, nous reconnaissons trois dimensions fondamentales du mème qui puissent être imitées ou modifiées : la forme (la disposition et les composantes physiques), le contenu (les idées et idéologies) et la position (*stance*) de l'auteur par rapport au message[24].

La tension entre l'individu et le collectif se manifeste de plusieurs façons dans la (re)création et propagation d'un mème. Nissenbaum et Shifman observent une double dualité dans les mèmes : *individualité/collectivité* et *contenu/position*[25]. Le modèle d'un mème lui-même démontre cette première dualité ; un mème est créé à partir d'une image déjà connue par la collectivité, mais il est modifié par un individu et partagé dans un espace de groupe qui sert aussi à l'expression personnelle. Bien entendu, la dualité *contenu/position* opère dans un processus de flux et reflux, car en créant du contenu à partir d'une certaine position, on invite forcément d'autres internautes à se positionner en relation au contenu, voire modifier et repartager ce même contenu[26].

En tant que médium qui encourage la création à partir d'un modèle imité, le mème permet à une collectivité de s'approprier du contenu du *mainstream* afin d'exprimer sa propre identité spécifique et/ou sa *position* par rapport à ce contenu. Paradoxalement, les modèles des mèmes (*meme templates*) qui sont eux-mêmes du contenu culturel de la culture de masse se prêtent à l'expression d'une identité collective, voire minoritaire, car le mème fonctionne à l'intersection de l'individualité et la société : « The formation of collective identity is a process of boundary work, which consists of the ongoing production, performance, and validation of values, codes, and norms through discourse[27]. »

Le Web 2.0, dont les mèmes font partie, s'est surtout développé en Amérique du Nord qui possède le taux de pénétration d'Internet le plus élevé parmi les régions du monde, non moins de 93 % de la population[28]. Situés clairement du côté privilégié de la fracture numérique (*digital divide*), les internautes du Canada et des États-Unis se servent des mèmes comme expression d'un discours identitaire d'une façon prononcée, ce qui n'est pas forcément le cas dans d'autres régions du monde.

Le discours identitaire dans la culture numérique

Dans cette étude, nous nous limitons aux mèmes à base d'image fixe, car ce genre est *de facto* le seul format trouvé dans les groupes choisis pour notre étude de cas et de loin le format le plus populaire. Ces mèmes sont aussi appelés des *image macro* en anglais,[29] particulièrement lorsqu'il s'agit d'une image faisant déjà partie du répertoire connu sur Internet (p. ex., l'image de Morpheus du film *The Matrix* avec la légende : « What if I told you... »)[30]. Ce genre de mème (*image macro*) est particulièrement répandu parce que la base (l'image) est généralement déjà intégrée dans la culture populaire. Il exprime un sentiment ou positionnement universel qui peut être adapté à des situations propres à un groupe ou une communauté en changeant le texte (ou une partie du texte). En prenant comme point de départ des images issues

Fig. 13.1 | Cette image du film *Matrix* (1999) est devenue l'une des images les plus répandues parmi les mèmes. Comme le texte habituel commence par « What if I told you... », les utilisateurs peuvent facilement adapter l'image à toute une variété de réalisations (ou des faits qui devraient être évidents).

d'un répertoire partagé par tous les internautes, la création et adaptation d'un mème représentent le travail de s'approprier un élément culturel tout en examinant la spécificité de cette expérience vécue. Ce faisant, la langue, l'accent et le rapport avec son environnement sont souvent mis en cause. Ondrej Procházka dit à ce propos :

> Based on the memes around which the community is centred and their rapid diffusion, the process of community formation is a never-ending process resting on a constant negotiation of shared values as well as expectations and preferences in communicative practices – including their acknowledgement, disputation, authentication, and other social processes. This has a significant bearing on identity work, because each semiotic resource employed to create, modify, or comment on a particular meme lends itself to (in)validation by other members and signifies a potentially important choice with regard to community affiliation[31].

En fonction des mèmes sur lesquels la communauté est centrée et leur diffusion rapide, le processus de formation d'une communauté est un processus infini qui dépend d'une négociation constante des valeurs partagées ainsi que des attentes et des préférences dans des pratiques communicatives – y compris la reconnaissance, la mise en question, l'authentification et d'autres processus sociaux de ces dernières. Ceci a une portée importante sur le discours identitaire parce que chaque ressource sémiotique qui sert à créer, à modifier ou à commenter sur un mème donné peut être (in)validée par d'autres membres et signifie un choix potentiellement important par rapport à l'appartenance à la communauté.

Description du corpus

Notre corpus se compose d'exemples trouvés sur Facebook et Instagram, soit une centaine de mèmes recueillis entre avril 2019 et juillet 2022. L'ensemble de mèmes analysés ici provient de groupes louisianais (*CajUUUn Memes, Cajun Meme Factory* et *Memes en français louisianais*) et deux groupes acadiens (*Niaiseries acadiennes* et *Acadie memes*). Cette méthode comparative illustrera de multiples approches de la négociation de l'identité collective dans deux contextes différents au niveau linguistique et culturel. Afin de contextualiser les rôles de chacun de ses espaces numériques, nous tenons à décrire

Fig. 13.2 | Ce mème (Awkward Look Monkey Puppet) vient d'une émission japonaise (Ōkiku naru Ko) est une autre image qui s'adapte facilement à plusieurs situations où on est particulièrement (et discrètement) gêné.

Fig. 13.3 | L'image qui accompagne les règlements du groupe Facebook CajUUUn Memes.

brièvement chaque groupe avant de procéder à l'analyse d'un ensemble représentatif leur contenu respectif.

Les groupes louisianais

a) CajUUUn Memes[32], créé en mars 2016, est le plus grand groupe de notre corpus en termes du nombre de membres. En novembre 2021, le groupe comptait plus de 76 600 membres, ce qui correspond à environ 60 % de la population de Lafayette, la ville principale de la région. En outre des membres, les mèmes peuvent atteindre un public bien plus large grâce aux partages à l'extérieur de la page. Afin de contextualiser ce chiffre davantage, le nombre de membres de CajUUUn Memes correspond au double de la Cajun French Virtual Table Française (40 900 membres) qui est de loin le plus grand groupe en ligne dédié à la pratique du français louisianais. Ce décalage implique que l'identité culturelle (voire régionale) dépasse de loin une identité linguistique.

Il est intéressant de noter le langage utilisé dans les règlements du groupe, car même si les activités du groupe se déroulent en anglais, on constate facilement que le langage et la représentation écrite de « l'anglais cadien » se trouvent parties intégrantes de l'esthétique du groupe. Le nom du groupe fait référence au style des mèmes qui s'y sont valorisés; les trois « U » renvoient aux mèmes qui sont *Useless, Unsuccessful and/or Unpopular* (inutiles, ratés et/ou peu populaires).

> *Da Rules, Dem:*
> 1. *Dis group is for da meme, da whole meme, and nuttin but da meme dat you made yaself, you, and if ya take ya podnah's meme, ya gonna get da gris gris.*
> 2. *Only put tree memes a day before ya fais dos dos, every ting lagniappe will be delete, cher.*
> 3. *Mais dont be a cooyon tet dure and put sumtin you wouldn't let ya taunte show ya maw maw in church.*
> 4. *If ya meme get deleted, it betta stay deleted, cher!*
> 5. *If you "cher" a meme from sumbody else's camp, even if you made dat, it gonna da boot, cher.*
> 6. *Y'all bess play nice and pass a good time before ya get yaself purged! Laissez les bon temps roUUUlez!*[33]

b) Cajun Meme Factory, créé en mai 2017, ressemble beaucoup à CajUUUn Memes au niveau du contenu et du nombre de membres (73 600 abonnés en novembre 2021). Cependant, ce groupe se veut un espace où les mèmes évitent l'humour grivois, comme on trouve des mèmes assez risqués dans d'autres groupes. Également interdits sont la politique, les images pornographiques, le racisme et les mèmes non originaux.

> 1. ORIGINAL CAJUN MEMES ONLY. Please, make them yourself. Memes made by others or other groups are instantly deleted.
> 2. NO PORNOGRAPHIC memes. General adult humor is okay, but no nudity, please.
> 3. NO POLITICS. There's enough of that junk all over Facebook – don't want it here.
> 4. NO RACIST memes or comments. Leave that at the door.
> 5. Please try to limit your meme submissions to 5 or less, a day. This is to ensure that others posting memes can get equal exposure.
> 6. NO Solicitation of any products, unless approved by our moderators.
> 7. Be nice to each other or you will get an instant ban.
> 8. Pass a good time...[34]

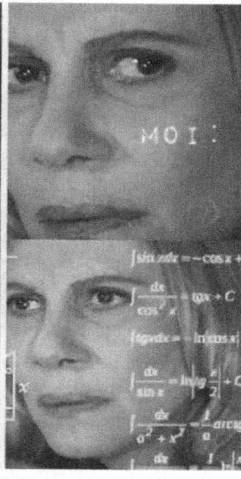

Fig. 13.4 | Cette parodie de la casquette Make America Great Again portées par les partisans de Donald Trump fait référence au boudin traditionnel qui, soi-disant, a été interdit par l'État pour des raisons sanitaires.

Fig. 13.5 | Les jeux de mots sont un élément clé dans ce groupe. Ici, le mot tchacta *chaoui* (raton laveur), depuis longtemps incorporé dans le lexique français louisianais, peut porter à confusion.

c) Memes en français louisianais représente en quelque sorte l'autre extrême qu'occupe CajUUUn Memes. Il s'agit d'un groupe, avec une centaine de membres, plus spécialisé et branché dans le milieu francophone de la région. La spécificité du français louisianais et les jeux de mots sont souvent à la source de l'humour dans ce groupe. Notons que le titre de ce groupe en soi dissimule une sensibilisation concernant le terme « français louisianais » (au lieu de « français cadien »), un terme plus neutre qui s'emploie plus souvent aujourd'hui, notamment dans les milieux culturels et académiques.

Les groupes acadiens

d) Niaiseries acadiennes, créé en août 2013, est le groupe le plus ancien et compte environ 56 000 abonnés et à peu près l'équivalent en mentions « j'aime ». Les mèmes traitent d'une variété de sujets (la météo, les accents, les commerces) et représentent une grande zone géographique (Shippagan, Moncton, Shédiac, Baie Sainte-Marie). Le groupe se décrit comme une

Fig. 13.6 | Ce mème monté à l'aide Photoshop imagine l'intégration de la culture acadienne (représentée ici par le chanteur populaire acadien Cayouche) dans la culture *mainstream* américaine.

Fig. 13.7 | Sur la page Acadie Memes, on trouve souvent des commentaires sur la pertinence de l'identité acadienne de nos jours, mais sur un ton ludique.

« page humoristique acadienne visant à promouvoir l'humour en Acadie et à l'épanouissement de la langue française et de la culture acadienne d'ici[35] ».

e) Le groupe Acadie Memes possède plusieurs points en commun avec le groupe louisianais Memes en français louisianais. Pendant plusieurs années, il existait une page Facebook pour Acadie Memes qui comptait environ 1 500 abonnés, mais depuis, il se trouve uniquement sur Instagram. Par rapport à Niaiseries acadiennes, on y trouve des mèmes beaucoup plus recherchés et pointus au niveau du discours identitaire, voire politique où sont évoquées l'histoire acadienne et le rôle du français dans la vie quotidienne. L'on remarque, sur ces deux pages que la production semble avoir cessé brusquement au cours des premiers mois de la pandémie COVID-19.

Discussion et analyse de plusieurs tendances et caractéristiques observées

Nous avons déjà discuté de notre définition d'un mème en termes de sa forme et de son contenu. Étant donné ces critères, quelles sont les caractéristiques des mèmes les plus réussis ? Quels attributs se réunissent pour créer un mème afin qu'il soit partagé par beaucoup d'utilisateurs ? Une analyse effectuée par Michele Knobel et Colin Lankshear de 19 mèmes populaires démontre que trois facteurs principaux contribuent à la fécondité d'un mème :

- Some element of humor, ranging from the quirky and offbeat, to potty humor, to the bizarrely funny, to parodies, through to the acerbically ironic, and/or
- A rich kind of intertextuality, such as wry cross-references to different everyday and popular culture events, icons or phenomena, and/or
- Anomalous juxtapositions, usually of images.[36]

[Un élément humoristique, que ce soit de l'humour décalé, eccentrique, scatologique, bizarrement drôle, ou encore des parodies, de l'ironie acerbe et/ou une riche intertextualité, comme des renvois ironiques à la vie quotidienne et aux événements, icones ou phénomènes de la culture populaire et/ou des juxtapositions anormales, souvent d'images.]

Une analyse sommaire du corpus semble confirmer que ces trois facteurs sont bien présents dans les mèmes cadiens et acadiens. Souvent, l'intertextualité se base dans l'appropriation d'une image du *mainstream* qu'on adapte à la culture (et souvent à la langue) de la région. En outre, nous constatons au niveau global dans cette étude qu'il existe au moins quatre traits des mèmes sur l'identité sur les pages analysées. Dans la majorité des cas, il s'agit :

1) d'un discours identitaire explicite : les mèmes et les groupes sont conçus dans le cadre d'une réflexion sur l'identité et le rapport du collectif à un territoire;
2) d'une culture des prosommateurs : les créateurs prennent un rôle actif;
3) de la performance culturelle (et identitaire) : les utilisateurs assistent à une performance de leur identité collective et contribuent à celle-ci selon des critères et des paramètres complexes;
4) d'une négociation entre l'éphémère et la permanence : les mèmes fonctionnent dans une culture de l'immédiat, mais ils sont rarement supprimés par les modérateurs et ils peuvent être partagés (ou sauvegardés) par plusieurs utilisateurs, leur accordant un statut de permanence (du moins, en théorie) illimitée.

Ci-dessus, nous avons évoqué plusieurs liens culturels partagés par les Cadiens louisianais et les Acadiens des provinces maritimes du Canada. Il convient maintenant d'analyser un échantillon de mèmes du corpus proposé afin de déterminer quelles sont les tendances et les points en commun parmi ces pages.

Nous observons que le médium du mème, qui incite la prosommation (où les utilisateurs sont à la fois spectateur et créateur), et la possibilité de s'approprier et de détourner des éléments de la culture dominante contribuent à la propagation d'une culture populaire. Afin de mieux définir notre conception de *culture populaire* et les thèmes associés dans notre corpus, nous rappelons les cinq traits identifiés par Levasseur, qui conçoit cette culture populaire comme étant une culture :

1) dominée : « La culture populaire ne peut être définie hors de ses rapports avec les formes culturelles dominantes, tant nationales qu'internationales (qu'il s'agisse de la culture de masse, de la culture cléricale ou de la culture savante), et ces rapports sont empreints de dépendance et de domination. »
2) plurielle : « Pensons, par exemple, aux luttes d'un peuple contre l'impérialisme culturel étranger, d'une minorité ethnique contre une culture nationale intégrative (le « melting pot »), des classes populaires contre les formes d'exploitations quotidiennes dont elles sont victimes. »
3) vécue : « La culture populaire, c'est un ensemble de symboles, de représentations, de valeurs, de pratiques, de savoir-faire qui expriment la totalité de l'existence quotidienne et lui donnent sens. Elle concerne les conditions communes d'existence des individus et des groupes sociaux : le loisir, le travail, l'habitat et les relations familiales, amicales, de voisinage, de quartier, etc.; elle est une culture vécue, actualisée dans la quotidienneté de l'existence. »
4) ouverte : « Plus une culture est dominante, plus elle est fermée, ethnocentrique et conquérante, c'est-à-dire qu'elle tend à se présenter comme étant universelle; cependant, plus une culture est dominée, plus elle est ouverte, plus elle subit l'influence des cultures dominantes. »
5) contestataire : « Les thèmes de l'autogestion, du 'pouvoir culturel', de la prise en charge autonome, de la reconquête du présent, expriment bien la volonté des collectivités et des classes dominées, du moins

d'une minorité active et militante, d'intervenir dans l'orientation, le contrôle et la gestion de leurs conditions de vie quotidiennes[37]. »

Bien que chaque groupe possède sa propre spécificité, nous observons que, en outre des trois éléments évoqués par Knobel et Lankshear ci-dessus (l'humour, l'intertextualité et une juxtaposition irrégulière) et la culture populaire selon les critères fournis par Levasseur, il existe trois thématiques qui se démarquent de la majorité des mèmes dans le corpus : la langue (y compris l'accent ou le langage régional), la cuisine et le territoire. Nous proposons donc d'organiser notre analyse en fonction de ces trois thématiques.

Langue

Bien que la langue (et tous ses éléments, tels que le langage, l'accent, l'argot, etc.) soit un marqueur identitaire important pour toute communauté, le français se distingue d'autres langues à cause du « mythe du standard » qui est bien enraciné dans l'histoire de la langue française. La notion qu'il existe une forme écrite et idéale du français peut provoquer les sentiments d'infériorité linguistique chez les communautés francophones, par exemple celles de l'Amérique du Nord, ou la variété locale – et celle que l'on associe au groupe – se trouve en décalage par rapport au « standard ». La linguiste Annette Boudreau explique ce phénomène particulier en traitant de ce thème en Acadie et en Louisiane précisément : « Les idéologies linguistiques passent souvent inaperçues tellement elles sont tenues pour acquises, semblent aller de soi et sont ancrées dans l'imaginaire collectif. L'idéologie voulant que le français soit parlé à peu près de la même façon partout est toujours d'actualité, même si le discours sur la diversité culturelle et linguistique occupe une place grandissante dans les discours collectifs et médiatiques. Ces discours exercent une influence indéniable sur la façon dont les gens se perçoivent et perçoivent leur langue[38]. » Alors, il n'est peut-être pas surprenant que l'un des marqueurs d'identité les plus forts qui se trouvent tant dans les mèmes cadiens que les mèmes acadiens est l'utilisation des dialectes et/ou des accents régionaux. Cette tendance peut s'expliquer par le fait qu'il s'agit d'un moyen de s'approprier immédiatement le contenu d'un mème donné en localisant le texte. L'on pourrait interpréter certains exemples comme de la simple autodérision. Cependant, dans les communautés linguistiques en situation minoritaire, les locuteurs se servent de leur spécificité linguistique (non standard) comme un marqueur d'appartenance à la communauté. Dans ce sens, l'usage d'une forme non standard devient une source de prestige implicite *(covert prestige)*. Ce phénomène de prestige implicite se trouve dans des contextes sociaux qui se démarquent par une centralisation du pouvoir ou une forte stratification sociale. Dans ces contextes, certains groupes écartés du pouvoir central et de la norme linguistique adoptent souvent une variante non-standard de la langue comme un marqueur de solidarité au sein du groupe. La capacité des membres de se conformer aux normes de la communauté conduit au prestige implicite. De surcroît, la contrainte de se conformer à l'idéologie du standard est souvent étroitement liée à la nécessité resserrer les normes linguistiques de la communauté[39]. Tel est certainement le cas dans plusieurs communautés francophones en contexte minoritaire, y compris la Louisiane et l'Acadie, étant la perception aigue de la norme écrite de la langue française qui prédomine depuis le XVIIe siècle.

À titre d'exemple, cette adaptation du mème Tuxedo Winnie the Pooh[40] (figure 13.8) détourne le sens attendu en situant la forme « correcte » en français standard en position inférieure en termes de classe ou de prestige. Dans une tournure carnavalesque, les rôles sont renversés en désignant la variante de la Péninsule acadienne comme étant la forme la plus prestigieuse.

Nous trouvons un cas similaire dans l'exemple ci-dessous. Le rappeur canadien Drake s'est prêté à tellement de mèmes depuis plusieurs années qu'on fait référence à tout un genre en soi : le *Drakeposting*. Selon le modèle attendu, Drake désapprouve du premier élément et se plaît du second. Encore un exemple de *covert prestige*, Drake semble démontrer sa préférence pour la variante acadienne de *yinque* (dérivant de *rien que*) au lieu de *seulement*.

Souvent les utilisateurs profitent du langage régional pour en faire des jeux de mots. Les jeux de mots constituent la base de l'humour qui se trouve dans le groupe *Memes en français louisianais*. Par exemple, l'exemple ci-dessous, créé par Sydney-Angelle Dupléchin Boudreaux, offre une variation de l'expression louisianaise typique, « Bec mon tchul (cul)[41] ». Il s'agit également d'un détournement positif de cette expression quelque peu agressive afin d'exprimer la fierté que ressentit la créatrice en observant le « fruit de son travail » dans son jardin, ce qui représente aussi la valorisation d'une pratique plutôt traditionnelle.

La langue peut aussi servir comme un marqueur de l'identité acadienne et faire preuve de l'humour *contestataire*, comme l'on voit dans cette adaptation du mème « But it's honest work[42] » qui se moque des compétences linguistiques en français du premier ministre du Nouveau-Brunswick.

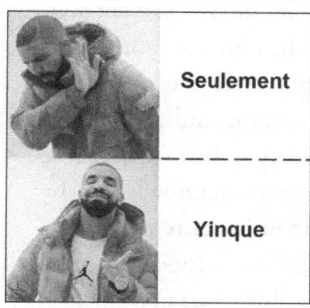

Fig. 13.8 (à gauche, au-dessus) | Si' j'aurais Tuxedo Winnie the Pooh.

Fig. 13.9 (à gauche, en dessous) | Ce mème utilise le format populaire de Drake pour illustrer une préférence pour le français régional acadien.

Fig. 13.10 (au centre, au-dessus) | Au moment de la pandémie de la COVID-19, ce jeu de mot encourage les gens à « garder leurs derrières à la maison ». Ce jeu de mot s'inspire des noms de deux villes du sud-est de l'état : Houma et Boutte. (Keep ya' booty home-a.)

Fig. 13.11 (à droite) | « Becque mon chou » du groupe Memes en français louisianais.

Fig. 13.12 (au centre, en dessous) | Une variante du mème « But it's honest work » d'Acadie Memes.

Cuisine

Bien que la cuisine soit un élément important pour un grand nombre de cultures différentes, le rôle de la cuisine est particulièrement prononcé dans la culture cadienne. Selon Jennifer Venable, la cuisine cadienne est souvent perçue comme « l'incarnation de la culture cadienne » au point où l'identité cadienne ne peut être réduite ni séparée des pratiques culinaires spécifiques[43]. En outre, la cuisine (et les façons de préparer certains plats) sert souvent comme marqueur de démarcation entre plusieurs sous-catégories de Cadiens. Il peut s'agir, par exemple, de différences perçues de l'ordre géographique (p. ex., de quel côté du bassin Atchafalaya? De quel côté de l'autoroute 10?), des différences entre la campagne et la ville, ou bien des distinctions plus ou moins arbitraires entre « Cadien » et « Créole ». Invariablement, on a tendance à croire que sa propre interprétation d'une pratique culturelle est « la bonne ».

Une idée reçue très répandue, tant dans les mèmes que dans la vie quotidienne, est que les Créoles de couleur ajoutent des tomates au gombo. Comme l'observe Fabio Parasecoli, les mets traditionnels dans les médias servent souvent des « visual markers and decontextualized signifiers for race and ethnicity[44] ». Même s'il n'existe pas beaucoup de preuves que cette perception soit vraie, elle est néanmoins souvent citée (voire moquée) comme indication d'un gombo cadien non authentique. « The connections of [gumbo] with Creole culture, and implicitly with black traditions, are more or less acknowledged by the public at large, making it an exotic specialty that all tourists taste when visiting the city or when patronizing restaurants featuring Creole food, wherever they are located. However, the history of gumbo is deeply rooted in traditions connected with the Middle Passage, starting from the very name, which derives from an African word for okra[45]. » Malgré ces faits, le nombre de mèmes évoquant les tomates dans le gombo démontre à quel point un discours dominant cadien (et blanc) vise à s'affirmer comme authentique. D'ailleurs, ce positionnement correspond à une tendance plus large que Giancarlo identifie comme, « a unilateral promotion of a regional identity that, at best, minimizes

Fig. 13.13 | Feeling Cute…

Fig. 13.14 | Ce mème ne suit pas de genre en particulier. Sa forme insolite contient la figure superposée d'une grand-mère dont l'esprit regarde depuis le ciel avec déception au moment où ses petits-enfants ouvrent un bocal de roux préparé.

Fig. 13.15 | Ce mème créé par Meme Chose évoque un mets traditionnel acadien, la râpure. La gourmandise et la cuisine traditionnelle, surtout pendant les temps des Fêtes, est un thème récurrent parmi les mèmes acadiens.

Fig. 13.16 | Les mèmes qui reprennent les couvertures de la série de livres *Martine* représentent une tendance propre au monde francophone.

Fig. 13.17 | Ce mème offre un exemple de « glocalisation » où on voit la coexistence d'une spécialité louisianaise (le boudin) et une marque internationale (Budweiser). Ceci fait aussi preuve d'une culture ouverte (selon Levasseur) qui ne se trahit pas en intégrant des éléments de la culture *mainstream*.

a diversity of white ethnicities and, at worst, nearly completely erases the history of the region's black population[46] ». Ce mème suit le modèle « Feeling Cute Might Delete Later » qui a pris de l'ampleur en 2019[47].

Une autre espèce de mise en épreuve de l'authenticité du gombo est la capacité de faire son propre roux. Cet épaississant, fait à partir d'huile et de farine, qui constitue la base du gombo est de plus en plus disponible en bocal dans les magasins locaux; cependant, acheter du roux en bocal est perçu, selon plusieurs, comme trahir une pratique culturelle sacrée.

L'on trouve également un élément d'autodérision et une reconnaissance d'une certaine association entre la nourriture traditionnelle et l'excès ou les effets négatifs sur la santé. On voit souvent représentée la poutine râpée, un met typiquement acadien qui contient du porc à l'intérieur d'une pâte faite de pommes de terre râpées. Tout comme le gombo en Louisiane, le fricot acadien est aussi très présent dans les mèmes acadiens.

Territoire

Dans les mèmes acadiens et cadiens, nous constatons un positionnement intermédiaire en termes de rural par rapport à urbain. Certaines petites villes sont cibles de plusieurs mèmes lorsqu'elles sont perçues comme trop populaires ou un bled. C'est le cas notamment de Bouctouche et Miramichi au Nouveau-Brunswick et de la Nouvelle-Ibérie et Morgan City en Louisiane. En revanche, les endroits vus comme étant chics ou trop urbains sont souvent perçus comme moins authentiques ou « autres ». On trouve, par exemple, un grand nombre de mèmes sur River Ranch, un voisinage très cher à l'intérieur de Lafayette.

Dans CajUUUn Memes, il est évident qu'une petite poignée de villes en particulier se font objet de la moquerie (p. ex., la Nouvelle-Ibérie, Morgan City), ce qui suggère une perspective plus urbaine ou centrée sur Lafayette. « Memes not only share a common set of characters and textual rules, they also tend to gravitate around a core set of subjects. These dominant discourses are built largely around social identity distinctions, while allowing room for a negotiation between perceptions of "us" and "them," either subculturally, demographically, or both[48]. »

Également présents dans les mèmes sont des points de repère de la région, tels que le homard géant de Shédiac. Un exemple insolite en Louisiane se trouve dans les panneaux publicitaires vus sur les autoroutes de l'état qui montrent le visage de l'avocat spécialisé en préjudices corporels Gordon McKernan. Sur

Fig. 13.18 | Ce mème incorpore deux tendances que nous observons dans les mèmes acadiens : les stéréotypes associés avec River Ranch (un quartier huppé de Lafayette) et la Nouvelle-Ibérie qui est vue comme le comble de la vie rurale et des classes populaires.

Fig. 13.19 | Ce mème imagine le langage local (le chiac) en langue officielle tout en soulignant la condition défavorable des routes à Dieppe.

Fig. 13.20 | Ce mème fait référence à un avocat en Louisiane qui est reconnu pour ses panneaux publicitaires sur les autoroutes de l'état qui se lisent *Injured?* (« Blessé? »).

un fond de murale de Robert Dafford qui se trouve au Monument acadien de St-Martinville, le mème ci-dessous imagine l'existence de ces panneaux comme élément du paysage louisianais depuis l'arrivée des Acadiens en 1764.

Profil de l'utilisateur typique et les discours dominants

Selon Ryan Milner (2012), la création des mèmes se fait majoritairement par les hommes et surtout les hommes jeunes, blancs et privilégiés. Ce phénomène contribue au maintien d'un discours dominant qui aboutit à diviser les mèmes en trois principales catégories : *win* (succès), WTF (« c'est quoi, ce bordel ici ? ») et *fail* (échec). L'appartenance d'un mème à une catégorie donnée et définie du point de vue de l'OP (*original poster* ou auteur original). « "Fail" is a term used to mark moments of social misfortune, tragedy, or incompetence on the part of the OP. "WTF" moments come when the OP must deal with the failure of the other in a social interaction: their stupidity, ineptitude, or illiteracy. "Win" is the inverse of "fail": moments of social fortune, success, or competence on the part of the OP. These themes are dominant discourses in meme subcultures, and they do the ideological work of grouping social actors into insider/outsider categories[49] ». Non seulement ces catégories limitent l'expérience quotidienne à trois jugements simplistes, ceci est effectué

Fig. 13.21 | Ce mème provient du groupe Niaiseries acadiennes. Le mème est notamment vide de références culturelles proprement acadiennes, mais il démontre néanmoins une appartenance générationnelle et une participation à la culture *mainstream* de l'époque.

Fig. 13.22 | La boisson qui figure dans ce mème de CajUUUn Memes est une marque de racinette. Zatarain's, une entreprise louisianaise depuis rachetée par la corporation McCormick, est surtout connue pour ses mélanges d'épices. Ce concentré de racinette était populaire comme moyen de faire des économies, souvent utilisé par les grands-parents pour régaler leurs petits-enfants lorsqu'ils rendaient visite.

depuis une perspective dominante. À titre d'exemple, un thème populaire en Louisiane traite des tomates dans le gombo. Bien que cette pratique soit normale pour plusieurs Créoles et Cadiens, il est systématiquement dans la catégorie de « WTF ».

Plus tard dans cette recherche, j'aimerais examiner comment les mèmes cadiens et acadiens (même à l'intérieur d'un groupe dédié à une identité spécifique et minoritaire) peuvent favoriser des sous-catégories d'utilisateurs. Par exemple, plusieurs mèmes des groupes CajUUUn Memes et de Niaseries acadiennes illustrent la nostalgie pour certains produits, évoquant l'appartenance à la classe moyenne et la génération Y. (Voir les figures ci-dessus représentant des exemples de Niaiseries acadiennes et CajUUUn Memes respectivement.)

Pistes futures

Comme il est mentionné ci-dessus, il semble évident que le phénomène de mèmes cadiens et acadiens ont commencé par l'adoption des images macros. Ces dernières sont sans doute les plus faciles à créer et à manipuler à partir des sites gratuits tels que imgflip.com, memecenter.com, entre autres. Cependant, avec la popularité des mèmes et l'évolution des logiciels qui rendent le montage de plus en plus abordable pour les amateurs, on constate une croissance de l'usage de Photoshop ou d'autres logiciels de montage numérique (y compris des logiciels libres) pour créer des images insolites et inattendues en raison de multiples renvois et de références.

Un autre phénomène qui incorpore plusieurs des éléments des mèmes Cadiens est le doublage de clips populaires avec un scénario alternatif et un accent cadien. Les créateurs tels que CajuNerd Media BobbyDotComTV et DJ Rhett produisent un grand nombre de clips en superposant une voix hors champ afin de créer de nouveau scénarios humoristiques à l'accent cadien. Comme nous l'avons observé ci-dessus quant à l'âge moyen des utilisateurs, la culture de la génération Y est également mise en valeur. Pour citer quelques exemples de ce genre de parodies : TundaMinous (inspiré de la série *ThunderCats*), *Jurassic Camp* (une parodie de *Jurassic Park*) de CajuNerd Media et « 3PM » (une reprise de la chanson « 3AM » de Matchbox Twenty).

Un autre développement à considérer dans le futur, avec le recul nécessaire, sera l'effet de la pandémie COVID-19 sur la production des mèmes. Au tout début de la pandémie, cette thématique semblait être très à la mode en Louisiane et en Acadie. En tant qu'expérience mondiale, il n'est pas surprenant qu'il existe des exemples intéressants qui montrent la façon distincte dont chaque région l'a vécue. Cependant, la pandémie semble avoir eu un effet néfaste sur la production des mèmes. On constate depuis juillet 2020, une baisse en termes du nombre de mèmes acadiens postés dans ces groupes. Il semble qu'il en va de même pour plusieurs producteurs de doublages vidéo.

⚜ ⚜ ⚜

Tandis qu'il existe de nombreuses études sur les identités acadienne et cadienne en littérature, en sociolinguistique et en histoire, la prise en compte de l'entrejeu de ces identités et la *meme culture* s'ajoutent à notre tentative collective de repenser l'Acadie dans le monde. Les mèmes, comme nous l'avons constaté, se trouvent dans un écart important comme objets d'étude entre un discours scientifique sceptique et un discours populaire enthousiaste quoique peu approfondi[50]. Dans le présent chapitre, nous avons reconnu la position ambivalente des mèmes comme objet d'étude dans les milieux universitaires, notamment comme site d'un discours identitaire, selon notre perspective, digne d'une analyse en profondeur en raison de la place importante qu'occupent les réseaux sociaux dans notre société contemporaine. Nous avons présenté l'argument que les mèmes peuvent nous donner un aperçu significatif d'un discours identitaire qui n'est pas représenté dans les milieux culturels plus engagés, voire militants. Une prise en compte des différentes tendances dans notre corpus et du nombre d'abonnés nous indique qu'il s'agit d'un environnement numérique dynamique qui attire des publics conséquents, surtout relatifs à leurs bassins démographiques respectifs.

Le moteur de la création et de la diffusion des mèmes est la prosommation (où les utilisateurs agissent à la fois comme producteurs et consommateurs). Par conséquent, les mèmes démontrent que même ceux qui ne sont pas forcément engagés dans un mouvement de revendication culturelle peuvent aussi participer à une expression de leur identité. D'ailleurs, ce phénomène ne se limite pas aux identités ethniques ou culturelles ; les excentricités d'une quantité infinie de groupes sont mises en scène à travers les mèmes (professions et passetemps, entre autres). Depuis la collecte des exemples présentés ici, on assiste à l'essor de la plateforme vidéo TikTok où le *lip-sync* se prête à d'autres formes de mèmes à partir d'un bout d'une chanson ou du texte d'un film, par exemple. La façon dont les mèmes sont produits, consommés, modifiés et rediffusés nous permettent de les analyser dans l'ensemble afin de repérer des tendances signifiantes. Cependant, les plateformes plus à la mode aujourd'hui, comme Instragram et TikTok, posent d'autres défis méthodologiques. Tandis que les groupes, comme ceux analysés ici, sont répandus sur Facebook, le contenu des fils sur TikTok est déterminé plutôt en fonction des intérêts et des habitudes de l'utilisateur, et ses abonnements. La notion de l'espace numérique est donc éphémère et variable selon l'application.

Dans le corpus modeste proposé dans cette étude, de nombreux recoupements s'y présentent. Tant pour les mèmes acadiens que pour les mèmes cadiens, les prosommateurs se servent des mèmes comme outil pour (re)négocier une interprétation de leur identité qui leur ressemble. D'une part, leur capacité d'accéder à la *meme culture* du *mainstream*, les Acadiens et les Cadiens peuvent vivre leur américanité d'une manière décomplexée. D'autre part, c'est précisément en détournant le *mainstream* – même avec une bonne dose d'autodérision – qu'ils arrivent à célébrer leur spécificité culturelle. Nous avons choisi de nous pencher particulièrement sur les thèmes de la langue, de la cuisine et du territoire qui nous semblent des motifs très forts en tant que marqueurs d'appartenance régionale et culturelle.

Malgré ces similitudes, plusieurs différences importantes se démarquent. Bien que l'accent cadien (en anglais) soit un élément clé dans les mèmes cadiens, la rupture linguistique avec le français est évidente. Pourtant, ce lien (même diminué) avec la langue française n'est toutefois pas négligeable, car, comme nous l'avons noté, cette rupture était déjà évidente chez la génération des parents des milléniaux. Alors, le fait que l'accent et une partie du lexique français cadien demeurent pertinents nous semble significatif. Le français régional (ou les français régionaux) des Acadiens est également un aspect essentiel dans les mèmes acadiens, non seulement comme marqueur d'identité (et une source d'humour), mais aussi comme emblème des difficultés de vivre en français hors Québec et de l'insécurité linguistique qui accompagnent cette condition.

Un autre contraste à souligner est le mode de création et de diffusion. Tandis que les mèmes cadiens semblent provenir d'un ensemble de créateurs, les deux pages acadiennes dans notre corpus semblent être plutôt entretenues par des particuliers. Nous avons également constaté une halte assez abrupte à partir de la pandémie COVID-19. Par conséquent, ces pages sont peut-être plus susceptibles à des interruptions puisqu'elles sont gérées par des individus.

Tout compte fait, les mèmes comblent donc un vide réel dans le discours identitaire des Cadiens et Acadiens, surtout en ce qui concerne la perspective de la génération Y[51]. Cependant, alors que la majeure partie des milléniaux arrivent (et sont déjà) dans la quarantaine, on se demande quels seront les nouveaux outils numériques et les prochains thèmes à explorer chez la génération Z en Louisiane et en Acadie. Étant donné le nombre important de groupes et de pages consacrés aux mèmes et la vitesse à laquelle les thèmes et les techniques évoluent, on peut certainement anticiper plus de contenu et de nouvelles approches à prendre en considération dans le futur.

Notes

1. Bernhard Giesen et Robert Seyfert, « Collective Identities, Empty Signifiers and Solvable Secrets », *European Journal of Social Theory*, vol. 19, n° 1 (février 2016), 111-126.
2. Antonio Casilli, « "Petites boîtes" et individualisme en réseau : Les usages socialisants du Web en débat », *Réalités Industrielles*, novembre (2009), 54.
3. Limor Shifman, *Memes in Digital Culture*, MIT Press Essential Knowledge, Cambridge (Mass.), The MIT Press, 2014.
4. Pour les objectifs de cet article, nous entendons par *Acadie* les communautés francophones des provinces maritimes du Canada.
5. Carl A. Brasseaux, *French, Cajun, Creole, Houma: A Primer on Francophone Louisiana*, Baton Rouge, Louisiana State University Press, 2005, 17.
6. Jacques M. Henry, « From "Acadien" to "Cajun" to "Cadien": Ethnic Labelization and Construction of Identity », *Journal of American Ethnic History*, vol. 17, n° 4 (1998), 33.
7. Carl A. Brasseaux, *Acadian to Cajun: Transformation of a People, 1803-1877*, Jackson, University Press of Mississippi, 1992, xiv.
8. Henry, « From "Acadien" to "Cajun" to "Cadien" », 29.
9. Cécyle Trépanier, « La Louisiane française au seuil du XXIe siècle : La commercialisation de la culture », dans *La construction d'une culture. Le Québec et l'Amérique française*, sous la direction de Gérard Bouchard et Serge Courville, Québec, Presses de l'Université Laval, 1993, 378-379.
10. Cécyle Trépanier, « The Cajunization of French Louisiana: Forging a Regional Identity », *The Geographical Journal*, vol. 157, n° 2 (1991), 161.
11. Antonio Casilli, « "Petites boîtes" et individualisme en réseau », 54.
12. Par « même » nous entendons plus spécifiquement les images normalement connues par d'autres internautes mais dont le texte ou la légende est modifiée par un utilisateur selon son positionnement particulier ou une situation donnée.
13. Alicia Adamczyk, « Millennials Own Less than 5% of All U.S. Wealth », CNBC, 9 octobre 2020 [en ligne : https://www.cnbc.com/2020/10/09/millennials-own-less-than-5percent-of-all-us-wealth.html].
14. Shifman, *Memes in Digital Culture*, 4.
15. Richard Dawkins, *The Selfish Gene*, nouvelle édition, Oxford, New York, Oxford University Press, 1989.

16 Shifman, *Memes in Digital Culture*, 10.
17 *Ibid.*, 9.
18 *Ibid.*, 56.
19 *Ibid.*, 4; Le Web 2.0 ou Web participatif est une référence aux usages plus interactifs qui se distinguent des fonctionnalités originelles du Web. Dans le Web 2.0, les utilisateurs sont également reconnus comme des créateurs du contenu.
20 Shifman, *Memes in Digital Culture*, 7-8.
21 Jean Burgess, *Vernacular Creativity and New Media*, Ph.D. dissertation, Queensland University of Technology, 2007 [en ligne : https://eprints.qut.edu.au/16378/1/Jean_Burgess_Thesis.pdf]. Selon Burgess, les mèmes s'inscrivent dans la réalité de l'inventivité vernaculaire (*vernacular creativity*) qui comprend également la photographie et la narration, cependant ce phénomène a été remédié depuis l'arrivée de la technologie Web 2.0.
22 Shifman, *Memes in Digital Culture*, 15.
23 Asaf Nissenbaum et Limor Shifman, « Meme Templates as Expressive Repertoires in a Globalizing World: A Cross-Linguistic Study », *Journal of Computer-Mediated Communication*, vol. 23, n° 5 (2018), 294.
24 Shifman, *Memes in Digital Culture*, 41.
25 Asaf Nissenbaum et Limor Shifman, « Meme Templates as Expressive Repertoires in Globalizing World », 295.
26 *Ibid.*, 295.
27 Noam Gal, Limor Shifman et Zohar Kampf, « "It Gets Better": Internet Memes and the Construction of Collective Identity », *New Media and Society*, vol. 18, n° 8 (2016), 16-99.
28 « Internet World Stats », vérifié le 1 août 2021, données de janvier 2021 [en ligne : https://www.internetworldstats.com].
29 Selon le site Web *Know your meme*: « An Image Macro is a broad term used to describe captioned images that typically consist of a picture and a witty message or a catchphrase. On discussion forums and imageboards, image macros can be also used to convey feelings or reactions towards another member of the community, similar to it predecessor emoticons. It is one of the most prevalent forms of internet memes. » [en ligne : https://knowyourmeme.com/memes/image-macros].
30 Ryan Milner, « The World Made Meme: Discourse and Identity in Participatory Media », Ph.D. Dissertation, University of Kansas, 2012, 12.
31 Ondrej Procházka, « A Chronotopic Approach to Identity Performance in a Facebook Meme Page », *Discourse, Context & Media*, vol. 25 (2018), 78.
32 Ce groupe a changé de nom en juillet 2022. Il s'appelle maintenant *How's Ya Meme N Dem?*
33 Politiques du groupe *CajUUUn Memes*. Texte publié le 24 mars 2016 [en ligne : https://www.facebook.com/groups/uuucajunmemes/permalink/984949054893286].

34. Politiques du groupe Cajun Meme Factory, texte publié le 17 novembre 2018 [en ligne : https://www.facebook.com/groups/1115056185265082/posts/1679453802158648/].
35. Niaiseries acadiennes [en ligne : https://www.facebook.com/niaiseriesacadiennes/about/].
36. Michele Knobel et Colin Lankshear, « Online Memes, Affinities, and Cultural Production », dans *Online Memes, Affinities, and Cultural Production,* New York, Peter Lang, 2007, 209.
37. Roger Levasseur, « La culture populaire au Québec : de la survivance à l'affirmation », dans *Culture Populaire et Sociétés Contemporaine,* sous la direction de Gilles Provonost, Québec, Presses de l'Université du Québec, 1982, 103-104.
38. Annette Boudreau, « Idéologies, représentations et insécurité linguistique : Le cas de la Louisiane et de l'Acadie des Maritimes » dans *Interculturalité : La Louisiane au carrefour des cultures,* sous la direction de Nathalie Dessens et Jean-Pierre Le Glaunec, Québec, Presses de l'Université Laval, 2016, 231.
39. Anthony R. Lodge, *French: From Dialect to Standard,* reprint, London, Routledge, 2001, 27.
40. « Tuxedo Winnie the Pooh » [en ligne : https://knowyourmeme.com/memes/tuxedo-winnie-the-pooh].
41. Il s'agit d'une expression courante en français louisianais qui est un peu l'équivalent de « Va te faire foutre ».
42. « But It's Honest Work » [en ligne : https://knowyourmeme.com/memes/but-its-honest-work].
43. Jennifer Venable, « Cajun Identity through Food: Between the Exotic 'Other' and the White Culinary Imaginary », *The Southern Quarterly,* vol. 56, n° 1 (2018), 118.
44. Fabio Parasecoli, « A Taste of Louisiana: Mainstreaming Blackness through Food in *The Princess and the Frog* », *Journal of African American Studies,* n° 14 (2010), 451.
45. *Ibid.,* 454.
46. Alexandra Giancarlo, « "Don't Call Me a Cajun!": Race and Representation in Louisiana's Acadiana Region », *Journal of Cultural Geography,* vol. 36, n° 1 (2019), 11.
47. « Feeling Cute Challenge » [en ligne : https://knowyourmeme.com/memes/feeling-cute-challenge].
48. Milner, « The World Made Meme: Discourse », 142.
49. *Ibid.,* 143.
50. Shifman, *Memes in Digital Culture,* 4.
51. ICI.Radio-Canada.ca, « Les mèmes Internet en Acadie, une façon d'assumer son identité ».

QUATRIÈME PARTIE

Repenser la spécificité acadienne à l'aide des comparaisons internationales

Introduction

Les quatre études qui suivent dressent une comparaison des enjeux au sein d'autres collectivités et diasporas (en Europe et dans les Antilles), offrant ainsi une voie pour désenclaver les études acadiennes et éclairer la situation d'autres groupes ethnoculturels. Le Sénégal et l'océan Indien sont également au rendez-vous dans l'étude de Corina Crainic qui prend son point de départ dans une œuvre récente de la grande romancière acadienne Antonine Maillet. Le but n'est pas de minimiser la spécificité acadienne, mais plutôt de mieux la faire ressortir.

Les questions d'agentivité et du pouvoir d'agir traversent comme un fil rouge l'ensemble de ces textes, pourtant si variés sur le plan disciplinaire. Ces notions renvoient à la capacité des individus ou des groupes d'effectuer des changements en fonction de besoins et d'objectifs définis par eux-mêmes. Pour Gregory Kennedy, la comparaison avec les attitudes de la population civile sollicitée pour la défense de Québec et de la Guadeloupe aide à comprendre pourquoi, en 1707, la milice acadienne s'est mobilisée avec succès, mais n'a pas répondu à l'appel à d'autres moments. L'étude d'Adeline Vasquez-Parra, qui rapproche la situation des déportés acadiens de celles d'Irlandais dans l'espace antillais, montre à quel point la « capacité au dialogue » avec les autorités coloniales – compétence raffinée sous le régime britannique en Acadie – aurait façonné leurs stratégies de participation aux projets de l'impérialisme français. En écho à ce problème de l'Histoire, les œuvres littéraires étudiées par Crainic mettent en scène des personnes confrontées à l'exil et à d'autres ravages de la condition postcoloniale. Il y a, dans tous ces cas, une tension entre les choix individuels et les aspirations collectives. En examinant le régime linguistique du Nouveau-Brunswick à la lumière de celui du Pays valencien, Rémi Léger et Jean-Rémi Carbonneau s'intéressent aux enjeux collectifs de l'habilitation des minorités culturelles – préoccupation qui n'exclut nullement de tenir compte des phénomènes à l'échelle locale, là où les politiques officielles sont mises à l'épreuve du vécu des personnes et des communautés.

Justement, divers jeux d'échelles entrent en ligne de compte à travers ces comparaisons. Les approches en histoire transatlantique se sont toujours montrées sensibles aux niveaux multiples des phénomènes sociaux et économiques : par exemple, la perspective cis-atlantique « étudie des lieux particuliers en tant qu'endroits uniques dans un monde atlantique et cherche à définir cette unicité comme la résultante de l'interaction entre les particularités locales et un réseau plus large de connexions (et de comparaisons)[1] ». Et pourtant, Kennedy montre comment les mêmes gens répondraient différemment à la même question, celle de la mobilisation militaire, à différents moments et en différentes circonstances. Les acteurs historiques faisaient partie d'un monde atlantique en émergence et faisaient preuve également des particularités de leurs localités. Pour leur part, les méthodes de la microhistoire cherchent à croiser les échelles afin de cerner au plus près les conditions du passé, ce qui s'apparente à certaines stratégies de Vasquez-Parra dans sa contribution à ce volet, bien que les sources fragmentaires qu'elle exploite si habilement ne permettent pas toujours une application poussée d'un concept comme le pouvoir d'agir. Dans le contexte des États-nations modernes, la notion de « niche territoriale » mobilisée par Léger et Carbonneau peut faire l'objet d'un examen très localisé, jusqu'à l'échelle d'un quartier, par exemple. Dans le domaine littéraire, la comparaison d'œuvres issues de sociétés très diverses et éloignées les unes des autres instaure une échelle macroculturelle, si l'on veut, tout en respectant les particularités de chaque texte et du milieu qu'il représente. C'est sans doute là l'un des paris de la francophonie mondiale à laquelle appartient l'Acadie.

Lectures proposées

Boehringer, Monika. « Les mots pour se / le dire : trois temps forts dans l'Acadie au féminin : Antonine Maillet, Dyane Léger, France Daigle ». *Francophonies d'Amérique*, n° 37 (printemps 2018), 173-201.

Breton, Raymond. « La communauté ethnique, communauté politique ». *Sociologie et sociétés,* vol. 15, n° 2 (1983), 23-38.

Carbonneau, Jean-Rémi. *Fédéralisme et légitimation des langues minoritaires : les cas de la Lusace et des Pays catalans*. Québec : Presses de l'Université du Québec, 2023.

Crainic, Corina. *Martinique, Guadeloupe, Amériques. Des marrons, du gouffre et de la Relation*. Québec : Presses de l'Université Laval, 2019.

Doucet, Michel. *Les droits linguistiques su Nouveau-Brunswick. À la recherche de l'égalité réelle!* Lévis : Les Éditions de la Francophonie, 2017.

Desbarats, Catherine et Thomas Wien. « Introduction : la Nouvelle-France et l'Atlantique ». *Revue d'histoire de l'Amérique française*, vol. 64, n°s 3-4 (hiver-printemps 2011), 529.

Englebert, Robert et Andrew N. Wegmann, dir. *French Connections: Cultural Mobility in North America and the Atlantic World, 1600-1875*. Bâton-Rouge : Louisiana State University Press, 2020.

Gagnon, Alain-G. *L'âge des incertitudes : essais sur le fédéralisme et la diversité nationale*. Québec : Presses de l'Université Laval, 2011.

Kristeva, Julia. *Étrangers à nous-mêmes*. Paris : Gallimard, (1988), 1991.

Kymlicka, Will. *La voie canadienne : repenser le multiculturalisme*. Montréal : Éditions Boréal, 2003.

Le Bossé, Yann. « De "l'habilitation" au "pouvoir d'agir" : vers une définition plus circonscrite de la notion d'*empowerment* ». *Nouvelles pratiques sociales,* vol. 16, n° 2 (2004), 30-51.

Maillet, Antonine. *Madame Perfecta*. Ottawa : Leméac, 2001.

Mouhot, Jean-François. *Les Réfugiés acadiens en France : 1758-1785 – L'impossible réintégration?* Québec : Septentrion, 2009.

Moura, Jean-Marc. *L'Europe littéraire et l'ailleurs*. Paris : Presses Universitaires de France, 1998.

Pichichero, Christy. *The Military Enlightenment: War and Culture in the French Empire from Louis XIV to Napoleon*. Ithaca : Cornell University Press, 2017.

Reid, John G., Maurice Basque, Elizabeth Mancke, Barry Moody, Geoffrey Plank et William Wicken, dir. « The "Conquest" of Acadia: Narratives », dans *The "Conquest" of Acadia, 1710: Imperial, Colonial, and Aboriginal Constructions*. Toronto : University of Toronto Press, 2004.

Schnakenbourg, Eric et François Ternat, dir. *Une diplomatie des lointains : la France face à la mondialisation des rivalités internationales*. Rennes : Presses Universitaires de Rennes, 2020.

Note

1 David Armitage, « Three Concepts of Atlantic History », dans *The British Atlantic World, 1500-1800*, Basingstoke, Palgrave Macmillan, 2000, 21.

CHAPITRE 14

Repenser le service militaire, le pouvoir d'agir et l'identité en Acadie et dans le monde atlantique français pendant la guerre de Succession d'Espagne, 1702-1713

GREGORY KENNEDY
Traduit par Natali Bourret

Introduction

La prise de Port-Royal en 1710 et le traité d'Utrecht qui a suivi, cédant l'Acadie à la Grande-Bretagne en 1713, sont deux événements « ambigus » caractérisés par l'absence de l'apparente conviction qui marquerait la conquête du Canada un demi-siècle plus tard et aussi par « l'absence de tragédie humaine » que connaîtrait le *Grand Dérangement*[1]. En effet, l'Acadie et la Nouvelle-Écosse avaient à cette époque changé de mains de nombreuses fois depuis leur fondation en 1605, et il n'y avait au départ aucune raison de croire que cette situation serait permanente. Entretemps, les peuples autochtones comme les Mi'kmaq ont conservé une autonomie considérable et, d'un point de vue pratique, détenaient la balance du pouvoir[2]. Comme réponse à ces conditions politiques, la plupart des historiens de l'Acadie soulignent que les colons ont adopté une stratégie délibérée de neutralité et d'adaptation face à la succession rapide des régimes impériaux dans la région[3]. Certains perçoivent, dans cette culture politique en constante évolution et dans sa reconnaissance par les autorités françaises et britanniques, le signe de l'émergence graduelle d'une identité acadienne distincte. D'autres soutiennent que les colons n'affichaient qu'une conscience nationale limitée[4]. J'ai déjà proposé un point de vue intermédiaire qui décrit la façon dont les colons ont adapté les traditions de gouvernance locale de l'ouest de la France pour créer une voie à la fois familière et nouvelle[5]. Il y a un soupçon d'anachronisme dans la recherche d'une conscience nationale perçue chez les acteurs historiques – la France moderne était une dynastie empreinte d'identités régionales et provinciales distinctes. Ainsi, les colons, dont certains en étaient déjà, en 1700, à leur troisième génération dans ce nouveau monde, s'apparentaient de plus en plus à ces groupes. Je n'hésiterai donc pas à les qualifier d'Acadiens. Tout au long du XVIIe siècle, peu de colons avaient participé activement aux combats, ce qui se veut un comportement typique des habitants des régions frontalières.

C'est pourquoi j'ai toujours été rendu perplexe par ce « moment » de 1707 : pour la première et unique fois, un nombre important d'Acadiens ont accepté de s'inscrire à la milice et ont réussi à défendre leurs foyers contre une force d'invasion anglaise, non pas une seule fois, mais bien deux fois. Malgré sa nette infériorité numérique, cette ligne de défense française bien coordonnée comprenait la garnison locale, des marines du Canada et des alliés autochtones, et semblait collaborer sans difficulté sous la direction du gouverneur français, Daniel d'Auger de Subercase. Maurice Basque a également attiré notre attention sur cette première décennie cruciale du XVIIIe siècle, où l'on observe des communautés qui sont apparemment mieux préparées qu'avant à se défendre. Quelque chose avait changé; selon Basque, les incursions anglaises dans la région étaient devenues progressivement plus destructrices (en représailles aux incursions franco-autochtones et aux courses contre les habitants de la Nouvelle-Angleterre), il note par ailleurs les mariages mixtes entre les officiers français de Port-Royal et les colons acadiens locaux. Autrement dit, Basque laisse entendre que les habitants avaient un intérêt personnel dans les combats[6]. J'ai également soutenu que Subercase a connu plus de succès que les gouverneurs français qui l'ont précédé pour ce qui est de susciter la confiance des colons grâce à un style de leadership plus inclusif fondé sur la consultation[7]. La plupart des études passent ce moment sous silence ou soulignent l'incompétence des commandants de la Nouvelle-Angleterre, mais George Rawlyk convient qu'il y avait quelque chose d'« incroyable » dans la résistance française, entreprise principalement par des hommes sans formation[8]. Sachant comment les choses se sont passées en 1710, Subercase ayant capitulé sans lever de bouclier, nous pourrions oublier des événements importants qui ont assurément influencé la mémoire collective des Acadiens ainsi que celle des autorités coloniales. Les craintes que nourrissaient les Britanniques à l'égard des Acadiens, lesquels étaient perçus comme une éventuelle menace militaire, ont joué un rôle direct dans la reprise des attaques impériales dans les années 1740 et la décision de déporter la population entière en 1755[9]. Les habitants de la Nouvelle-Angleterre n'avaient pas oublié que les Acadiens s'étaient battus en 1707.

Le présent article propose d'approfondir les événements qui se sont succédé pendant la guerre de Succession d'Espagne en Acadie; il revient aux sources primaires et adopte une approche transatlantique comparative. En observant la situation sous le prisme du concept du pouvoir d'agir, nous arrivons à mieux comprendre le mode de négociation des colons et la manière dont ces derniers ont répondu à l'obligation de service militaire imposée par le régime impérial, et en quoi cela s'intègre dans la culture politique plus large des habitants. Le pouvoir d'agir n'est pas synonyme des concepts modernes d'autonomisation ou d'identité. Tirant son origine des sciences sociales, mais largement utilisée dans toutes les disciplines, le pouvoir d'agir s'entend généralement de la liberté d'action des personnes pour faire leurs propres choix[10]. Bien entendu, il existe divers facteurs sous-jacents qui peuvent influencer la capacité décisionnelle individuelle, dont la classe sociale, le genre, l'ethnicité, ainsi que ce que Pierre Bourdieu désigne le « capital culturel ». Ceux qui bénéficient d'une mobilité sociale accrue ou qui font partie des élites reconnues sont tout simplement mieux placés pour faire des choix dans leur propre intérêt[11]. Le peuple acadien comptait certes des notables locaux et n'avait rien d'une société égalitaire[12]. Aussi, le pouvoir d'agir n'était pas simplement une question de raison ou de pragmatisme.

Linda Nash voit le pouvoir d'agir comme la capacité d'une personne à influencer le monde qui l'entoure, tandis qu'Amartya Sen insiste davantage sur l'esprit collectif contribuant à la prise de décision individuelle[13]. Les représentants acadiens se concertaient dans une grande mesure, notamment dans les assemblées paroissiales et par l'intermédiaire de pétitions signées adressées aux autorités coloniales, ce qui laisse entrevoir cet esprit collectif. Assurément, il y avait toujours ceux qui suivaient leur propre voie, car nulle société n'est un monolithe. Dans son étude de l'industrialisation à Montréal au XIXe siècle, Robert Sweeny avance que ce sont toute une multitude de petits choix ancrés dans des conditions locales et temporaires qui ont mené à un changement social plus vaste. Les acteurs historiques ont pris des décisions en s'appuyant sur l'information dont ils disposaient tout en étant influencés par de nombreux espoirs, rêves et craintes[14]. Bien que nous n'ayons pas une abondance de documents écrits par les Acadiens eux-mêmes, nous pouvons reconstituer différents aspects de leur point de vue à partir des observations enregistrées par les autorités françaises.

Je tiens également à faire le lien entre cette étude et quelques travaux historiographiques récents qui jettent un regard nouveau et plus général sur le service militaire en France et dans son empire[15]. À partir des années 1660, Louis XIV et ses ministres ont entrepris un effort délibéré et coûteux pour gonfler les rangs de l'armée française, créant du coup la plus grande force militaire jamais vue en Europe[16]. Cette démarche comprenant la création de troupes coloniales professionnelles qui sont devenues la principale force militaire en Nouvelle-France et ailleurs. Élément moins connu de ce programme, l'imposition de nouvelles formes de service de milice obligatoire au pays et à l'étranger s'est soldée par de nouvelles discussions sur le devoir et le patriotisme pendant les Lumières françaises[17]. La guerre de Succession d'Espagne se révèle un moment décisif dans ce programme, 185 000 troupes provinciales (miliciens) ayant été appelées pour servir en Europe et des milliers de colons ayant été mobilisés pour la défense locale de Québec (au Canada) à Basse-Terre (en Guadeloupe)[18]. Le fait de situer ce qui s'est passé à Port-Royal en 1707 dans ce contexte plus large nous permet de voir d'un nouvel œil le sens du service militaire dans le monde atlantique français.

L'année 1707 : un moment marquant

Il est difficile de savoir avec exactitude le nombre d'Acadiens qui ont pris les armes pour aider à défendre Port-Royal en 1707. Les habitants de la Nouvelle-Angleterre se croyaient confrontés à au plus 500 soldats français, dont 180 miliciens acadiens et plus d'une centaine d'alliés autochtones. La mobilisation par la France de détachements dispersés et le recours de cette dernière à des tactiques d'embuscade ont sans aucun doute compliqué le dénombrement des troupes, et nous pouvons également supposer que la surestimation des forces adverses était une méthode qu'ont employée les commandants de la Nouvelle-Angleterre pour échapper à toute responsabilité entourant l'échec de leur campagne. Subercase a rapporté que plusieurs détachements de la milice composée des habitants ont prêté main-forte lors de la première expédition et que de 70 à 80 habitants ont participé activement aux combats lors de la deuxième. Il a également noté que d'autres travaillaient à la fortification et à la garde du fort[19]. Comme le recensement français de la population locale à Port-Royal en 1707 signale quelque 80 ménages, une force de 70 à 80 miliciens en plus des ouvriers, ce qui représentait une mobilisation importante, chaque famille y mettait vraisemblablement du sien[20].

À la lumière des différents récits, nous savons que la milice acadienne a joué un rôle de premier plan dans les combats. Pendant la première attaque, les habitants de la Nouvelle-Angleterre ont débarqué sur deux sites qui se trouvaient hors de la portée des canons du fort, puis ont emprunté des parcours terrestres pour encercler les remparts français. Selon le sieur de Bonaventure, la petite garnison et la population locale ont été « intimidées » par cette expédition

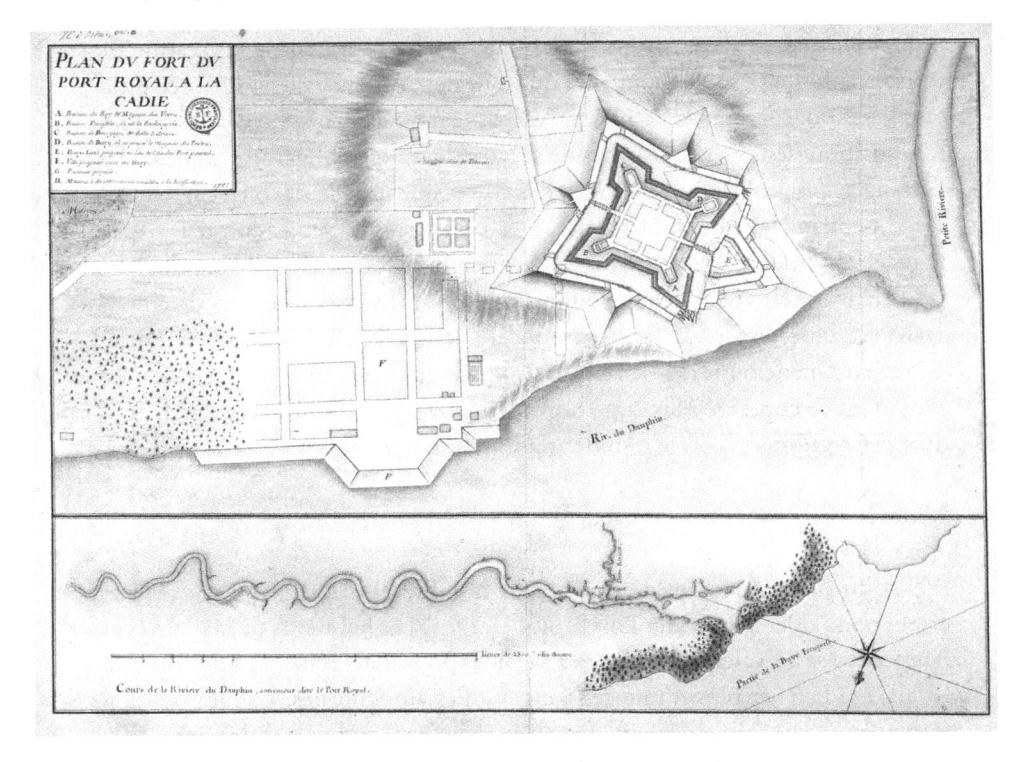

Fig. 14.1 | Plan du fort à Port-Royal attribué à l'ingénieur Jean de Labat, 1702.

amphibie, qui comptait 24 navires et plus de 1 000 soldats[21]. Pendant ce temps, l'ingénieur royal, le sieur de Labat, désespérait devant les travaux nécessaires pour réparer les fortifications délabrées[22]. Quelques renforts de dernière minute ont aidé Subercase à convaincre la garnison de ne pas capituler. Un corsaire qui se dirigeait vers les Antilles s'était arrêté pour se réapprovisionner, et Subercase a payé les 60 soldats canadiens à bord pour qu'ils y restent. Un groupe de combattants abénakis arrivé avec le sieur de Saint-Castin était impatient de combattre les Anglais, qui avaient attaqué leurs localités sur leurs terres ancestrales (dans la colonie de Maine). Pourtant, les murs du fort étaient en si mauvais état et le moral de la garnison si bas, que neuf hommes ont immédiatement déserté une fois qu'on a aperçu les navires anglais.

Le récit officiel français envoyé au ministre reconnaît ouvertement que Subercase a dû compter sur des combattants acadiens et autochtones pour harceler les Anglais parce qu'il ne pouvait pas faire confiance aux soldats de la garnison à l'extérieur du fort. Brenda Dunn brosse un tableau évocateur de troupes prétendument professionnelles travaillant sur les murs, au moment même où les jeunes Acadiens de la région prenaient des armes et rejoignaient les officiers pour mener des incursions. C'est ce qui a inversé les rôles habituels des soldats réguliers et des réservistes. En effet, Subercase attribue aux détachements de la milice le mérite de lui avoir fait gagner du temps pour renforcer les rangs de la défense. Les Acadiens et les Wabanaki se sont battus, côte à côte, dans une bataille retardatrice efficace, forçant la milice coloniale et les combattants autochtones du côté de la Nouvelle-Angleterre à avancer lentement, sous une menace constante. Subercase lui-même a pris la tête d'un groupe de 120 hommes pour aider un détachement de la milice à se libérer et à battre en retraite. Le groupe a également défendu un point de passage clé de la rivière; pendant l'escarmouche qui s'est ensuivie, le cheval sur lequel était monté le gouverneur a été frappé mortellement d'une balle. Lorsque les habitants de la Nouvelle-Angleterre se sont enfin approchés du fort, ils manquaient la cohésion et le moral requis pour tenter un assaut général. Ils ont également dû composer avec un commandement fractionné. Résultat : l'artillerie de siège n'a jamais été employée comme il se devait et au moins une colonne s'est dispersée pour attaquer les habitations acadiennes[23].

La première expédition a duré du 6 au 17 juin et n'a pas fait beaucoup de victimes de part et d'autre. Contrecarrés d'une victoire facile et gênés par leurs piètres performances, les habitants de la Nouvelle-Angleterre sont revenus avec de nouveaux commandants et renforts à la fin d'août. Les Français s'y étaient préparés en mettant en place des lignes défensives améliorées, et leur moral avait été rehaussé par la victoire précédente. Subercase a décrit des tactiques préliminaires similaires, avec la mobilisation d'un détachement de 80 alliés autochtones et 30 Acadiens pour perturber le débarquement ennemi et forcer les attaquants à adopter une posture défensive. Les Anglais avançaient lentement, mais ont été ralentis par le terrain marécageux. Selon le récit de Subercase, une défense mobile coordonnée composée d'un détachement de 150 hommes sous la direction de Saint Castin a mené trois attaques contre la colonne de tête anglaise avant de se retirer dans les bois, où une autre force s'était déjà retranchée pour les couvrir. Subercase a encore une fois crédité la milice des habitants pour leurs contributions, y compris un groupe d'Acadiens qui se sont joints au sieur de la Boularderie lors d'une sortie sur une tranchée ennemie exposée. Au cours du combat au corps à corps qui s'en est suivi (à coups de haches et de crosses de mousquet), un capitaine de milice a été tué et jusqu'à 20 autres Acadiens, blessés. Les habitants de la Nouvelle-Angleterre ont rapidement abandonné la campagne. Les Français ont affirmé avoir tué plus de 200 d'entre eux et ont décrit avoir trouvé des corps abandonnés sur tout le site de débarquement. De leur côté, les Anglais ont signalé de 40 à 50 morts[24]. Ce moment de 1707 a été l'une des rares victoires des Français en Acadie, toutes les autres attaques anglaises sur Port-Royal ayant été couronné de succès (1613, 1654, 1690 et 1710).

Le pouvoir d'agir des habitants à Port-Royal

Ces récits de raids et même de combats directs menés par la milice des habitants nous obligent à repenser les motivations des Acadiens. Avant 1707, la population locale était restée en grande partie à l'écart des conflits impériaux et avait même refusé, en 1704, un ordre de mobilisation d'un autre gouverneur français. En 1710, Subercase a cédé Port-Royal au colonel Francis Nicholson sans combat, en partie parce que la plupart des Acadiens refusaient de prendre les armes. Que nous apprend alors ce moment de mobilisation volontaire de 1707 sur l'identité et la liberté d'action acadienne? Une lecture plus attentive des sources donne à penser qu'il y aurait eu une convergence temporaire des objectifs locaux et impériaux. Or, l'échec des Français à tenir leurs promesses d'aide matérielle s'est révélé crucial dans la détermination de ne pas prendre les armes en 1710. Il convient de souligner que les communautés mi'kmaques locales avaient également refusé d'aider la garnison française à de nombreuses reprises, notamment en 1690, en 1707 et en 1710. Voici des explications de William Wicken : « Ils ont refusé de collaborer, résistant aux suggestions d'abandonner leurs intérêts communautaires afin de protéger la nécessité du roi de protéger son pouvoir souverain sur l'Acadie contre l'usurpation anglaise. En effet, il est probable que certains Mi'kmaqs n'aient pas perçu que leurs propres intérêts étaient écartés irrévocablement par les intérêts impériaux français, mais qu'ils étaient, sur le plan pratique, ancrés dans la capacité – ou l'incapacité – de leurs alliés à leur fournir des fusils, de la poudre, des plombs et autres produits manufacturés[25]. » Dans le même ordre d'idées, les Acadiens ont choisi de se battre pour leurs propres intérêts, et non simplement en tant que sujets ayant cette obligation.

Comme mentionné, les colons avaient déjà été témoins de multiples invasions anglaises et conquêtes éphémères au cours du XVIIe siècle, ce qui donne à penser que les Français n'avaient pas la capacité de les défendre. Pas plus tard qu'en 1690, une expédition de Nouvelle-Angleterre dirigée par William Phips a saisi et pillé Port-Royal. Lorsque le traité de Ryswick de 1697 a remis l'Acadie aux Français, Louis XIV et ses ministres ont compris qu'en affirmant leur souveraineté, ils amélioreraient la sécurité locale. Le nouveau commandant (qui deviendrait ensuite gouverneur) de l'Acadie, Jacques-François de Montbeton de Brouillan, a quitté la France en 1701 avec des soldats supplémentaires, portant ainsi la garnison de Port-Royal à un effectif de 200 hommes. Il reçoit également une subvention annuelle de 20 000 livres et les services d'un ingénieur royal, le sieur de Labat, pour la construction d'un nouveau fort. Les directives royales comprenaient la création d'une milice d'habitants, le renforcement des liens avec la Nouvelle-France et le resserrement des alliances avec les peuples autochtones[26]. En effet, l'un des premiers gestes de Brouillan fut de visiter toutes les communautés acadiennes pour mener un recensement : il s'est concentré sur le nombre d'hommes adultes et d'armes à feu dans chaque foyer. Il a recensé une population totale d'environ 1 400 personnes, mais seuls 200 combattants potentiels[27]. Il a également amorcé la construction d'une route pour relier Port-Royal à la communauté naissante de Grand-Pré[28]. Ces projets nécessitaient l'appui des colons, notamment des travailleurs. Brouillan se plaignait à ses supérieurs de l'esprit indépendant des colons, mais, dans un premier temps, il a semblé pouvoir convaincre les notables locaux de soutenir ces initiatives.

Une fois la guerre de Succession d'Espagne (1702-1713) déclenchée, les impératifs militaires ont gagné en importance. En 1704, après une série de raids franco-autochtones contre le Massachusetts, Benjamin Church a organisé une nouvelle expédition punitive, forte de 550 hommes, pour attaquer l'Acadie. Lorsque les navires sont arrivés au port de Port-Royal, Brouillan a réclamé une mobilisation générale de la milice pour défendre le fort, mais la plupart des habitants sont restés chez eux. Puis, après une équipe de débarquement menée par Church pour attaquer le bassin des Mines, Brouillan est resté dans le fort et n'a prêté aucun soutien. Ce moment marquant de 1704 est donc celui où les objectifs des représentants de l'État et ceux des habitants ont pris deux voies complètement différentes, ou presque. Les habitants de Grand-Pré se sont organisés pour harceler les pillards depuis le couvert des bois, mais n'ont pas pu les empêcher de saccager le village principal, d'endommager les digues et de tuer le bétail. Church a continué le long de la baie de Fundy, échangeant également des coups de feu avec des colons à Beaubassin. Au bout du compte, il a rapporté avoir perdu six hommes au cours de l'expédition, mais est également retourné à Boston avec des dizaines de prisonniers acadiens qu'il échangerait plus tard contre des habitants de la Nouvelle-Angleterre détenus au Canada[29]. Ainsi, les colons se sont montrés prêts à se battre pour protéger leur famille et leurs propriétés, mais peu disposés à aider Brouillan.

Griffiths laisse entendre que les Acadiens n'ont pas écouté Brouillan à cause de son arrogance[30]. Les nombreuses pétitions et plaintes envoyées à Versailles depuis Port-Royal indiquaient clairement que Brouillan n'avait pas le respect du peuple, qu'il employait une discipline trop stricte et qu'il avait des prises de bec avec d'autres autorités locales[31]. Il en est cependant venu à comprendre qu'il avait peu à offrir aux habitants. Brouillan a fait savoir au roi que les troupes avaient besoin de plus d'incitatifs au combat, y compris une aide matérielle dont des provisions et des munitions, des exercices mensuels d'armes à feu et une participation plus active dans la course, ce qui pourrait conduire à des prises et à du pillage. Il faisait également la distinction entre les familles locales de Port-Royal et celles de Grand-Pré, qui ne ressentaient pas de liens aussi serrés avec le régime français, en partie parce qu'il n'y avait pas de service de défense locale[32]. Enfin, dans ce rapport et dans d'autres correspondances, les autorités de Port-Royal ont noté l'absence d'un salaire de base et l'adoption de la monnaie de carte pour payer les habitants pour leur main-d'œuvre[33]. Même Versailles a reconnu la nature transactionnelle de ce service, Brouillan ayant reçu l'ordre de payer les colons rapidement pour leurs efforts; il serait rappelé en France pour répondre à des accusations de corruption et de profit[34]. Ce moment de 1704 a révélé le manque de volonté de la milice des habitants à se battre pour les Français. Pourquoi devraient-ils abandonner leur famille pour se rendre au fort, se risquer au combat avec les vieux fusils qu'on voudrait bien leur donner et aider à défendre des autorités qui ne pourraient même pas les payer pour le travail qu'ils accomplissaient ou leur prodiguer des soins s'ils étaient blessés?

Peu de temps après le retrait des habitants de la Nouvelle-Angleterre, Brouillan a regagné la France pour quelques mois afin de se soigner, de répondre à diverses accusations devant la cour et de mobiliser des renforts pour la colonie assiégée. Sa santé s'est détériorée encore plus et il est décédé pendant le voyage de retour en 1705. Griffiths laisse penser que les Acadiens n'auraient pas pleuré de chaudes larmes pour leur ancien gouverneur, mais auraient plutôt des raisons d'être reconnaissants pour l'homme plus calme et raisonnable qui le remplacerait, en la personne de Subercase[35]. Tout comme Brouillan, Subercase avait déjà été gouverneur à Plaisance (Terre-Neuve) et possédait une longue expérience militaire. Or, contrairement à son prédécesseur, il entretenait des relations actives avec les notables acadiens locaux. Comme je l'ai expliqué ailleurs, les colons choisissaient régulièrement leurs propres représentants, employant des traditions de gouvernement local qui remontaient à la période médiévale dans l'ouest de la France[36]. L'originalité de l'approche du nouveau gouverneur a été de créer un conseil composé de ces représentants et de les solliciter davantage dans l'administration quotidienne des colonies, ce qui agaçait d'autres autorités et seigneurs locaux, qui étaient d'avis que Subercase usurpait leurs pouvoirs, notamment dans le domaine de la justice civile. Peut-être plus important encore, Subercase a compris qu'il était inutile d'établir la confiance s'il ne parvenait pas à fournir des incitatifs pratiques pour bâtir un soutien local. Il a soutenu que la livraison de nouvelles fournitures aux colons (et aux peuples autochtones) en viendrait à « changer leur opinion[37] ». Plutôt que de simplement attendre de l'aide, il a fait preuve de bonne volonté en réquisitionnant l'argent des autorités locales et en émettant des reçus officiels appelés *placets* pour promettre une compensation pour le travail et la nourriture que les habitants avaient déjà fournis. Le gouverneur a en outre mis à profit son réseau pour obtenir de la farine de Plaisance et des provisions du Canada, et a investi ses ressources limitées pour équiper les corsaires, qui sont ensuite revenus avec des cargaisons précieuses qui ont su profiter à tous. C'est là ce qui a fourni des incitatifs économiques pour le soutien du régime français. Bien entendu, la montée des corsaires risquait de contrarier les autorités de la Nouvelle-Angleterre. Tandis que Brouillan reconnaissait la nature transactionnelle du service, Subercase a pris l'initiative de faire montre de cette compréhension.

À ce moment marquant de 1707, les intérêts des habitants et de l'Empire français se sont alignés de manière importante. Malgré la force beaucoup plus puissante de la Nouvelle-Angleterre qui s'était déployée contre eux, les colons se sont montrés disposés à se battre dans de telles circonstances. Au-delà des efforts personnels de Subercase pour instaurer la confiance, les objectifs de guerre anglais avaient changé. Le raid de 1704 a montré que les troupes avaient pour objectif de détruire des villages et de prendre des prisonniers, et ne se limitaient donc pas à la simple saisie du fort et à la mise en place d'une administration fantoche. Cette fois, lorsque les navires ennemis sont arrivés au port, de nombreuses familles acadiennes ont évacué la région et se sont rendues au fort. La milice d'habitants ne défendait donc pas simplement les revendications françaises sur l'Acadie, mais protégeait activement ses proches. Les déserteurs français ont signalé aux habitants de la Nouvelle-Angleterre qu'il y avait plus de 200 femmes et enfants dans le fort, même si les comptes officiels français répertoriaient 543 hommes, femmes et enfants de plus qui y étaient nourris pendant le premier siège[38]. Aide matérielle et protection de leur famille, coordination et renforts de l'empire – pour la première et peut-être la seule fois dans l'histoire de l'Acadie, les habitants ont connu un régime français qui pouvait apporter de l'aide et qui ne faisait pas qu'exiger fidélité et service.

Les autorités françaises ont compris que ce moment de 1707 était exceptionnel et qu'il serait peut-être de courte durée. Dans les mois qui ont suivi le siège, le sieur de Bonaventure a avisé le ministre de la Marine que la bonne volonté des habitants diminuerait s'ils devaient se sentir abandonnés ou s'ils ne recevaient aucune rémunération pour les sacrifices qu'ils avaient faits[39]. Alors que certaines maisons en périphérie avaient été pillées par les Anglais, d'autres sur le site de la ville, dont celle de l'ingénieur royal Labat, avaient été délibérément démolies par Subercase afin d'empêcher les envahisseurs de trouver un abri. De son côté, le gouverneur a signalé que la colonie avait besoin de munitions, de vivres et, surtout, de jusqu'à 20 000 livres de marchandises et de bétail pour les habitants. Subercase a proposé un fonds supplémentaire de 12 000 livres à répartir parmi les colons qui avaient été fortement touchés et a prévu de petites indemnités à ceux qui avaient été blessés pendant les combats. Dans un cas particulièrement malheureux, Subercase a remis un reçu à une femme dont la maison était passée aux flammes, son mari et son fils ayant été emmenés à Boston comme prisonniers[40].

En fin de compte, Subercase a pris de nombreux engagements, non seulement envers les habitants, mais aussi envers les corsaires canadiens qu'il avait convaincus de rester et de se battre, envers les Abénakis qui avaient combattu et envers les communautés mi'kmaques qu'il espérait pouvoir convaincre d'aider à l'avenir, et de plus envers divers marchands et entrepreneurs partout en Nouvelle-France. Il comprenait la nature transactionnelle du service, mais savait aussi que, pour bâtir la confiance, il fallait présenter des résultats. Ce faisant, il a en quelque sorte hypothéqué la colonie et son gouverneur, et l'impression générale qui se dégage de la correspondance officielle après 1707, c'est qu'il avait épuisé son crédit et avait besoin que la métropole lui apporte une aide supplémentaire. Malheureusement, la France se débrouillait mal dans la guerre de Succession d'Espagne et avait peu d'aide à offrir. Le ministre s'est impatienté face aux demandes de Subercase, l'informant que le roi abandonnerait complètement la colonie si elle restait aussi dépendante du soutien de l'État[41]. Il n'y avait pas de fonds pour les Acadiens; les marchandises pour le commerce ou des cadeaux pour les peuples autochtones se faisaient rares et les troupes de la garnison ne recevaient pas leurs paiements réguliers. L'argent des cartes et les reçus officiels n'avaient plus d'utilité parce que le gouverneur ne pouvait pas les honorer. Seuls les corsaires étaient en mesure de fournir un revenu régulier, mais c'était cependant au prix d'accroître la volonté des autorités de Boston d'éliminer la menace qu'ils posaient. La situation s'est détériorée, et la crainte de Bonaventure quant à la perte de la bonne volonté des Acadiens s'est concrétisée[42].

S'il est vrai que la force britannique qui est arrivée dans le port de Port-Royal en 1710 était imposante, d'autant plus qu'elle comprenait des navires de guerre de la Royal Navy mieux équipés pour protéger les débarquements et tirer directement sur le fort, il reste que cette appréciation purement militaire néglige d'autres facteurs qui ont joué dans la décision des habitants de ne pas prendre les armes. Bien qu'il semble qu'environ 100 Acadiens se soient d'abord présentés au fort à l'appel de renforts initial, la plupart sont repartis peu de temps après. Sans aide et soutien matériels, ni la milice acadienne ni les alliés autochtones n'étaient prêts à se risquer pour les Français. Étant donné l'état déplorable de la garnison, comme ce fut le cas en 1707, il s'agit là des gens sur lesquels Subercase aurait pu compter pour combattre. Selon Nicholson, ce débarquement n'a pas été contesté et les troupes se sont approchées du fort et ont rapidement adopté les lignes de siège[43]. Sans la milice, et les Britanniques étant désormais bien implantés, Subercase n'avait aucune chance et n'a eu d'autre choix que de se rendre.

Cette décision de ne pas prendre les armes a aussi été un exemple du pouvoir d'agir local en présence d'un état d'esprit collectif. La question n'était pas de savoir si les colons étaient des sujets français ou s'ils s'étaient créé une identité acadienne distincte, mais plutôt l'absence de convergence des intérêts locaux et impériaux ainsi qu'un manque de confiance que les Français pouvaient réellement tenir leurs promesses. Il n'était tout simplement pas logique de se battre à ce moment, en 1710, mais, comme l'indique Christopher Hodson dans son essai inclus dans le présent recueil, les Acadiens n'avaient pas complètement abandonné la cause française et ont continué à demander de l'aide[44].

Dans la prochaine section, nous examinerons plus en profondeur la situation au Canada et aux Antilles, et nous verrons que les Acadiens n'ont pas été les seuls colons à être sollicités pour le service militaire pendant la guerre de Succession d'Espagne. Une défense robuste bénéficiant du soutien de la population locale, un soutien que l'État envisageait à travers le monde atlantique français, s'avérait possible lorsque les intérêts locaux et impériaux convergeaient, et presque impossible dans le cas contraire. Certains gouverneurs de ces autres colonies, comme Brouillan en Acadie en 1704, ont déterminé qu'on pouvait faire fi de leurs ordres.

Militarisation du monde atlantique français

L'élargissement initial des sociétés commerciales, de l'autorité maritime et de la souveraineté française dans les espaces coloniaux était étroitement lié à la politique dynastique et au factionnalisme d'un État moderne primitif qui émergeait encore de diverses générations de guerre religieuse et civile[45]. À partir des années 1660, l'organisation de compagnies de milice pour la défense locale s'est inscrite dans un processus plus vaste de formation impériale en Nouvelle-France[46]. Alors que Louis XIV et ses ministres se lançaient dans un programme de réforme depuis Versailles, programme que nous appelons aujourd'hui l'absolutisme, ils envisageaient également de « véritables armées coloniales » composées de soldats-colons à l'instar des sociétés imaginées de l'Antiquité. L'idée qui régnait, c'était qu'avec le temps, les colonies deviendraient plus ou moins capables de se protéger elles-mêmes et qu'elles en viendraient même à fournir plus de soldats qu'elles n'en consommeraient, ce qui leur permettrait de contribuer aux grands besoins militaires de la France[47]. Avant de réaliser une vision aussi ambitieuse, le roi devait venir en aide aux enclaves assiégées et vulnérables déjà établies dans diverses parties de l'Amérique du Nord. C'était là le but de la flotte confiée à Alexandre Prouville de Tracy en 1664. Balayant d'abord les Antilles pour rétablir l'ordre et chasser les intrus hollandais, Tracy est ensuite arrivé à Québec l'année suivante, chargé de sécuriser la frontière canadienne contre les Haudenosaunee[48]. Cette projection temporaire de la puissance militaire française a jeté les bases d'un programme impérial plus vaste. Les dirigeants ont incité les anciens combattants de la campagne de Tracy, tout particulièrement les membres du régiment de Carignan-Salières, à rester au Canada en leur accordant des concessions de terres. Ces combattants d'expérience formeraient la trame d'une nouvelle milice coloniale, lancée officiellement en 1667 et composée théoriquement de tous les hommes aptes âgés de 16 à 60 ans. L'année suivante, un ordre semblable a été transmis au gouverneur des Antilles françaises, l'enjoignant de veiller avant tout à « entretenir toujours les habitants dans l'exercice des armes, en les divisant par compagnies dans chacune des îles, leur faisant faire de fréquentes revues, et observant qu'ils soient bien armés et d'armes égales, autant qu'il sera possible, et les tenir incessamment en exercice pour les rendre capables de se bien défendre en cas qu'ils fussent attaqués[49] ». Pour ajouter à l'importance de la milice en tant qu'institution communautaire, les gouverneurs devaient nommer des élites locales comme capitaines de milice. Au-delà des tâches de formation, ces hommes sont devenus des fonctionnaires de l'État chargés de recevoir et de publier les ordres du roi dans leurs paroisses[50].

Ces efforts de militarisation de la société coloniale ont semblé porter leurs fruits. Selon Desmond Morton, la milice serait devenue la principale organisation défensive de la vallée du Saint-Laurent, et W.J. Eccles a déterminé que la plupart des soldats défendant la Nouvelle-France pendant la guerre de Neuf Ans (1690-1697) étaient issus de la milice canadienne. En ce qui concerne les Antilles françaises, Boris Lesueur note qu'en 1705, il y avait huit pleins régiments de milice, du moins en théorie[51]. Le gouvernement de Versailles a également créé une nouvelle branche de troupes régulières formée précisément à la défense des colonies. Ces *Troupes de la Marine* (rebaptisées Compagnies franches de la Marine en 1690), recrutées principalement dans les ports maritimes français de l'Atlantique, en sont venues à former la trame des garnisons coloniales, y compris à Port-Royal. De 1683 à 1688, cette force est passée de 3 à 35 compagnies au Canada, soit environ 1 400 hommes dans une colonie d'à peine 11 000 personnes. Dans la même veine, de 1683 à 1699, le nombre de compagnies envoyées aux Antilles est également passé de 9 à 35. Même si la plupart des histoires populaires du Québec citent le Régiment de Carignan-Salières, il leur arrive fréquemment de sous-estimer l'apport démographique de ces soldats[52]. De façon générale, Louis XIV et ses ministres utilisaient deux approches complémentaires pour sécuriser leurs colonies : encourager les soldats à s'y installer et transformer les colons en soldats. Au fil du temps, ces programmes ont fusionné. Les postes d'officiers auprès des habitants sont devenus des postes convoités pour l'élite canadienne, non seulement pour le prestige associé au service militaire, mais aussi pour les possibilités commerciales que procuraient les missions aux postes de traite et pour aider les alliés autochtones[53].

La défense de Basse-Terre, capitale de la colonie française de Guadeloupe, pendant la guerre de Succession d'Espagne offre un point de comparaison intéressant avec ce que nous avons déjà vu en Acadie. Comme Port-Royal, Basse-Terre avait déjà subi une série d'attaques anglaises, plusieurs habitations ayant été détruites lors d'incursions et la ville elle-même ayant été capturée temporairement en 1691. Lorsque les Anglais sont revenus avec une force d'invasion plus importante en 1703, la population a répondu de façon positive à l'appel de leur gouverneur, Charles Auger, de défendre le fort. Nous savons qu'une revue de la garnison cette même année recensait deux compagnies de troupes coloniales (quelque 100 hommes) et jusqu'à 1 400 miliciens. Il s'agissait d'une véritable mobilisation générale de la population, le gouverneur notant que bon nombre des hommes qui défilaient étaient en fait des enfants ou des personnes âgées. La revue a également fait mention de deux compagnies d'hommes d'ascendance africaine sous la direction d'officiers blancs[54]. Il est

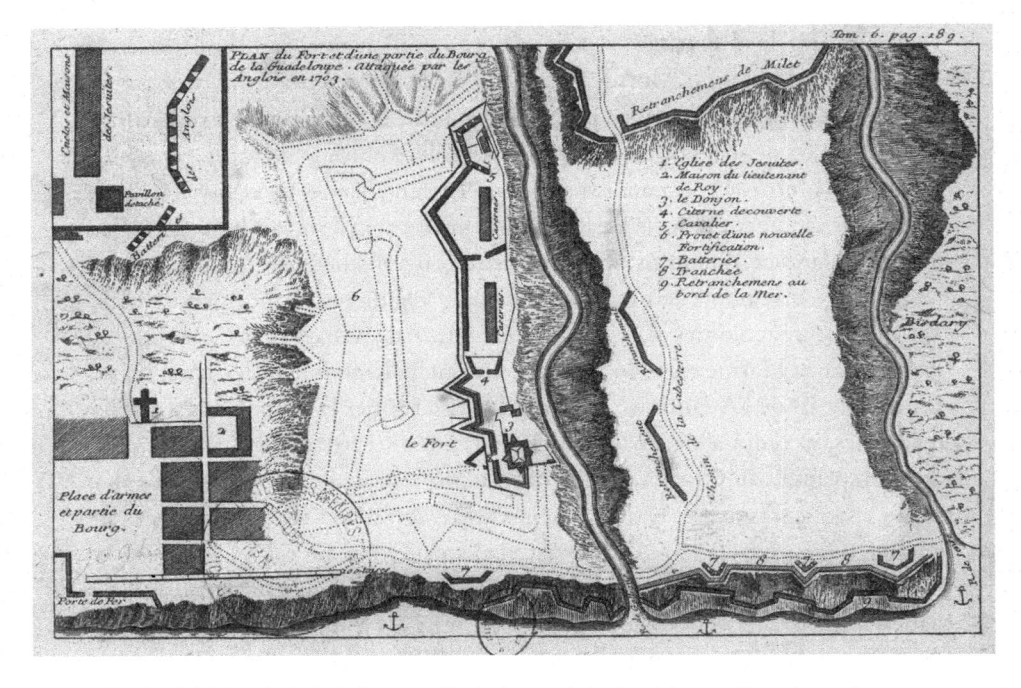

Fig. 14.2 | Plan du fort et d'une partie du bourg de la Guadeloupe attaquée par les Anglois en 1703.

évident que nous ne pouvons passer sous silence la dynamique de l'esclavage racial et institutionnel aux Antilles françaises; les milices en sont venues à jouer un rôle de premier plan dans la surveillance et la répression des esclaves dans plusieurs colonies, et la question de l'armement des personnes de couleur a divisé les élites coloniales[55].

Comme Subercase, Auger avait compris que sa force, en position d'infériorité numérique, n'avait aucune chance s'il permettait aux Anglais d'établir des lignes de siège et d'y transporter leur artillerie lourde. Il envisageait une défense dynamique, dans le cadre de laquelle des tirailleurs harcelaient constamment les envahisseurs sans s'engager de manière décisive[56]. La milice faisait partie intégrante de ces groupes en raison de sa connaissance du terrain. Lorsque quelques-uns des officiers français ont voulu abandonner le site de la ville et se retirer de l'autre côté du Galion, les membres de la milice ont menacé de partir, car cela serait synonyme d'un abandon de leur maison. Leurs familles ayant été évacuées en toute sécurité, bien à l'écart du fort, et avec la nouvelle que des renforts étaient en route, les membres de la milice décidèrent de rester, convaincus par le gouverneur. À Port-Royal, nous avons vu comment l'arrivée opportune des renforts a considérablement remonté le moral des défenseurs. À Basse-Terre, l'aide est venue des troupes coloniales et des compagnies de milice de la Martinique voisine – les gens qui s'y trouvaient n'étaient pas sans savoir que les Anglais ne s'arrêteraient probablement pas à Basse-Terre. Découragés par leur manque d'avancement et par le renouvellement des forces adverses, les Anglais se sont livrés au pillage ici et là et ont ensuite abandonné la campagne. Comme en Acadie, la fierté de la victoire a été atténuée par la destruction de biens locaux, certaines familles ayant été frappées particulièrement durement. La France a dépêché peu d'aide matérielle et de compensations. En effet, les colons ont assisté à une réduction des navires de guerre et des navires de commerce de la France dans leur région à mesure que la guerre s'éternisait. Les résultats étaient prévisibles : les appels ultérieurs à la mobilisation de la milice n'ont mené à rien.

Il arrivait parfois que la milice ne fût pas du tout convaincue qu'elle avait besoin de se mobiliser. Le Canada a été largement épargné pendant la guerre de Succession d'Espagne, en partie grâce à un traité de paix général signé à Montréal en 1701 par plus de 40 nations autochtones, y compris celles traditionnellement hostiles devant la Nouvelle-France, comme les membres de la Confédération Haudenosaunee. En effet, les Français ont profité de cette situation pour lancer plusieurs raids réussis contre la frontière de la Nouvelle-Angleterre. Cependant, après la chute de Port-Royal en 1710, la voie maritime vers Québec a été ouverte. Une flotte britannique commandée par Hovendon Walker s'est rassemblée à Boston, puis a tenté de remonter le fleuve Saint-Laurent. Cette fois, l'appel à la milice est resté largement sans réponse. Le gouverneur de la Nouvelle-France, Philippe de Rigaud de Vaudreuil, a rapporté que ses efforts pour se faire connaître et inciter personnellement les habitants à se mobiliser n'avaient eu que des résultats limités. À l'instar des Acadiens de Grand-Pré qui refusaient de venir en aide à Brouillan à Port-Royal en 1704, la plupart des Canadiens n'étaient pas prêts à abandonner leur paroisse pour défendre la capitale en 1711. Heureusement pour les Français, la flotte de Walker a sombré, perdant plusieurs navires et des centaines d'hommes. Québec a pu être sauvé sans que les défenseurs aient eu à tirer un seul coup[57].

L'un des thèmes qui est ressorti de l'examen de ces situations en Acadie, en Guadeloupe et au Canada, c'est que les miliciens étaient prêts à se battre pour défendre leur famille et leurs biens contre les envahisseurs anglais, mais qu'ils étaient beaucoup moins enthousiastes à l'idée des ordres impériaux qui pourraient les éloigner de leur foyer. Ils jugeaient qu'ils avaient le droit de négocier le moment, l'endroit et les modalités de leur service. Louise Dechêne souligne que les historiens confondent souvent la milice avec des groupes d'hommes généralement plus jeunes qui se sont portés volontaires pour participer à des incursions ou se joindre à des équipages de corsaires en échange d'un salaire et des fruits du pillage. En effet, la guerre de Succession d'Espagne a été une sorte d'âge d'or pour la course, et Port-Royal s'est imposé comme l'un de ses centres[58]. Pourtant, pour ce qui est de la milice, Dechêne explique : « Les miliciens dans l'ensemble n'ont reçu aucun entraînement militaire avant de se mettre en marche. On ne leur a pas appris à nettoyer leurs armes avec le tire-bourre, à faire feu au commandement et dans l'ordre, un rang ou une colonne à la fois, à ne pas tirer pour rien le long de la route et dans les camps, à observer le silence, à se laver, à raccommoder leurs souliers, à ménager les vivres et les munitions, enfin, à obéir aux ordres[59]. » Lesueur ajoute que, même si les autorités françaises pouvaient compter sur une milice compétente pour la défense locale, ils leur manquaient souvent les armes et les munitions nécessaires pour les équiper. Un rapport de 1721 dénombrait 8 000 soldats de la milice au Canada, mais seulement 5 263 mousquets pouvant être utilisés[60]. La convergence d'intérêts a été un facteur clé dans la décision de se battre, mais il fallait aussi porter une attention particulière aux moyens pratiques pour y arriver. Les habitants comptaient sur une aide matérielle, une indemnisation pour leurs blessures et leurs pertes économiques, et le soutien de l'empire au sens large en échange du service militaire. Sans armes et munitions suffisantes, il n'y avait aucun intérêt à se battre. Subercase, Auger et d'autres gouverneurs du monde atlantique français ont reconnu la nature transactionnelle et négociée du service de milice et ont fait pression sur leurs supérieurs à Versailles pour obtenir leur soutien.

✤ ✤ ✤

La période décisive de 1707 ne cadre pas avec le récit traditionnel de la neutralité politique acadienne, qui décrit habituellement la période coloniale. La situation est exceptionnelle non seulement parce que certains Acadiens choisissaient de se battre contre les envahisseurs anglais, mais aussi parce qu'ils acceptaient de le faire sous commandement français. Il n'y a pas beaucoup d'exemples de victoires militaires françaises en Acadie avant 1710 ou par la suite. Ce moment inhabituel et apparemment éphémère nous invite à repenser les idées sur l'identité et le pouvoir d'agir dans le monde atlantique français au sens large.

À certains égards, les mobilisations de la population acadienne en 1707 semblent être l'aboutissement de décennies d'efforts de Louis XIV et de ses ministres pour créer une défense coloniale plus robuste. Nous voyons cependant que, pendant la guerre de Succession d'Espagne, les habitants ont participé à la défense coloniale avec des degrés d'engagement variés. En 1704, les Acadiens des Mines ont refusé les ordres de Brouillan et se sont battus seuls, tandis qu'en 1710, les mêmes personnes qui avaient combattu en 1707 ont abandonné la cause française. Il y avait de réelles limites à la capacité des autorités françaises à imposer l'obéissance, ce que Brouillan et Subercase ont bien reconnu dans leurs appels répétés à l'aide matérielle, à l'argent et à d'autres formes de soutien. Ainsi, l'absolutisme et la formation impériale ne peuvent, à eux seuls, expliquer ce qui s'est passé à Port-Royal. En effet, en regardant le monde atlantique français, il semble y avoir toute une gamme de mobilisation des milices. Dans un cas extrême, illustré par la situation à Basse-Terre en 1703, non seulement des hommes locaux se sont présentés, mais un bataillon de milices de la colonie voisine de la Martinique est venu à leur aide. En revanche, la plupart des habitants du Canada ont fait fi du gouverneur de la Nouvelle-France, qui leur sommait de défendre Québec en 1711. Les Acadiens ont choisi différents points de la gamme en 1704, en 1707 et en 1710.

La direction de Subercase a clairement joué un rôle pour gagner la confiance de la population locale, en particulier sa capacité à tirer parti de ses réseaux personnels pour mobiliser des troupes et des provisions pour la colonie. L'inclusion par le gouverneur français de notables locaux dans l'administration et son utilisation plus réaliste de la milice dans des rôles d'escarmouche et de soutien s'opposaient fortement au style plus arbitraire de son prédécesseur. Cependant, le refus des Acadiens d'aider Subercase en 1710 donne à penser qu'il nous faut aussi éviter d'attribuer la décision exceptionnelle de combattre en 1707 aux actions individuelles d'un seul homme. Subercase a lui-même formulé une base plus transactionnelle pour le service militaire et semblait bien conscient qu'il avait épuisé son crédit à la suite de la défense réussie. Sans aide supplémentaire de la métropole, il savait qu'il ne pourrait pas compter sur la fidélité permanente des habitants.

L'expression de la volonté collective de la majorité des colons de prendre ou non les armes est ce qui ressort de façon cohérente de ces trois appels à la mobilisation en 1704, en 1707 et en 1710. L'année 1707 a été exceptionnelle en raison de la convergence des intérêts locaux et impériaux. Les Anglais avaient mis l'accent sur les incursions dans les colonies et la capture de prisonniers, de sorte que les habitants ont amené leur famille au fort pour des raisons de sécurité. Lorsqu'un détachement acadien, ne se contentant pas de tirer sur l'adversaire, est entré dans la mêlée avec des haches et des crosses de mousquet, il se battait pour protéger les siens. C'est sans doute ce qui a incité les autorités à croire qu'ils jetaient les bases d'une plus grande sécurité collective et que les colons étaient temporairement motivés par ce qui semblait être – enfin – un gouvernement utile. Ce consensus s'est toutefois révélé éphémère (comme ce fût le cas en Guadeloupe après 1703), lorsque la métropole s'est montrée incapable de respecter ses engagements ou peu disposée à le faire.

Nous avons tendance à voir la période coloniale comme une époque où il y avait un territoire bien délimité qui s'appelait l'Acadie, contrairement à l'époque contemporaine où les Acadiens existent en tant que groupe minoritaire sans province qui leur est propre. En fait, les colons vivant autour de Port-Royal au début des années 1700 formaient un groupe très minoritaire – en Nouvelle-France et dans le monde atlantique français, dans le cadre de plus grandes zones de pêche et de commerce côtières françaises et anglaises, un peu comme une petite enclave sur les terres autochtones – et ils devaient composer avec une incertitude omniprésente. Personne n'était vraiment de leur côté, et ils devaient donc déterminer quand et où exercer leur liberté d'action en tant qu'acteurs dans des luttes impériales plus larges. Des hommes comme Brouillan et Subercase se succédaient; la décision de prendre les armes était un acte draconien qui mettait les hommes et leur famille en danger. Il s'agissait de décisions stressantes et risquées aux conséquences inconnues qui se joueraient au cours des décennies suivantes.

Rien d'étonnant, les habitants se sont tournés les uns vers les autres pour prendre des décisions collectives. Ce n'était pas là une identité nationale distincte au sens moderne du concept, mais assurément le reflet d'une conscience régionale et d'un dialogue évolutif entre les intérêts locaux et impériaux. Pendant le Grand Dérangement, 50 ans après les événements examinés ici, les autorités françaises ont à nouveau tenté de mettre sur pied une milice acadienne pour résister à une invasion britannique. Les habitants, désormais des réfugiés chassés de chez eux avec leur famille à la remorque, avaient besoin de vivres et de soins médicaux du régime français pour survivre. La correspondance officielle et les reçus de la période font état de la base transactionnelle et négociée durable du service militaire et d'autres formes de soutien[61].

Les conclusions de cette étude rejoignent celles d'autres essais de ce recueil, en particulier celles concernant l'époque coloniale. Christopher Hodson décrit l'apatridie essentielle des Acadiens, ce qui a clairement été confirmé par l'expérience de la guerre de Succession d'Espagne. Adeline Vasquez-Parra insiste sur les pratiques de dialogue des réfugiés acadiens vivant dans d'autres colonies françaises après leur déportation, laissant percevoir une sorte d'« impérialisme participatif » même pour ceux vivant en périphérie du monde atlantique français[62]. Par ailleurs, l'étude d'Éva Guillorel sur la circulation des chansons d'inspiration militaire dans le monde atlantique français donne à penser, curieusement, qu'en Acadie on avait mis un accent particulier sur *la complainte* – ces chansons de défaite tragique – pour se souvenir de la guerre de Sept Ans. S'il est vrai que son étude met l'accent sur l'expérience des sièges et des batailles navales à Louisbourg, nous pouvons tout de même nous demander si les expériences de perte et d'abandon des Acadiens pendant la guerre de Succession d'Espagne ont été une inspiration distincte qui habitait les colons qui se sont installés sur l'île Royale après 1713 et qui continueraient à être déçus par les Français[63].

Malgré les écarts sur le plan du temps et de l'espace, il existe des parallèles intéressants avec les combats et les négociations articulés ailleurs dans ce recueil d'essais et particulièrement en ce qui concerne la représentation politique (ceux qui parlent pour l'Acadie) et la prise de décisions (ceux qui exercent le pouvoir). Les Acadiens de l'époque coloniale et contemporaine ont eu des décisions difficiles à prendre quant au degré de collaboration avec les autorités dans leur quête de reconnaissance et de sécurité en tant que communauté distincte, mais vulnérable. Un facteur clé qui perdure dans cette volonté de collaboration semble être la convergence des visions souvent idéalisées des acteurs de l'État qui essaient de mener leur carrière et de défendre les intérêts pratiques et les besoins des populations locales[64]. À titre d'exemple, Michelle Landry examine comment la participation du Nouveau-Brunswick à la francophonie internationale a à la fois aidé et isolé la communauté acadienne[65]. Lorsque des projets particuliers sont présentés, comme la création d'une milice universelle, les habitants doivent décider s'ils soutiennent ces projets ou s'ils y résistent, et s'ils le font activement ou passivement. La série de décisions collectives prises en 1704, en 1707 et en 1710 par la majorité des habitants de Port-Royal nous invite à repenser le pouvoir d'agir des acteurs historiques et leurs motivations à collaborer avec les représentants de l'État.

Notes

1 John G. Reid et coll. « Introduction, » dans *The "Conquest" of Acadia, 1710: Imperial, Colonial, and Aboriginal Constructions*, sous la direction de John G. Reid et coll., Toronto, University of Toronto Press, 2004, x.
2 John G. Reid, « Empire, the Maritime Colonies, and the Supplanting of Mi'kma'ki/Wulstukwik, 1780-1820 », *Acadiensis*, vol. 38, n° 2 (été-automne 2009), 78-97; Paul-André Dubois et Maxime Morin, « Les populations amérindiennes du Canada,

des postes du Domaine du Roy et de l'Acadie, 1680-1763 », *Recherches amérindiennes au Québec*, vol. 49, n° 1 (2019), 45-62.

3   Jean Daigle, « L'Acadie de 1604 à 1763, synthèse historique », dans *L'Acadie des Maritimes*, sous la direction de Jean Daigle, Moncton, Centre d'études acadiennes, 1982, 30.

4   Pour le premier point de vue, voir N.E.S. Griffiths, *From Migrant to Acadian: A North American Border People, 1604-1755*, Montréal et Kingston, McGill-Queen's University Press, 2005, en particulier la conclusion. Pour le deuxième point de vue, voir Jean-François Mouhot, *Les Réfugiés acadiens en France, 1758-1785 – L'impossible réintégration?*, Québec, Septentrion, 2009, notamment le troisième volet « Jeux d'identités ».

5   Gregory Kennedy, *Une sorte de paradis paysan? Une comparaison des sociétés rurales en Acadie et dans le Loudunais, 1604-1755*, Québec, Septentrion, 2021, en particulier la conclusion.

6   Maurice Basque, « Family and Political Culture in Pre-Conquest Acadia », dans Reid et coll., *The "Conquest" of Acadia*, 60-63.

7   Kennedy, *Une sorte de paradis paysan?*, 255-257.

8   George Rawlyk, *Nova Scotia's Massachusetts: A Study of Massachusetts-Nova Scotia Relations*, Montréal et Kingston, McGill-Queen's University Press, 1973, 106.

9   Gregory Kennedy et Vincent Auffrey abordent l'évolution des idées de Paul Mascarene à ce sujet dans « A French Huguenot's Career as a British Colonial Administrator in Acadie/Nova Scotia/Mi'gma'ki, 1710-1750 », dans *French Connections: Cultural Mobility in North America and the Atlantic World, 1600-1875*, sous la direction de Robert Englebert et Andrew N. Wegmann, Baton Rouge, Louisiana State University Press, 2020, 97-123.

10 Katrin Brown et Elizabeth Westaway, « Agency, Capacity, and Resilience to Environmental Change: Lessons from Human Development, Well-Being, and Disasters », *Annual Review of Environment and Resources*, vol. 36 (2011), 322.

11 Pierre Bourdieu, « The Forms of Capital », dans *Handbook of Theory of Research for the Sociology of Education*, sous la direction de J.G. Richardson, New York, Greenwood Press, 1986, 46-58.

12 Kennedy, *Une sorte de paradis paysan?*, chapitre 3.

13 Linda Nash, « The Agency of Nature or the Nature of Agency? », *Environmental History*, vol. 10, n° 1 (2005), 67; Amartya Sen, « Libertés et pratiques du développement. L'incomplétude comme source d'innovation », *Revue tiers monde*, n° 198 (2009), 373.

14 Robert Sweeny, *Why Did We Choose to Industrialize? Montréal, 1819-1849*, Montréal et Kingston, McGill-Queen's University Press, 2015, en particulier l'introduction.

15 Gregory Kennedy, « Militaristic Visions of New France in the French Atlantic World, 1663-1763 », *Canadian Historical Review*, vol. 102, n° 1 (2021), 109-124.

16 Guy Rowlands, *The Dynastic State and the Army under Louis XIV: Royal Service and Private Interest*, Cambridge, Cambridge University Press, 2002, 1; John A. Lynn, *Giant of the Grand Siècle: The French Army, 1610-1715*, New York, Cambridge University Press, 2006, 104-106, 147-158, 185, 318.

17 Christy Pichichero, *The Military Enlightenment: War and Culture in the French Empire from Louis XIV to Napoleon*, Ithaca, Cornell University Press, 2017.

18 Alain Joblin, « Les milices provinciales dans le Nord du royaume de France à l'époque moderne (XVIIe-XVIIIe siècles) », *Revue du Nord*, vol. 350, n° 2 (2003), 279-296; Boris Lesueur, *Les Troupes coloniales d'Ancien Régime : Fidelitate per Mare et Terras*, Paris, Éditions S. P. M., 2014, 269-307.

19 Subercase au Ministre de la Marine (MM), le 26 juin 1707 et le 20-25 décembre 1707, C11D Correspondance générale l'Acadie, vol. 6 (1706-1708), Bibliothèque et Archives Canada (BAC).

20 Recensement de Port-Royal 1707 (Acadie), MG 1, G1, vol. 466, partie 1, BAC.

21 Bonaventure au MM, le 5 juillet 1707, C11D, vol. 6, BAC.

22 Mémoire du Sieur de Labat des entreprises des Anglais sur Port-Royal, le 6 juillet 1707, C11D, vol. 6.

23 Subercase au MM, le 26 juin 1707, C11D, vol. 6; Brenda Dunn, A *History of Port Royal/Annapolis Royal*, 1605-1800, Halifax, Nimbus Publishing, 2004, 71; John Grenier, *The Far Reaches of Empire: War in Nova Scotia, 1710–1760*, Norman, University of Oklahoma Press, 2008, 11-25.

24 Subercase au MM, les 20-25 décembre 1707, C11D, vol. 6, BAC; Grenier, *The Far Reaches of Empire*, 11-25.

25 William Wicken, « Mi'kmaq Decisions: Antoine Tecouenemac, the Conquest, and the Treaty of Utrecht », dans *The "Conquest" of Acadia, 1710: Imperial, Colonial, and Aboriginal Constructions*, sous la direction de John G. Reid et coll., Toronto, University of Toronto Press, 2004, 90.

26 René Baudry, « Jacques-François de Monbeton de Brouillan », *Dictionnaire biographique du Canada*.

27 Recensement de l'Acadie 1701, MG 1, G1, vol. 466, partie 1, BAC.

28 Le MM note avec approbation l'avancement des travaux routiers, le 13 mars 1702, C11D, vol. 4 (1700-1703), BAC.

29 Griffiths, *From Migrant to Acadian*, 208.

30 *Ibid.*, 204.

31 Notamment avec Mathieu des Goutins, lieutenant-général du roi à Port-Royal, qui, selon une plainte de Brouillan, appliquerait la justice pour ses intérêts personnels. Voir Jacques Vanderlinden, *Le lieutenant civil et criminel : Mathieu de Goutin en Acadie française (1688-1710)*, Moncton, Chaire d'études acadiennes, 2004, 159.

32 Brouillan au MM, « Mémoire sur ce qui regarde le bien du service de Sa Majesté à L'Acadie », C11D, vol. 5 (1704-1705); dès 1701, Brouillan avait noté l'attitude différente des gens envers l'autorité royale à Minas, faisant remarquer qu'ils étaient

« sy peu accoutumé à la Domination qu'il ma paru qu'ils vivoient en vrays republicains ne reconnoissant ny autorité Royalle ny Justice (*sic*) » C11D, vol. 4, BAC.

33 Sur la monnaie de carte instituée en Acadie par Brouillan et Subercase, voir A. Shortt, *Documents relatifs à la monnaie, au change et aux finances du Canada sous le régime français*, deux volumes, Ottawa, F.A. Acland, 1925, vol. 1, 124-126. Sur la monnaie de carte d'application plus générale en Nouvelle-France, voir Catherine Desbarats, « On Being Surprised: By New France's Card Money, for Example », *Canadian Historical Review*, vol. 102, n° 1 (2021), 125-151.

34 Mémoire du roi au Sieur de Brouillan, le 3 juin 1704, C11D, vol. 5, BAC.

35 Griffiths, *From Migrant to Acadian*, 211.

36 Kennedy, *Une sorte de paradis paysan?*, 191-200.

37 Subercase au MM, le 5 juillet 1707, C11D, vol. 6, BAC.

38 Dunn, *A History of Port Royal/Annapolis Royal*, 71-72.

39 Bonaventure au MM, le 18 décembre 1707, C11D, vol. 6, BAC.

40 Labat, le 6 juillet 1707, mémoire du Sieur de Labat des entreprises des Anglais sur Port-Royal; Subercase au MM, les 20-25 décembre 1707, C11D, vol. 6, BAC.

41 René Baudry, « Daniel d'Auger de Subercase », *Dictionnaire biographique du Canada*.

42 Griffiths, *From Migrant to Acadian*, 218.

43 Bruce T. McCully, « Francis Nicholson », *Dictionnaire biographique du Canada*.

44 Hodson, « Entre l'empire et les esclaves ».

45 Helen Dewar, *Disputing New France: Companies, Law, and Sovereignty in the French Atlantic, 1598-1663*, Montréal et Kingston, McGill-Queen's University Press, 2022.

46 Catherine Desbarats et Thomas Wien, « Introduction : la Nouvelle-France et l'Atlantique », *Revue d'histoire de l'Amérique française*, La Nouvelle-France et l'Atlantique, vol. 64, n° 34 (hiver-printemps 2011), 20-22.

47 Louise Dechêne, *Le Peuple, l'État et la Guerre au Canada sous le régime français*, Montréal, Boréal, 2008, 118-119; Pichichero, *The Military Enlightenment*, 172.

48 Léopold Lamontagne, « Alexandre Prouville de Tracy », *Dictionnaire biographique du Canada*.

49 Lesueur, *Les Troupes coloniales d'Ancien Régime*, 280-281.

50 Fernand Ouellet, « Officiers de milice et structure sociale au Québec (1660-1815) », *Histoire sociale – Social History*, vol. 12, n° 23 (1979), 37-65.

51 W.J. Eccles, *The Canadian Frontier, 1534-1760*, New York, Holt, Rinehart, and Winston, Inc., 1969, 122; Desmond Morton, *Une histoire militaire du Canada, 1608-1991*, Québec, Septentrion, 1992, 23; Boris Lesueur, *Les Troupes coloniales d'Ancien Régime*, 280.

52 André Sevigny, « Le soldat des Troupes de la Marine (1683-1715) : premiers jalons sur la route d'une histoire inédite », *Les Cahiers des dix*, n° 44 (1989), 39-40.

53 Marcel Fournier a constaté que les Canadiens formaient la majorité du corps des officiers après 1710, *Les officiers des troupes de la Marine au Canada (1683-1760)*, Québec,

Septentrion, 2017, 191; au sujet des liens entre le service militaire et les débouchés commerciaux, voir Pichichero, *The Military Enlightenment*, 19.
54 Jean Barreau, « La campagne de 1703 », *Bulletin de la Société d'histoire de la Guadeloupe*, n° 25 (1975), 62.
55 Pour une étude récente sur ce sujet, voir Baptiste Bonnefoy, *Au-delà de la couleur. Miliciens noirs et mulâtres de la Caraïbe (XVIIe-XVIIIe siècles)*, Rennes, Presses universitaires de Rennes, 2022.
56 Xavier Rousseau, « Les premiers établissements européens de Guadeloupe », *Bulletin de la Société historique de la Guadeloupe*, n° 137 (2004), 31-37.
57 Le récit classique de cette expédition demeure celui de Gerald S. Graham, *The Walker Expedition to Quebec, 1711*, Toronto, The Champlain Society, 1953. Dechêne traite des tentatives avortées du gouverneur pour lever la milice dans *Le Peuple, l'État et la guerre*, 165-166.
58 Louise Dechêne, *Le Peuple, l'État et la guerre*, 123-128; Nicolas Landry travaille actuellement beaucoup sur les corsaires en Acadie et à Terre-Neuve. Pour un billet de blogue sur cette recherche dans le cadre du projet de développement de partenariat du CRSH *Service militaire, citoyenneté et culture politique au Canada atlantique*, voir « Une épopée corsaire au Canada atlantique durant le régime français », le 15 juin 2020, *Borealia* [en ligne : https://earlycanadianhistory.ca/2020/06/15/une-epopee-corsaire-au-canada-atlantique-durant-le-regime-francais/].
59 Louise Dechêne, *Le Peuple, l'État et la guerre*, 133.
60 Boris Lesueur, *Les Troupes coloniales d'Ancien Régime*, 286.
61 Gregory Kennedy et Lauraly Deschambault travaillent sur les billets officiels issus de l'époque de la résistance acadienne dans le cadre du projet *Service militaire, citoyenneté et culture politique au Canada atlantique*. Leur article « Resistance, Obligation, and Opportunity: Interpreting Acadian Support to the French Military and Indigenous allies during *le Grand Dérangement*, 1750-1760 » est en cours de rédaction. Pour une introduction générale à ces billets, voir Rénald Lessard, « L'établissement d'une nouvelle Acadie française, 1749-1760 : l'apport des billets de l'Acadie », *Nouvelle-France : Histoire et patrimoine*, vol. 4 : le Grand Dérangement de 1755 (2021), 41-45.
62 Hodson, « Entre l'empire et les esclaves : les Acadiens à l'aube du monde moderne »; Vasquez-Parra, « Deux nations étrangères au cœur de l'impérialisme participatif français aux îles caribéennes (1689-1789) ».
63 Guillorel, « Traditions chantées et mémoires orales de la Guerre de Sept Ans en Acadie ».
64 Rémi Léger, « De la reconnaissance à l'habilitation de la francophonie canadienne », *Francophonies d'Amérique*, n° 37 (printemps 2014), 17-38.
65 Landry, « L'Acadie et la francophonie ».

CHAPITRE 15

Deux nations étrangères au cœur de l'impérialisme participatif français aux îles caribéennes (1689-1789)

ADELINE VASQUEZ-PARRA

Ces 40 dernières années, de nombreux concepts et expressions du langage courant ont fait l'objet d'une déconstruction méthodique parfois nécessaire. Le terme « empire » a toutefois échappé à cette entreprise et s'utilise toujours en sciences sociales comme une catégorie figée. Malgré des efforts de contextualisation[1], les historiens et sociologues n'ont pas réussi à imposer une vision complexe des empires en lien avec certains sujets d'une brûlante actualité. Or, « l'empire » demeure une catégorie pertinente d'analyse de nombreuses situations locales à envergure globale telles que les dynamiques migratoires, la gestion de la diversité culturelle et les crises de la citoyenneté puisque les empires historiques ont tous traversé ces conjonctures. Les îles caribéennes françaises des XVIIe et XVIIIe siècles sont considérées ici comme « laboratoire » d'expériences locales de gouvernance coloniale, car ses administrateurs usent de rapports d'autorité très divers vis-à-vis de populations issues des mondes euro-américains, européens et africains. Ces îles se sont imposées dans cette étude comme un cadre fécond d'exploration des formes multiples que revêt l'impérialisme, stratégie politique d'expansion territoriale visant à la formation et au maintien d'un empire.

Repenser l'Acadie dans le monde signifie ici étudier l'Acadie non pas en tant que territoire ou entité sociale mais en tant que dialogue historique entre une petite société animée par ses caractéristiques propres et des administrations impériales. Dans le monde de l'après-Déportation (1755-1762), cette capacité au dialogue avec les administrations européennes se prolonge dans la continuité de compétences diplomatiques initiées en Acadie coloniale et principalement incarnées par la neutralité politique. La capacité au dialogue constitue l'une des principales ressources immatérielles que les Acadiens emportent avec eux au moment où ils cherchent du refuge dans les différentes sociétés du monde atlantique.

Cette contribution souhaite montrer que ce dialogue s'installe par des rapports de confiance, difficiles à bâtir mais essentiels à tout dialogue, autorisant de nouvelles manières de considérer l'impérialisme par la participation consentie des sujets même si saisie dans des espaces géographiques et des temporalités limités. Ceci, sans négliger ou effacer les rapports de force mais en complément de ces derniers.

Ces capacités au dialogue (pris dans son sens large et comprenant la négociation, la demande, le recours) sont-elles propres aux Acadiens? Pour répondre à cette question, il a semblé pertinent d'introduire une perspective comparative. Les Irlandais, également présents aux colonies françaises des Caraïbes tout au long du XVIIIe siècle, se rapprochent des Acadiens par leur identité catholique et leur passé de réfugiés les positionnant comme extérieurs et donc étrangers au Royaume de France. Cette externalité leur permet de rejoindre des milieux professionnels nouveaux, inaccessibles s'ils avaient été considérés comme « sujets » du royaume, l'accès à l'emploi étant rendu possible par des lois corporatives strictes dans la France d'Ancien Régime et dans ses colonies. Or, ces minorités périphériques veulent à tout prix s'intégrer d'un point de vue individuel et familial à des sociétés nouvelles et, ce faisant, participent à la diffusion et au maintien d'un empire, en particulier lorsque soutenues par des institutions religieuses comme l'a déjà suggéré l'historienne S. Karly Kehoe dans ses récents travaux[2]. Ce chapitre choisit de se rendre au plus près des destins individuels, des choix et des stratégies des groupes en prenant appui sur des archives historiques. L'impérialisme en ressort plus complexe, car il joue sur des désirs humains profonds (comme celui d'un avenir économique meilleur, l'espoir de la propriété terrienne, la volonté d'être reconnu ou d'être rendu digne de confiance) et non sur de simples positionnements identitaires.

En insistant sur cette condition étrangère, cette comparaison devrait permettre d'éclairer des interactions spécifiques entre ces deux groupes mobiles ainsi qu'entre d'autres sujets envoyés aux colonies pour y travailler et leurs administrateurs tout au long des XVIIe et XVIIIe siècles. Ces interactions nous renseignent aussi sur des méthodes de gouvernance évolutives qui modifient les rapports entre administrateurs et administrés dans l'Atlantique français de la seconde moitié du XVIIIe siècle. Repenser l'Acadie dans le monde revient donc ici à repenser l'empire français dans le monde atlantique dans le but de repenser l'empire et l'impérialisme comme formes politiques historiques pertinentes dans la compréhension de notre monde multipolaire contemporain.

En 1689, le gouverneur français des îles du vent, Charles de la Roche de Courbon Blénac (1677-1696) écrit : « Les Anglais étant la nation la plus redoutable à nos colonies, l'intelligence des Irlandais serait à craindre s'ils s'engageaient dans leurs entreprises, et leur infidélité dangereuse », dans un *Mémoire sur les Irlandais que l'on pourrait envoyer aux Iles*[3]. De la rédaction de ce mémoire en pleine guerre de Neuf Ans (1688-1697) à la Révolution française (1789), de nombreuses « nations étrangères », ainsi répertoriées dans les documents administratifs, sont installées aux colonies françaises des Caraïbes, principalement à Saint-Domingue, la Martinique, Sainte-Lucie, la Guadeloupe, Saint-Christophe et la Guyane continentale. Ces nations dépendent entièrement de la confiance[4] que l'administration française leur accorde en raison de leur simple « réputation » puisqu'aucune relation contractuelle avec l'État monarchique ne régit leur condition.

Cette contribution adopte donc le cadre du paradigme de « l'étrangeté » analysé dans cet ouvrage par Corina Crainic et rendant compte de mondes non plus seulement géopolitiques mais également relationnels. Les interactions entre réfugiés acadiens de la Déportation (1755-1756), administrations coloniales françaises et circulations atlantiques, sont ici rapprochées d'autres groupes traités et figurés comme étrangers tels que les Irlandais. Ceci, afin de nuancer le postulat considérant les réfugiés acadiens de la Déportation comme partie prenante d'une plus large catégorie de « colons blancs » tout à la fois victimes et agents des politiques de peuplement françaises. En effet, si cette catégorie de colon blanc est bien repensée par la métropole après le traité de Paris (1763), le monde colonial français est encore trop fracturé tout au long du XVIIIe siècle pour posséder une quelconque unité globale[5]. Cette absence d'unification rend impossible la dichotomie contemporaine métropolitains / coloniaux dans les mentalités de la période ici couverte et questionne les savoirs « du » centre sur « les » périphéries, car entendus ici comme fluctuants et évolutifs selon les échelles d'analyse.

L'unité du monde colonial français se fracture notamment par l'existence d'un « espace Atlantique français » où les mondes esclavagistes, autochtones et européens s'entrecroisent. Ces interconnexions s'intègrent à de plus larges circulations globales mais possèdent aussi des caractéristiques autonomes que Christopher Hodson définit dans sa contribution. Dans l'Atlantique français, la nation étrangère est clairement différenciée des sujets régnicoles issus des campagnes et des villes françaises, en route pour les colonies en raison d'un travail contractuel. Comme le montre le document ci-dessous, ces contrats établissent des devoirs mutuels entre employeurs et employés. Les nations étrangères, dont les devoirs et les droits sont mal établis[6], sont souvent craintes en raison de leur allégeance perçue comme altérable, en particulier aux Caraïbes, où les territoires sont constamment disputés par l'un ou l'autre

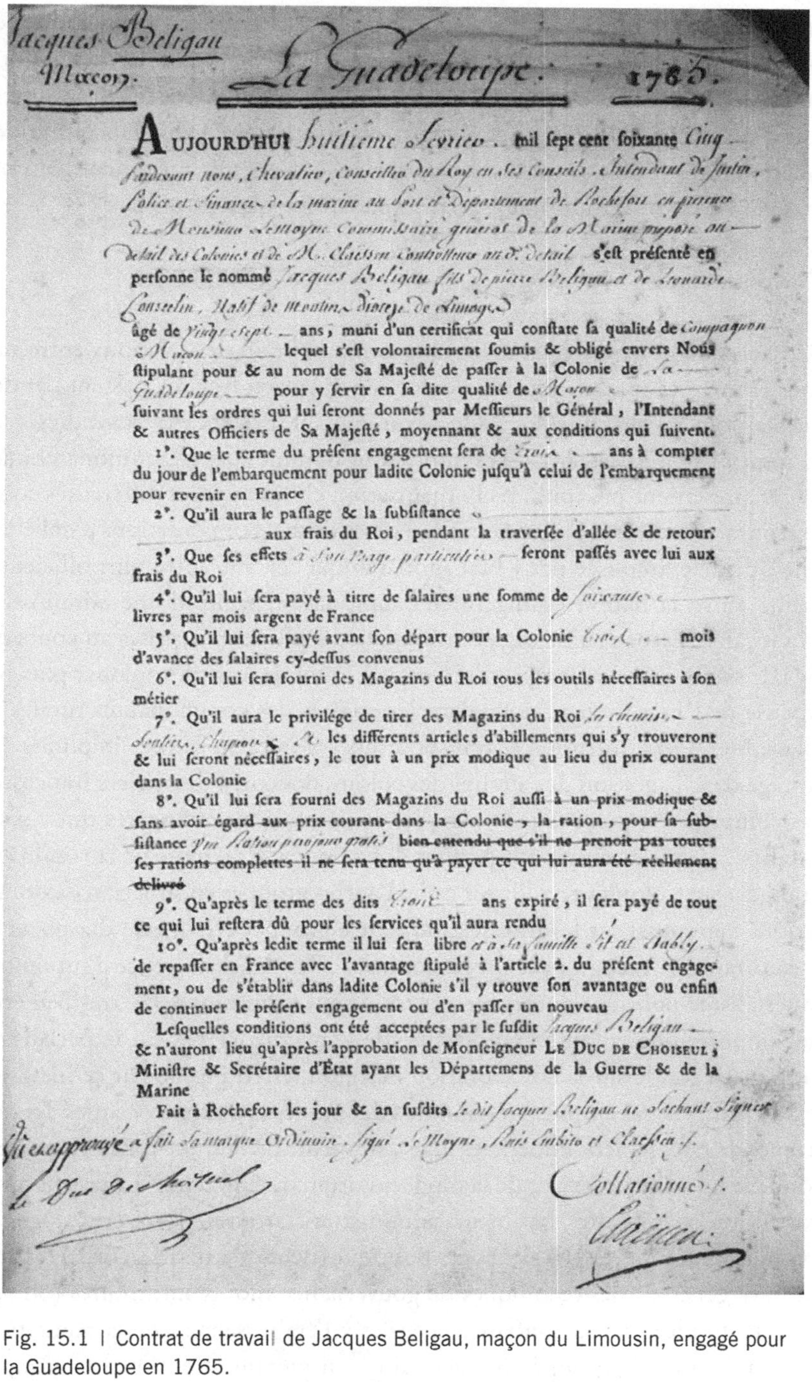

Jacques Beligau Maçon

La Guadeloupe. 1765.

AUJOURD'HUI *huitième Février* mil sept cent soixante *cinq* par-devant nous, Chevalier, Conseiller du Roy en ses Conseils, Intendant de Justice, Police et Finances de la Marine au Port et Département de Rochefort, en présence de Monsieur Lemoyne Commissaire général de la Marine préposé au détail des Colonies et de M. Claesen Contrôleur au d. détail, s'est présenté en personne le nommé *Jacques Beligau fils de Pierre Beligau et de Léonarde Courselin, natif de Moutin, diocèze de Limoges* âgé de *vingt-sept* ans, muni d'un certificat qui constate sa qualité de *Compagnon Maçon* lequel s'est volontairement soumis & obligé envers Nous stipulant pour & au nom de Sa Majesté de passer à la Colonie de *la Guadeloupe* pour y servir en sa dite qualité de *Maçon* suivant les ordres qui lui seront donnés par Messieurs le Général, l'Intendant & autres Officiers de Sa Majesté, moyennant & aux conditions qui suivent.

1°. Que le terme du présent engagement sera de *Trois* ans à compter du jour de l'embarquement pour ladite Colonie jusqu'à celui de l'embarquement pour revenir en France

2°. Qu'il aura le passage & la subsistance aux frais du Roi, pendant la traversée d'allée & de retour.

3°. Que ses effets *à son usage particulier* seront passés avec lui aux frais du Roi

4°. Qu'il lui sera payé à titre de salaires une somme de *soixante* livres par mois argent de France

5°. Qu'il lui sera payé avant son départ pour la Colonie *trois* mois d'avance des salaires cy-dessus convenus

6°. Qu'il lui sera fourni des Magazins du Roi tous les outils nécessaires à son métier

7°. Qu'il aura le privilége de tirer des Magazins du Roi *les chemises, souliers, chapeaux &c* les différents articles d'abillements qui s'y trouveront & lui seront nécessaires, le tout à un prix modique au lieu du prix courant dans la Colonie

8°. Qu'il lui sera fourni des Magazins du Roi aussi à un prix modique & sans avoir égard aux prix courant dans la Colonie, la ration, pour sa subsistance *une ration par jour gratis* bien entendu que s'il ne prenoit pas toutes ses rations complettes il ne sera tenu qu'à payer ce qui lui aura été réellement delivré

9°. Qu'après le terme des dits *Trois* ans expiré, il sera payé de tout ce qui lui restera dû pour les services qu'il aura rendu

10°. Qu'après ledit terme il lui sera libre *et à sa famille s'il est establi* de repasser en France avec l'avantage stipulé à l'article 2. du présent engagement, ou de s'établir dans ladite Colonie s'il y trouve son avantage ou enfin de continuer le présent engagement ou d'en passer un nouveau

Lesquelles conditions ont été acceptées par le susdit *Jacques Beligau* & n'auront lieu qu'après l'approbation de Monseigneur LE DUC DE CHOISEUL, Ministre & Secrétaire d'État ayant les Départemens de la Guerre & de la Marine

Fait à Rochefort les jour & an susdits *le dit Jacques Beligau ne sachant signer a fait sa marque ordinaire. Signé Lemoyne, Paris Subito et Claesen j.*

Fig. 15.1 | Contrat de travail de Jacques Beligau, maçon du Limousin, engagé pour la Guadeloupe en 1765.

empire. Comment les administrateurs français suscitent-ils la confiance de ces nations étrangères en dialoguant avec elles ? De leur côté, comment ces nations étrangères accueillent-elles les « marques » de confiance émises par les administrations pour établir leur fiabilité et leur réputation ? La juxtaposition des appartenances professionnelles et nationales sont-elles délibérément confondues par l'administration à des fins d'impérialisme participatif ?

L'impérialisme participatif

Bien avant l'anonymat bureaucratique contemporain, les relations entre nations étrangères et administration coloniale d'Ancien Régime passent par des réclamations portées par des leaders communautaires appelés « syndics » et des administrateurs locaux. Les syndics sont nommés par l'État monarchique et ne représentent pas toujours l'organisation choisie par les différentes communautés. Ils reflètent plutôt la mise en place de deux organisations parallèles : celle officielle, imposée par l'État monarchique, et une autre plus officieuse, établie entre la nation étrangère et l'approbation tacite d'une administration locale[7]. Cette double organisation a lieu à plusieurs reprises au cours du XVIIIe siècle, car on assiste en métropole à une intrusion toujours plus insidieuse de l'État monarchique dans les affaires des communautés rurales et villageoises. Cette intrusion se transpose aux colonies où l'État s'implique davantage dans la gestion des affaires des colons, des corps de métiers franchisés (les compagnons maçons par exemple) et des nations étrangères qui y sont installés[8]. Le biais comparatif permet donc de révéler comment la condition étrangère aux colonies rejaillit sur celle d'autres groupes en situation de domination[9] mais aussi sur les intersections entre groupes étrangers : diasporas et réseaux familiaux, et groupes professionnels[10]. Par-delà l'existence d'un simple impérialisme politique autoritaire, la condition professionnelle, très peu étudiée, montre une volonté grandissante de gouvernance par un impérialisme participatif fondé sur la collaboration des groupes étrangers. Par ce biais, les sujets étrangers des empires ne sont plus de simples appuis ou victimes des politiques de peuplement impériales mais assument surtout une fonction professionnelle ici mise au service de la modernisation de différentes infrastructures (fortifications militaires, bâtiments administratifs, routes, ports, etc.). Dans la seconde moitié du XVIIIe siècle, ces politiques de modernisation de l'État aux colonies génèrent des techniques de gouvernance moins autoritaires (ou *soft power*)[11] fondées sur la confiance et utiles à l'établissement de la réputation et de la fiabilité du groupe étranger. Ainsi, en prêtant attention aux groupes intermédiaires : étrangers et marginalisés, ou aux peuples sans États, l'impérialisme « officiel », appuyé par une archivistique administrative valorisant la puissance des institutions de l'État colonial et de ses représentants, se trouve désenclavé. Émerge alors un impérialisme plus concessif où les agents du pouvoir trouvent des accommodements avec ces groupes intermédiaires qui eux-mêmes participent à l'expansion coloniale.

Ce modèle d'analyse par l'impérialisme participatif ouvre sur des marges d'autonomisation dans des zones reculées de l'empire français et met à jour un Atlantique caché, car l'administration professe un discours officiel de puissance et d'autorité mais s'accommode en certains aspects de l'autonomie commerciale, politique voire militaire de groupes entiers lorsque celle-ci n'engage rien de directement compromettant envers l'autorité directe de la métropole[12]. L'administration n'en demeure pas moins constamment suspicieuse de potentiels agissements subversifs des groupes étrangers et requiert d'eux des « preuves » de confiance (certificat de bonnes mœurs, acte de baptême, service dans les milices, etc.)[13].

Corps professionnels de nations étrangères aux colonies : un « statut » oscillant entre suspicions et confiance

Pendant la période moderne, les étrangers sont partout soumis dans les ports atlantiques à la législation des pouvoirs centraux mais ils doivent aussi se plier à certaines exigences locales comme celles des « échevinages » qui règlent ou précisent parfois leur statut. Dans les empires des trois monarchies catholiques – française, espagnole et portugaise – l'étranger est soumis à un contrôle permanent (par la police des étrangers) souvent en lien avec ses convictions religieuses. Il n'en demeure pas moins membre d'un « corps[14] ». Le dictionnaire de Trévoux, dictionnaire officiel de la langue française sous l'Ancien Régime, indique que l'expression « corps » se dit « en un sens figuré, de l'union de plusieurs personnes qui vivent sous le même gouvernement et suivent les mêmes lois, les mêmes coutumes[15] ». Pour de nombreux historiens de la modernité, cette expression désigne progressivement, à partir de la fin du XVIIe siècle, des communautés d'intérêt généralement liées à une profession[16]. Plusieurs historiens ont noté son adoption en France par les réfugiés acadiens sans expliciter à quels types d'intérêts collectifs cette expression renvoyait[17]. Il semble que les archives administratives du personnel colonial ancien indiquent l'expression « nation étrangère » pour désigner les corps de nation en capacité de posséder ou non des biens et des privilèges

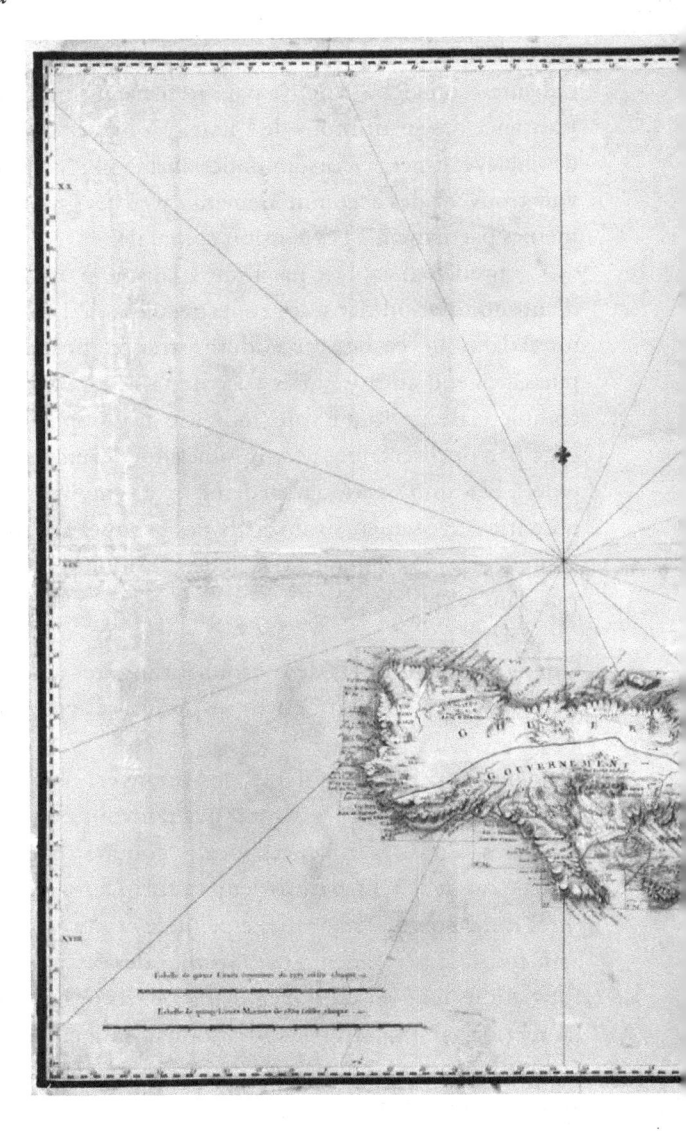

Fig. 15.2 | Carte générale de la partie française de l'île de Saint-Domingue relative au mémoire et un cottier de M. le comte d'Estaing, 1760.

propres. Néanmoins, nous pensons qu'en certains endroits, cette expression a également pu désigner un corps professionnel particulier, notamment pour les Acadiens partis aux Caraïbes à partir de 1763 qui exercent en grande majorité la profession de charpentier naval, puis pour les Irlandais issus des guerres jacobites (1745-1746), tous engagés dans l'armée royale. Les statuts de corps de métier et de nation étrangère seraient ainsi stratégiquement confondus à des fins de gouvernance politique et économique, rendant caduques les catégories péjorativement connotées de « rebelles » ou de « prisonniers » auparavant usitées pour rassembler les groupes intermédiaires.

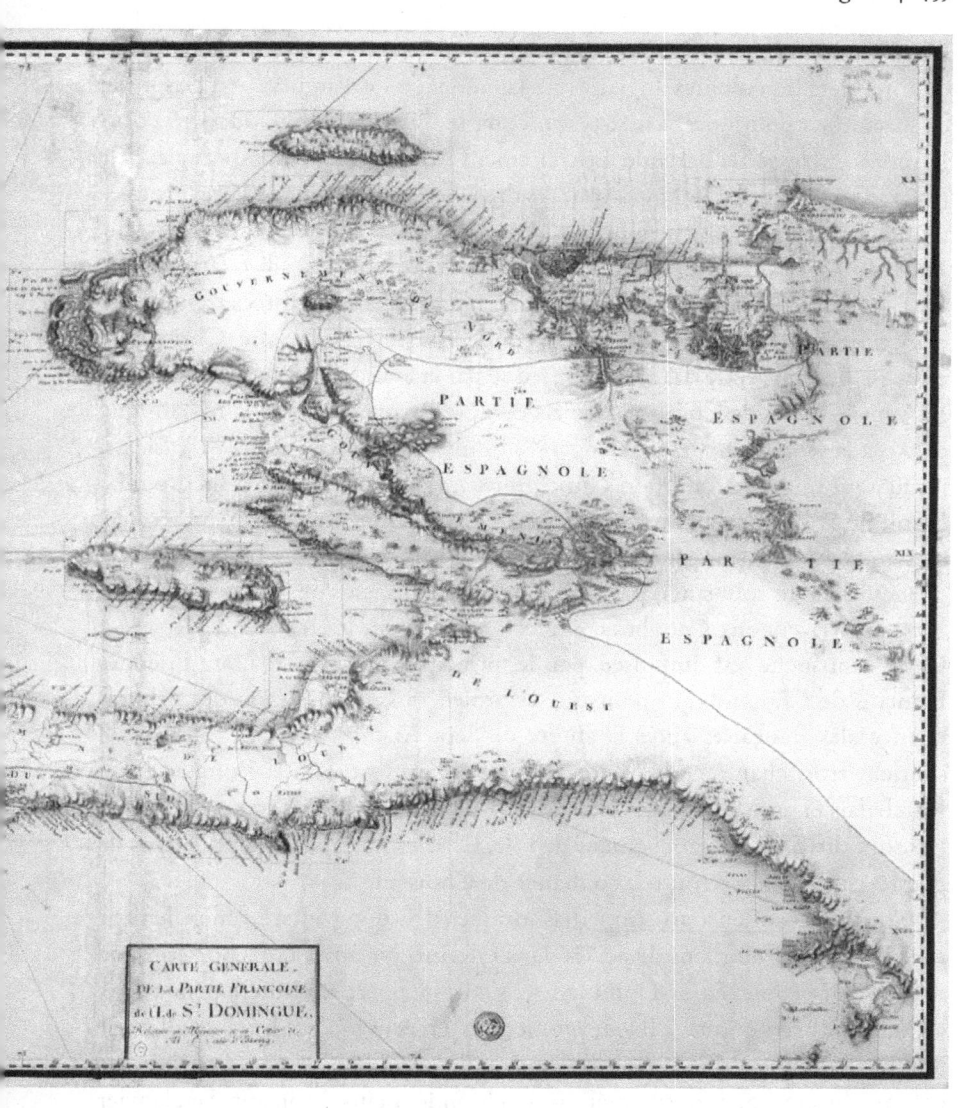

Ainsi, pendant la guerre des Trois Royaumes (1639-1651), Oliver Cromwell, militaire devenu lord-protecteur du Commonwealth d'Angleterre, d'Écosse et d'Irlande en 1653, entreprend plusieurs campagnes de « pacification » de l'Irlande. De 1649 à 1653, on compte entre 30 000 et 50 000 Irlandais exilés de force vers les colonies anglaises de Jamaïque et de Virginie[18] en raison de contestations politiques. En 1655, on compte encore entre 10 000 et 12 000 Irlandais envoyés à la Barbade. Le traitement très dur des planteurs anglais sur place et les lois anticatholiques vont rendre les conditions de vie de ces groupes irlandais particulièrement difficiles. Dès les années 1640, les premiers arrivent aux colonies caribéennes anglaises au nom du travail non libre (*bonded labour*[19]). En 1666, ces Irlandais aident une première fois les forces françaises à évincer les Anglais de l'île puis une seconde fois sur l'île de Saint-Christophe en 1689. Lorsque cette dernière est perdue par la France, le gouverneur des îles du Vent, Charles de Courbon Blénac, compte envoyer « 500 à la Martinique et 250 à la Guadeloupe, sans danger[20] ». Puis, tout au long du XVIIIe siècle, jusqu'à un millier de militaires du régiment irlandais de Dillon, incorporé à l'armée royale, trouvent aux colonies caribéennes françaises des membres déjà bien implantés de leur groupe.

Ces Irlandais sont suivis par les réfugiés acadiens issus de la Déportation de 1755 qui arrivent aux Caraïbes comme « ouvriers sur les travaux du Roy[21] ». Cette embauche est impulsée par le principal ministre d'État, Étienne-François de Choiseul, qui poursuit ses projets de compensation des défaites territoriales françaises après la guerre de Sept Ans (1756-1763). En 1764, il soutient trois chantiers de fortifications militaires situés à la Bombarde, au Mirebalais et au Môle Saint-Nicolas sur l'île de Saint-Domingue[22]. Ces projets sont dirigés par le gouverneur de l'île, Charles Henri d'Estaing. Héros de guerre, celui-ci reçoit toute la confiance de Choiseul.

Conscient de leur situation diasporique, d'Estaing invite officiellement tous les réfugiés acadiens dispersés dans l'Atlantique après la Déportation de 1755 à venir peupler Saint-Domingue et s'adresse plus particulièrement à ceux de l'empire britannique[23]. Il leur promet des terres et une solde de 10 soles par jour pendant les premiers mois de leur installation[24]. Plus de 400 Acadiens des colonies britanniques nord-américaines répondent ainsi à son appel en janvier 1764. Dans une pétition qu'ils envoient à la Chambre des représentants de Boston le 1er janvier 1765, ils déclarent : « Nous, Acadiens, avons grand désir de passer aux colonies françaises[25]. » Dans toutes les colonies britanniques où l'information leur parvient, les Acadiens tentent de s'embarquer pour l'île de Saint-Domingue et constituent des demandes. En partant, les Acadiens nourrissent l'espoir de revoir des membres de leurs familles dispersées. Trois vagues de groupes acadiens se succèdent ainsi sur l'île : deux en 1764 en provenance de Halifax (600) et Charleston (300), et une en provenance de New York en

1765 (500), totalisant 1 400 personnes[26]. En dehors de ce groupe, 150 réfugiés acadiens arrivent à la Martinique en 1763 en provenance de la métropole après avoir un temps résidé sur l'île britannique de Saint-Christophe. Il faut aussi compter 399 Acadiens établis en 1766 au quartier de Champflor, à proximité de la montagne Pelé, en Martinique[27].

Ces deux nations étrangères, irlandaise et acadienne, ont connu une forme ou une autre de bannissement historique de leur lieu d'origine[28]. Elles souffrent également dans l'ensemble du monde colonial français de doutes et de suspicions entretenus par l'administration quant à leur allégeance, soit en raison de leur langue (anglaise pour une majorité d'Irlandais) ou de leurs logiques politiques (neutralité acadienne). Dépeintes comme « naturellement » tournées vers leurs solidarités internes dans de nombreux documents administratifs, ces nations étrangères connaissent aussi le rejet social puisqu'elles n'entrent pas dans des catégories façonnées par les impérialismes européens. Elles demeurent composées de sujets catholiques mais oscillant entre les empires coloniaux britannique et français. Les administrateurs tentent donc de bâtir des rapports de confiance envers ces nations en les regroupant par le biais d'une assignation professionnelle. Celle-ci agit sur leur réputation et leur organisation interne autorisant l'État monarchique français à s'assurer de leur allégeance dans des colonies instables où le conflit armé plane en permanence. Ces nations sont en retour parfois solidement organisées mais aussi hétérogènes en ce qu'elles traversent des difficultés de cohésion quand certains de leurs membres décident de s'intégrer à l'une ou l'autre société par le biais d'un autre milieu professionnel. C'est le cas de certaines femmes acadiennes qui perdent leurs maris et s'adaptent au milieu de leur nouveau conjoint.

Les stratégies de gouvernance française des Acadiens et des Irlandais aux Caraïbes

Rassembler la nation étrangère en sollicitant l'aide de l'Église catholique

Après la dispersion atlantique des réfugiés acadiens issus du Grand Dérangement, 3000 d'entre eux arrivent en Angleterre puis en France entre 1758 et 1761. Dès leur arrivée sur le sol métropolitain en 1758, les autorités françaises s'attachent à répertorier les Acadiens dans les actes de naissance ou de décès comme « Accadiens de nation ». Cette démarche les rend redevables d'une différence dans le plus vaste monde social puisqu'ils peuvent prétendre à une « solde », c'est à dire une aide financière de l'État[29]. Cette solde rassemble les

Acadiens au sein d'une même catégorie de population comme l'indiquent plusieurs recensements de la population acadienne établis sur le sol métropolitain à partir de 1772[30]. Une liste rend même compte de catégories séparant les colons de la grande Acadie des « gens de Louisbourg[31] ». Cette liste est la preuve même que les Français cherchent à former une catégorie d'« Acadiens », extérieure au peuple régnicole et différente du personnel administratif et militaire français rapatrié de l'île Royale en 1758. Cette différence est pourtant mal respectée à un niveau local où certains « gens de Louisbourg » se voient agrégés aux Acadiens en raison de mariages exogames et de liens communautaires divers comme l'atteste le laissez-passer ci-dessous.

Le rassemblement d'un groupe acadien a néanmoins bien lieu à l'échelle locale. En 1784, un certain Mistral, commissaire à la Marine dans la ville du Havre, cherche parmi les réfugiés acadiens de son département un légataire à la pension accordée à la défunte réfugiée Françoise Pitre. Malgré la dernière volonté de Pitre, « que cette pension soit accordée à sa fille nommée Ozide Lavergne », Mistral « fait assembler les Accadiens de son département pour qu'ils fassent connaître celui d'entre eux qui mérite cette préférence[32] ». Cette pratique française de rassemblement des Acadiens montre une volonté de regroupement par la bienfaisance d'État[33] : selon la ville ou le département, les ordonnateurs distribuent des subsistances en fonction du nombre et des besoins des Acadiens – il faut donc préserver un groupe selon ces critères administratifs. Cette stratégie de gouvernance du groupe s'étale dans le temps puisqu'il est précisé plus loin dans le document que le commissaire s'est déjà livré à la même pratique l'année précédente.

Afin de mettre à bien ces entreprises de rassemblement différenciant des groupes étrangers du plus vaste peuple régnicole, l'État monarchique compte sur l'appui de l'Église catholique, en particulier aux colonies. Le 20 juin 1734, Michel Archer, « irlandais de nation », demande la naturalisation française. Établi au quartier de Limonade, sur l'île de Saint-Domingue, Archer est décrit dans sa demande de naturalité comme « un bon catholique » et « un bon sujet du Roy » par le prêtre de la paroisse de Limonade et le procureur général du Conseil Supérieur du Cap français[34]. Le clergé catholique atteste ainsi de la fiabilité d'un individu issu d'une nation étrangère en signant ou en accompagnant d'un certificat de bonnes mœurs une « lettre de naturalité ». La lettre de naturalité donne accès aux mêmes droits et privilèges qu'un sujet régnicole en adjoignant l'approbation du clergé. Comme l'atteste la demande de naturalisation de Michel Archer, l'appartenance catholique reste un indice très fort de confiance de l'administration envers les nations étrangères, une preuve

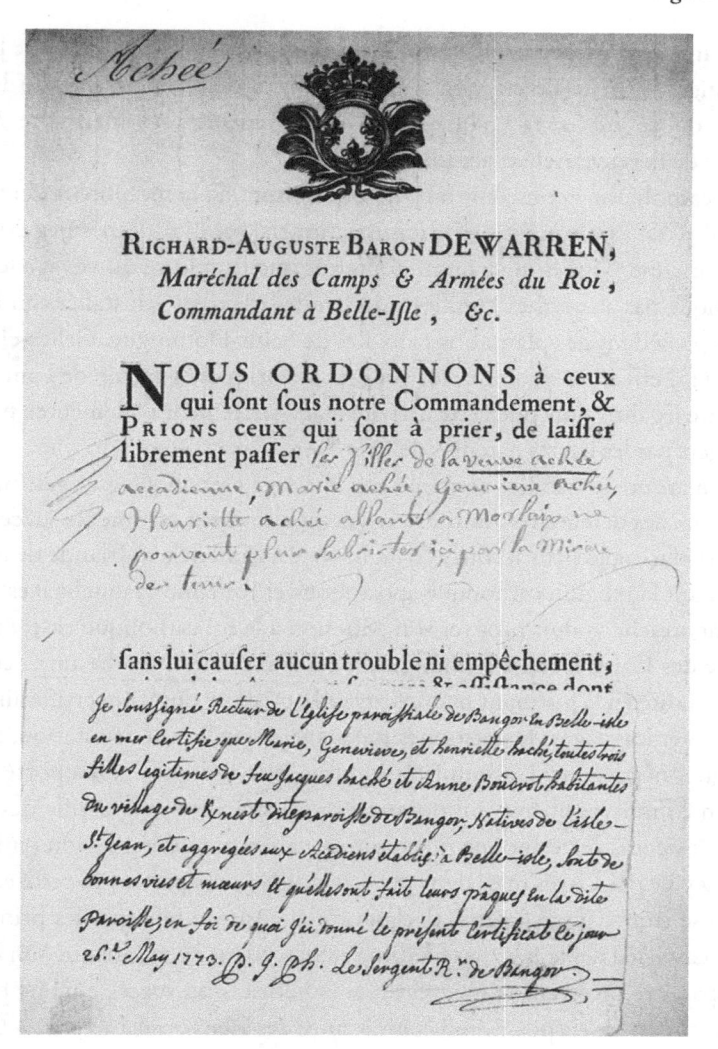

Fig. 15.3 | Laissez-passer de Marie, Geneviève et Henriette Achée agrégées aux Acadiens établis à Belle-Isle, 1773.

irréfutable de leur allégeance à un Roi catholique. À ses côtés, une main d'œuvre plus qualifiée, souvent redevable d'un compagnonnage, issue des provinces françaises de la métropole comme les maçons ou les maîtres-charpentiers, n'a pas besoin de cette clause de bonnes mœurs dans ses contrats. Le catholicisme s'avère aussi une ressource administrative pour valider les mobilités des nations étrangères. Il participe ainsi aux laissez-passer et autres « passeports » pour circuler d'un lieu à l'autre comme l'indique la note du recteur de l'église de Bangor, à Belle-Île-en-Mer, apposée dans la deuxième partie du laissez-passer du 26 mai 1773 établi pour Marie, Geneviève et Henriette Achée, « filles de la veuve Achée, accadienne[35] ».

Le catholicisme contribue à toute une culture de la mobilité et du voyage « légal » en confirmant à l'administration la fiabilité d'un sujet étranger. L'historienne Nini Rodgers note toutefois que la culture du voyage légal ne s'applique pas aux riches familles marchandes irlandaises installées en France et qui possèdent des plantations aux îles de Saint-Domingue. Celles-ci ont la capacité d'effectuer de multiples voyages atlantiques et même de commercer en toute légalité alors que cette activité était strictement réglementée pour les étrangers par les lettres patentes de 1727[36].

La marque de fiabilité conférée par le clergé catholique est également requise lors des démarches administratives du quotidien comme les successions. De cette façon, le sieur Jacques Creagh, « né à Limerick en Irlande de parents professant la religion catholique apostolique et romaine à laquelle il est sincèrement attaché » doit prouver son adhésion à la foi catholique en 1788, dans la ville des Cayes à Saint-Domingue. Ceci afin d'entreprendre une demande de naturalité en la justifiant par un extrait baptistaire dûment certifié ainsi que par des témoignages de personnes jouissant d'une bonne réputation, ici, des collègues négociants. L'administration française indique : « il a porté et établi son commerce et fixé son domicile dès l'année 1783 en la ville des Cayes et il fait depuis cette époque un commerce assez considérable non seulement dans la ville des Cayes mais dans plusieurs différentes parties de cette colonie, ce qui se trouve justifié par la déclaration ci-annexée faite par les principaux négociants de la ville le 17 septembre 1788 [...] dans la crainte que son état ne peut paraître incertain et que ses enfants héritiers ou successeurs ne pussent être troublés dans la possession et jouissance des biens qu'il a acquis. » Creagh doit donc prouver qu'il est un sujet fiable par sa réputation de bon catholique pour jouir des fruits de son travail que l'État monarchique veut lui priver en cas de décès[37].

Le rôle central du syndic dans l'organisation de la nation étrangère

L'administration française semble désirer un accès à l'organisation sociale des nations étrangères pour s'assurer de leur allégeance envers l'État monarchique mais aussi pour intercéder dans leur organisation interne. Pour cela, elle nomme un homme de confiance chargé de représenter les intérêts de la nation : le syndic. Cette fonction existait déjà dans les campagnes françaises, lorsque la communauté des habitants d'un village avait des intérêts distincts de ceux des seigneurs ou de leur paroisse. Elle choisissait alors un mandataire pour la soutenir en la personne du syndic. Au sein des communautés rurales de la France d'Ancien Régime, le syndic n'est pas un magistrat, comme le maire ou les échevins des communes. Ce dernier ne bénéficie d'aucune attribution légale; il n'est qu'un simple agent ne possédant d'autre autorité que celle qu'il tire du mandat qui lui est confié. Son pouvoir dépend de la seule volonté des habitants, limité ou révoqué par eux[38].

Au XVIIIe siècle, ce rôle limité s'étend, même si de grandes variations d'une province à l'autre subsistent. Le syndic, seul, peut alors convoquer une assemblée dans la communauté et veiller aux réunions de ces assemblées. Il est également chargé de fonctions relatives à la levée des impôts ou à la réparation des églises. Il s'occupe du recrutement de la milice ou encore de l'administration des corvées. Néanmoins, tandis que le syndic reçoit plus de responsabilités, il subit aussi la tutelle de l'administration royale[39]. En effet, depuis le début du XVIIIe siècle, la monarchie tente de limiter fortement le pouvoir du syndic en le forçant à informer l'intendant (souvent par l'intermédiaire du subdélégué) des événements susceptibles d'intéresser l'administration royale. L'administration royale cherche aussi à influencer la nomination de celui qui exerce cette charge. En principe, la communauté d'habitants s'assemble chaque année pour élire un syndic en leur conférant un titre de « syndic annuel[40] ». Dans le projet de réinstallation des Acadiens mené en Poitou à partir de 1775, cet arrangement entre administration et syndic va jusqu'à la nomination de deux syndics français, Pierre Alexis Texier de la Touche et Jean Gabriel Berbudeau, pour représenter les intérêts des laboureurs acadiens relogés sur les terres du marquis Louis-Nicolas de Pérusse des Cars. Ceci s'explique par leurs proximités respectives avec le groupe, notamment Berbudeau, ancien chirurgien major de la marine et subdélégué de l'île Saint-Jean[41]. L'administration royale tente donc de prendre en main les affaires de ces communautés acadiennes présentes sur le sol métropolitain en intervenant pour la nomination de leur syndic.

Ces réfugiés résistent toutefois à cette organisation communautaire imposée par l'État lorsque ces derniers sont pressentis pour passer aux colonies caribéennes[42]. En 1770, Nicolas Prigent et Alexis Douerand, nommés « députés » à Saint-Malo, consultent d'eux-mêmes l'administration française afin que le groupe de réfugiés acadiens installés dans cette ville ne passe pas à Cayenne. Ces deux hommes outrepassent les exigences de l'administration française en se faisant eux-mêmes syndics de leur groupe. L'ordonnateur de Saint-Malo écrit ainsi au commissaire de la Marine de son département que : « ces députés par les autres habitants qui sont à Saint-Malo, sont venus pour lui représenter la répugnance qu'ils ont tous à passer à Cayenne ». Il sait « si on voulait les forcer on trouverait en eux une résistance opiniâtre, on espère de les gagner peu à peu en les traitant honnêtement : il y en a actuellement à Morlaix une centaine qui ont pris le parti de s'embarquer, il y en a 180 à Boulogne qui veulent les suivre, ils sont les uns, les autres parents de ceux de Saint-Malo[43] ». Il existe ainsi des organisations concurrentes entre nations étrangères et État monarchique qui tentent de s'imposer l'une à l'autre.

Les répercussions de l'impérialisme participatif sur la condition féminine acadienne : vers de nouveaux groupes ?

Face à une gouvernance plus intrusive, les nations étrangères maintiennent une forme de cohésion par le biais professionnel ou à l'inverse, perdent toute possibilité d'unité en raison de choix individuels surpassant ceux du collectif. La nation acadienne de Saint-Domingue s'intègre à des milieux professionnels locaux comme celui de la charpenterie navale (notamment dans la ville du Môle Saint-Nicolas) et semble ouverte au mariage exogame. On retrouve dans les registres d'état civil, à partir de 1777, de nombreuses femmes acadiennes épousant des étrangers. Rose Dugals, native de Port Royal, est notifiée en 1788 dans les registres de l'île au moment où elle souhaite épouser un autre étranger : Vincent Capitancy, un navigateur natif de Venise[44]. Une autre Acadienne, Marie Hébert, présente une situation similaire. « Veuve du défunt Jean Poirier et native de Beauséjour en Accadie », elle se remarie dans la même ville en 1777 à un chirurgien français, Pierre-François Flamerie de Marquisant[45]. Le mariage exogame peut être interprété comme l'expression d'un certain libre arbitre, car de nombreuses jeunes femmes acadiennes se trouvent sous tutelle une fois orphelines. On retrouve par exemple dans l'acte du mariage de Pierre et Marie-Louise Poirrié conservé dans le registre d'État civil de la ville du Môle Saint-Nicolas pour l'année 1776, la mise sous tutelle de Marie-Louise. Celle-ci, mineure et orpheline, est décrite comme étant « sous l'autorité du sieur Claude Albert, maître maçon et appareilleur sur les travaux du Roy[46] ».

Les registres d'état civil de la ville du Môle Saint-Nicolas montrent qu'une division communautaire par le genre a été rendu possible. De nombreux hommes acadiens se sont intégrés à un milieu socio-professionnel contribuant à tisser un lien avec d'autres nations étrangères. Ces Acadiens occupant la profession de charpentier de 1775 à 1779, participent par exemple aux mariages et baptêmes en se portant témoins ou parrains des uns des autres, preuve de l'existence d'une petite vie communautaire. C'est le cas par exemple en 1776, quand Joseph Blanchard, maître charpentier, choisit Paul Boudreau, autre charpentier acadien, comme parrain de sa fille. Un autre charpentier acadien, Amman Cormié, se trouve témoin du mariage de Marie-Magdelaine Poirier et d'un autre charpentier, Michel Rouval, tous deux originaires d'Acadie[47]. Des maîtres charpentiers tels Charles Babin en 1777, choisissent de jeunes apprentis acadiens puisque le parrain de sa fille Marie-Joseph, Paul Hébert, est décrit comme « jeune garçon charpentier[48] ». Ce métier prisé constitue ainsi toute une communauté socio-professionnelle au même titre que les défricheurs d'eau acadiens en Guyane[49].

Toutefois, de 1764 à 1778, de nombreux hommes acadiens décèdent en masse, comme indiqué dans les registres d'état civil des trois établissements de l'île de Saint-Domingue : Le Mirebalais, Bombarde et le Môle Saint-Nicolas[50]. Dans cette dernière ville, le taux de mortalité masculine est si élevé que vers la fin des années 1760, le groupe se retrouve majoritairement féminin, comprenant veuves, sœurs vivant avec leur mère, femmes célibataires et orphelines. L'expérience sociale des femmes prend alors appui sur l'activité professionnelle des hommes. En effet, alors qu'elles perdent leurs pères ou leurs maris, les Acadiennes établissent des choix d'intégration à la société blanche de Saint-Domingue.

L'activité professionnelle réservée aux hommes se répercute souvent sur les femmes, car ces dernières sont insérées dans les réseaux professionnels de leurs maris. Ainsi, les regroupements sociaux utiles au colonialisme se répercutent sur la vie des femmes et génèrent potentiellement de nouveaux groupes culturels. En 1777, au moment où les hommes décèdent à la suite des chaleurs, des épidémies et des conditions de travail difficiles, de nombreuses femmes se remarient au sein de la communauté socio-professionnelle de leur mari défunt. Marie Hébert, originaire de Grand-Pré, veuve de Joseph Poirier, maître charpentier, remarie un autre maître charpentier breton, François Guénever[51]. Ce rapprochement avec une condition socio-professionnelle montre l'insertion de certains membres du groupe acadien dans un réseau d'interconnaissances tourné vers des membres extérieurs mais partageant une même activité liée à la mer. Les mariages entre Acadiennes et navigateurs ou matelots sont également importants comme l'illustrent Anne Modeste Landry qui épouse en 1772 le navigateur français Jean-Baptiste Pézant ou Marie Madeleine Cormier qui épouse la même année un autre navigateur français, Jean-Mathieu Siméot[52].

La profession du conjoint lors d'un mariage exogame amène aussi, dans certains cas, un changement de classe sociale pour les femmes. C'est le cas de Marie Anne Esther Girouard de Port Royal, veuve d'Anselme Poirier. Celle-ci épouse en 1778, Joseph Bonnefon, notaire royal et substitut au procureur du roi de Port-de-Paix. Girouard ne constitue pas un cas isolé. D'autres exemples montrent un choix de conjoints conduisant à une situation sociale plus avantageuse. Marie-Josèphe Rose Rosalie Richard, de Port Royal, perd son premier mari pendant la Déportation en Nouvelle-Angleterre en 1764. Elle s'embarque ensuite en 1765 pour la Martinique avec sa fille Marie-Josèphe et ses parents avant de s'embarquer pour le Mirebalais. Elle y épouse un huissier métropolitain, Jean-Charles Satis-Lagarenne, en 1774. Après la mort de ce dernier, elle contracte un autre mariage avec un perruquier originaire de Dax, en France, Jean-Baptiste Dubuisson[53]. Citons également Marie-Madeleine LeBlanc qui épouse un visiteur des entrepôts originaire de métropole ou Marie Madeleine Hugon de Beaubassin, mariée à Jean-Baptiste Pélissier, marchand-négociant métropolitain installé au Môle. Le couple part à la fin des années 1770 pour Charleston, en Caroline du Sud[54]. Ces nouvelles configurations familiales amenées par les femmes acadiennes deviennent donc motrices d'intégration aux sociétés hôtes mais aussi potentiellement génératrices de nouveaux groupes sociaux et culturels.

L'appartenance au corps armé : une spécificité de la nation irlandaise

A contrario, les femmes étant absentes des archives sur les Irlandais aux îles caribéennes françaises, on perçoit chez cette nation étrangère une organisation où le genre prend aussi son importance. En participant directement à la défense des intérêts militaires français, les hommes irlandais s'intègrent aux sociétés locales sur une base individuelle par-delà l'existence d'une communauté d'intérêt, mais ils sont aussi pressentis pour certaines tâches par l'administration coloniale française. L'abbé O'Loughlin devient ainsi le dernier prêtre catholique en activité sur l'île française de Tabago en 1784 alors que le sieur James O'Neale, « irlandais de naissance mais venu jeune en France », est pressenti comme futur interprète royal et juré, au sud de l'île de Saint-Domingue en 1780[55]. Les Irlandais figurant dans les archives administratives des colonies françaises caribéennes durant la dernière moitié du XVIIIe siècle se trouvent être tous des hommes. Ceux-ci sont généralement associés au régiment de Dillon incorporé à l'armée royale en 1690 après l'exil en France des Irlandais soutenant le retour du Roi catholique Jacques II d'Écosse sur le trône anglais. À partir des Caraïbes, plusieurs bataillons irlandais prennent part à des batailles décisives contre les Britanniques comme lors de la prise de la Grenade en juillet 1779 à laquelle participe 1400 Irlandais et lors du siège de Savannah la même année[56].

Ces Irlandais n'en demeurent pas moins des étrangers qui doivent « prouver » qu'ils sont dignes de confiance. Ainsi, le cas de Patrice Rice, établi au Cap français, montre que malgré leurs engagements militaires, les Irlandais ne sont pas traités comme des régnicoles. Sa demande de naturalité en 1783 auprès de l'administration de Saint-Domingue contient ces détails : « Né d'une honnête famille catholique d'Irlande, vint fort jeune en France et s'adonna à la navigation. » Patrice Rice « fit successivement sept voyages de long court sur le navire *Le Maréchal* et une campagne sur le vaisseau du roi *Le Formidable*. Il fut reçu capitaine le 11 décembre mais « eut le malheur d'être prit pendant les dernières hostilités en revenant du Cap et conduit en Angleterre où il est resté prisonnier de guerre jusqu'à ce qu'il ait été échangé en 1779 ». Il demande donc une lettre de naturalité pour son frère habitant Nantes et pour lui-même afin qu'il « puisse acquérir une habitation en cette Isle et y jouir sans difficultés ni empêchement quelconque des libertés, franchises et immunités à lui comme à son frère[57] ». Ceci, malgré la fidélité de Rice envers la France et son engagement dans différentes campagnes militaires contre les Britanniques.

Ce cas n'est pas isolé[58]. Les pensions de retraite des officiers irlandais ne sont pas toujours payées dans leur intégralité comme en témoigne la requête de Henry Jacques O'Neill, ancien major des milices de la Martinique, en 1785. Le comte Arthur Dillon, lui-même irlandais et gouverneur de l'île de Tabago, lui octroie en échange de ses services des terres sur l'île de Tabago, dans le cadre de la proclamation royale du 26 mars 1724 concernant « l'établissement de cette isle et de distribuer certaines terres à de pauvres cultivateurs desquels dépendent essentiellement la force et la sûreté de l'isle », toutefois ces lots « seraient inaltérables pendant sept ans, ne pouvant être rendus, loués, ou transposés[59] ».

✣ ✣ ✣

L'Acadie se conçoit ici comme réservoir historique de ressources immatérielles, dont des capacités de dialogue avec des administrations. Le dialogue se limite ici aux sociétés atlantiques françaises mais d'autres sociétés telles que celles de l'océan Indien ou de l'Asie pourraient être envisagées dans le temps long. Ce réservoir pourrait s'étendre à d'autres ressources telles que la langue, la solidarité familiale, les savoir-faire professionnels mettant à jour une Acadie globale constituée non pas de liens familiaux ou nationaux mais de savoirs transmis d'une génération à l'autre.

Analyser les archives par les usages de la confiance de l'administration fait toute la lumière sur des pouvoirs politiques « intéressés » par des capacités particulières propres à une population et désignés comme utiles au colonialisme, car dignes de cette confiance, validant ainsi leur rôle dans le colonialisme français aux Caraïbes.

Jusqu'à quel point les tractations entre d'anciens colons devenus des étrangers et des administrateurs français ouverts au dialogue ont-ils été rendus possibles par des compétences (inexplorées par l'historiographie) de « diplomatie » acadienne ? La neutralité déjà revendiquée dans l'Acadie pré-Déportation et les nombreuses négociations menées dans ce sens par les députés acadiens n'étaient-elles pas déjà des signes de ressources immatérielles ?

Si la mise en perspective de ces dialogues avec ceux des Irlandais permet un portrait croisé des logiques d'interactions entre groupes migrants et pouvoir colonial, les singularités des deux populations ne doivent pas être oubliées dans le contexte caribéen. En effet, les archives françaises sont beaucoup moins éloquentes sur la « gestion » du groupe irlandais déjà installé aux îles caribéennes avant de nouvelles arrivées, ce qui peut laisser croire à une assimilation plus importante de ce groupe en milieu colonial français. Le groupe irlandais en ressort donc moins visible, mais il l'est peut-être aussi en raison d'une volonté plus importante de ne plus se constituer en tant que nation étrangère mais en tant que groupe social assimilé à la population blanche locale puisqu'un certain nombre d'entre eux étaient devenus des planteurs ou des officiers de carrière.

Toutefois, durant toute la période moderne, la mobilité professionnelle étrangère sert des impératifs de pouvoir impérialiste que l'on pense aux milices étrangères ou aux intermédiaires diplomatiques. De la fin du XVIIe siècle à la Révolution française, de nombreuses nations étrangères participent donc pleinement au maintien d'un empire français dans les Caraïbes. La réorganisation de ces nations étrangères en « corps hybride » une fois sur place, car à la fois étranger à la société blanche mais intégré à elle par le biais du milieu professionnel, mérite aujourd'hui toute l'attention des historiens quant à la gestion de la diversité culturelle en milieu colonial grâce à de nouvelles techniques de gouvernance impériale. Afin de mieux saisir l'évolution des rapports entre administrateurs et administrés par la confiance, les historiens auraient tout intérêt à adresser d'autres questions : l'appartenance étrangère d'un groupe peut-elle se fluidifier dans un autre contexte que celui du colonialisme (par exemple, dans le contexte national)? Le rassemblement du groupe étranger par le corps professionnel est-il le seul facteur à jouer un rôle déterminant dans l'impérialisme participatif? Comment et par quels autres outils autres que la marque de confiance les administrateurs jugent-ils de la fidélité d'un groupe étranger envers les institutions coloniales?

Notes

1 Comme les travaux du sociologue Krishan Kumar, voir Anne E. Bromley, « Here's What We Can Learn Today from Empires of Yesterday », 29 août 2017, UVA Today [en ligne : https://news.virginia.edu/content/heres-what-we-can-learn-today-empires-yesterday].
2 S. Karly Kehoe, *Empire and Emancipation: Scottish and Irish Catholics at the Atlantic Fringe, 1780-1850*, Toronto, University of Toronto Press, 2022; Ciaran O'Neill et S. Karly Kehoe, « A Catholic Atlantic? », *Journal of Victorian Culture* [en ligne : https://doi.org/10.1093/jvcult/vcac079].
3 Archives nationales d'outre-mer (ANOM), secrétariat d'état à la Marine, correspondance à l'arrivée de la Martinique, collection C8, B1, « Mémoire sur les Irlandais que l'on pourrait envoyer aux Iles d'Amérique » (1689), Charles de la Roche de Courbon Blénac.
4 « Hence to ask any question about trust is implicitly to ask about the reasons for thinking the relevant party to be trustworthy », Russell Hardin, *Trust and Trustworthiness*, New York, Russell Sage, 2002, 2.
5 Perspective caractéristique de l'historiographie française du premier empire colonial français (1534-1803) renouvelée dans les années 1990; voir Philippe Haudrère, *L'Empire des rois 1500-1789*, Paris, Denoël, 1997; Jean Meyer, Anne Godzinguer et Jean Tarrade, *Histoire de la France coloniale, des origines à 1914*, Paris, Armand Colin, 1991; Pierre Pluchon, *Histoire de la colonisation française*, Paris, Fayard, 1991. Cet effort de synthèse sur l'empire colonial français s'est ensuite amoindri jusqu'à l'ouvrage de Bernard Gainot, *L'Empire colonial français de Richelieu à Napoléon*, Paris, Armand Colin, 2015, et celui de Gilles Havard et Cécile Vidal, *Histoire de l'Amérique française*, Paris, Flammarion, 2003, qui segmente l'histoire des différents territoires ultramarins.
6 Voir l'étude de Peter Sahlins, *Unnaturally French. French Citizens in the Old Regime and After*, Ithaca, Cornell University Press, 2004.
7 Christopher Hodson a bien mis à jour l'existence de leaders choisis par la communauté dans le cas du projet d'établissement des Acadiens dans le Poitou dans Christopher Hodson, *The Acadian Diaspora, An Eighteenth Century History*, Oxford, Oxford University Press, 2011.

8   Cette idée de réverbération entre gouvernance des communautés villageoises métropolitaines et peuples des colonies est développée par Dominique Deslandres dans *Croire et faire croire : les missions françaises au XVIIe siècle*, Paris, Fayard, 2003. Voir aussi pour la réorganisation des milieux corporatistes, Clare Crowston, Claire Lemercier, Maarten Prak et Patrick Wallis, « Surviving the End of the Guilds. Apprenticeship in Eighteenth and Nineteenth Century France », dans *Apprenticeship in Early Modern Europe*, sous la direction de Maarten Prak et Patrick Wallis, Cambridge, Cambridge University Press, 2019, 282-308.

9   Ces catégories sont par ailleurs contestées dans les pratiques sociales et les mœurs des populations concernées; voir Mélanie Lamotte, « Colour Prejudice in the French Atlantic World », dans *The Atlantic World*, sous la direction de D'Maris Coffman, Adrian Leonard et William O'Reilly, New York, Routledge, 2015, 151-171 et Jennifer Palmer, *Intimate Bonds: Family and Slavery in the French Atlantic*, Philadelphia, University of Pennsylvania Press, 2016.

10 Ces historiographies communautaires sortent aujourd'hui de l'isolement par ce biais comparatif; voir Gregory Kennedy, *Something of a Peasant Paradise? Comparing Rural Societies in Acadie and the Loudunais, 1604-1755*, Montréal, McGill-Queen's University Press, 2014. Pour la situation comparative des étrangers aux îles caribéennes françaises, voir Gérard Lafleur, « Relations avec l'étranger des minorités religieuses aux Antilles françaises (XVIIe-XVIIIe s.) », *Bulletin de la Société d'Histoire de la Guadeloupe*, vol. 57-58, n° 1 (1983), 27-44.

11 Ann Laura Stoler, « On Degrees of Imperial Sovereignty », *Public Culture*, vol. 18, n° 1 (2006), 125-145, et David Todd, *A Velvet Empire: French Informal Imperialism in the Nineteenth Century*, Princeton, Princeton University Press, 2021.

12 Adeline Vasquez-Parra, « Connexions acadiennes et réseaux marchands français dans l'océan Indien (1762-1785) : une marge d'autonomisation? », *Acadiensis*, vol. 50, n° 1 (2021), 96-119. Cette idée est aussi développée par Christopher Hodson et Brett Rushforth : « scholars have often envisioned a French Atlantic with two discrete histories: one of unrealized imperial visions emanating from Versailles, Québec, or Cap Français, the other of unregulated interactions among peoples who mostly flouted the crown's plan. Some of the best recent histories, however, linger at moments of interaction between the multifaceted French state and the Atlantic societies it encountered », dans « Absolutely Atlantic: Colonialism and the Early Modern French State in Recent Historiography », *History Compass*, vol. 8, n° 1 (2010), 101-117.

13 Eric Schnakenbourg et François Ternat, *Une diplomatie des lointains : la France face à la mondialisation des rivalités internationales, XVIIe-XVIIIe siècles*, Rennes, PUR, 2020.

14 Mickael Augeron et Pascal Even, *Les étrangers dans les villes ports atlantiques : expériences françaises et allemandes, XVe-XIXe siècle*, Paris, Les Indes Savantes, 2010.

15 Jean-François Mouhot, *Les réfugiés acadiens en France : l'impossible réintegration?*, Sillery, Septentrion, 2009.

16 Daryl Hafter et Nina Kushner, *Women and Work in Eighteenth Century France*, Baton Rouge, Louisiana State University Press, 2015.
17 Mouhot, *Les réfugiés acadiens en France*, 58.
18 Hilary Beckles, « A "Riotous and Unruly lot": Irish Indentured Servants and Freemen in the English West Indies, 1644-1713 », *William and Mary Quarterly*, vol. 47, n° 4 (1990), 503-522.
19 Nini Rodgers, « The Irish in the Caribbean 1641-1837. An Overview », *Irish Migration Studies in Latin America*, vol. 5, n° 3 (2007), 145-155. Voir également Jerome Handler et Matthew Reilly, « Contesting White Slavery in the Caribbean. Enslaved Africans and European Indentured Servants in Seventeenth-Century Barbados », *New West Indian Guide*, vol. 91, n° 1 (2007), 30-55.
20 ANOM, collection C8, B1.
21 ANOM, registres d'état civil de Saint-Domingue, Le Môle Saint Nicolas, 1772.
22 Hodson, *The Atlantic Diaspora*, 65-78.
23 François Blancpain, *L'Amiral D'Estaing, serviteur et victime de l'État (1729-1794)*, Bécherel, éditions Les Perséides, 2012.
24 Yves Boyer Vidal, *Le retour des Acadiens : errances terrestres et maritimes, 1755-1850*, Neyron, éditions du Gerfaut, 2005.
25 French Neutrals, vol. 24, Massachusetts State Archives Collection.
26 Carl Brasseaux, *Scattered to the Wind: Dispersal and Wanderings of the Acadians, 1755-1809*, LaFayette, University of Southwestern Louisiana, 1991.
27 Gabriel Debien, « Les Acadiens réfugiés aux Petites Antilles, 1761-1791 », *Cahiers de la Société Historique acadienne*, vol. 5, n° 1 (1984), 57-104.
28 Gwenda Morgan et Peter Rushton, *Banishment in the Early Atlantic World: Convicts, Rebels and Slaves*, Londres, Bloomsbury, 2013.
29 Adeline Vasquez-Parra, *Aider les Acadiens ? Bienfaisance et déportation, 1755-1776*, Bruxelles, Peter Lang, 2018.
30 Bibliothèque municipale de Bordeaux, *Manuscrits 1480*, Ms « Lemoyne à de Boynes ».
31 Hodson note: « first to go were families from Ile Royale with no Acadian ancestors. Lemoyne placed them in a 'separate class' from those whom 'the King wishes to establish… in the kingdom, making them proprietors of lands.' Next came the impostors. There were 354 of them, Lemoyne discovered, lurking among the 2,700 true Acadians in the kingdom. Deemed 'European' and Acadian couples such as Louis Gressin and Angelique Gaillet found themselves pulled from the list », dans Hodson, *The Acadian Diaspora*, 171.
32 ANOM, collection MG6 C3.
33 Vasquez-Parra, *Aider les Acadiens ?*, 67-79.
34 Proposé par Christopher Hodson dans « The Trials of Brother Chrétien: A Case of Ruin and Redemption in the French Atlantic », dans *French Connections, Cultural Mobility in North America and the Atlantic World, 1600-1875*, sous la direction de

Robert Englebert et Andrew Wegmann, Baton Rouge, Louisiana State University, 2020, 124-145 : « the means by which seemingly minor eighteenth-century actors and institutions cemented links between France and its colonies ».

35 ANOM, col E 1.
36 Nini Rodgers, « The Irish in the Caribbean 1641-1837. An Overview », *Irish Migration Studies in Latin America,* vol. 5, n° 3 (2007), 145-155.
37 ANOM, col E 199.
38 Cynthia Bouton, *The Flour War: Gender, Class and Community in Late Ancien Régime French Society*, University Park, Pennsylvania State University Press, 1993. Voir aussi Henry Babeau, *Les Assemblées générales des communautés d'habitants en France du XVIIIe siècle à la Révolution*, Paris, Lebeau, 1893.
39 Bouton, *The Flour War,* 43.
40 Babeau, *Les Assemblées générales,* 24-32.
41 Pierre Masse, « Le syndic de la colonie acadienne en Poitou », *Revue d'histoire de l'Amérique française,* vol. 5, n° 1 (1951), 45-68.
42 Christopher Hodson, « Colonizing the *Patrie*: An Experiment Gone Wrong in Old Regime France », *French Historical Studies,* vol. 32, n° 2 (2009), 193-222.
43 ANOM, col E 342.
44 ANOM, registres d'état civil de Saint-Domingue, Le Môle Saint Nicolas, 1788.
45 *Ibid.*, 1777.
46 *Ibid.*, 1776.
47 *Ibid.*, 1777.
48 *Ibid.*
49 Bernard Chérubini, « Les Acadiens en Guyane (1765-1848) : une « société d'habitation » à la marge ou la résistance d'un modèle d'organisation sociale », *Port Acadie,* vol. 13-14-15, n° 1 (2008), 47-172.
50 ANOM, registres d'état civil de Saint-Domingue, Le Môle Saint Nicolas, Le Mirebalais, La Bombarde.
51 ANOM, registres d'état civil de Saint-Domingue, Le Môle Saint Nicolas, 1777.
52 *Ibid.*, 1772.
53 ANOM, registres d'état civil de Saint-Domingue, Le Mirebalais, 1774.
54 Debien, « Les Acadiens réfugiés aux Petites Antilles, 1761-1791 », 1984.
55 ANOM, collection E 325 Bis.
56 Guillaume Vautravers, « Un régiment irlandais au service de la France, 1691-1790 », *Études Irlandaises,* vol. 27, n° 1 (2002), 109-122.
57 ANOM, col E 350.
58 Comme le note également Patrick Clark de Dromantin, « Heurs et malheurs des troupes jacobites au service de la France au XVIIIe siècle », *Revue Historique des Armées,* vol. 253, n° 1 (2008), 28-42.
59 ANOM, col E 325 Bis.

CHAPITRE 16

L'Acadie et le Pays valencien : territoire, institutions, habilitation

RÉMI LÉGER ET JEAN-RÉMI CARBONNEAU

Introduction

Très apparentées du point de vue de l'identité nationale et des aspirations politiques, les questions québécoise et catalane ont attiré l'attention d'un important contingent de chercheurs durant les dernières décennies, de part et d'autre de l'Atlantique[1]. À l'ombre des conflits canado-québécois et espagnol-catalan, deux autres cas moins connus sont dignes d'une comparaison jusqu'ici esquivée dans les sciences sociales. Accolés au Québec et à la Catalogne, le Nouveau-Brunswick et la Communauté valencienne sont le berceau de petites sociétés faisant face à des enjeux identitaires et sociolinguistiques similaires. En effet, les francophones néo-brunswickois et les catalanophones valenciens sont largement concentrés à l'intérieur d'un territoire faisant partie d'un système fédéral (ici canadien, là espagnol) où ils cohabitent avec une population s'identifiant étroitement à la majorité nationale (ici canadienne anglaise, là espagnole-castillane). Ils entretiennent une relation ambiguë avec un grand frère ethnolinguistique (ici québécois, là catalan) duquel ils s'inspirent dans leur quête d'égalité et de justice linguistique, tout en conservant une certaine distance sur la base d'un mouvement nationaliste (ici acadien, là valencianiste) et d'un territoire national (ici l'Acadie, là le Pays valencien) distincts.

Au-delà de ces similitudes, la francophonie néo-brunswickoise et la catalanité valencienne procèdent de trajectoires historiques particulières imbriquées dans des contextes politiques et sociétaux fort différents. Le présent chapitre vise à comparer les *modèles néo-brunswickois et valencien* d'aménagement des réalités acadienne et catalanophone dans le but d'identifier leurs principaux points de convergence et de divergence. Il importe de préciser d'entrée de jeu que les deux réalités à l'étude dans ce chapitre s'insèrent bien entendu dans des ensembles culturels plus larges avec chacun leurs spécificités.

L'Acadie du Nouveau-Brunswick fait partie de la grande francophonie nord-américaine, qui englobe également le Québec, et elle regroupe la majorité de la collectivité nationale acadienne concentrée historiquement dans les provinces atlantiques. Les catalanophones du Pays valencien[2] font partie de la grande communauté ethnolinguistique des « Pays catalans » (regroupant la catalanophonie d'Espagne et débordant même sur le département français Pyrénées-Orientales, le micro-État d'Andorre et la Sardaigne italienne), tout en incluant les Valenciens établis dans la petite région limitrophe d'El Carxe (communauté autonome de Murcie), avec qui ils partagent la même langue. Le Canada de 1867 et l'Espagne de 1978 étant tous deux des systèmes fédéraux au-delà de technicalités constitutionnelles leur étant propres[3], notre comparaison est posée sur les deux États fédérés que sont le Nouveau-Brunswick et la Communauté valencienne, même si nous reconnaissons que les francophones et catalanophones n'y vivent pas culturellement dans un vase clos[4].

Ce chapitre se décline en quatre parties. Il présente d'abord notre cadre d'analyse qui s'appuie sur trois notions complémentaires : la niche territoriale, la complétude institutionnelle et l'habilitation. Dans les deux sections suivantes, le chapitre retrace le parcours de l'exclusion des francophones du Nouveau-Brunswick et des catalanophones au Pays valencien jusqu'au XXe siècle, ainsi que la mise en place de mesures de reconnaissance depuis les années 1960 et 1980 respectivement sur le fond d'un rapport différent entre langue et territoire. Ces deux sections mobilisent surtout des études en sociologie, en sociolinguistique, en histoire et en science politique, en plus des textes constitutionnels et législatifs, des rapports d'organisations internationales et quelques articles de journaux. Par ailleurs, notons que la section sur la Communauté valencienne est plus étoffée que celle sur le Nouveau-Brunswick, car la trajectoire historique de cette petite société, ainsi que les fondements institutionnels de son aménagement, sont moins connus dans les milieux universitaires canadiens. Dans la dernière section, nous nous attarderons aux recoupements entre ces deux cas, mais aussi aux limites de la comparaison, et nous nous pencherons en particulier sur les défis auxquels sont confrontés le français et le catalan dans ces deux régions au XXIe siècle. Enfin, nous estimons que ce chapitre permet de « repenser l'Acadie » de deux manières : d'une part, notre cadre théorique est inédit et permet de pousser en avant la réflexion sur l'état de la reconnaissance politique de la collectivité acadienne et, d'autre part, notre chapitre jette les bases d'un agenda comparatiste qui place l'Acadie en relation avec d'autres petites sociétés aussi confrontées à des enjeux identitaires et sociolinguistiques.

Repères théoriques

Sur le plan théorique, nous retenons trois notions pour ancrer notre analyse : la *niche territoriale*[5], la *complétude institutionnelle*[6] et l'*habilitation*[7]. Ces trois notions, conjuguées les unes aux autres, nous permettent d'analyser l'incidence des modèles néo-brunswickois et valencien sur l'épanouissement des petites sociétés acadienne et catalanophone.

Nous prenons comme point de départ les travaux du politologue Jean Laponce sur la territorialité des langues pour qui l'épanouissement d'une minorité linguistique est en grande partie tributaire de la concentration de ses locuteurs. À défaut d'une telle concentration, la langue dominante (par exemple, l'anglais au Canada ou le castillan en Espagne) se substitue à la langue minoritaire (le français ou le catalan), ce qui a pour issue l'assimilation linguistique et l'extinction à terme de la collectivité minoritaire. Le raisonnement de Laponce part du constat sociolinguistique que les langues sont en concurrence et qu'elles « se chassent l'une l'autre[8] ». À partir du moment où deux langues coexistent au sein d'un même espace, la langue dominante tend à s'imposer pour réguler la communication intergroupe. Ainsi, dans les espaces dits « bilingues », la langue dominante tend à supplanter la langue minoritaire en raison de son poids démographique – mais aussi économique et politique – et de son prestige social. Pour contrer la pression assimilatrice dans les espaces bilingues, Laponce soutient qu'il faut « donner à la langue la plus faible des terrains d'utilisations réservés[9] ». Autrement dit, il faut lui réserver des espaces homogènes.

Ici, deux stratégies s'offrent à la collectivité linguistique minorisée : le territoire ou les institutions. Dans un cas comme dans l'autre, l'objectif demeure le même, soit de créer des espaces où la langue d'usage est la langue minoritaire. L'établissement d'une « niche territoriale » est la stratégie optimale, car elle permet à la collectivité minoritaire d'imposer sa langue dans l'ensemble des institutions politiques, économiques et sociales sur son territoire[10] et de jouir ainsi dans cet espace du statut de « reine[11] ». Cette stratégie n'est cependant pas offerte à toutes les minorités, car plusieurs d'entre elles ne disposent pas d'une aire géographique exclusive. Advenant que les collectivités linguistiques minorisées ne soient pas bien concentrées géographiquement, la deuxième stratégie implique alors que l'État leur réserve des « espaces institutionnels d'expression de la langue » qui leur permettront « de normaliser l'usage de leur langue en lui procurant non seulement un statut, mais aussi une utilité sociale[12] ». L'objectif est alors de créer des institutions où la langue normale de travail, des communications et des activités est la langue minoritaire. Ainsi, pour la collectivité linguistique qui partage son territoire avec d'autres langues, le contrôle de ses propres institutions dans les secteurs jugés névralgiques est la condition *sine qua non* de sa survie. « Autrement dit, il est sage de faire de la diglossie en spécialisant chaque langue dans le domaine où elle est la plus performante, et donc d'éviter le contact entre langues. Il faut faire du bilinguisme de juxtaposition plutôt que du bilinguisme de superposition[13]. »

Les travaux de Laponce sur les espaces unilingues débouchent directement sur notre deuxième notion, soit la « complétude institutionnelle », laquelle trouve son origine dans les travaux du sociologue Raymond Breton. Ce dernier a en quelque sorte pris le relais de Laponce en théorisant davantage la stratégie des institutions minoritaires et leur importance pour l'épanouissement des minorités linguistiques. En termes simples, la complétude institutionnelle postule que plus une communauté dispose d'institutions qui lui sont propres, mieux elle peut « retenir ses effectifs, sinon en attirer de nouveaux[14] » et plus elle a la capacité de se maintenir dans le temps. Breton[15] a d'abord développé cette notion dans une étude visant à évaluer l'incidence des institutions de la majorité tout comme celles des minorités linguistiques dans les États modernes sur l'intégration des immigrants à l'exemple de la région de Montréal, métropole du Québec francophone, lui-même minoritaire dans les contextes anglophones canadien et nord-américain. Dans cette première étude, Breton observait que plus les groupes immigrants disposaient d'institutions, plus ils étaient en mesure d'offrir des services à leurs membres dans les différentes sphères de leur vie sociale et donc à même de les retenir dans la communauté. Autrement dit, la capacité d'une communauté minoritaire de se maintenir dans le temps dépend de son degré de complétude institutionnelle, c'est-à-dire de « l'éventail des secteurs d'activités organisés au sein de la collectivité[16] ».

Dans les années 1980, Breton étudiera les minorités francophones du Canada à travers le prisme de la complétude institutionnelle, lui donnant une portée normative plus grande. Dans ces travaux, Breton insiste sur l'importance de doter ces minorités d'une « vie institutionnelle distincte[17] », c'est-à-dire d'un réseau d'institutions dans un large éventail de secteurs d'activités. Dans ses recherches sur les communautés francophones en situation minoritaire, Breton réfléchit à l'importance relative des différents secteurs d'activité pour l'épanouissement de la communauté. Il écrit que certains secteurs sont plus importants que d'autres « parce qu'ils absorbent une plus grande partie de la vie des gens et parce qu'ils leurs fournissent des occasions plus fréquentes d'établir des relations sociales à l'intérieur des frontières ethnolinguistiques[18] ». Selon ce dernier, la famille, l'éducation et l'économie représentent des facteurs d'épanouissement importants, en plus des loisirs et des activités culturelles qui sont des facteurs « à ne pas négliger[19] ». Laponce aussi souligne l'importance de la famille, de « l'école » et du « marché » dans la transmission de la langue minoritaire, trois institutions névralgiques auxquelles il ajoute le « gouvernement », à ses yeux l'institution la plus décisive pour interférer avec les dynamiques favorables à l'hégémonie du groupe linguistique majoritaire, « dans la mesure où le politique détient les principaux instruments de coercition et de régulation du conflit et de la coopération[20] ».

Ceci nous amène à la troisième et dernière notion, celle de l'« habilitation » des minorités, aussi appelée le « par et pour » dans les milieux francophones du Canada. Le politologue Alain-G. Gagnon décrit l'habilitation comme une politique permettant aux communautés minoritaires « de se doter des outils nécessaires pour leur plein épanouissement communautaire[21] ». Cette notion pose ainsi l'accent sur les *capacités* dont disposent les collectivités minorisées pour agir sur leur situation; elle implique un transfert de pouvoirs vers les minorités ou leurs représentants afin qu'elles puissent prendre leurs propres décisions. Ensuite, l'habilitation exige que l'on s'attarde aux aspirations des collectivités concernées. Autrement dit, ce n'est pas « un gain de pouvoir tout court qui est important dans la perspective de l'habilitation, mais bien un gain de pouvoir relativement aux aspirations des personnes ou des collectivités concernées[22] ». La notion d'habilitation invite l'État à se mettre à l'écoute des collectivités minorisées et à mettre à leur disposition les moyens de leurs ambitions. Dans cette perspective, l'habilitation renvoie au principe de subsidiarité dans la mesure où elle repose sur l'idée que les collectivités minorisées elles-mêmes sont les mieux placées pour définir leurs besoins, développer des stratégies d'action et les mettre en œuvre.

L'habilitation apparaît en filigrane dans les travaux de Laponce et de Breton, mais elle n'est pas conceptualisée. D'une part, elle permet de circonscrire et de mieux définir ce que Laponce nomme « les instruments de gouvernement[23] », ou tout simplement « le gouvernement[24] ». Ainsi, le gouvernement est important, car lui seul peut découper des niches territoriales, régir les rapports linguistiques ou redistribuer le pouvoir politique. Cela étant, la notion d'habilitation permet d'approfondir la réflexion en thématisant d'autres moyens s'offrant à la collectivité minoritaire voulant agir sur son devenir. D'autre part, la complétude institutionnelle renvoie elle aussi aux capacités d'agir de la collectivité minoritaire. Breton est en effet bien conscient que le contrôle d'institutions permet à la minorité ou à ses représentants d'agir sur leur situation ou, à tout le moins, sur des aspects de leur situation. Il s'agit d'une question qu'il a abordée à différents moments[25]. En jumelant la complétude institutionnelle à l'habilitation, nous faisons ressortir la nécessaire dimension du pouvoir qui réside dans cette idée que l'épanouissement d'une collectivité minoritaire dépend de l'éventail et de la force de ses institutions.

En résumé, ces trois notions s'imbriquent les unes dans les autres et mènent au constat selon lequel les minorités linguistiques requièrent le contrôle soit sur des espaces géographiques, soit sur des espaces institutionnels qui leur sont propres dans le plus de secteurs possibles.

Le modèle néo-brunswickois

La population acadienne du Nouveau-Brunswick est largement concentrée sur le territoire et elle dispose d'un dense réseau institutionnel dont les débuts remontent à la fin du XIXe siècle. De plus, les lois provinciales lui accordent un contrôle considérable dans les domaines de l'éducation et de la santé, et sa concentration sur le territoire fait qu'elle dispose du potentiel d'exercer un pouvoir au niveau local. Toutefois, du point de vue des ancrages théoriques définis dans la section précédente, le modèle néo-brunswickois est incomplet. Ce modèle est organisé autour de deux grands principes : le bilinguisme officiel et la dualité[26]. Le premier principe vise essentiellement la bilinguisation de l'appareil étatique provincial, tandis que les notions de niche territoriale et de complétude institutionnelle insistent plutôt sur la création d'espaces homogènes. La dualité, le deuxième principe, est plus prometteuse du point de vue de la complétude institutionnelle et surtout de l'habilitation politique, mais sa définition reste imprécise et sa mise en application largement symbolique. Les prochains paragraphes décrivent, dans ses grandes lignes, la lente mise en place du modèle néo-brunswickois à la lumière des trois notions théoriques définies dans la section précédente.

Le Nouveau-Brunswick a été fondé en 1784 dans la foulée de l'arrivée importante de Loyalistes fuyant la Révolution américaine. Les institutions politiques et administratives de cette nouvelle colonie anglaise fonctionneront uniquement en anglais et les Acadiens revenus s'installer sur ce territoire après les événements de la Déportation de 1755 devront mener un long combat pour la reconnaissance politique. La réalité acadienne du Nouveau-Brunswick et des autres provinces maritimes sera absente de la *Loi constitutionnelle de 1867*, ce qui n'a rien de surprenant étant donné que les Acadiens furent exclus des négociations constitutionnelles. À l'époque, l'Assemblée législative du Nouveau-Brunswick comptait un député acadien, Amand Landry, élu pour la première fois en 1846, mais ce dernier ne fera pas partie des délégations de la province aux conférences constitutionnelles[27].

Dans une analyse du statut et du rôle de l'école dans la francophonie canadienne, Joseph Yvon Thériault dira que la question scolaire « est l'une des plus anciennes revendications » de ces communautés, allant même jusqu'à affirmer que cette question « a largement structuré leur être collectif[28] ». Cela fut très certainement le cas au Nouveau-Brunswick où la majeure partie de l'action politique des Acadiens sera centrée sur l'éducation, et ce, jusqu'au début des années 1960. Les trois dernières décennies du XIXe siècle furent marquées d'abord par des luttes menées contre le *Common Schools Act*, adoptée en 1871, dont l'objectif principal fut de déconfessionnaliser les écoles financées par les fonds publics[29], puis par la création d'organismes visant à « acadianiser certains secteurs de la société acadienne, surtout l'Église et l'éducation[30] ».

Ce début d'institutionnalisation comprit la tenue d'une première Convention nationale acadienne en 1881 qui déboucha sur le choix d'une fête nationale (le 15 août). C'est lors de la deuxième convention nationale, tenue en 1884, que les Acadiens se choisirent un drapeau et un hymne nationaux. La Société nationale de l'Assomption fut créée lors de la troisième convention nationale en 1890 et c'est elle qui sera chargée d'organiser les prochaines conventions, en plus de défendre les intérêts des Acadiens auprès des autorités religieuses et plus tard gouvernementales[31]. La Société l'Assomption, à ne pas confondre avec la Société nationale de l'Assomption, fut pour sa part créée en 1903. À la base une coopérative d'assurances, celle-ci développera rapidement des programmes de bourses d'études pour les jeunes Acadiens et Acadiennes et s'investira dans des campagnes, souvent locales, visant à promouvoir l'acadianité et la langue française[32]. Nous pouvons parler ici d'un début d'habilitation politique dans le sens où les Acadiens se donneront des organismes en vue de mieux structurer leur action politique. Enfin, il faut noter l'ouverture de collèges classiques offrant un enseignement religieux en français, dont le Collège Saint-Joseph à Memramcook en 1864, le Collège Saint-Anne à Pointe-de-l'Église en 1890 et le Collège Sacré-Cœur à Caraquet en 1899, ainsi que la fondation du premier journal de langue française dans les provinces maritimes, *Le Moniteur acadien*, en 1867, suivi d'autres journaux, dont l'*Évangéline* en 1887. La création de ces collèges et de ces journaux, jumelée à la création d'organismes acadiens, renvoie aux espaces homogènes évoqués à la fois par Laponce et par Breton.

Durant la première moitié du XXe siècle, les luttes pour l'éducation en langue française et la reconnaissance politique seront principalement menées par les institutions et les organismes de la société civile. Ce réseau institutionnel formulera des revendications politiques pour que les Acadiens obtiennent plus de pouvoir ou une meilleure prise en compte de leurs intérêts. Le poids démographique de la population acadienne continuait d'augmenter – passant de 16 % de la population en 1871 à 31 % en 1921 – et il était désormais « envisageable d'exercer des pressions sur l'appareil politique sans pour autant dépendre des politiciens acadiens qui, de toute manière, demeur[ai]ent d'abord et avant tout attachés aux idéaux de leurs partis politiques respectifs[33] ». Le nombre de députés acadiens passa de 2 (sur 41) en 1866, à 3 (sur 41) en 1886, à 8 (sur 48) en 1912, puis à 13 (sur 52) dès 1948. Deux nouveaux acteurs investiront l'enjeu de l'éducation en langue française durant cette période, soit l'Ordre de Jacques-Cartier[34] et l'Association acadienne d'éducation, et contribueront à augmenter la complétude institutionnelle des Acadiens. Fondée en 1936, cette dernière association sera derrière l'organisation de plusieurs congrès desquels découleront des revendications concrètes concernant la langue de l'enseignement et des manuels scolaires. Ce mouvement aura été « très actif », selon Michelle Landry, mais ses victoires auront été « plutôt modestes et se sont fait attendre longtemps[35] ».

Malgré l'action politique des organismes de la société civile défendant leurs intérêts, la situation des Acadiens au tournant des années 1960 est peu reluisante : la population acadienne « n'a toujours pas le droit de s'adresser dans sa langue à l'administration provinciale, d'avoir un procès en français, de gérer son système scolaire, sans oublier celui, dans plusieurs cas, de recevoir une éducation en français[36] ». Autrement dit, l'habilitation politique des Acadiens était limitée aux capacités d'agir dont disposaient ses institutions et ses organismes, tandis que la territorialité était un impensé. La prochaine décennie sera marquée cependant d'une série d'événements clés pour le Nouveau-Brunswick en général, et la population acadienne en particulier : l'élection en 1960 d'un premier Acadien comme premier ministre de la province, Louis-J. Robichaud; la refonte des universités de la province et la fondation de l'Université de Moncton en 1963; la mise sur pied d'un programme de réformes sociales (*Chances égales pour tous*) visant à réduire les iniquités, notamment entre les régions anglophones et les régions acadiennes de la province; de même que l'adoption de la *Loi sur les langues officielles* en 1969[37]. On peut effectivement parler d'une « Révolution tranquille » dont les transformations sont « d'une ampleur égale et d'une nature très similaire à celles qui ont lieu au Québec » durant cette même période[38]. Le Parti Acadien, un parti de gauche fondé en 1972, fera pour sa part la promotion de la création d'une province acadienne durant les dernières années de son existence[39].

Il faut surtout noter que c'est durant cette période que le Nouveau-Brunswick posera le premier fondement de son modèle d'aménagement des langues et des relations ethnolinguistiques, soit le bilinguisme officiel. Celui-ci désigne des institutions publiques qui fonctionnent à la fois en français et en anglais et qui desservent les citoyens dans la langue officielle de leur choix. Il est d'abord défini dans la *Loi sur les langues officielles* qui donne un statut équivalent au français et à l'anglais dans l'appareil étatique provincial, notamment l'Assemblée législative, les tribunaux et la fonction publique. La *Loi sur les langues officielles* sera abrogée et remplacée par une nouvelle loi en 2002, qui à son tour sera révisée en 2013 et en 2023. La nouvelle loi élargira la définition du bilinguisme officiel en étendant les obligations linguistiques à de nouvelles institutions publiques, y compris les municipalités et les services de police et de santé. La consécration du bilinguisme officiel marque très certainement un moment historique pour la province, mais, comme le note Michel Doucet, ce principe « ne répond pas du tout aux attentes de la communauté acadienne, laquelle ne revendique plus à ce moment le droit à des institutions bilingues, mais plutôt celui de gérer et de contrôler les institutions jugées essentielles à son développement[40] ». Autrement dit, la *Loi sur les langues officielles* accorde des droits aux individus, tandis que la population acadienne aspire à l'habilitation politique ou encore à la complétude institutionnelle, notamment par la gestion et le contrôle d'institutions distinctes.

Le deuxième fondement du modèle néo-brunswickois, la dualité linguistique, sera consacré dans la *Loi reconnaissant l'égalité des deux communautés linguistiques officielles au Nouveau-Brunswick* adoptée en 1981, entre autres pour désamorcer un intérêt croissant pour le projet d'une province acadienne telle que revendiquée par le Parti acadien et avalisée par la Convention d'orientation nationale des Acadiens tenue en 1979[41]. Depuis 1993, les principes de cette loi sont inscrits à l'article 16.1 de la *Charte canadienne des droits et libertés*. Cet article précise que les deux communautés linguistiques ont notamment « le droit à des institutions d'enseignement distinctes et aux institutions culturelles distinctes nécessaires à leur protection et à leur promotion » et que le gouvernement néo-brunswickois a pour mandat de « protéger et de promouvoir » ces droits et ces privilèges.

La dualité s'exprime concrètement dans les secteurs de l'éducation et de la santé, mais n'a jamais été mobilisée en vue de renforcer l'habilitation politique et la complétude institutionnelle de la population acadienne dans d'autres secteurs. De plus, l'habilitation des Acadiens dans le secteur de l'éducation précède l'adoption de la loi de 1981, les capacités d'agir dont ils disposent dans ce secteur dépendant de la loi scolaire et de l'article 23 de la *Charte canadienne*. En effet, dès 1964, le ministère de l'Éducation fut scindé en deux divisions, un secteur francophone et un secteur anglophone, et la dualité dans les districts scolaires sera progressivement mise en place durant les années 1970. Les deux divisions du ministère et les districts scolaires distincts sont aujourd'hui enchâssés dans la *Loi sur l'éducation*, où il est aussi précisé que les écoles et les classes seront organisées selon la langue officielle du district scolaire. En matière de santé, le *Réseau de santé Vitalité* fonctionne en français mais doit servir la population dans la langue officielle de son choix, tandis que le *Horizon Health Network* fonctionne en anglais tout en étant soumis à la même contrainte. Selon Michel Doucet[42], les capacités d'agir en matière de santé sont garanties par l'article 16.1 de la *Charte canadienne* portant sur la dualité néo-brunswickoise, même si cet argument n'a jamais été confirmé par les tribunaux.

En résumé, le modèle néo-brunswickois est certes unique au pays, mais il est clair qu'il n'est pas conçu en fonction des notions de niche territoriale ou d'habilitation politique, tandis que la complétude institutionnelle est principalement soutenue par le modèle canadien d'aménagement des langues officielles plutôt que par le modèle néo-brunswickois lui-même. Le bilinguisme officiel vise la création d'institutions bilingues plutôt que distinctes, tandis que la dualité est un principe qui reste pour l'instant imprécis et largement symbolique, bien qu'il présente un potentiel prometteur.

Le modèle valencien

Le Pays valencien a recouvert en 1982 son autonomie perdue après 275 ans d'inexistence institutionnelle. Cette longue période a vu le déclin et la minorisation des catalanophones concentrés sur la côte valencienne, qui se sont de plus en plus assimilés au groupe castillan. Ce phénomène s'est accentué sous la dictature du général Franco, hostile à toute diversité linguistique, avant que le statut d'autonomie valencien ne vienne jeter les bases du modèle d'aménagement de la dualité linguistique catalano-castillane dans la « Communauté valencienne » fraîchement fondée. Le modèle valencien repose sur la co-officialité des langues et une territorialisation partielle d'un régime linguistique caractérisé par des brèches assurant aux catalanophones la charge du bilinguisme. Au-delà du statut de « langue propre » conféré au « valencien » – l'appellation officielle du catalan dans cette région – dans une volonté de compenser pour les torts du passé, on constate d'importants problèmes de mise en œuvre des droits linguistiques des catalanophones dont le degré de complétude institutionnelle est faible dans la plupart des secteurs. Ceux-ci disposent certes de meilleurs canaux institutionnels que les Acadiens pour agir sur leur devenir, mais leur habilitation à l'échelon régional se retrouve effritée par divers mécanismes confirmant la prépondérance du centre castillan sur les périphéries de l'État.

Le Royaume de Valence a été fondé en 1239 par Jacques Ier d'Aragon. Peuplé à la fois par des colons venus de Catalogne et d'Aragon, ce nouveau royaume sera bilingue dès sa fondation. Les catalanophones se concentreront sur le littoral tandis que les Aragonais, de plus en plus castillanisés au détriment de leur langue propre, l'aragonais, s'établiront dans l'arrière-pays. Jusqu'à son annexion par la Castille en 1707, dans le cadre de la Guerre de Succession d'Espagne (1701-1715), le Royaume de Valence sera une entité autonome intégré à la Couronne d'Aragon ayant ses propres institutions politiques, juridiques et économiques : parlement, droit coutumier (les *Furs de València*), système fiscal, douanes et monnaie[43]. La Castille fera usage de son « juste droit de conquête[44] » pour imposer le castillan dans les administrations des royaumes annexés en suivant le modèle de la France, dont l'organisation territoriale sera d'ailleurs reproduite en 1833 avec le découpage de l'Espagne en 49 provinces (plus tard 50) inspirées des départements français. Le royaume déchu de Valence, que l'on appellera de plus en plus « Pays valencien », sera découpé en trois provinces (en castillan : Castellón, Valencia et Alicante) qui ne tinrent pas compte de la concentration des langues sur le territoire.

La perte de l'autonomie et, par extension, des institutions valenciennes, enclenchera un processus progressif de castillanisation de la population locale, avant que n'émerge, dans le dernier quart du XIXe siècle, un mouvement de renaissance culturelle[45]. Cet éveil culturel, lequel se voulait le faible écho de la dynamique *Renaixença* qui secouait la Catalogne depuis déjà quelques décennies, eut lieu essentiellement au sein de l'association culturelle Lo Rat Penat (La chauve-souris), créée en 1878, et se politisera peu à peu durant le premier tiers du XXe siècle. Deux courants de pensée concurrents sur l'identité valencienne émergèrent graduellement avant de se cristalliser par la suite et marquer le débat public au Pays valencien jusqu'à ce jour[46]. D'abord un courant conservateur, de forte allégeance nationale espagnole et hostile à la Catalogne, ouvert à une certaine protection du valencien (comme variante régionale du catalan), mais dans les limites du statu quo favorisant l'hégémonie du castillan (comme langue nationale). Puis un courant « valencianiste », inspiré par le catalanisme, solidaire de la Catalogne et des Îles Baléares et remettant en question ce statu quo territorial et linguistique qui trouvera son premier port d'attache au sein de l'organisation València Nova, fondée en 1904, à la suite d'une scission à l'intérieur de Lo Rat Penat. València Nova convoquera une Assemblée régionale valencienne en 1907 qui, malgré son échec à coaliser les forces politiques de la région, sera une importante tribune pour revendiquer publiquement l'autonomie du Pays valencien et exiger l'officialité du valencien[47].

Jusqu'à la dictature de Primo de Rivera (1923-1930), et à plus forte raison durant la Seconde République espagnole (1931-1939) avant sa chute devant les troupes franquistes en 1939, on assista à l'effervescence du réseau institutionnel des catalanophones valenciens avec l'apparition de plusieurs périodiques en catalan, d'associations de promotion de la catalanité valencienne et de partis politiques. Ce réseau put d'abord s'appuyer sur la Joventut [Jeunesse] Valencianista (créée en 1908), qui prenait le relais de València Nova[48]. S'y ajoutèrent l'association La Nostra Parla (1916) qui militait pour l'enseignement en catalan au Pays valencien (mais aussi en Catalogne et aux Baléares), de même que l'Agrupació Nacionalista Escolar (1919), la Lliga de Solitaris Nacionalistes (1920) et son journal *El Crit de la Muntanya* ainsi que la Joventut Valencianista Obrera (1921), qui firent la promotion des idées valencianistes sur les campus et dans les milieux rural et ouvrier[49]. Cette période fut aussi marquée par l'apparition de plusieurs partis, surtout à gauche, revendiquant l'habilitation complète des valencianophones et la création d'une niche territoriale valencienne. Leurs activités et la pression qu'ils exercèrent sur les autres partis valenciens mena à l'élaboration de pas moins de sept projets de statut d'autonomie entre 1931 et 1937 dont aucun n'aboutit à la restauration de l'autonomie perdue en 1707[50].

Durant le franquisme (1939-1975), le valencien, comme les autres langues minoritaires d'Espagne, fut confiné à la sphère privée. Le réseau institutionnel sur lequel son usage reposait fut presque intégralement démantelé à l'exception de quelques associations culturelles jugées inoffensives, notoirement Lo Rat Penat, et certaines manifestations publiques à teneur folklorique. La situation sociolinguistique sera grandement aggravée par l'industrialisation accélérée du Pays valencien à partir des années 1950, pilotée par le régime franquiste, et l'arrivée de plusieurs centaines de milliers de travailleurs venus des provinces castillanophones voisines[51]. Mentionnons enfin que, contrairement au cas néo-brunswickois, le catholicisme n'a joué aucun rôle de tremplin dans la mobilisation des catalanophones au Pays valencien. Bien au contraire, le « national-catholicisme » sur lequel s'appuyait Franco était moins un projet de société incluant tous les adeptes de la religion dominante de l'Espagne, par-delà les langues, que l'expression d'une tradition étatique glorifiant la Castille médiévale et le fondement théorique d'une castillanisation en profondeur de la société[52].

C'est dans ce contexte que l'écrivain Joan Fuster (1962), qui comme bien d'autres s'était réfugié à Lo Rat Penat, publia *Nosaltres, els valencians* (« Nous autres, les Valenciens ») pour condamner les transferts linguistiques vers le castillan, qui étaient en train de transformer irrémédiablement la société valencienne, et pour réaffirmer les liens historiques et culturels unissant le Pays valencien aux deux autres principaux « Pays catalans » en Espagne, la Catalogne et les Baléares. Cet essai relancera le conflit identitaire valencien et forcera les acteurs politiques de la transition démocratique (1975-1982) à se positionner sur la catalanité du Pays valencien. Dans les années 1970, une ligne très claire apparut à ce sujet entre, d'un côté les « régionalistes » pro-castillans venant en grande majorité des rangs franquistes et, de l'autre, les valencianistes pro-catalans (au sens double d'une défense du catalan de Valence et de l'appartenance à la communauté linguistique des Pays catalan) issus surtout de la gauche antifranquiste[53]. Ces deux courants, surtout leurs interactions dans le système de partis politiques du Pays valencien, auront des implications capitales pour l'organisation territoriale, la complétude institutionnelle et l'habilitation des Valenciens d'expression catalane.

La Constitution espagnole de 1978 a permis aux 50 provinces de se regrouper pour constituer en tout 17 communautés autonomes et jeté les bases de 6 niches territoriales (la Catalogne, le Pays valencien, les Baléares, le Pays basque, la Navarre et la Galice) où le catalan, le basque et le galicien sont co-officiels respectivement à côté du castillan (art. 3.2.) selon des modalités variables. Dans ce contexte, l'autonomie valencienne fut restaurée en 1982 selon les paramètres identitaires imposés par la droite régionaliste[54], avec l'assentiment du Parti socialiste du Pays valencien (PSPV) qui s'abstiendra d'en contester la légitimité historique durant ses 12 années au pouvoir (1983-1995) par souci de préserver la paix linguistique[55]. Plus concrètement, trois symboles anti-catalans seront enchâssés dans le statut d'autonomie : 1) l'adoption du *valencien* comme langue co-officielle (et l'abandon des références au *catalan* et à son aire linguistique); 2) le remplacement du drapeau marqué de l'étendard du roi Pierre IV d'Aragon (soulignant le passé commun des trois régions catalanophones) par le drapeau à frange bleue (renvoyant à la ville de Valence ou la droite anti-catalane était particulièrement bien établie)[56]; et 3) la substitution de l'appellation traditionnelle *Pays* valencien (qui rappelait trop les « Pays catalans ») par celle de *Communauté* valencienne[57].

Fig. 16.1 | Les deux drapeaux valenciens : de Pierre IV d'Aragon à la Frange bleue.

S'il est vrai que la Constitution a conféré à la Communauté valencienne un ensemble de compétences exclusives incluant la culture et l'enseignement, trois facteurs clés ont eu pour effet de neutraliser le potentiel normatif de la niche territoriale, nuisant du même coup à l'habilitation politique et à la complétude institutionnelle des Valenciens d'expression catalane. Le premier de ces facteurs est l'article 3.1 de la Constitution qui fait de la connaissance du castillan un *devoir* pour tous les citoyens espagnols. Cette disposition constitue une véritable brèche dans la protection offerte par les niches territoriales au bénéfice des langues minoritaires et sert, depuis plus de 40 ans, de fondement normatif à la co-officialité du castillan et au soi-disant « droit » qui s'en dérive, à l'exclusivité des castillanophones, « de rester unilingue » sur l'ensemble du territoire espagnol[58]. Cette première brèche est complétée par une seconde, annoncée dans le statut d'autonomie de 1982 et élaborée dans la *Loi sur l'usage et l'enseignement du valencien* (LUEV) de 1983. Cette loi, qui a jeté les bases du régime linguistique valencien, découpe la Communauté valencienne en deux zones linguistiques en très grande partie sur la base des *comarques*[59] : une zone à prédominance castillane où les enfants sont exemptés de l'apprentissage du valencien et une zone à prédominance valencienne où les castillanophones qui s'y établissent temporairement pourront également obtenir pour leurs enfants une exemption scolaire. Combinées à une concurrence fortement inégale que l'on observe dans les domaines de l'économie et des médias, où le castillan domine sans partage, ces deux brèches législatives vident de son sens l'idée de niche territoriale.

L'assise territoriale du catalan au Pays valencien est affaiblie davantage par un troisième facteur, cette fois-ci du domaine de l'idéologie linguistique qui, s'il opère de manière insidieuse, n'en a pas moins des répercussions concrètes sur le prestige et la vitalité du valencien. Il s'agit du sécessionnisme linguistique activement promu par la droite régionaliste depuis les années 1970, qui est incontestablement une idiosyncrasie du cas valencien et n'a pas d'équivalent au Canada. Comme l'a remarqué le sociolinguiste Brauli Montoya Abat, ce phénomène alimente « les représentations linguistiques des Valenciens qui continuent à avoir une carte [cognitive] de leur langue qui est limitée au territoire autonome valencien[60] », alors qu'en réalité le valencien s'appuie sur une aire linguistique nettement plus grande. Cette délégitimation de la communauté linguistique réelle du valencien s'est répercutée négativement sur son prestige et, à son tour, sur les politiques publiques destinées à la promotion d'une langue présentée par les gouvernements – particulièrement ceux du Parti populaire, au pouvoir de 1995 à 2015 – et perçue par un grand nombre de citoyens comme un simple patois local.

Ces trois facteurs ont pour résultat qu'il n'est pas toujours aisé de mettre en œuvre les droits des catalanophones dans la réalité. De manière générale, l'usage des deux langues officielles est encadré par la LUEV et les clauses linguistiques de différentes lois adoptées subséquemment. Dans le domaine de l'éducation, la LUEV se porte garante de l'enseignement obligatoire *du* valencien et du droit de recevoir un enseignement *en* valencien, mais ces mesures sont valides seulement pour la zone valencianophone, ce qui fait de l'autre zone une niche territoriale *de facto* au bénéfice du castillan. De plus, ce droit à

Fig. 16.2 | Carte de la communauté valencienne.

l'enseignement a été restreint davantage en 2012 par l'introduction, par le Parti populaire, du programme d'enseignement trilingue qui a retranché du temps d'enseignement en valencien au bénéfice de l'anglais, avant qu'une réforme de la gauche, en 2018, ne permette de rehausser la proportion du valencien à un maximum de 50-60 %, sans toutefois réinstaurer l'enseignement en immersion qui existait entre 1990 et 2012[61]. Dans la zone castillanophone, la promesse d'y introduire peu à peu l'enseignement du valencien, tel que stipulé dans la LUEV, est restée lettre morte, empêchant du même coup les catalanophones d'« attirer de nouveaux effectifs », pour reprendre les mots de Breton. Quant aux cinq universités valenciennes, rien ne garantit encore aujourd'hui le droit d'y suivre ses cours en valencien.

Les citoyens disposent du droit de communiquer en valencien avec l'administration régionale et locale, ainsi qu'avec les organismes et entreprises publics, mais la prestation de services en valencien s'avère très difficile. Si la LUEV s'est engagée à faciliter l'usage et l'apprentissage du valencien au sein de l'administration régionale, il n'y a toujours aucune garantie de pouvoir y travailler en valencien. Il faudra d'ailleurs attendre l'adoption de la nouvelle *Loi sur la fonction publique* en mars 2021 pour que la connaissance du valencien y devienne une condition d'embauche, chose concrétisée depuis longtemps en Catalogne (1997) et aux Baléares (2007).

Les lacunes dans les secteurs de la justice et de la police, qui sont du ressort de l'État central, ont été particulièrement montrées du doigt par le Comité d'experts veillant à l'application en Espagne de la *Charte européenne des langues régionales ou minoritaires* après ses visites sur le terrain[62]. En matière de justice, le Comité d'experts a réitéré ses critiques à l'encontre de la législation espagnole qui rend virtuellement impossible les procédures judiciaires en langues autres que le castillan, c'est-à-dire si aucune des parties en litige ne s'oppose à leur utilisation[63]. L'attitude des forces de police à l'égard des catalanophones est un autre sujet qui préoccupe le Conseil de l'Europe[64] et les abus de pouvoir ne sont pas rares. Parmi les cas de discrimination linguistique qui font régulièrement les manchettes au Pays valencien, citons celui de Carles Mateu Blay. Arrêté en décembre 2012 lors d'un contrôle routier alors qu'il allait chercher son fils, Mateu sera retenu et insulté durant plus de deux heures, se faisant dire entre autres insultes, qu'« il y a 30 ou 40 ans tu serais [couché] dans les orangers avec une balle [dans la tête][65] ». Tout ça pour avoir invoqué devant les patrouilleurs de la Guardia Civil son droit d'utiliser le valencien. Il sera condamné par le tribunal de seconde instance à six mois de prison et au retrait de son permis de conduire. Cet incident conduira à une campagne de la société civile pour son absolution et sera dénoncé au Congrès des Députés à Madrid[66].

Les catalanophones trouvent un meilleur écho au sein des partis politiques, mais surtout dans la société civile, par l'entremise d'un dense réseau d'institutions culturelles proactives. Créée en 1971 par un cercle d'intellectuels autour de Joan Fuster et d'abord présidée par lui, l'Acció Cultural del País Valencià (ACPV) fédère plusieurs dizaines de « Cercles culturels Jacques Ier » et d'autres associations locales qui militent pour la défense du valencien[67]. Omniprésent sur le territoire valencien et s'apparentant aux « organisations parapluies » décrites par Breton[68], cet organisme s'est démarqué à travers les années par ses multiples initiatives culturelles, manifestations et campagnes de sensibilisation pour réaffirmer la catalanité du Pays valencien, en collaboration avec certaines forces politiques et d'autres organisations de la société civile, incluant les syndicats. Son action est structurée selon différents secteurs (enseignement, politique linguistique, jeunesse) et comprends notamment un Service juridique « qui nous a permis de gagner de nombreuses causes en faveur de la langue » catalane. C'est également l'ACPV qui, grâce à un réseau de répéteurs terrestres, relayera pendant 25 ans les émissions de la télévision et de la radio publiques catalanes au Pays valencien, avant que le gouvernement valencien du Parti populaire ne l'oblige à mettre fin à ces retransmissions en 2011.

Escola Valenciana est un autre pilier de l'infrastructure culturelle des catalanophones au Pays valencien. Fondée en 1990 par des intervenants du monde de l'éducation militant pour une plus grande place du valencien à l'école, l'organisation a depuis élargi ses activités pour revendiquer l'usage normal du valencien dans d'autres domaines. Travaillant souvent en collaboration avec l'ACPV et étant structurée par plus d'une vingtaine d'organisations sur la base des comarques où elle est active, Escola Valenciana a organisé de nombreux événements et activités pour la promotion du valencien dans la musique, la littérature, les médias audiovisuels, les loisirs et offre, grâce à son Office des droits linguistiques, un service de consultation juridique « aux personnes à qui l'on nie le droit de vivre en valencien[69] ». Le réseau culturel des catalanophones valenciens est complété par un ensemble d'autres associations civiles localement ancrées. Quand elles ne se consacrent pas entièrement à la défense de la catalanité valencienne (comme l'Associació Cívica per la Llengua El Tempir au sud, ou Castelló per la Llengua au nord[70]) ou à l'étude de celle-ci (Fundació Nexe), il s'agit d'associations de la société civile qui, entre autres missions sociales, ont celle de contribuer à l'usage normal du valencien dans la Société valencienne (Associació Ciutadania i Comunicació).

Depuis la dernière décennie, les défenseurs politiques d'une égalité réelle des langues co-officielles, longtemps confinés aux marges du PSPV et à quelques petits partis, sont bien représentés dans le système de partis valencien et militent au sein de trois formations revendiquant à des degrés différents l'héritage du valencianisme politique : le PSPV revivifié depuis l'arrivée à sa tête en 2012 de Ximo Puig, qui sera président valencien de 2015 à 2023, le parti Compromís (« Engagement ») et la Gauche unie du Pays valencien de tradition communiste[71]. Ces trois partis se sont partagés le pouvoir entre 2019 et 2023 (avec la succursale valencienne du parti espagnol Podemos), après une première coalition PSPV-Compromís en 2015-2019 (appuyé de l'extérieur par Podemos). Cette collaboration s'est révélée plutôt fructueuse sur le plan de la politique linguistique, tout en révélant clairement les limites de l'habilitation des catalanophones dans la région valencienne[72]. Parmi les avancées réalisées durant cette période, on compte : la création d'un nouveau radio-télédiffuseur public, la création de divers prix, bourses et subventions pour appuyer les groupes et individus faisant la promotion du valencien, l'introduction d'une procédure pour récupérer la toponymie traditionnelle unilingue catalan (par exemple, la ville de *València* avec l'accent grave, au lieu de *Valencia* en castillan et sans accent), le rehaussement des heures d'enseignement de catalan à l'école et l'exigence du valencien dans les concours à la fonction publique.

Malgré ce nouveau contexte politique, force est de constater que ces partis, qui travaillent à améliorer la vitalité sociale et institutionnelle du catalan au Pays valencien, se sont butés à des contraintes judiciaires et politiques bien concrètes. En juillet 2018, par exemple, le Tribunal supérieur de justice de Valence a invalidé 12 des 35 dispositions d'un décret adopté par la coalition de gauche sur le fonctionnement de la fonction publique. Cette décision, qui sera confirmée en juin 2020 par le Tribunal suprême, touchait notamment à la priorité accordée au valencien dans le fonctionnement interne de l'administration et la communication avec le public (une mesure inspirée de la Catalogne), l'affichage unilingue valencien sur les édifices publics de la zone valencianophone et l'usage du valencien comme seule langue de communication avec les « communautés autonomes appartenant à la même aire linguistique que le valencien[73] ».

Il s'avère ainsi que le pouvoir d'agir du gouvernement valencien en matière de politique linguistique est largement dépendant du bon vouloir d'un ensemble d'acteurs et d'institutions ne partageant pas les mêmes intérêts. À titre d'illustration, si par exemple on voulait modifier le statut d'autonomie valencien pour y annuler les exemptions linguistiques prévues dans la zone à prédominance castillane, il faudrait d'abord obtenir l'appui des deux tiers des députés, avant de transmettre la demande au Congrès des députés à Madrid pour approbation, soumettre à la population le texte amendé puis, dans le cas d'un oui, espérer que ni le gouvernement espagnol, ni le Défenseur du peuple (l'ombudsman), ni un groupe d'au moins 50 députés ou sénateurs au parlement central (bicaméral) ou une autre communauté autonome ne dépose un recours pour inconstitutionnalité contre la réforme auprès du Tribunal constitutionnel, l'instance arbitrant les conflits de compétences entre les ordres de gouvernement, qui la suspendrait automatiquement jusqu'au jugement. On comprendra que, dans ces circonstances, le pouvoir d'agir des catalanophones sur la politique linguistique valencienne est lourdement limité.

Cela sans compter que les alignements politiques peuvent devenir largement défavorables à l'intérieur même du Pays valencien, ainsi que l'ont montré les résultats de l'élection de mai 2023 qui a reporté au pouvoir le Parti populaire, cette fois en coalition avec le parti d'extrême-droite Vox (créé en 2013). Fort de 53 sièges (sur les 99 des Corts valenciennes), la nouvelle coalition de droite n'a pas caché son intention de retourner au *statu quo ante* linguistique et a, dès septembre 2023, récupéré le nom castillan de la capitale en plus de celui en valencien, bien qu'en allant jusqu'à modifier ce dernier pour le rendre confirme au credo du sécessionnisme linguistique (*València*, avec l'accent aigu).

Conclusion : regards comparatifs

Il faut d'abord faire remarquer que l'éveil national de ces deux petites sociétés survient durant la même période : pour la première sous l'égide de la Société nationale de l'Assomption, créée en 1890; pour la seconde par l'entremise de l'association culturelle Lo Rat Penat, fondée 12 ans plus tôt. Dans les deux cas, on peut affirmer qu'une partie des élites de ces collectivités minorisées étaient conscientes de la nécessité de disposer de leurs propres institutions dans leur quête de reconnaissance et d'habilitation. Au Pays valencien, les acteurs politiques et culturels revendiqueront l'autonomie ainsi que la co-officialité du valencien très tôt au XXe siècle, mais cette effervescence aura une fin abrupte avec la mise en place du régime de Franco. Durant les années 1960, les enjeux identitaires et les revendications politiques réapparaîtront et seront à l'avant plan lors de la transition démocratique, débouchant ultimement sur l'adoption du statut d'autonomie en 1982. En Acadie, les revendications seront plus timides durant la première moitié du XXe siècle et viseront une acadianisation de l'Église catholique et la reconnaissance du français comme langue d'enseignement, avant de s'intensifier durant les années 1960 et 1970. Ainsi, pendant que le facteur religieux a participé à l'éveil national des Acadiens dans le contexte d'une cohabitation difficile entre protestantisme et catholicisme au Nouveau-Brunswick, l'Église catholique s'est révélée être un obstacle pour la mobilisation des catalanophones en appuyant sans réserve le projet d'uniformisation linguistique castillan sous le franquisme.

Les deux modèles d'aménagement des langues et des relations ethnolinguistiques étudiés dans ce chapitre émergeront ainsi dans des contextes de changements profonds et de mobilisations politiques. Au Nouveau-Brunswick, la *Loi sur les langues officielles* adoptée en 1969 contribua à rehausser le statut du français ainsi qu'à normaliser son utilisation dans l'appareil étatique provincial. Au début des années 1980, encore une fois dans un contexte politique tout à fait particulier, la province rajouta un deuxième pilier à son modèle d'aménagement de la réalité acadienne par l'adoption de la *Loi reconnaissant l'égalité des deux communautés linguistiques officielles au Nouveau-Brunswick*.

Certes, les Acadiens disposent aujourd'hui d'un réseau institutionnel dense; celui-ci comprend la gestion des écoles primaires et secondaires, d'une université de langue française et d'un réseau de collèges communautaires, le contrôle d'une régie de santé désignée francophone, la gouvernance de municipalités où ils sont majoritaires ainsi que d'organismes acadiens œuvrant dans les domaines des arts et de la culture, de l'économie, de l'immigration et bien d'autres. Or, ce réseau prend appui sur la *Loi sur les langues officielles* fédérale – et surtout sur les programmes de subventions des organismes qui en découlent[74] – de sorte que la complétude institutionnelle est aujourd'hui principalement soutenue par le modèle canadien d'aménagement des langues plutôt que par le modèle néo-brunswickois lui-même. Qui plus est, cette complétude institutionnelle n'est conjuguée à aucune réflexion politique sur la territorialité de la langue ou l'habilitation. Par exemple, bien que le principe de la dualité – l'autre pilier du modèle néo-brunswickois – ait le potentiel de servir de fondement à l'habilitation des Acadiens, ni les organismes acadiens, ni le gouvernement provincial ne raisonnent en termes de dualité, au sens où celle-ci reste à l'arrière-plan de la réflexion et de la prise de décisions plutôt que d'être un réel principe directeur de la vie politique néo-brunswickoise.

Outre-Atlantique, bien que le valencien ait été élevé au rang de langue co-officielle dans le statut d'autonomie de la Communauté valencienne, et même à celui de langue « propre », et ce, dans l'objectif explicite de sa « récupération » dans une référence claire aux 275 ans de castillanisation s'étant écoulés entre 1707 et 1982, la capacité réelle des Valenciens de l'utiliser est déficiente dans la majorité des secteurs. Ceci concerne clairement les domaines de la justice, de la santé, de l'administration de l'État, de la sécurité publique, de l'enseignement post-secondaire et des médias où les catalanophones n'ont aucun acquis linguistique, ainsi que l'illustrent clairement les rapports périodiques du Conseil de l'Europe, mais aussi les domaines de l'école et de l'administration locale où les quelques droits définis dans la législation valencienne se butent à des forces d'inertie institutionnelle et sociale persistantes. Dans pareil contexte, les engagements contenus dans le Statut d'autonomie tels que « [p]ersonne ne pourra être discriminé en raison de sa langue » (art. 7.3) demeurent des vœux pieux. En comparaison avec celle des Acadiens, la complétude institutionnelle des catalanophones valenciens apparaît comme bien faible. En somme, le seul secteur où ceux-ci peuvent s'estimer complets institutionnellement est le secteur culturel et associatif – sans doute le seul qui soit réellement comparable au Nouveau-Brunswick.

De manière plus générale, tels qu'ils sont conçus présentement, les modèles néo-brunswickois et valencien comportent des dispositions utiles mais restent tous les deux inadéquats pour assurer les conditions normatives et institutionnelles nécessaires à l'épanouissement des petites sociétés acadienne et catalano-valencienne. Les populations acadiennes et catalanophones sont toutes les deux largement concentrées au sein d'une unité fédérée et disposent de droits linguistiques, sans toutefois que ces droits fassent de leurs aires linguistiques une niche territoriale où elles disposent de pouvoirs leurs permettant d'adopter leurs propres normes dans les différents secteurs d'utilisation de leur langue. Au Nouveau-Brunswick, la concentration territoriale fait que les Acadiens sont majoritaires dans plusieurs municipalités, de surcroît contiguës, et exercent ainsi un contrôle au niveau local[75]. Cette forme de gouvernance est certes importante, voire essentielle, mais elle ne permet pas à elle seule d'assurer un épanouissement collectif. Le contrôle sur le plan local doit être jumelé à une habilitation politique de la collectivité acadienne dans son ensemble, une habilitation qui soit conjuguée à la niche territoriale. À la fin des années 1970, un comité présidé par Michel Bastarache, qui deviendra plus tard le premier juge acadien à la Cour suprême du Canada, proposait la création « d'un pouvoir d'initiative » permettant aux communautés minoritaires du Canada, y compris les Acadiens, de réclamer le transfert de responsabilités vers des structures municipales ou régionales[76]. Cette idée ne sera jamais reprise par les gouvernements, mais récemment, un regroupement acadien nommé l'Assemblée nationale de l'Acadie, a réinvesti la question du pouvoir en proposant de développer un modèle d'autonomie régionale pour les Acadiens des provinces maritimes.

Au Pays valencien, la concentration des locuteurs de la langue minorisée sur le littoral – tout comme au Nouveau-Brunswick – est certes un facteur de maintien du valencien. Son statut de « langue propre » de la communauté autonome et, à plus forte raison, l'existence d'une zone linguistique « valencianophone » où est garanti l'enseignement en catalan, semblent a priori dessiner les contours d'une niche territoriale à l'intérieur même du Pays valencien. Or, pendant que l'article 3.1 de la Constitution neutralise l'effet de niche à l'échelle de la communauté autonome, l'exemption accordée aux enfants castillans établis « temporairement » dans la zone valencianophone fait de cette dernière une coquille vide. Dans l'état actuel des choses, et ce, même si elle ne comprend qu'environ 10 % des Valenciens, c'est plutôt la zone castillanophone qui constitue une niche territoriale... au bénéfice du castillan. Si on avait suivi l'exemple de la Catalogne et des Baléares en matière d'éducation, c'est tout le territoire valencien qui aurait été une niche, car on aurait imposé à tous les élèves le valencien, parallèlement à l'apprentissage en castillan. Pour le reste, pensons notamment aux difficultés rencontrées par la coalition valencianiste pour imposer entre 2015 et 2023 le valencien comme principale langue de l'administration valencienne; c'est toute la question de l'habilitation politique des catalanophones qui est remise en cause. Leurs capacités d'agir – et donc celle des partis démocratiquement élus de légiférer en la matière (et dans bien d'autres!) – est en effet lourdement restreinte par un ordre constitutionnel qui penche nettement du côté du centre madrilène et du *Staatsvolk* castillan – le « peuple de l'État » espagnol.

Par ailleurs, notons le contraste éclatant existant dans les deux études de cas en ce qui a trait à l'unité de la langue minorisée dans leur contexte étatique respectif. Les appellations mêmes de *Communauté* valencienne et de langue *valencienne*, institutionnalisées par le statut d'autonomie, reflètent une volonté assumée de distancement par rapport au reste de l'ensemble linguistique catalan et font partie d'une entreprise délibérée de « décatalanisation » du Pays valencien visant à raffermir la position du nationalisme espagnol et du castillan. N'est-il pas ironique à ce sujet que l'institution ayant redonné au catalan au Pays valencien ses lettres de noblesse à la fin du XIXe siècle, Lo Rat Penat, ne soit devenu, par excès de zèle anti-catalan, le porte-parole par excellence du sécessionnisme linguistique depuis la transition démocratique ? Ce phénomène à la fois sociologique et politique n'a pas d'équivalent au Nouveau-Brunswick où les Acadiens sont fiers de participer à la francophonie canadienne sans pour autant vouloir devenir Québécois. Cependant, la « francophonisation » de l'Acadie a toutefois été critiquée par certains, voyant là une dépolitisation des organismes acadiens qui conçoivent la collectivité acadienne « comme une minorité de langue officielle plutôt que comme peuple[77] ».

Si ces deux petites sociétés ont chacune connu un éveil national au XIXe siècle, la mobilisation politique des Valenciens, qui démarre sur les chapeaux de roue, se voit considérablement étouffée sous le franquisme, dont les séquelles continuent de se faire sentir après 1975. Au Nouveau-Brunswick, à l'inverse, où la mobilisation politique des Acadiens a connu un développement plus lent, à l'évidence, les progrès politiques, linguistiques et institutionnels ont été beaucoup plus substantiels à partir de la « Révolution tranquille » des années 1960, sans pour autant parfaitement remplir la triple exigence de la territorialisation, de la complétude institutionnelle et de l'habilitation.

Notes

1. Voir par exemple Michael Keating, *Nations Against the State. The New Politics of Nationalism in Quebec, Catalonia and Scotland*, Londres, MacMillan, 1996; Alain-G. Gagnon et Ferran Requejo, *Nations en quête de reconnaissance. Regards croisés Québec-Catalogne*, Bruxelles, Peter Lang, 2011.
2. *Pays valencien* est l'appellation historique de la *Communauté valencienne*, qui elle est une création récente. Nous y reviendrons plus loin. Dans ce chapitre, nous utilisons principalement la première et limiterons l'usage de la seconde *stricto sensu* à la communauté autonome créée par la Constitution de 1978.
3. Ronald. L. Watts, *Comparaison des régimes fédéraux*, 2e édition, Montréal et Kingston, McGill-Queen's University Press, 2002.
4. Nous tenons à remercier sincèrement les deux évaluateurs anonymes pour leurs commentaires généreux et incisifs qui nous ont amenés à clarifier autant la nature de notre comparaison que sa portée. Notre approche consiste à comparer les modèles d'aménagement de la diversité nationale et linguistique mis en place par deux États fédérés, le Nouveau-Brunswick et la Communauté valencienne. Cette comparaison pourrait bien entendu être élargie pour inclure d'autres provinces canadiennes (la Nouvelle-Écosse et l'Île-du-Prince-Édouard, par exemple) ou d'autres petites sociétés européennes (la Tyrol du Sud et la Vallée d'Aoste en Italie, la Frise au Pays Bas, ou encore les Grisons en Suisse).
5. Jean Laponce, *Langue et territoire*, Québec, Presses de l'Université Laval, 1984; Jean Laponce, *Loi de Babel et autres régularités des rapports entre langue et politique*, Québec, Presses de l'Université Laval, 2006.

6 Raymond Breton, « Institutional Completeness of Ethnic Communities and the Personal Relations of Immigrants », *American Journal of Sociology*, vol. 70, n° 2 (1964), 193-205; Raymond Breton, « Les institutions et les réseaux d'organisations des communautés ethnoculturelles », dans *État de la recherche sur les communautés francophones hors Québec : actes du premier colloque national des chercheurs,* sous la direction de la Fédération des francophones hors Québec, Ottawa, Fédération des francophones hors Québec, 1985, 419; Raymond Breton, « L'intégration des francophones hors Québec dans des communautés de langue française », *Revue de l'Université d'Ottawa*, vol. 55, n° 2 (1985), 77-90.

7 Alain-G. Gagnon, *L'âge des incertitudes. Essais sur le fédéralisme et la diversité nationale*, Québec, Presses de l'Université Laval, 2011; Rémi Léger, « De la reconnaissance à l'habilitation de la francophonie canadienne », *Francophonies d'Amérique*, n° 37 (2014), 17-38.

8 Jean Laponce, « Le comportement spatial des groupes linguistiques : solutions personnelles et solutions territoriales aux problèmes de minorités », *International Political Science Review*, vol. 1, n° 4 (1980), 480.

9 Laponce, *Loi de Babel*, 16.

10 Laponce, *Langue et territoire*, 1.

11 Philippe Van Parijs, *Linguistic Justice for Europe and for the World*, Oxford, Oxford University Press, 2011, 146-149.

12 Pierre Foucher, « Autonomie des communautés francophones minoritaires du Canada: le point de vue du droit » *Minorités linguistiques et société*, n° 1 (2012), 102, 91.

13 Laponce, *Loi de Babel*, 16.

14 Breton, « L'intégration des francophones », 77.

15 Breton, « Institutional Completeness of Ethnic Communities », 193-205.

16 Breton, « Les institutions et les réseaux d'organisations », 9.

17 Breton, « L'intégration des francophones », 80.

18 Breton, « Les institutions et les réseaux d'organisations », 10.

19 *Ibid.*

20 Laponce, *Loi de Babel*, 166.

21 Gagnon et Requejo, *Nations en quête de reconnaissance*, 139.

22 Rémi Léger, « De la reconnaissance à l'habilitation de la francophonie canadienne », *Francophonies d'Amérique*, n° 37 (2014), 25.

23 Laponce, *Langue et territoire*, 1.

24 Laponce, *Loi de Babel*, 166.

25 Raymond Breton, « La communauté ethnique, communauté politique », *Sociologie et sociétés*, vol. 15, n° 2 (1983), 23-38; Raymond Breton, « Les institutions et les réseaux d'organisations », 13-19.

26 Voir Rémi Léger, « La politique linguistique néo-brunswickoise », dans *L'État de l'Acadie. Un grand tour d'horizon de l'Acadie contemporaine,* sous la direction de

27 Gaétan Migneault rappelle que les délégations néo-brunswickoises aux différentes conférences constitutionnelles n'ont jamais compris un député des comtés à forte présence acadienne, pas même un député anglophone; *Les Acadiens du Nouveau-Brunswick et la Confédération*, Lévis, Les Éditions de la Francophonie, 2009, 91.

Michelle Landry, Dominique Pépin-Filion et Julien Massicotte, Montréal, Del Busso Éditeur, 2021, 296-300.

28 Joseph Yvon Thériault, *Faire société. Société civile et espaces francophones*, Sudbury, Édition Prise de parole, 2007, 191.

29 À cette époque, les écoles dans les communautés acadiennes dépendaient surtout de l'Église catholique et la nouvelle loi scolaire eut pour effet d'interdire l'enseignement du catéchisme, en plus d'exiger que les membres du clergé obtiennent un permis d'enseignement de la *Provincial Normal School* établie en 1847. La province recula à la suite de plusieurs événements, dont la mort d'un jeune Acadien, Louis Mailloux, et d'un membre des forces de l'ordre lors d'un affrontement survenu à Caraquet, en permettant notamment l'utilisation des locaux des écoles pour l'enseignement du catéchisme à l'extérieur des heures de classe.

30 Nicolas Landry et Nicole Lang, *Histoire de l'Acadie*, 2e édition, Québec, Septentrion, 2014, 240.

31 Cet organisme est toujours actif et se nomme désormais la Société nationale de l'Acadie.

32 Cette société est désormais une entreprise d'assurances et de gestion d'actifs nommée Assomption vie.

33 Landry et Lang, *Histoire de l'Acadie*, 295.

34 Plus communément appelé « La Patente », l'Ordre de Jacques-Cartier était une société secrète avec pour mandat de promouvoir les intérêts du Canada français et, par extension, de l'Acadie. Elle opérait principalement dans les coulisses du pouvoir, visant à influencer les élus politiques, les fonctionnaires et les hommes d'affaire. Dans la foulée de la Révolution tranquille au Québec ainsi que les travaux de la Commission d'enquête sur le bilinguisme et le biculturalisme, l'Ordre de Jacques-Cartier sera dissout par ses membres en 1965.

35 Michelle Landry, *L'Acadie politique. Histoire sociopolitique de l'Acadie du Nouveau-Brunswick*, Québec, Presses de l'Université Laval, 2015, 57.

36 Michel Doucet, *Les droits linguistiques du Nouveau-Brunswick. À la recherche de l'égalité réelle!,* Lévis, Les Éditions de la Francophonie, 2017, 73.

37 Il faut noter ici que les changements qui ont cours au Nouveau-Brunswick durant cette période surviennent dans la foulée de changements importants au Québec mais aussi sur le plan fédéral (voir Will Kymlicka, *La voie canadienne. Repenser le multiculturalisme*, Montréal, Éditions Boréal, 2003). Le contexte sociopolitique plus large a très certainement eu un effet sur les décisions prises par le gouvernement néo-brunswickois en vue d'améliorer la reconnaissance et l'habilitation politiques de la population acadienne.

38 Joel Belliveau et Frédéric Boily, « Deux révolutions tranquilles? Transformations politiques et sociales au Québec et au Nouveau-Brunswick (1960-1967) », *Recherches sociographiques*, vol. 46, n° 1 (2005), 11.
39 Michael Poplyansky, *Le Parti acadien et la quête d'un paradis perdu*, Québec, Septentrion, 2018.
40 Doucet, *Les droits linguistiques*, 81.
41 Michel Doucet, *Le discours confisqué*, Moncton, Éditions d'Acadie, 1995.
42 Doucet, *Les droits linguistiques*, 291-302.
43 Pierre Villar, *La Catalogne dans l'Espagne moderne : recherche sur les fondements économiques des structures nationales*, vol. 1, Paris, Flammarion, 1977, 201-213. Il faut bien distinguer ici la *Couronne* d'Aragon dans son ensemble et le *Royaume* d'Aragon, beaucoup plus petit, qui n'en représentait qu'une des composantes et l'un des deux royaumes fondateurs, avec le Comté de Barcelone (qui sera appelé plus tard « Catalogne »). Malgré l'appellation « Couronne d'Aragon », c'est la Catalogne qui en fut la composante prépondérante, tant sur les plans politique et militaire, qu'économique et culturel (Josep Maria Nadal et Modest Prats, « Un bien chèrement défendu : la langue », dans *Histoire de la Catalogne*, sous la direction de Joaquim Nadal i Farreras et Philippe Wolff, Toulouse, Privat, 1982, 91-120).
44 Il s'agit de la formulation employée par Philippe V dans le premier Décret de Nueva Planta (« Refondation ») qui dissoudra les royaumes de Valence et d'Aragon en 1707. Sauf indication contraire, toutes les traductions vers le français sont le fait des auteurs du chapitre.
45 Alfons Cucó, *El Valencianisme polític: 1874–1939*, 2ᵉ édition, Catarroja, Editorial Afers, 1999 (1971); Albert Balcells, Manuel Ardit et Núria Sales, *Història dels Països Catalans. De 1714 a 1975*, vol. 3, Barcelone, Edhasa, 1980, 512-515.
46 Jean-Rémi Carbonneau, « Between Spanish and Catalan Nation-Building. The Pursuit of Cultural Security in the Valencian Country », dans *Dimensions of Security for National and Linguistic Minorities*, sous la direction de Jean-Rémi Carbonneau, Fabian Jacobs et Ines Keller, Bruxelles, Peter Lang, 2021, 357-391.
47 Cucó, *El Valencianisme polític*, 39-72.
48 *Ibid.*, 114-129.
49 *Ibid.*, 160-216.
50 Voir Cucó, *El Valencianisme polític*, aux pages 197-214, 249-252 et 291-297.
51 L'arrivée de ces gens venus chercher du travail dans les grandes villes fit passer la population valencienne de 2 480 879 personnes en 1960, à 3 646 765 en 1975 (Ferran Archilés et Manuel Martí, « Ethnicity, region and nation: Valencian identity and the Spanish nation-state », *Ethnic and Racial Studies*, vol. 24, n° 5 (2001), 794). Pareil « dirigisme démolinguistique » à grande échelle n'a pas d'équivalent moderne au Nouveau-Brunswick. Il faut remonter au Grand Dérangement pour voir des tentatives délibérées de modifier durablement la structure démographique en Acadie.

52 En plus de la Phalange espagnole, parti unique de tradition intellectuelle fasciste, les principaux piliers du régime franquisme étaient l'armée, les forces monarchistes, une puissante classe de propriétaires fonciers et, sans surprise, une Église catholique particulièrement réactionnaire (Montserrat Guibernau, *Catalan Nationalism, Francoism, Transition and Democracy*, Londres, Routledge, 2004, 34-45).

53 Deux numéros spéciaux de la revue *Afers* se penchent spécifiquement sur cette question : Ferran Archilés, dir., « Transició política i qüestió nacional al País Valencià », Numéro spécial, *Afers: Fulls de recerca i pensament*, n° 67 (2010); et Vicent Flor, dir., « De país a comunitat. Valencianisme polític i regionalisme », Numéro spécial, *Afers: Fulls de recerca i pensament*, n° 79 (2014).

54 Cette droite était représentée au parlement valencien par l'Union de centre démocratique (UDC) et l'Alliance populaire (AP). Issue de l'aile modérée du franquisme, l'UCD formera deux gouvernements minoritaires à Madrid (1978-1982) avant sa disparition en 1983, à la suite de quoi l'AP deviendra le principal parti de droite en Espagne et dans la Communauté valencienne, prenant le nom de Parti populaire en 1989.

55 Anselm Bodoque Arribas, « El model valencià de política lingüística », *Revista de Llengua i Dret*, vol. 56 (2011), 154.

56 L'un et l'autre conservent toutefois les quatre barres rouges sur fond jaune du drapeau de la Catalogne, éléments présents également sur les drapeaux de l'Aragon et des Baléares. La Generalitat valencienne, siège du gouvernement régional, conservera aussi le blason de Pierre IV comme logo officiel.

57 Flor, « De país a comunitat ».

58 Stephen May, *Language and Minority Rights. Ethnicity, Nationalism, and the Politics of Language*, New York et Londres, Routledge, 2012, 269.

59 Les comarques sont des divisions territoriales historiques situées entre les provinces et les municipalités et servent traditionnellement de points de repère aux Espagnols. Si la Catalogne et l'Aragon ont formellement « comarcalisé » leur territoire entre les années 1980 et 2000, le Pays valencien n'a toujours pas adopté la loi de comarcalisation prévue dans son Statut d'autonomie, même si dans les faits ces unités (34 en tout) servent de base à la prestation des services gouvernementaux et apparaissent sur les cartes de la communauté autonome.

60 Brauli Montoya Abat, « La legitimació possible al País Valencià », *Treballs de Sociolingüística Catalana*, n° 20 (2009), 218.

61 Il existait jusqu'en 2012 trois programmes parallèles dans la zone valencianophone dont l'un, le Programme d'immersion linguistique (PIL), permettait un enseignement entièrement en valencien. Les deux autres, le Programme d'enseignement en valencien (PEV) et le Programme d'incorporation progressive (PIP), conçus respectivement pour des classes de catalanophones et de castillanophones, prévoyaient un mélange d'enseignement en valencien et en castillan à des dosages différents.

L'abolition du PIL représente un important recul du point de vue de la complétude institutionnelle.

62 Sur les problèmes rencontrés par la Communauté valencienne dans l'application de ce traité international, voir également Carbonneau, « Between Spanish and Catalan », 377-379.

63 Conseil de l'Europe, Charte européenne des langues régionales ou minoritaires, *Application de la Charte en Espagne. 1er cycle de suivi*, Strasbourg, Conseil de l'Europe, 2005, 40; Conseil de l'Europe, Charte européenne des langues régionales ou minoritaires, *Application de la Charte en Espagne. 3e cycle de suivi*, Strasbourg, Conseil de l'Europe, 2012, 13-14; Conseil de l'Europe, Charte européenne des langues régionales ou minoritaires, *Cinquième rapport du Comité d'experts concernant l'Espagne*, Strasbourg, Conseil de l'Europe, 2019, par. 11 [en ligne : https://search.coe.int/cm?i=090000168096fa00].

64 Conseil de l'Europe, Charte européenne des langues régionales ou minoritaires, *Application de la Charte en Espagne. 2e cycle de suivi*, Strasbourg, Conseil de l'Europe, 2008, 94, 114; Conseil de l'Europe, Charte européenne des langues régionales ou minoritaires, *Application de la Charte en Espagne. 3e cycle de suivi*, 87, 106.

65 Moisés Pérez, « Valencians de segona », *El Temps*, 2019, 2 décembre 2019 [en ligne : https://www.eltemps.cat/article/8809/valencians-de-segona].

66 T. Rodriguez, « Condemnat a presó un conductor valencià per parlar català a la Guàrdia Civil », El Punt Avui, 20 septembre 2013 [en ligne : http://www.elpuntavui.cat/article/3-politica/17-politica/679378-condemnat-a-preso-un-conductor-valencia-per-parlar-catala-a-la-guardia-civil.html]; Moisés Pérez, « Valencians de segona », *El Temps*, 2019, 2 décembre 2019 [en ligne : https://www.eltemps.cat/article/8809/valencians-de-segona].

67 Le contenu de ce paragraphe s'appuie sur les informations fournies par le site de l'ACPV (s.d.).

68 Raymond Breton, « La communauté ethnique, communauté politique », *Sociologie et sociétés*, vol. 15, n° 2 (1983), 31.

69 Escola Valenciana Fédéració d'Associacions per la Llengua, « Oficina de drets lingüístics », s.d. [en ligne : https://escolavalenciana.org/web/qui-som/organigrama/, consulté le 26 novembre 2021].

70 Très évocateur du besoin valencien de complétude institutionnelle, cette dernière organisation, établie à Castelló de la Plana, quatrième agglomération du Pays valencien (environ 170 000 habitants), justifie son activité par « la volonté de vivre pleinement dans notre langue [...] que nous souhaitons vive, forte et unie et présente dans tous les domaines (de l'enseignement à la justice, du cinéma à la presse quotidienne) » (Castelló per la Llengua. « Qui som? » s.d., [en ligne : http://castelloperlallengua.blogspot.com/p/qui-som.html, consulté le 21 novembre 2021].

71 Lluís Català Oltra, « Llengua i ideologia en els partis polítics d'esquerra i centreesquera del País Valencià: una aproximació », *Treballs de Sociolingüística Catalana*, vol. 24 (2014), 113131.

72 Carbonneau, « Between Spanish and Catalan », 380-385.

73 Enguix, Salvador, « El Supremo ratifica que el valenciano no puede ser lengua prioritaria en la administración », *La Vanguardia, 2020*, consulté le 10 octobre 2021 [en ligne : https://www.lavanguardia.com/local/valencia/20201020/484199559674/supremo-ratifica-valenciano-no-puede-ser-prioritario-administracion.html].

74 Voir Rémi Léger, « Qu'est-ce que la gouvernance communautaire francophone ? » dans *Gouvernance communautaire et innovations au sein de la francophonie néobrunswickoise et ontarienne*, sous la direction de Linda Cardinal et Éric Forgues, Québec, Presses de l'Université Laval, 2015, 24-44; Michelle Landry, « L'institutionnalisation du militantisme acadien au Nouveau-Brunswick », *Revue internationale des Francophonies*, n° 7 (2020) [en ligne : https://publications-prairial.fr/rif/index.php?id=1049, consulté le 20 novembre 2021].

75 Environ 30 % de la population vit dans des territoires non municipalisés, nommés des districts de services locaux, et n'est donc pas représenté par un gouvernement local. En 2014, la Convention de l'Acadie du Nouveau-Brunswick a fait de « la pleine municipalisation du territoire » sa priorité absolue. Le gouvernement provincial a rendu public en novembre 2021 son plan de réforme de la gouvernance locale proposant de faire passer les districts de services locaux de 236 à 12, en plus de fusionner plusieurs municipalités.

76 Fédération des francophones hors Québec, *Pour ne plus être… sans pays. Une nouvelle association pour les deux peuples fondateurs*, Ottawa, Fédération des francophones hors Québec, 1979.

77 Mathieu Wade, « De peuple à minorité de langue officielle : la SANB et la quête d'un développement global, 1972-2016 », *Acadiensis*, vol. 47, n° 1 (2018), 224-233; voir aussi Joseph Yvon Thériault, « L'identité et le droit du point de vue de la sociologie politique », *Revue de common law en français*, vol. 5, n° 1 (2003), 43-54.

CHAPITRE 17

Désir et Infini : de l'altérité chez Jean-Marie Gustave Le Clézio, Simone Schwarz-Bart, Ken Bugul et Antonine Maillet

CORINA CRAINIC

> Les étrangers ne peuvent retrouver une identité qu'en se reconnaissant tributaires d'une même hétérogénéité qui les divise au-dedans d'eux-mêmes, d'une même errance entre chair et esprit, vie et mort[1].

Le thème de l'altérité a fait couler beaucoup d'encre, tant du côté de la littérature – qu'il s'agisse de fiction, essais ou œuvres à teneur biographique – que de celui de la critique. Pourquoi un tel engouement? Pourquoi ne pas passer enfin à autre chose? Il y a tant de réponses possibles, et si peu de solutions. C'est peut-être ce constat, d'expériences qui se répètent, de manières plus ou moins variées, qui invite les écrivains à tenter d'y voir plus clair, d'expliquer et peut-être trouver un dénominateur commun. Les beaux mots de Julia Kristeva, qui ancrent l'altérité dans la figure de l'étranger, évoquent une hétérogénéité qui relève aussi de Soi. C'est elle qui divise alors et condamne le sujet à l'errance. Ce n'est pas faux, en tous les cas pas selon les œuvres retenues ici. Pourtant, c'est autre chose qui semble s'y jouer, aussi ou surtout en amont de ce mouvement plus intime. Le sujet porteur des signes de l'altérité, de la maladie qui défigure, la féminité, la race ou d'un autre « écart » inquiétant, est susceptible d'être le destinataire de gestes qui ne sont plus de son fait. Il peut s'agir de mises à l'écart, qui se soldent par l'itinérance, le dénuement, les coups, la folie ou la prostitution. Les œuvres choisies évoquent tout cela de manière poignante. Cela dit, elles sont remarquables par l'intérêt qu'elles portent au regard posé sur l'Autre, et à ses effets souvent dévastateurs. C'est en affrontant ce regard que la plupart des personnages décrits se découvrent Autres, indésirables et parfois monstrueux. C'est le regard qui créerait alors la différence, les visages qui se déforment et se dissimulent, ou les pays d'antan marqués par des guerres différentes. C'est aussi le regard qui apaise, qui cherche et parvient à trouver des liens qui vaillent. Enfin, c'est l'hétérogénéité des œuvres littéraires qui permet de penser la répétition d'une même forme, de l'altérité qui s'immisce çà et là, crée et déforme visages et regards, et en appelle à l'Infini rêvé par Levinas.

✣ ✣ ✣

Dans son essai intitulé *Totalité et Infini*, Emmanuel Levinas lie l'altérité à sa capacité à susciter le Désir : « Le Désir est désir de l'absolument Autre[2]. » Plus important encore, elle semble indispensable, le Désir étant soulevé *par* ou *grâce* à l'Autre. La différence devient une invitation à envisager des relations qui se tissent hors des repères usuels. Ce Désir, métaphysique, n'est pas redevable à une absence – désir alors primaire – mais se pose comme élan, ouverture et même générosité. Le sujet dépasserait ainsi ses limites ou aspirations plus prosaïques et communiquerait avec un Autre, vivant, rêvant, désirant peut-être autrement. Cet Autre ou cet Autrui[3] mène donc invariablement vers un *au-delà* correspondant à l'Infini. Chez Levinas[4], c'est bien la part tout à fait Autre de l'Autre qui peut devenir Autrui, cet être ou cet état d'une importance capitale pour Moi. La conscience qui l'observe en serait éblouie ou à tout le moins bouleversée : « Aborder Autrui dans le discours, c'est accueillir son expression où il déborde à tout instant l'idée qu'en emporterait une pensée. C'est donc *recevoir* d'Autrui au-delà de la capacité du Moi; ce qui signifie exactement : avoir l'idée de l'Infini[5]. » Cette relation adviendrait par une grâce relevant du divin, l'Infini seul permettant de mettre à mal les cadres plus ou moins rigides ayant cours habituellement. L'indéchiffrable et splendide intégrité de l'Autre, tout comme son articulation à Soi, seraient sauvegardés : « La notion cartésienne de l'idée de l'Infini désigne une relation avec un être qui conserve son extériorité totale par rapport à celui qui le pense[6]. » Le présent article analyse ainsi quelques facettes de cette relation problématique, ce qu'elle peut comporter de Désir de l'Autre mais aussi de violence, infligée à l'Autre et par l'Autre.

Les œuvres sélectionnées, *Alma*[7] de Jean-Marie Gustave Le Clézio, *Pluie et vent sur Télumée Miracle*[8] de Simone Schwarz-Bart, *Cendres et braises*[9] de Ken Bugul et *Madame Perfecta*[10] d'Antonine Maillet expriment les apories, les menaces et parfois même les promesses du décentrement. À l'évidence, l'étranger répugne mais invite aussi en certaines instances à accueillir, d'une manière inespérée relevant du divin ou encore des prescriptions religieuses. Nous le verrons, *Alma* est une ode à la tristesse d'un homme qu'on rejette sans hésitation. Originaire d'une société créole encore attachée à des idées illusoires et néfastes, Dodo est doublement marginal : il est métissé, et atteint d'une maladie qui le défigure. Orphelin de père et de mère, délaissé par la plupart des membres de la famille, il se consacre à l'errance, à l'île Maurice et par la suite en France, où il meurt dans l'indifférence générale. *Pluie et vent sur Télumée Miracle* décrit la vie d'une Guadeloupéenne dont le pays natal est le cadre des mauvais traitements et de l'angoisse. Les clivages sociaux hérités de l'époque coloniale y sont des obstacles insurmontables et la condition des femmes laisse toujours à désirer. Ici, la différence raciale s'ajoute à une féminité brimée qui rappelle la débâcle parisienne de l'amoureuse de *Cendres et braises*. En effet, ce roman de Ken Bugul décrit les déboires d'une étrangère, prisonnière d'une passion pernicieuse. Venue à Paris par amour pour un Français rencontré au Sénégal, elle découvre abasourdie le dégoût immense qu'elle suscite. *Madame Perfecta* fait plutôt état de la rencontre d'une écrivaine et d'une femme de ménage à Montréal, où se superposent les souvenirs des terres natales, l'Acadie et l'Espagne. En ce sens, l'Acadie de Maillet, tout comme la plupart des univers d'où sont issus les personnages à l'étude, ne correspond plus à un pays à reprendre. Pensons ainsi aux propos de Jacques Ferron qui écrivait dans l'introduction à la pièce de théâtre *La veuve enragée*[11] : « L'Acadie s'est redonné honneur et courage grâce à ses auteurs et ses chansonniers. La part d'Antonine Maillet y est grande, simplement en donnant parole à ceux des siens qui n'avaient pas les moyens de se dire Canadiens. Et c'est cela, je crois, qui couronne une œuvre : qu'elle rallie les siens et leur redonne une identité qu'ils étaient en train de perdre[12]. » Pourtant, l'Acadie de *Madame Perfecta* y est surtout une origine ouverte à une détresse autre. Elle demeure l'origine, importante entre toutes, et devient l'horizon douloureux et attendrissant qui permet de recevoir l'Autre[13]. L'Acadie mailletienne ne correspondait alors plus aux seules marges d'un Canada de langue française mais à un univers décalé, traversé, altéré et (re)modulé par des aspirations et des écueils divers. Cela en fait un roman du déchirement *et* d'une ouverture à l'altérité, plus apte à aborder dans le cadre d'une telle analyse.

Les univers décrits par les œuvres à l'étude, si éloignés et pourtant si semblables, dépeignent des figures de l'étranger[14] qui étonnent, répugnent et fascinent. Leur présence, précieuse entre toutes chez Levinas, est souvent intolérable. Les personnages de ces romans expriment ainsi le besoin de faire sens des parcours intimes – arrimés à une histoire collective tragique – des affres de l'exil et aussi de quelques horizons de l'accord. Dodo, Télumée, Ken et Perfecta sont à l'image des parcours d'écrivains préoccupés par l'avènement d'un « espace de création[15] » qui fasse fi de l'étroitesse de certains cadres sociaux. Il s'agit alors d'envisager quelques préoccupations des marges, linguistiques, géographiques, politiques ou d'une féminité qui peine à accéder à la dignité. Liées par leur avènement en des univers où s'insinue le passé colonial européen[16], celles-ci dressent le tableau poignant des dénis et élans d'un Autre qui ne peut demeurer silencieux. Elles permettent aussi de mieux comprendre les préoccupations inscrites en des sphères littéraires rarement abordées en tant que *communauté*[17]. L'île Maurice, les Antilles, le Sénégal, l'Acadie, Montréal, la France et l'Espagne, que les personnages délaissent ou vers lesquels ils migrent, sont pourtant autant de lieux du décentrement et d'une certaine ouverture[18]. Ils permettent de mieux saisir les tourments de femmes et d'hommes ayant en commun l'extrême vulnérabilité et, malgré tous les risques, la volonté de prendre la mesure de l'Autre. L'analyse en quatre étapes[19] sera ainsi l'occasion d'examiner les échecs et éclats des protagonistes de ces œuvres et mettre en lumière les manières dont leurs appels peuvent corroborer le sentiment de Levinas. Et ce sentiment, d'une exigence telle qu'il est souvent hors de portée, dévoile ses failles, tout comme son étonnante portée.

De l'étranger : le clochard au visage brûlé

Étrange étranger. Un regard trop insistant. Des yeux qui ne savent pas soutenir la charge de l'inquiétude ou encore rappeler un monde connu, ordonné par les souvenirs, les habitudes, l'affection, les liens à une famille ou des amis. L'étranger déforme en quelque sorte la réalité, y insérant des manières d'exprimer un refus ou une envie inconnue, et de ce fait parfois désagréable. Évoluant loin de l'univers familier, il devient le miroir où sont projetées diverses émotions, des relativement bienveillantes aux plus sinistres, l'envie de lui faire violence n'étant pas exclue. La réalité dénaturée et le visage devenu détestable en appellent à un effort de théorisation, seul apte à les associer à une vérité ou une simplicité révélatrice : « Quand le fond monte à la surface, le visage humain se décompose dans ce miroir où l'indéterminé comme les déterminations viennent se confondre dans une seule détermination qui "fait" la différence. À quel point les visages se déforment dans un tel miroir. Arracher la différence à son état de malédiction semble alors le projet de la philosophie de la différence[20]. » L'étranger peut donc devenir une cible, pour certaines émotions des plus nocives. Les traces que celles-ci laissent en lui sont alors visibles, terriblement. Sa différence, créée, semble-t-il, surtout par le regard qui l'évalue, infléchit son univers intime au point de rendre inopérantes la bienveillance, la sympathie et parfois même l'amitié. Kristeva écrit alors : « Y a-t-il des étrangers heureux ? Le visage de l'étranger brûle le bonheur. D'abord, sa singularité saisit : ces yeux, ces lèvres, ces pommettes, cette peau pas comme les autres le distinguent et rappellent qu'il y a là quelqu'un. [...] Du coup de cœur au coup de poing, le visage de l'étranger force à manifester la manière secrète que nous avons d'envisager le monde, de nous dévisager tous, jusque dans les communautés les plus familiales, les plus closes[21]. » L'acte de dévisager, *a priori* neutre, est accompagné de définitions de l'altérité qui élèvent parfois, blessent souvent. *Alma* de Le Clézio met en scène la misère d'un homme, vivant à l'écart de tout et de tous, faisant peur aux enfants mais pas seulement, la maladie contractée lorsqu'il était très jeune devant apposer son sceau épouvantable sur son visage, son corps et son esprit. Selon Moser, c'est son humanité même qui est mise en doute : « For all intents and purposes "dodo" is denied full personhood and the ethical dignity that accompanies this recognition, since his deformed body defies any sort of easy compartmentalization into "binary pairs" predicated upon dichotomous thinking (Idelson-Shein, 49)[22]. » Le regard qui classifie et rejette est alors associé à un mode de pensée simpliste, l'être humain devenant un monstre[23]. Défiguré par la syphilis, Dodo incarne un des aspects les plus redoutables de la différence, la maladie qui le dévore inspirant une peur irrépressible. Il incarne également les regrets de Le Clézio. Jacqueline Dutton écrit ainsi : « His motivations are not to portray his ancestors or himself in a positive light, nor to relay a nostalgia for happier times. Instead, he strives to give something back to the communities that were exploited by his plantation-owning family in Mauritius. He wants to tell their stories and validate their struggles against the colonial hierarchies that robbed them of their lands and identities[24]. » Isabelle Constant souligne d'ailleurs la volonté de Le Clézio de rendre compte de l'histoire désolante de l'île Maurice : « Le Clézio, en tant qu'écrivain engagé, dénonce dans *Alma* à la fois l'exclusion, et l'exploitation en en démontrant la perpétuation des mécanismes[25]. » Elle note bien l'importance du regard, une véritable arme mais parfois aussi source de réconfort : « Le regard des autres est bien souvent ce qui exclut les marginaux de la société et leur propre voix et regard se trouvent en conséquence annihilés. En contrepartie, Le Clézio explore tous les regards, celui des victimes, des bourreaux et des témoins[26]. » Le regard posé sur le protagoniste d'*Alma* le condamne à parcourir sans fin Maurice, où il est né et où il a longtemps rêvé d'une épouse et d'enfants aimants. Hélas, c'est à la course effrénée vers une destination inconnue qu'il doit se dédier. Après avoir parcouru les routes poussiéreuses de son île qu'il aime malgré tout, c'est en France qu'il erre désormais, grâce à l'intervention d'une femme qui le prend en pitié. Il rejoint là maints autres déshérités qui l'accueillent et l'accompagnent.

Cela dit, Dodo inspire un dégoût profond à la plupart des personnes rencontrées au gré de ses pérégrinations. Malgré le français châtié et les formules de politesse qu'il emploie, il demeure un paria, à Paris comme à Maurice : « Maintenant, les gens qui me croisent détournent les yeux. Ou bien ils me fixent, et je sens leur regard qui me suit derrière mon dos. Les enfants pleurent parce que je leur fais peur, et les filles reculent en disant : *"Ah! Ayomama!"* Longtemps ça me fait mal[27]. » C'est peut-être ce désarroi qui le pousse à traverser Maurice, Paris et Nice, en énumérant les noms des ancêtres qui l'ont condamné, tout comme ils ont condamné ses parents. Esseulé, Dodo tente tout de même de se tenir du côté de la vie, là où les relations ne sont pas teintées de méfiance : « J'aime la Louise parce que c'est le carrefour des vivants. Là-bas, en bas, à Flic en Flac, à Belle Mare, à Blue Bay, à Grand Baie, ils sont morts. Ils sont arrêtés, ils ne bougent plus. [...] Ils sont enfermés derrière leurs murs de corail, dans leurs campements, dans leurs villas, dans leurs condos [...]. Ils ne sortent pas à midi, pour ne pas être brûlés par le soleil et asphyxiés par les gaz des camions[28]. » À l'évidence, ils ne craignent pas seulement le soleil, sa capacité à brûler la peau et les faire ressembler à quelqu'un comme Dodo. C'est leur existence à l'île Maurice qui les angoisse tout autant, et peut-être la déchéance éventuelle : « La Louise leur fait peur. Ils n'ont pas le visage mangé[29]. » Le clochard pathétique est un écho de la hantise des gens qui l'ont rejeté, à cause de son origine métisse : « Autrement dit, l'exclusion de Dodo fait résonner dans le texte, en contrepoint au récit de Jérémie, le non-dit colonial et raciste de l'île[30]. » C'est aussi cela qui oblige Dodo à se tenir d'un certain de côté de la barrière invisible mais bien réelle qui trace les périmètres de la vie et de la mort, de Soi et de l'Autre, de l'étrangeté et de la complaisance. Malgré sa soif de connaissance, son existence se termine comme il est attendu, dans la solitude immense des exclus.

Un autre visage pour survivre

Le roman de Simone Schwarz-Bart décrit la vie de Télumée Miracle, depuis ses premières amours jusqu'à ses derniers jours. Délaissée par sa mère, Télumée quitte son village, L'Abandonnée, pour se réfugier près de sa grand-mère adorée, Reine Sans Nom. Au contraire de Dodo, elle grandit dans une atmosphère relativement insouciante, à se délecter de la vie, des enseignements de man Cia, la sorcière esseulée et bienveillante, et des voisins qui acceptent parfois de laisser de côté jalousie et mesquinerie. Pendant un long moment, tout se passe comme si nulle infortune véritable ne pouvait l'atteindre. Ce bonheur simple ne parvient pourtant pas à prémunir Télumée de l'amertume qui enveloppe l'univers natal, où la pauvreté et la violence ont souvent raison de tout et de tous. Chacun se souvient du passé esclavagiste et elle en décèle aussi les traces odieuses, dans la nature même, et cette mélancolie déroutante que les siens éprouvent par moments. Kitzie McKinney y voit une misère si grande qu'elle fracture la société et refoule les personnages vers les marges. Il s'agit bien d'un univers qui n'a rien de rassurant, mis à part l'amour maternel[31] : « Subject to extreme poverty, equally extreme whims of nature, and exhausting labor in the cane fields, Télumée's peers live beyond the fixed social codes and laws [...]. Their disjointed shreds of existence are too used, too worn, too faded to be drawn together or otherwise composed[32]. » Au-delà de la gaieté affichée parfois comme par défi, la grande quête est celle d'une simple aisance. Selon Rumf, Simone Schwarz-Bart procède ici, comme dans *Ti Jean L'horizon*[33] d'ailleurs, à une recherche identitaire : « Ella expresa en ambas novelas una postura espiritual que implica una toma de posición : encontrarse a sí mismo la propia identidad cultural (y política)[34] » – « Elle rend compte dans les deux romans d'une posture spirituelle qui exprime une prise de position : découvrir sa propre identité culturelle (et politique)[35]. » Nous y voyons également un élan d'un autre ordre, une recherche tout intime, d'un sens à donner à la vie et d'une subjectivité enfin désentravée.

> En ces villages où règne surtout l'absurde, les coups du destin sont inévitables :
> Lorsque, les longs jours bleus et chauds, la folie antillaise se met à tournoyer dans l'air au-dessus des bourgs, des mornes et des plateaux, une angoisse s'empare des hommes à l'idée de la fatalité qui plane au-dessus d'eux, s'apprêtant à fondre sur l'un ou l'autre, à la manière d'un oiseau de proie, sans qu'il puisse offrir la moindre résistance. Ce furent les épaules de Germain que toucha l'oiseau, et il lui déposa un couteau entre les mains, le dirigea vers le cœur de mon père. L'homme Angebert avait mené une existence réservée, silencieuse, il avait si bien effacé son visage qu'on ne sut jamais qui était mort ce jour-là[36].

Ce meurtre s'inscrit dans un ensemble de drames qui ponctuent la vie des femmes Lougandor. Il indique que le bonheur y est tout au plus passager : « When good fortune and happiness arrive in a household, it is only a matter of time until fate reveals its cruel game of reversal [...]³⁷. » Le paragraphe fait également allusion à une stratégie de survie, adoptée par Angebert et Télumée, qui s'évertuent à être discrets afin de conjurer le sort. Singulièrement, celle-ci consiste en « un effacement » du visage saisi comme expression (de Soi) inacceptable. Cela leur réussit plutôt bien : la suite du roman indique que la violence peut effectivement être évitée en s'oubliant, réprimant pulsions, colères ou même simples souhaits.

Malgré cela, malgré les soins infinis que lui prodigue Reine Sans Nom, Télumée découvre sidérée l'ampleur du mépris qu'elle provoque, à l'instar de Marie et Dodo. Ne pouvant plus subvenir correctement à leurs besoins, sa grand-mère, parvient à la faire embaucher comme servante chez des descendants de Békés. Elle l'instruit alors quant à la manière de se protéger, en préservant sa joie de vivre et même sa dignité. Rien ne prépare pourtant la jeune femme au nouveau statut qui est le sien. Loin de chez elle, travaillant sans arrêt, elle est plus vulnérable que jamais : « Mon rire s'élevait en notes plus aiguës, et les invités eux-mêmes s'en apercevaient, disaient à Mme Desaragne, tandis que je servais le punch : – Vous avez l'art, ma cousine, de vous entourer de beaux objets... comment donc les dénichez-vous³⁸ ? » Enfin, elle accuse le coup : humiliée par le regard de cette femme, elle en vient à douter de son droit de réclamer justice, et de son humanité même. Télumée n'est certes plus le « petit verre en cristal » de Reine Sans Nom. Elle est plutôt la proie « d'yeux métalliques, perçants, lointains³⁹ ». Elle adopte donc encore la stratégie qui doit conjurer le destin : « Je ne songeais qu'à manœuvrer, me faufiler à droite, à gauche, avec une seule idée au milieu de mon cœur : il me fallait être là, comme un caillou dans une rivière, simplement posé dans le fond du lit et glisse, glisse l'eau par-dessus moi, l'eau trouble ou claire, mousseuse, calme ou désordonnée, j'étais une petite pierre⁴⁰. » Les paroles confirment l'intention mortifère du regard, creusant ainsi davantage le fossé qui sépare la servante de sa patronne. Selon McKinney : « It is thus not surprising that in Télumée's story the uncontested masters of dehumanizing language and gesture are the Desaragne, the last local descendants of the great white masters⁴¹. » Lorsque l'héritière des Békés devient plus odieuse que jamais, lui demandant comment elle peut vivre « dans la boue, le vice, les bacchanales⁴² » ou encore « combien de coups de bâton⁴³ » elle reçoit de son homme, Télumée pense à man Cia. Experte en souffrances, cette dernière lui avait suggéré d'imaginer qu'elle a deux visages, le vrai étant toujours invisible, dissimulé sous le masque protecteur. Elle devient alors « [...] un vrai tambour à deux faces, [qui] laisse la vie frapper, cogner, mais conserve toujours intacte la face de dessous⁴⁴ ».

Cette proposition est tout à la fois cruelle et touchante : la vérité doit être cachée, tout comme les émotions, les désirs et les projets, afin de préserver un sujet sans défense. La jeune femme rejoint symboliquement ces personnes qui tentent de s'effacer, et se prémunir ainsi de l'ennemi qui rôde.

Il n'est ainsi pas étonnant que Télumée choisisse de vivre parmi des marginaux, dont l'allure témoigne d'une souffrance bien connue. Elle décrit ses nouveaux voisins comme suit : « Les gens du morne La Folie se dénommaient eux-mêmes la confrérie des Déplacés. Le souffle de la misère les avait lâchés là, sur cette terre ingrate, mais ils s'efforçaient de vivre comme tout le monde, de se faufiler tant bien que mal, entre éclair et orage, dans l'éternelle incertitude[45]. » Ayant délaissé un univers qui les blesse à répétition, ils en conservent tout de même la retenue recommandée par man Cia : « Ils avaient des visages impassibles, des yeux imprenables, puissants, immortels[46]. » Non plus effrayée mais éblouie, Télumée exprime la joie d'intégrer enfin une collectivité à sa mesure : « Et une force étrange déferlait en moi à les voir, une douceur alanguissait mes os et sans savoir pourquoi, je me sentais pareille à eux, rejetée, irréductible[47]. » Elle apprend à vivre à la manière de Reine Sans Nom et de man Cia, protégée par son visage et son regard devenus forteresses, et tous ces gens qui la comprennent et l'accueillent donc sans hésiter.

L'envie de défigurer : des femmes et de la violence

Cendres et braises, écho d'une autre œuvre sidérante de Bugul[48], exprime l'infortune d'une femme qui a perdu les repères de sa collectivité originelle. Délaissant son Sénégal natal, elle rejoint la France, le Paris de la bourgeoisie plus précisément, accompagnant un homme dont elle sait peu de choses et qu'elle aime pourtant éperdument. Le faubourg Saint-Germain, qu'elle découvre avec délectation, et les boutiques huppées où elle fait ses courses, ne parviennent pas à dissimuler la sinistre réalité. Celui qu'elle appelle « son homme » est en fait marié, alcoolique et violent : « La protagoniste des *Cendres et braises* se trouve dans une situation à risque élevé dès le début. Après avoir déménagé en France, elle s'installe à l'appartement d'Y. et ne fait que l'attendre. [...] Elle doit aussi faire face à la discrimination raciale : quand Y. appelle la police après l'avoir battue, Marie est tout de suite ramenée à un hôpital psychiatrique[49]. » Leur relation infernale oscille entre une passion destructrice et une haine décuplée à l'évidence par le racisme. Par ailleurs, Ken apprend horrifiée le sort qu'il réserve à son épouse : « Il était allé jusqu'à me demander si je ne connaissais pas parmi mes compatriotes ou connaissances quelqu'un qui pourrait la défigurer[50]. » Y., que Marie aime et apprécie pour son raffinement et une certaine générosité entre autres choses, lie en un même fantasme destructeur deux figures de l'Autre, en l'occurrence l'étranger devenu d'emblée criminel et une femme qui ose le critiquer. L'altérité, raciale et sexuelle, est envisagée selon les pulsions désordonnées d'un homme qui multiplie les actes répréhensibles. Ses penchants ne peuvent être endigués et se manifestent indéfiniment, selon les lois d'un crescendo infernal. Après un repas au Bois de Boulogne, Marie subit ce que l'épouse de son amant a pu éviter. C'est elle qui est défigurée, insultée et menacée. Comme Dodo, à Paris mais aussi à l'île Maurice, comme Télumée dans sa Guadeloupe natale, Marie disparaît en quelque sorte, pour faire place à une subjectivité vidée de son sens.

À l'instar de l'œuvre de Le Clézio, celle dont il est question ici contient des éléments importants de biographie[51]. Bugul rend compte d'un pan de son histoire et elle explique : « C'est peut-être le livre le plus douloureux que j'ai écrit de ma vie, parce que c'est d'une violence! Quand je l'écrivais, j'avais l'impression de recevoir encore des coups. [...] Il fallait absolument faire quelque chose sinon j'allais sombrer complètement dans la folie, ou même je pouvais en mourir. Cet homme avec qui je vivais pouvait me tuer[52]. » Le phénomène de marginalisation est à comprendre et peut-être dépasser grâce une activité créatrice à visée thérapeutique[53], où s'inscrivent l'épouvante et le désir de faire sens de cet épisode particulièrement douloureux. La protagoniste est sauvée de justesse, grâce au retour au pays natal, seul refuge disponible désormais. En fin de parcours, elle décrit brièvement sa nouvelle vie, auprès du Marabout et de ses épouses : « Je découvris les délices des mets simples et l'instant merveilleux avant la pluie et après la pluie. Je sentais en moi une nouvelle fraîcheur des sens et des sensations. Que les matins sont délicieux à la campagne. [...] Ma mère vient d'apprendre par la Mauresque et sa voisine que le Marabout m'avait épousée. Mille Gloires Au Créateur des Harmonies Éternelles[54]. » Ce lieu, son époux, sa mère qui s'est tant inquiétée pour elle, deviennent le havre de paix dont elle a tant besoin. À l'instar de Télumée, Ken réapprend à vivre, et à rêver, quitte à s'isoler en quelque sorte, dans un univers originel qui ne la réduit pas à sa différence.

Acadie, Espagne, Montréal : exils et compassion

Dans *Madame Perfecta*, la figure de l'étranger subit une certaine violence[55], mais elle donne aussi envie d'écouter attentivement, regarder longuement et tout apprendre d'une femme émouvante. Perfecta, qui a fui l'Espagne et la guerre, enchante la narratrice acadienne et montréalaise d'adoption. Si elle ne peut éviter les affres de l'immigration[56], dont le travail éreintant et peu payé, de couturière d'abord, de femme de ménage par la suite, elle échappe au sort de Marie[57] qui est adorée mais battue, couverte de cadeaux somptueux et traitée comme une criminelle. Perfecta n'est pas non plus déshumanisée comme Télumée, qui doit s'inventer un second visage pour supporter regards malveillants, insultes et tentatives de viol. Elle n'est pas défigurée par la maladie ni rejetée à cause d'une ascendance honnie, comme c'est le cas de Dodo. Enfin, elle n'erre pas seule dans une ville inconnue mais se délecte plutôt de son foyer, son époux qui la soutient depuis le premier jour et ses enfants adorés.

Il faut noter par ailleurs qu'au-delà de ce qui lie Perfecta à d'autres personnages féminins des romans de Maillet, elle s'en éloigne par moments de manière significative. Selon Lise Ouellet, « [...] le travail mémoriel effectué par Antonine Maillet privilégie la rébellion du personnage féminin [...][58] ». Si l'Espagnole incarne le dévouement et la détermination, elle mène une vie qui correspond aux conventions sociales traditionnelles. Dans ce même sens, les romans de cette écrivaine tendraient pour la plupart à décrire « [l]a désagrégation des valeurs patriarcales [...][59] ». Il est vrai que le roman raconte aussi l'amour qu'éprouve Tonine envers sa femme de ménage, rappelant *Chronique d'une sorcière de vent*[60] où certaines normes sont (plus clairement) enfreintes. Pourtant, force est de constater que Perfecta est une femme rangée, préoccupée par ses enfants, son époux et ses tâches ménagères. Celles-ci lui valent d'ailleurs un respect évident : « Le ménage, mouvement récurrent dans un bon nombre de ces romans, semble aussi être représenté comme un moment de transition entre le vieux et le neuf, comme un rituel d'assainissement, de remise en ordre. Les nombreuses femmes de ménage de l'œuvre d'Antonine Maillet font figure d'éclaireuses, apportant avec elles une sagesse et une clarté de vision[61]. » Cela souligne encore la singularité de ce roman qui évite le recours effréné aux thèmes appréciés mais aussi longtemps critiqués[62] chez Maillet. Il ne faut pourtant pas s'y méprendre : la marginalité est ici aussi une malédiction. L'angoisse demeure, terrible, incontournable, se manifestant de manière diffuse mais déterminante. Le visage de l'Espagnole que « mamozelle Tonine » ne cesse de scruter, cache en effet la douleur des origines, qui l'a incitée à quitter le pays natal et s'installer à Montréal, havre de paix toute relative. Tonine explique bien ce dont il est question : « La mort de l'Espagne mutilée. Le silence de l'Histoire avortée. Votre besoin de partir, Perfecta, fuir une terre maudite, attendre, attendre toute une vie si nécessaire que l'Espagne se revigore, que le pays renaisse de ses cendres[63]. »

Le propos de ce personnage transi d'amour permet de comprendre que l'être humain défiguré cède la place au pays qui suinte la douleur, mutilé qu'il est par la guerre. C'est d'un autre visage qu'il s'agit, de visages multiples en fait, des facettes d'un univers qui se décompose. À titre d'exemple, l'écrivaine décrit un peu de ce que son amie découvre lorsqu'elle rentre en Espagne : « L'école de même était en ruine : celle où elle avait appris à lire, écrire, compter, réciter les rivières et les montagnes, les villes et les provinces, dessiner la carte de Castille et d'Aragon. La carte de l'Espagne. Son Espagne aux visages multiples[64]. » Tonine comprend qu'il s'agit alors de redonner forme à l'Espagne « en terre nouvelle plus prometteuse que l'ancienne[65] ». Nostalgique, à jamais attristée, Perfecta essaye en effet de faire renaître le pays natal en cette terre d'adoption québécoise. Elle doit inventer quelque chose, *imaginer*, non pas un second visage, à l'instar de Télumée, mais ce qui s'avère être un nouveau pays.

Au cœur de cette communion, qui assure l'échange et la tendresse, l'essentiel se situe dans un au-delà intime, intangible et inattendu. Tonine écrit ainsi : « Son regard est si intense qu'il m'a happée, emportée en amont, trainée dans ces lointaines origines qui se confondent aux miennes. Nous avons dépassé l'Amérique et l'Espagne, franchi une barrière pourtant infranchissable. Je la laisse m'accrocher à la queue de la comète qui pénètre par un nombril rabougri jusqu'au siège de son existence, un si court passage entre deux infinis[66]. » L'affection qu'elle éprouve pour Perfecta est en fait telle qu'elle associe leur relation à une destinée commune, inévitable et nécessaire. Ainsi, elle lui demande, éperdue : « Aviez-vous conscience comme moi que notre rencontre n'était pas fortuite[67] ? » L'inquiétude de la femme de ménage cède aussi la place à la joie et même à l'émerveillement, le souvenir de la terre saccagée « des rois très chrétiens[68] » ne la terrifiant plus comme avant. Elle est parfois apaisée, par l'affection d'une romancière qui nomme à peine ses origines, associées aussi, comme son occupation d'ailleurs, à une certaine marginalité. « J'avais beau sortir des confins du pays, je n'étais pas née de la dernière pluie[69] », écrit-elle alors qu'elle tente d'acquérir une maison à Outremont, refuge de personnages tels que la Sagouine, Pélagie[70], Gapi, la Sainte[71], et bien sûr sa Perfecta adorée. Loin d'être simplement une étrangère quelque peu gênante, cette dernière devient un personnage chéri. En fait, les femmes de l'univers mailletien laisseraient entendre que « [...] rechercher le Même implique un certain regard sur l'Autre [...][72] ». Il semble également juste d'inverser les termes. La recherche de l'Autre, ou le regard bienveillant posé sur l'Autre, invite à renouveler la réflexion autour du Même. Quoiqu'il en soit, Perfecta joint ainsi par extension l'Acadie fictive rendue à l'immortalité dans « l'attique » de la belle villa qu'elle nettoie chaque semaine, superposant contre toute attente deux volontés farouches et deux luttes, et les fondant en un même sentiment hors du commun.

Il est possible de penser que la déstructuration[73], à la fois symbolique, comme c'est le cas dans *Cendres et braises*, et concrète, à l'image de celle d'*Alma*, a lieu surtout en amont de l'expérience immigrante[74]. Cela dit, ce serait sans compter avec les autres immigrantes décrites dans cette œuvre de Maillet. Celles-ci sont en effet contraintes à des expériences autrement plus ingrates, dont la prostitution où les accule l'extrême pauvreté. Pensons par exemple à la pauvre Josefina, la « brave fille de Galice »[75] qui ne parvient pas à se frayer un chemin dans l'univers des couturières de Montréal. Timide, maladroite, malmenée par ses compagnes, elle espère tout de même trouver un appui. Malheureusement, les choses se passent autrement : « Le patron avait mesuré la sauvage de la tête aux cuisses sans se donner la peine d'écouter son balbutiement, puis avait réfléchi. Quelques jours plus tard, il la poussait dans l'impasse, la bourrant de tapes dans le dos[76]. » C'est en fait une descente aux enfers qui attend Josefina, l'exiguïté matérielle du lieu exacerbant sa déchéance : « Cette impasse ne pouvait même pas s'appeler un passage à logements. Aucun domicile fixe. Des maisons closes[77]. » La ruine de la couturière galicienne est imputée à son arrivée en ce pays nouveau : « [...] Vous comprendrez, mamozelle Tonine, une immigrante débarquée seule dans un trop grand pays, pays trop neuf, trop étranger [...][78]. » Perfecta ne se contente pas de plaider sa cause et l'aide à élever son enfant, née dans l'impasse de la prostitution. Ainsi donc, l'infortune de Josefina laisse entendre que l'accueil de la différence est à saisir encore comme une exception.

✤ ✤ ✤

La figure de l'Autre, assaillie par les flux mémoriels insoutenables, exprime certes le Désir de Levinas, chez Perfecta et Tonine qui créent à leur manière un peu de cet au-delà irrigué par l'accueil, l'amitié et l'amour, mais aussi chez Dodo, Télumée, Ken et même Josefina, personnages qui osent prendre la mesure de l'Autre, malgré tout. Les œuvres dont il a été question s'attachent à énumérer des pulsions troublantes, dont l'inscription ostentatoire de la différence sur l'Autre. Et, fait étonnant, le visage est souvent une cible de choix, comme s'il s'agissait de mettre encore en exergue la part insupportable d'une réalité Autre : « Le visage, contre l'ontologie contemporaine, apporte une notion de vérité qui n'est pas le dévoilement d'un Neutre impersonnel, mais une *expression* : l'étant perce toutes les enveloppes et généralités de l'être, pour étaler dans sa "forme" la totalité de son "contenu" [...]⁷⁹. » Dans les œuvres qui nous occupent, cette « *expression* » est la cause de maints tourments. Le Désir doit alors s'en remettre à la grâce, l'Infini ne pouvant être envisagé autrement. Grand malade, rejeté depuis aussi longtemps qu'il se souvienne, Dodo souhaite tout connaître du monde et des hommes. Innocent, infiniment curieux, il affronte un regard qui n'a plus à défigurer et, affolé, invoque la miséricorde divine. Télumée rencontre un homme qui la bat, comme l'avait insinué sa patronne, et risque de sombrer dans la folie. Marginale dans son propre pays, fragilisée par les comportements d'Élie tout comme par ceux sa patronne békée, elle doit chercher refuge auprès d'un groupe de déshérités. N'hésitant pas à quitter famille et amis pour un Français qui la séduit, Ken se laisse détruire en sacrifiant à un rêve délétère. Amante adorée, femme battue et pensionnaire d'un hôpital psychiatrique de Paris, elle se réfugie aussi, auprès de ses amis et enfin dans son pays natal. Madame Perfecta souffre quant à elle pour et par l'Espagne mutilée, et se délecte de la présence de ses enfants et de l'amour d'une écrivaine qui la recrée à l'image de la Sagouine. Seul personnage à ne pas être humilié sans fin, elle en devient un Autre curieux, joyeux, désolé aussi, à la recherche d'un passé et d'un sens de la cohésion révolus. Dans son univers, le visage altéré cède la place à une terre originelle déformée par la guerre civile. Le pays exsangue, à l'image du corps de Perfecta et de l'esprit de son époux, défaits par les assauts de la nostalgie, rappelle un peu du calvaire de Josefina, la galicienne sacrifiée dans les ruelles de Montréal. Ces éléments dissonants, encastrés dans un univers romanesque plus souvent porteur d'espoir, laissent entendre que la fréquentation de l'Altérité exige bien la grâce ou l'Infini de Levinas. C'est donc peut-être à cet Infini qu'il faut attribuer le bonheur relatif de Perfecta qui, contrairement à Josefina, Télumée et Ken, semble digne d'intérêt même hors de son pays natal[80].

Comment expliquer cet état de grâce somme toute inusité, cet Infini enfin accessible ? S'agit-il d'un accueil possible dans une ville cosmopolite telle que Montréal ? Peut-il plutôt s'agir d'une même fragilité, de deux femmes ayant élu domicile loin de chez elles ? Est-il plutôt question d'un passé commun, de guerre et d'exil ? Difficile de répondre dans un sens ou dans l'autre. Peut-être aussi que cela n'est pas nécessaire, la singularité de cet univers, acadien, montréalais et espagnol laissant déjà entendre que la proposition levinassienne n'est pas forcément incongrue. Le propos de Kristeva serait juste : « La rencontre équilibre l'errance. Croisement de deux altérités, elle accueille l'étranger sans le fixer, ouvrant l'hôte à son visiteur sans l'engager[81]. » Enfin, le Désir de l'Autre serait bonifié par la capacité à recevoir, et à donner : « Mais le Désir et la bonté supposent concrètement une relation où le Désirable arrête la 'négativité' du Moi s'exerçant dans le Même, le pouvoir, l'emprise. Ce qui, positivement, se produit comme possession d'un monde dont je peux faire don à Autrui, c'est-à-dire comme une présence en face d'un visage, mon orientation vers Autrui ne peut perdre l'avidité du regard qu'en se muant en générosité. Incapable d'aborder l'autre les mains vides[82]. » Ici et là, ce n'est pas toujours l'espoir qui prédomine mais plutôt l'appel de la générosité sans laquelle la survie d'un Autre complexe, (ré)humanisé, relève de l'impossible. Au-delà de leurs émois et de leurs existences où s'inscrivent les acceptions données à la différence, les personnages s'abandonnent, parfois naïvement, à une soif d'Infini qui les séduit. Dodo et Télumée, Ken et surtout Perfecta aspirent à être accueillis par l'instance qui observe, évalue et peut parfois se laisser séduire tout aussi irrémédiablement.

Notes

1 Julia Kristeva, *Étrangers à nous-mêmes*, Paris, Gallimard, 1988, 1991, 120.
2 Emmanuel Levinas, *Totalité et Infini. Essai sur l'extériorité*, Dordrecht, Kluwer Academic, 1971, 2017, 23.
3 Levinas établit la relation possible de l'Autre et du Même, et d'Autrui et Moi : « L'étrangeté d'Autrui – son irréductibilité à Moi – à mes pensées et à mes possessions, s'accomplit précisément comme une mise en question de ma spontanéité, comme éthique. La métaphysique, la transcendance, l'accueil de l'Autre par le Même, d'Autrui par Moi se produit concrètement comme la mise en question du Même par l'Autre [...]. » *Ibid.*, 33.
4 Rodolphe Calin et François-David Sebbah, *Le Vocabulaire de Levinas*, Paris, Ellipses, 2010.
5 *Ibid.*, 43.
6 *Ibid.*, 42.
7 Jean-Marie Gustave Le Clézio, *Alma*, Paris, Gallimard, 2017.
8 Simone Schwarz-Bart, *Pluie et vent sur Télumée Miracle*, Paris, Seuil, 1972.
9 Ken Bugul, *Cendres et braises*, Paris, L'Harmattan, 1994.
10 Antonine Maillet, *Madame Perfecta*, Ottawa, Leméac, 2001.
11 Antonine Maillet, *La veuve enragée*, Ottawa, Leméac, 1977.
12 Jacques Ferron, « Introduction », Antonine Maillet, *La veuve enragée*, Montréal, Leméac, 1977, 14.
13 Pour une discussion plus approfondie, veuillez consulter : Corina Crainic, « Hétérogénéité, transgressions et hospitalité. Des frontières de l'étrange(r) chez

Antonine Maillet », dans *Femmes et archives en Acadie*, sous la direction d'Isabelle LeBlanc, *Port Acadie*, vol. 36-37 (printemps-automne 2022), 191-213.

14 Les œuvres analysées invitent pour la plupart à associer celle-ci à la marginalité, de sorte que nous pouvons penser également à une ou des figure(s) de la marginalité. Nous verrons pourtant que cette association ne se fait pourtant pas d'emblée dans l'univers décrit par Antonine Maillet.

15 Monika Boehringer, « Les mots pour se / le dire : trois temps forts dans l'Acadie au féminin : Antonine Maillet, Dyane Léger, France Daigle », *Francophonies d'Amérique*, n° 37 (printemps 2018), 173.

16 Il est question de la colonisation française, à laquelle s'ajoute dans le cas d'*Alma* et, de manière plus significative, *Madame Perfecta*, l'anglaise. Pour une discussion approfondie des univers littéraires issus des divers types de colonisation européenne, il est possible de se référer à l'excellent ouvrage de Jean-Marc Moura, *L'Europe littéraire et l'ailleurs*, Paris, Presses Universitaires de France, 1998.

17 Une réflexion précédente quant à une mise en commun de questions propres à des univers littéraires, imaginaires et sociaux de l'Acadie, des Caraïbes et de la Louisiane me semblait propice à l'évocation d'une composition ou encore justement une *communauté*. L'Acadie et les autres sphères de langue françaises des Amériques évoquées s'agençaient ainsi à mon sens comme « [...] *communauté* de la fragilité, du doute, de la disparité, de la disparition toujours possible, d'un passé où déchirement arrachement et effacement constituent quelques-uns des dénominateurs communs ». Corina Crainic, « Introduction », « Entre solitudes, contraintes et aspirations : de l'Acadie, des Caraïbes et de la Louisiane », *Francophonies d'Amérique*, n° 49 (printemps 2020), 11.

18 Pratiquée souvent par des êtres vulnérables.

19 De longueurs diverses, l'essentiel demeurant la manière dont la problématique qui nous occupe est déclinée dans les diverses œuvres.

20 Gilles Deleuze, *Différence et répétition*, Paris, Presses Universitaires de France, 1968, 44.

21 Kristeva, *Étrangers à nous-mêmes*.

22 Keith Moser, « J.-M.G. Le Clézio's Defense of the Human and Other-than-human Victims of the Derridean 'Monstruosity of the Unrecognizable' in the Mauritian Saga *Alma* », dans *The Metaphor of the Monster. Interdisciplinary Approaches to Understanding the Monstrous Other in Literature*, sous la direction de Keith Moser et Karina Zelaya, New York, Bloomsbury Academic, 2020, 64.

23 *Ibid.*, 64.

24 Jacqueline Dutton, « Narrating Expiation in Mauritius and the Indian Ocean Aquapelago. The Islanding of Jean-Marie Gustave Le Clézio », *Shima Journal*, vol. 12, n° 1 (2018), 56.

25 Isabelle Constant, « *Alma* : le regard engagé de J.-M.G. Le Clézio », *Mouvances Francophones*, vol. 1, n° 1 (2019), 2.

26 *Ibid.*
27 Le Clézio, *Alma*, 48.
28 *Ibid.*, 50-51.
29 *Ibid.*, 51.
30 Bruno Thibault, « L'espace de la postmémoire dans Alma (2017) de J.M.G. Le Clézio », *Litteraria Copernicana*, vol. 8, n° 34 (2020), 62.
31 Dans le cas qui nous occupe, c'est la grand-mère qui joue le rôle de protectrice et pourvoyeuse, la mère de Télumée ayant préféré partir avec un homme.
32 Kitzie McKinney, « Télumée Miracle: The Language of the Other and the Composition of the Self in Simone Schwarz-Bart's *Pluie et vent sur Télumée Miracle* », *Modern Languages Studies*, vol. 19, n° 4 (1989), 59.
33 Simone Schwarz-Bart, *Ti Jean L'horizon*, Paris, Seuil, 1967, 1979.
34 Helmtrud Rumpf, « La búsqueda de la identidad cultural en Guadalupe. Las novelas *Pluie et vent sur Télumée Miracle* y *Ti Jean L'horizon* de Simone Schwarz-Bart », *Revista de Crítica Literaria Latinoamericana*, vol. 15, n° 30 (1989).
35 Je traduis.
36 Schwarz-Bart, *Pluie et vent sur Télumée Miracle*, 42.
37 McKinney, « Télumée Miracle: The Language of the Other and the Composition of the Self in Simone Schwarz-Bart's *Pluie et vent sur Télumée Miracle* », 59.
38 Schwarz-Bart, *Pluie et vent sur Télumée Miracle*, 111.
39 *Ibid.*, 94-95.
40 *Ibid.*, 95.
41 McKinney, « Télumée Miracle: The Language of the Other and the Composition of the Self in Simone Schwarz-Bart's *Pluie et vent sur Télumée Miracle* », 60.
42 Schwarz-Bart, *Pluie et vent sur Télumée Miracle*, 97.
43 *Ibid.*
44 *Ibid.*, 64.
45 *Ibid.*, 191.
46 *Ibid.*
47 *Ibid.*
48 Ken Bugul, *Le baobab fou*, Paris, Présence Africaine, 1994, 2009.
49 Anna Swoboda, « La peur, l'angoisse et la violence domestique dans *Cendres et braises* de Ken Bugul », *Romania Silesia*, vol. 11, n° 1 (2016), 259-260.
50 Bugul, *Cendres et braises*, 99.
51 Inmaculada Diaz Narbona, « Une parole libératrice : les romans autobiographiques de Ken Bugul », *Estudios de lengua y literatura francesa*, n° 12 (1998-1999).
52 Ken Bugul, Carine Bourget et Irène Assiba d'Almeida, « Entretien avec Ken Bugul », *The French Review*, vol. 77, n° 2 (2003), 254.
53 Nicolas Treiber définit cette activité comme une tentative de se reconstruire. Nicolas Treiber, « Ken Bugul, Les chemins d'une identité narrative », *Hommes et migrations*, n° 1297 (2012), 49.

54 Bugul, *Cendres et braises*, 190.
55 Et une violence certaine, même si elle n'occupe pas une place centrale dans le récit.
56 Mais aussi d'une marginalité redevable au statut de « minorité », si l'on pense à ce qui lie Perfecta à la Sagouine. Antonine Maillet, *La Sagouine*, Ottawa, Leméac, 1971.
57 Bugul, *Cendres et braises*.
58 Lise Ouellet, « Des racontars de vieux à l'autobiographie postmoderne : une prise de parole identitaire acadienne », dans *Identité et cultures nationales. L'Amérique française en mutation*, sous la direction de Simon Langlois, Québec, Presses de l'Université Laval, 1995, 112.
59 *Ibid.*, 119.
60 Antonine Maillet, *Chronique d'une sorcière de vent*, Ottawa, Leméac, 1999.
61 Chantal Richard, « Des mots comme les murs d'une maison : le leitmotiv du logis dans le roman acadien contemporain », *Studies in Canadian Literature*, vol. 35, n° 1 (septembre 2010).
62 Robert Viau, *Les grands dérangements. La déportation des Acadiens en littérature acadienne, québécoise et française*, Québec, MNH, 1997, 244-245.
63 Maillet, *Madame Perfecta*, 161.
64 *Ibid.*, 143.
65 *Ibid.*, 52.
66 *Ibid.*, 150-151.
67 *Ibid.*, 142.
68 *Ibid.*, 20.
69 *Ibid.*, 23.
70 Antonine Maillet, *Pélagie-la-Charrette*, Ottawa, Leméac, 1979.
71 Maillet, *Madame Perfecta*, 18.
72 Alicia Żuchelkowska, « Stratégies narratives hors norme en Acadie : démesure au féminin », *TransCanadiana*, n° 5 (2012), 108.
73 Qui prend ici le pas sur la défiguration.
74 Du moins en ce qui concerne Perfecta.
75 Maillet, *Madame Perfecta*, 52.
76 *Ibid.*, 54.
77 *Ibid.*, 53.
78 *Ibid.*
79 Levinas, *Totalité et Infini. Essai sur l'extériorité*, 43.
80 Nous n'incluons pas Dodo puisqu'il est généralement traité en paria à Maurice et en France.
81 Kristeva, *Étrangers à nous-mêmes*, 120.
82 Levinas, *Totalité et Infini. Essai sur l'extériorité*, 42.

ÉPILOGUE

JOHN REID

« Repenser l'Acadie dans le monde » est une entreprise audacieuse par sa nature même, et pourtant, des chercheurs de l'Acadie de nombreuses disciplines ont créé au cours de plusieurs décennies un héritage remarquable en réunissant divers courants d'analyse pour faire avancer notre compréhension et la marquer dans le temps d'une génération intellectuelle à l'autre, tout en créant une dialectique importante quant à son bien-fondé. Il y a plus de 40 ans, sous la direction de Jean Daigle et publié par le Centre d'études acadiennes de l'Université de Moncton, *Les Acadiens des Maritimes : études thématiques* réunissaient les travaux de 14 auteurs dans une étude marquante. Bien qu'instruit par des développements historiques – des synthèses complémentaires de l'histoire acadienne par Daigle et par Léon Thériault ont précédé la préparation des chapitres plus spécialisés – l'ouvrage se veut résolument multidisciplinaire. C'était, pour Clément Cormier, « un ouvrage monumental de haute qualité, au point de vue du fond autant que de la forme[1] ». Quelque 13 ans plus tard, Jean Daigle reprend la direction de *L'Acadie des Maritimes : études thématiques des débuts à nos jours*. Certains des auteurs étaient les mêmes qu'en 1980, contribuant des analyses révisées, et d'autres chapitres étaient entièrement nouveaux. Ce qui était également nouveau, c'était la coordination thématique du livre. Alors que la portée du volume précédent avait été moins explicitement définie, au-delà de préciser que « l'aire géographique [...] fut limitée aux trois provinces maritimes et la chronologie [de chaque chapitre] devait couvrir, dans la mesure du possible, aussi bien la période française que les deux derniers siècles[2] », en 1993 les thèmes étaient plus définitifs. En conséquence, l'accent était maintenant mis sur « insertion, dislocation, retour et reconquête d'un espace », et dans ces contextes, des domaines d'intérêt spécifiques ont émergé qui traitaient de « l'évolution asymétrique des communautés acadiennes, les relations d'inégalité entre ces dernières et la majorité anglophone des provinces maritimes, les pratiques de partenariat avec les autres francophonies, notamment celles du Québec et de la France ». Ce dernier thème était significatif. Si le sujet premier demeure « L'Acadie des Maritimes », la « cohésion » et en même temps le « dynamisme » attribués à la société acadienne puisent dans des influences et des liens qui s'étendent géographiquement dans des directions diverses[3].

Pourtant, rétrospectivement, l'importance des volumes de 1980 et 1993 réside autant dans les débats et les critiques qu'ils ont suscités que dans les apports incontestables des analyses qu'ils comportaient. Pierre Trépanier, examinant le volume original dans *Acadiensis : Revue de l'histoire de la région atlantique*, a constaté que le pouvoir explicatif était affaibli par l'inégalité entre les chapitres et aussi par le traitement limité des domaines clés. A noté Trépanier : « On aurait pu réserver quelques dizaines de pages à l'étude des relations entre les Acadiens, d'une part, et, d'autre part, les Amérindiens et les Québécois[4]. » Si la critique de Trépanier peut avoir influencé la plus grande attention accordée aux relations externes dans *L'Acadie des Maritimes*, alors aussi Jacques Paul Couturier dans la *Revue d'histoire de l'Amérique française* a identifié en 1995 une autre des préoccupations de Trépanier qui a persisté dans le dernier volume : à savoir, qu'il s'agissait « d'un ouvrage qui manque de liant », d'une manière qui s'étendait à une absence de coordination et de fertilisation croisée entre les chapitres. De ce fait, les recherches récentes ont été négligées et des domaines de recherche dynamiques tels que l'histoire des femmes ont couru le risque d'être largement exclus[5]. À l'aube du XXIe siècle, les forces et les faiblesses des grandes études en équipe – et des approches potentielles pour les créer – étaient donc intellectuellement très en jeu. La multidisciplinarité pourrait-elle se traduire en interdisciplinarité ? L'examen de la société acadienne dans les Maritimes, et notamment dans son centre numérique au Nouveau-Brunswick, pourrait-il être rendu compatible avec l'exploration de la nature plus large de l'acadianité ? Et le travail d'une multiplicité d'auteurs pourrait-il être amené à produire des jugements thématiques serrés et cohérents ? En effet, la persistance du genre doit beaucoup aux discussions lors des itérations successives du Congrès mondial acadien (CMA).

Établi dans la succession consciente des conventions acadiennes datant de 1881, le CMA a été envisagé en partie comme une occasion pour les Acadiens de se rassembler en grand nombre pour des célébrations et des retrouvailles culturelles. C'est aussi l'occasion d'échanges savants et le premier CMA, tenu à Moncton en 1994, initie le projet qui mènera neuf ans plus tard à la publication de *L'Acadie plurielle : dynamiques identitaires collectives et développement au sein des réalités acadiennes*, sous la direction d'André Magord avec la collaboration de Maurice Basque et Amélie Giroux. Abordant explicitement « le positionnement des Acadiens du Nouveau-Brunswick face à la diaspora acadienne » dans un contexte de mondialisation, le livre promettait une forme d'interdisciplinarité fluide et dynamique[6]. Quelque 56 essais, y compris les introductions de section, ont été regroupés en 6 parties principales du livre, avec des co-auteurs et des auteurs multiples sous-tendant souvent des études comparatives. La cohérence thématique a souvent été atteinte, mais principalement au sein des éléments constitutifs qui traitaient de domaines tels que l'histoire, l'analyse linguistique, la littérature, la pluralité elle-même, le patrimoine, et la relation entre le tourisme et la culture. Un CMA ultérieur, tenu à Clare (Nouvelle-Écosse) en 2004, est venu au début d'une période de deux ans qui comprenait des anniversaires poignants – les 400e anniversaires des colonies de l'Île Sainte-Croix et de Port-Royal, et le 250e anniversaire du début du Grand Dérangement. De ces rencontres et d'un atelier subséquent a émergé un autre ouvrage multi-auteur ambitieux – *Balises et références : Acadies, francophonies*, sous la direction de Martin Pâquet et Stéphane Savard – basé sur la dynamique entre l'Acadie de l'identité et l'Acadie du territoire, sur les notions de « balises territoriales » et de « références identitaires », et aussi sur les thèmes transversaux d'« enracinement », de « frontière », et de « diaspora[7] ». Le résultat a été de combiner diverses approches dans un cadre où le territoire et l'identité pouvaient recevoir leur dû et devenir commensurables l'un à l'autre[8].

Ainsi, *Repenser l'Acadie dans le monde* possède un pedigree intellectuel conséquent, diversifié et parfois dialectique. Il y a eu, bien sûr, d'autres travaux collectifs importants en études acadiennes, mais ceux cités ci-dessus se distinguent par l'ampleur de leur ambition d'adopter de larges approches conceptuelles de la compréhension de l'Acadie et des Acadiens qui ont évolué au fil des générations universitaires. Ce présent volume partage la caractéristique d'une aspiration profonde et large, mais son approche est discrète en situant l'Acadie à la fois dans un contexte globalisé en termes géographiques et dans un monde intellectuel où l'Acadie fait manifestement partie de schémas globalisés plus larges auxquels l'expérience acadienne n'est pas périphérique mais compte de manière démontrable. Le volume est également argumenté de manière cohérente, les auteurs ayant interagi fréquemment, tant en personne qu'à distance. Comme les rédacteurs l'exposent dans l'Introduction, « cet ouvrage collectif est le fruit d'une série d'activités collectives au cours desquelles les participantes et participants allaient bénéficier des questions, des réflexions et des conseils de leurs collègues ».

Le schéma du livre amène d'abord le lecteur à « la petite société de l'Acadie et ses interactions avec le monde ». Si la vieille mythologie de l'isolement de l'Acadie a eu quelque valeur résiduelle, elle ne peut sûrement pas résister à l'impact combiné des quatre chapitres de cette première section. Les chapitres se combinent également pour illustrer la force tout au long du volume de la décision des rédacteurs d'éviter une séquence chronologique simpliste au profit de regroupements thématiques au sein desquels les analyses tirées de nombreuses époques historiques et contemporaines se renforcent mutuellement. Ainsi, dans le premier chapitre, Christopher Hodson se concentre sur les XVIIe et XVIIIe siècles en démontrant l'importance de l'expérience acadienne pour notre compréhension de l'interconnexion complexe de l'allégeance et de l'apatridie, dans un contexte de construction d'empire et de formation de l'État. En effet, l'expérience acadienne porte directement sur un enjeu central du monde atlantique de la première modernité. Cette analyse est suivie de l'exploration par Clint Bruce de la relation entre la race et la diaspora acadienne, notamment en Louisiane. L'identité acadienne associée à la renaissance acadienne de la fin du XIXe siècle a relié la pureté à la blancheur, et les contacts avec la Louisiane au XXe siècle se sont également mêlés aux exclusions ségrégationnistes du sud des États-Unis. Encore une fois, l'Acadie dans son sens le plus large est au centre de dynamiques clés tant au Canada qu'aux États-Unis. Philippe Volpé fait ensuite remonter l'époque traitée dans cette section au XXe siècle, et plus particulièrement aux années 1970, en examinant l'engagement pour la décolonisation comme préalable à l'émancipation politique ou économique qui caractérise les jeunes militants acadiens, fortement marqués par des parallèles avec ce qui était alors défini comme le tiers-monde. Et l'analyse de Michelle Landry des ambiguïtés de la participation acadienne à l'Organisation internationale de la Francophonie – dans laquelle, jusqu'au XXIe siècle, l'adhésion formelle dont jouissait le Nouveau-Brunswick tendait à marginaliser les préoccupations spécifiquement acadiennes en faveur d'une défense économique de la province elle-même – démontre que notre compréhension de l'Acadie ne peut pas être déformée pour correspondre au modèle d'un État provincial, mais nécessite plutôt une reconnaissance internationale à part entière.

Toutefois, pour répondre à ce besoin, les complexités de longue date et toujours en évolution de l'Acadie doivent être réévalués. La prochaine étape logique est donc de reprendre la tâche de la deuxième des quatre sections de ce livre, examinant « les frontières de l'Acadie ethnolinguistique ». Tournant à nouveau le regard vers le XVIIIe siècle, Nicole Gilhuis prend l'histoire complexe de la famille Guédry comme une lentille au travers de laquelle aborder les enchevêtrements qui caractérisent les mondes géographiquement superposés de l'Acadie et de Mi'kma'ki, et en particulier le rôle des Guédry en opérant en dehors des principaux espaces du pouvoir colonial ou autochtone et illustrant ainsi le besoin d'inclusivité dans la définition et la compréhension de la communauté. La divergence et l'inclusion sont également des thèmes clés développés par Rachel Doherty. S'appuyant sur des textes traitant de folklore et de sorcellerie de Régis Brun et d'Antonine Maillet, respectivement, ce chapitre explore l'expérience de ceux qui sont à la fois acadiens et queer, dans un contexte où la queerité va bien au-delà de la sexualité et entre dans les domaines de l'agentivité, de la résistance et la survie culturelle. Pour Mathieu Wade, les études urbaines fournissent une autre expression puissante de la complexité ethnolinguistique acadienne, en suggérant qu'une approche scientifique de l'urbanisation peut constituer la base d'une étude comparative – de lieux comme le grand Moncton, Halifax et Saint John – qui peut alors devenir logiquement antérieure à la définition des sources cruciales de la diversité acadienne. La diversité est également au centre de la discussion de Judith Patouma sur les approches plurilingues de la pratique éducative en Nouvelle-Écosse. En avançant le principe que la présence croissante dans les écoles d'élèves immigrants ou de réfugiés est une source importante de force pour les communautés francophones, le chapitre renforce encore la complexité et la diversité intrinsèques à l'Acadie et le principe de reconsidération dans un contexte global.

Cependant, cette remise en question à la lumière de la diversité acadienne nécessite aussi d'interroger la nature et les dynamiques de changement, notamment en termes de savoir et d'identité, et c'est ainsi que se dessine l'objet de la troisième section, « repenser les mobilités culturelles et idéologiques ». Éva Guillorel se concentre sur trois chansons, toutes complaintes, originaires d'Europe, mais qui en sont venues à constituer un récit vernaculaire des événements du XVIIIe siècle de la guerre de Sept Ans en Acadie et qui étaient encore recueillies dans l'Acadie du XXe siècle. Passant au fil du temps de la mémoire immédiate à la mémoire culturelle, ces témoignages transmis oralement permettent d'accéder à une forme d'historiographie libérée des contraintes des sources plus formelles et officielles. Joel Belliveau fait lui aussi émerger des strates de connaissances dans une dynamique de croissance intellectuelle à dimension internationale, s'attardant notamment sur Edme Rameau de Saint-Père, l'historien de l'impérialisme français du XIXe siècle qui a beaucoup écrit sur la colonie de l'Acadie et insuffle, dans ses premiers travaux, un radicalisme de jeunesse qui s'exprime dans la renaissance acadienne, que ce soit dans la fondation du Collège Saint-Joseph ou dans les déclarations des Conventions. Le savoir acadien, encore une fois, était dynamique et éclairé par les échanges transatlantiques. L'identité aussi, entrant maintenant dans le XXe siècle, était complexe et souple. L'étude de Carmen d'Entremont, avec Stéphanie St-Pierre, quant à elle, adopte une approche ethnohistorique pour évaluer l'acadianité exprimée dans une série d'entretiens avec des migrants acadiens en Nouvelle-Angleterre, en s'intéressant particulièrement aux caractéristiques discursives de 13 interviewés originaires de villages d'Argyle chez qui des identités coexistantes étaient puissamment transmises. Une forme tout à fait différente mais aussi complexe d'identité diasporique était associée à Dudley J. LeBlanc de Louisiane, comme le montre Isabelle LeBlanc. Entrepreneur, promoteur culturel et politicien d'État, LeBlanc était un défenseur des expressions du patrimoine cajun qui embrassaient la blancheur au point dans les années 1960 de définir l'identité cajun par opposition à celle des Afro-Américains. Pourtant, ses efforts à la fin des années 1960 pour recruter de jeunes Acadiennes qui, grâce à des bourses, séjourneraient à l'Université du sud-ouest de la Louisiane pour – dans son intention – représenter des valeurs similaires aux siennes, n'ont réussi qu'à illustrer la discorde avec le sentiment d'identité acadienne des étudiantes qui avaient grandi à l'époque de la Révolution tranquille et avait une expérience directe des mouvements étudiants de 1968. Enfin dans cette section, Nathan Rabalais analyse l'expression identitaire dans les mèmes Internet, notamment sur Facebook et Instagram, en mettant l'accent sur l'adaptation constante et la renégociation. Pour les membres de la génération Y, les mèmes sous leurs multiples formes associées à l'identité acadienne ou cadienne assument dans un processus accéléré de changement les rôles traditionnellement attribués à la tradition orale, de sorte que la complexité et le dynamisme prévalent à nouveau.

À ce stade, le livre a commencé par des chapitres établissant l'engagement persistant de l'Acadie et des Acadiens avec un monde plus large, suivi de la complexité ethnolinguistique invariable de l'acadianité et du flux également complexe et toujours dynamique de connaissances, d'identité, d'idéologie et de culture. Toutes ces caractéristiques étant internationales ou diasporiques, le sens de l'analyse globale du volume renvoie donc à des comparaisons directes sous forme de réévaluation de « la spécificité acadienne à l'aide des comparaisons internationales ». Comme les chapitres de cette section le précisent, les comparaisons sont réciproques, en ce sens que non seulement notre compréhension de l'Acadie bénéficie du collationnement, mais aussi que l'expérience acadienne a beaucoup à révéler pour une analyse plus large. Gregory Kennedy illustre ce principe en examinant l'implication de la milice acadienne dans la guerre de Succession d'Espagne (1702-1713), et en démontrant l'agentivité acadienne et la nature transactionnelle du service militaire acadien. L'agentivité exercée par les Acadiens reflétait à un certain niveau la réticence caractéristique des soldats à temps partiel dans les premières sociétés rurales modernes à quitter leur foyer pour se battre, mais aussi – comme le démontrent les comparaisons du chapitre avec la Guadeloupe et le Canada – des contraintes plus spécifiques sur la capacité des fonctionnaires impériaux du monde atlantique français à mobiliser des milices lorsque leurs ressources leur permettaient d'offrir peu en retour. De manière complémentaire, l'examen du rôle des Acadiens dans la formation des relations impériales dans les Caraïbes françaises du XVIIIe siècle conduit Adeline Vasquez-Parra à comparer les rôles des populations acadienne et irlandaise dans les colonies insulaires ainsi qu'en Guyane. Les Irlandais et les Acadiens post-Déportation avaient connu une forme d'exil, et pourtant les Acadiens ont trouvé des moyens de prospérer qui n'ont pas été reproduits par les Irlandais, en déployant des connaissances et une expérience durement acquises dans un contexte diasporique. La comparaison donne aussi des aperçus réciproques dans l'étude des Acadiens du Nouveau-Brunswick et des catalanophones du Pays valencien, l'une des communautés autonomes d'Espagne, comme le montrent Rémi Léger et Jean-Rémi Carbonneau. En juxtaposant l'expérience de deux populations relativement restreintes qui ont toutes deux des groupements voisins plus larges avec lesquels elles partagent des affinités linguistiques – les Acadiens avec le Québec, les catalanophones de Valence avec la Catalogne elle-même – trois caractéristiques deviennent essentielles dans des réaffirmations nationales importantes même si incomplètes : la niche territoriale, la complétude institutionnelle, et l'habilitation. Dans le dernier chapitre, Corina Crainic poursuit le thème comparatif mais revient à la Caraïbe tout en prolongeant l'analyse à l'Afrique, en explorant l'altérité chez les quatre romanciers Jean-Marie Gustave Le Clézio (Île Maurice), Simone Schwarz-Bart (Guadeloupe), Ken Bugul (Sénégal) et Antonine Maillet (Acadie). Parmi les quatre romans, l'internationalité de la poursuite des valeurs infinies par les protagonistes malgré l'intrusion de la violence souligne qu'en Acadie aussi bien que dans les autres espaces, l'altérité et le désir se jouent dans un contexte de lieu.

Évidemment, comme tous les auteurs le démontrent avec puissance et subtilité, voyager des Acadiens des Maritimes vers repenser l'Acadie dans le monde représente un chemin considérable, tant intellectuellement que géographiquement. Alors que chacun des chapitres du présent volume pourrait bien sûr facilement et solidement se suffire à lui-même, en conservant la formule multiauteur qui avait bien servi les collectifs précédents, ce livre cherche à créer un tout qui est plus que la somme de ses parties. Il répond aussi implicitement aux défis qui se sont posés dès les premiers volumes. L'internationalisation place par définition l'Acadie et les Acadiens dans un contexte large, tout en étant un principe sous-jacent selon lequel adopter une approche globale, mais – loin d'exclure l'étude des dynamiques internes soit de l'Acadie des Maritimes, soit de l'Acadie qui comprend la diaspora – renforce considérablement par la comparaison la capacité d'une telle enquête. L'interdisciplinarité, entretemps, s'enrichit et facilite en même temps le maintien d'une cohérence logique et thématique. Aux premiers chapitres qui placent l'Acadie dans d'importants processus internationaux succèdent ceux qui démontrent la complexité ethnolinguistique et ceux qui explorent les dynamiques du savoir, de la culture et de l'identité. La dernière section complète le schéma en démontrant la comparabilité internationale de l'Acadie, et sa capacité non seulement à élucider des thèmes acadiens mais aussi ceux ayant une provenance ailleurs dans les Amériques et sur d'autres continents.

En résumé, pour synthétiser enfin selon des thèmes transversaux, en problématisant les complexités de l'Acadie dans un contexte global, et en le faisant d'une manière qui allie une véritable interdisciplinarité à un développement ordonné et lucide de ses thèmes, le volume apporte des contributions substantielles à plusieurs égards. Historiquement informés, mais traitant du présent comme du passé au moyen de méthodologies variées, les auteurs compliquent sainement notre compréhension de plusieurs facettes importantes des études acadiennes, dont, et non des moindres, celles qui impliquent le changement et la continuité. Bien que, par exemple, les nombreux impacts calamiteux du Grand Dérangement, d'importantes continuités ont néanmoins prévalu, d'une manière qui illustre l'insistance du livre à s'éloigner des schémas simplistes qui placent les expériences acadiennes des deux côtés de la période 1755-1762 dans une opposition fondamentale l'une à l'autre. Les Acadiens d'avant la Déportation existaient dans de multiples mondes, ce qui signifie que les relations difficiles avec le territoire, la complexité sociale et culturelle, et les relations peu orthodoxes avec les structures politiques n'étaient pas nouvelles dans les époques ultérieures, ou même actuellement contemporaines. L'Acadie imaginée au début de l'empire français moderne se superposait à des territoires autochtones de longue date, principalement (mais pas exclusivement) Mi'kma'ki et Wəlastəkwihkok, et alors que de nombreux Acadiens vivaient dans un archipel des communautés distinctes existant sur la souffrance autochtone, d'autres ont participé avec des liens autochtones beaucoup plus étroits. Pendant ce temps, les relations avec les empires avaient des courants sous-jacents dangereux qui allaient bien au-delà de l'Acadie elle-même, dans un monde atlantique où l'apatridie entraînait des sanctions claires. Et pourtant l'agentivité pouvait également prospérer et devenir le fondement des relations acadiennes avec les fonctionnaires impériaux. Par suite du Grand Dérangement, les compétences et l'expérience issues de ces relations ont pu être mises à bon usage à quelques égards, même si la création d'une diaspora acadienne impliquait aussi intrinsèquement de trouver de nouvelles relations politiques à travers lesquelles contourner le piège de l'apatridie, tout en s'adaptant à des circonstances géographiques et sociales inconnues. Ce n'était pas pour rien que le savoir historique a pris une signification nouvelle, que ce soit au sens de l'historiographie vernaculaire ou dans les études plus formalisées d'un historien comme Rameau de Saint-Père, qui a conféré une certaine radicalité militante à la Renaissance acadienne, qui ont apporté leurs propres versions de l'agentivité et de l'autosuffisance culturelle dans leurs relations avec les institutions étatiques et les communautés voisines.

L'expérience diasporique a bien sûr nécessité des évolutions qui ont eu une influence sur l'identité acadienne dans, encore une fois, des univers sociaux et culturels différents. Un exemple important réside dans l'expérience des Acadiens qui ont migré en Nouvelle-Angleterre, mais qui sont restés Acadiens sans participer aux processus politiques ni vivre dans le cadre géographique de l'Acadie des Maritimes. Accomplir cette dualité était plus idéologiquement chargé en ce qui concerne les personnalités cadiennes de premier plan du XXe siècle, et ici un autre élément de la Renaissance acadienne est devenu évident. L'association de l'acadianité avec la blancheur a été personnifiée dans le personnage d'Évangéline et a été assimilée aux tensions racialisées de la Louisiane à cette époque. Au XXe siècle, d'ailleurs, un personnage comme le sénateur LeBlanc pouvait rendre encore plus évidentes les connotations racialisées, créant des tensions avec cette forme d'identification culturelle et les sensibilités opposées des étudiantes acadiennes séjournant en Louisiane en provenance du Nouveau-Brunswick. Les étudiantes étaient pleinement conscientes des mouvements étudiants acadiens en cours qui s'appuyaient sur des exemples tiers-mondistes pour plaider en faveur de la décolonisation de l'Acadie comme préalable à une véritable réalisation de soi collective. Qui a parlé pour l'Acadie? Les voix étaient – comme elles l'avaient toujours été – diverses et émanaient procédaient de cadres de référence variés, compliqués maintenant par les éléments distincts d'une diaspora qui pouvaient engendrer aussi bien la division que l'affinité. Malgré tout, la négociation avec les institutions de l'État demeure une priorité importante, et nulle part plus que dans la sauvegarde de l'intégrité linguistique de l'Acadie centrée dans le Nouveau-Brunswick. En cette entreprise, les Acadiens du Nouveau-Brunswick n'étaient pas les seuls à relier la question de la langue aux enjeux plus vastes de la participation effective aux processus étatiques, comme le montrent la comparaison aux catalophones de Valence. Mais les expériences récentes et contemporaines des Acadiens avec la francophonie démontre que le Nouveau-Brunswick en tant qu'état provincial est un autre exemple d'une structure au sein de laquelle les Acadiens ne sont pas des participants au sens simple, mais qui nécessite une négociation sans garantie de succès. Comme toujours, et notamment en ce qui concerne les structures étatiques depuis les premiers empires modernes jusqu'aux entités politiques d'aujourd'hui, les objectifs peuvent converger, mais jamais de manière facile et parfois pas du tout.

L'Acadie de l'époque actuelle continue d'être diversifiée socialement et culturellement, la fiction d'Antonine Maillet figure parmi d'autres œuvres littéraires internationales dans l'exploration de l'altérité, pendant que les œuvres de Maillet et Régis Brun fournissent un exemple important dans la représentation de la queerité. Dans un contexte toujours culturel, mais aussi social, résident des approches didactiques pour reconnaître le renforcement de l'éducation francophone en Nouvelle-Écosse, ainsi que les exigences quotidiennes résultant du pluralisme linguistique et autres, tandis que la planification en cours et la création de l'urbanisme présentent une autre source de complexité mieux comprise par l'interrogation du territoire en tant que construction sociale. Et très récemment, dans la prise en compte du changement et de la complexité, a émergé parmi les mêmes Internet un nouveau vernaculaire dans la formation et l'affirmation de l'identité, tout à fait comparable à sa manière à la communication orale de longue date. Ainsi, l'Acadie de ce livre a de nombreuses voix, variables et parfois disparates. Les Acadiens sont représentés en relation avec de nombreuses structures sociales et politiques, certaines plus étrangères que d'autres. Les thèmes, ainsi que les relations changeantes entre continuité et changement, se frayent un chemin au fil du temps. Un héritage important du travail des auteurs sera sans aucun doute de stimuler la réflexion et le débat continus. Comme le remarquent les rédacteurs, « cet ouvrage collectif ne représente pas la fin, mais plutôt le début » d'une aventure intellectuelle. Mais en attendant, le livre propose une Acadie qui a été et demeure emmêlée et pourtant vibrante, menacée par les pressions extérieures mais apte à y resister, prête à maintenir son identité et pourtant toujours se complexifiant – une Acadie, en d'autres termes, qui est un acteur à part entière du monde.

Notes

1 Clément Cormier, « Préface », dans *Les Acadiens des Maritimes: études thématiques*, sous la direction de Jean Daigle, Moncton, Centre d'études acadiennes, Université de Moncton, 1980, ix.
2 Jean Daigle, « Introduction », dans *Les Acadiens des Maritimes*, sous la direction de Daigle, xi.
3 Jean Daigle, « Introduction », dans *L'Acadie des Maritimes: études thématiques des débuts à nos jours*, sous la direction de Daigle, Moncton, Chaire d'études acadiennes, Université de Moncton, 1993, i.
4 Pierre Trépanier, « Clio en Acadie », *Acadiensis*, vol. 11, n° 2 (printemps 1982), 98.
5 Jacques Paul Couturier, « L'Acadie des Maritimes », *Revue d'histoire de l'Amérique française*, vol. 49, n° 2 (automne 1995), 255-256.
6 André Magord, « Introduction », dans *L'Acadie plurielle: dynamiques identitaires collectives et développement au sein des réalités acadiennes*, sous la direction de Magord avec la collaboration de Maurice Basque et Amélie Giroux, Moncton, Centre d'études acadiennes, Université de Moncton, et Institut d'études acadiennes et québécoises, Université de Poitiers, 2003, 11-19. Voir aussi Alyson Blaquière, « À l'aube d'une identité acadienne transnationale: le premier Congrès Mondial acadienne », *Histoire Engagée*, 23 octobre 2018 [en ligne : https://histoireengagee.ca/a-laube-dune-identite-acadienne-transnationale-le-premier-congres-mondial-acadien, consulté le 6 décembre 2022].
7 Martin Pâquet et Stéphane Savard, dir., *Balises et références : Acadies, francophonies*, Québec, Presses de l'Université Laval, 2007.
8 Sur les délibérations savantes lors des itérations ultérieures du CMA, et notamment en 2014, voir le numéro dédié d'*Acadiensis*, présenté par Jacques Paul Couturier, « Le colloque *L'Acadie dans tous ses défis* », *Acadiensis*, vol. 45, n° 2 (été/automne 2016), 34; aussi Christina Keppie, « The Effects of the Congrès Mondial acadien 2014 on la grande Acadie », *International Journal of Canadian Studies/Revue international d'études canadiennes*, vol. 53 (printemps 2016), 85-110.

COLLABORATEURS

JOEL BELLIVEAU est professeur émérite de l'Université Laurentienne, chercheur en résidence au Centre de recherche sur les francophonies canadiennes (CRCCF) de l'Université d'Ottawa et chercheur principal dans la boutique de consultation historienne *ÉclairÂges*. Spécialiste de l'histoire culturelle et politique de l'Acadie des XIXe et XXe siècles, il a aussi publié sur la Révolution tranquille québécoise, la naissance du militantisme franco-ontarien et les origines du nationalisme catalan. Il est l'auteur de *Le « moment 1968 » et la réinvention de l'Acadie* (Presses de l'Université d'Ottawa, 2014, aussi publié en anglais en 2019 chez University of British Columbia Press) et a co-dirigé trois ouvrages collectifs, dont *Entre solitudes et réjouissances : Les francophones et les fêtes nationales, 1834-1982* (avec Marcel Martel, chez Boréal, 2021).

CLINT BRUCE est titulaire de la Chaire de recherche du Canada en études acadiennes et transnationales (CRÉAcT) à l'Université Sainte-Anne où il enseigne au Département des sciences humaines depuis 2015. Il y est également directeur de l'Observatoire Nord Sud, centre de recherche et de mobilisation du savoir associé à la CRÉAcT, et codirecteur de *Port Acadie : revue interdisciplinaire en études acadiennes*. Ses recherches portent sur la diaspora acadienne, sur la Louisiane francophone et sur le monde atlantique. Il a obtenu son doctorat de l'Université Brown (Rhode Island) en 2013. Son livre *Afro-Creole Poetry in French from Louisiana's Radical Civil War-Era Newspapers: A Bilingual Edition* (The Historic New Orleans Collection, 2020) a remporté le prix Lois-Roth pour la traduction littéraire, décerné par la Modern Language Association.

JEAN-RÉMI CARBONNEAU est détenteur d'un doctorat en science politique à l'Université du Québec à Montréal où il a rédigé une thèse sur les langues minoritaires dans les systèmes fédéraux allemand et espagnol, publiée en 2023 sous le titre *Fédéralisme et légitimation des langues minoritaires : les cas de la Lusace et des Pays catalans* (Presses de l'Université du Québec). En tant que chercheur à l'Institut sorabe à Bautzen (Allemagne), il a donné différents cours à la Freie Universität Berlin et au Bard College Berlin sur le fédéralisme, le nationalisme, les peuples autochtones du Canada et la politique comparée.

Ses travaux actuels portent sur les régimes linguistiques et les conditions de la revitalisation des langues minoritaires en Europe de l'Ouest et au Canada. Il est également coéditeur de l'ouvrage *Dimensions of Cultural Security for National and Linguistic Minorities* (Peter Lang, 2021). En 2024, il commence un nouveau poste en tant que professeur en langues minoritaires comparées à l'Université de Montréal.

CORINA CRAINIC s'intéresse aux enjeux migratoires et identitaires en Acadie, aux Antilles et en Afrique. En 2016, elle a intégré l'Institut d'études acadiennes à titre de chercheuse, avec un programme de recherche en littérature acadienne comparée et, de 2017 à 2018, en tant que directrice par intérim. Elle agit également comme chercheuse associée au Département d'études françaises de l'Université de Moncton, où elle a obtenu un doctorat en littérature antillaise (en codirection, Université d'Anvers). Elle a signé la monographie *Martinique, Guadeloupe, Amériques. Des Marrons, du gouffre et de la Relation*, parue aux Presses de l'Université Laval en 2019, ainsi que divers articles savants, au Canada et en France. En 2020, elle a dirigé un numéro thématique de la revue *Francophonies d'Amérique*, intitulé « Entre solitudes, contraintes et aspirations : de l'Acadie, des Caraïbes et de la Louisiane ». Son projet de recherche en cours est dédié principalement aux manifestations de l'altérité et à leurs conséquences.

CARMEN D'ENTREMONT est chercheuse associée de la Chaire de recherche du Canada en études acadiennes et transnationales (CRÉAcT, titulaire Clint Bruce). Elle détient un doctorat en études littéraires de l'Université de Moncton et une maîtrise en études francophones de l'Université de la Louisiane à Lafayette. En 2021-2023, elle a effectué un stage postdoctoral dans le cadre du projet de partenariat *Trois siècles de migrations francophones en Amérique du Nord (1640-1940)*. Elle s'intéresse aux traditions orales des régions acadiennes, à l'identité culturelle et à la mise en valeur des patrimoines.

RACHEL LEIGH DOHERTY a grandi déracinée dans le sud des États-Unis. Titulaire d'un doctorat en études francophones de l'Université de Louisiane à Lafayette, ses recherches concernent le folklore et le féminisme dans les littératures louisianaises et acadiennes. Depuis 2023, elle est directrice adjointe à la programmation et aux projets spéciaux au Centre d'études louisianaises. En 2017-2018, elle a effectué un stage de recherche au sein de l'Observatoire

Nord/Sud de l'Université Sainte-Anne, où elle a également enseigné aux immersions en 2022. Ses travaux ont paru dans les revues *Rabaska* et *Québec Studies* ainsi que dans l'ouvrage collectif *Paroles et regards de femmes en Acadie*.

Spécialiste de l'époque moderne et du monde atlantique, NICOLE GILHUIS est professeure adjointe en histoire à l'Université Pepperdine (Californie). Sa thèse de doctorat, intitulée *Atlantic Ghosts: Mi'kmaq Adoption, Daily Practice & the Rise and Fall of Colonial Revenants, 1600-1763*, a été soutenue à l'UCLA en 2021. Elle détient une maîtrise de l'University of Western Ontario et un baccalauréat de l'Université d'Ottawa. Sa recherche se penche sur un ensemble de « fantômes coloniaux » qui formaient une communauté d'origine européenne et autochtone vivant en marge de la zone coloniale. Il s'agit d'une histoire culturelle qui provoquera de nouvelles réflexions sur l'identité acadienne et la mémoire des rapports avec les Mi'kmaq en Acadie.

ÉVA GUILLOREL est maîtresse de conférences en histoire moderne à l'Université Rennes 2 après avoir enseigné à l'Université de Caen Normandie. Elle a suivi un triple cursus d'études en histoire, ethnologie et langues celtiques en Bretagne, puis a mené des recherches postdoctorales aux États-Unis (Harvard), au Québec (Laval) et en Angleterre (Oxford). Son article « Gérer la confusion de Babel. Politiques missionnaires et langues vernaculaires dans l'est du Canada (XVIIe-XIXe siècles) » a été récompensé du Prix Guy-et-Liliane-Frégault de l'Institut d'Histoire de l'Amérique Française en 2014. Elle est depuis 2018 membre junior de l'Institut Universitaire de France autour d'un projet de recherche sur les circulations orales dans l'espace atlantique colonial français.

CHRISTOPHER HODSON enseigne au département d'histoire de l'Université Brigham Young, où il occupe le rang de professeur associé. Il a également enseigné à Northwestern, à l'Université de Pennsylvanie et, en 2012, comme maître de conférences à l'École des hautes études en sciences sociales à Paris. Il a publié de nombreux articles sur l'Atlantique français, allant de l'Acadie aux Antilles en passant par l'Afrique de l'Ouest, dans le *William and Mary Quarterly*, dans *French History Studies*, dans *Outre-mers : revue d'histoire* et dans plusieurs autres revues et ouvrages collectifs. Son premier livre, *The Acadian Diaspora: An Eighteenth Century History*, est paru chez Oxford University Press en 2012.

GREGORY KENNEDY est professeur titulaire en histoire et doyen de la Faculté des arts de la Brandon University. Il était directeur scientifique de l'Institut d'études acadiennes de l'Université de Moncton entre 2014 et 2023. Il a rédigé deux monographies : *Something of a Peasant Paradise? Comparing Rural Societies in Acadie and the Loudunais, 1604-1755* (2014) et *Lost in the Crowd: Acadian Soldiers of Canada's First World War* (2024), parus chez McGill-Queen's University Press.

MICHELLE LANDRY est titulaire de la *Chaire de recherche du Canada sur les minorités francophones et le pouvoir* et professeure agrégée en sociologie à l'Université de Moncton, campus de Moncton, depuis 2019. Avant d'occuper ce poste, elle a été professeure adjointe en sociologie au campus de Shippagan de cette même université pendant une dizaine d'années. Elle est coéditrice de *L'état de l'Acadie*, un ouvrage de référence sur l'Acadie contemporaine, publié chez Del Busso éditeur en 2021 et auteure de *L'Acadie politique. Histoire sociopolitique de l'Acadie du Nouveau-Brunswick*, publié aux Presses de l'Université Laval (2015). Ses travaux de recherche s'intéressent à la capacité des minorités francophones du pays d'agir sur elles-mêmes, leur gouvernance, leurs mobilisations collectives et au mouvement antibilinguisme.

ISABELLE LEBLANC est professeure de sociolinguistique au Département d'études françaises au campus de Moncton de l'Université de Moncton depuis 2019. Elle est titulaire d'un doctorat en sciences du langage qui porte sur les processus historiques de la construction identitaire des femmes en Acadie et le rôle des idéologies linguistiques dans le déploiement de stéréotypes culturels liés à cette identité de genre. Plus globalement, ses recherches contribuent au développement d'une sociolinguiste féministe et queer en Acadie. Elle a publié une quinzaine d'articles et de chapitres, en plus de diriger un double numéro thématique « Femmes et archives en Acadie » pour la revue *Port Acadie* (2022). Elle est aussi co-fondatrice et directrice scientifique du Groupe de recherche sur les archives et les femmes en Acadie (GRAFA) depuis 2020. Elle a également été directrice par intérim de l'Institut d'études acadiennes de l'Université de Moncton pendant l'année 2022-2023.

RÉMI LÉGER est professeur titulaire de sciences politiques et directeur du programme en affaires publiques et internationales à l'Université Simon Fraser. Spécialiste des minorités francophones à l'extérieur du Québec et des politiques linguistiques canadiennes, il a publié une trentaine d'articles et de chapitres de livre, en plus de codiriger *Le Canada dans le monde : Acteurs, idées, gouvernance* (Presses de l'Université de Montréal, 2019) et *La francophonie de la Colombie-Britannique : éducation, diversité, identités* (Presses de l'Université Laval, 2022). Il a été le directeur de la revue *Francophonies d'Amérique* entre 2017 et 2022.

JUDITH PATOUMA est sociolinguiste et didacticienne des langues. Professeure agrégée au département des Sciences de l'éducation à l'Université Sainte-Anne, elle s'assure de la formation professionnelle des étudiants-maîtres en didactique des langues. Ses champs d'intérêt dans la recherche sont la médiation langagière et culturelle, le plurilinguisme, le développement de la littératie, la construction identitaire et la didactique des langues (FLI, FLS et FLE) dans des contextes diversifiés. Elle a écrit plusieurs articles scientifiques et chapitres d'ouvrages collectifs dans les domaines susmentionnés et sa dernière publication est un manuel de classe aux éditions CLE International en collaboration avec Cynthia Eid, *Plurilinguisme et Pluriculturalisme* (novembre 2023).

NATHAN RABALAIS est titulaire de la Chaire Joseph P. Montiel et professeur agrégé en Études francophones à l'Université de Louisiane à Lafayette. Il est également chercheur associé au Centre d'études louisianaises et rédacteur en chef de la revue *Études francophones*. Ses recherches portent sur la littérature, la tradition orale et l'identité culturelle en Louisiane francophone et créolophone ainsi que dans les communautés acadiennes au Canada. Ses travaux récents incluent le documentaire long-métrage *Finding Cajun* (2019), un recueil de poésie, *Le Hantage : un ouvrage de souvenance* (Tintamarre, 2018), et une monographie, *Folklore Figures of French and Creole Louisiana* (LSU Press, 2021).

ADELINE VASQUEZ-PARRA est maître de conférences en civilisation américaine à l'Université Lumière Lyon 2 (France) et chercheuse en histoire au laboratoire Triangle UMR 5206 de l'École normale supérieure de Lyon où elle est co-responsable du chantier transversal « genre, féminismes et politique ». Sa thèse de doctorat de l'Université libre de Bruxelles, dirigée par Serge Jaumain (ULB) et Martin Pâquet (Laval), porte sur l'accueil des réfugiés acadiens et les réseaux de bienfaisance dans l'Atlantique du XVIIIe siècle. Elle a consacré un ouvrage à cette question (*Aider les Acadiens ? Bienfaisance et déportation,*

1755-1776, Peter Lang, 2018) ainsi que plusieurs articles parus dans la *Revue Historique*, *Acadiensis*, la *Revue d'histoire de l'Amérique française* et la *Revue internationale d'études canadiennes*.

PHILIPPE VOLPÉ est professeur d'histoire au campus d'Edmundston de l'Université de Moncton. Ses travaux en histoire culturelle et intellectuelle portent notamment sur l'histoire des mouvements sociaux, de la jeunesse et du changement social en Acadie. Il a cosigné, avec Julien Massicotte, l'ouvrage *Au temps de la « révolution acadienne » : les marxistes-léninistes en Acadie* (Presses de l'Université d'Ottawa, 2019). Son deuxième ouvrage, *À la frontière des mondes : Jeunesse étudiante, Action catholique et changement social en Acadie (1900-1970)*, paru à l'automne 2021 aux Presses de l'Université d'Ottawa, offre une relecture du changement social en Acadie de la longue première moitié du XXe siècle.

MATHIEU WADE est sociologue et professeur au département de sociologie et de criminologie de l'Université de Moncton. Il a obtenu un doctorat en sociologie à l'Université du Québec à Montréal en 2016, puis un stage postdoctoral à l'Institut d'études acadiennes (IEA) de 2016 à 2017. Sa thèse porte sur les liens entre le nationalisme francophone et le régime linguistique canadien depuis les années 1960. Ses travaux actuels portent sur le rapport de l'Acadie au territoire et sur les politiques d'aménagement urbain au Nouveau-Brunswick. Il est le directeur et l'auteur principal de l'ouvrage *De Sikniktuk à Kent : Une histoire de communautés au Nouveau-Brunswick* (Septentrion, 2023).

INDEX

Abénakis, 150, 160n1, 432, 438
L'Acadie Nouvelle, 119, 126, 128, 129, 131
agentivité des Acadiennes et Acadiens, 173-175, 180-181, 186-191, 331-332, 378-379, 384, 425-426, 429-430, 434-439, 444-446. *Voir aussi* coopération internationale de l'Acadie des Maritimes; nationalisme acadien; politique, épanouissement en Acadie des Maritimes
Aix-la-Chapelle, traité, 46, 265
Algérie. *Voir* colonisation
altérité : Autre, relation à, 30-31, 35-35, 65-66, 138-139, 378, 505-508, 517-519; étrangeté, 195n56, 454-461, 462-464, 508-509, 519n3; genre, 176-177, 178, 188, 389-390n65; intersectionnalité, 12-13, 172, 191, 364, 384, 390n70, 505, 514; marginalité, 63, 77-78, 171-176, 202, 506-508, 514, 520n14; misogynie, 379; queerité, 172-176, 192. *Voir aussi* femmes
Alward, David, 128, 130-131
Angleterre, 5, 37, 39, 44, 151, 459, 461, 469
anglophones, relations avec les (A)cadiennes et (A)cadiens : assimilation culturelle, 16-17, 73, 149, 250-251, 335-336, 347, 395-397; cohabitation, 86n95, 126-127, 174, 239, 483-484; commerce, 38-39; oppression, 5-6, 99-103, 117, 172-173, 205-206, 257-258, 306, 336, 398-399, 480-481; racialisation de l'identité (a)cadienne, 49, 63-64, 67, 319-320n80, 369; unions mixtes, 149, 239, 334, 341, 397.

Voir aussi impérialisme au temps de l'Acadie coloniale; langue
Annapolis : Annapolis Royal, 33, 44-45; vallée, 302
Antilles, 12, 62, 101, 144, 264, 391n84, 432, 439-442, 508
Arceneaux, Thomas J., 75-76, 398
archives : administratives, 92, 297, 302, 364, 366, 383, 453, 457-458, 468, 470; artefacts, 77; généalogiques, 7-8, 141-142, 144, 149-151, 157-159; presse, 65-67, 83-84n59, 92, 119, 364, 366. *Voir aussi* oralité
Autochtones, relations avec les Acadiennes et Acadiens : alliance militaire, 147-148, 429, 431-435, 438-439; amalgame, 49, 63-64; cohabitation, 137, 39-40, 141-147; colonisation, 14-15, 161n6, 530; commerce, 36-37; différenciation, 65-66; métissage, 65, 146-154, 174, 183, 190

Barbade, 42, 460
Beaubassin, 38, 45-47, 151, 195n56, 435
Bégon, Michel, 41, 43
Belle-Île-en-Mer, 297, 463-464
Boston : au temps des colonies de la Nouvelle-Angleterre, 38-39, 150, 152, 435, 438-439, 443, 460; ville dans l'État du Massachusetts, 300-301, 329-331, 339-340
Bouctouche, 180, 188, 302, 313, 416
Brouillan, Jacques-François de Montbeton, 435-437, 445-446
Brun, Régis, 171-176, 182, 185-186, 192

cadienneté, 63, 67-73, 369-370, 377, 388n48, 389n54, 395-400, 420-422
Canadian University Service Overseas (CUSO), 97, 105
Cap-Breton, Île du, 189-190, 264-265, 266, 286n44, 302. *Voir aussi* Chéticamp; Île-Royale; Isle Madame; Louisbourg; Unama'ki/Cap-Breton
Caraïbes, 33-34, 40-42, 48, 190, 452-456, 458, 460, 469-470. *Voir aussi* Antilles; Barbade; Grenade; Guadeloupe; Guyane; Haïti; Martinique; Saint-Domingue
Caraquet, 66, 75-76, 100, 153, 302, 313, 481, 500n29
Caroline du Sud, 37, 42, 50, 468
Castille, 36, 485, 486-487, 516
Charles Ier, 37, 44
Charles II, 37, 45
Chéticamp, 266, 269-270, 302
Chignecto, 46, 302. *Voir aussi* Beaubassin
colonisation : en Algérie, 104-105, 292-293; aux Caraïbes, 40-42, 48, 190-191, 264, 440-443, 458-469, 506-507, 511-512; décolonisation, 97-100, 122; établissement britannique en Acadie coloniale, 147-148, 154-155; établissement français en Acadie coloniale, 5, 14-15, 34-36, 137, 143-145, 161n6, 162n18, 428-429, 435; en Louisiane, 62, 149, 151; néo-colonialisation acadienne dans les Maritimes, 205-207, 305-306, 313-314. *Voir aussi* Autochtones, relations avec les Acadiennes et Acadiens; impérialisme au temps de l'Acadie coloniale
Commonwealth, 17, 121, 123, 459
congrès mondiaux acadiens (CMA), 6, 8-9, 23n10, 57, 69, 77, 126, 130, 203, 344, 524-525

Conseil de l'Europe, 243, 491, 496
Conseil pour le développement du français en Louisiane (CODOFIL), 60, 77-78, 372-376, 397-398
Conseil régional d'aménagement du Nord (CRAN), 100-101, 104-105
Conseil scolaire acadien provincial (CSAP), 239-240, 243, 245-249
coopération internationale de l'Acadie des Maritimes : avec la France, 122, 313-314; avec la Louisiane, 74-77, 375-376, 379-380; représentation internationale, 117-118, 120-121, 122-123, 124-133, 135n21; solidarité internationale, 89-99, 103-108. *Voir aussi* mobilité étudiante
créolité : en Acadie des Maritimes, 174, 190-191; en colonies françaises, 506-507; en Louisiane, 85n82, 369, 377, 414, 61-63, 67-68, 69-73
Cromwell, Oliver, 37-38, 459-460
cuisine, 338-342, 413-416

diaspora acadienne, 3-4, 6, 9-10, 55-59, 61, 77-78, 79nn8-9, 141-142, 157-159, 326-327, 530-531. *Voir aussi* généalogie acadienne
Dieppe, 217, 227
Domengeaux, James R., 373-376, 392n92
drapeaux : drapeau de l'Acadiane, 56, 59-61, 76, 77, 81n27, 398; drapeau de l'Acadie, 126, 130, 313, 481; drapeaux valenciens, 487-488

Edmundston, 23-24n15, 128, 218
éducation, 7, 238-241, 242-247, 479, 480-484, 489-491
esclavage : des Autochtones, 36; aux Caraïbes, 40-43, 190, 441-442, 511-512; rôle des Acadiennes et Acadiens, 62-63, 82n37, 149, 377

Espagne : empire, 36-37, 40-41, 62-63, 76, 85n82, 262, 396; espace géographique, 507, 508, 514-516; Pays valencien, 475-476, 484-494, 502n54. *Voir aussi* Guerre de Succession d'Espagne

Europe : continent, 93-94, 263-266, 430-431; gouvernance, 35-36, 39, 47, 50, 153, 172, 243, 291-293, 308, 452; population, 35, 39-40, 64-65, 67, 142-144, 154-155, 162n18, 369. *Voir aussi* Conseil de l'Europe

Evangeline (poème), 15, 290, 297, 364; Evangeline Girls, 68, 70-72, 363-364, 367-368, 376-383, 384; journal, 56, 61, 65, 70, 72, 92, 310, 314; parc Longfellow-Evangeline de Saint-Martinville, 69-70, 77;

Évangéline (figure), 6, 15, 55, 67-68, 74-75, 173, 362-364, 367-368, 370, 377, 380, 383-384, 387n35, 531

Fédération culturelle acadienne de la Nouvelle-Écosse (FéCANE), 241, 247-248, 256n44

femmes : activisme des femmes acadiennes, 12; féminisme, 101-102, 383; femmes dans la littérature, 176-181, 183-185, 187-191, 507, 510-517; femmes migrantes, 12-13, 331-332, 466-468, 517; représentations de la femme acadienne, 68-69, 367, 370-372, 380-381. *Voir aussi* Évangéline

Floride, 37, 39, 340

folklore, 5, 8, 138, 171-173, 176, 177, 179, 192, 248, 261-266, 402

France, relations avec les Acadiennes et Acadiens : attachement, 304. *Voir aussi* coopération internationale de l'Acadie des Maritimes; impérialisme au temps de l'Acadie coloniale

francophonie/Francophonie : Organisation internationale de la Francophonie (OIF), 121-122; population d'expression française en Acadie et dans le monde, 3, 8, 22n2, 86n95, 171, 204, 247, 400, 476, 497-498, 531-532, 426; Sommet de la Francophonie de Moncton, 126-127; Sommets de la Francophonie, 117-121, 123-124, 128-133

Fundy, baie de, 35, 38-39, 44, 46-47, 49, 143-144, 145, 304, 435. *Voir aussi* Annapolis; Grand-Pré; Minas; Port-Royal

Gaspésie, 264, 265, 302, 305

Gautreau, Huberte, 90, 92

généalogie acadienne : acadianité « légitime », 134n1, 327-328, 349-353; Acadie diasporique, 6-7, 15, 202-203; approche généalogique, 157-159; fantômes coloniaux, 144, 146-153; généalogie positive de l'identité queer, 173-175, 188-191; patronymie, 69, 70. *Voir aussi* anglophones, relations avec les (A)cadiennes et (A)cadiens; archives : généalogiques; Autochtones, relations avec les Acadiennes et Acadiens; cadienneté; créolité

genre. *Voir* altérité

Grand Dérangement, 5-6, 14-15, 47, 49-50, 57, 137, 147-149, 151-157, 458, 460-461, 465-466, 525, 530-531

Grand-Pré : déportation, 49, 74-75, 142; établissement colonial français, 46, 435-436, 443; lieu de mémoire, 57, 69, 77, 302, 367-368

Grenade, île, 40, 469

Guadeloupe, 40, 431, 441-444, 445-446, 454, 460, 507, 514

Guerre de Neuf Ans, 43, 441, 454

Guerre de Sept Ans, 48, 50, 62, 153, 261-262, 266-269, 286n44, 447, 460
Guerre de Succession d'Autriche, 46, 265
Guerre de Succession d'Espagne, 33-34, 426-431, 485
Guillaume d'Orange, 43, 45, 53n29
Guyane, 101-102, 454, 467

Haïti, 62, 73, 90, 98, 106
Halifax, 216-219, 226, 229, 235n63, 239, 241, 302. *Voir aussi* Kjipuktuk/Halifax
Hatfield, Richard, 122-124
Haudenosaunee, 34, 41, 440, 443

Île-du-Prince-Édouard : espace géographique, 4-5, 102, 134n1, 180, 297, 302, 314; gouvernement, 71; Miscouche, 76. *Voir aussi* Saint-Jean
Île-Royale, 45-46, 62, 149-150, 152-153, 265, 447, 462, 473n31
impérialisme au temps de l'Acadie coloniale : autorité impériale britannique, 16, 33-34, 43-46, 48-49, 52n29, 143-144, 147-149, 153-155; autorité impériale française, 16, 40-43, 46-48, 142, 146, 149-150, 434-439, 452-457, 469-471; conflits impériaux, 5, 14, 33-34, 46-47, 137, 143-144, 147-149, 261-269, 286n44, 428-434, 440-443, 485. *Voir aussi* colonisation
inclusion de la diversité en Acadie, 4, 13-14, 77-78, 108, 134n1, 159, 190-191, 236, 240-241, 243, 245-247, 327, 526-527
Isle Madame, 153, 270-271, 274, 286n44, 302

Jacques Ier, 37, 44, 485
Jacques II, 37, 45, 468-469
Jacques-Cartier, Ordre de, 482, 500n34
jeunesse : génération Y, 399-400, 418; jeunes Acadiennes et Acadiens, 91-96, 103, 106, 127, 330-333, 337-338, 365-372, 379-380. *Voir aussi* Rameau de Saint-Père, François-Edme
Jeunesse Canada Monde (JCM), 90, 91, 106-107

Kent, comté, 171, 174, 179-180, 187. *Voir aussi* Richibouctou; Sainte-Marie
Kjipuktuk/Halifax, 148, 152
K'Taqmkuk/Terre-Neuve, 142, 148-149, 153-157

Labelle, Ronald, 270-271, 274, 283n14, 285n39
Lafayette, 6, 61-63, 71-72, 74, 362, 366, 372, 393n123, 405, 416
langue : assimilation linguistique, 7, 73, 250-251, 336, 477; bilinguisme, 6-7, 117, 122, 125-126, 127, 132-133, 238, 372, 477-478, 480, 483-485; insécurité linguistique, 250, 411; marqueur d'appartenance ethnoculturelle, 8, 15, 79n8, 137, 203-205, 242, 335-338, 372-376, 411-412, 531-532. *Voir aussi* francophonie/Francophonie; renouveau francophone en Louisiane.
Lapointe, Jacques, 98, 101
LeBlanc, Dudley J., 70-73, 366-367, 375-376, 379-383, 393-394n124
Longfellow, Henry Wadsworth, 6, 61-62, 67-68, 274, 290, 297
Louis XIV, 34, 40-43, 263, 299, 430-431, 434-435, 440-441, 444
Louis XV, 46-47, 263
Louisbourg : complainte, 263-270, 280-282, 283n13; forteresse, 45, 46, 148, 155, 262, 271, 286n44, 447, 462
Louisiane, 8, 4-5, 15, 55-57, 144, 149, 151, 362-365, 391n82, 395-400, 404-408. *Voir aussi* Lafayette; Nouvelle-Ibérie; renouveau francophone en Louisiane; Saint-Martinville; Têche, bayou

Maillet, Antonine, 5, 171-176, 177-179, 192, 507, 515
Maine : colonie, 43, 432; État américain, 8, 264, 331, 345; golfe, 301
Martinique, 443, 445, 454, 460-461, 468, 469
Massachusetts : colonie de la baie du, 37-39; État américain, 48, 67, 324, 328, 330-331, 353n2, 360n98, 434; Waltham, 69-70. *Voir aussi* Boston
mémoire collective : oppression, 57, 74-75, 79n9, 257-259, 286n44, 303-304, 507-508, 511-512, 515-516. *Voir aussi* Évangéline; Grand Dérangement; oralité
Memramcook, 179-180, 205, 206, 272, 302, 313, 481
Metacomet, guerre, 39, 42-43
Meulles, Jacques de, 41, 145, 163n22
migration : entre l'Acadie des Maritimes et les États-Unis, 6, 12, 74-77, 322-325, 328-334, 343-344, 348, 353nn1-2, 381; expérience immigrante, 325, 517; immigration internationale et migration interprovinciale au Canada, 5, 13, 134n1, 174, 238-240; voyages transatlantiques, 264-266, 290, 300-303, 313, 508. *Voir aussi* Grand Dérangement; mobilité étudiante
Mi'kma'ki, 5, 172. *Voir aussi* Kjipuktuk/Halifax; K'Taqmkuk/Terre-Neuve; Mirliguèche; Pijinuiskaq/LaHave; Unama'ki/Cap-Breton
Mi'kmaq, 15, 36, 39-40, 49, 65-66, 428, 434, 438. *Voir aussi* Mi'kma'ki
Minas, 43-47, 435, 445, 449-450n32
Miramichi, 218, 302, 416
Mirliguèche, 144, 146, 147-148, 150, 152
mobilité étudiante, 89, 95-97, 104-107, 365, 374-375, 378-381, 531
Moncton : université, 8, 23-24n15, 94-99, 101-102, 107, 131, 376, 379-381, 482; ville, 86n95, 91, 98, 117, 127, 201, 216-229, 368, 407
Moniteur acadien, 65, 119, 313, 481
Montréal, 23n11, 99, 178-179, 430, 443, 478, 507-8, 514-518
Mouton, Jean-Jacques Alfred Alexandre, 61-63, 69
musique, 8, 99, 249, 257, 261-266, 377, 396, 399

Nantes : édit de, 37, 41; ville en France, 264, 469
nationalisme acadien : conventions nationales acadiennes, 5-6, 69, 205, 313-314, 481; critiques du nationalisme, 4, 8, 12, 14, 94, 105, 171-174; idéologie, 63-69, 78, 257-258, 370-371; Renaissance acadienne, 5-6, 12, 64-65, 119, 205-207, 227, 273-274, 290-291, 312-315, 315-316n4, 475, 481, 531
Noirs, relations avec les (A)cadiennes et (A)cadiens : amitié, 383; conscience raciale, 33-34, 48-50; occultation des relations, 59-61, 74-78, 376-377; projet racial acadien, 55-57, 58-59, 63-69, 362-365, 368-372, 383-384. *Voir aussi* cadienneté; créolité; esclavage
Nouveau-Brunswick : espace géographique, 4-5, 6, 12, 15-17, 46, 86n95, 102, 105, 258, 264, 297, 305, 327, 333, 400, 475-476; gouvernance, 14, 75, 90-91, 117-121, 122-123, 124-133, 199-200, 206-207, 217-229, 238, 412, 480-484, 494-498, 500n37, 504n75; population, 10, 86n95, 100, 134n1, 475. *Voir aussi* Bouctouche; Dieppe; Edmundston; Kent, comté; Memramcook; Miramichi; Moncton; Péninsule acadienne; Rogersville; Saint-Jean; Shédiac
Nouvelle-Angleterre : colonies britanniques, 33-34, 37-40, 42-43, 144, 147,

429, 431-437, 468; États américains, 84n69, 322-325, 328-334, 337-338, 341-342, 347-348, 353n1, 531. *Voir aussi* Boston; Maine; Massachusetts

Nouvelle-Écosse : Cap-Sable, 33, 153, 167n59, 328; province, 4-5, 78, 135n21, 245-247, 297; région sud-ouest (Argyle, Clare, Pubnico, Yarmouth), 241, 266, 300-301, 323-324, 328-333, 336-337, 338-339, 342-347, 525. *Voir aussi* Cap-Breton; Chignecto; Fundy, baie de; Kjipuktuk/Halifax; Mirliguèche; Pijinuiskaq/LaHave; Sainte-Marie

Nouvelle-France : gouvernement, 33, 39-40, 43, 145, 266, 297, 299, 310; territoire, 11, 34, 41, 46, 262, 267, 293, 297, 435, 440-443

Nouvelle-Ibérie, 73-74, 416

Nouvelle-Orléans, 60, 302

oralité, 138, 171-172, 176-177, 182, 184-187, 191-192, 195n56, 258, 261-263, 269-275. *Voir aussi* musique

Organisation du traité de l'Atlantique nord (OTAN), 98, 124

Organisation internationale de la Francophonie (OIF). *Voir* francophonie/Francophonie

Péninsule acadienne, 130, 206, 267, 270, 412. *Voir aussi* Caraquet

Phips, William, 43-44, 434

Pijinuiskaq/LaHave, 143-148, 152, 161n6, 162n18

Poirier, Pascal, 7, 55, 64-65, 77, 304, 314

Poitou, 8, 144, 297, 465, 471n7

politique, épanouissement en Acadie des Maritimes, 5-7, 11-13, 16-17, 29-31, 199-200, 203-207, 226-229, 475-476, 480-484, 494-497. *Voir aussi* coopération internationale de l'Acadie des Maritimes; nationalisme acadien

Port-Royal : conquêtes britanniques, 33-34, 43-45, 50, 52n29, 62, 143, 428-429, 431, 434-439, 441-447; établissement colonial français, 38, 40, 143, 525

Québec : espace géographique, 4-5, 55, 73, 144, 149, 151, 206-207, 254n19, 262, 264, 441, 516; population québécoise, 63-64, 69-70, 106, 139, 328, 478, 497-498; province, 91, 94, 103, 117, 122-125, 297, 375, 475-476, 482; Saint-Basile, 66, 69; Saint-Laurent, fleuve, 38, 267, 441; ville de Québec, 38-39, 130, 195n56, 267, 271, 299, 300, 302, 314, 431, 440, 443, 445. *Voir aussi* Gaspésie; Montréal; Saint-Jean : rivière

race : antiracisme, 59-61, 378, 382-383; formation raciale, 58-59; racisme, 72-74, 87n110, 186, 190-191, 307-309, 366-367, 382-383. *Voir aussi* cadienneté; créolité; esclavage; Noirs, relations avec les (A)cadiennes et (A)cadiens

Rameau de Saint-Père, François Edme : idéologie colonialiste, 304-309; influence, 65, 67, 290-291, 312-315, 315-316n4, 531; jeunesse, 291-296; La France aux colonies, 29, 297-300; vieillesse, 309-312; voyage en Amérique du Nord, 272, 300-304, 319-320n80

religion : Catholicisme en Acadie, 5-7, 93-95, 173-174, 178-179, 183-185, 305-306, 494-495, 500n29; Catholicisme aux Caraïbes, 462-464; Catholicisme libéral, 293-294, 299-300; dualité catholique et protestante, 35-40, 44-45;

national-catholicisme en Espagne franquiste, 486-487
renouveau francophone en Louisiane, 77, 86-87n98, 203, 372-377, 391n82, 394n131
Révolution américaine, 76, 480
Révolution tranquille, 202, 203, 206, 218, 378, 482, 498, 500n34, 528
Révolutions françaises, 265, 291, 293, 295, 454, 470
Richibouctou, 183-184, 302
Rioux, Marcel, 94, 100
Robichaud, Louis J., 14, 75, 482
Rogersville, 233n39, 314
Roy, Alfred, 56, 72
Roy, Michel, 205-206, 310, 316
Ryswick, traité, 43, 434-435

Saint-Domingue, 42, 48, 62, 454, 460, 462, 464, 466-469
Sainte-Anne : collège, 313, 345; université, 8, 24-25n15, 247, 254n19, 314
Sainte-Croix, pères de, 89, 96, 313
Sainte-Marie : baie en Nouvelle-Écosse, 70, 242, 301-302; cap en Nouvelle-Écosse, 270; de Kent au Nouveau-Brunswick, 174, 180, 305, 407
Saint-Jean : île, 46-47, 152, 465; rivière au Québec, 38; ville au Nouveau-Brunswick, 201, 216, 219-226, 235n63
Saint-Jean-Baptiste, Société, 306, 314
Saint-Joseph de Memramcook, collège, 311, 481
Saint-Laurent : fleuve, 267, 443; vallée, 38, 441
Saint-Malo, 151, 167n53, 465-466
Saint-Martinville, 68-71, 74-75, 77, 417
Saskatchewan, 102, 217
Seconde Guerre mondiale, 6, 72-73, 89, 93, 95, 229, 322

Service universitaire canadien outre-mer (SUCO), 92-108
Shédiac, 272, 302, 314, 407-408, 416
Société des Acadiens et Acadiennes du Nouveau-Brunswick (SAANB), 123, 199
Société nationale de l'Acadie (SNA), 6, 17, 58, 71, 91, 120-122. *Voir aussi* Société nationale l'Assomption
Société nationale l'Assomption, 71, 481, 494
Stewart, Cory, 60, 61
Subercase, Daniel d'Auger de, 33, 429, 431-434, 436-439, 442, 444-446

Têche, bayou, 70-71, 7
Terre-Neuve-et-Labrador, 4-5, 148-149, 153-157. *Voir aussi* K'Taqmkuk/Terre-Neuve
territoire : (dé)territorialité de l'Acadie, 4-7, 13-15, 58, 137, 199-207, 266-268, 523-525, 530-532; dualité urbanité et ruralité, 13, 173, 205-207, 216-230, 241-242, 248-249, 248-251, 328-329, 344-346, 416-417; occupation du territoire, 46-47, 305; rapport identitaire au territoire, 342-347, 416-417; territoire aménagé, 207-216, 477-478
Thibault, Robert, 91, 92, 97, 100-101, 107
transmission culturelle, 137, 266-269, 323, 325-326, 400-404. *Voir aussi* cuisine; folklore; langue; mémoire collective
transnationalisme, perspective, 10-11, 21, 525-526, 529-530
Trudeau, Pierre Elliott, 94, 122, 132-133

Unama'ki/Cap-Breton, 142, 148-150, 152-157, 159
Utrecht, traité, 44, 143-144, 147, 428

Vaudreuil, Philippe de Rigaud de, 33, 267, 443
Versailles, autorités royales française, 38, 436, 440, 441, 444
Vetch, Samuel, 33-34, 43-44, 50
Voorhies, Félix, 68, 363

Wabanaki, confédération, 34, 43, 144, 433
Walker Anding, Susan Evangeline, 68-69, 367-368